"沒燃素者燃燒工程"资助项目
中华外国中国北京社科技院

昔酒迎氤瑞

初小鋒 著

主編 梁家榮 梁志偉 梁家榮

图书在版编目(CIP)数据

清朝盛世的测表 / 刘小珊著. —北京：中国社会科学出版社，2020.9
（2022.11 重印）
（藏学研究丛书）
ISBN 978-7-5203-6245-0

Ⅰ.①清… Ⅱ.①刘… Ⅲ.①文化遗产—调查研究—中国—清代 Ⅳ.①K878

中国版本图书馆 CIP 数据核字 (2020) 第 059487 号

出版人	赵剑英
责任编辑	宋 燕
责任校对	张爱华
责任印制	李寡寡

出　版	中国社会外学出版社
社　址	北京鼓楼西大街 158 号
邮　编	100720
网　址	http://www.csspw.cn
发行部	010-84083685
门市部	010-84029450
经　销	新华书店及其他书店
印　刷	北京明恒达印务有限公司
装　订	廊坊市广阳区广增装订厂
版　次	2020 年 9 月第 1 版
印　次	2022 年 11 月第 2 次印刷
开　本	710×1000　1/16
印　张	39
插　页	2
字　数	540 千字
定　价	198.00 元

凡购买中国社会科学出版社图书，如有质量问题请与本社营销中心联系调换
电话：010-84083683
版权所有　侵权必究

目　　录

前言　清朝遗迹调查的新成果 ………………………………………（1）

山东青州北城满族村考察 ……………………………………………（1）
辽宁、北京、河北考察：以三藩尚氏为中心 ………………………（27）
河北、内蒙古考察之一：宣化—张家口—锡林浩特—赤峰 ………（50）
河北、内蒙古考察之二：承德—隆化—围场—克什克腾—
　　多伦 ………………………………………………………………（85）
吉林、辽宁考察：从高句丽山城到建州女真史迹 …………………（119）
吉林省四平市周边考察：铁岭—开原—辉发—叶赫 ………………（132）
吉林、黑龙江、辽宁考察：肇源—前郭—舒兰—吉林—
　　铁岭 ………………………………………………………………（174）
中、俄、朝三国交界处的考察：延吉—珲春—海参崴—
　　会宁 ………………………………………………………………（230）
陕西、河南考察：西安及周边—内乡—南阳—洛阳 ………………（273）
新疆考察：以八旗驻防为中心 ………………………………………（334）
湖北、四川考察：荆州满城—成都满城—大小金川 ………………（399）
西南地区考察：重庆—泸州—自贡—遵义—贵阳 …………………（441）
云南考察之一：昆明—大理—丽江—中甸—德钦 …………………（473）
云南考察之二：昆明—瑞丽—梁河—腾冲—和顺 …………………（512）

两广考察：南宁—柳州—忻城—贺州—梧州—肇庆—
　广州 …………………………………………………（535）

后　记 ………………………………………………………（595）

前言　清朝遗迹调查的新成果

在中国历代王朝中，清朝距今最近，遗迹留存最多。中外学者有关清朝遗迹的调查内容丰富，成绩斐然。我从2001年起开始从事清朝遗迹调查，重点是满族史迹，迄今已整整20年。20年时间不算短，因主要精力一直集中在文献研究上，田野调查只是时断时续。但集腋成裘，积累的报告也有数十篇之多。收入本书的15篇，只是初步成果，更多报告仍有待来日。

一　田野调查的缘起

对治史者而言，文献研究与田野调查从来是相得益彰之举。中国史学自司马迁愤而著《史记》，左丘明盲而作《左传》，即形成记传与编年两大修史系列。司马迁20岁壮游江淮，为了解韩信事迹，不仅实地考察楚汉古战场，还亲自踏访韩信故乡淮阴，因有"吾如淮阴，淮阴人为余言"的记载。[1] 他记录荆轲刺秦王悲壮场景，进而否定"荆轲伤秦王"传闻，并说"始公孙季功，董生与夏无且游，俱知其事，为余道之如是"[2]。夏无且是秦王御医，当事者之一。这说明，史家著述，从来离不开实地考察和采访。降及

---

[1] 司马迁：《史记》卷92《淮阴侯列传》，中华书局1959年版。
[2] 司马迁：《史记》卷86《刺客列传》。

明清，徐霞客、顾祖禹均以注重田野调查称名。

清朝入关，开始注重本朝史迹调查。满洲皇帝敕修《满洲源流考》《八旗通志初集》《八旗满洲氏族通谱》诸书，均采撷实地调查和口碑资料。康熙帝为绘制《皇舆全览图》，派遣耶稣会传教士杜美德、雷孝思等，与满洲官员深入长白山和松花江流域进行大范围地理测绘。又派遣打牲乌拉总管穆克登、内大臣吴默纳前往长白山进行实地踏勘。

在清代入华各国使臣中，朝鲜使臣留下的旅行记多达百余种，泛称"燕行录"，其中收录大量实地调查与采访资料。① 1808年，日人间宫林藏奉幕府之命潜入清朝属库页岛和黑龙江下游一带探查。返国后撰写"踏察报告"，记录库页岛和黑龙江下游一带地理、民族、风俗和沿途见闻，以及清政府对该地区管辖情况。②

晚清曹廷杰，是中国近代史上第一位对黑龙江流域民族、历史、地理、古迹、社会经济作全面调查的学者。光绪十一年（1885）五月，他受命考察东北边防，由三姓起程，经松花江徐尔固入俄国境，沿黑龙江抵东北出海口，考察黑龙江下游地区。对永宁寺碑和奴儿干都司衙署遗址的考察，为论证明代东北疆域提供了有力实证。然后溯江而上至海兰泡，又沿江而下至伯力，溯乌苏里江至兴凯湖，经红土岩，复由旱道至海参崴，再乘海船到岩杵河口。前后考察129天，往返路程1.6万余里。十一月回到吉林营中。随即写成《西伯利亚东偏纪要》，绘图8幅。又撰《东三省舆地图说》，诸如"国初征服吉江二省各部考""吉江二省旧地现属俄国东海滨省各处屯站数目""赏乌绫说""使犬部说""赫哲喀喇

---

① [朝]林基中编：《燕行录全集》100册，韩国东国大学校出版部，2001年；[日]夫马进：《日本现存朝鲜燕行録解题》，《京都大學文學部研究紀要》第42号，2003年3月。

② [日]间宫林藏：《东鞑纪行》，商务印书馆1974年译本。

说""额登喀喇说""贡貂诸部说""特林碑说"等篇①，多与清朝遗迹相关。

真正科学意义的田野调查，是伴随近代西方人类学、民族学、社会学的兴起而为史学研究者所借鉴。就清史、满族史研究领域而言，20世纪初，日本学者白鸟库吉、内藤虎次郎（号湖南）在中国开展调查，已属史学范畴。服部宇之吉主编《北京志》②，包括大量关于清末北京旗人（主体为满族）的调查内容。三四十年代，日本学者以日本帝国主义觊觎、侵略中国为背景，对中国东北、华北、内蒙古等地展开大范围调查。南满洲铁道株式会社编辑《满洲旧惯调查报告》等书，搜集大量有关东北地区民族与社会资料。东北地区主要有汉族、满族、蒙古族、朝鲜族、俄罗斯族、回族等民族，呈现大分散小聚居或彼此杂居两种形态。伪满时期，编纂《满洲家族制度惯习调查》第1、2卷③，包括满族、蒙古族、汉族、回族家族制度的内容、特点、习俗异同、民族关系，以及满汉杂居资料。

俄罗斯学者 С. М. 希罗科戈罗夫（史禄国）《满族的社会组织——满族氏族组织研究》④，以20世纪初在黑龙江等地通古斯语诸族（主体为满族）中进行的田野调查为基础，结合文献史料，撰为此书。И. А. 拉帕金《奥罗奇——满族的近亲》⑤，是有关奥罗奇（鄂伦春）人的调查报告，其中关于氏族组织、管理机制、萨满教

---

① 丛佩远、赵鸣岐：《曹廷杰集》，中华书局1985年版。
② ［日］服部宇之吉主编：《北京志》，東京博文館1908年版；张宗平、吕永和译本更名《清末北京志资料》，北京燕山出版社1994年版。
③ ［日］千种達夫：《满洲家族制度の惯习》，一粒社，昭和三十九年版，第7页。载：伪康德七年（1940）伪满临时国情调查，满洲全部人口4320万，其中满洲旗人268万，汉族人3687万，蒙古族107万，回族19万，其余为日、朝、俄等外籍。
④ ［俄］С. М. 希罗科戈罗夫（史禄国，Сергей Михайлович Широкогоров）：《满族的社会组织——满族氏族组织研究》，高丙中译，刘小萌校，商务印书馆1997年版。
⑤ ［俄］И. А. 拉帕金：《奥罗奇——满族的近亲》（Лопатин И. А. Орочи—сородичи маньчжур. Обществоизученияманьчжурскогокрая. Харбин, 1925）。

◇ 清朝遗迹的调查 ◇

信仰的资料，对追溯满族早期社会提供了有益借鉴。

民国年间关注满族问题的学者堪称凤毛麟角。30年代，社会学家李景汉《北平郊外之乡村家庭》①、牛鼐鄂《北平一千二百贫户之研究》②，披露了北京西郊贫困满人潦倒的生活。民族学家凌纯生《松花江下游的赫哲族》出版于1931年，对赫哲族社会历史文化宗教语言作了全面调查③，对研究满族早期社会亦有参考价值。

自80年代起，在中国学者的参与下，日本学者对东北三省清朝遗迹开展新一轮考察。这一历时多年的大规模学术活动成果，收入细谷良夫教授主编《中国东北部的清朝史迹》一书。④ 作为日本满族史研究会专刊的《满族史研究》（早期称《满族史研究通讯》），迄2019年已出版18号。其中除刊载专论、书评、讯息，还收有中日学者关于满族及今俄罗斯境内与清史相关遗迹的调查。⑤ 日本学者还与俄罗斯学者合作，对俄罗斯远东黑龙江、乌苏里江流

---

① 李景汉：《北平郊外之乡村家庭》，商务印书馆1929年版；参见包路芳《从村屯到城市——李景汉北京郊区调查80年回访》，《北京社会科学》2006年第6期。
② 牛鼐鄂：《北平一千二百贫户之研究》，燕京大学社会学系编：《社会学界》第7卷，1933年。
③ 凌纯生：《松花江下游的赫哲族》，中央研究院历史语言研究所，1934年。
④ ［日］细谷良夫：《中国東北部における清朝の史跡》（1986—1990年），東洋文庫中央アジア・イスマム研究室，1991年。
⑤ 加藤直人：《富裕県三家子村調査記録》（1991），王禹浪：《嫩江県清代遺蹟考察記録》（1993），加藤直人：《杜爾伯特蒙古族自治県の満洲語関係調査》（1994），细谷良夫：《琿春の満族》（1995），细谷良夫：《貴州と雲南の明清史跡—永暦帝・呉三桂・満文対聯—》（2000），细谷良夫：《黒龍江・アムール川下流域の旅》（2001），郗志群：《京師八旗都統衙門の設置及び現状調査》（2003），杉山清彦：《〈韃靼漂流記〉の故郷を訪ねて—越前三国湊訪問記—》，ボルジギン・ブレンサイン：《鳳城市（旧鳳城满族自治県）見聞記—民族自治，モンゴル人，満洲人，そして家譜—》（2004），池尻陽子：《北京の黄寺について—黄寺訪問と清初の黄寺に関する覚書—》（2005），承志・杉山清彦：《明末清初期マンジュ・フルン史蹟調査報告—2005年遼寧・吉林踏査行—》，柳澤明：《2005年夏ザバイカル記行—ネルチンスクとウラン＝ウデー》（2006），细谷良夫：《北京周辺の三藩をめぐる史跡》，加藤直人：《新疆北部のおよびアルマトィ現地調査報告》（2009）。

域的明清史迹，进行大范围调查。①

2003年起，法国学者利用乾隆《京城全图》从事寺庙历史调查。该图是在耶稣会士参予下绘制的北京城图，运用了当时最先进测绘手段。法国学者根据《全图》，对照内城1000余处寺庙逐一进行考察，包括每座寺庙的历史沿革、建筑布局，并搜集相关碑刻、地方志、档案、契书及口述资料，重点探讨城市中寺庙与居民关系。已出版4册②，还有11册将陆续出版。这种长时段田野调查与研究，继承了欧洲史学工作者的优良传统。

在中国，大规模少数民族社会历史和语言文字调查始于50年代初，一直延续到60年代。③《满族社会历史调查》，系《中国少数民族社会历史调查资料》丛书之一。满族社会历史调查始于1958年，1963年将各地调查报告加工整理付印，1985年正式出版，包括北京市、陕西省西安市、内蒙古、甘肃省、宁夏银川市、新疆、四川成都市、广东省广州市、山东省益都县以及河北省、东北三省等地满族聚居区调查报告。④

1976年"文化大革命"结束，学术研究日趋繁兴。80年代起，清史、满族史研究者开展东北史迹调查，重点是满族肇兴史。史学研究的繁荣与田野调查的开展交相辉映。在满族人口最多的辽宁省，有傅波主编《抚顺地区清前期遗迹考察纪实》、抚顺市社会科学院主编《抚顺清前期史遗迹与人物考察》、孙诚等主编《建州女

---

① 細谷良夫・柳澤明：《アムール川・黒龍江流域紀行—黒龍江・アムール川踏査をめぐって—》，日本東北学院大学オープン・リサーチ・センタ：《アジア流域文化研究》Ⅳ，2008年。

② ［法］吕敏（MARIANNE BUJARD）、董晓萍主编，鞠熙、关笑晶等执笔：《北京内城寺庙碑刻志》（第1—4卷），国家图书馆出版社2011、2013、2017年版。

③ 郝时远主编：《田野调查实录——民族调查回忆》，社会科学文献出版社1999年版，前言第5页。

④ 《满族社会历史调查》，辽宁人民出版社1985年版。

◆ 清朝遗迹的调查 ◆

真遗迹考察纪实》的出版。① 这些调查，均由当地文史工作者完成。他们对本地社会历史以及地理环境了如指掌，丰富了学界关于满族入关前史的认识，并且弥补了文献记载的不足。《辽东移民中的旗人社会》一书，由中美学者定宜庄、郭松义、李中清、康文林合作完成。其特点，一是将田野调查与人口统计、历史文献相结合；一是将移民史、民族史和地方史研究熔为一炉。② 北京地方史工作者冯其利自 80 年代起，四处寻访线索、查阅资料、实地踏勘。十几年间走访京郊 80 余处王爷坟、访问数以百计村民、看坟户，积累了大量一手资料。1996 年，出版《清代王爷坟》③，记录诸多王位世系、园寝规模、损毁经过、墓主史事。杨海山《京郊清代墓碑》一书，系作者通过长期田野调查，抄录整理清代墓碑碑文的结集。④ 是书收录碑文 183 篇，多为以往文献所缺载。

围绕满族某一家族、专题或特定区域展开的调研成果较多。金启孮《满族的历史与生活——三家子屯调查报告》，系作者 1961 年到黑龙江富裕县达斡尔柯尔克孜友谊乡三家子满族屯调查成果⑤，包括地理、社会、历史、经济生活、家族组织、宗教信仰、满语满文等内容。杨发清《关于本溪满族历史及现状的调查报告》⑥，何晓芳、张晓琼《新宾上夹河镇腰站村清皇室后裔调查

---

① 傅波主编：《抚顺地区清前期遗迹考察纪实》，辽宁人民出版社 1994 年版；抚顺市社会科学院主编：《抚顺清前期史遗迹与人物考察》，辽宁民族出版社 2001 年版；孙诚等主编：《建州女真遗迹考察纪实》，中国文史出版社 2008 年版。
② 定宜庄、郭松义、李中清、康文林：《辽东移民中的旗人社会》，上海社会科学院出版社 2004 年版。
③ 冯其利：《清代王爷坟》，紫禁城出版社 1996 年版；2001 年起，《北京档案史料》连载其《京郊清墓探寻》；2006 年文化艺术出版社出版《寻访京城清王府》。参见张鹏《"奇人"冯其利的五味人生》，《北京晚报》2015 年 4 月 27 日。
④ 杨海山：《京郊清代墓碑》，学苑出版社 2014 年版。
⑤ 金启孮：《满族的历史与生活—三家子屯调查报告》，黑龙江人民出版社 1981 年版。
⑥ 杨发清：《关于本溪满族历史及现状的调查报告》，《满族研究》1988 年第 3 期。

纪实》①，李天锡、粘国民《福建省晋江县龙湖乡粘氏满族情况调查》②，韩旭等《五常营城子村京旗满族文化调查》③，苏淮等《吉林省乌拉街镇满族文化现状调查》④，隽成军《清代柳条边吉林边墙的调查与再认识》⑤，黄兆桐《关于纳兰性德在上庄地区史迹的调查报告》⑥，北京市民委等单位联合调查组《北京市海淀区火器营满族社会调查报告》⑦，定宜庄、胡鸿保《鹰手三旗的后裔——对北京市喇叭沟门满族乡的调查与思考》等⑧，从不同角度丰富了人们关于各地满族历史与现状的认知。中国社会科学院民族研究所编《民族文化习俗及萨满教调查报告》⑨，是一部关于少数民族社会习俗、主要是信仰习俗的调查报告。此外有关萨满文化、祭祀民俗、濒危语言满语的调查很多，不再缕述⑩。以上挂一漏万的介绍，足以反映清朝遗迹尤其是满族历史现状调查的成就，并彰显今后发展的起点。

目前，海内外学界开展的田野调查涉及民族学、人类学、社会

---

① 何晓芳、张晓琼：《新宾上夹河镇腰站村清皇室后裔调查纪实》，《满族研究》2004 年第 1 期。
② 李天锡、粘国民：《福建省晋江县龙湖乡粘氏满族情况调查》，《满族研究》1990 年第 2 期。
③ 韩旭等：《五常营城子村京旗满族文化调查》，《满语研究》2009 年第 2 期。
④ 苏淮等：《吉林省乌拉街镇满族文化现状调查》，《佳木斯教育学院学报》2012 年第 2 期。
⑤ 隽成军：《清代柳条边吉林边墙的调查与再认识》，《春草集》（二）——吉林省博物馆协会第二届学术研讨会论文集，2013 年 8 月铅印本。
⑥ 黄兆桐：《关于纳兰性德在上庄地区史迹的调查报告》，2001 年 9 月稿本。
⑦ 北京市民委等单位联合调查组：《北京市海淀区火器营满族社会调查报告》，《满族研究》1988 年第 1 期。
⑧ 定宜庄、胡鸿保：《鹰手三旗的后裔——对北京市喇叭沟门满族乡的调查与思考》，《民族研究》2005 年第 4 期。
⑨ 中国社会科学院民族研究所民族学研究室编：《民族文化习俗及萨满教调查报告》，民族出版社 1993 年版。
⑩ 参见刘小萌《满学七十年》，《满语研究》2019 年第 2 期；张成、田青主编：《满学研究论文索引》，吉林文史出版社 2017 年版；阎崇年主编：《20 世纪世界满学著作提要》，民族出版社 2003 年版。

学、民俗学、历史学、宗教学、语言学等诸多领域。这些成果，均值得学习、借鉴。

二　田野调查的概况

读万卷书，行万里路，一向是史家倡导开阔眼界、丰富见识的好办法。2001年起，我与细谷良夫教授合作，开始从事清朝遗迹调查。20年（2001—2020）间，与细谷教授共同调查50余次。前期调查，有王禹浪教授、绵贯哲郎等参加；后期调查，有中国人民大学清史研究所张永江教授等中外学者参与。另外，自2013年兼任吉林师范大学教授以来，与硕博士研究生合作或自己独立调查约30次，总计80余次。足迹遍及全国除西藏以外大部分边疆民族地区，收获丰硕。调查重点：

1. 八旗驻防遗址与满族聚居地。对全国范围内清代大、中型驻防城遗址，作了迄今为止最全面、系统的调查。主要四条线：

长城、河西走廊、新疆线：右卫（山西右玉）、绥远（内蒙古呼和浩特）、银川（宁夏）、永登（甘肃庄浪）、凉州（武威）、哈密（新疆）、巴里坤、奇台、乌鲁木齐、伊犁三大营（温泉察哈尔、察布查尔锡伯、昭苏厄鲁特、另有索伦营）；喀什、莎车、塔城。包括长城内侧的太原（山西）、西安（陕西）。

长江线：成都、荆州、南京、镇江。

运河线：杭州、乍浦、南京、青州、德州。

东南沿海线：福州、琴江、广州、泉州。

清代山海关外东北地区亦设八旗驻防，但情况比较特殊。2013年以来，利用在吉林师范大学任教机会，对明代女真遗迹，以及清代东北地区满、蒙、锡伯等族史迹，进行了广泛调查。重点调查地有：辽宁沈阳、抚顺、本溪、大连、金州、海城、广鹿岛、丹东；

吉林四平、吉林市、前郭、珲春、延边、集安；黑龙江哈尔滨、黑河、舒兰、阿城、肇源、兴凯湖、虎林等。

迄至今日，昔日八旗驻防地多数已演变为满族聚居地。开展对八旗驻防遗址调查，不仅有助于清代八旗史研究，对研究满族史、满汉关系史亦有特殊价值。

2. "三藩"与南明史迹：细谷良夫教授长期从事"三藩"史事①首先是尚可喜一族研究。将文献研究与田野调查紧密结合，是细谷教授的重要特点。为此，对辽宁、北京、河北、广东、广西、云南、贵州等地"三藩"与南明史迹，进行了系统考察。

3. 关隘与古战场：长城关隘：河北紫荆关、独石口、张家口、喜峰口、铁门关、潘家口、古北口、居庸关、山海关；山西杀虎口；贵州娄山关；四川康定（打箭炉）、雅安。古战场：后金时期萨尔浒古战场、辽宁桓仁清河城、康熙乌兰布通古战场（内蒙古克什克腾旗）；乾隆大小金川古战场（四川小金县、金川县、丹巴县），与之相关的遗迹有北京香山健锐营、红旗村番子营。

4. 边疆民族历史文化：清代满族史与边疆各民族史关系密切。因此，我们在对八旗遗迹与满族聚居地进行重点考察同时，兼及北方、西北、西南、东北边疆地区各民族历史与文化，包括寺庙、茶马古道、古镇、古村落、土司衙门（诸如贵州遵义杨氏海龙囤"播州土司"古城遗址、广西忻城莫氏土司衙署、甘肃永登鲁土司署、云南梁河南甸土司署、湖北恩施唐崖土司遗址等）。

5. 中原地区历史文化：清朝定鼎北京后，以此为中心，与各地

---

① 清朝入关初，统治基础未稳，对西南和东南沿海广大地区的征服与控制，主要倚重平西王吴三桂、靖南王耿继茂（后由耿精忠袭爵）、平南王尚可喜（后由尚之信袭爵）、定南王孔有德。吴三桂镇云南，耿继茂镇福建，尚可喜镇广东，孔有德镇广西，四王地位尊显，各拥重兵。顺治九年（1652），南明李定国攻陷广西桂林，孔有德遇难爵除，吴、耿、尚三王继续镇其地，形同割据，史称"三藩"。康熙十二年（1673）春，康熙帝发布撤藩令，三藩相继为乱。二十年（1681）冬，历时8年的叛乱终被平定。

构建起政治、军事、经济、文化、交通、商贸等方面的庞大网络。

大运河是连接南北要道，清廷与京师中央各衙署、八旗禁旅赖以生存的经济命脉。我们重点考察北京通州、浙江杭州运河两终端，兼及山东德州南运河、聊城等地运河遗迹。

陆路通道：河北鸡鸣驿、宣化、张家口、张北、承德；内蒙古呼和浩特、正蓝旗、赤峰、多伦、锡林浩特、东乌旗、西乌旗、巴林左旗、巴林右旗、扎鲁特旗、阿鲁科尔沁旗；陕西西安周边及西南地区；河南南阳、内乡、社旗；山西太原、大同、右玉；四川成都、重庆、都江堰、卧龙以及川西藏区；广西西江流域诸多城镇；贵州遵义、贵阳等地；浙江福建交界处仙霞岭、廿八都等地。沿途古镇、山陕会馆、寺庙。

衙署：河北保定直隶总督府、南阳府署、内乡县衙；内蒙古呼和浩特将军衙门、恪靖公主府；新疆伊犁将军衙门；辽宁金州副都统衙门、凤城城守尉衙门；张家口察哈尔八旗衙门，吉林乌拉总管衙门。

6. 江浙地区辛亥革命史迹：杭州、镇江、南京、绍兴、宁波、湖州、金华、衢州等地博物馆、会馆、古镇、学堂、衙署；广西金田太平天国遗址；广东、江浙等地革命党人纪念地、孙中山等人故居。

7. 域外史迹：东北白山、黑水间的广袤疆域是满族先世生息繁衍之地。明末清初，满洲人崛起建国，进而统治中国，乾隆年间形成庞大疆域，汇聚众多民族。与此同时，与周邻诸国和民族的关系也在发展。近代以来，清朝积弱积贫，沙俄伺机鲸吞东北大片领土。凡此种种，就造成一部分满族故地和清朝史迹、文物沦为他国之手的状况。故而，对域外清朝遗迹和文物进行调查，也就成为不可推卸的责任。主要有：俄罗斯远东地区海参崴（符拉迪沃斯克）、海兰泡（布拉格维申斯克）；朝鲜会宁；韩国首尔，日本北海道、九州等处博物馆、地方民俗馆所藏明清文物、文献（如九州爱新觉罗神社、平户郑成功家族遗迹与遗物、明清中日海洋贸易相关史迹，北海道"虾夷锦"、虾夷族文化等）。

调查过程中，拜访故老，踏勘史迹，搜集文献与口碑资料，并拍摄大量照片。通过调查，加深了对清朝历史首先是满族聚居地历史与现状的认知，有助于把握不同地区或不同时期满汉关系变化与特点。在此基础上，结合文献进行初步研究。迄今，发表调查报告10篇（3篇与细谷良夫教授合作）①。更多报告，有待充实整理后陆续发表。

三　田野调查的感受

1. 在长期调查中，与细谷先生朝夕相处，同甘共苦，形成亦师亦友的亲密关系（中国话："忘年交"）。无论治学还是待人处事，深受先生熏陶。

细谷先生一次在吉林师范大学的报告中，曾总结自己长期从事田野调查的特点：即使有大量实地照片，仍坚持每天写考察日记；不仅对有遗迹的地方进行考察，即使对那些据说遗迹无存的地方也

---

① 刘小萌：《山东青州旗城调查记》，日本《满族史研究》第2号，2003年；《尚可喜をめぐる史跡——金州・广鹿岛・海城——》（与细谷良夫合撰），日本《满族史研究》第4号，2005年；《北京からモンゴル高原への道——鶏鳴山駅城・宣化城・張家口を訪ねて——》（与细谷良夫合撰），日本東北学院大学オープン・リサーチ・センタ《アジア流域文化論研究》Ⅱ，2006年；《清代北京の俄羅斯旗人》，载《清朝史研究の新たなる地平》，山川出版社2008年版；《湖北と四川に八旗と清朝の史跡をたずねて——荆州满城・成都满城・平定金川の碑——》（与细谷良夫合撰），日本《满族史研究》第6号，2007年；《荆州满城、成都满城、大小金川史迹的考察》，《满学论丛》第1辑，辽宁民族出版社2011年版；《新疆的清代遗迹——以八旗驻防为中心的考察》，《满学论丛》第3辑，辽宁民族出版社2013年版；《四平市周边明清史迹的考察——从辉发到叶赫》（与聂有财合撰），《满学论丛》第4辑，辽宁民族出版社2014年版；《吉、黑、辽三省清代遗迹的考察》，《满学论丛》第5辑，辽宁民族出版社2015年版；《河北、内蒙古考察：承德、隆化、围场、克什克腾、多伦》，《满学论丛》第8辑，辽宁民族出版社2019年版；《中、俄、朝三国交界处的考察：延吉—珲春—海参崴—会宁》，《满学论丛》第9啊，辽宁民族出版社2020年版。

◆ 清朝遗迹的调查 ◆

要亲眼看一看，并从中有所发现。① 先生一向喜欢爬山运动，攀登过许多名山，如勘察加半岛、喜马拉雅山，"最喜欢走别人没有走过的路"。在田野调查中几十年如一日，工作态度认真细致，一丝不苟，不管身体多么劳累、环境多么困难，不改初衷。富于探险精神，保持坚忍毅力。

实地考察，尤其是边疆民族地区考察，环境一般比较艰苦，有时还遇到人为障碍。先生无论遇到何种窘境，从来坦然面对，不愠不躁。对随行晚辈如我等则态度温和，毫无迁怒之色。对大自然的一切，无论是魁伟的雪山，汹涌的江河，深邃的蓝天，变幻的白云，还是烂漫山花，均怀抱一颗挚爱之心。最难忘先生斜卧在草地上，手握相机，焦距于星星点点几朵小花的情景。美丽不以平凡而逊色，生命不以纤细而卑微。借助考察，不仅加深了对研究对象的认知，还领悟到许多人生哲理。

细谷教授曾谈到长期从事史学研究的一个心得：对历史资料始终持怀疑态度，经常提出质疑，史书为什么要这样写（人或事），而不那样写；如果换个角度考察，或者发出质疑，会有哪些新发现。这使我想起先生一再征引的名句："历史总是胜利者写的。"先生研究"三藩"、研究杨起隆之变、研究三藩之一的尚氏家族，均重在揭示官修正史背后的真相。如对尚之信以"反叛"罪被杀，乾隆年间又被平反问题的考证，认为冤案背后掩藏了清廷阴谋。先生认为，实地考察可以校正史书记载。如明人记载赫图阿拉城内外居数万人，通过实地考察，发现城内面积有限，根本容纳不了大量人口。先生说，不但对文字史料要持怀疑精神，对历史遗迹同样应抱审慎态度。并举 1905 年（内藤湖南）、80 年代（神田信夫等）、21 世纪初（细谷良夫等）前后 3

---

① 细谷先生曾到吉林师范大学满族文化研究所查找三藩史料，接待人员没能提供有价值线索。先生坚持要看家谱，并发现"三藩"之一尚之信在黑龙江肇东一支的家谱。

次对赫图阿拉城的考察图片为例，说明当事者基于无知或实际功利的需要，往往会对历史遗迹加以"改造"。在长期田野调查中，造伪例子屡见不鲜。总之，无论治学、做人，还是生活态度，先生之于我都堪称楷模。

2. 田野调查，要密切结合自己的研究。田野调查，具有多重价值。首先，补充已知文献的不足，搜集民间收藏（家谱、文书、绘图）、口碑资料、图片。其次，加深对历史现象的理解（如通过对各地驻防遗址的考察，提升对八旗驻防制度的整体认识）。再次，发现新问题，开展相关专题研究（我对俄罗斯旗人、满洲皇帝奶妈、朝鲜旗人安氏、八旗会馆等问题的研究，皆缘于田野调查的启发）。田野调查还具有补史（如关于海西女真辉发、叶赫等部考古新发现）、证史（如澄清学界关于叶赫东西城城主之争问题）、疑史、明史的作用。

田野调查，要有自己的方式和特点。2019年11月，我参加中山大学历史学系（珠海）举办的学术对话："明清体制与田野研究范式①。"对话中谈到南北方学者田野调查方法的异同，以及调查"范式"的有无问题。我认为，南北方学者，除了要遵循史学研究基本规范，在调查宗旨、调查重点、调查方法等方面，各具特色，并没有普遍适用的"范式"。

长期以来，我研究清史的侧重点始终是满族史与满汉关系。我在《清代北京旗人社会》绪论中明言："本书关注的重点，并非高踞社会顶端的极少数满洲皇室和贵族，而是居旗人群体绝大多数的中下层②。"这是本书定位，而把握这一定位的方法之一，就是利

---

① 《"清史"对话"明—清史"：一字之"差"与求同存异》，《澎湃新闻》2020年1月10日。
② 刘小萌：《清代北京旗人社会》，中国社会科学出版社2016年修订本，第6页。

用民间文本。所撰论文,重点利用民间契书与碑文①。碑文除取自《北京图书馆藏中国历代石刻拓本汇编》,不少是在京郊踏访寺庙时亲手抄录。《拓本汇编》清代部分共计30册,内容基本限于北方,尤以北京城内外居多,其中有关旗人(主体为满族人)史事者,约占一半。至于北京契书,仅近代史所就藏有4000多件。国图、科图、首图、首博、北京大学图书馆等单位收藏房契、地契为数更多。可知,不仅北京一地收藏的档案、文献之多可用汗牛充栋来概括,即使就民间文本收藏来说,也绝不逊色于南方。

南方学者从事区域史研究,或把田野调查做为重点,不断把研究推向深入。而北方学者研究清史,如果忽视不断刊布的档案文献,尤其是以往被束之高阁的满文档案,研究难免滞后。所以我想,在各自研究中,无论就田野调查的重要性,对民间文本的重视程度,还是研究专题的选择,关注的角度,南北之间存在差异也顺理成章。

南方学者的田野调查作得深入细致,成果丰硕。研究生在老师组织下参与田野调查,逐渐培养学术梯队,形成学术传统。积累的丰富经验,值得北方学者学习。

我现在经常带师生到基层走走,但田野调查在研究中只是一项辅助性工作。20年间,出版的清代文献汗牛充栋,包括满文、汉文、蒙古文档案的大量影印出版,可是只有很少一些人在潜心研究。我指导的博士生,不会把主要精力投入在田野调查上。他们利

---

① 参见《乾嘉年间畿辅旗人的土地交易》(1992)、《从房契文书看清代北京城中的旗民交产》、《清代北京旗人的房屋买卖》(1996)、《清代北京内城居民的分布格局与变迁》(1998)、《清前期北京旗人满文房契研究》、《清代北京旗人的茔地与祭田》(2001)、《清代北京旗人与香会》(2002)、《清代北京旗人舍地现象研究》(2003)、《清代北京的碓房与八旗生计》(2006)、《清代北京的旗民关系——以商铺为中心的考察》(2011)、《民间寺观的"转香火"问题——关于什刹海观音庵契书的考察》(2013),均载《清史满族史论集》,中国社会科学出版社2020年版。

用清代中央和地方档案，研究清史与满族史、边疆民族与民族关系等专题，可以取得出色成绩。一位博士生，利用《珲春副都统衙门档》研究清代东北"南海"问题。东北"南海"地理概念，指今俄罗斯海参崴一带。因乌苏里江一带广大疆域在咸丰年间被沙俄割占，国人现在只知道海南岛以南的南海，却不清楚元明清时期，北方还有一个南海。这么重要的一段历史，一定要让国人知道，要用满文档案作研究。所以我和几个师生专门去了一趟海参崴，乘游船在周边海域转了一遭。清代从珲春到海参崴沿海分布着 14 个岛，称"南海十四岛"。是八旗官兵每年巡边的固定路线。早在《清太宗实录》里，就记载其中一个岛叫熊岛，满语称勒夫（lefu）岛，位于海参崴东南。关于这段历史，现在俄国学者有意无意地加以抹杀，国人几乎懵然不知。我们有责任去实地考察，写成调查报告，披露历史真相。①

我在调查报告中，还记录从吉林珲春到朝鲜会宁的考察。会宁位于朝鲜东北境，与珲春隔图们江相望。元末明初，曾是清朝肇祖猛哥帖木儿（孟特木）长期居住的地方。所以我有一个多年的夙愿，就是到会宁去实地看一看。2018 年终于如愿以偿，组织了一次往会宁的自费旅游实际是去调查。到实地一看，会宁只有北朝鲜第一代革命领袖金日成夫人纪念馆，一幢白色大理石砌筑的宏大建筑。与猛哥帖木儿相关的信息当然踪迹全无。但此行还是收获颇丰，实地观察了会宁地理环境，群山环峙的一个小河谷。一个长期萦绕心头的疑问得以澄清：为什么满族先世在当地时农业发展不起来，为什么迁到中国辽东以后农业才获得长足发展？关键就在于地理环境的不同。所以我想说，田野调查的关注点、调查方式，乃至学术氛围、学术传统，南北学者各有特点，因地制宜就好，谈不上

---

① 见本书《中、俄、朝三国交界处的考察：延吉—珲春—海参崴—会宁》。

什么范式。

南方学者的区域史研究深入，田野调查的成就也大。相比起来，我们的调查则比较随意。调查时间短，长则半月，少则一周；多数属于"走马观花"式考察，只有少数带有明确目的性。即便如此，仍多有收获。2019年十一长假，和几位朋友前往内蒙古东部扎鲁特旗、阿鲁科尔沁旗。清代该地属科尔沁蒙古，与满洲皇室关系密切。清初有四位格格（老百姓尊称公主）嫁到阿旗，随同公主去的还有陪嫁人。关键一点是：几百年后的今天，尽管陪嫁人后裔世代与蒙古人通婚，在生产、生活、文化、习俗上已彻底"蒙古化"，但他们还说自身是满族。这就涉及学术界普遍关心的一个民族认同问题。都同化那么多代了，又没有满族文化遗存，为什么出现这种现象？带着这个疑问，在昆都镇阿日宝力格嘎查作了调查。近些年，陪嫁人后代把毁坏的祭祀场所全都修复。每年举行四次祭祀，方圆百里的人们都聚集到公主祠。什么人呢？一看祭祀活动录像，外表看全是蒙古人，住蒙古包，说蒙古话，带蒙古媳妇，喝奶茶，吃手抓肉，唯一区别是他们都认同满族。接待我们的满族同胞说：人一辈子有两点不能改，一是父母，一是民族。现在年轻学者多喜欢谈认同。因为美国"新清史"谈满族认同，于是不少人就跟着讲认同。一旦作田野调查，你就发现，认同角度、认同对象、认同原因是多种多样的，远非某些学者表述的那么单一甚至片面。我问陪嫁人后代：你们为什么认同满族不认同蒙古族？回答说我们干吗认同蒙族？我们的先人是随公主来的，当时给的最好草场。随即又补充说，我们现在也比一般人活得好。说明他们有一种优越感。后来拜谒公主祠，顿时明白了许多。中国传统社会是男性社会。但公主祠中，公主居主位，她嫁的蒙古贵族（额驸）在侧位。在他们眼里，公主地位高于额驸。一句话，公主陪嫁人后代认同满族有其复杂背景，应该具体情况具体分析。

再举个例子，我们在辽宁海城采访三藩尚氏后代。康熙皇帝平定三藩，其中的尚可喜余部，一部分编入广州驻防汉军，大部分北迁，安插在京城内务府或东北官庄、驿站等处。一部分族人，被迁回老家海城，编为佐领。他们世代都是旗人，后裔照理应申报满族，实际上绝大多数却报的汉族。如今，尚氏族人在辽东一带至少有1万多人。我问他们："为什么不报满族？"回答很干脆："我们是姜尚后代，姜尚就是姜太公。姜太公距今多少年？干吗报满族？"理由就这么简单，就这么直截了当。回到前面的话题，田野调查价值之一，就是可以调整我们的视野，校正我们的观点。具体说到民族认同，也并非只有一个狭隘、单一、固定的答案。这是一种非常个性化的认识，因人因地因时而有异。这些认识，也是通过田野调查获取的。

四 几点说明

1. 本书为调查报告第1辑，共收15篇，约计40万字，今后将陆续推出第2、3集。

2. 本书所收调查报告，凡公开发表者，均在篇首注明期刊、发表时间；文中数据，以发表日期为准。需要说明的一点：我与细谷教授合作调查约50次，两人合撰并在日本发表的调查报告有3篇，均系我提供初稿，并由先生在参考自己笔记基础上定稿；此外，各自发表的调查报告，均由作者本人负责。

3. 书中选用照片约300张，未注明出处者，系作者拍摄。

4. 在将近20年调查活动中，与细谷良夫教授和细谷和子夫人同甘共苦，获益最多。在此，谨向两位尊敬的前辈致以最诚挚谢意和感恩之情！

中国社会科学院少数民族文学研究所研究员关纪新为我提供各

地满族联谊会的信息与联系方式。一部分调查工作（包括本书后续部分）是与以下同仁或朋友合作进行的：中国人民大学教授张永江、祁美琴，中国社会科学院历史所研究员定宜庄、近代史所研究员姜涛、边疆研究中心研究员毕奥南、副研究员奥切尔，云南大学教授方铁，哈尔滨市地方史研究所研究员王禹浪，中央民族大学教授赵令志、吴楚克，日本大学教授加藤直人，东京外国语大学教授中见立夫，早稻田大学教授柳泽明，东北学院大学教授下仓涉，日本大学讲师绵贯哲郎，承德避暑山庄博物馆韩利，隆化县文物局姜振利，吉林师范大学教授楠木贤道、许淑杰、孙守朋、吴忠良，副教授聂有财，辽宁民族出版社副总编辑吴昕阳，辽宁省民委闫立新，美国伊利诺伊大学教授邵丹，台湾"中央研究院"近代史研究所研究员陈永发、赖惠敏、于敏玲，历史语言研究所研究员陈熙远，韩国高丽大学副教授金宣旼、博士李勳、庆尚大学讲师李善爱、首尔大学博士生李升洙，新疆师范大学副教授锋晖，黑龙江大学讲师綦岩。河南洛阳师范学院贾艳丽老师、内乡县衙博物馆馆长李茗公、南阳府衙博物馆馆长刘绍明、吉林师范大学副教授许富翔等，在搜集资料、整理图片、绘制地图等方面多有助益。多年来，在北京市社会科学院满学研究所前后两任所长赵志强研究员、常越男研究员的鼎力支持下，我的调查报告得以在《满学论丛》上连载，并将本书列入该院重大课题"满学菁华"丛书的资助出版计划。该所年轻研究人员晓春、王鸿莉、哈斯巴根、关笑晶、杨原、戴光宇等积极参与编辑工作。中国社会科学院科研局"资深学者登峰工程"为本书出版提供了后期资助。中国社会科学出版社安芳女士为本书编辑出版倾尽心力，并提供宝贵建议，使我获益良多。山东青州李凤琪、唐玉民、尹国华、汪辉明，辽宁新宾刘庆华、李荣发，本溪孙旭东、梁志龙，海城尚世海、尚德新，铁岭李士群、李泽绵，沈阳柳海松，内蒙古赤峰于建设，黑龙江省肇源县陈树标、杨柏森，吉林四平隽成军、聂卓慧，福建泉州王伟明、郑梦彪，武汉刘晓航、重庆丁惠民、徐裕铭，等各地领导、专家学者、满汉蒙锡伯等族同胞、各地知青战友，以及许多熟悉或不熟悉的朋友，为笔者调查提供了许多力所能及的帮助。在此一并致以最诚挚感谢！

刘小萌

2019年12月1日

山东青州北城满族村考察*

山东青州满城原是清代八旗驻防重要地点之一。进入民国后迅速衰落，大部分满族人星散各地，有关史事随之湮没。以致在很长一段时间里，研究清代史、满族史的中外学者们竟完全忽略了它的存在。1999年，由青州满族李凤琪、唐玉民、李葵三先生撰写的《青州旗城》出版，是书内容翔实，对青州满族的兴衰历程和社会面貌，进行了穷源竟委的述说。① 正是由于该书的出版，使青州满族鲜为人知的历史拂去岁月积淀的厚厚尘灰，第一次比较清晰、完整地展现在世人面前。我们作为研究满族史和八旗制度史的学者，读过该书后所产生的一个强烈愿望，就是想尽快到青州去进行一番实地考察。

2001年1月中旬，我们与日本东北学院大学教授、东洋文库研究员细谷良夫先生对山东青州八旗驻防城（满城、旗城）遗址和当地满族村，进行了学术考察。这次考察，因得到《青州旗城》作者李凤琪、唐玉民和青州市益都街道办事处北城村委会伊国华、汪辉明、那凤鑫和其他许多满族同胞的热情帮助，得以顺利完成，收获之大出乎预期。本报告就是这次考察的初步成果之一。我们希望通

---

* 本文系笔者与哈尔滨市社会科学院地方史研究所王禹浪研究员合撰，原刊《黑龙江民族丛刊》2001年4期；参见笔者《山東青州旗城調査記》，日本《満族史研究》第2号，2003年5月；另有朱强《青州旗城传奇》，《南方周末》2001年9月13日，可以参考。

① 关于该书评价，参考刘小萌《〈青州旗城〉——一部驻防旗人的实录》，《满族研究》2000年第4期。

过这项工作，增进国内外学术界对青州满族历史的关注，并推出更多研究成果。

一 文献资料和研究状况说明

辛亥革命后，青州满城的档册很快荡然无存。有关文献资料散见于中国第一历史档案馆藏（雍正朝）《满文朱批奏折》《军机处满文月折档》《宫中档》，和清朝官修（雍正朝）《朱批谕旨》《实录》《八旗通志》以及《青州府志》《益都县图志》诸书中。在民间，邱琮玉《青社琐记》稿本中，有关于满城的若干篇记载，具体翔实，弥足珍贵。《青社琐记》书稿成于民国九年（1920）以后（见卷4《怪异三事》），其中《筑驻防城文》《驻防城池衙署》等文，系作者采自驻防城张琦琛馈赠抄本。因系辗转传抄，原作者和撰写年代均不可考，但其记载多可与官方文献相互印证，且在一定程度上弥补前者缺失，史料价值较高。此外，旧家珍藏的家谱、文告和故老口碑传说，也为复原青州满城由来提供了有益参考。

今人关于青州满城历史与现状的著述寥寥可数。唐汝俊《益都北城满族人民发展史》一文[①]，对满城兴建与规模、旗兵军事活动、当地满族今昔，有概括说明。行文虽比较简略，却是当前研究的起点。

尤其应该重视的是，前面提到的《青州旗城》一书内容丰富，涵盖历史、文化、民族等诸多方面。主要有：满城建筑结构与特点，城内寺庙和满族宗教信仰，与满族人生活相关的旗地、墓地、军马场，姓氏构成与源流，语汇和语音特点，祭祀与婚葬风俗，满汉（或曰旗民）关系，文化教育和考试制度，近代以来经商情况和出旗为民后的坎坷经历，以及脍炙人口的民谚、歌谣、俗曲，喜闻

---

① 唐汝俊：《益都北城满族人民发展史》，政协益都县委员会：《益都县政协文史资料》第1辑，1982年。

乐见的传说、逸闻等。从不同角度展示了青州满族历史与文化发展，极大地丰富了人们对青州满族的了解和认识。

该书在追溯历史的同时，还提出一些有待深入探讨的问题。如关于驻防旗人与民人关系，在清代史籍中本有歧互的记载。各地驻防地的旗民关系（在很大程度上也就是满汉关系）因时、因地、因人，而存在种种差异，应是正常现象。该书作者基于青州地方满、汉、回等民族长期共居，友好交往的事实，指出："在过去漫长的岁月里，青州满族为什么能同汉、回族兄弟和睦相处共同发展，他们彼此之间有哪些融合和进步，这一直是学者们关注研究的课题。"① 清代满汉关系是一个非常复杂的问题。它的演变，不仅对满族自身发展具有重要意义，对清王朝的兴衰，乃至近代以来中华民族的形成发展来说，都是一个至关重要的因素。迄今为止，对清代满汉关系还远远谈不上系统研究。在这方面，《青州旗城》一书所持观点同样值得关注。

该书附录，收载有关满城和青州满族文史资料。其中，邱琮玉抄《青州满营记略》（载《青社琐记》卷3）、崔光笏《镇江府青州驻防忠烈祠碑文》、李廷杨《青州旗城昭忠祠显忠碑文》《海岱书院章程六条》，都是青州以外读者难得一觅的珍藏，因此书出版得以流传，为研究者和关心满族历史文化的读者提供了很大便利。

《青州旗城》作为一部成功之作，在某些具体史事方面，仍可继续开掘，进一步完善。例如关于青州驻防缘起问题，作者在《雍正帝谕旨建旗城》中，主要从军事角度作了解释，至于主导这一重大决策的经济因素（解决京旗的"八旗生计"问题），却未能深入分析。再如关于青州旗人的身份特征问题。青州八旗兵丁及眷属都是雍正年间从京师调往，其中出身开户、另记档案等非正身旗人约占半数。有关资料载在《军机处满文月折档》。这也是应予补充说

---

① 李凤琪、唐玉民、李奎编著：《青州旗城》，山东文艺出版社1999年版，第3页。

明的重要史事。有鉴于此，本报告在对青州满族历史今昔加以概括的同时，将就前著言而未详处加以补充或说明。

二　青州满族的历史

青州满城筹建于雍正七年（1729）。关于其缘起，不能不谈到八旗水师营的建立。

雍正初年，清廷为加强海防，在八旗驻防内添设了一支新兵种——水师。雍正三年（1725）十二月，议政王大臣等遵旨议覆：天津海口，为京师重镇，满洲兵丁令往天津驻扎，学习水师，于海防大有裨益。① 随即，自京师调遣八旗满洲、蒙古余丁（未获披甲壮丁）设天津八旗水师营。此后至雍正六年（1728），江宁、杭州、福建等处八旗驻防均受命仿行。依雍正帝本意，原打算在山东登、莱一带以及奉天金州亦设置水师营，作为天津水师的左右翼。但河东总督田文镜遵旨到登、莱、胶州沿海查勘后，却认为当地绿营水、陆兵力已足敷防守，不便照天津之例设立满洲水师。② 在此种情况下，雍正帝并未完全收回自己的旨意，而是退而求其次说："如云登、莱二府及胶州地方必不相宜，或于青州酌量查勘，再不然即于济南省城亦可。"③ 青州、济南均偏离沿海，而雍正帝却提出在两地设立八旗驻防，其用意是很深远的。

雍正七年（1729）七月，河东总督田文镜遵旨议奏，认为山东青州府为适中要地，内与陆路各营声势联络，外与沿海营汛呼吸相通，设立满洲兵驻防，可资弹压而重保障。建议，青州府北城外，有已废东阳旧城基址，建造城垣衙署营房，可驻兵数千。④ 寻经议

---

① 《清世宗实录》卷39，雍正三年十二月己巳，台北华文书局"大清历朝实录"影印本，1968年。
② 田文镜奏：《为遵旨查明沿海情形无庸添设水陆满兵仰祈睿鉴事》，雍正六年十二月十六日，允禄等编：《朱批谕旨》第31册，文渊阁四库全书本。
③ 田文镜奏：《为遵旨查明沿海情形无庸添设水陆满兵仰祈睿鉴事》，雍正六年十二月十六日，雍正帝朱批，允禄等编《朱批谕旨》第31册。
④ 《清世宗实录》卷83，雍正七年七月甲寅。

政王大臣议覆：新城建成后，自京师派拨八旗满洲兵两千，永远驻防。设将军一员，副都统一员管辖。据此，清廷决定设青州驻防的准确时间应为雍正七年（1729）七月，而原拟设在登、莱的满洲水师也改为在青州陆地驻防。

清初于各直省设立八旗驻防，多于原汉民居住旧城内圈出一片界址，以安置八旗官兵，如杭州、西安、京口、荆州等处驻防，均是照此办理。至此，在汉城（民城）附近另盖旗城（满城），成为设置八旗驻防的又一种模式。其目的：一是使旗民两不相扰；二是有助于八旗官兵管理，保持满洲人国语骑射传统，免受汉俗沾染。但此举的耗费也远逾从前。具体到青州满城，原计划建在府城北东阳城旧址，后因距府城较近，担心兵民互扰，乃移向旧址北五里高原，该处为一西南高东北低丘陵，南有群山回护，北瞰益寿平原。城两旁旧有东、西店，系东阳古城驿站。东店向东，通登、莱二州，西店北通京、津、济等大都市。外地入青州的西、北、东三条官道亦交会于此，是名副其实的通衢要道。

青州满城始建于雍正八年（1730）六月（一说八月），工程浩大，对当地民人来说无疑是一次大规模的骚扰。据《青社琐记》卷三《筑驻防城文》："吾邑驻防城地及教军场地，旧皆民田，筑城时，以官价买之，价甚廉。或曰亩京钱十千，未知确否。又相传东店庄何姓，富室也，田多在此间，以是贫也。"满城基址，均是廉价购买的民田，因此破产的民户，自然非止何姓一家。奠基日，遍地青苗被铲除一空，祖茔则被强行搬迁。为修城池，强征各县民夫匠役，所需木料本地难筹，乃自东北砍伐松、榆，经海路、陆路辗转运抵。仅购置木植一项，估计耗银数十万两，至于兵丁眷口长途迁移，沿途雇觅车辆，拴养马匹，发给盘费诸项，也费用不赀。这对国家、地方来说都是沉重负担。

满城竣工于雍正十年（1732）。新城南北280丈，东西240丈，是一座长方形三合土城，城垛砖砌。城周围以护城河，宽45尺，长1120丈。城墙高1.2丈，顶宽0.7丈，周长6里140丈，总面积1120亩。城垛口2000个,马道宽15丈。城门四,东曰海晏、南曰宁齐、西曰泰安、北曰拱辰。① 因满城建于府城(益都城)北,故当地习称"北城",而居住着汉、回族人的府城也就顺理成章地称作"南城"了。

早在满城竣工前,清廷已谕命从京师八旗中选拔余丁(未披甲壮丁)两千,令披甲,加以操练,准备调往青州驻防。雍正九年(1731)十月上谕:

> 青州驻防官兵,自今即著选派。其应补放官员,著八旗都统,会同将军鄂弥达拣选。派此兵丁时,将余丁内之次等者拨出,即交与将军鄂弥达、副都统阿尔胡禅在八旗校场操演。青州府建造城垣房屋,至明岁始能告竣。与其到彼始行学习,不若此地即行操演。此派往官兵,仍照常给予俸饷。其员缺,令八旗都统等拣选补放。应派之兵二千名,不必拨派蒙古,止于满洲内拣选。②

这条上谕说明:青州驻防官兵是从京师八个旗而非某一单个旗分中选调的;选拔兵丁标准,一是"余丁内之次等者";二是"止于满洲内拣选"。兵丁选出后,没有立即派往青州,而是先在京师操练。

雍正十年(1732)九月初二日的京城,金风送暑,军旗飞扬,是日,两千名满洲兵丁及其眷属共计一万五千余人,在青州将军鄂弥达带领下自京师启程,分作四队,前赴青州。这些满洲旗人祖籍关外白山黑水,顺治元年(1644)"从龙入关"后即定居京师。前后88年,至少已繁衍四代。至此,告别京城,又一次踏上漫漫征程,而青州满族270余年历史的开篇,亦由此翻开。据说,这年岁暮的某个大雪天,他们才行抵青州。

---

① 毛永柏修:《青州府志》卷29,咸丰九年刻本。
② 《清世宗实录》卷111,雍正九年十月壬寅。

关于青州满族历史的开篇，有两个问题仍有探讨余地：一是清廷在青州设立八旗驻防的目的；二是第一代青州旗人的身份特征。

清廷在青州设立八旗驻防的目的，究竟是基于军事需要，还是另有多重考虑？

众所周知，清代大小90余处八旗驻防，在规模和兵力配置上相差悬殊。大型驻防地如西安、广州、江宁等处，驻扎官兵都在2000—6000人左右，加上眷属，有两三万人之多，而基层驻防地如宝坻、东安、固安等处，仅设官兵数十人，加上眷口，充其量不过四五百人。青州驻防初设时，由京师调拨八旗官兵2000人，合计家口共1.5万人，这在驻防规模上，已相当可观。从驻防级别来看，各驻防地根据兵力多寡，分别设置将军、都统、副都统、协领、城守尉、防守尉、防御等官。雍正七年（1729）清廷决定增设青州将军时，全国八旗驻防地中设有将军一职的只有盛京、吉林、黑龙江、江宁、京口、杭州、福州、广州、荆州、西安十处，足见青州驻防在清廷看来，绝非无足轻重。但是，在以上十处驻防地中，属于东北"发祥"地的三处，属于黄河沿线的一处，属于长江沿线的四处，属于东南沿海的两处，这十处驻防地无一不是战略要地。唯独青州驻防，偏向山东一隅，其在战略上的重要性显然不能与前者相比。何况，当时德州已设有八旗驻防，重在护卫运河大动脉，青州、寿光等处则有绿营负责防务。既然如此，雍正帝为什么还要在青州大兴土木，修建满城？

先是，河东总督田文镜遵旨复奏，提出登、莱、胶州不便设立满洲水师时，雍正帝曾朱批称："至于满兵设立水师，不过令薄海内外闻之，以壮声势而已，非为绿旗汉兵，不足哨巡而议添也。"这里所谓"壮声势"，既有威慑海外的作用，也寓有控制沿海绿营兵的目的。而后，议政王大臣在议覆青州设防事宜时也明确指出：青州驻防内与陆路各营声势联络，外与沿海营汛呼吸相通，设立满洲兵驻防，可资弹压而重保障。据此看来，显然不能认为清廷设立青州八旗驻防之初，并非没有军事上的考虑。康熙帝曾提出："绿旗兵丁，较满洲、蒙古相去甚远。"① 绿旗（绿营）任务是平日绥靖地方，而八旗兵则是遇战事出兵。所谓"无事则以绿营备巡卫，而民安生。有事则以旗兵制其后，而国势壮"②。具体指的就是两者分工。而八旗军队负有监视绿营的责任，至少在清初也是不言而喻的事实。具体到青州一地，既设有驻防八旗，又设有绿营，而八旗规格始终高于绿营，这与清廷的一贯做法应是一脉相传的。

不过，当雍正帝决定在青州设置驻防八旗时，已不再是单纯基于军事的考虑。他在给田文镜的朱批中说得很明白："此论（指登、莱等处不宜设满洲水师之论）固属详悉允当，但未领会朕意"，"自定鼎以来，满洲户口滋生日渐繁衍，将来若至敷用时，省省皆有驻防满兵方为全美"③。在此，他很明确地把满洲人口滋生日繁，作为在各省安设八旗驻防的一条重要理由。换言之，就是把增设八旗驻防与解决"八旗生计"的经济需要联系在一起。这是以往没有的新思路。所以他又补充说："如云虚糜钱粮，则在京在外皆属同然，不为枉费。"

令清朝统治者严重不安的"八旗生计"问题，正是在雍正年间凸显出来的。所谓"八旗生计"问题，实际就是下层旗人贫困化问题，而导致贫困化的原因则有旗地流失、就业途径狭窄、人口压力增大、生活奢靡、贫富分化等。该问题的发展，不断瓦解清廷赖以维持统治的"根基"，不能不引起统治者的高度关切，并采取诸如赏赐钱粮、代偿债务、回赎旗地、增加兵额、添设养育兵、京旗移垦等措施，试图缓解问题的恶化。而增加驻防地和驻防额兵，正是上述措施之一。

雍正元年（1723）清廷决定增设热河、喀喇和屯、桦榆沟三处驻防时，已有缓解"八旗生计"的考虑："边外地方辽阔，开垦田

---

① 《清圣祖实录》卷274，康熙五十六年九月辛未。
② 毛永柏修：《青州府志》卷29。
③ 田文镜奏：《为遵旨查明沿海情形无庸添设水陆满兵仰祈睿鉴事》，雍正六年十二月十六日，雍正帝朱批，允禄等编《朱批谕旨》第31册。

亩甚多，将京城无产业兵丁移住于彼，殊为有益。"① 雍正六年（1728）十一月，福建陆路提督石云倬建策云：满洲八旗人等生齿日繁，丁口增广，而甲额有限，不如由京师调派部分满洲闲散移驻镇江、福州、广州，取代该处将军麾下绿营兵。② 至此，决定在青州设立八旗驻防，表明清廷明确把增设八旗驻防，作为解决京师"八旗生计"的一项措施。

接下来讨论的一个问题是：雍正帝谕旨内提出京师八旗选调青州的标准是"余丁内之次等者"。那么，"次等者"的真正含义是什么？

根据《军机处满文月折档》乾隆十一年四月二十七日额尔图密折的追述：雍正九年（1731）青州初设驻防时，在选调的2000满洲兵丁中，有另户1270人，分户（delhetu，或译开户）730人。也就是说，将近一半是出身开户的非正身旗人。③ 这就是"次等者"的真实含义。

所谓"开户"，原本是正身旗人（旗下自由民）的奴仆（简称"户下"或"户下人"），以后陆续通过军功或赎身摆脱了对主人依附，在旗下取得独立开户资格。他们的身份地位虽高于奴仆，却难免受到统治者和正身旗人歧视。尤其到雍正年间，八旗人丁孳生日繁，正身旗人面临"人口日增而兵额有定"的食饷难问题。在这种背景下，清廷从雍正七年（1729）开始大规模清查八旗户籍，并将清查出的开户人、养子（抱养民人或奴仆之子）分别情况载入"另记档案"和"开户"册籍。大批京旗开户人、另记档案人被拨往青州，实际上是这场清查活动的余波。当时，非独青州，在杭州、西安、荆州、福州、银川、热河（今河北承德）、右卫（今山西右玉）、绥远（今呼和浩特市旧城）等驻防地中，都聚集了越来

---

① 《清世宗实录》卷8，雍正元年六月辛酉。
② 石云倬奏：《为敬陈管见仰祈圣明采择事》，雍正六年十一月十九日，雍正帝朱批，允禄等编：《朱批谕旨》第20册。
③ 中国第一历史档案馆藏：《满文月折档》，乾隆十一年四月二十七日额尔图奏。

越多的开户、另记档案人。① 此举既缓解京城八旗、首先是满洲旗人的生计压力,同时也给调往外地的包括非正身旗人在内的闲散旗人以食饷当兵机会,在当时这未尝不是一举两得的举措。

一般说来,八旗兵丁驻防各地,仍有可能通过升迁、科举等途径回返京城。但至少在雍乾年间,非正身出身兵丁很难有此机会。仍以青州为例,初拨驻防的2000名额兵中,有分档开户730人;至乾隆十五年(1750),2002名额兵中,有另记档案28人,分档开户972名,即比18年前增加了200余人;同期,另户满洲却减少近300人。青州将军希拉门在密奏中一语道破其中的奥秘:"满洲奴仆(笔者按:此处'奴仆'系指正身旗人)升路甚多,虽比初额减少,俱得擢用官职。分户兵丁并无它途,惟挑取领催、马甲,人口滋生甚繁,故比初额添增。"② 正身旗人有机会跻身仕途,尚有回京之望,非正身之开户、另记档案人既不准考试,复不准擢用,于驻防地披甲食饷已属"皇恩浩荡",且举家携往,自然只能永驻他方。

总之,在拨往青州的1.5万名旗人中,约有半数属身份较低的开户、另记档案人。这是一个可观数字,也是谈到青州驻防缘起时不应忽略或回避的。

1. 满城。青州满城原设将军衙门1所,房屋85间,乾隆二十六年(1761)裁汰,改副都统衙门;副都统衙门1所,房屋21间,同年改建万寿宫;理事同知府衙门1所,房29间;协领4员,衙门各1所,每所房18间;佐领16员,衙门各1所,每所房15间;防御16员,衙门各1所,每所房8间;骁骑校16员,衙门各1所,每所房6间;笔帖式3员,衙门各1所,每所房6间。旗兵房4000间。乾隆二十六年裁汰将军,三十五年(1770)裁汰佐领4员,本翼协领代管。四十三年(1778)改协领隔翼兼管。又匠役房32间,官学房24间;堆房9处,每处2间;四城门班房各5

---

① 刘小萌:《关于清代八旗中"开户人"的身份问题》,《社会科学战线》1987年第2期。

② 中国第一历史档案馆藏:《满文月折档》,乾隆十五年四月二十九日希拉门奏。

间。城内十字路口东设官厅1座,房8间。以上全城共有官衙57座,用房668间;宫殿1座,用房22间;庙宇21座;厅房2座。连同兵丁住房共有4899间。①

南门外演武场,设演武厅5间,旗台1座,照壁1座,续建厅后照房5间。北门外接官厅关帝阁1座,敕建普恩寺、续建弥勒阁、敕建福应庙。道光元年（1821）,建土地祠16座（每佐领1座）。②

2. 编制与军事。青州驻防按八旗编制,即四正四镶,各有方位。雍正十年（1732）至光绪三十三年（1907）,先后设将军13员、副都统44员、协领35员、佐领59员、防御71员、理事同知73员,共295员。③将军官阶一品,除负责青州满城军政事务,兼管德州驻防官兵④,并密奏地方丰歉等职责。⑤乾隆二十六年（1761）裁撤将军后,驻防长官改为副都统,从二品。副都统下设协领4员,正三品;每协领下辖佐领4员,正四品;佐领下是防御,正五品;骁骑校,正六品;笔帖式,七、八、九品。以下为领催、前锋、马甲、步甲、匠役。马甲2000名,步甲400名,匠役在外。乾隆三十二年（1757）以后,甲缺有所裁减。

青州驻防自设立初,即赋予"可以资弹压而重保障"的军事任务,对外御敌,对内镇压反叛。在200余年中,较大的军事活动有:道光二十二年（1842）,调拨500旗兵进驻镇江,防御英军入侵。镇江一役,青州兵战死65名,战伤100余名。战后,镇江军民为纪念青州兵英勇抗敌、为国捐躯事迹而立的《忠烈碑》载称:

---

① 毛永柏修:《青州府志》卷27。
② 邱琮玉:《青社琐记》卷3《驻防城池衙署等》,青州市政协史志办公室:《青州文献》,2010年版。
③ 张承燮等修:《益都县图志》卷23《驻防职官表》,光绪三十三年版。
④ 《青州将军阿里衮奏请每年春秋两次往查德州官兵折》,雍正十三年正月二十七日,中国第一历史档案馆编:《雍正朝满文朱批奏折全译》（以下称《奏折全译》）,黄山书社1998年版,第2331页。《青州将军阿里衮奏报赴德州查看官兵操演折》,雍正十三年四月初二日,载《奏折全译》,第2344页。
⑤ 《青州将军鄂弥达奏谢赏福字织绸并报雨水田禾折》,雍正十二年四月二十五日,《奏折全译》,第2257页;《青州将军阿里衮奏报青州一带雨雪冬麦情形折》,雍正十三年十二月十七日,《奏折全译》,第2495页。

"守兵以千数，皆震慑，独青州兵奋勇格杀，至血积刀柄，滑不可持，尚大呼杀贼。"① 由于镇江东西两门皆青州兵把守，英军久攻不下，最终从没有青州兵设防的北门攻入。咸丰年间两次出兵江宁，参加镇压太平天国，第一次出兵200名，阵亡199名；第二次出兵800名，仅攻克江宁城一役即阵亡50人。咸丰十一年（1861），出兵500名赴淄河截击捻军，大部阵亡，给满城造成的年轻寡妇就有200余人。光绪二十年（1894），中日甲午战争爆发，出兵500名进驻威海刘公岛，与日军激战，伤亡惨重。二十六年（1900），八国联军从天津攻北京，清廷急调青州旗兵500名入卫京师，青州兵到京后参加攻打西什库教堂。光绪帝和慈禧太后逃往山西途中，青州兵沿途护驾。上述战斗，令青州满兵伤亡惨重，留下痛苦的历史记忆。据说，直到今天，"淄河兵搁下了"（意即垮台、死亡了）的故事仍在当地满族中流传（图1）。②

光绪二十七年（1901），青州驻防八旗改演新操，按步队、马队编制。三十一年（1905），调操潍县300名，不久又调操保定府100名。旗兵新操编制一直保留到民国十四年（1925），这在全国范围内也是绝无仅有。同年，接受山东军阀张宗昌的改编为旗兵团，旗兵团下辖3个营，每营3个连，另有直属机枪连和迫击炮连，共11个连，1276人，由原副都统吴延年任团长，原4个协领任营长。民国十七年（1928）秋，吴延年部和民团薛德周部与土匪刘振标、窦宝璋部混战。第二年正月初一，窦部攻入北城，旗兵团被打垮缴械。

3. 旗内关系。清代八旗驻防的兵员构成，就民族源流而言，有纯用满洲兵，纯用汉军兵，兼用满洲、蒙古、汉军兵，兼用满洲、蒙古兵等数种。青州驻防虽以满洲人为主，也掺杂有汉军、汉

---

① 青州市博物馆藏：《忠烈碑》。恩格斯在《英人对华的新远征》一文中称赞青州兵"虽然不通兵法，可是决不缺乏勇敢和锐气……如果这些侵略者到处都遭到同样的抵抗，他们绝对到不了南京"，《马克思恩格斯全集》第12卷。
② 唐汝俊：《益都北城满族人民发展史》，《青州文史资料（选集）》，山东人民出版社1996年版。

图 1　布库（摔跤）图（关纪新提供）

人、蒙古人、回族人。雍正十二年（1734）十二月第二任青州将军阿里衮赴任时，自杭州驻防带往笔帖式中有汉军旗人。① 另外，按照常规推测，在雍正十年迁往青州的满洲官兵中，至少有一部分人应携带有汉人奴仆。青州驻防中，还有蒙古旗人。② 乾隆二十二年（1757），清廷将俘获的厄鲁特伯格里属下男女360余名解送保定、天津、青州，给驻防满洲为奴，以"伊等向不安静，若令聚族而居，恐或滋事"为理由，命该管官将其兄弟子侄或亲眷俱分别安置各处。③ 邱琮玉《青社琐记》卷三《驻防城罪奴》记载，嘉道时人曾桂《北城即景诗》云："太平不用觇烽火，羌女新来万里囚。"并加按语称："此指张格尔之亲属言。张既伏诛，其亲属有发来北城为奴者，分隶各旗。旬月辄相聚一哭。"张格尔，新疆喀什噶尔（今喀什）人，维吾尔族，为逃亡境外伊斯兰教白山派头目布拉尼

---

① 《青州将军阿里衮奏请补授笔帖式折》，雍正十二年十二月十三日，《奏折全译》，第2328页。
② 李凤琪、唐玉民、李奎编著：《青州旗城》，第62页。
③ 《清高宗实录》卷549，乾隆二十二年十月丙戌。

敦（大和卓木）孙，道光六年（1826），大举入犯新疆南部地区，次年底被清军俘获，解京处死。其族人则被发遣各八旗驻防地为奴。同时，在青州满城内外还有不少回族。

4. 经济。八旗官兵移住青州满城后，城内设立市场，招徕各处商贾入居贸易，以满足官兵日常所需。雍正十一年（1733），河东总督王士俊视察满城，见城内设立一应市场甚妥，唯无当铺、米铺，因命山东布政使郑禅宝为开当铺差官，解送6000两银给青州将军鄂弥达，以5000两开设当铺，以1000两开设米铺。① 城内一切商业活动，自然离不开民间商民。雍正帝筹划青州设立驻防初，田文镜曾担心当地地多斥卤，过于偏僻。帝则预言："如云地方贫苦商贾不至，则建立大镇驻扎多兵，贸易者自将辐辏。试观安西一镇，远在塞外千里，移住甫经二载，一切市卖货殖不亚内地繁盛之区矣。"② 安西（位于河西走廊西端，古称瓜州，雍正元年设安西镇，即今甘肃省安西县）设镇后，四方民人聚集，或贸易，或佣工，各种店铺、酒馆、当铺应运而生，满城很快发展为商人集聚中心，在满足官兵日常所需的同时，对地方经济的繁兴也产生了巨大影响。

近代以来，青州满城内天天有集市，店铺列满十字街口和四条大街。南街是粮食、柴草、蔬菜市，北街是生熟肉和豆腐市。西街有"元和成""义聚成"等杂货糕点铺。东街有米面加工和肉铺。另外，还有药铺、理发铺、洗染铺、当铺、赁铺等。这些店铺，原来多为汉人所开。到清末民初停发粮饷时期，满族人为了生计也开始经商开店。③

八旗驻防兵丁视兵种之别分为三等：第一等领催、前锋；第二

---

① 《青州将军鄂弥达奏报开设当铺救济窘迫兵丁折》，雍正十一年十月十三日，《奏折全译》，第2228页；《青州将军阿里衮奏陈满洲城内当铺生息银两折》，雍正十三年正月二十七日，《奏折全译》，第2330页。
② 田文镜奏：《为遵旨查明沿海情形无庸添设水陆满兵仰祈睿鉴事》，雍正六年十二月十六日，雍正《朱批谕旨》第31册，雍正帝朱批。
③ 李凤琪、唐玉民、李奎编著：《青州旗城》，第254页。

等马甲；第三等步甲。饷银饷米发放，依等级高低而有差。驻防兵丁银米，与京旗同一级别兵丁相比，总差一个档次。以人数最多的马甲为例，京旗马甲月银3两、岁支米48斛、马每月支银3两；驻防马甲月银2两、米2斗5升（合岁支米6斛）、马月支银折米9斗—7斗5升、草40—30束。① 甲米一项，京旗是驻防旗人的8倍，每月甲银也比后者多1两。马银支放，同样优于后者。两者差别是比较明显的。当然，京城日用所需昂贵于各地，也是当政者不能不考虑的一个事实。

青州旗人土地分布在城郊菜园村、北辛村以及今王母宫乡李家官及利津县等地。这些旗地并非如清初京旗系按"计丁授田"方式领取，而是官兵用价购买，佃种旗地民人按时缴纳粮草。直到20世纪40年代中叶，大部分旗地才被一些管事人陆续卖掉私分。除旗地外，在沂山尚有八旗军马牧场，放牧千余匹战马。

清政府财政拮据，粮饷往往不能按时发放，又不能不削减兵饷。咸丰三年（1853），八旗官兵饷银，折发制钱，官兵实际收入减少。咸丰十年（1860）起，官兵粮饷减成发给，一般兵丁只能领到原饷六七成，有时甚至欠饷不发，以致当地旗人的生计陷于绝境："因粮饷缺乏，已将所有物件变卖糊口。现在无可折变，衣敝履穿，形同乞丐。"入冬后，"男妇赴乡乞食，死者甚多"②。这是晚清官修史书中关于驻防旗人最悲惨的一段记录。

宣统三年（1911）辛亥革命后，清帝逊位，八旗官兵俸饷暂时保留。民国二年（1913）开始削减，青壮年为养家糊口，多外出谋生，兵员也逐渐减少。民国十三年（1924），俸饷全部停发，别无收入的北城只有"卖"和"逃"两条出路。"卖"就是先卖"官房"什物，后卖子女，"逃"就是外逃谋生。民国近四十年间，青州满族人外逃了十分之八，仅在济南、青岛两地的青州满族就有一万多人。青岛市沧口区因有"小北城"之称。

---

① 乾隆《大清会典》卷18，武英殿本，第4—5页。参阅张大昌《杭州八旗驻防志略》卷16，辽宁大学出版社1994年版，第172—173页，所载略有不同。
② 《清穆宗实录》卷88，同治二年十二月丙戌。

三 青州满族的今天

青州为华夏古九州之一。历史悠久，人杰地灵，自古就是兵家必争之地，又是商贾云聚之所。今天的青州古城原称益都，县级市，行政隶属潍坊市，总面积1569平方公里，人口857447人（1990年统计）。境内有汉族、回族、满族、蒙古族、朝鲜族、土家族等民族。其中汉族占总人口88.6%，回族占2.22%，满族占0.25%。市政府驻益都镇，下辖13个镇、23个乡、1098个村。①

青州满城竣工于雍正十年（1732），毁于1947年，前后存在了215年。其间，人们为了把它与青州古城分开，习称古城为南城，称满城为北城。满城毁坏后，北城名称沿用至今，即青州市益都镇北城村。

目前作为行政村的北城村实际包括四个自然村：北城、菜园、北辛村、柳树湾。北城为满城旧址，其余三处原为官菜园和旗地、坟茔地。现满族仍聚居北城，其他三村为汉族，归北城管辖。村委会由满汉干部组成，党委书记系满族。

北城村是山东省唯一一个满族聚居村。现有1516户，5000人，包括满族、汉族、蒙古族、回族4个民族，其中满族人口2300余人，占总人口的48%。②

在北城村委会大楼，我们与村主任兼书记伊国华（满姓伊拉里氏）、村委会副主任汪辉明（满姓完颜氏）、村委会妇联主任那凤鑫（满姓叶赫那拉氏）、原村委会干部、教师唐玉民（满姓塔塔拉氏）等进行座谈。

通过交谈，对今日北城村有了更多了解。

首先是极具特色的"北城语"。北城满族的语音语汇，有别于当地汉族纯粹山东话，而带有自身特点（为表述方便起见，姑且把

---

① 宋科富主编：《潍坊市志》，中央文献出版社1995年版，第89页。
② 青州市益都街道办事处北城村党委书记伊国华：《在全市民族工作暨潍坊市第一次民族团结进步表彰大会上的发言》（铅印本），2001年1月。

这种使用范围极小的方言称为"北城话")。"北城话"仍保留一些传统满族语汇,如说"老太太""老爷子"(分别指称父母)、"小孩""镶蓝前""我们";见面问"上哪克(往哪儿去)""哪个旗上""哪个牛(牛录)上"等。现在熟悉这些话汇的主要是45岁以上中年人。

"北城话"语音接近北京话,与山东话语音音调差异明显。这使我们不由得想起,远在黑龙江哈尔滨市双城县拉林河下游唐家崴子的满族人语音语汇,与北城满族也很接近。原因在于,他们祖上原来都居住在北京。

此前,我们在潍坊等地考察,颇为山东话的难懂犯愁,有时不得不请求对方把话重复一遍。在北城村,则犹如在和北京老乡谈话。如此接近的乡音,实在令人兴奋。令人难以置信的是,在长达300年的时间里,北城满族生活在一个被汉文化长期熏陶、不足1平方公里的城池内,竟然还能保留下如此纯正的"京腔"。语言的生命力如此坚韧,如果不是实地考察,是无论如何想象不到的。

据村委会干部介绍,只要一出北城村,听到的就是地道山东话。北城村人无论老幼都兼通山东话和"北城话"。村外交际用山东话,村内交际用"北城话"。有趣的是,在北城村上学的汉族孩子也用"北城话",因为这种话很接近普通话。对"北城话"究竟应该如何定义?或可视作北京话及青州方言的混和体?这些专业问题显然不是我们所能解答的,只能留待语言学家研究。

根据村委会提供的《青州市益都镇北城村现状分布图》(1992年5月绘制),可以看出:现在的北城村基本上仍保持原满城建筑的格局。村内外道路、居住区分布,尚未有大的改变。但满城城墙早已荡然无存,城基旧址已修成平坦规整的大道。作为自然村的北城村有720余户,基本上是满族,少数汉人主要是与满族通婚进入的。近几年来,因青州城内建筑不断增多,地价上涨,一些汉人看中北城村内空地,开始在北城买地盖房。

目前满汉通婚普遍。所生子女可以随便申报族属,但多数人倾向于报满族。原因在于:报满族可以享受国家有关少数民族优惠政策：一是升学考试照顾一个分数段；二是可以生二胎。

近年来，北城村经济有了较大发展。村办企业12处，固定资产总值6500万元。2000年全村完成经济总收入3.02亿元，上缴税金370万元，村民人均所得达到4200元。企业有机械厂、服装加工厂、汽车修理厂、包装装潢厂、汽车配件厂、建筑公司、铁路货厂等。鲁圣服装有限公司先后引进2台（套）新设备，增强产品竞争力，产品远销美国、巴西、德国、韩国、中国香港等10多个国家和地区，2000年创汇700万美元。

北城村以满族传统名吃满汉全席、满城宴闻名远近。现有满族特色酒店、饭馆20余家，年创利150余万元。1997年以来，结合旧村改造，多方筹措资金1500万元，兴建了具有民族特色集餐饮、商业、居住于一体的华旗商业街。

北城村积极进行农业产业结构调整，2000年扶植村民投资30万元，建起2处小尾寒羊饲养基地，已发展到300多只，被列入山东省民委鲁羊开发基地之一。肉食鸽、蛇等特种养殖以及大田蔬菜种植也颇具规模。

经济的发展，改善了村民的生活条件。近年来，全村新建房屋4000多间，新建楼房4.5米，全体村民都住进新房，30%农户搬进楼房，50%农户安装了程控电话，近百户农民购买了小汽车。家家户户，冰箱、彩电、VCD等电器一应俱全。投资20万元建起敬老院，使全村孤寡老人可以安度晚年。投资260万元在主要街道铺设排污管道，并安装路灯；投资50万元，改造年久失修的自来水管道；投资60多万元，新增容270千伏安，解决了村民用电难问题。

全村拥有多种群众性文体组织和操场、舞厅、球场等活动场所，活跃了村民的业余文化生活。以村中满族青年为主组成的珍珠球队，曾获全国第三届少数民族运动会珍珠球项目银牌。

福利事业得到发展。全体村民的统筹提留款全部由村集体代缴，对60岁以上老人，每月发给20元生活补助费，每逢生日，村委送百元生日礼物。

北城满族学校在民国时代叫宣化会，1949年后改称满族学校。现在发展成为小学和中学各一所。学校虽称满族学校，平时已不学满语，学校只在每年假期教满语。村委会投资40万元，为满族学校兴建了一座建筑面积2300平方米，能容纳12个班的教学楼。自办民族职业中专班，并拨出专款，奖励成绩突出的教师和学生。对升入大中专院校和高中的学生分别予以奖励，促进教育事业的发展。

因为工作较有成绩，村党委被潍坊市委授予"红旗村党组织"称号，国家民委和省政府授予该村"民族团结进步先进集体"称号，潍坊市委、市政府授予"乡镇企业明星村""发展经济百强村"等荣誉称号。（图2）

图2　与细谷良夫教授、北城村满族族胞合影
（2001年1月16日青州北城村）

随着社会进步，经济发展，北城满族的生活有了明显提高。与此同时，他们的传统文化也在迅速消退。尽管如此，北城满族仍清楚地记着，他们的祖先来自遥远的白山黑水。目前，村内历史遗迹已屈指可数。在村委会大楼西侧化工厂西墙上,镶嵌在上面的是原满城东门门额。门额上书"海晏门"三字,字迹浑圆苍劲,从左至右,额头写"钦定"二字,落款"雍正十年九月吉旦"。门额大理石质,外廓长160厘米、高64厘米、内廓长145厘米、高47厘米。门额单用汉文,无满文。这在雍正年间极为罕见,何况雍正帝又是清朝诸帝中最提倡"国语旗射"的一位。其原因耐人寻味。

图3 青州满城门额

村内设有"青州满族旗城博物馆",由满族著名人士溥杰题款。展室不到100平方米,内容充实。分为:前言、旗城今昔(旗城的历史、旗城的兴建、以兵为业的旗城、青州满族旗城人民常用姓氏浅考表)、满城民俗简介、旗城人物等部分,展有旗城模型、照片(如旗城官房外景、城墙遗址、海晏门)、文字说明、史料(嘉庆帝《八旗箴》《驻防青州满洲八旗城军校场训志》《忠烈祠碑文拓片》《镇江战役牺牲烈士英名录》、陆嵩《青州兵叹》、乾隆五十年正月初一日给旗人苏宁满汉文诰命、光绪元年任命烈尔巴奉阿为旗城佐领的满汉文圣旨等)。

当年满城内官房将近5000间,如今所余无几。据说,20世纪80年代初,村内旧建筑尚有防御衙门旧房4间(在北城十字口西北)及兵民住房200间。随着经济发展和建设步伐加快,剩余旧建筑迅速被新型民居所取代。目前,全村保留清代老宅仅有2处,一处为兵丁住房,一处为官员住房。

图4 青州满城八旗兵房遗址

我们在李凤琦、唐玉明先生带领下参观了位于北城村南大街五道街8号的一栋原兵丁住宅。这是唐先生家老宅,已闲置。唐先生说,北城村老人至今还会念叨说:"房子是雍正皇帝给我们的。"

老宅院南墙侧偏东开一门,迎门有一矮小影壁墙。前院约16平方米,后院约2平方米多。北房2间,青砖青瓦,高约2米余,长约6平方米,宽约5平方米。屋子向南偏东处开一风门,风门上半部为云头纹,下半部门心(外廓直径24—26厘米,内廓直径18—19厘米)为精美的松、鹤、鹿、山石图案(松、鹤、鹿分别有福、禄、寿含义)。图案上方有"同春"二字,鹿与禄与六均为同音或谐音，也有六合同春意。鹿的图案一直是女真族和北方民族秋山图案的代表，图中松鹤延年与秋山鹿鸣正是满族文化及中原文化相融合的典范。秋山又有狩猎的含义。风门外开，风门内又有一道房门由内向外两扇对关。东、西二屋以隔扇隔开，隔扇下方有如意纹。西屋大间为一铺大炕，是长辈和未婚子女居住，以西为尊是满族人传统。东屋小间为新婚青年住房。室内开后门，青砖铺地。窗框刻工字花。房檐滴水为菊花纹饰，据介绍，官员住房滴水与此不同，为蝙蝠纹，取"福"的谐音。

这样一栋典型的兵丁住宅，居住两三代人自然拥挤，故主人一般要在院内盖几间南房，本院内南房已拆。

除兵房外，村内还保留一栋官员住宅，即北城村74号颜士慧家。目前已被青州市文物局立碑保护。

户主颜士慧满姓完颜氏，70岁。据老人儿媳那凤鑫介绍，清末青州满城协领噶尔达的女儿是颜老爷子母亲。颜家院墙高大，院落宽敞，约有60平方米；北房3大间，气宇轩昂。主人介绍：早年完颜氏一族年年在此聚集祭祖。原来院落更大，共有房106间，现仅余3间。院子原有两进，还有后花园、大小套房等，早已踪迹全无。

主人自述："听老辈讲，原先家［院］里旗杆比大人府（指副都统衙门）的旗杆还高三尺，据说祖上有皇亲。"此传闻可信与否，无从查考。认真观察这栋老宅，西房窗楣上方刻二龙衔如意图案，下方刻牡丹纹；正房正门两扇，均刻勾龙，组成团花图案。如果不是地位较高或系皇亲，恐怕不敢在自家门楣上镌刻龙图案。室内有大堂，西屋为大，门上刻双狮图。有趣的是，西屋窗格为方格图案，东屋窗花则为云头纹，其间区别究竟如何，尚不可知。

在目前内地各省，甚至东北三省，这样典型的满族民居已寥若晨星。它标志着一个渐行渐远而不可逆转的时代，它蕴含着一种曾经辉煌却无可奈何走向衰落的文化。当我们和我们的后人厌倦了城市的喧嚣和钢筋水泥的摩天大楼后，又从何处去寻找失落的文化？

承蒙主人盛情邀请，我们还拜访了满族老人汪金海家。汪家满姓完颜氏。汪金海是汪辉明父亲，90岁高寿，身体尚好，汪辉明43岁。

北城村满族世代珍藏的族谱、家谱，存世者几稀。我们在汪家看到的家谱就是其中一件。该谱之特色，一是雍正朝以前各辈名字纯用满文，此后各辈名字夹注汉文；二是谱书行文，按满文规矩，自左向右。①

据汪氏家谱，其家系上溯十四代：始祖杭阿为第一代，生子喀齐为第二代。传至和达塞、费扬古，为第七代。时当雍正年间，调遣部分京旗分赴宁夏、青州驻防，于是和达塞被调往宁夏，费扬古被调往青州。和达塞生四子——达崇阿、赛尚阿、华尚阿、德克京阿，为第八代。费扬古无子，达崇阿随叔父"下青州"，从此开始汪氏一支在青州的历史。传至第十四代汪金海，今年90岁，生于清朝末年，这应该就是谱书最后一次修订的大致年代。

汪辉明热情地为我们写下汪金海以下两代人谱系。总计十六代人谱系中，生于清初至雍正年间的七代，生于雍正朝至清末的七代，生于民国以来的二代。

汪先生一家亦如北城村其他居民，早已不识满文。当我们把家谱中始祖以下历代祖先满文名字翻译给他们时，汪先生为第一次得知祖先名字和辈分而欣喜不已。

在汪先生家，我们还有幸看到唐德顺先生家谱。唐先生满姓塔塔拉氏。唐氏家谱纯为汉文，前五代为汉译满文名字，以后各代均为汉文汉意。这种变化正是满族接受汉文化的结果。

北城村家谱虽为数不多，却各具特色。如寇氏家谱，汉名满名隔代交替，形成一个规律。伊氏族谱则反映官宦人家的历史足迹。谱书犹如活化石，记录着关于世系、繁衍、迁徙、文化变迁、民族关系等多方面信息，它势必引起学者们越来越多的兴趣，是很自然的。

当考察结束时，有一系列问题需继续关注。其一，为什么清廷

---

① 《汪氏家谱》见本文附录。

要在青州派驻满洲八旗，并将级别定得很高？真正原因是什么？其二，青州满族为什么能一直与当地各民族友好相处，因此在辛亥革命鼎革时期，没有受到很大冲击？其三，青州满族历史和文化非常珍贵，对研究清代八旗驻防制度，驻防旗人的住房和财产情况等，有何启迪？其四，深入调查青州满族姓氏及满文资料，研究满汉文化融合现象，对推进满族历史与文化研究有何借鉴？其五，清代青州满城的重要性，不言而喻，尤其对本地区而言，更是如此。但青州博物馆对此却缺乏应有关注，馆内几乎没有满城文物[①]，实在不可思议。这是否说明地方博物馆对明清文物不够重视？

这些问题的关注，不仅有益于丰富人们对青州满族历史与文化的了解，对推进满族史和八旗制度史研究，也有参考价值。

附录　汪氏家谱

说明：汪金海，满洲完颜氏，男，90岁。该谱特色，第一，雍正朝以前各辈名字纯用满文，此后各辈名字夹注汉文；第二，谱书行文，按满文规矩，自左向右。兹将家谱内容迻录如次，满文以罗马拼音转写；为简繁文，原谱中反映父子关系的满文"de banjihangge（直译：为某人所生）"均以"—"线表示；同一人名，满汉文不对应者，均保持原貌。

笔者按：根据汪氏家谱，可将家系上溯十四代：始祖杭阿为第一代，生子喀齐为第二代，喀齐生五子——苏塔、悼塔、鲁克素、马色、依格，为第三代；马色生二子——胡什、京佳，为第四代；京佳生子舒书，为第五代；舒书生二子——舒禄、弘图，为第六代；弘图生二子——和达塞、费扬古，为第七代。时当雍正年间，调遣部分京旗分赴宁夏、青州驻防，于是和达塞被调往宁夏，费扬古被调往青州。和达塞生四子——达崇阿、赛尚阿、华尚阿、德克

[①] 青州博物馆馆藏文物中与青州旗人历史有关者仅前述《忠烈碑》，是第一次鸦片战争后镇江军民为纪念青州兵英勇抗英而立。国家一级文物。

汪氏家谱谱系图

```
unggu mafa hangga. Hangga—kaki. Kaki—suda—ahūtu—dorhun—donggori—sirantai—baratai
                                                                    └─iioge
                                          └─mabu—mahala
                          └─doda—agudajin—mangse—madzo
                                          └─marai—manai—guwanšao
                                                  └─sanboo
                          └─luksu
                          └─masei—hūsi—manhai
                                  └─jinggiya—šušu—šuru—toktoho
                                                    └─hūwara
                          └─ige
                                └─hūngtu—bedase—dacungga 下宁夏下青州
                                              └─跟叔父下青州
                                              └─elgetai—suhing—liyangheng 连恒
                                                      └─额呼阿大
                                                              └─saišangga 宁夏生
                                                              └─hūwašangga 宁夏生
                                                              └─dekjingga 宁夏生
                                                              └─fiyanggū 下青州（无子）
                                                      └─necin 纳钦（无子）
                                                      └─taifin—liangui 太裴 连贵
                                                      └─jerun—liansan 哲伦 连善（死八国联军进北京南苑）
                                                              └─john—guwejeng 志林 国桢
                                                                      └─ginšeng 金声
                                                                      └─ginhai 金海
                                                      └─sepjentai—kingcang—lianhi 色浦 庆仓 连喜（死镇江）
                                                      └─urguntai 乌呼棍太
```

25

京阿，为第八代。费扬古无子，达崇阿随叔父"下青州"，从此开始汪氏这一支在青州的历史。达崇阿生三子——额尔格太（谱书汉字写为"额呼阿太"）、色浦真太（色浦令太）、乌尔棍太（乌呼棍太），为第九代。额尔格太生四子——松兴、纳钦、太裴、哲伦，为第十代。哲伦生连善，为第十一代。连善殁于1900年八国联军攻北京之役。其子志林，第十二代。志林生国桢，第十三代。国桢生金生、金海，第十四代。金海今年已90岁，说明他生于清末。这也是修订谱书的大致年代。

在汪家看家谱时，金海之子汪辉明热情地为我们续写了金海以下两代谱系。金海有子四人，金生有子两人，为第十五代。又，孙辈汪硕等五人，为第十六代。这十六代人中，生于清初至雍正年间的七代，生于雍正朝至清末的七代。生于民国以来的有两代。

辽宁、北京、河北考察：
以三藩尚氏为中心①

在清朝统一全国过程中，明朝降将孔有德、耿仲明、尚可喜、吴三桂起到非常重要的作用。为此，清廷赏庸酬功，给予很高回报。除将所部编为独立军团仍任命其统率，还史无前例地赐予王爵。在平定西南进程中，清廷把贵州、云南封给吴三桂，广西封给孔有德，福建封给耿仲明（耿继茂），广东封给尚可喜。然而，随着清廷与藩王矛盾日深，康熙十二年（1673）底还是爆发了"三藩之乱"（此前定南王孔有德已死）。为翦除三藩势力，清廷花费八年时间。平定三藩之后，清朝终于确立起对全国的稳固统治。其结果，在吴、孔、耿、尚四氏中，仅尚可喜作为清朝忠臣，死后继续保持身份荣耀，其子尚之隆也因与皇室结亲继续享有额驸尊号。关于这段历史，学者多有研究。日本学者细谷良夫研究三藩之一尚氏家族所取得的突出成绩，亦为学界熟知。多年来，笔者与细谷教授围绕"三藩"史迹进行了多次实地考察。第一次是2002年10月对福建、广东、广西等地三藩史迹的调查。这一次，则以尚氏家族为中心，对其在辽东、北京一带史迹、后代状况进行调查。在此过程中，顺带考察了一些与满族史、八旗史关系密切的遗址或博物馆。

本次考察分为两个阶段：第一个阶段8月25日至29日，在辽

---

① 笔者曾与日本细谷良夫教授合撰《尚可喜をめぐる史跡——金州・広鹿島・海城——》，刊于日本《满族史研究》第4号，2005年6月。本报告系在笔者原稿基础上修订。

宁省大连、海城、鞍山、辽阳进行；第二阶段 8 月 30 日至 9 月 6 日，在北京和河北进行。以下，是本次考察基本情况。

8 月 25 日（星期三）

上午 10 时 10 分，我们乘中国南方航空公司 CZ6126 航班抵达大连机场。中午，入住大连富源商务酒店。未及午饭，驱车赶往第一个目的地——金州副都统衙门旧址（金州市拥政街道民主街 255 号）。顺治元年（1644），清朝入关，设盛京八旗驻防兵制，以内大臣和洛会总统之。康熙十九年（1680），在金州设防御；五十五年，设金州驻防水师营（在金州所属八里庄地方）；道光二十三年（1843），设副都统，由熊岳移驻。同治年间，有满洲、蒙古、锡伯、汉军等兵近千名。驻防城周围二里。乾隆四十三年（1778）奉旨重修旧城，外皮用砖，里皮山石成造。① 金州驻防在辽东半岛的军事作用一直很重要。

副都统衙门为清代木构建筑。1985 年，衙门旧址被大连市政府确定为市级文物保护单位（今为省文物保护单位）。2000 年，衙门全面修缮，恢复旧貌，由五进院落组成，全部建筑沿中轴线对等排列，共有建筑 17 栋 53 间。② 院内复建副都统公馆、大堂、印务处、折办房、档房、左司、右司等机构。（图 1）

馆内展览，有一些珍贵历史文物和图片：如《金州七顶山满族乡老虎山村满家墓碑》，追述墓主满氏祖先清初随旗驻防辽南，举家由燕京（今北京）迁至金州。碑文列出满氏家族"排行范字"（又称辈字）："廷玉连治水，德明继世宗，运兴增鸿业，文士复元成。"是研究辽南地区满族源流的重要史料。③《素公德政碑》拓

---

① 福隆安等纂：《钦定八旗通志》卷 116《营建志五》，吉林文史出版社 2002 年版，第 1984—1985 页；《国朝建业初基纪略》，内务府抄本，北京大学出版社 1993 年影印本，第 1000—1004 页。
② 国家文物局主编：《中国文物地图集·辽宁卷下》，西安地图出版社 2009 年版，第 75 页。
③ 该碑又题《金州七顶山满族乡老虎山屯满氏家族墓碑》，民国十二年（1923）立，碑文与考释俱详崔世浩编著《辽南碑刻》，大连出版社 2007 年版，第 126—127 页。

图1　金州副都统衙门今景

片，素公，本名金德纯，清道光中叶任金州城守尉，道光十八年（1838）故于任上。在任期间，秉公办理旗民交涉事件，毫无偏袒；莅任以来，廉洁如水。深受百姓爱戴。及故，阖邑旗民、绅士、店当、铺商、驻防领催兵丁等，公议为他刻立德政碑。① 金德纯对八旗兵制颇有研究，所撰《旗军志》，收入金毓黻编《辽海丛书》，为治史者所熟知。德政碑称他为宗室，似误。《旗军志》"题辞"称其为"三韩"籍，当为汉军。

衙门后部为昔日花园，如今则为某园林公司。满园都是红绿相间的花木，一汪盈盈碧水，亦不知是否当时原貌。不过从西南角高台上兀立的亭子，还可联想起当日园中胜景。亭北碑林引起了我们极大兴趣。石碑约有十通，有明碑，而以清碑为多。嘉庆十四年（1809），沙伦太与妻季氏、吴氏墓碑较有特色，碑阳刻满文，阴刻汉文。说明一直到清代中叶，在金州一带，满文在普通旗人中仍有一定影响。据

---

① 碑文及考释详崔世浩编著《辽南碑刻》，第112—113页。

◆ 清朝遗迹的调查 ◆

考，沙伦太一族汉姓关，属陈满洲，原籍京城镶红旗卧善佐领下，世居长白山三道沟，康熙二十六年（1687）"随龙出关"，拨至宁海县金州城东北小黑山附近镶白旗卧海佐领下。①（图2、图3）《李氏颂功碑》的李氏，原籍山东登州，清初移居金州登沙河。咸丰三年（1853），捻军活跃在以皖北为中心的江苏、安徽、河南、山东等地，李赞云奉命随军征剿，立有战功，赏戴蓝翎，晋升为汉军正黄旗佐领。其因功受赏后立此碑，用以感颂皇恩，光耀门庭。在碑林中，还保存有日本著名诗人——正冈子规的诗碑一通。②

图2　陈满洲沙伦太墓碑
（碑阳汉文）

图3　陈满洲沙伦太墓碑
（碑阴满文）

衙门北不远处，存阎福升旧居五间。阎福升（1840—1907），本名培元，字锡三，隶镶黄旗汉军，金州望族。光绪二十五年（1899）任护理金州副都统。在任期间，督修甲午战火毁坏的金州城池。俄人觊觎旅大日久，庚子乱起，借口租借口岸，划界纠纷寻衅，称兵幽系之，继由旅顺载往萨哈连岛（今库页岛）禁锢。福升

---

① 碑文及考释详崔世浩编著《辽南碑刻》，第121—122页。
② 正冈子规（1867—1902），1867年10月14日出生于日本爱媛县。本名常规，别号獭祭书屋主人、竹之乡下人。日本明治时代著名诗人、散文家。

始终不屈不挠。和议后始释归。①虽为武官，兼具文采，擅长书法。其老宅分前后两院，如今仅存前院，门房五间，硬山顶。大门无存。老宅前被改造为一片不大的绿地。退休老人们或围坐在老屋房檐下下棋，或簇拥在健身器旁健身，悠然自得地颐养天年。询问他们副都统衙门的往事，多一问三不知。房后矗立老树数棵，应为旧宅时物。

下午4时，决定驱车赶回大连。向行人问路偶然得知，当地还有一处博物馆，随即赶往。金州博物馆建于市中心一旧式建筑内。大门前摆着道光二十一年（1841）金州城防铁炮一尊。博物馆一二层为展室，因人迹罕至，显得很不景气。实际该馆保存珍贵文物、碑石、图片甚多，可惜时间过于紧凑，只能走马观花般匆匆几眼掠过。临行，购得小书《金州史迹》，内容简略，但书中提到皮口镇却使我们眼前一亮。皮口镇是明末尚可喜率军降清处，在清初史上很有名，但治史者前往考察者寥寥，于是我们当机立断，先不返大连，而是直接驱车赶往皮口镇。

皮口镇位于大连市东北方海岸线，与金州、大连略呈一斜三角形。从金州出发已经下午4时，中途又遇修路，几番周折，抵达皮口港时将近6时。建在一座石头小山包上的灯塔是渔港标志性建筑。港内渔帆丛集，弥漫着一股鱼虾和海水的腥味，渔市交易接近尾声。离港时天色将黑，水天苍茫一色，渔帆远影，数点而已。放眼望去，远处山形依稀。我们推测，那应该就是尚可喜降清前率军盘踞的长山岛（广鹿岛）。热情的当地人告诉我们，第二天早上有渡船从皮口港出发往广鹿岛。于是再次修订计划，决定第二天不按原计划赴旅顺口考察，而是改经皮口直奔广鹿岛。

8月26日（星期四）

清早6时，从大连出发，7时10分抵达皮口港客运站。站前人

---

① 闫传绂：《署理金州副都统闫福升神道碑》，1937年，崔世浩编著《辽南碑刻》，第131—133页。

◆ 清朝遗迹的调查 ◆

头攒动，有准备登船的旅客，也有一些是揽客的船夫。广鹿岛因驻有军队，长期不对外开放，近年来方兴未艾的旅游热，终于使她向外界撩起神秘面纱。10时20分，"长客10号"起航。天色晴好，11时40分顺利抵岛（图4）。

图4 广鹿岛远景

广鹿岛是长山列岛主要岛屿之一，明末是尚可喜抵抗后金的主要根据地。岛不大，居然有出租车。司机是本地人，为人爽快，开价100元，答应带我们沿岛转一圈，顺便做向导。他介绍说：该岛现在属长海县，行政单位是乡——广鹿岛乡，有1.2万—1.3万人口，绝大多数是山东蓬莱籍；有五个比较大村落：沙尖村（东方红屯）、许屯、小三关屯、小张屯、北崖屯（旧房村）。

司机先领我们到塘洼村（北庙屯）参观了一栋古庙。古庙建立时间已无从得知，门窗全无，只剩下残垣断壁的三间，从房檐下精美木雕，可以想象当年香火缭绕时的盛景。当地人把这座庙称作"富裕庙"（因为在岛子北部，所以又称"北庙"），原先里面有神像也有石碑，后被毁坏。

离开塘洼村南行，汽车开上环岛公路，转向西北方。行不多远，就看到路边躺着一块残存的石碑碑额，碑前摆放着几张用石块压着的红纸。这引起了我们的好奇心。司机提示说："在荒草丛里还有另一块呢。"拨开齐人高的荆棘和荒草，果然看到另一块残缺不全的碑额。两块碑额均雕有蟠龙，明代制式，上刻"褒命"二字。接着，在路边又找到一块较小残碑，向上一面残留着两个字，好像是"皇清"两字。翻开向下的一面，碑文已漶漫不清，唯有"椎血泣"三字还清晰可见。从制式推测，这几块残碑应是明清碑，至于是否与我们关心的明末战争史有联系，已无法确认。① 据说，这几通碑原先就立在近旁，后被毁。岛上风俗，凡青年男女结婚，都要乘车环岛一周。行至此处，必在碑前摆放红纸，虔诚行礼，据说可以辟邪。（图5、图6）

图5　广鹿岛上的明代残碑

---

① 崔世浩编著《辽南碑刻》，第248—249页，收广鹿岛碑记3，其中明碑2：崇祯已巳年（1629）《序广鹿岛灵济寺碑记》，题名人首列兵部尚书袁崇焕；崇祯三年（1630）《启建新安寺碑记序文》，题名人副总兵署都督签事毛承禄等。2碑已毁，仍存碑文，研究明季广鹿岛史迹有一定参考价值。同书另收清道光三十年（1850）《三官庙碑》。

图6 广鹿岛上的明代残碑2

接着，驱车登上全岛最高处，浏览全景。全岛最高峰岩石陡峭，如壁立的一道屏障，确是古代屯兵理想之处。如今的广鹿岛绿树成荫，泉水潺潺，山脚下还修起一处水库。从山上往西俯瞰，是被浪花镶嵌着的金石滩码头，码头为三面环山的天然良港。下午1时许，乘最后一班船恋恋不舍地离开广鹿岛。

8月27日（星期五）

头一天晚上，这次考察的主要联系人之一、海城县尚氏后裔尚德新先生就热情派司机来大连迎接。早上6时，由大连起程前往尚氏主要聚居地海城。大连通沈阳的高速公路未开通，只能仍走老路。天气略阴无雨，气候宜人。司机似不太识路，在瓦房店一带误入歧途，兜了几个大圈后，尾随当地汽车，总算回到正途。过盖州行至青石岭处，又遇到大塞车。司机等不及，违章超车前行，仍耽误许多时间。赶至海州市内北关街尚德新开办的"尚王府酒楼"，尚德新、尚世海（此次考察的另一主要联系人、鞍山师范大学党委书记）、尚氏宗族长老们已等候多时。

下午 2 时许，由尚氏族人陪同首先前往尚之琏墓地。墓在马风镇岭夹村高坡，背依山峰，坐北向南，前方两侧有山脉绵延环峙，正面豁然一道通向平原的山口，山口前有河流淌。按传统风水学，这是一处难得的墓穴（中国传统称"佳城"）。尚氏族人指给我看，在墓地前方稍右处矗立着一座高山，就是尚可喜归老海城后首葬处——东陵（马风镇东陵村）。尚可喜归葬海城，先于三义庙（今三学寺）停柩，寻葬东陵。四年后因"陵"字犯朝廷忌讳，为避嫌，才改迁到今八里镇小新村墓地（俗称尚王陵）。

尚之琏墓近年重修，墓地用一圆墙圈起。门口处两侧刻有对联："看今朝重建陵园；忆当年为国捐躯。"坟前立康熙二十二年（1683）三月墓碑仍是原物，只有汉文无满文。墓门前摆放石五供也是四处搜寻找回的原物，多有破损，已用水泥修复。（图 7）

图 7　尚之琏墓地

下山后先回到海城县城内参观三学寺（原三义庙）。寺位于兴海街道西南角，坐北朝南。1988 年 12 月，被辽宁省政府公布为省级文物保护单位。现存山门、前殿、东西配房、藏经楼及被烧毁大殿遗址。山门面阔三间，进深两间，带前后廊，硬山顶。前殿大式歇山顶，面阔五间，进深四间。檐下"品"字斗拱，为明代所建。① 寺内存明宣德、崇祯、清乾隆、光绪年间"重修三学寺碑"数通。不知何时，寺已改为尼姑庙。

附近有关帝庙，规模宏伟。庙前立一石碑，上书："山西会馆"，并说明这是省级文物保护单位，1988年12月由辽宁省人民政府公布。据介绍，庙始建于康熙二十一年（1682）。同治十一年（1872），晋商集资修葺，作为山西会馆。会馆坐北朝南，由山门、钟楼、大殿、后殿等组成。馆内碑林，有嘉庆元年《重修茅儿寺碑》，载"世袭中宪大夫汉军佐领尚玉耀捐银二两"，"世袭佐领尚维嘉银二十七两、世袭佐领尚维滨银三十两"，是与尚氏家族有关的集资修庙碑。现为海城市博物馆。

尚王坟坐落于海城市八里镇小新村北，为平南王尚可喜墓。尚可喜生于明万历三十二年（1604），卒于康熙十五年（1676），后归葬于海州故里。后被毁，仅存墓志一合。② 近年来，尚氏族人在原基础上集资重建。墓地坐北向南，居高临下。墓地正门前矗立康熙年间巨大石碑。进墓地大门，内有碑亭，立康熙二十年（1681）御敕碑，满汉文合璧，文字漶漫不清。据说先前被人打坏，散失各处。前些年，尚可喜十二世孙尚德新想方设法，从民间一块块找回，重修粘合。尚德新原在国营企业做供销员，20世纪80年代下海经商，经营餐饮业、房地产。他为搜集尚氏文物、修复尚王坟，花费了很大精力，前后投入100多万元。收集石碑约20通，多从民间搜集，有的被填了猪圈，有的被砌了桥梁，有的被垒了菜窖。他都一一寻访，出钱购回。

外院东侧立1997年尚氏八世至十五世族人公立《重修先王陵园碑记》。记述尚王坟修复过程。外院西北角碑林，有碑10余通。其中崇德五年（1640）《新建三圣庙碑》最有价值。三圣庙原在海

---

① 国家文物局主编：《中国文物地图集·辽宁分册下》，第106页。
② 国家文物局主编：《中国文物地图集·辽宁分册下》，第105页。

城县城内，尚王祠墙外。清初已年久失修，尚可喜见而悯之，捐资度势，鸠工重修。碑记题名"智顺王尚"，即尚可喜。它如尚可喜与妻舒氏诰封碑。舒氏（舒穆禄氏）为满洲女，此碑为清初满汉通婚的一个实证。它如雍正十年（1732）《尚伏菴夫妇诰封碑》、乾隆四十九年（1784）《尚崇容夫妇墓碑》、光绪三十四年（1908）《尚之治夫妇墓碑》，都是研究尚氏家族的宝贵文物。（图8）

图8　崇德五年《新建三圣庙碑》

内院为一拾阶而上的高坡。高坡顶部中央矗立着尚王（可喜）坟，左侧是其父尚继官墓。尚可喜父子墓碑都是2001年重新镌刻。与尚可喜同葬的有夫人胡氏、舒氏。从宗谱中得知，两位夫人都是满洲人。此外尚有九位夫人墓，均安置在墓墙西侧。按中国传统葬俗，葬在墓墙外侧的应是妾身份。但具体到尚可喜，就比较难说了，因为在胡氏、舒氏之前，尚可喜已有夫人。据尚德新讲：尚氏降清前为明朝打仗，不少族人战死。可喜领兵攻旅顺，获胜后未能及时通知家中。李氏等夫人以为他战死，十余人一同自尽殉节。

尚王坟外院东侧，建尚王纪念馆，陈列有关实物、图片、碑刻拓片，其中，平南敬亲王尚可喜及妃舒氏两块墓志铭，舒妃系满人。均由康熙朝尚书梁清标撰写。"文化大革命"期间于本村出土。（图9）

图9 尚王坟

尚氏家庙在海城市内中街，原址现为居民住宅区，仅存古树一棵。

傍晚，尚氏族人在"尚王府酒楼"为我们接风。尚德新特意向我们展示他多年收集的文物。主要有尚可喜、尚之璲、尚之坤影像。尚可喜、尚之璲影像都是官帽朝服。尚之坤是尚可喜第三十一子，生于康熙九年（1670），卒于四十五年（1706），葬海城文安山。因生前未做官，所以影像便服。康熙十四年（1675）和乾隆十七年（1752）修《尚氏宗谱》；尚氏世管佐领印；尚氏族人赴朝廷"千叟宴"获赠手杖等。又，民国六年（1917）颁给尚氏后人"清查旗产"文书，上面写着："谕京都镶蓝汉军五佐领尚昌平等，公同阖族人等，推委本族尚其瀛，回海携带事务册，清查祖产，总行经理，以重蒸常，如有短少，即随时呈县究办，不得苟且迟迟。此谕。五佐领尚昌平、尚其奎、尚其贵、尚其丰、尚其绵公同阖族人等右谕尚其瀛。准此。中华民国六年一月十号。"这份文书与《尚氏祠田园坟墓山场房屋事迹总册》等文献，都是反映民国初期京城、海城两地尚氏佐领及其宗族制度、财产关系的重要实物。（图10、图11）

图10　谒陵的尚氏后嗣

图11　尚可喜肖像
（《尚氏宗谱》）

8月28日（星期六）

上午8时30分，在鞍山师范大学为历史系师生作学术报告。细谷先生的报告题为《关于尚氏家族的史料与研究》。我的报告题为《关于日本近年来的清朝史研究》。下午2时，驱车赴辽阳博物馆参观。重点考察与尚氏有关碑刻。著名者有崇德六年（1641）《东京新建弥陀禅寺碑记》，碑原在弥陀寺。碑文记载：明朝将领孔有德、耿仲明、尚可喜降清后，驻守东京城（今辽阳），为表示对后金忠心，发心施财，兴建弥陀寺。碑阴排列参与建寺官员、信士、匠人160多位。首列功德主恭顺王孔有德、怀顺王耿仲明、智顺王尚可喜，秘书院大学士范文程。信官题名曹得先、曹得选、曹世爵，经考证系《红楼梦》作者曹雪芹上世第三房族人。[①] 馆藏后金天聪四年（1630）大海（达海）、杨于渭合撰《大金喇嘛法师宝记》、天聪四年杨起鹏撰《重建玉皇庙碑记》与前述弥陀寺碑合而为三，均为研究后金历史与降附汉官的珍藏。4时30分，离开辽阳前往千山参观。

8月29日（星期日）

上午，经由沈阳返回北京，结束了此次辽宁考察。我们还得知，尚氏家族计划9月10日召开尚氏历史学术研讨会，由鞍山师范大学主办。参加者除东北等地学者，还有17个省的族人代表。

8月30日（星期一）

当天下午，参观北京西黄寺。近年来，因内部修整，一直没有对外开放。西黄寺管理处李德成先生是中央民族大学毕业生，通过赵令志先生的联系，得到他的盛情接待。一同参观者有赵令志、楠

---

① 碑文载辽阳市档案馆辽阳博物馆编印、邹宝库辑注《辽阳金石录》，1995年，第82—84页。

木贤道、杉山清彦和两位研究生。黄寺清顺治九年（1652）建，是西藏达赖喇嘛和班禅喇嘛来京驻锡地。乾隆四十五年（1780）六世班禅来京因病圆寂，两年后送其舍利金龛回藏，并于寺后楼前建衣冠石塔，命名清静化域塔。塔用汉白玉砌筑，建于三米多高石台基上。四角各有塔式经幢一座，幢身下层绘刻经文，四周有石护栏。中央为主塔，基座呈八角形，饰以金顶。整个塔型为印度佛陀迦耶式，即大塔四周建小塔，主塔结构是藏式喇嘛塔形状，而塔上人物、建筑及花纹装饰又是汉族传统手法。雕刻手法精湛，堪称清代佛塔建筑艺术极品。寺内有乾隆年间满、汉、蒙、藏文御制碑两通。西黄寺现为中国藏语系高级佛学院所在地。（图12）

图 12　西黄寺清静化域塔

8月31日（星期二）

　　晨7时30分，驱车前往京郊密云县考察。10时，参观密云县

◇ 清朝遗迹的调查 ◇

博物馆。11时，往观位于密云博物馆（密云镇滨河公园西侧）旧址大公主府。公主府原址在今北京东城区美术馆后街中医医院处，原为康熙帝二十四子诚恪亲王允祕府邸。同治八年（1869）改赐荣安固伦公主，数年后转赐恭亲王奕䜣长女荣寿固伦公主，俗称大公主府。分门殿、正殿、寝宫门、寝殿、后罩楼，共五进院落。1985年，将公主府拆迁到此。虽说是拆迁，但从规模和形制上已难窥知原貌。建筑材料粗劣，让人感觉几近于伪。

从大公主府失望而出，前往城关镇鼓楼东大街路北密云县图书馆，即文庙旧址。文庙建于元至元二十八年（1291），明成化十一年（1475）重建。规模宏伟，坐北朝南。正院前有牌楼式大门。分3门，中间为棂星门，东为金声门，西为玉振门；门内有人工凿砌"泮池"，池上建有两座并列的单孔小石桥（密云县八景之一的"三步两座桥"）。东西各厢房3间，东厢为名宦祠，西厢为乡贤祠。过泮池即戟门，戟门3间，即"三门"，另有东西角门各一。主建筑大成殿5间，东西两庑各7间。大成殿后院还有明伦堂、尊经阁、学署、崇圣祠和启圣殿，东跨院有文昌殿，西跨院有节孝祠。民国以来，除大成殿外，其余建筑均被拆除。大成殿是密云县仅存一座明清殿式古建筑，县文物保护单位。庙东侧碑林，存金、元以来历代石碑、石雕二十余通。

中午，驱车前往檀营满蒙乡。檀营在密云县城外东北方，原是清政府在密云设置的八旗兵驻防营。《日下旧闻考》载："八旗驻防营距密云县城东北三里。"《密云县志》云："八旗驻防营县东北三里，据冶山之阳。"人们把兵营习惯称为营房。营房地处古檀州治所（密云古称檀州），所以人们便把此处营房称为檀营。乾隆四十二年（1777），为加强皇帝往承德避暑或狩猎中途的护卫，设立檀营。整个旗营坐北朝南，围以砖石砌筑方形城垣，高6米，周长2000米、置东、南、西三门。门前各筑石桥一座。城内建官署及兵房4872间。城内有十字街及几十条小巷，设都统、协领、佐领等衙署。在东南、东北、西北三城角上分别建魁星楼、太阳宫、万寿宫。城外东南方建演武厅、教军场、点将台。因为是旗兵偕家属驻防，所以，营中设教授满、汉、蒙文学堂。

檀营旗员级别在密云县令之上，故密云县令上任时，须到此拜访檀营长官。

檀营兴盛时期有满蒙旗兵2000人，另有眷属7000人，计2000户、9000人，领取钱粮过活。辛亥革命后，檀营驻军逐渐缩编。1925年，北洋政府下令停发旗饷，旗民自谋生计，檀营由兵营向村屯过渡。1930年改为檀营村。因为没有了钱粮，檀营人饥寒交迫，大批逃亡。1948年仅剩200户，900人。1983年8月，在檀营成立满族蒙古族乡，这也是北京市第一个满蒙民族乡。

站在檀营乡北望，冶山和山上仙灯塔清晰可见。山上原有一座普济寺，寺塔称冶仙塔，又称"冶塔仙灯"。相传高僧季小唐在塔内修炼，夜晚塔顶处常有串串红灯照耀，所以称冶仙塔为"冶塔仙灯"，是"密云外八景"之一。冶仙塔初建于辽重熙八年（1039）。塔高12米，平面呈八角形，塔身分上、下两层，每层各有一拱形券门，门洞朝南。四周有砖雕花饰。塔基、塔身、塔顶全部为砖雕仿木结构。《密云县志》记载，光绪七年（1881），檀营八旗官兵重修冶山顶辽代砖塔时，镌刻"高插云汉文人笔，重岭檀营武士冠"对联。后塔被毁，密云人无不为之叹息。该塔地宫内曾出土40余件陶瓷器和70余枚古钱币（多为宋钱）。近年，密云县投资300万元，按历史资料原样对该塔进行复建。

目前，檀营旗营旧迹基本无存。我们先找到村北白亚琴家。她家院东北角还保留着一栋旗营时老屋，因多年无人居住，早已破败不堪（图13）。白亚琴说："如果来年雨水大的话，这房就该塌了。"村子东北角，尚残留一丈宽一段虎皮石墙，是当年旗营围墙原物。但最近有人在紧靠它的地方盖起新房，以致连这段见证历史的残墙也难得一睹。村内屋舍早已面目全非，不过贯穿南北的大街两侧，以及平行排列的一条条东西向小巷，仍保持昔日旗营格局。我们在村北遇到一位叫宝生的村民，自述"纯满族"。他热情地领我们到家，指着门前放着的一块圆形旗杆石说：旗营北面，过去是关帝庙，这旗杆石就是庙前旧物。在村民引导下，我们在乡政府内院门前看到一对威武的石狮,据说原来就放在旗营衙门前。

图 13 密云檀营早已残破的旗营老房

檀营村内现设满族蒙古族中心小学。学校始建于 1944 年，原名扶轮小学，中华人民共和国成立初更名檀营小学。1987 年民族乡成立后，改为现校名。是北京市唯一一所满蒙族小学。

离开檀营村，继续往北，寻找尚之隆在密云的遗迹。据清代档案记载，尚之隆名下旗地很多，广泛分布于北京郊区密云、通州、顺义、怀柔、大兴、昌平以及河北遵化、丰润、宝坻、永清等地。这次考察的一个主要目的，就是根据档案记载，就这些旗地的坐落和地名变迁等情况进行实地考察。我们"按图索骥"，先找到"穆家峪"。穆家峪位于京密公路边，田野里弥漫着墨绿的秋庄稼。询问当地农民，说这里早没有"旗人"踪迹。

穆家峪北面，就是闻名的密云水库。如今北京上千万人口用水，很大一部分依靠这个水库。近年来连续少雨，库存水位不断降低。驱车驰上水库堤坝的公路，远处的蓝天白云、青山碧水，组合成一幅巧夺天工的风景画。在长途跋涉之余，我们终于在大自然的怀抱里尽情地放松了一下身心。

9月1日（星期三）、2日（星期四）、3日（星期五）

我们连续考察尚之隆在河北武清、北京顺义、昌平等地旗地，并搜集了北京大兴、河北宝坻、遵化等地《地名志》等一些相关资料。9月2日下午3时半，在顺义县南4公里李桥镇王家坟村（又称王爷坟村），顺路考察乾隆帝亲弟和硕和亲王永璧园寝。永璧为和恭亲王弘昼第二子（1733—1772），乾隆三十五年（1770）袭和亲王。园寝尚存牌楼一座，乾隆三十七年（1772）御祭碑一通，满汉文合璧。据当地人介绍，村里居民多是坟丁后代。

9月4日（星期六）

上午9时，前往北京西南郊丰台区考察。同行的有中国人民大学清史所张永江教授。首先到长辛店南赵辛店乡八队，寻访尚之隆墓地。因为是尚之隆与公主合葬墓，所以当地又称"公主坟"（还有称尚家坟的）。墓在民国初年被盗，宝顶尚存。位于村子西南边一个高坡上。坟东侧，已是一大片密密匝匝的居民简易住房。我们从两排简易住房中间走近过去，抬头仰望，可大致看到宝顶轮廓。绕到墓地西侧，但墓地这一侧布满枝丫横生的小树和带刺荆棘，根本无法进入，只好打消了就近观察的念头。路边村民听说我们是考察公主墓的，很是好奇。其中一位还讲述了一段往事：20世纪70年代，村里有一个木匠起了贪心钻进公主坟，当时墓里放着三副空棺材，他就把棺木盗回家，用棺材板做了家具。没想到从此"倒运"（倒霉的意思），得了半身不遂（中风）。这人早已死了。在中国人传统观念里，贵族（贵人）死后的命也是硬的，寻常百姓冲撞不得，如果冒犯，很可能给自己带来祸殃。在考察清朝王爷坟过程中，我们不止一次地听过老乡绘声绘色地讲述这些真实的故事。

图 14　隐没在大杂院中的尚之隆墓

9月6日（星期一）

原计划远赴河北遵化，继续考察尚之隆旗地，但一早天气预报有大雨，我们不敢远行，改往京郊昌平考察。

先进了北京大学西校门，迎面草坪上竖立着康熙朝杭爱碑。杭爱，满洲镶白旗人，初任礼部笔帖式，吏部郎中。康熙十一年（1762），授山西布政使，寻擢陕西巡抚。康熙十三年（1764），吴三桂反，谕杭爱督运粮饷，助安西将军赫叶率师入蜀。康熙十九年（1770）正月，调任四川巡抚。卒于任，赐祭葬，谥勤襄。杭爱墓在北京大学内，仅存二碑。东侧一通为墓碑，西侧一通两面分别为谕祭文和诰封。两通碑都是满汉文合璧，诰封碑题康熙十四年（1765），墓碑与谕祭碑题康熙二十四年（1775）。草坪上还横卧石羊、石马各一，当是墓地原物。1991年，北京大学在该地建起"革命烈士纪念碑"。于是，这两块碑不远不近的互相凭吊。

北京大学西门外马路对面，原属著名皇家园囿畅春园的一部分。如今在路旁只剩下孤零零两座庙的山门。其中之一即恩佑寺，此处原为畅春园清溪书屋，康熙帝晚年常在此寝宴。史载：康熙六十一年（1722）十一月甲午，帝逝世于此。终年69岁。在位61年（1661—1722年）。雍正帝为大行皇帝"荐福"，改建书屋为恩佑寺。寺原有三进院落，1860年被英法联军所毁，仅存山门。《清圣祖实录》卷三百记载：寅刻，召三皇子、七皇子、八皇子、九皇子、十皇子、十二皇子、十三皇子和隆科多进宫，至御榻前。谕曰："'皇四子胤禛，人品贵重，深肖朕躬，必能克承大统。著继朕登基，即皇帝位。'皇四子胤禛闻召驰至。巳刻，趋进寝宫。上告以病势日臻之故。"是日，胤禛继承皇位。后人对胤禛因父皇遗嘱而合法即位的记载多有质疑，认为胤禛篡位的说解也不尽相同。围绕康熙帝崩逝而加剧的嗣位之争迄今未有定论。

图15　恩佑寺山门

离开北京大学西门，驱车前往东北面的成府路和蓝旗营考察。在清代，这是两个旗人聚居村落。主要是护卫圆明园的八旗官兵。近代旗人金勋写过一部充满情趣的《成府村志》，里面记述了大量旗人习俗。自20世纪80年代以来，北京大学和清华大学校区的不断扩建，成府村、蓝旗营逐渐拆迁。当地旗人后裔随着拆迁也各奔东西。一个很有特色的文化民俗区就这样湮没于大兴土木的尘埃中。我们在北京大学东门一处高楼林立的小区外看到一块牌子"蓝旗营住宅小区"。随手把这块牌子摄入镜头。在"蓝旗营"这三个字里，凝聚着许多难以忘怀的记忆。

离开蓝旗营，驱车直奔东北的清河镇。在清代，由北京西郊万寿寺的长河往北，经蓝靛厂到清河镇，再折向西北颐和园，一直有水系相连。是历代皇帝往来北京紫禁城和西郊园林的必经之路。原先在清河镇主河道上有一座古桥，1984年为了在古桥位置上修水坝，把这座古桥原封不动地拆下来移到东南不远处的支流，再原封不动地重新建起，每一个石头都按原来位置垒砌。移建的同时，文物保护单位还专门立了石碑。我们考察时发现文物保护部门立的石碑早被恶作剧的人破坏，唯独立碑日期还残留着。桥上卖水果的老乡告诉我们：当地管这座桥叫"美人桥"，正名叫"广济桥"。"美人桥"，多么美好的名字！

在清河镇，还有另外一座古桥——朝宗桥，明朝万历四年（1576）建。桥上巨大石碑上镌刻的三个大字"朝宗桥"。经历几百年风雨仍清晰可见。

从昌平返回城里，时间尚早，我们继续寻觅着古老街巷中的历史。汽车沿着平安大道由东向西行驶，首先行至宽街附近，找到清末蒙古王公僧格林沁祠，僧格林沁在与农民造反者捻军的战斗中遇伏战死，清廷为纪念他特意修了这座祠堂。今天的僧格林沁祠已修缮一新，现为一处房管所，因管制森严，我们没进院参观。只好沿平安大道继续西行，来到贤良祠。雍正八年（1730），雍正皇帝亲弟弟怡亲王逝世，怡亲王是较有作为的王公，人缘也好，他死后，雍正帝特谕修这座祠堂专门纪念。祠堂保存完好，前后两进院子。前院两侧各有一座碑亭，立着雍正帝御笔满汉文碑。内院中间是正殿，现在是中国妇女学院医药公司门市部。遇到里面一位工作人员，是中国社会科学院日本所家属。她大概还是这里的领导，说明来意后，同意我们进去参观。一进正殿，柜台里满放的都是人参、鹿茸、灵芝一类贵重药品。社科院家属热情地带我们进入正殿，特意打开上面的照明灯，仰面向上望去，正殿顶部中央饰有制作精美的金色蟠龙藻井。

再往西，就到了考察最后一站，历代帝王庙，是明清两代皇帝祭祀历代皇帝和名臣的地方。这地方几十年来一直是一所中学，近年才将学校迁出恢复了历史原貌。庙外大门两侧各立一块下马碑，其中一块碑显然立反了方向。

9月8日（星期三）

上午7时40分，我们乘CA155航班，从北京返回仙台（笔者当时在仙台东北学院大学执教），结束了这次考察。

河北、内蒙古考察之一：宣化—张家口—锡林浩特—赤峰

2005年8月29日至9月4日，我们对河北、内蒙古部分历史遗迹进行了考察，途经河北宣化、张家口，内蒙古多伦、正蓝旗、锡林浩特、西乌旗、东乌旗、巴林左旗、巴林右旗、赤峰等地，重点考察清代驿站、交通要道、寺庙、王爷府。近年来，内蒙古自治区的交通发展很快，许多砂石路已改造为柏油路。随着旅游业的发展、文物保护意识的加强，各地破旧、毁损古迹已经修复或正在修复中。基于上述变化，考察取得超出意料的丰富成果。

8月29日（星期一），晴

早7时30分，从北京西苑宾馆启程，开始为期一周的考察。

汽车向北经京昌高速，转向西北进入京张高速。上午9时许，抵达考察的第一站鸡鸣驿城（河北省怀来县鸡鸣驿乡鸡鸣驿村）。巧得很，车刚停在驿城西门外，就有一位自称导游的中年人追过来，主动要求为我们作导游。幸亏有他导游，使我们在有限时间内获取尽可能多的信息。

鸡鸣驿是中国目前规模最大、保存最完整的驿站古城，被列为全国重点文物保护单位。驿站名称取自古城西北不足1公里的鸡鸣山。山势雄峻突兀，传说唐太宗李世民北征途中过此，曾驻兵山脚下，半夜间闻山上鸡鸣声，遂赐名鸡鸣山，沿用至今。据导游介绍，山上古迹颇多。最古老道观为建于北魏孝文帝太和五年（481）的碧霞元君殿。坐落于半山腰的永宁寺建于辽圣宗太平四

年（1024）。康熙皇帝曾登临此山，他在半山休息的地方被称为"卧龙石"。经南天门登上鸡鸣山顶峰，欣赏拂晓月色，另有一番情趣，"鸡鸣春晓"被誉为古代宣府"八景"之一。

鸡鸣驿所处驿道，先秦时为"上谷干道"，历代均为连接中原与西北和北方草原地区要道。金兴定三年（1219），蒙古大汗成吉思汗西征时在此设置站赤。明永乐十八年（1420），建鸡鸣驿堡，隶属万全都指挥使司。它是宣镇内外长城间"极冲"军事驿置，也是宣府进京最大驿站。清康熙年间，在驿丞主管下，常驻驿兵250人，驿夫45人，驿马82匹，年支饷银3000多两。

驿站在明成化十八年（1482）建土垣；隆庆四年（1570）包砖甃石。全城平面近方形。城墙周长1891米，底宽8—11米，上宽3—5米，高11米。城墙四周分布4个角台、26个马面。城墙顶部外侧密布雉堞，垛墙上设瞭望孔、射击孔和排水道，城外设烟墩。在东、西城墙偏南处各开一门，门额分别为"鸡鸣山驿""气冲斗牛"。门台上筑二层越楼。北墙中部筑玉皇阁楼，南墙中部筑寿星阁楼，两座阁楼遥遥相对。如今，两阁楼已荡然无存，所幸城墙虽有部分坍塌，仍大体完好。（图1、图2）

图1　鸡鸣驿城楼

◆ 清朝遗迹的调查 ◆

图 2　鸡鸣驿城墙

　　城南傍城有古驿道东西向通过。一般情况，百姓车、马须绕行城南道路，以免城内驿道拥挤。城墙内侧建有环城道。城内东西向街道三条，分别称为前街、二道街、三道街，南北向街道两条，分别称中街、西街。纵横的五条街道，将城内分成大小不等的 12 个区域。最为繁华的是贯通东西门的前街，宽约 6 米，临街房屋门窗开阔，大多为昔日店铺。据说有酒店、货栈、杠轿房、布庄、药店、米面铺、当铺。乾隆三十七年（1772）《鸡鸣驿新建魁星楼碑》碑阴，有布施题刻，记本城商号 38 家之多，其中当铺就有 9 家。还有前为门市后为作坊的酿造、榨油、手工造纸等业。时至今日，城内有居民 550 户，其中近 1/2 民居属清代建筑，保存尚好。

　　鸡鸣驿城建筑分布有序，驿丞署在城中心，西北有马号，东北有驿仓。城内原有寺庙十余处，今存七座，分别是龙王庙、财神庙、泰山行宫（泰山庙）、城隍庙、文昌庙、普渡寺、永宁寺、白衣观音殿（观音庙）。在导游老马的引导下，我们考察了城中一些古建筑。（图 3）

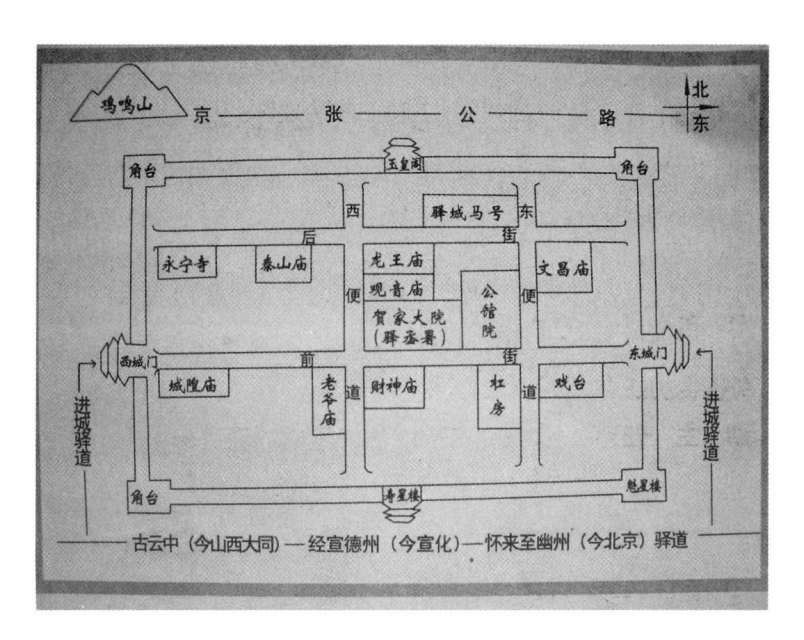

◆ 河北、内蒙古考察之一：宣化—张家口—锡林浩特—赤峰 ◆

图 3 鸡鸣驿简图

入西城门往东，首先来到路南城隍庙，一进三间，坐北朝南。西院墙壁上有墨绘人物像四幅，衙役形象，有扬鞭的、提锁的，手拄木杖的。其人浓眉大眼，头顶盔帽，似为少数民族。据导游讲，顺治八年（1651）鸡鸣驿城曾遭强震，房屋多毁，后重修。所以上述壁画应是顺治八年后重绘。正殿墙上有彩绘，色彩鲜艳，惜已残损。

接着，来到丁字街。街北面，遗有长 5.5 米当街砖砌照壁一座，旁边弃置石马槽一只。照壁西，就是老马家，大门一侧用红油漆写着"古驿站鸡鸣山旅游服务处"。上边还立着一块介绍鸡鸣山景观的广告牌。导游老马说，他家是马神庙旧址，值得一看。他家前后两进院落。前院坐北朝南一排砖房，青条石高台阶，屋内窗扇甚大。当为旧时建筑。院西是厢房，东墙下堆放杂物，有石碑一通倒卧，因碑阴向上，底下文字无从查考。后院为一正两厢格局。正房砖砌台基，比前院高。

老马介绍说：庙北原为大马圈（马号、大号），是拴养驿马的地方，现为民居所占。他家南面，即丁字街西侧，原为杠房，是给过往官员停放车、轿的地方。驿站杠轿夫在此听点,随差的脚夫、杂役也在此住宿。杠房对面,丁字街东侧,则是驿馆旧址,原有三进院落,现保留二进。据说院内房屋隔扇的木插销头作工考究,各个销头分别雕刻有琴、棋、书、画、荷、莲、蝙蝠、蝉等不同形象,精巧生动。可惜由于时间关系,没能亲眼观赏。

继续前行,来到普渡寺遗址。现存北房三间,严重毁损,院内杂草丛生。据说旧时供观音菩萨。

再往东,路南有龙王庙戏台,改革开放前一直做库房,存放粮食。西山墙上有精美砖雕"莲花荷叶"图,硕大荷叶有舒张的,也有收拢的;蓓蕾的荷花下面是荡漾的水波。此图造型丰满,动中有静,确是砖雕中精品。戏台北为龙王庙,庙两侧墙上绘有千里眼、顺风耳两人物墨画。据说亦为顺治八年(1651)重修时所绘。庙内北墙存清绘"龙王回宫"壁画。(图4、图5)

图4 龙王庙墙上墨画顺风耳　　图5 龙王庙墙上墨画千里眼

龙神庙北为白娘子庙,内供白蛇、青蛇。导游说:"解放前,这里是乡政府所在地",老百姓称之为"石头政府"。今天,庙内早已空空如也。墙壁上贴满发黄的旧报纸。为发展旅游,寺庙正在

修缮。梁上阴阳图彩绘仍清晰可见。

泰山行宫,又称泰山庙、碧霄元君庙、送子娘娘庙或奶奶庙。正殿五间前出抱厦,左右配殿各三间。正殿北壁壁画表现的是三组屏风及执长扇的三对侍女。她们分别为三尊娘娘塑像后的侍女(塑像已无存)。侍女姿态优美,表现手法写实。身后屏风是水墨山水。东西两壁壁画表现泰山娘娘从下凡、投胎出生、到修炼成道的故事。它采用中国古代壁画常用的连环画表现形式,即将一个完整故事择其重点,集中画在一幅画上。画面分上、中、下三层,东西壁各24幅,共计48幅。各幅皆有榜题。

上述各庙多在山门对面建有戏楼,今存龙王庙、关帝庙前两座,为一面观卷棚顶式。昔日香烟缭绕、歌舞笙箫的酬神场面,应是当年驿城内最隆重热闹的娱乐活动。

文昌宫亦称文庙,保存尚属完整,有山门、正殿、斋堂、厢房。正殿供奉"至圣先师"孔子。庙内东西两侧立有石碑。一为乾隆三十七年《新建魁星楼碑记》,一为道光十八年《征修鸡鸣驿文昌宫碑记》。后者提道:"宫之创始年月,都无考。"说明文昌宫年代久远,可能在明代已存在。碑文还提到:康熙己亥(1719),道员江鼎金捐银48两置买学田,在宫内设立义学。义学就设在斋堂,位于正殿两厢,各为3间通敞的硬山起脊式建筑。所以又把义学叫作斋学或驿学。义学自康熙朝恢复后,直至清末。民国时在此创办鸡鸣驿女子小学。解放后,改为初小。

鸡鸣驿位于交通要道,易受外来文化影响,民间重视教育。民国年间,在永宁寺后开办鸡鸣驿二等小学堂,是一所男校,为一洋式建筑,至今尚存。

清代鸡鸣驿设有驿丞署和把总署,两个衙门已无存,唯驿丞署后面宅院还大体保留完整。宅院后花园已被现在的主人栽满枣树。主人热情地为我们摘了几捧沉甸甸的大枣,尝一尝,甘甜酥脆。园子西侧是一眼干枯古井。旁边立着一块玲珑的太湖石。树荫掩映下,太湖石流影斑驳,似乎在遥想昔日园中蜂鸾蝶舞、花团锦簇的盛景。主人指一指北墙下土坡说,那儿原是三间书房,早年被毁。

辞别主人,来到贺家大院。贺家大院正院位于前街路北,坐北朝南,是鸡鸣驿城中规模最大古建筑(有一种说法,认为它是原先的驿丞署)。原为五进院落,现后院房舍已拆毁,前院正房与西厢房、中院两厢基本保持原貌。中院正房与临街过厅均有改造。此院房舍高大,均为石质台基的硬山小式建筑。大门两侧砖雕寓意"金榜题名""立马封猴(侯)""福禄寿"。正房两侧亦有图案各异的镂空砖雕。前院正房,三间明廊,柱下鼓形础石加有兽足圆盘式腰座,是明代流行做法。(图6、图7)

图6　贺家大院精美砖雕　　　　图7　砖雕"鸿禧接福"

光绪二十六年(1900),八国联军攻入北京,慈禧太后和光绪帝仓皇"西狩",在逃往西安途中,农历七月二十六日(8月26日)曾在此大院下榻。据说大学士李鸿章住的是第一进院,慈禧太后(西太后)住的是第二进院。西太后住西厢房,小皇上(光绪帝)住东厢房,宫女们则住正房。西厢房现已复原当年旧貌。屋南是热炕,热炕内侧为了冬天御寒保暖,建有暖阁。西太后临行,曾封鸡鸣驿为"太平城"。现在贺家大院二进院东侧山墙上,砖雕刻有"鸿禧接福"四个楷书大字,专为纪念西太后在此下榻。因为研究清史、满族史的关

系，对此"遗迹"自然不能放过，于是自细谷教授以下，同行诸位轮流在太后当年坐过的热炕上坐了坐，并照相留念。（图8）

图8 在慈禧太后坐过的土炕上合影留念（右为细谷良夫教授）

1898年，清政府正式开办大清邮政，西北干路上的邮政局相应成立。1913年，民国政府撤销全国驿站，开办邮政局，鸡鸣驿驿站功能丧失，逐渐衰落为村落。

导游老马一家在村民中肯定属于很善经营的一类。他除了做导游，在公路边上还开了一家小饭馆。另外，他儿子还在村中开着一家杂货铺。中午，我们在他家小饭馆匆匆吃了一顿简朴的农家饭。下午2时许，启程前往宣化（今河北省张家口市宣化区）。

宣化地处河北省北部的燕山山脉地区，河流环绕，群山叠嶂，形势险要。因控扼北京至张家口的交通要道，自先秦以来即为军事重镇。明朝为防北方蒙古、女真，沿边境地区设置辽东、宣府、大同等九个军事重镇，合称"九边"。宣府（今宣化）为九边之一。军事地位极其重要。

汽车从京张高速公路宣化出口转入宣化市区。市中心的清远楼、镇朔楼，为明清时期著名史迹。清远楼俗称钟楼，始建于明成化十八年（1482），距今已有500多年历史。楼外观三层，内实二层，楼高17米，建在8米高砖砌墩台上，平面呈十字形，重檐琉璃瓦歇山顶，底层周围有游廊。造型雄伟，堪称明代钟楼建筑中佳作。墩台下设南北通衢的券洞，洞内石道上500年来车辙磨砺出的沟槽，铭刻着历史沧桑和岁月无情。楼内悬挂明嘉靖朝都御史郭登雍所铸八卦耳铜钟"宣府镇城钟"。钟重约万斤，钟声悠扬洪亮，能传数十里，故有"清远楼"之名。现为全国重点文物保护单位。

镇朔楼在清远楼南，因明代宣府总兵例佩"镇朔将军印"得名。楼内原设更鼓，故又称鼓楼。始建于明正统年间（1436—1449年），清乾隆年间重修。亦为高台楼阁式建筑，通高25米，两层，重檐琉璃瓦歇山顶。南边匾额为"镇朔楼"；北边匾额为"神京屏翰"，系乾隆帝御笔亲书，直隶总督那苏图刊悬。镇朔楼南尚有拱极楼，亦建于明正统年间。以上三楼位于贯穿南北同一条中心线上，遥遥相望，巍峨壮观。

清远楼、镇朔楼所在宣化城，控扼京北咽喉要道，战略地位重要，历来是兵家必争之地。古城墙周长20余里，比明代重建的西安城垣还略大一些，惜所存无几。历朝统治者曾在此置郡、置州、置军、置府、置县，虽沿革不一，为后人留下了丰富的文化遗产和众多文物古迹。目前，在镇朔楼北侧辟有碑林，展示历代碑刻、门额30余通，从不同角度反映了宣化的悠远历史。近十多年来，当地文物部门通过发掘、征集和收购，搜集了大量墓志。刘海文《宣化出土古代墓志录》，共收墓志51合（方）[①]，墓主人时间从唐朝至民国。为研究者提供了便利。

下午4时，进入本日考察终点张家口市。张家口位于河北省西北部，三面环山，形势险要，在历代北部边防体系中始终居有举足轻重地位，素有"京师门户"之称。它又是京师通往蒙古、山西、陕西的重要通道，且以塞上商埠而闻名远近。

---

① 刘海文：《宣化出土古代墓志录》，远方出版社2002年版。

河北、内蒙古考察之一：宣化—张家口—锡林浩特—赤峰

明宣德四年（1429），万全都指挥使张文带兵在此建堡，嘉靖年间改筑城堡，在北城墙上开一个小门（小北门），称"张家口"。以后，陆续扩建改造，成为北方军事重镇。明崇祯五年至十一年（1632—1638），清军在皇太极（清太宗）率领下4次入侵宣化、张家口一带，给明朝军民造成重大损失。

进入市区，我们不顾一天旅途的劳顿，驱车前往著名的长城关隘——大境门（位于张家口市区北端明德北街）。大境门一带砖石长城，是明成化二十一年（1485）在北魏、北齐旧长城基础上修建。清顺治元年（1644），为加强与北方蒙古诸部的交往，在此开墙建门，名曰"大境门"。大境门位于高耸入云的东、西太平山间，据长城要隘，扼边关锁钥，形势险要，为历代兵家必争之地。它一夫当关，万夫莫开，以雄伟、险峻闻名于世。

大境门是一座条石基础的砖筑拱门。门墙高12米，券洞有木制铁皮大门两扇。顶部为一平台，外侧有垛口，内有女儿墙。城门东侧有登城马道。外侧券门上方嵌"大境门"青石匾一方。其上嵌察哈尔都统高维岳于1927年题写"大好河山"四个颜体大字，苍劲壮观。

在大境门内西侧山坡上，遗有古烽火台一座。据说为明代建筑，圆形，黄土夯筑，极为坚固，虽历数百年风雨仍大体完整。昔日，沿长城一线设置了许多烽火台，用于瞭望、防御。如今，虽大部倾塌，残存部分仍历历在目。

烽火台南侧，是一座古刹——关帝庙，坐北朝南，由地面到山门要登60余级台阶。据说，庙建于明末，分东西两院。均单檐硬山布瓦顶。庙内砖雕、木雕丰富多彩。关帝庙主要供奉三国时期蜀大将关羽。因关羽是山西人，在张家口经商的山西人（晋商）都愿意出资兴建或修葺建关帝庙，故关帝庙香火最盛。又，大境门外北侧有财神庙，坐西朝东。现存正殿、南北厢房、钟楼等建筑。庙内砖雕脊饰精美。因不得入内，只能从外面登高观望。

站在大境门高峻的城墙上登高望远，关内外气象迥然不同：关内是由古老街道连缀着的市区，新旧建筑杂乱无章地拥挤在一起，街道上是往来穿梭的车辆和熙熙攘攘人群。关外是连绵的群山，山

谷间蜿蜒的古道。向北一条大道通向崇礼县，向西一条大道通向张北。这里就是历史上闻名中外的张库大道（张家口通往蒙古高原库伦，即今蒙古国首都乌兰巴托）起点。

张家口历来为中原与北方少数民族贸易互市的重要场所。大境门内有地名"市圈"者，即明万历四十一年（1613）宣化巡抚汪道亨督建的来远堡，是蒙汉等族进行"茶马互市"重要场所。清朝定鼎中原后，蒙古臣服，内外一统，促进内地与蒙古各部贸易往来，蒙汉交易市场由来远堡移至大境门外西沟和正沟一带。雍正元年（1723），中俄签订《恰克图条约》，张家口作为著名的张库大道起点，在中原与内外蒙古、俄罗斯贸易中起着举足轻重的作用。张库大道的繁荣，还使张家口成为清代最大毛皮集散地，因此又称为"皮都"。

清末民初，大境门外正沟、西沟一带还被誉为"旱码头"，是内地与蒙古、俄国贸易的商品集散地。旅蒙商从内地采购绸缎、布匹、米面、纸张、砖茶、生烟、红糖、瓷器、铁器、蒙靴、鞍具、小百货，与牧民交换回马、牛、羊、皮张、绒毛、药材，与俄国人交换回毛呢、毛毯、天鹅绒、银器。大境门一带商贾云集，骆驼队逶迤，大道两旁商号鳞次栉比。张家口发展为旅蒙商人的大本营和活动中心。据统计，民国十年（1921），张家口一带总人口为76462人，15298户。当时大小商号11450家，经商人数3.5万人，占总人口的一半。其中，旅蒙商行业达700余家，占商号总数的一半[①]。

1911年，沙俄策动外蒙古上层叛清。1924年外蒙古独立。至此，繁荣近四个世纪的张库大道开始衰落。后来西伯利亚铁路建成，沿海口岸开通，也对这条古商道的贸易产生了不利影响。1929年，民国政府与俄断交，蒙古也关闭了中国的所有商号，张库大道被迫中断。

8月30日（星期二），晴

晨8时，启程前往塞上名城张北，目的地是内蒙古自治区正蓝

---

① 左宝：《漫话张家口》，2002年铅印本，第167页。

✦ 河北、内蒙古考察之一：宣化—张家口—锡林浩特—赤峰 ✦

旗。当然，对沿途历史遗迹我们也不愿错过，于是常有一些意外收获。

汽车驶出市区不久，首先参观路边水母宫。水母宫是一座古老道教宫观，位于张家口市郊西北卧云山麓，是张家口"皮都"形成与兴旺的历史见证。人们加工鞣制毛皮，必须有充足的优质水，于是发现卧云山下的清泉。经这泉水浸泡、洗鞣的毛皮，皮板柔软，毛色铮亮，毛皮商们获利颇多，为仰报泉水之恩，于清乾隆四十七年（1782），跨泉修建了这座水母宫。水母宫建筑古朴灵秀，有山门、牌坊、水母娘娘殿，东、西配殿等建筑。牌坊上书"水母宫"三字，娘娘殿建于单孔青石桥上，面阔三间、进深两间，单檐硬山布瓦顶，内塑峨冠彩披的水母娘娘像，旁边设有石桌石凳。

下一个参观地是著名的下八里墓群（位于张家口市宣化区下八里村）。据《中国文物旅游图册》记载，这是一处著名辽代壁画墓群，全国重点文物保护单位。已发掘9座，其中8座为汉人张世卿家族墓，一座为韩师训墓。墓内壁画主要反映契丹人统治下的汉人生活习俗和衣冠服饰，墓顶部绘有二十八宿、十二天宫天象图。当汽车按照公路边指示牌驶上一条岔道，很快走到终点，也就是墓群院墙大门。令人大失所望的是，铁栅栏门被一把铁锁紧闭。我们忍耐不住强烈的好奇心，当然也不愿白跑了这段冤枉路，于是从栅栏门下面的空隙处钻进去。好不容易钻进去一看，不禁再一次大失所望。院墙内只有几座经过发掘的黄土堆，这应该就是书中提到的墓群了。但是所有墓道均已封存，里面的壁画也无从观赏。我们只好再一次爬过铁栅栏门，迎面气喘吁吁赶来一位骑自行车中年男子，也就是这片墓群看守人。如今盗墓成风，他听修路民工说有几个不速之客前往墓地后就匆匆赶来。结果却是虚惊一场。

告别守墓人，继续往前赶路。汽车沿着公路疾驶，在很短时间内就驰上海拔1000多米的张北高原。树木逐渐稀疏，村落逐渐稀少，视野随之扩展。张北地处古长城以北，自古为北部边陲重地，是内地通往坝上草原和蒙古诸部咽喉要地。因县城在张家口以北，故名张北。下一个目的地元中都遗址距张家口60公里。驱车向北，

◆ 清朝遗迹的调查 ◆

沿 207 国道到张北后,经张化公路到积善村转东北方向,直抵元中都遗址(河北省张北县馒头营乡)。

空旷的中都遗址内只有我们几个参观者,湛蓝的天空,灿烂的秋阳,啾鸣的鸟语,清新的空气,这一切都令人惬意。萋萋荒草中不时闪出残砖碎瓦,提醒我们在这片沉寂的草地曾经有过震撼世界的辉煌。

元中都始建于元大德十一年(1307),与当时元大都(今北京)、元上都(今内蒙古锡林郭勒盟正蓝旗东)齐名,由元世祖忽必烈曾孙武宗海山建造。至正十八年(1358),被红巾军焚毁。中都由外城、皇城、宫城组成,呈"回"字形相套。今遗址保存比较完整,为全国重点文物保护单位。宫城平面呈长方形,周长 2360 米,四隅有角台,四面各设一城门,南门三门道,两侧有阙台。皇城面积约 80 万平方米。外城东、北、南墙余迹犹存。元中都宫室建筑按中轴线布局,以一号基址为中心的主体宫殿群位于内城中北部,一号基址为正殿,在内城中心,平面呈工字形,有排列整齐的柱础石。(图 9、图 10)

图 9　元中都遗址

◆ 河北、内蒙古考察之一：宣化—张家口—锡林浩特—赤峰 ◆

图10 城门遗址

上午11时许，离开元中都遗址，回至张北县城转207国道。大约1小时后，出河北省界，进入内蒙古自治区锡林郭勒盟太仆寺旗界。太仆寺旗是内蒙古草原畜牧业与坝上农业交界的地方，清朝曾在这里设立察哈尔左翼牧群，专门为皇宫提供驭马和肉食。这是锡盟唯一的农业旗，其生产的草原白酒在区内外享有盛名。汽车驶过太仆寺旗政府所在地宝昌镇、正蓝旗政府所在地郭达浩特镇。我当年在锡盟东乌旗插队时往来北京，都要经过此地。但当年的记忆经过几十年岁月的磨砺早已淡漠。下午3时许抵达多伦县城。多伦草原位于内蒙古中部，锡林郭勒大草原南端，距北京约360公里。多伦有汇宗寺、山西会馆、善因寺、三官庙、娘娘庙、宝塔、清真寺等佛、道、伊斯兰教建筑，可惜因为时间关系，我们不能在此地久留，随即驱车折返正蓝旗。①

返回正蓝旗途中，顺便参观久已闻名的元上都遗址。元上都初

---

① 本书所收第4篇调查报告包括多伦，此处删略，以省繁文。

◆ 清朝遗迹的调查 ◆

建于元宪宗六年（1256），名开平府，后改为上都。元在北京建大都后，以此地作为陪都。每年4—7月，皇帝率群臣到此避暑并处理政务，这里成为元代另一个政治、经济、文化中心。城址呈方形，分三重，外城土筑，周长约9公里。皇城用石块包镶，宫城用砖包镶，规划整齐对称。城内为官署府邸，城外关厢为市肆、民居。意大利大旅行家马可·波罗曾在此地住过一段时间，并在《马可·波罗游记》中描述过它的繁华富庶。明永乐初年，元上都在红巾军焚毁下荒废。

由于遗址入口处正在建造大门，我们未能进入遗址保护区，只能从远处向保护区眺望。城垣遗址依稀可辨，远远看去犹如蒙古袍上镶着的一道金边，蜿蜒在绿色草原上。不过，大门外元上都文管所内存放的汉白玉游龙浮雕和古代石人，还是让我们大饱眼福。石人造型不一，一类取站姿，高1米有余，面部扁平，线条粗犷；一类取坐姿，穿官袍，雕工精细，形象逼真，惜头部一概无存。此两类石人，当为不同时期作品。晚，宿正蓝旗金莲花宾馆。

8月31日（星期三），晴，时有阴云、小雨，天气凉爽

晨，从正蓝旗启程前往锡林郭勒盟首府锡林浩特市。锡林郭勒盟地处内蒙古高原中东部，气候属温带半干旱大陆性气候，四季分明，春秋短暂，冬季严寒，夏季凉爽。这里的草原，是中国天然草原中最有代表性、草原类型最为多样化的地区，既有草甸草原，也有荒漠草原，还有沙地草场和芨芨草滩。

1968年8月，我时年16岁，从北京前往内蒙古东乌旗沙麦公社胡日其格插队，第一次途经灰腾梁。这次旧地重游，已是37年之后。灰腾梁是正蓝旗至锡林浩特市途中地势最高处，"灰腾"，在蒙语中是"寒冷"的意思。这里是典型的草甸草原，草原上开满各色小野花，红的、蓝的、粉的、紫的，品种之多，实属罕见。灰腾梁位于玄武岩台地之上，随处可见远古时代火山喷发形成的凝灰岩岩块。再往前行，就是闻名远近的平顶山。这是一处由火山喷发而形成的形状独特的群山。从公路上往西望去，一大片群山的山顶犹如被造物主一刀削去，无一例外都如桌面般平坦。据说，日出日落时远眺平顶山，景色绝佳。尤其日落时分，山色在夕阳映衬下，呈现或浓或淡的红色，有如梦幻一般。"平台落日"，被誉为锡盟胜景之一。

从正蓝旗至锡林浩特市约240公里。早晨8时30分出发，11时顺利入住锡林浩特市白马宾馆。下午2时，参观贝子庙。庙位于市北部"额尔敦陶力盖"敖包南坡下，蒙古语名"班智达葛根庙"。由旧时阿巴哈纳尔旗（俗称贝子旗）一世活佛主持兴建。始建于清乾隆八年（1743），御赐汉名"崇善寺"。经七代活佛六次大规模扩建，形成以朝克沁殿、却日殿、明干殿三大庙宇为中心，包括珠都巴、曼巴、宗喀巴、丁克尔、新拉布仁等八座大殿及呼图克图喇嘛庙、甘珠尔庙、农乃庙等十几座小殿宇组成的大型建筑群。

据说庙兴盛时有喇嘛1200人，终日香火缭绕，诵经声、钟鼓声不绝于耳，骑马坐车从四面八方前来朝拜的牧民络绎不绝，成为北方草原的一处宗教圣地。贝子庙建筑讲究，飞檐斗拱，雕梁画栋，重楼复阁，壮观典雅。各殿自成体系，独立布局，主次分明。庙院均以南北通道相间隔，是一座很有特色的汉式建筑藏传佛教寺庙。庙内大量壁画，形象逼真，色彩淡雅，是研究蒙古族史和民族艺术的宝贵史料。后来，庙内部分建筑遭到破坏。近年来，政府投资进行修缮。而今，珠都巴殿已修缮完毕，焕然一新，又有身穿袍裙、披挂袈裟的喇嘛在此念佛诵经，重现贝子庙昔日风采。

晚饭后再次前往贝子庙，欣赏华灯初上的夜景。庙前广场上灯光流溢彩，向上喷涌高达数米的水柱在幽蓝色灯光映射下闪烁梦幻般光芒。贝子庙的殿宇被连缀的灯泡勾勒出鲜亮轮廓，在浓重夜幕衬托下显得更加清晰、漂亮。我们沿庙后石道拾级而上，在地灯映照下，路两旁的杨树暗影憧憧。"额尔敦陶力盖"敖包上灯光雪亮，驱退浓厚的夜色。秋风阵阵，13个敖包上经幡高耸，彩带飞扬。往南眺去，锡林浩特市灯光灿烂，一片光明，犹如草原上盛开的大片金莲花。

9月1日（星期四），晴

晨7时20分，从锡林浩特市白马宾馆出发，经西乌旗，前往东乌旗。随行出租车闫忠义师傅，1957年生人，1973年下乡到东苏旗白音宝力格公社插队的锡林浩特知青。前几年从粮食系统下岗，贷款买了辆夏利车跑出租。锡林浩特市内出租车一般都是破旧夏利车。据闫师傅说："这些车大都是北京报废车，以后用很便宜的价钱倒卖过来。"我当初之所以第一眼就选中闫师傅的车，就是因为他的新车在众多旧车中显得"鹤立鸡群"，安全系数自然较高。

东乌旗、西乌旗所在的乌珠穆沁草原，位于内蒙古草原东北部。这里河流纵横，牧草繁茂，天然植被保存完整，以草甸草原为主。是乌珠穆沁牛、乌珠穆沁马、乌珠穆沁肥尾羊的发源地。两旗也是锡盟草原最美，资源最丰富、畜牧业最发达的旗。（图11、图12）

图11　西乌旗北京知青立"草原情"石刻

河北、内蒙古考察之一：宣化—张家口—锡林浩特—赤峰

图 12 辽阔的大草原

东浩沁德王盖庙，位于西乌旗吉林郭勒镇，居大吉林郭勒河东岸，小吉林郭勒河西岸。距西乌旗巴彦乌拉镇西南 45 公里处。"浩沁德"，蒙古语译为"古老的"意思。该庙落成于清康熙三十九年（1700），据说是由东浩沁德部落第三代王阿来松长子特尔木台建立，鼎盛时，庙里有 100 个喇嘛诵经。民国十七年（1928），九世班禅曾到此访问。东浩沁德王盖庙由大小 7 个小庙组成。1966 年，部分庙宇遭到破坏。近年来经过修缮，成为具有鲜明地区特点和民族风格的宗教名胜。

有幸拜访寺内一位年轻喇嘛罗藏东主。自述青海土族，38 岁。16 岁在塔尔寺出家。塔尔寺扬嘉活佛常来西乌，见本庙只有老人，没有年轻人，所以把他带来，来这儿已经 12 年。原来只知土族语，来这里后又学了蒙语、汉语、汉文。现在一两年回一次家，看看父母。每月工资三四百元，下乡串蒙古包，遇到婚丧嫁娶，另有收入。

◆ 清朝遗迹的调查 ◆

  王盖庙是锡盟最早喇嘛庙，已有305年历史，而锡林浩特贝子庙只有250年历史。寺庙从1998年开始修复，旗里拨款。住持是位80多岁的老喇嘛。寺里十几位喇嘛，都是本地人。每天上午7点上班，下午8点半下班，如果有大活动，就整天待在寺里。另外，每天下午四五点在家学经文，年轻喇嘛都有自己的老师。主要法事：每月初八、十五、七月十五、九月二十二、正月十五。信众主要是本地蒙族，西乌旗、包括锡盟信众都来本寺。因为他是喇嘛中唯一的外地人，所以承担着看守庙宇的任务。

  对于"现在年轻人还信教吗"的问题，他这样回答："当地牧民的年轻人中愿出家的很少，很多人不信。过去牧区一户有两个小子，一个就要出家。"

  罗藏东主喇嘛本人是一位虔诚僧侣，但他的生活环境也不可能依然故我："我的庙里有电视，新闻报道我特别爱好，最乐意看国际新闻。晚上看看电视连续剧（据他讲，当时正上演《还珠格格》）。"罗藏东主朝拜过不少宗教名胜，国内名寺如北京雍和宫、河北承德外八庙（在避暑山庄外）、拉萨布达拉宫、甘肃拉蚌寺。朝拜时都是几个人搭伙，费用自己负担。当地喇嘛中，罗藏东主应是见识较广的一位，其他喇嘛一般只拜谒过雍和宫。喇嘛内部有等级，晋级要通过考试。喇嘛教最高学府在北京黄寺，高级佛教学院，入学的都是活佛。青海塔尔寺也是著名学府。在内蒙古呼和浩特市，有初级程度的教育机构。

  罗藏东主喇嘛告诉我们：本寺与西藏喇嘛教没有交流。寺内原来只供班禅像，后来有锡盟领导来寺视察。问："为什么没供达赖？政治是政治，宗教是宗教。"当时寺内没有他的像，后来才找来一张。现在寺内供着达赖、班禅、小活佛、扬嘉活佛相片。扬嘉活佛即前面提到的青海塔尔寺高僧，与本寺有很深历史渊源。1993年以来，扬嘉活佛一共来过5次。寺内白塔（"神变法塔"）就是他投资15万元建的，还有4尊大佛像，也是他投资所建。

  罗藏东主喇嘛非常实在，除了热情为我们介绍情况，还自愿担任向导，一直把我们带往东边的王盖庙。路上，他继续给我们介绍了一些情况："本寺原来是王府,喇嘛庙在它南边。火灾被毁后,王爷把王府舍给了喇嘛寺,王爷自己去住蒙古包。所以,人们一般把这座寺庙叫作'王爷庙'。"听到这儿,我们不禁对这位不知姓氏的蒙古王爷肃然起敬。

上午10时20分,进入西乌旗政府所在地的巴彦乌拉镇。这是一座道路宽敞、楼房林立、清洁卫生、朝气蓬勃的草原新兴城市。城西入口处,有一组高大的青铜塑像——搏克之歌。"搏克",蒙古语是"摔跤"的意思。象征着这里是蒙古搏克的圣地。铜像高9米,宽9米,重18吨,取材搏克手出征时的场面,由3名勇士塑像组成,形象地刻画出搏克手拼搏制胜的精神面貌。蒙古摔跤手参赛时,身穿"桌都格",即镶有铜钉的坎肩,下身白色大裆裤,腰间系彩绸围裙,脚蹬蒙古靴或马靴,袒胸露臂。有的在脖子上挂着"景嘎",是历次比赛获胜的象征。比赛开始时,摔跤手们跳着粗犷的"鹰步"列队上场,赛毕双双跳着鹰步向观众致意。

王盖庙,全称"王盖庙东克尔殿",位于西乌旗巴彦乌拉镇中心。庙始建于民国二十年(1931),是乌珠穆沁王苏努玛阿日巴登邀请第九世班禅来此地咏《东克尔经》而建。庙宇建筑融合蒙、藏两民族艺术风格,被列为旗级重点文物保护单位。

罗藏东主的引领,似乎使王盖庙的看门喇嘛产生了误解,以为我们想免费参观,表示不许进,后来总算明白了我们的来意。买票后,进寺参观。进入山门迎面有一尊白塔,即东克尔塔,塔身四面各有一龛,内置金刚各一。其中,东向一尊金刚最有趣。寺内喇嘛介绍说,这是财神,手掌心向上,托着一只小白鼠。寺庙近年修葺一新,二重院落。前院为正殿,三层楼房;后院为僧房。据说寺内有20多位喇嘛。正殿内香烛缭绕,正中供着班禅、九世达赖、十一世班禅相片。

王盖庙北面,是巴彦乌拉镇中心的文化历史广场。广场上的园圃内花团锦簇,西边汉式古典亭廊掩映在繁茂树丛中。最引人注目的,是亭廊东侧矗立的一尊高大的青铜人物塑像——清朝官帽、辫发、袍服,足蹬蒙古靴,右手略微背后,左手擎起一卷书籍,面向东，似在深思。

旁边一块汉蒙合璧的铭牌载其事迹：衮布扎布（1690—1750），清代著名史学家、语言学家、佛经翻译家。乌珠穆沁部人，博尔济吉特氏，成吉思汗第二十三代后裔。后金崇德六年（1641），其五世祖多尔济·彻臣·济农封札萨克和硕车臣亲王，领乌珠穆沁部右翼（俗称西乌珠穆沁旗）。清顺治三年（1646），其祖父察罕巴拜袭和硕车臣亲王十五年，其伯父素达尼承袭和硕车臣亲王，时其父乌达喇协理旗务。康熙四十八年（1709）四月，清太祖努尔哈赤玄孙奉国将军威塞第五女封乡君，嫁衮布扎布，称其为仪宾。雍正时（1723—1735）"因其通西土之语，世宗皇帝特留帝都，以为西番学（藏文学校）总管，兼管翻译之事焉"。乾隆时被封为"大清内阁掌译番蒙诸文西番学总管"。主要学术业绩：历史学方面，用蒙文撰写蒙古编年史《恒河之流》，用藏文撰写《汉区佛学源流》等著作。语言学方面，撰写《元音字母与辅音字母》一书，编写《藏语易学书》，并以后者为底本，与其他学者共同编就藏蒙佛教名词术语对译词汇集《海比忠乃辞典》。在译经方面，作为主要修撰官将《丹珠尔》经译成蒙文。又将藏文《佛说造像量度经》译成汉文，并撰写《佛说造像量度经解》《造像量度经续补》各一卷，成为汉文《大藏经》中唯一一部讲述佛像工巧的珍贵典籍。又将五世达赖喇嘛经文一卷从藏文译成汉文，从梵文翻译了《佛说弥勒菩萨发愿王偈》一卷，以上二经均编入汉文《大藏经》。从汉文译成藏文的经典有唐玄奘名著《大唐西域记》、唐不空大师的汉文译著《菩提场庄严陀罗尼经》，并编入拉萨版《甘珠尔》。此外，还著有藏、汉、蒙三体合璧《明乐》以及多种医药书籍，均在清代刊行。

衮布扎布博学多才，精通蒙、藏、满、汉四种语言文字，著作涉猎多个领域，确为清代蒙古族文化精英中的翘楚。2004年8月21日，世界各地30位蒙古语言文学学者汇聚巴彦乌拉镇，参加旗里举办的"十八世纪杰出的历史学家、语言学家、佛经翻译家衮布扎布国际学术研讨会"。在这次会议前，又为衮布扎布立了这尊青

河北、内蒙古考察之一：宣化—张家口—锡林浩特—赤峰

铜雕像。这无疑是对他的最好纪念。

10时30分，离开巴彦乌拉镇，前往东乌旗。沿途都是典型的大草原景观：片片白云，如浩瀚大海中的扬帆；绿色草原，宽广无涯，在秋阳下泛起银色涟漪；白色羊只，如满天繁星般散布开来；点缀其间的，则是洁白的蒙古包。这一切都使人油然想起那首万世传诵的草原名句："天似穹庐，笼盖四野；天苍苍，野茫茫，风吹草低见牛羊……"

不过，即便在这人烟稀少的草原深处，也不难发现牧区发生的深刻变化：昔日封闭、涣散的大草原，已为一条条平坦的柏油公路和延伸到天际的根根电线杆和高举双臂的高压电线塔联结为一体；居无定所的牧民从游牧走向定居，定居点的红顶砖房外，立着接收电视节目的"大锅"（接收器）和转动着风扇的发电机。过去，牧民放牧都是夏骑马、冬骑骆驼，如今却骑着摩托车放羊，甚至有骑自行车的（其中不少是雇用流动到当地的汉人）。随之引起的是服饰变化，一身短打扮的汉装取代了蒙古长袍。就这样，一种在大草原上延续了几千年的文明，在短短十几年里就加速远去。令人感慨万分，却又无能为力……

司机告诉我们：前些年牧区牲畜严重超载，造成草场不断退化。近年来，政府把草场全部分给个人，一分50年；实施限养、圈养，由国家发给补贴。有望缓解草场退化。过去，东乌旗的鹰最多，鹰是牧民心中圣物，佛爷使者。死者的灵魂要靠他上达天庭，所以禁止打杀。现在，却成了珍稀禽类。过去，草原上的狼多极了，冬夜严寒中的嗥叫，尤其令人心悸。每到春季积雪将融，队里都要组织集体打狼，打到狼的牧民会得到子弹之类奖赏。如今，狼也很稀少，成了珍贵的国家级保护动物，禁止猎杀。

11时50分，抵达位于内蒙古东北部东乌旗所在地乌里雅苏台镇。镇南边矗立着一座巨大烟囱，喷吐着大团黑烟，与清新纯净的大草原极不协调。据说是造纸厂，旗里纳税大户，每天都在用源源不断的污水，毒害着草原母亲圣洁的身躯。东乌旗的市容建设比起西乌旗来简直判若霄壤，甚至连街道格局还大体维持着30年前旧

貌，只是多了几栋楼房、温州发廊、网吧、蒙古餐馆、酒店、肉饼店、洗浴中心、音像店。走进旗新华书店内想买一张当地地图，却发现基本没书，大部分已出租为各类商店。路旁农贸市场上停着一车车硕大西瓜，是从乌盟等地运来。卖菜的、买菜的，凑在一起，南腔北调，熙熙攘攘……

这就是乌里雅苏台镇，一个新旧杂陈、在利欲、时髦与潮流中躁动的边疆小镇。据说，东乌旗曾是锡盟最富裕的旗，如今却是倒数第一（或第二）。中午，我们在镇东头"蒙古包餐厅"吃了一顿原汁原味的牧区饭：喷香的手把肉、血肠、莜麦面，还有浓烈的太仆寺旗名酒——48度"草原王"。

乌里雅苏台镇北敖包山上的噶海庙曾经远近闻名。我们这次来东乌，主要目的就是参观复原后的噶海庙。参观后却感到很失望。正在修复中的喇嘛庙，显然比其原型简陋了许多。这也不奇怪，草原的喇嘛庙本来是牧民们世代捐资奉献所建，无数金钱才铸就精美的建筑工艺、色彩斑斓的绘画、名贵的收藏。如今的喇嘛庙却多依政府拨款，钱多钱少姑且不论，层层克扣也很难避免。

与锡林浩特贝子庙一样，庙后山坡上也排列着13个敖包。秋风猎猎，敖包神竿上的彩幡、彩带扑啦啦地欢舞，背景是深邃湛蓝的苍穹。不过，比起贝子庙的敖包来，它的规模和气势逊色了许多。

在庙前空地上，遇到一位拎着水壶的蒙古老人，慈眉善目，穿着一身绸缎质地蒙古袍，穿一双蒙古靴。他是我们此次内蒙古之行唯一近距离遇到的穿着传统服装的蒙古族同胞。我们感到很欣喜，不失时机地与老人合影留念。（图13）

下午2时许，离开心仪已久的东乌旗踏上归程。

正是秋天打草季节。几十年前，打草是靠牛、马牵引的打草机，如今已全部机械化，轰鸣着的机器张开大口，吞进割下的青草，吐出的已是四四方方捆扎好的草包。因为草原上实行限养和禁养，对干草需求量大增。特别是内蒙古西部一些旗县，严重缺草，只有来东部购买。往公路两边望去，满眼都是一排排打好的草包，

河北、内蒙古考察之一：宣化—张家口—锡林浩特—赤峰

图13　与蒙古老人合影留念（右为细谷良夫教授）

等待起运。

途中，由北向南，不时遇到满载羔羊的汽车。"这么小的羊就拉去宰吗？"司机的回答澄清了我们的疑问：如今内地流行吃"小肥羊"，也就是一岁羔羊；草原因实行限养，也必须在入冬前清理一部分体弱羔羊。于是就出现了上述一幕。但不管怎么说，眼瞅着一车车羔羊温驯地被运往屠宰厂，总是一件令人特别郁闷的事。

晚6时，回至锡林浩特市，已是暮色降临、华灯初上时节。由锡林浩特市至西乌旗是140公里，西乌旗至东乌旗是120公里。是日往返一共走了520公里。

9月2日（星期五），晴

从锡林浩特往巴林左旗，最近的一条公路是300公里。听说该公路最近承包给了私人，有三段路正在翻修，行走不便。头晚预订的出租车司机陈晓峰师傅临时决定由西乌旗绕行。这样虽然多走50公里，但路况较好，反而比走近道快一些。按计划，我们必须

◆ 清朝遗迹的调查 ◆

在当日先经巴林右旗往巴林左旗，参观完辽上京遗址再折返巴林右旗住宿。

考虑到路程较远，清晨6时，准时由白马宾馆启程。7时10分，再次经过西乌旗巴彦乌拉镇。遂转向东南行。8时30分，过浩勒图高勒苏木（乡），见公路右边一座小喇嘛庙，停车往参。庙前有影壁墙，两侧各树经幡一杆。灰色石狮两尊。庙两进。山门紧闭，内无僧人。未能详察而返。

8时55分，出锡盟西乌旗界，进入内蒙古东南部赤峰市林西县界。先后穿过林西县林西镇、巴林右旗大板镇，12时，进抵巴林左旗旗政府所在地林东镇。

12时30分，参观辽上京遗址。遗址位于林东镇南。神册三年（918）始筑京城，初名皇都，后改称上京。城周长约9公里，分南北两城，北城为皇城。城垣及东、西、北三门犹存，是契丹族居住区，皇城中部为宫廷大内，东、西部多建筑基址及作坊遗址。南城为汉城，是汉、渤海、回鹘等族住地。天庆十年（1120）被金兵攻占。现存楼址43座，城墙三段。1961年，辽上京遗址被国务院列为国家级重点文物保护单位，此后在这里出土了大批辽代珍贵文物，人面塑像、骑马俑饰、唐宋辽金时的各种货币。目前，遗址区内最醒目的遗迹就是红砂岩雕观音像。雕像头已无存，身躯尚在，颈饰璎珞，身穿素衣，拱手胸前，双足立莲座之上。（图14、图15）

下午2时30分，参观辽上京博物馆。博物馆规模宏大，馆前"契丹广场"中心，矗立着辽太祖耶律阿保机骑马挟弓青铜像。博物馆内藏品丰富，有各种精美石雕、壁画、印鉴、锋镝、金银器、铜器、鞍具、石棺、火葬罐、鸡冠壶、农具、佛教器物，将一个古老文化的丰富内涵展示得淋漓尽致。可惜的是，参观者甚少，空荡荡展览大厅内仅我们二人而已。

下午3时40分，离林东镇，返回巴林右旗。途中沿着公路右手一处标有"祖州路"标记的砂石路，向西北方斜插下去，据说路尽头就是辽代祖州。路很不好走，草原与天际相交的远方是造

◇ 河北、内蒙古考察之一：宣化—张家口—锡林浩特—赤峰 ◇

图14　辽上京观音石像　　图15　辽墓壁画：擎鹰图（摹本），巴林左旗博物馆藏

型奇异而又突兀的青色群山，由此想到，契丹人把他们的诞生之地誉为黑山是多么贴切。汽车大约在路上颠簸了5公里，终于进入峰峦叠嶂的一个深阔山谷——辽祖州遗址（巴林左旗石房子村西北）。祖州是辽太祖耶律阿保机四代先人出生地。因此，建城后号祖州。阿保机死后葬于州西2.5里的祖山，祖州遂成为阿保机奉陵邑。其遗址距林东镇西南25公里。祖州城原有内、外城，外城辟四门，内城三门。今俱无存，仅在内城北遗石屋一座。石房用七块巨大花岗岩石板支盖而成，前有一门，无窗，上覆厚厚的石板。今石房内除地下铺有一块石板外，别无他物。该建筑当时用作何用途，文献缺载。一说为祭神祀祖之地，一说为禁闭皇族罪犯的圜土——牢狱。祖州遗址附近尚有辽太祖陵等古迹，因时间紧未及前往。（图16）

下午5时30分，达巴林右旗旗政府所在地大板镇，又称林西镇。宿庆州宾馆。巴林右旗地处内蒙古东部西拉木伦河北岸，大兴安岭南段，是科尔沁草原的组成部分。盛产巴林石和鸡血石。巴林

◈ 清朝遗迹的调查 ◈

图 16　辽祖州石房

石具有软、细、巧、纯、透、颜色丰富、无杂质等特点，宜于工艺雕刻。

9月3日（星期六），晴

晨9时，参观荟福寺。荟福寺位于大板镇荟福路南段。清康熙四十五年（1706），由巴林右翼旗扎萨克多罗郡王乌尔衮与固伦荣宪公主主持兴建。

固伦荣宪公主（1673—1728）是康熙皇帝次女，康熙十二年（1673）五月初六日生。其母庶妃马佳氏，即荣妃。与皇三子诚郡王允祉同母。三十年（1691）元月封和硕荣宪公主，下嫁蒙古巴林部博尔济锦氏额驸色布腾之孙乌尔衮。色布腾之妻即清太宗皇太极第五女淑慧长公主阿图，人称巴林公主。二十九年（1690），巴林右旗兵众随康熙帝征讨噶尔丹，战于乌兰布通。战后，清廷论功行赏，乌尔衮因作战英勇，受帝赏识。翌年，将荣宪公主下嫁乌尔衮。公主时年19岁。四十三年（1704），乌尔衮袭巴林部扎萨克多罗郡王。同年，晋封固伦荣宪公主。雍正六年（1728）四月二十一日，公主去世，时年56岁。

为与固伦淑慧公主所建圆会寺（俗称大板镇西大庙）相区别，荟福寺又称东大庙。两庙相距4公里。西大庙在村子里，主佛像释迦牟尼。喇嘛最多时750人，后被毁。东大庙因被部队作为枪支弹药库，得以保存。

"荟福寺"，蒙古语称"哲衮呼和格日苏模"，民间也称"巴晶苏模（虎庙）"。传说：康熙帝巡幸巴林看望女儿时曾在巴尔达木哈拉山（现巴彦汉山）松林中猎获一只斑斓猛虎。这张虎皮后来内充白草，眼嵌玻璃球，栩栩如生地供在寺中。这就是"虎庙"一说由来。

荟福寺面积宽敞，喇嘛最多时达500多人。雍正帝曾赐蒙汉满藏四种文字"普觉寺"金字匾。乾隆帝又赐蒙汉满藏四种文字"荟福寺"金字匾。是藏传佛教格鲁派（黄教）在巴林右旗最大喇嘛庙。

荟福寺山门外广场南侧，是一座长长的影壁墙。据说墙正中原有佛像，墙四面原用满、汉、蒙、藏4种文字镌刻六字真言，今俱无存。

进入寺庙山门，钟鼓二楼左右对峙，均为阁式建筑，卷挑翘檐，张之欲飞。钟楼内铸铁钟在1976年后找回，外铸环文，立书"康熙五十七年吉日诚造""皇帝万岁万岁万万岁"等字。

天王殿内两侧，矗立四大天王力士塑像。他们是：东方持国天王，名多罗吒，藏名伊呼霍尔苏荣，身绿色，是乐神领袖，手持琵琶为法器，护持东方国土；南方持国大王，名毗琉璃，藏名帕克济布，身青色，能使人善根增长，双手持宝剑为法器，护持南方国土；西方广目天王，名毗留博叉，藏名占密桑，身红色，手持一龙为法器，常用净天眼观护着西方国土的百姓；北方多闻天王，名毗沙门，藏名那目太斯列，身白色，福德名闻四方，以右手持宝剑，左手持银鼠为法器，护持着北方国土的百姓。四大天王的法器寓有吉祥之意。

◆ 清朝遗迹的调查 ◆

天王殿后为气势恢宏的诵经堂，60多根立柱攀龙附凤，檐下风铃叮当作响，殿顶上宝刹金碧辉煌。后殿为供佛殿，面阔进深各5间，殿内佛像壁画俱存。主佛像为"三世佛"。二殿均为重檐歇山式建筑。供佛殿前有覆钵式砖塔两座，各高4.5米。寺内还有密宗殿、药师殿、护法殿、战神殿等。

近年来，荟福寺修缮一新，佛事活动很多。农历每月初一、十五、二十二日诵国泰民安经；农历每年正月十五至二月初一为大愿法会；四月十三日至十五日为千供法会；六月十三日至十五日为大祝愿法会；九月二十二日为降凡法会；十月二十五日为宗喀巴大师上师供法会。此外，还有许多密宗法会。（图17）

图17 荟福寺

寺庙西北有康熙帝巡幸时所居行宫遗址，惜时间太紧未能前往。

荣宪公主陵墓在西大庙西边（巴林右旗白音耳灯乡十家子村白音陶拜山南）。随行出租车张彦明师傅自述：公主陵规模宏伟，地面建有享殿，筑有地宫，刻碑立石。

◈ 河北、内蒙古考察之一：宣化—张家口—锡林浩特—赤峰 ◈

公主墓中随葬品十分丰厚。公主头戴赤金凤冠，身穿珍珠团龙袍服。在众多珍贵饰物中，猫眼石金簪和"岁寒三友"金簪尤为名贵。猫眼石金簪以金为托，珍珠作星，猫眼宝石嵌在正中，形成众星捧月之势。"岁寒三友"金簪由黄金、绿松石、玉石构成典雅华贵的松、竹、梅图案，一枝一叶，颇具匠心。均入藏赤峰市博物馆。

司机张师傅是本镇人，多年开车，走东闯西，见多识广。他说，"听老辈讲，祖上是从河北过来的，是随公主过来的旗人（'随旗的'）。蒙古老姓早就不知道了。一直报的蒙族。小时念过一年蒙文，但周围都是汉族孩子，后来就上汉族学校"。据《巴林右旗志》，固伦淑慧公主和固伦荣宪公主下嫁时曾带来"燕支"（陪房）540户（其中，荣宪公主240户），原为满洲或汉人。清朝时编为两个佐领，为王府内属。他们世代居住巴林右旗，与当地蒙古族通婚，以后融为蒙古族。① 据此看来，张师傅如果确系公主陪嫁人后代，其先世当为内务府满洲或汉姓人，并不像他自述的那样有"蒙古老姓"。但民族认同本来就是一种主观选择，血统是一回事，民族认同是另一回事。张师傅还提到，随公主过来的旗人又叫"随旗的""随旗蒙古"，后代不少，都是带汉姓蒙族。而当地蒙族命名还按老传统，称名不举姓（跟清代满洲人一样），如叫"巴图""宝音"……两者区别从命名习惯上一看便知。"那你们为什么不按蒙古习惯命名？""我们按老辈传的家谱，每辈都有字儿。如我这辈中间是'彦'字，下一辈是'庆'字。现在虽然家谱没了，但字辈还保留着。一族人出了五服，就不按家谱。所以，我们不可能按蒙古习俗命名。"同为一地的蒙古族，命名却有这么大差异，而这种差异又缘于不同的历史经历。如此生动具体的内容，只有在实地采访中才能搜集到。

前往赤峰途中，长时间沿着西拉木伦河驰行。这条孕育了契丹、蒙古等游牧民族的母亲河，河道开阔，但水流很少，以至裸露

---

① 旗志编纂委员会：《巴林右旗志》，内蒙古人民出版社1990年版，第36页。

出大片沙滩。岸边，散落着的牛马在和煦阳光下悠闲地吃草。

下午2时，应邀参观赤峰学院图书馆和文物收藏室。赤峰地区位于内蒙古东南部，西拉木伦河及其主要支流老哈河、教来河、查干木伦河等流域分布有十分丰富的古代文化遗存，已经命名的就有小河西文化、兴隆洼文化、赵宝沟文化、富河文化、红山文化、夏家店下层文化和夏家店上层文化。在中国考古学发展史上占据十分显著位置。赤峰还是举世闻名契丹辽文化的发祥地。在当地，明清时期蒙古等民族的历史、宗教文物史迹也很丰富，可惜在相当长一段时间里，没有引起研究者的充分重视。

9月4日（星期日），晴

早8时30分，乘赤峰市文化局于局长派来的车前往喀喇沁旗参观蒙古王爷府和家庙。喀喇沁旗位于赤峰市西南方向。旗政府驻地锦山镇。

喀喇沁王府位于赤峰市西南喀喇沁旗王爷府镇（在旗所在地锦山西南19公里），东距赤峰60公里，西南距河北承德市160公里，距北京310公里。因有高等级公路相连，交通便利。

喀喇沁王府先世为元太祖成吉思汗功臣者勒蔑，兀良哈氏。因者勒蔑功勋卓著，加之其父札儿赤兀惕与成吉思汗之父也速该巴图尔是挚友，成吉思汗将者勒蔑视如兄弟，把女儿嫁给他的儿子吉伯格，使其享有"塔布囊"（汉语"驸马"的意思）尊号。及元顺帝失去中原，退居朔北。明太祖朱元璋奠都江南金陵（今南京），封其子朱权于大宁（现宁城县），号宁王。靖难之役（1399），燕王朱棣起兵南下，兀良哈诺颜率所部六千精骑协助燕王，灭建文帝。燕王即位，奠都北京，移封其兄宁王于江西南昌，把大宁属地全部移交兀良哈。其领域约相当于后来热河省全境。此后数传至苏布迪。苏布迪诺颜英勇多谋，名震漠南。17世纪初满族兴起于东邻，奠都盛京（今沈阳）。天聪初年，苏布迪率部投靠后金（清），仍封喀喇沁故土，赐号"多罗杜都棱"。康熙三年（1664），赐封苏布迪孙班达尔沙为世袭罔替札萨克郡王。乾隆四十八年（1783），喀喇沁第六代郡王喇特纳锡第晋封为亲王，数传至满珠巴咱尔，以军功加封亲王。王府自修建到清末共传袭14位王爷，且世代多与皇族联姻。（图18）

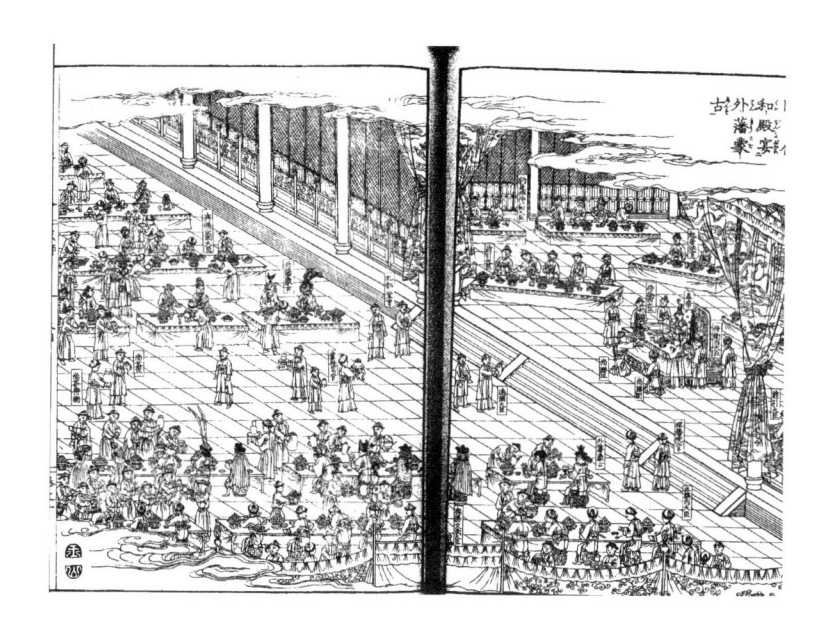

图18 清帝宴请外藩蒙古图（《唐土名胜图会》）

喀喇沁王府始建于康熙十八年（1679），建筑面积很大。现存中轴线五进院落，主体建筑有府门、轿厅、回事处、议事厅（银安殿）、承庆楼（佛堂）；西跨院主体建筑为书塾、驿馆、文庙（孔子庙）、武庙（关帝庙）和祠堂。王府建筑为完整的四合院，有硬山式厅堂、卷棚环廊式客堂、勾连搭式祠堂、藏传佛教式楼阁。院内苍松翠柏，幽雅恬静，楼阁殿堂，相映成辉。为内蒙古自治区建筑面积最大、规格最高、时间最早、保存最好的王府建筑群。具有浓郁民族特色、宗教特色和地域特色。2001年，被国务院公布为第五批全国重点文物保护单位。

近年，在王府内建有全国最大"清代蒙古王府博物馆"，馆内开辟"喀喇沁亲王府历史陈列""书画陈列""喀喇沁亲王府复原陈列""王府校史陈列"等展室,珍藏王府传世文物珍品百余件。

在王府前的广场上,矗立着第14代王爷贡桑诺尔布(1872—1931)的青铜雕像。贡桑诺尔布幼年从山东学者丁锦堂受业,通晓汉、蒙、藏、满文字;能诗,善画,精鉴赏,富收藏。他思想开明,重视新式教育,1902年,在王府内创设崇正学堂,招收平民子弟入学。翌年,赴日本考察政治。归国后开办毓正女子学堂及守正武学堂,选派蒙古族女学生赴日本留学。日本近代名人河原操子、鸟居龙藏均曾在此任教。1912年,中华民国成立,贡桑诺尔布参加同盟会,成为国民党中央九理事之一,任蒙藏院总裁。为振兴蒙古民族,他还办实业、出报纸、通邮电、除弊政,堪称内蒙古地区近代史中最杰出的人物。(图19)

图19 贡桑诺尔布雕像

在王府西南(喀喇沁旗大庙村),有喀喇沁地区最大喇嘛教寺庙——福会寺。寺庙平面呈长方形,始建于清康熙年间,因与王府关系密切,在该地区居有统领诸寺庙的地位。主要建筑有山门、前殿、经堂、大殿、后殿、东西配房、钟楼鼓楼、东西配殿、耳房、僧舍。建筑形式为大式硬山、歇山砖木结构，十字脊钟楼为北方地区少见。大殿梢间的方形假窗具有藏式建筑风格。彩画、壁画、砖雕、木雕丰富多彩，工艺高超。（图20）

图20　贡王府家庙福会寺

　　大的喇嘛教寺庙周围，有时会发展起一些小寺庙，形成主寺和附寺关系。喀喇沁旗福会寺是主寺，东西两边有附寺。在王府博物馆杨馆长带领下，我们参观了附寺。西边附寺叫极善声乐寺，当年的僧房早已坍塌，只余土坯残墙数段。正殿一间，由一位70多岁的老喇嘛苦心经营。老喇嘛早年被强迫还俗，生有一子，已亡。目前由其孙子一家照顾，就住在正殿东边配房内。福会寺东边附寺原称咸应寺，规模较大，因长期被用作粮食仓库，保存比较完整。如今，寺内已全部腾空，准备恢复原状。不过，寺内圆柱形带锥形顶的粮食仓库还未拆除，墙壁上仍留有"库房重地闲人止步严禁吸烟"的警告，"文化大革命"时期的宣传口号"备战备荒为人民""深挖洞、广积粮",以及毛泽东的几段语录。杨馆长提醒我们说:"这些都是几十年前遗物了,你们赶快照下来,不然以后重修,就都没有了。"

龙泉寺。位于喀喇沁旗锦山镇西北群山环抱之中,背靠高耸的狮子峰。始建于辽代,重修于元代。是赤峰市最古老寺院。寺殿依山势而建,高低层叠,呈三进三阶院落。前有山门,中有天王殿和东西两侧配殿,最后一层为三间大殿。寺内泉井一眼,四季泉水不枯,称为"龙泉",寺以泉而得名。寺内有用自然花岗岩就地雕成卧姿石狮一尊,造型独特,神态生动。据考为辽代文物。寺内两通旧碑,一为元世祖至元二十四年(1287)重修寺院碑;二为民国六年(1917)重修寺院碑。龙泉寺在元、明、清三朝名噪一时,清康熙皇帝平定噶尔丹后专程到此焚香拜佛,并赐金鞍玉辔和弓箭等物。龙泉寺原奉汉传佛教,民国初改为藏传佛教。这种变化,反映了赤峰地区汉民与蒙民杂居,汉传佛教与藏传佛教(喇嘛教)并存,两者又相互融通的结果。龙泉寺现为内蒙古自治区重点文物保护单位。

灵悦寺。喀喇沁旗政府所在地锦山镇西街路北,有一处古木参天、绿树鲜花掩映的古建筑群,它就是已有200多年历史的藏传佛教建筑灵悦寺。有各类建筑50余间,最盛时常驻喇嘛500余人。建筑格局采用中轴线左右对称制,自山门向内形成三进三阶式院落。高大的山门门楣上方悬挂汉、满、蒙、藏四种文字书写牌匾。山门门洞两侧木栏内,置有四大天王泥塑像。进入第一庭院,左右两侧建有两层楼阁式攒尖顶钟鼓楼,广阔的庭院中几棵百年古松干曲枝虬,苍劲挺拔。殿堂为三开间硬山式建筑,中央供奉黄教始祖宗喀巴铜像。自两侧月亮门进入二进庭院,正中有一攒尖顶圆亭,亭内中央立一个7米高"嘛呢轮",筒壁用金色梵文写着"六字真言"。圆亭左右配殿内塑十八罗汉像。佛殿正中,释迦牟尼立像置于木制佛龛上。第三进庭院内的大殿为歇山阁式建筑,殿宇宽阔高大,亭台施彩描金。最后一进庭院为藏经库,内存各类经卷200余卷。该寺现为内蒙古自治区重点文物保护单位,正在修缮中。是日晚6时10分,告辞盛情相送的赤峰朋友们,乘火车返回北京。

河北、内蒙古考察之二：承德—隆化—围场—克什克腾—多伦①

2007 年 7 月 4—10 日，我与日本东北学院大学细谷良夫教授对河北、内蒙古清朝史迹进行了历时 7 天的考察，途经河北承德、隆化、围场，内蒙克什克腾旗、多伦市，重点考察避暑山庄与外八庙，隆化行宫、御道、老城区，木兰围场与乾隆碑，乌兰布通古战场，多伦汇宗寺与山西会馆等清代遗迹。同行有先生的夫人细谷和子，东北学院大学史学科下仓涉教授、中国人民大学清史研究所张永江教授。

一 承德

河北省承德市位于北京市东北方，北倚内蒙古，东与辽宁省毗邻。地理环境有丘陵、高原、山地、盆地等类型，属温带气候，雨水适中，河流众多，林木繁茂。复杂地貌与气候条件，决定了该地区历代先民生活方式的多样化。

承德自古就是北方草原文化和农耕文化交融地区，许多民族在此生息繁衍。史前时代，承德属著名的红山文化区，是早期人类活动重点地区之一。以后，相继崛起的北方民族山戎、东胡、匈奴、鲜卑、柔然、乌桓、契丹、女真、蒙古、满族，都曾以此为舞台，导演出一幕幕恢宏博大、惊心动魄的历史剧。公元前 8 世纪，牧猎

---

① 刊于赵志强主编《满学论丛》第 8 期，辽宁民族出版社 2019 年版。

于滦河、潮河流域的山戎族败退，部分族众与炎帝族融合。公元前7世纪，燕昭王派大将秦开率燕军袭破东胡，承德一带并入燕国，在今丰宁、围场县北部建起数百公里的燕长城，展示了胡汉文化的冲突与交融。辽代，承德为契丹族、奚族的发祥地。辽神册元年（916），太祖耶律阿保机从中原地区俘掠大批汉人，安置在北安州（今隆化县）、泽州（今平泉县）。内地汉人迁至此地，带入先进的农耕技术和文化。汉人与奚人、契丹人杂居，农业发展初具规模。契丹人依据汉字创制契丹文字，还利用汉人工匠在当地建起北安州、泽州两处古城。

降及清代，承德历史更加辉煌。康熙年间，清廷在承德境内相继建起木兰围场、避暑山庄和外八庙。康熙、乾隆、嘉庆诸帝每年夏季都在此避暑并处理政务，使这里成为清廷第二个政治中心。

承德市及所属县区有358万人口，其中满、蒙古、回、朝鲜等少数民族143万人。8县3区中，丰宁、宽城是满族自治县，围场是满族蒙古族自治县，承德市与隆化、滦平、平泉、兴隆等县，也有不少蒙古族、满族居民。

概括承德地区历史文化的突出特征：首先是民族的多样性；其次是文化的多元性，再次是彼此水乳交融。

2017年7月4日，乘12时20分北京往丹东火车前往承德。下午5点半，车到承德，入住僧冠峰脚下锦江生冠宾馆。

我第一次去承德还是在1982年。大学毕业前，学校组织实习考察，目的地就是避暑山庄。当时的承德市基本处在封闭状态，偌大的山庄里空旷寂寥，几乎没有游客。秀美的山光湖色，挺拔的苍松翠柏，都呈现出一种北方山地的冷峻之美。以后，多次往来于北京承德间，或开会或考察。如今的山庄，已成为联合国认定"世界文化遗产"，但过度的商业开发，游客的喧嚣，也使山庄连同外八庙乃至整个承德市，与历史原貌渐行渐远。

7月5日上午，首先参观避暑山庄，由避暑山庄博物馆副馆长韩利接待。

避暑山庄，始建于康熙四十二年（1703），乾隆五十七年

（1792）建成，是中国现存最大的具有民族特色和集南北建筑形式的帝王宫苑。避暑山庄博物馆由正宫区、松鹤斋、如意洲组成，是清代帝王驻跸山庄期间日常起居、处理朝政、举行庆典的地方。据介绍：正宫建筑根据中国古代关于"九五飞龙在天"的传统习惯，营建前朝和后寝的九进院落。沿丽正门至岫云门于中轴线上依次矗立着阅射门、澹泊敬诚斋、四知书屋、万岁照房、烟波致爽殿和云山胜地等主体建筑，现基本按当年原貌复原陈列。其中，烟波致爽殿为楠木结构，俗称"楠木殿"。烟波致爽殿是皇帝寝宫，嘉庆、咸丰二帝均病死于此殿。康熙、乾隆、嘉庆三代皇帝每年几乎有半年时间驻跸于此。叶赫那拉氏（慈禧）在这里策划了著名的"辛酉（1861）政变"。正宫区还辟有避暑山庄由来、八旗文物典章、木兰秋狝武备、御用瓷器、挂屏、钟表、珐琅、玻璃器等专题展览。如意洲位于山庄苑景区中心，原系康熙帝处理朝政、起居之处，主体建筑依次有无暑清凉、延熏山馆、水芳岩秀、一片云。（图1）

图1　避暑山庄内景

◆ 清朝遗迹的调查 ◆

这次避暑山庄行的一个意外收获，是在韩利引导下参观了位于丽正门内的"承德碑林"。碑林有承德地区搜集清代碑刻约20通，多为《河北金石辑录》一书所失载。① 对研究承德地方史、满族史、八旗制度史均有一定参考价值。

《重排石鼓文音训碑》原立于热河文庙（承德市西大街二道牌楼）大成门左侧。碑阳为乾隆帝御书《集石鼓所有文成十章制重刻序》，碑阴刻《重排石鼓文音训》和《重排石鼓文释文音训序》。碑文分别记述重排石鼓的原因、目的、意义及清代帝王木兰秋狝盛况。《敕建琳霄观碑记》，康熙四十九年（1690）立，工部右侍郎兼翰林院掌院学士揆叙撰文，康熙帝第三子诚亲王胤祉书丹，原立于琳霄观灵官殿前。碑文记述琳霄观的位置、供奉情况。《城隍庙碑》，城隍庙坐落在市区二道牌楼路北，建于乾隆三十七年（1772），由督臣周元理建造。乾隆帝以满、汉、蒙、藏四种文字撰为《御制热河城隍庙拈香瞻礼》两通碑文，详细记述"拈香瞻礼"的活动，以及修造城隍庙的缘起和意义。咸丰八年（1858）《重修福山寺碑记》，记述戚公助资捐物与众善士共同修复寺庙的经过，并将捐资商会、商号、绅士、乡民题名碑上，反映了当地商业发展与商民关系。《富明墓碑》，满洲旗人富明，钮祜禄氏。博学多艺，精通奇门。嘉庆二十五年（1820）任围场总管，道光元年被发配新疆充当苦役，道光五年（1825）回籍，十四年（1834）病故，葬于隆化县西阿超村。② 乾隆辛亥年（五十六年，1791）热河驻防满洲马甲文兴原配吴门关氏《奉旨旌表贞节》碑，是一通反映普通满族人婚姻关系的珍贵史料。碑文以关氏的口吻写道："呜呼，妾年十七，侍执巾栉，倐尔一纪，夫遽早辞，清贫守义，五旬已齐，皇家旌节，表扬孀（按，此处漏刻一字），独我孤伶，惟夫是依，旌扬字样，愿立墓墟，死生永享，庶几神怡，哀哀夫主，妻

---

① 石永士等编：《河北金石辑录》，河北人民出版社1993年版。
② 尹利民主编《河北满族蒙古族碑刻选编》（作家出版社2007年版）收有承德碑林大部分碑文，但该书的文字和点校问题很多，征引必须慎重。

寔悼悲。呜呼哀哉，虔此告知。"另有嘉庆元年（1796）《奉旨旌节碑》一通，碑文残缺，从题署"已故马（下残缺）"三字推测，似为旗人马甲遗孀立碑。

它如康熙五十年《无暑清凉御制碑》、康熙五十七年《行宫碑记》、嘉庆二十年《滦江书院碑》、光绪四年《大字岭筑路碑》、道光八年热河都统英和撰《魁星楼碑》、同治四年《热河三官庙重修碑记》、光绪八年《武烈河西崖大坝岁修章程碑记》、光绪十四年《武烈河堤坝各工程重修碑记》等，或为皇帝御笔，或为名臣撰文，或反映宗教教育科举，或记载工程规章和捐资者情况，均有一定研究价值。碑林内展有金代墓葬石棺、元代香石、明崇祯年间拆修长城碑等，也是珍稀文物。

中午，在避暑山庄门外大清花饺子馆就餐。天气奇热，高温36℃，不禁大汗淋漓。午后返宾馆歇息。下午3时，出发参观外八庙。

清朝统治者在兴修避暑山庄同时，在山庄东部和北部，依山就势修建了十二座色彩绚丽、金碧辉煌的寺庙。其中八座寺庙由理藩院管理，于京师喇嘛印务处注册，并在京师设有常驻喇嘛"办事处"，因都在古北口外，统称"外八庙"（口外八庙之意）。久而久之，外八庙便成为这十二座寺庙代称。1994年12月，外八庙同避暑山庄一起被列入世界文化遗产。

外八庙中，除溥仁寺，溥善寺建于康熙年间，其余十座寺庙均建于乾隆年间。它们分别是：在避暑山庄东面，隔武烈河有溥仁寺、普乐寺、安远庙；山庄东北有普宁寺、普佑寺、广缘寺；山庄正北相隔狮子沟，自东而西有须弥福寿之庙、普陀宗乘之庙、殊像寺、广安寺、罗汉堂。清帝兴建这些寺庙，是为了顺应蒙、藏等少数民族信奉喇嘛教习俗，"因其教而不易其俗"，通过"深仁厚泽"来"柔远能迩"，以达到清王朝"合内外之心，成巩固之业"的政治目的。这些寺庙融合汉、藏、蒙古、回等多民族建筑风格和文化艺术。每座寺庙，都承载着丰富的历史记忆，从不同侧面展示出清代鼎盛时期开疆拓土，怀柔蒙古族、藏族、回族等多民族的丰功伟业。因时间关系，我们只参观了外八庙中的两座——普宁寺和普陀宗乘之庙。

16世纪后期，中国西北边疆蒙古准噶尔汗国内部进行长达8年的争权混战。乾隆二十年（1755），清政府出兵伊犁，将西北广袤边疆纳入清朝版图。因蒙古族尊崇喇嘛教，乾隆帝决定依西藏喇嘛教圣地桑摩耶庙之式，在避暑山庄外建一座喇嘛庙以示纪念，题名"普宁寺"，表示四海之内民众安居乐业，"永永普宁"。乾隆帝亲撰《普宁寺碑文》，记述兴建普宁寺缘由。是年十月，阿睦尔撒纳不受清廷封赏，再次起兵倡乱，乾隆帝第二次出兵平叛。碑亭内另有《平定准噶尔勒铭伊犁之碑》和《平定准噶尔后勒铭伊犁之碑》，分别记载两次出兵的历史。庙前半部分为汉式伽蓝七堂型建筑，庙后半部分为曼陀罗建筑形式，反映了佛教的庙宇观与汉藏文化的陶融。

普陀宗乘之庙，是乾隆三十二年（1767）为绥服蒙古诸部，仿达赖喇嘛所居西藏拉萨布达拉宫所建，俗称小布达拉宫。该庙占地面积22万平方米，是外八庙中规模最大庙宇。乾隆三十六年（1771），西藏及蒙古各部王公贵族聚集避暑山庄，参加乾隆帝六十寿辰和皇太后八十寿辰庆典，乾隆帝命兴建普陀宗乘之庙以示纪念。此庙建成之际，从沙皇俄国伏尔加河流域率部回归祖国的土尔扈特蒙古族首领渥巴锡参加落成典礼。为纪念土尔扈特回归，乾隆帝御笔题写《土尔扈特全部归顺记》和《优恤土尔扈特部众记》两篇碑记，勒碑于庙内。（图2）

随着旅游业的迅猛发展，承德市发生了日新月异的变化，许多大楼拔地而起，餐饮业尤其发达。晚上，在有名的乾隆饺子馆就餐。

❀ 河北、内蒙古考察之二：承德—隆化—围场—克什克腾—多伦 ❀

图2　普陀宗乘喇嘛寺

二　隆化

7月6日，早起晴热，8时30分离开承德市，前往下一个目的地木兰围场。康熙年间，清廷在避暑山庄北面山地建起木兰围场①，作为皇家狩猎场地。

前往围场，途经隆化。隆化县南距北京市258公里，距承德市仅60公里，位于河北北部，西临丰宁满族自治县，北与东北部与围场满族蒙古族自治县、内蒙古喀喇沁旗接壤。隆化境内多山，素有"八山一水一分田"之称，燕山余脉自西北向东南斜向延伸，形成西北高东南低的地势。主要河流则由北向南平行分布。从西向东依次有滦河、伊马吐河、伊逊河、鹦鹉河。伊马吐河在隆化镇西南汇入伊逊河，鹦鹉河在中关镇附近汇入武烈河，成为滦河另一支

---

① 范围相当于今河北省围场县全境及隆化县唐三营乡、西庙宫乡北部。国家文物局主编：《中国文物地图集·河北分册》，文物出版社2013年版，第358页。

流。隆化县山场广阔，宜林面积大，矿业、农业、畜牧业比较发达。

自清初以来，从京师经承德往围场都必须经过隆化，当地还是通往北方蒙古草原的一条要道。顺治五年（1648），顺治帝胞姐（清太宗皇太极第五女固伦淑惠长公主）下嫁蒙古巴林郡王色布腾，将博罗河屯（今隆化镇）附近土地500顷赐给公主，作为脂粉地陪嫁。所以博罗河屯后来又称皇姑屯。康熙二十年（1681）三月，康熙帝出京北巡，决定在今隆化以北接壤蒙古地方（今河北省围场县）设围场以供皇家行猎习武，取名"木兰围场"（木兰为满语，意为狩猎）。为加强对围场的管理，在唐三营（隆化县唐三营镇唐三营村东北）建造"木兰围场总管府"。围场四面树栅，由东、西两个崖口入围，均以博罗河屯为出发点。围场内设72围，每岁秋狩10余围。围场按八旗之制分守各处，原由蒙古王公轮任"管理围场事务"，后设围场总管大臣和各级官员，以满蒙官兵千人驻守。[1]

康熙二十九年（1690）七月，康熙帝率大军亲征来犯蒙古噶尔丹部，驻跸博罗河屯，指挥了著名的乌兰布通之战。此后，乾隆、嘉庆诸帝多次往木兰秋狝，途经隆化。道光元年（1821），木兰秋狝之制废止，仍留官兵护卫行宫。宣统元年（1909），设隆化县，取"隆盛开化"之意。[2] 隆化自古就是多民族杂居地区，如今全县42万人口中，满、蒙古、回等民族人口23万，占总人口54%。

上午10时，途经云光洞（位于隆化县中关镇梁前村北），原名云洞子。据说康熙帝曾在洞中避雨，乃依洞建寺。寺内今存康熙古碑《云光洞佛殿碑记》，碑方首、方座、素面，灰褐色细砂岩质。碑高2.1米、宽0.62米、厚0.2米，四框阳雕忍冬纹，上半部曾被砸断，对合后留有裂隙，部分碑文无存。碑文楷书，记敕修云光洞寺经过。碑记称：

---

[1] 国家文物局主编：《中国文物地图集·河北分册》，第358—359页。
[2] 姜振利主编：《隆化文物志》，中国文史出版社2007年版，第12—13页。

❖ 河北、内蒙古考察之二：承德—隆化—围场—克什克腾—多伦 ❖

　　直热河北六十里曰中关，又西北三十里曰石洞沟，辽青城地，元兴州域也。我皇上岁行秋狝之礼，先驻跸热河。青城以北番部贡觐，商贾转贩，道必经石洞沟。其地山曲势阻，草深林茂，流泉绕山之右，濊濊（guō，激流的水声）东出，合黑里水、汤泉、南流，为热河所谓十八台河也。山皆巉削，近麓有洞，豁然而启，洞旁地亦稍坦缓。侍卫魏公扈从经此，屡属意焉，曰此宣佛场也。乃捐资命工，除秽莽，铲岩石，因邃为堂，装三世佛像，而于其旁坦处构室廿楹，奉紫微斗极及释利大士。经始三阅月，工遂告竣。延比丘领香火，以祝圣绵福。御书匾曰：云窦珠光，恭悬洞中。宸章法相，辉耀磵谷间；钟磬梵呗之声，晨夕与流泉南循苑墙而回环转注也。而番部商贾之往来者，瞻仰之余亦得休憩焉。魏公荣上赐，即以云光名洞，属廷锡为之记。公名珠，号髻明，直隶之雄县人也。康熙六十一年岁次壬寅秋九月朔，经筵讲官内阁学士兼礼部侍郎加四级蒋廷锡撰，翰林院侍读学士加六级陈邦彦书。①

康熙年间，侍卫魏珠随圣祖往围场秋狝途中，欣赏云光洞，前临碧水，后枕青山，适宜宣传佛教，因于康熙六十一年（1722）出资，聘雇工匠，依洞傍水建一寺院，供奉三世佛祖像，兼奉"紫微斗极""释利大士"。圣祖亲题匾额曰"云窦珠光"，因此名曰"云光洞"（民间又称云珠洞、云洞寺、云珠寺）。碑文由著名文士蒋廷锡撰，文中除说明云洞寺兴修缘起、过程和捐资人，还反映出隆化中关之路的重要，是北方蒙古诸部朝觐和商贾往来必经之路。自康熙朝始，几代清帝木兰秋狝多次驻跸中关行宫，云光洞也因此成为清帝拈香之地，当年香火之繁盛不难推知。

　　云光洞内殿堂、洞外寺舍已于1944年拆除，神像于1965年被砸毁，唯古碑尚存。1998年，中关镇梁前村农民自筹30万元重修

---

① 原碑文字多漫漶不清，此处碑文据2006年重刻碑文，并参考《隆化文物志》第166页所载同碑碑文，断句多有歧互。

寺庙，把古碑移至寺内。① 因古碑文字漫漶，2006 年照录碑文重刻一碑立于洞前，碑阴为功德碑文，刻重修时众赞助人姓名。

仔细观察，重修后的云光洞还残留着某些旧物。房脚础石，正面雕二龙戏珠，侧面刻对联一副。上联"天雨难宽，岂润无根之草"；下联"佛门广大，难渡不善之人"。础石上面的条石雕五爪游龙，造型古朴生动。清制，五爪龙只用于皇帝御用物，该寺用五爪龙石雕，应与清帝御题匾额有关。（图3、图4）

图3 隆化云光寺

洞旁一侧沿山坡建有一系列小庙，分别供奉龙王（对联"龙王落雨农家乐，五谷丰登庆有余"）娘娘（对联"人人流［留］后防百老，娘娘送出子孙来"，横幅"子孙万代"）、关帝、佛祖、财神，真实反映了当地民间信仰。这种佛道杂融的信仰又称"杂信"，与当初单纯敬佛显然已大相径庭。此类现象在各地屡屡出现。

---

① 姜振利主编：《隆化文物志》，第155页。

图 4　云光寺础石石雕五爪游龙

应系近年本地百姓所为。云光洞住持不是僧人（比丘）而是道士，姓康，对我们很热情。临行前托付说，云光洞寺归县文物局管，但是不拨经费，希望我们能向有关部门反映这个问题，得到一些经费扶持。

隆化县境内原有清代行宫六处，康熙年间建四处，乾隆年间建二处，基本无存。① 其中中关行宫位于云光洞附近（中关镇政府驻地后中关村西路北），今尚存御井。云光洞庙旁墙角前放一石质下水道箅子，据康道士介绍，即中关行宫遗物。

离开云光洞，10 时 10 分车经韩麻营镇。据说清帝前往木兰围场曾驻跸在此，迄今仍为交通要道。镇中一栋矿业公司的楼房，一

---

① 姜振利主编：《隆化文物志》，第 131—133 页。

层开设超市、美容美发厅、打字复印、快餐等店铺。适逢集市，公路两旁多是摆摊叫卖山珍的村妇。通往镇子的一座白石桥横跨干涸的河道，桥上下人来人往，摩肩接踵，热闹非常。

11时，行抵隆化县城。隆化一带北魏时称益州，后改安州，辽为北安州，金代改兴州。元代沿袭。在南北朝和辽金元时期始终是燕山北麓军事重镇和政治经济中心。明初太祖朱元璋废兴州，改为兴州五卫地，并将境内居民强制迁往燕山以南。成祖时又将五卫地划归蒙古兀良哈，从此这一带成为蒙古游牧地。兴州故城被蒙古人称为"博罗河屯"（汉译为青城）。清仁宗在《青城》诗中题道：

旧陌周环峙废丘，传闻辽后建妆楼。
烟云聚散皆陈迹，只有伊逊河自流。

顺治五年（1648），顺治帝将博罗河屯附近500顷土地赐给下嫁巴林郡王的胞姐（固伦淑惠长公主），作为脂粉地（妆资地）。公主往来于巴林与京师间，常在此停住，人们便称博罗河屯为"皇姑屯"。康熙四十二年（1703），清廷修避暑山庄同时，在皇姑屯修建博洛河屯行宫，每年秋大典前，内蒙古四十九旗王公都先期到皇姑屯恭迎圣驾，然后分班随围。康熙、乾隆、嘉庆三帝多次驻跸皇姑屯，举行盛大的宴赏活动，皇姑屯成为朝野瞩目的重镇。

在县城，受到县文物局长姜振利的热情接待。在他的引领下，参观了县民族博物馆。馆中藏品5万余件，其中国家级珍贵文物500余件。展览有隆化历史出土文物展、安州北安州兴州出土文物展、清代围场展。隆化历史出土文物展展示隆化自石器时代至汉代的出土文物，对了解东胡、山戎、鲜卑、乌桓等北方游牧民族的历史文化颇有价值。安州北安州兴州出土文物展主要反映北魏至辽、金、元时期当地历史变迁与民族关系。辽契丹族文物比较丰富，元代至正二年（1342）黄白釉黑花缸，造型浑厚，纹饰自由奔放，是国宝级文物。清代围场展主要反映木兰围场历史，实物丰富，有守宫旗兵缨帽、头盔马鞍，围场总管钮祜禄氏富明的补服、奏折夹、钮祜禄氏宗册档，旗员诰命、朝珠、御赐养老银牌，行宫御用木屏风，以及民国十二年（1923）民间置买淑惠公主脂粉地执照等。

在接待人员引导下，前往县城南圆通寺。寺始建于康熙二十六年（1687），原奉关公，又称"南老爷庙"。2006年成为县重点文物保护单位。现在的圆通寺为旧基新建，供奉四大天王、观音、关老爷、火神，神像为新塑。寺内存道光十年（1830）旧碑一通，文字漫漶，内容大概是捐资重修事，上面刻写数行店铺名号，有当、号、店、局之别，对研究当地的商业史有一定价值。庙墙上贴2007年四月初九日圆通寺管理处公示一张，宣布将举办老爷殿建殿三周年庆典，总指挥王世忠，下设副总指挥、院内总指挥、副总指挥，火神殿、菩萨殿、老爷殿、韦陀殿、财神殿、九神殿负责人，厨房、饭房负责人。其实，韦陀、财神、九神等殿尚在筹建中。听当地人讲：总指挥王世忠是村书记。此种新旧杂陈的组织形式，除证实传统社会民间香会组织某种程度的"复活"外，还反映出基层社会民间信仰的常态。

随即拐入县城西侧老街。据介绍，老街长820米，面积73600平方米，折合110亩，已历经300余年历史。街中原有河流穿过，如今早已干涸，仅余十几块石桥面铺在街道中间。沿着老街前行，看到许多青砖灰瓦老房。昔日街道两旁店铺林立，各方商贾云集，大小商号开业兴起，汇集了各行各业，是隆化县城商业中心。老街一带尚存普尊寺、圆通寺、戏楼、钟楼、天主教堂、清真寺等古建。从村民们开设的染衣店、肉门市，可以依稀了解老街当年的繁华。

我们重点参观了普尊寺（娘娘庙）遗址，目前仅存配殿。据《隆化县志》载，普尊寺建于康熙四十八年（1709）。有门殿三间，哼哈二将分列两旁，前殿五间供云霄、琼霄、碧霄三位娘娘，保佑人生福禄财寿。五间后殿，供奉子孙、送子等九位娘娘。因为供的都是娘娘，俗称"娘娘"庙。庙对面，建有戏楼。农历四月十八，是娘娘庙会，届时许愿、还愿、上香的善男信女摩肩接踵，熙熙攘攘，戏台上唱五天大戏。戏台周围、庙前庙后，商贩村民云集，进行交易。1947年国民党军队拆普尊寺木料砖瓦修炮楼，唯有戏楼侥幸保存下来；1978年被县革委会公布为县重点文物保护单位。近年，戏楼已修葺一新。

隆化清代古迹很多，有行宫、戏楼、寺庙、神祠、御制碑。县城老街区古建筑在北方民居中颇有特色，包含寺庙、戏楼、民居、商铺、教堂、官衙等多种类型，其中砖瓦雕饰、内外装修、脊饰彩画等建筑元素具备较高艺术水平。可惜因为要赶往围场，未能实地考察。

三　木兰围场

离开隆化县城，赶往下一个目的地围场。清代前期，在承德避暑山庄北部（今河北省围场县），有一处规模宏大的皇家名苑，即著名的木兰围场。木兰围场的命名，来自满族人"哨鹿"的诱猎方式。"木兰"系满语，意为"哨鹿"，即猎人以木制长哨吹出模仿雄鹿求偶声音，引诱雌鹿出现，以便围猎。围场，即行围打猎场所。木兰围场东西长150公里，南北宽100余公里，总面积达1万多平方公里。这一带原本是蒙古喀喇沁、敖汉、翁牛特、克什克腾等部游牧地。康熙二十年（1681），康熙帝巡视塞外，蒙古诸部将这一大片土地贡献给清廷，由此开辟木兰围场。围场境内又根据围猎需要，依自然地势划分为72个小型围场。这些小型围场都以蒙语或满语命名。木兰围场初建时，由蒙古各王公分头管理，康熙四十五年（1706），设围场总管大臣，官秩四品。乾隆十八年（1753）改升三品，又增设左右翼长和骁骑校，驻防围场官兵由当初的100余名增至800余名。管理体制日益完备。

木兰围场建立后，清廷在这里举行大规模围猎习武活动。每年或隔年举行一次。嘉庆六年（1801）以后始无定制。据统计，自康熙开围至嘉庆二十五年（1820）一百四十年间，共举行木兰秋

河北、内蒙古考察之二：承德—隆化—围场—克什克腾—多伦

狝 105 次之多。① 通过木兰秋狝，八旗军队战斗力得以提高。每届木兰秋狝，蒙古各部王公贵族照例分班随围，清廷借以收取"肄武绥藩"之效。这对密切满、蒙等族政治军事联盟，巩固北疆和国家统一，均有重要意义。

木兰秋狝的极盛时期是康熙至嘉庆初年。道光以后，随着清王朝没落而渐趋荒凉。同治二年（1863），围场开始放垦，同时不断有内地民人流入围场私垦，光绪年间大规模开放围荒，并增置衙署，对垦荒民人加以管理。民国初年，始有围场县的建立。②

在历史上，木兰围场的地理位置非常重要，北控蒙古，南拱京师，左通盛京（沈阳），右引察哈尔。清初，这里是京师通往内外蒙古直达俄罗斯尼布楚的交通要道。如今，围场县仍是华北地区通往内蒙古和东北地区要道之一。它位于承德市最北部，西北、北、东方与内蒙古自治区为邻，西南和南方与丰宁县、隆化县接壤。1989 年，经国务院批准，设立围场满族蒙古族自治县。全县人口 50.1 万，少数民族人口 18.2 万，其中满族人口最多，有 14.3 万，其次有蒙古、回等 12 个少数民族。

在地理上，围场县处于内蒙古高原与冀北山地过渡带。地势西北高，东南低，海拔在 700—2000 米。在西部御道口至白水，有一道自西南向东北蜿蜒的塞罕坝（全称"塞罕达巴罕色钦"，蒙语意思是美丽的山岭），把全县分为围场高原和坝下冀北山地两个部分。

7 月 6 日下午 4 时半，顺利抵达围场县。首先入宿县宾馆，然后与博物馆彭馆长联系，随即赶往县博物馆。馆内出土文物展内容贫乏，与隆化县形成鲜明对比。在展品中，引起兴趣的有一口署理围场总管永铭领衔捐资铸造的大钟。

7 月 7 日多云。晨起，租一辆松花江小面（面包车）。师傅于老六，貌似匪气，实际人并不坏。我们一行 5 人于 8 时 30 分离开围场宾馆，前往考察围场历史遗迹。回首县城，沿河两岸往左右延

---

① 河北省承德文物局编：《木兰围场》，文物出版社 1986 年版，第 6—7 页。
② 参考《围场县志》第五篇《木兰围场》。

伸。它背倚锥子山，直刺青天；前有龟山，如龟背，是一个圆形缓坡。高原上气候凉爽，沿途树木葱郁，苍翠欲滴，鲜花似锦，空气清新，在都市中久已压抑的胸襟如山花般绽放。

9时20分，车过棋盘山镇。棋盘山镇因康熙帝曾在此地下棋传说得名。它位于围场县中部浅山农林牧区，地势北高南低，海拔在900—1200米，伊逊河流经此地。棋盘山镇距塞罕坝仅55公里，是去坝上的必经之地。那里有北方最大的牲畜交易市场，据说很繁荣。

镇东北角的起仙院（兴华寺），百姓俗称"大阁"或"超仙院"，始建于宣统二年（1910），竣工于伪满康德元年（1934）。佛祖殿前两侧石基，各刻有康德年号，现左侧者被毁坏。带此年号的寺庙非常少见。

寺院坐北朝南，原有殿宇六层，配有东西石阁（石亭）和东西配殿，各殿堂内有佛祖、弥勒佛、关帝等塑像，整体建筑古朴典雅，具有清代寺院独特建筑风格，是省级文物保护单位。后被毁坏。2000年，棋盘山镇积极筹措资金，进行修复。今已修复三层，一佛祖殿，二弥勒佛殿，三关公殿。东西石阁（钟鼓楼）为纯石构建筑。均双层重檐攒尖顶，上檐顶施葫芦状宝顶。东阁平面六角形，通高10米；西阁平面方形，通高12米。花纹浮雕造型生动，有牡丹花卉、动物、腾龙、民国军人形象。第一、三层殿檐下石雕分别为福、寿二字，二层殿檐下石雕分别为日、月。管事人介绍，其余数殿也将陆续修复。

10时15分越岱伊梁，公路旁出现新建灵验寺。据说是在康熙时代旧寺基础上重建，但遗迹全无。寺由小庙数座组成，做工极粗陋，祭祀对象有塞北灵验佛、如来灵验佛、王母娘娘神、财神、玉皇大帝、四海龙王、水神、电神等。有的神像泥塑，有的神灵只是一个简单牌位。实为民间杂信大荟萃。庙前松林间立石雕数座，其一为清帝造型，刀功较娴熟，略有特色。据说2007年6月准备正式开业。寺庙管理者在公路边放一个化缘箱，旁为玛尼石，反映了蒙古文化对当地信仰的影响。不时有卡车驶过，司机大都驻足片刻，往化缘箱中投放一点香火钱，以消灾祈福。此地属新拨乡，是有名的胡萝卜生产基地。

在围场县广袤山川中，至今保留着许多历史遗迹，如燕秦长城、元代白塔，而以清代文物古迹为多。主要有清帝碑刻七通：《入崖口有作》《于木兰有作》《古长城说》《虎神枪记》《永安湃围场殪虎》《永安莽喀》《木兰记》，建于乾隆十六年（1751）至嘉庆十二年（1807）间。碑文多以满、汉、蒙、藏四体文书写，分别记述清廷开辟木兰围场的原因、经过，描述清廷祖制木兰秋狝大典的宏大气势，或描绘行围时蒙古王公贵族云集影从的盛况，以及挽弓追逐的围猎场景。因时间关系，只考察《古长城说》《虎神枪记》两通碑。（图5、图6）

图5　乾隆《古长城说》碑（碑前有古长城遗迹）

11时，到达乾隆《古长城说》碑。碑在原"达颜德尔吉围场"，即今新拨乡岱尹上村岱尹梁北侧山脚。岱尹梁海拔1700多米，是伊逊河、阴河分水岭。山坡上长满黑松、落叶松、桦树和山

◈ 清朝遗迹的调查 ◈

图6 乾隆《虎神枪记》碑

杨。从公路对面望去，茂盛的林木恰成为《古长城说》碑背后一道绿色屏障。我们把车停在公路旁，跨过一道小河，穿过一片茂密树林，再踏过一大片土豆田，石碑就矗立在眼前。碑由碑顶、碑额、碑身、碑座四部分组成，通高5.5米。碑已有残损，后用水泥重新修整，中间杂以钢筋，基本保持了原貌。碑文用满、蒙、汉、藏四体文字镌刻。碑正面汉文，乾隆帝御笔亲书，字体行书，丰腴流畅，颇具功力。乾隆帝在碑文中记述说，在木兰行围时发现一道绵亘数百里的城堞和屯戍旧迹，经亲自探询当地蒙古人和索伦人后，考证为古长城遗址的过程。碑文如下：

> 木兰自东至西，延袤数百里中，横亘若城堞之状，依山连谷，每四五十里辄有斥堠屯戍旧迹。问之蒙古及索伦，皆云"此古长城也"。东始黑龙江，西至于流沙，类然。夫蒙恬起临

✧ 河北、内蒙古考察之二：承德—隆化—围场—克什克腾—多伦 ✧

洮而属之辽东者，今其城犹存。乃去此数百里而南，且东西又不若是其辽也。则古长城者，岂循蛮疏仡时所为者耶？山海括地所未载，于无意中得之。荒略口传，而借余以垂其名，岂非造物者之灵迹，久晦而必彰耶？尝苦载籍传记，浮夸多伪，固不若苍蒙无文者世代相沿，指实以道之，无褒贬予夺于其间也。则秦之所筑，为扩边乎？为让地乎？于古无闻而今传焉。吾安知天下之似此未传者当复几何乎？又安知今经予传而必保其后此之不又失传乎？或曰："此非城也！盖天地自然生此，所以限南北也。"夫天地既生此以限南北，则秦之为长城益可笑矣！

乾隆十七年岁在壬申秋九月御制并书①

碑文大意是说：在木兰围场发现一道延袤数百里依山连谷的旧迹，当地人都说这是古长城。这在《山海经》《括地志》中均无记载，如今被我（乾隆帝）发现，得以名传后世，莫非神灵旨意，使长久埋没的史迹必然显露出来？古籍记载多有不实，还不如民间世代相传、指实为证的说法更为可信。有人说这不是长城，果真如此，秦修长城，不就越发可笑了吗？

可以说《古长城说》是乾隆帝刻在石碑上的一篇考据论文，文辞优美，言简意赅。能够在立碑处读一读这篇文字，不禁心驰神往，浮想联翩。何况眼前就是秦汉长城遗址，一道绿草萋萋的土岗如游龙脊背蜿蜒伸向远方，即是古长城遗迹。近年，河北省文物部门已将《古长城说》碑作为重点文物保护起来。

11时30分，汽车自公路弯下一条土路，沿着干涸的河沟颠簸前进。随即进入月亮沟，沟中布满大大小小的鹅卵石，车行过于颠簸，只得弃车步行。走过骆驼头峰下骆驼头村，拐进左手山沟，就看到西面陡坡上，乾隆《虎神枪记》碑巍然屹立。碑在原岳乐围场，即今之骆驼头村月亮沟。碑高5.5米，碑型与《古长城说》碑相同。

---

① 碑文参考袁丽坪、韩利编著《木兰围场碑文释译》，天津大学出版社1998年版。下引《虎神枪记》碑文同。

◆ 清朝遗迹的调查 ◆

碑文原为四体，如今只能看到汉、满文两体，其余蒙、藏两体已毁损，修复时被抹上水泥。碑文记述乾隆十七年（1752），乾隆帝带领文武百官、少数民族首领、王公大臣及皇子、皇孙到岳乐围场打猎，蒙古诸部落云集影从，随围射猎，乾隆帝亲自用虎神枪殪虎之盛事。碑文还提到"国家肇兴东土，累洽重熙，惟是诘戎扬烈之则，守而弗失"，意即通过行围肆武，达到巩固国家的目的。碑文称：

> 虎神枪者，我皇祖所贻武功良具，用以殪猛兽者也。国家肇兴东土，累洽重熙，惟是诘戎扬烈之则，守而弗失。皇祖岁幸木兰行围，诸蒙古部落云集景从。予小子虽不敏，缵承之志，其敢弗覆？故数年以来，巡狩塞上，一如曩时。蒙业藉令，四十九旗及青海喀尔喀之仰流而来者，亦较前无异焉。若辈皆善射重武，使无以示之，非所以继先志也。围中有虎，未尝不亲往射之。弓矢所不及，则未尝不用此枪。用之未尝不中。壬申秋，于岳乐围场中，猎人以有虎告而未之见也。一蒙古云：虎匿隔谷山洞间，彼亲见之，相去盖三百余步。朕约略向山洞施枪，意以惊使出耳。乃正中虎，虎咆哮而出，负隅跳跃者久之。复入。复施一枪，则复中之，遂以毙焉。盖向之发无不中，乃于溪谷丛薄目所能见之地，斯已奇矣。而兹岳乐所中，则隔谷幽洞，并未见耽耽阚如之形，于揣度无意间，馘焉深入，不移时而殪猛兽，则奇之最奇。其称为神，良有以也。夫万乘之尊，讵宜如孟克、特库之流，夸一夫之勇哉！① 而习武示度，必资神器，以效奇而愉快。则是枪也，与兑戈、和弓同为宗社法守，不亦宜乎？
>
> 乾隆十七年岁在壬申秋九月御制并书

---

① 原注："孟克，喀尔沁蒙古人；特库，满洲人，今为内务大臣。皆能独博猛兽如冯妇者。"冯妇，人名。《孟子·尽心下》："晋人有冯妇者，善搏虎，卒为善士。则之野，有众逐虎，虎负隅，莫之敢撄。望见冯妇，趋而迎之。冯妇攘臂下车，众皆悦之，其为士者笑之。"后以"冯妇"指重操旧业者。

河北、内蒙古考察之二：承德—隆化—围场—克什克腾—多伦

清历代皇帝反复强调要保持满洲人的赫赫武功，认为这是立国之本，并且亲体力行，木兰行围是最重要的一种训练形式。据《康熙起居注》《清实录》等文献记载：木兰围场建立后，康熙帝有42个年头、56次（其中秋狝39次）率八旗军旅北巡塞外，行围习武。据《承德府志》记载，五十八年（1719），康熙帝曾统计自己已猎虎135只。有一次，一天之中猎兔318只。乾隆帝对木兰行围的重视和殪虎兴趣丝毫不亚于乃祖。他在《永安湃围场殪虎》碑中，曾赋诗描述在永安湃用虎神枪殪杀一只猛虎，以致随围年班之"厄鲁回部咋舌脱帽钦服"的情景。从碑文中还可得知，乾隆帝对自己殪虎壮举非常得意。同样令他念念不忘的，还有手中那杆"武功良具"虎神枪。虎神枪，是旧时使用的一种火器，如鸟铳。乾隆帝夸奖它是从皇祖（康熙帝）传下来用于猎杀猛兽的良器。

根据记载，在碑东面，尚有一座坐北朝南峭壁。平滑的壁面上，用满、蒙、汉、藏四体文字镌刻有："乾隆十七年秋狝上用虎神枪殪伏虎于此洞。"此即著名的伏虎洞摩崖碑。看完《虎神枪记》碑，细谷良夫先生开玩笑说："夫人属虎，那么，就在这儿合个影吧。"合影毕，细谷先生和夫人下山坡开始痴迷地拍摄满山谷的野花，我们则继续沿陡坡前行，寻觅摩崖石刻和伏虎洞。惜搜寻无果，只得沮丧而返。回到车上一查书，原来摩崖石刻和伏虎洞位于我们途经坡底的另一侧，已经近在咫尺，却又失之交臂，实在有些可惜。

康熙、乾隆帝所殪虎，属东北虎种群。东北虎是世界上现存老虎中体形最大的一种。19世纪中叶，东北虎分布范围还很广，西自贝加尔湖地区，东至鞑靼海峡及库页岛，北起外兴安岭，南至长城内外及朝鲜半岛，凡森林茂密处皆有分布。近百年来，尤其近半个世纪来，由于人为的过度猎捕和栖息环境巨大变化，中国境内野生东北虎种群数量日益减少，分布区急剧缩小。目前，东北虎已濒临灭绝。

骆驼头村老乡介绍，村中居民现有30余人，不足10户。因为政府实行封山育林，一些住户已陆续迁下山。展眼向周围山坡望

去，郁郁葱葱，仍有大片庄稼。农民一向安土重迁，何况不少人家节衣缩食盖了砖房，全部搬迁又谈何容易?！沿沟走去，到拐弯处，回头再望一眼远处高耸的骆驼头峰，犹如一尊体格硕大的骆驼，静卧在蓝天白云下，定格在鸟语花香中。心里不禁要问，何时这里的村民才能全部搬迁，重新还给大自然一片净土呢？但转念一想，如果这里没有人居，又何来这奇景？要知道，发现奇景的是人，所以才会有如此贴切的地名啊。

午饭，在新拨乡云峰饭店就餐。

下午2时15分，驱车前往赛罕坝国家森林公园。公园实即林场，位于围场县北端，与内蒙古克什克腾旗接壤，是历史上木兰围场的一部分。地形分坝上、坝下两部分：坝上是内蒙古高原南缘，以丘陵、草甸为主；坝下是阴山山脉与大兴安岭余脉交会处，是典型的山地地形。境内是滦河、辽河发源地之一。此处牧场广袤、水草丰美、牛羊成群，因此又被北京游客誉为"京北第一草原"。由北京往赛罕坝，自驾车路线有两条，一条是北京—密云—承德—隆化—围场—塞罕坝，全程近500公里；另一条是北京—怀柔—丰宁—郭家屯—牌楼—御道口—塞罕坝，全程400多公里。第一条路稍远，但路况较好。我们走的就是这条路线。

途中游览著名风景区月亮湖。适逢夏季，湖边的金莲花、黄花、野百合、红桐萝等野花竞相开放，五彩缤纷，争奇斗艳。在这百花园里，亭亭玉立的金莲花长势正盛，一片金黄。金莲花又名旱地莲、金芙蓉、金梅草，是多年生毛茛科草本植物，生长在海拔1200米的草甸子和林间湿润的沼泽地带。它主要含生物碱、黄酮类物质，具有清热泻火、解毒止痛功效，可制中成药，又可作为中草药入药。用金莲花沏出的茶，琥珀色茶水中飘出一股清郁香气，饮上一口，沁人肺腑，可谓色香味别具风格。盛夏时节，饮上一杯金莲花茶，能驱暑提神，清热泻火，解除疲劳，深得人们喜爱，因此被誉为坝上"龙井"。

4时40分，抵达机械林场基地。随着当地旅游开发，镇子迅速扩展，已颇具规模。临街是清一色新建筑、店铺、宾馆、酒店，土特产琳琅满目。我们入住林业局招待所（标准间300元）。晚上，河北省交通局系统某旅游团入住，在院子里举办篝火晚会。当地歌舞团前来助兴，主要表演蒙古舞蹈歌曲，令一旁围观的我们大饱眼福。他们预先在院中烧烤整羊，烤出的油脂滴落在柴火里吱啦作响，令人馋涎欲滴。晚宴前，首先大放其鞭炮闪光雷、蹿天鼠之类，炸雷声响如炮，炸裂纸片从空中随风飘落，硝烟刺鼻，头不敢仰视，担心被鞭炮炸伤。钻天雷响毕，千姿万态的烟花又在夜空中绽放，像秋菊、像百合、像牡丹、像樱花，像你能想象出的任何美景。其间，夹杂着往上乱窜的"钻天鼠"，发出咝咝尖叫，刺人耳膜，令人心悸。真是火树银花夜，轻歌曼舞时啊。听当地人讲，这是夏季周六特有的胜景，是日旅客爆满，旅店价昂。但是到次日清晨，游人打道回府，又迎来一周的冷清。周日晚再一看，各个宾馆旅店果然冷冷清清，始知此言不虚。

7月8日，晴间多云。9时出发，前往下一目的地——乌兰布通。

9时15分，途经七星湖景区。七星湖是塞罕坝重点旅游景点，位于机械林场北3公里处。据说原是7个相互贯穿连缀的小湖，远远望去，排列如天上北斗。七星湖因此得名。早在康熙年间已有记载，如今通为一体。水域深，水面广，野生鲫鱼游戏其间。游客来到七星湖，可乘快艇飞渡碧波之上，领略旖旎风光。草滩上盛开着各色野花。远处是茂密的林子，犹如一道墨绿围墙。传说，康熙帝远征噶尔丹，清军曾在此屯粮，由此衍生出一些生动传说，自不必当真。

9时45分，路过泰丰湖，我们在湖畔徜徉，向北方远远眺去，对面就是浩瀚的内蒙古大草原，河北这边则是大片茂林。两省区以河为界，自然景观的差异非常明显。

四　乌兰布通

10时25分，车子驶出河北省，进入内蒙古地界。衔接两省公

◆ 清朝遗迹的调查 ◆

路之间的一段桥不过数百米长，桥下有河，称"吐力根河"（蒙古语意为弯曲狭窄），俗称小滦河。小滦河是河北省与内蒙古自治区之间的界河，也是滦河源头。河道蜿蜒曲折，水流潺潺，清澈见底，像一条玉带飘落在塞外森林、草原间。放眼望去，界河以北草原辽阔，丘陵起伏，山花烂漫，可见风吹草低牛羊肥的壮观景象；界河以南，则是无边无涯的林海，可以感受绿色长城的雄伟。

　　过界桥时，公路两旁排满摊贩，琳琅满目的土产，令人目不暇给，有草原白蘑，晒干的金莲花，最醒目的是向日葵盘般大的灵芝。灵芝过去被视为"仙药"，如今却出现在寻常摊贩家。回忆在机械林场时，曾见骑着自行车沿街叫卖的小贩车上，摆放着比海碗碗口还大的灵芝。这种珍稀药材是怎么批量生产出来的？真令人百思不得其解。商贩们在桥前方圆几米处，就设置了两块"滦河源头"石碑，游客们可以牵着小鹿在碑前留影。

　　过界桥，进入北京军区红山军马场辖区。军马场建于1964年，隶属于北京军区，是全军军马培训基地之一，位于内蒙古自治区赤峰市克什克腾旗境内。红山军马场虽一直是军队地盘，商业开发程度却很深。1991年，成为国家级重点风景名胜区，以皇家猎场遗迹、古战场遗址、森林草原风光为特色。除了历史遗迹，军马场还制造了一些人为景观，如"女牧马班原址"之类。

　　凌晨曾下过一场雨，白日天气转晴，云量增多，如巨船扬帆在蓝色苍穹中驶向远方。雨后草原，绿意更浓，百花更艳，空气更加清新，沁人心脾。进入景区不远，迎来第一个景点"十二座连营"。康熙二十九年（1690），在附近的"乌兰布通"爆发了一场著名大战。崛起于西北的准噶尔部首领噶尔丹率军横扫蒙古高原，然后旌旗南指，漠南蒙古纷纷内溃。清军在乌兰布通一带与噶尔丹决战。激战三昼夜，击溃噶尔丹军。清军反击噶尔丹时，十二座连营是屯兵积粮之所。康熙之兄裕亲王、抚远大将军福全曾在此重兵屯驻，扼噶尔丹南下之道。如今的十二座连营遗址，尚有遗迹可寻。前几年，承德地区的文物工作者在此发现过一些清代青花盘碗残片及铁箭头。

河北、内蒙古考察之二：承德—隆化—围场—克什克腾—多伦

继续前行，在公路旁南侧坡下，有一座圆形大墓，以石围砌，即所谓"将军墓"。大门前有展板介绍称，"将军者，康熙帝亲舅佟国纲是也"。但此说与史实明显不符。佟国纲战死后，灵柩运回京师，史书言之凿凿。京西有地名佟家坟，如今尚存。造此假墓的原因不外是旅游开发，这类现象在旅游胜地已见多不怪。

11时20分，车过喇嘛山景区。据说佟国纲阵亡，康熙帝从西藏请来三百喇嘛，在此为他诵经超度。当然，这传说也不必当真。

前行不远，进入红山军马场场部。显然，是繁兴的旅游业而不是传统牧马生产拉动了当地经济，军马场场部俨然已是一个生机勃勃的小镇。中午，我们在"大胡子饭店"进食。听司机介绍，老板"大胡子"虽有艺术家外表，其实没有多少文化。他当过炮兵，复员后开了这家清真饭店，同时搞搞摄影。饭馆四壁挂的都是他的摄影作品，色彩鲜亮，但水平一般。久而久之，四方的摄影爱好者呼朋引伴，把这儿当作落脚点，酒饭之余，交流一下互相关心的信息。"大胡子"的副业是代卖各种私人摄影集，或为远方来的朋友做向导。对此种以摄（影）会友的方式，当地有一流行语叫作"影友"。

12时15分，从"大胡子饭店"起程，30分钟后接近乌兰布通景区。此地已出军马场范围，进入内蒙古克什克腾旗境。连日来考察的这一大片地区，反映的本是清朝史中相互连贯的一段史实，如今却被分割在不同省区，而在同一省区内又被分割在不同行政单位。各处的共同点——竞相开发，门票陡涨，但在环境保护方面却难于协调。

乌兰布通，是蒙古语，意即红色坛形山，汉语称红山。历史上，它与木兰围场毗邻，是从京师出古北口经木兰围场往内外蒙古的重要通道。山由红色岩石构成，从远处望去，在辽阔草原上一峰独起，衬着蔚蓝天穹，显得异常突兀。红山西面有一个湖泊，名泡子河，俗称将军泡子。湖泊四周地势开阔，这里，就是闻名遐迩的乌兰布通古战场。

康熙二十九年（1690），准噶尔部首领噶尔丹鲸吞蒙古喀尔

◆ 清朝遗迹的调查 ◆

喀各部（外蒙古），随即率大军蹂躏漠南蒙古（内蒙古），一路南下，进抵乌兰布通。康熙帝闻讯，亲统大军迎战。他坐镇伊逊河边笔架山下博罗河屯（今隆化县城），命裕亲王抚远大将军福全率兵迎敌。噶尔丹慑于清军强大攻势，决定孤注一掷，在乌兰布通山下，选择依山近水之地，以万驼缚足卧地，背加箱垛，蒙以湿毡，环列如栅，布设驼城，严阵以待。八月初一日晨，两军接战，清军在内大臣佟国纲指挥下，架起红衣大炮，连发炮弹将驼城轰毁。鏖战三日，噶尔丹大败，乘夜色潜逃。在乌兰布通大战中，佟国纲阵亡于湖畔。当地人为纪念他，便把这个湖泊称为"将军泡子"。

12时40分，进入乌兰布通景区。因汽车无法在沙丘和沼泽间行驶，我们租了一辆单马车（一匹马拉的车），前往红山近处考察。这种车在当地有"草原大奔"（德国奔驰汽车，中国人俗称为"大奔"）或"驴吉普"之誉，速度虽慢，却是唯一可行的交通工具。

经过沙丘间一段艰苦跋涉，逐渐接近了将军泡子。将军泡水面开阔，蓝天白云红山，倒影在清澈湖面上。湖边水草萋萋，野鸭在苇间嬉戏；水鸟鸣啾，把环境烘托得更加静谧。难以想象，如此出神入化的美景，却是300多年前两军对杀、血流成河的古战场。

湖泊西侧高耸的红山，已近在咫尺，但是由于通往山前道路被铁丝围栏围住，我们只能乘马车绕行。路上天降暴雨，幸好顷刻停止，一路颠簸，绕了好大一个圈，总算接近红山。眼前是一大片芳草萋萋大草甸，一直铺到红石嶙峋的山前。远处近处，几棵杨树几丛白桦，绿影垂荫，使内心的烦躁为之荡然。正午的骄阳下野花呈芳，蝶舞蜂忙。俗话说"望山跑死马"，红山虽近在眼前，真正走起来还有不短一段距离。时间不等人。我们无暇前行，就此掉转马头，原路返回。（图7、图8）

❖ 河北、内蒙古考察之二：承德—隆化—围场—克什克腾—多伦 ❖

图 7 乌兰布通古战场（远处背景即著名的红山）

图 8 乌兰布通"将军泡"

111

◆ 清朝遗迹的调查 ◆

一路上水草肥美，景色甚佳。草原的天气阴晴多变，被形象地喻为"孩子的脸"。忽而飘来阵雨，一时风走云疾，如奔马疾驰；忽而雨过天晴，风柔如纱，湖中云影，清晰如镜。

车夫是一位40多岁的农家汉子，一路上他既不吝惜时间，也不吝惜马力，只是一味劝我们前行，而成为我心中的"雷锋"。回到出发地才得知，马车按小时收费。我们于12时40分出发，4时30分返回，往返一趟整整用了4个小时，他收了车费200元（笔者按：那可是2007年的价，现在不知涨到多少钱了）。

晚5时，乘车由内蒙古境原路返回河北，仍住机械林场交通宾馆。是日，两次往来于河北、内蒙古，实在是难得的一次人生经历。而两地景区各收一次买路钱，当地旅游开发已显得太于商业化，连乌兰布通古战场，也在开发商铁丝围栏的困厄下前途未卜。①

五 多伦

7月9日，夜间暴雨，清晨停，上午多云间有雨。

8时30分离开林场交通宾馆，前往内蒙古多伦。汽车先沿小滦河向西南行，景观渐由山林过渡为草场。中途经过御道口牧场。御道口，是清帝行围打猎必经之地。从地貌看，这里位于蒙古高原东部边缘地区，地势平坦，河流纵横，百草丰茂，禽兽肥硕，自古就是盘马弯弓的天然猎场。

沿河一路也在积极开发旅游项目，有"激流勇进"即漂流，还有滑沙场之类，但在如此偏僻之处，游客来源似乎颇成问题。接近内蒙古地区，草原沙化现象开始显现，车窗外闪过的黄色沙丘连绵不断，不过多被封沙育林的围栏圈住，说明人与自然力的抗争仍在进行。

草原什么最好？一是云朵，幻化无常。灰黑色的雨云，沉甸甸

---

① 听车夫讲，当地开发商用30万元，从当地政府手中买下红山长期使用权，计划在山上修建一座大佛，供游人参观，借佛生利。红山周围的铁丝围栏就是开发商圈的。如此荒诞的计划，但愿只是传言。

地压迫着大地；皑皑白云，轻飘飘的，亲吻着天边苍翠林带；一是湖泊，动静皆宜。风停水静，平滑如镜；轻风吹过，湖面皱起，犹如白银散落；一是草原，渺无际涯。碧色接天，一览无遗，羊群星散，赛过烂漫百花。

9时25分，车过御道口村。御道口是清帝进入围场的主要通道，历史踪迹已无从寻觅。由此转向西北行，自然地貌随之改观。公路两旁皆平野，视野豁然开朗。

9时35分，出河北境，入内蒙古境，距离多伦市只有30公里。途经大河口，10时30分到达多伦县。天气阴霾，时有阵雨。

多伦全称"多伦诺尔"，蒙古语意为"七个湖"，因曾有七个水泊（现已干涸）得名。多伦地处内蒙古中部，锡林郭勒盟东南端，西与正蓝旗相接，北与赤峰市克什克腾旗接壤，南与河北省沽源县、丰宁县、围场县毗邻，人口10万（2003年），包括蒙古、汉、回、满、藏、锡伯、达斡尔7个民族。

多伦县地处锡林郭勒大草原南端，浑善达克沙地南缘。境内水源丰富，是海河流域滦河水系源头，滦河上游自北至东南贯穿全境。这里是阴山北麓东端与大兴安岭西南余脉交会处，复杂的地质结构，形成多样的自然风貌：宁静秀美的湖泊，激流澎湃的河流，神秘莫测的森林，浩瀚无边的大漠。

多伦历史悠久，燕昭王筑"燕长城"，至今遗迹尚存。辽太祖曾在此"拜日跸林"，为大辽兴旺祈祷。元太祖成吉思汗屯兵多伦攻打金朝，世祖忽必烈在滦河岸边建避暑行宫东凉亭。明成祖朱棣征伐北元，归途病故榆木川，魂飞多伦。清康熙朝著名的"多伦会盟"（又称"康熙会盟"）更使它名垂史册。康熙二十九年（1690），圣祖亲率大军，在多伦诺尔以北乌兰布通击败入侵漠南的额鲁特蒙古噶尔丹部。翌年五月，清廷召集漠南蒙古49旗札萨克，漠北喀尔喀蒙古土谢图汗、札萨克图汗、车臣汗三大部，在多伦会盟。会盟由康熙帝亲自主持，标志漠北蒙古正式并入清朝版图。同时，将漠北三部仿照内蒙古体制，实行盟旗制度，从而理顺了内外蒙古各部间的关系。

会盟期间，内外蒙古王公请求在此建寺，以彰盛典。为遵奉蒙古人信仰藏传佛教的习俗，康熙帝敕令在会盟处仿北京皇宫中和殿的风格，兴建规模宏大的寺庙（在多伦县城北关）。寺庙建成，赐名"汇宗寺"，取《尚书》"江汉朝宗于海"之意。竖立汉白玉石碑，以满、蒙古、汉、藏四种文字记建寺缘起。

清廷要求内外蒙古每旗各派两人进寺供职：一人为各旗王爷的儿子，一人为各旗最聪明的喇嘛。受清廷委派住持汇宗寺的章嘉大活佛，与西藏达赖、班禅和外蒙古哲布尊丹巴，并为藏传佛教四大领袖之一。通过这种政教合一的方式，清朝实现了对内外蒙古的有效统治。

雍正五年（1727），为庆祝内外蒙古及西北地区全部归附清廷，世宗下诏，在汇宗寺西南兴建规模更大的善因寺。可惜的是，1945年，在藏传佛教中据有显赫地位的汇宗寺正殿，被进攻日本军队的苏军焚毁。以后，其他殿宇大半被毁，如今只有寺庙山门、天王殿和章嘉仓主殿等保存尚好。善因寺主要建筑，后也被毁。像内蒙古其他地方许多寺庙一样，饱经祸患的汇宗寺也正在大兴土木修缮中。而毗邻的山西会馆已粉刷一新，正式对外开放。（图9）

说起山西会馆，首先要谈到旅蒙商。旅蒙商早在17世纪就出现了，它源于康熙帝平定噶尔丹时的随军贸易。康熙帝征讨噶尔丹行经蒙古草原时，允许各部、各旗沿途向清军出售马、牛、羊、骆驼等物。由理藩院另设一营，商人在营中贸易。清朝军队每营派一名官员，专司贸易之事。随军贸易的商人，从蒙古各旗收购和从内地贩运物品，供应军需。后来，随军贸易渐渐扩大到清朝驻蒙古地区驻军中。他们除给军队包办粮草、贩运马匹和供应一些物品外，还和当地王公贵族、牧民进行贸易，这就是旅蒙商前身。多伦会盟后，清政府对多伦旅蒙商十分重视，给予许多优惠政策，再加上草原贸易利润丰厚，京师、直隶、山西、陕西、山东等地商人蜂拥而至。随着汇宗寺、善因寺两寺兴建，旅蒙商的业务日益繁荣。17世纪末至20世纪初，多伦在成为草原喇嘛教之都的同时，还发展为内蒙古地区的贸易之都。

❖ 河北、内蒙古考察之二：承德—隆化—围场—克什克腾—多伦 ❖

图 9　汇宗寺

乾隆初年，多伦已成为东西宽 2 公里、南北长 3.5 公里，分为 18 个甲，大小 18 条街巷的草原城市。最兴盛时期为道光至光绪年间（1821—1908），商号店铺达 4000 多家，仅山西籍商号就有 1000 多家。① 旅蒙商人把内地绫罗绸缎、铁木瓷器、药材香料、日用百货、茶叶烟草等运到多伦，再销往内外蒙古，又将草原上牲畜、绒毛、皮张、蒙盐等土特产汇集到多伦，然后内销各地。多伦作为塞外商业中心，商业活动遍及内外蒙古，东至呼伦贝尔、齐齐哈尔，北到大库伦（乌兰巴托），西抵阿拉善，均通贸易。因有"南迎中华福，北接蒙古财，日进斗金，日出斗银"的"漠南商埠"和"塞外二北京"之誉。②

商人为保护自身经营利益，先后建立行会组织。康熙五十五年（1716），河北籍商人在多伦集资兴建"直隶会馆"（又称三官庙）。

---

① 王建忠主编：《可爱的多伦》，第 17 页。
② 关于多伦地理、历史、宗教、商业、民族等情况，可参看任月海主编《多伦文史资料》第 1 辑，内蒙古大学出版社 2006 年版。

乾隆十年（1745），山西籍商人集资兴建"山西会馆"。与其他地方的山西会馆如出一辙，多伦会馆供奉的主神也是关羽关云长（关羽是东汉末河东解县即今山西运城人，故被山西商人视为同乡），因此当地人又把山西会馆称为"伏魔宫"或"关帝庙"。

山西会馆迎街，坐北朝南，由四进院落组成，有房间百余间。建筑规模宏大，布局紧凑合理。主要建筑有大山门、戏楼、二山门、前殿、钟鼓楼、长廊、正殿。建筑以砖木为主，前殿与过厅有迴廊连接，楼、台、厅、殿、廊舍亭榭错落有致，设计精巧，工艺高超。木刻、石刻、砖刻无不精美。檐下桁、枋、柱，绘有民间故事和禽兽花鸟，生动传神。彩绘故事以"三国"为主，多表现刘、关、张事迹。大山门俗称"过马殿"，两侧立泥塑彩绘战马，侧立马僮。西侧高大的拱形门上书"晋者胜地"四字。最有特色的建筑是大戏楼，坐南朝北，戏台底座由长方条石砌成，高约8尺，呈"凸"字形。戏台由两根大红明柱支撑，这种建筑风格戏台，极为罕见。戏楼顶部四角飞檐伸向苍穹，斗拱上绘麒麟图案。整个戏楼气势雄伟，结构精巧。台前横梁悬挂一匾，雕刻镏金"水镜台"三字，出自康熙年间书法大家傅山之手。后堂上悬挂一匾，上书"紫气东来"，戏楼北面二山门上方悬挂一匾，上书"千秋俎豆"。门前两根大旗杆下雄踞一对大石狮子，用青石打造而成，手法拙朴，形态生动逼真。戏台前为露天戏场，地面铺方块石板，可容纳上万观众。会馆建成后，每年农历五月十三（关公磨刀日）为山西籍人以及各大工商机构议事日，其间要迎请戏班唱戏庆贺，以此祭祀关公。剧目以山西梆子为主，演出者都是聘请来的名角。（图10）

正殿内三尊泥塑像，中间端坐关帝，左右关平、周仓，气势威猛。关帝像前摆放着香案、聚宝箱，里面撒满零钱，反映了拜谒祈福者对关帝经久不衰的尊崇。据当地人讲，会馆正殿大门口跪拜关帝的地方，本来是一枚直径达1.5米左右的仿制铜钱，来人屈身一拜，正好"掉进了钱眼儿里"。在那个重农轻商的时代，山西人的特立独行，由此可见一斑。在中国传统文化中，关云长是"信义"的化身。山西商人如此置身"钱眼儿"而又心向"信义"，难怪中

◆ 河北、内蒙古考察之二：承德—隆化—围场—克什克腾—多伦 ◆

图10　关帝庙（山西会馆）

国的经济命脉，曾被山西商人把持了那么长时间。

东配殿壁画，也是一绝。绘画内容是"三国"重要片段，以关羽一生业绩为主线，桃园结义、夜观春秋、大破黄巾……每幅画的注角标有商号赞助的银两数目，钱多画面大，钱少画面小，既体现关羽忠义诚信，又流露出商人之精巧。山西会馆作为中国北方建立最早的商人社团馆舍，充分体现了多伦著名商埠的昔日辉煌。多伦商业一直繁荣到清末。1908年俄国远东铁路和1909年京张铁路通车后，它逐步走向衰落。

多伦自形成商埠，回族商人日渐增多，相继在多伦修建南、北、东、西、中五座清真寺。这五座清真寺，分别建于雍正、乾隆、咸丰、光绪年间，有的属中国古典式建筑风格（中式风格），有的属伊斯兰教建筑风格。[①] 这种现象反映了回民来源的复杂和教派的歧义，在中国西北广大地区普遍存在。因为时间关系，我们只

---

① 王建忠主编：《可爱的多伦》，第63—64页。

考察了距山西会馆最近的西寺（多伦县城大西街）。西寺始建于光绪五年（1879），由来自宁夏、甘肃的拉骆驼脚行回民捐资兴建。原有大殿、南北讲堂、浴室、山门、对厅、库房。属伊斯兰古行（格宙目）教派。大殿坐西向东，呈中国古典建筑风格。后来清真寺遭到严重毁损。1995年回民捐资捐物对大殿进行维修。据说，现在该寺仍为居民住户，回民都集中往中寺礼拜。

当日12时，结束在多伦的考察。12时20分，驱车赶往正蓝旗。距离36公里。下午13时至正蓝旗上都镇，入住金莲川宾馆，上一年我和细谷良夫先生亦住此宾馆。7月10日晨，我因有要事，提前结束这次考察，乘公交车往张家口，转乘列车返回北京。细谷良夫先生一行四人则计划前往赤峰，继续后面的考察。至此，持续7天的河北、内蒙古考察圆满结束。

吉林、辽宁考察：从高句丽山城到建州女真史迹

2005年7月19—24日，我们去辽宁省和吉林省进行为期五天的考察。同行有美国伊利诺伊大学邵丹博士，我的研究生贾艳丽，历史所2003级博士邱源媛，辽宁民族出版社编审吴昕阳、王师傅、省民委文化处阎立新。

此行目的，考察辽宁、吉林两省满族早期史迹。明朝时，作为满族直系祖先的建州女真曾长期生活在鸭绿江、婆猪江（浑江）流域。这一带，又是古代高句丽族主要活动区域。由于地域的重合，明代建州女真的某些重要栖息地就是历史上的高句丽山城。其中，最著名的就是辽宁桓仁县五女山城。这些遗址自然纳入考察范围。

一 集安的高句丽史迹

7月19日，晚22时15分，乘火车K53次，由北京出发。次日晨7时30分抵沈阳北站，宿工会大厦。上午，参观省博物馆，碑刻拓片展览。下午，在沈阳故宫博物院研究室主任佟悦先生的陪同下参观了沈阳故宫（清宫）。（图1）

沈阳清宫规模没有北京紫禁城（今故宫博物院）大，但别具特色。建筑布局分为三路，东路为清太祖努尔哈赤时期建造的大政殿与十王亭。中路为清太宗皇太极时期续建的大中阙，包括大清门、崇政殿、凤凰楼以及清宁宫、关雎宫、衍庆宫、启福宫。西路则是乾隆时期增建的文溯阁、嘉荫堂和仰熙斋。大政殿是举行大典的地

方，十王亭是左右翼王和八旗大臣办事之地，其布局反映了清初君臣共治国政的历史。清宫内木雕龙颇具特色，虎虎生威，比关内紫禁城的木雕龙更有一种野气与霸气。佟悦老师介绍，这表现出更为浓郁的满族传统文化风格。

图1 盛京（沈阳）清宫大政殿

7月21日晨，与吴昕阳等人会，驱车经本溪市、桓仁至吉林集安。宿鸭绿江边一家宾馆，四楼，条件欠佳。江面不宽，对岸就是朝鲜，行者、骑车者，无不了然。房屋静静地兀立着，依稀可见一两个人影。江中游艇，载着游人急速划过，荡起阵阵欢呼声。下午，参观集安博物馆，主要是高句丽时期的文物。傍晚在江边散步，这边灯火辉煌，对面却一片漆黑。正是两国国情的一个缩影。

7月22日晨，鸭绿江笼罩在一片雾海中。导游告诉我们，鸭绿江每天都是这样,如果起得早一点,雾会更大。如今,集安只是边境的一座小城,如果不是历史上曾作为高句丽都城,恐怕不会有几人知道它的名字。在明代,这一带是女真人长期活动区。

吃过早餐,参观高句丽遗址,包括国内城遗址、丸都山遗址、将军墓、好太王碑。2004年7月在第28届世界遗产委员会会议上,分布在吉林省集安市和辽宁省桓仁县的高句丽史迹(五女山城、国内城、丸都山城、12座王陵、26座贵族墓葬、好太王碑和将军坟一号陪冢)被列入世界遗产名录。

国内城遗址现在建有遗址公园,我们在公园里搜寻,已无旧城痕迹。不过集安市内还保留着一段高句丽时期城墙遗址,城墙高1—2米,约30米长,一些硕大石块散落地面。城墙附近五六米地方,仍有居民住房。导游说,过去当地居民盖房时都到这里取石,后来申请世界文化遗产,才逐渐收回一些。

驱车约半小时,到丸都山城。山城是高句丽政权迁都集安国内城时在近郊同时兴建的一座防御性都城。位于半山腰,北高南低,城墙依山而建。南瓮门处有小溪流过,溪水清澈。一位老农推着自行车上山,车上带着两个塑料水壶。导游说,附近居民每天都去山上打泉水,天然矿泉水,十分甘甜。从城墙上往外看,此山与其他山没有什么区别。我很纳闷,这么个高高低低的山坡,能容纳多少人呢?进入城内,满眼全是庄稼,一些老农在地边摆上刚摘的黄瓜,5块钱一堆,说是没农药,由泉水浇灌,是纯天然绿色食品。再往上走,视野逐渐开阔,地势也变得平坦。

爬上点将台,山城尽收眼底,进城前的疑惑随之解开。此山从外部看只是一个山坡,但内部地势平坦,便于建城居住。高句丽山城一般都有这样的特点,山顶较平,既便于瞭望以侦察敌情,又适合建屋居住。点将台基座为正方形,很整齐地堆砌,有2米多高,当年的高句丽王在这里指挥点将,兵士在这里登高瞭望。据说基座石块已经作技术处理,可以减少风化。导游指着远处的一块平地,说那里便是宫殿遗址,现在只剩一些散落石块。北面山顶城墙尚存,因地势较高,爬上去的人少,所以保存较好。整个山城都凝固

◆ 清朝遗迹的调查 ◆

在静谧的空气中，庄稼、野花、城墙、点将台，时间似乎也静止了，只有小溪流水在轻柔地吟唱。

出丸都山城，往贵族墓葬群，沿着一条小路进入墓地。高句丽贵族墓葬造型奇特，墓基用巨大石块砌成正方形，下宽上窄，一层层向中间收起，类似埃及金字塔，形成锥形尖顶。高句丽墓葬明显与汉人不同，他们将坟墓砌于地面之上，祈求灵魂升天，反映了当时的宗教信仰，而汉人传统则讲究入土为安。

集安高句丽遗址中最出名的要数好太王碑和将军坟。好太王碑是高句丽第20代长寿王为歌颂其父功德建造的记功碑。碑由一整块巨石雕成，高6米多，宽1—2米不等，四面有字，内容涉及高句丽建国神话、早期王系、好太王功绩、守陵制度。是现存最早、文字最多的高句丽史料。（图2）

图2 好太王碑

将军坟是长寿王陵墓。过去附近居民见其比其他墓葬规格高，推测是一位将军坟，故名之，一直沿用至今。将军坟是高句丽遗址中保存最完整的石结构陵墓，外观也是正方形基座，金字塔造型。有趣的是，每边均有三块巨大条石抵住墓墙。据导游介绍，这是因

122

为墓葬所用石块过重，为避免日久压力过大墓墙倾斜而设。有一面墓墙所立的三块石块中少了一块，那面墓墙已经向外凸出。将军坟雄伟壮观，故有"东方金字塔"之称。沿着木梯，进入将军坟墓室，室内现仅有两座石棺床，十分阴凉，四壁潮湿。将军坟后面，还有几座培冢，比较简陋，规格也小。（图3）

图3 将军坟

中午，驱车至鸭绿江边，对面的满浦镇清晰可见。满铺镇在明代是女真与朝鲜交往主要通道之一，终于一睹今日风貌。对岸山坡上树立的朝鲜文大标语内容不详，估计是政治宣传口号。

二 建州女真在桓仁

下午往辽宁桓仁县，傍晚到达县城。民委主任接风。

7月23日晨，民委正、副主任准时来宾馆送我们上五女山，自称已连续3天上山，都是陪上边来人。

◆ 清朝遗迹的调查 ◆

五女山如今是世界文化遗产，高句丽都城遗址，却很少有人知道它在满洲崛起中的作用。同样是考察五女山，我们与他人有不同的视角。

五女山城是高句丽时期重要的山城遗址，明代建州女真著名首领李满住也曾率部在此居住。李满住统辖的建州卫，原居凤州（今黑龙江省东南部东宁县境内，旧称开元），因屡次遭受鞑靼和兀良哈军马侵扰，请求明廷允许迁往别处。永乐二十一年（1423）初，明廷降旨："许于婆猪江多回坪等处居住。"① 次年（1424）二月，因再次遭受侵袭，李满住率部众一千余户离开凤州，于四月中旬到达婆猪江西岸兀剌山南麓瓮村一带居住。② 婆猪江在清代又称佟佳江，即今之浑江，兀剌山即今之五女山，其山南麓瓮村。③ 婆猪江（浑江）两岸水草丰茂，土地肥沃，宜于狩猎农牧。五女山顶部平阔，三面形势险峻，早在高句丽时代即建有山城，易守难攻。李满住选择这样一处地点居住，为建州女真的发展，以及百多年后清太祖努尔哈赤的崛起与建国奠定了重要基础。

汽车快到五女山城时，远远望去，山顶是一块突起的平台，略呈长方形。这同样反映了高句丽山城特点，山高而平，方便瞭望又便于居住。汽车一直开到半山腰，沿着新砌石阶路，我们向山顶爬去。中间走过一段高句丽人的旧路，小路由石块砌成，呈"之"字形，这样虽减小了坡度，但也增加了长度。好不容易爬上山顶，进

---

① 《朝鲜世宗实录》卷24，六年四月辛未，日本东京学习院东洋文化研究所1964年影印本。

② 参见朝鲜《新增东国舆地胜览》卷50"江界都护府"条："瓮村里属建州卫"，转引自吉林师范学院古籍研究所编《中朝相邻地区朝鲜地理志资料选编》，吉林文史出版社1996年版，第201页；又同书"理山郡"条："兀剌山距郡二百七十里。自央土口子北渡鸭绿、婆猪二江，大野之中有城名兀剌山城，四面壁立高绝，唯西可上……以上四处，今为野人所居。"转引自《中朝相邻地区朝鲜地理志资料选编》，第206页；《朝鲜世宗实录》卷24，六年四月辛未；卷25，六年七月乙亥。

③ 当地文史专家认为：瓮村在今桓仁镇刘家沟村金银库沟。金银库沟是一条从五女山南麓下延的沟谷，全沟呈瓮形，两端窄，中段较宽，因此得名瓮村。1996年，考古工作者在五女山城东南坡山腰发现一处明代村落遗址，当是瓮村的组成部分。黄栢栋主编：《桓仁建州女真志》，2006年精装本，第30页。

入西门。门两侧砌筑石墙,旧门枢础石依然存在,门两边各有一处凹坑,或是哨兵站岗之处。(图4)

图4　五女山城遗迹

　　山上有城墙、城门、马道、居住遗址、蓄水池、瞭望台。城墙依山势而建,由楔形石堆砌而成。为了瞭望,砌有女墙。居住遗址为半地穴式建筑,平面为方形或长方形,内有拐角火炕,还有烟道。有的房间三炕三灶,有的共用一个灶,据推测为兵营遗址。

　　山城水源有两处,一处为石砌长方形水池,名为"天池",长年不竭,应为洗衣沐浴之水,池旁有一小井,池水经过滤流入井中,供人们饮用。还有一处"饮马湾",是天然泉眼。导游讲这就是天然矿泉水,一些游人忙将自己买来的纯净水倒掉来接。也有导游讲,此水水质较硬,并不适合人饮用。山城最高点有瞭望台,站在台上,看到远处浑江水库。导游介绍,可以眺望浑江环绕桓仁县城形成的八卦图形。遗憾的是水库上笼罩的雾气尚未散去,我们只能从导游图上领略它的神奇。(图5)

图5 五女山城上的古井

　　五女山城遗址保留较好，没有太多人为加工的痕迹。有些地段城墙因年代久远，多有倒塌，有关部门将其修复后，标出哪些城墙是历史原物，哪些是后来重修。一些游人看到古城墙和建筑颇感失望，大声抱怨说："什么世界遗产，来这一趟真是不值！"道不同不相为谋，听罢他们的牢骚，我们只是相视而笑而已。

　　五女山路陡峭，真有一夫当关万夫莫开之险。山下浑江盘绕而过，犹如天然城池。站在山上，视野开阔。山风乍起，松海回声，不禁遥想满族先民在此生息的情景。买当地编写的《五女山志》留念。

三　新宾访古

　　下午，往新宾，王师傅开车开错路，一蹦子跑出去90公里，而桓仁至新宾也不过80多公里，直到傍黑才到永陵。

　　7月24日上午参观老城赫图阿拉。每来一次面貌就变一次，但这里的变化却不敢恭维。在旅游局精心开发下，汗王故里越来越像一个大公园，造了一系列假景点，甚至挖了一个不小的人工湖。幸亏 1982 年我看过这里的原貌。否则真要"不知有晋，无论隋唐"了。真正的古迹唯有汗王井的井水，一段旧城墙，一个几番整修后的城门。导游说现在的赫图阿拉城是根据原貌修复。但此说值得怀疑。复原后的"汗宫大衙门"，简直比沈阳清宫崇政殿还宽敞。汗王井也没了当初的古朴，只有水面依旧，距井口仅六十多厘米。南门础石仍在，城墙也有几段保存尚好。看见一些工人正在修复城墙，修复后的城墙有两米多高。我们问："这是原来的城墙还是新修的城墙？"回答说原城墙下雨坍塌，现在用旧石块按原样垒好。（图 6）

图 6　赫图阿拉城剩下的唯一一段旧墙

城内寺庙是前几年新修，香火很盛，正赶上进香日，信众不少，口诵真言，无比虔诚。又给人造景观平添了几分真情。

管理处负责人非常热情。还见到老朋友李荣发，他是当地唯一真正了解历史和考古的人，人好，耿直，当地人说他脾气怪。他一贯反对造假工程，但最后只能妥协。

现在的赫图阿拉城就像是一个大公园,芳草萋萋,人潮涌动,还有骑射、满族歌舞、清帝祭祀等节目。这些节目在传播满族文化、增加经济效益的同时,也使古城失去了许多历史真实。

城内满族文化博物馆,展有许多满族风情及历史文物。

下午,参观永陵。永陵建于1598年,原名"兴京陵"。1659年改称"永陵",陵内葬着努尔哈赤六世祖、曾祖、祖父、父亲。永陵与沈阳福陵、昭陵并称为"关外三陵"。

图7 新宾永陵

永陵位于新宾永陵镇西北1公里处,陵后为酷似巨龙的"启运山"(图7)。导游介绍说,此山十分奇特,有12个山头,且其山头的长短高矮与清朝12位皇帝正好相符。这虽然是一种牵强的说法,也给永陵及逝去的清朝一种神奇魅力。永陵不大,但在群山碧水的映衬下另有一番庄严。陵园由前院、方城、宝城三部分组成。走进陵门,四座碑亭映入眼帘,是为"肇祖原皇帝""兴祖直皇帝""景祖翼皇帝""显祖德皇帝"歌功颂德的石碑。碑亭之北是方城。方城南门称启运门。入门正中是启运殿,是祭祀谒拜祖先场所。方城后为宝城,是陵墓。墓地借山势分为上、下两层平台,上层中间葬兴祖,右边葬肇祖衣冠,左中葬景祖,右中葬显祖及三位帝后,下层为陪葬。陵墓上原生有一株古榆树,称神树,乾隆帝曾作"神树赋",称它是从天上而来。此话不必当真,但确实给后人带来许多遐想。陵墓前院墙壁上五彩云龙,龙麟凸起,腾空欲飞,给人一种震慑之威。在四座碑亭墙上,雕有他处罕见的坐龙,也是永陵一大特色。(图8、图9、图10)

图8 乾隆《御制神树赋》碑

7月25日返沈阳,晚,张玉兴先生以大清史嘉庆朝传记组名义给我们一行接风。作陪者民族古籍办主任小陈,民族出版社总编助理吴昕阳,历史所所长廖晓晴,故宫研究部主任佟跃以及档案馆朋友。都是学界同行。尽兴而散。朋友们一直把我们送到车站,我们则千恩万谢。

7月26日晨,返回北京。

◈ 清朝遗迹的调查 ◈

图 9　五彩云龙彩雕

图 10　坐龙石雕

这次考察，受益颇多。概括有以下几点：一是对满族肇兴时期历史有了深一步的认识；二是对建州女真生活环境有了生动具体的感性认识，这是深入研究满族兴起史的一个重要前提。三是对建州女真历史遗迹与高句丽古山城关系有所了解。这种关系，往往为当地政府所忽略。在我的建议下，桓仁县政府后来在五女山城博物馆结尾部分，增补了有关建州女真内容。四是对如何处理历史遗迹保护与旅游开发的关系，有了一些新认识。简单强调保护或者一味背离历史真实地杜撰造伪，都不可取。但如何在雅俗共赏、文物保护与发展旅游中寻找到合理契合点，仍是一个值得反复思考的问题。

吉林省四平市周边考察：铁岭—开原—辉发—叶赫[①]

2014年3月16—20日，我们一行七人（我，日本早稻田大学柳泽明教授、博士生神谷秀二，吉林师范大学许淑杰教授、孙守朋、吴忠良副教授、聂有财讲师）进行了首次联合调查。考察路线：辽宁省铁岭市、开原老城，吉林省辉发城镇、伊通满族自治县、公主岭市、四平市梨树县叶赫满族镇、山门镇。考察对象为海西女真叶赫、辉发二城遗址，沿途清代史迹，铁岭、辉南、伊通等市县博物馆。本文拟以辉发、叶赫二城遗址为重点，就此次考察作一简单报告。

一 铁岭银冈书院、圆通寺塔与李成梁史迹

3月16日，四平乍暖还寒，天气晴好，我们于早上7时20分驱车驶离吉林师范大学校园，前往考察的首站——铁岭。汽车沿四平市的"面子"工程"紫气大路"一路向南，上京哈高速，约行6公里进入辽宁省界"毛家店站"。正是初春时节，路边积雪已融尽，淡黄色农田烙印着焚烧秸秆留下的片片黑痕。8时30分过昌图。扑面而来的路标，标注着耳熟能详的古老地名：开原、中固镇、平顶山堡、熊官屯……把思绪一下子拉回到数百年前满洲崛

---

① 本文由笔者与吉林师范大学历史学院讲师聂有财合撰，原刊于赵志强主编《满学论丛》第4辑，辽宁民族出版社2014年版。

起、明清搏战的岁月。9点10分,汽车驶离高速公路,进入铁岭市区。

铁岭古城位于松辽平原中段,南与开原、沈阳、抚顺毗邻。自古以来就是东北地区控扼南北交通冲要,战略地位重要。明洪武年间,移铁岭卫于此地(按,此前在鸭绿江江东)。17世纪初,这里成为明朝镇抚辽东边外蒙古、女真诸部的前沿重镇。清康熙三年(1664),废卫设县。二十七年(1688),设满洲防御一、汉军防御三。此地成为满洲统治者经营重点。迄至今日,当地仍存有明辽东边墙、边堡、马市、清柳条边等众多遗迹。按预定计划,重点考察铁岭银冈书院、铁岭市博物馆、圆通寺塔。

(一)郝浴与银冈书院

银冈书院位于铁岭城南,为辽宁省级文物保护单位,始建于清顺治十五年(1658),是清代著名五大书院之一,又有关东第一书院之誉。书院坐北朝南,是一组四合院式建筑。

书院为清初谪居铁岭的郝浴所建。郝浴(1623—1683),字雪海,又字冰涤,号复阳,直隶定州唐城(今河北省定州市唐城村)人。顺治六年(1649)进士,授刑部主事,改湖广道御史,巡按四川,因弹劾吴三桂,流徙盛京。顺治十四年(1657),盛京大赦,以吴三桂忌之,转戍铁岭,并于居所内潜心讲学。康熙十二年(1673),吴三桂叛清自立,尚书王熙荐郝浴,为部议所阻。十四年(1675),侍郎魏象枢复疏言:"浴血性过人,才守学识,臣皆愧不及。使在西蜀操尺寸之权,岂肯如罗森辈俯首从逆?臣子立朝,各有本末。当日参浴者三桂也,使三桂始终恭顺,方且任以腹心。浴一书生耳,即老死徙所,谁复问之?今三桂叛矣,天下无不恨三桂,即无不怜浴。浴当三桂身居王爵,手握兵柄,不畏威,不附势,致为所仇。三桂之所仇,正国家之所取,何忍弃之?"[①] 帝

[①] 赵尔巽等撰:《清史稿》卷270,第33册,中华书局1976年版,第9997—9999页。

召郝浴还，复授湖广道御史。郝浴复职还朝，留所居宅院为书院，并城外房地二十二日（晌）半，及城内地基一段，作为生徒肄业之资，命名为"银冈书院"。但书院后为旗兵占据。至康熙五十一年（1712），郝浴次子郝林为奉天府尹，嘱知县焦献猷逐旗兵而仍设书院。① 光绪二十九年（1903），清廷谋维新变法诏停科举，书院内开设小学堂，始办新学。②

步入大门，便是书院创始人郝浴当年的宅院，这是一处典型的北方四合套院。第一套院正房三间为文昌宫，现陈列关于书院历史沿革的文献资料、文物。正房门前两侧，有光绪十六年（1890）刻石碑二通。西侧为书院资产碑，记载书院的房地产及动产、藏书，东侧为《银冈书院捐添经费建修斋房记》，碑阴刻《书院新添书籍》。两侧厢房各三间，称东西斋房。东斋房为学堂，南北砌火炕，炕上摆书桌。靠东壁摆放旧书橱一对，橱门木心板上刻有楹联"晨登讲席歌尧舜；千山翠色落银冈""诗传画意王摩诘；船载书声米舍人"。屋内还有八仙桌、太师椅一组，是先生授课的座席。东斋房旁有魁星亭。魁星是二十八星宿之一，民间素有魁星点状元之说。西斋房旁有纸炉一座。纸炉用以焚烧字纸，是书院专用设施，又名惜字炉、化字塔，取崇文敬字之意。从边门往里走进入二套院，正房为郝公祠，门前亦立石碑两通，西侧的一通，碑阳右侧为郝浴亲撰《银冈书院记》，康熙十四年（1675）刻，记述书院创建始末与"银冈"一名由来；碑阳左侧刻康熙五十二年（1713）铁岭知县焦献猷《银冈书院题壁》。嘉庆二年（1797）刻《郝浴捐助银冈书院膏火土田碑》则立于正门东侧。书院内还辟有碑林，在一面墙上嵌着近年重刻的八通名碑。这些碑石，不失为研究清代书院和辽东教育史的宝贵资料。

如今的书院西院，已辟为"周恩来少年读书旧址纪念馆"。大院占地颇广，院东侧有《银冈书院修复碑记》。院中央，矗立一尊

---

① 黄世芳修、陈德懿纂：《铁岭县志》卷1《大事记》，民国二十年铅印本。
② 黄世芳修、陈德懿纂：《铁岭县志》卷5《银冈书院》、《银冈书院之沿革》。

白色花岗岩周恩来雕像。1910年，12岁的周恩来曾在此读书。由于有这段插曲，银冈书院被官方作为"革命传统教育基地"而身价倍增。

（二）铁岭博物馆与李成梁史迹

铁岭博物馆与银冈书院毗邻，新落成的展馆气势恢宏。展馆大门前立有青铜钺和契丹鸡冠壶石雕，代表着馆藏文物的基本特色。据说馆内藏品有5000余件，展示主题为"辽北地区历史文物陈列"，商周青铜钺、西汉透雕青铜牌饰、鹰虎牛相搏透雕铜饰牌、骑士提俘铜牌、辽墓彩绘石棺、北府宰相萧义墓志等，都是馆藏珍品。清代文物有铁岭四门石刻门额，雕工厚重，均为满汉合璧。高其佩，原籍铁岭汉军旗人，乾隆时刑部侍郎，以指头画人物花木鱼龙鸟兽，奇情异趣，信手而得，所画龙虎亦各极其态。馆中展有他的指头画《怒容钟馗图》。图中钟馗怒目圆睁，发髯毕张，张扬的个性，憨直的神态，被刻画得惟妙惟肖。最令我们感兴趣的，还是有关李成梁一族的展览，包括李氏故居、墓地文字图片和墓志铭。李成梁（1526—1618），明末辽东著名将帅。李氏原籍朝鲜，14世纪末，族人在始祖李膺尼带领下由朝鲜迁至铁岭，后编入明卫所并出仕做官。① 李氏一族成为明末辽东最显赫的军功贵族，主要得益于李成梁的累累战功。李成梁初由铁岭卫学生员袭指挥佥事，擢副总兵、总兵。万历二年（1574），晋辽东总兵官，加太子太保、宁远伯。（图1、图2）

李成梁镇辽二十二年，对边外蒙古、女真各部，出战屡告大捷。《明史》卷二三八《李成梁传》称："边帅武功之盛，二百年间罕有其匹。"万历十九年（1591），受言官弹劾，罢职而去。他去职后的十年间，辽东更易八帅，边备益弛，辽事大坏。明廷命李成梁复出，已年老昏聩，后在83岁高龄上解任回京。但他的权

---

① 日本東洋文庫藏《李氏譜系》；[日]園田一龜：《李成梁と其の一族に就いて》，《東洋学報》第26卷1期。

◆ 清朝遗迹的调查 ◆

图 1　铁岭城明代门额

图 2　铁岭城清代门额（满汉合璧）

势和影响并未因此消退,辽东镇仍旧掌控在李氏子弟手中。清太祖努尔哈赤崛起建国之际,正是李成梁一族盘踞辽东之时,两者间有着割不断的干系。这正是前人研究清朝肇兴史,不能不关注李氏的原因。

铁岭系李成梁宗族坟墓所在,宅第之盛,器用之奢,无与匹敌。清太祖天命三年(1619)七月,努尔哈赤挟萨尔浒大捷之余威,克开原,取铁岭。后金兵杀掳铁岭及各屯逃难人口2万余口。①李氏一族死者数十,其在铁岭的显赫家业亦毁于一旦。

馆内展出的实物图片,为了解李氏历史补充了新资料。李氏家族墓在铁岭县共两处。一处在城东南李千户乡小屯村西,是李成梁先祖李哲根穗的"老茔";另一处在城东大甸子镇新坟村,自第二世李文彬以后皆葬于此。两处墓地前,有文臣武将石翁仲、狮、马、羊等石像生。造型古朴、粗犷,显示了墓主生前的尊显地位。

馆内展有李氏墓志铭二方。一方,李成梁祖父李春美夫妻合葬墓志铭,1991年新坟村出土,刻于嘉靖三十四年(1555),墓志首题阴刻楷书"故定国将军瑷阳守备致仕李公暨太夫人汤氏合葬墓志铭"。志文阴刻楷书,叙述李氏先籍朝鲜国秃鲁江,四世祖鹰你于明初渡江,遂居铁岭,以及李春美及历代先祖"以武功卫国"的事迹。一方,李成梁父李泾夫妻墓志铭,刻于嘉靖四十年(1561),墓志首题阴刻楷书"故怀远将军李公暨封淑人楚氏合葬墓志铭"。志文阴刻楷书,记述李泾功业,明成化、嘉靖间辽东边衅情况。这两方墓志铭,为了解李氏一族与明辽东史,补充了新资料。②

馆内还展有清理李成梁故居看花楼遗址图片。史书记载,李成梁在铁岭城东门外建别墅,称看花楼(又称万花楼),③ 台榭之盛,甲于一时。1993年7月,铁岭市住宅一公司修建办公楼,在动迁

---

① 彭孙贻:《山中闻见录》卷2,李澍田主编:《先清史料》,吉林文史出版社1990年版,第23页。

② 李氏两方墓志铭,王晶辰主编《辽宁碑志》有著录,辽宁人民出版社2002年版,第393—394、397—398页。

③ 董秉忠等修:《盛京通志》卷22,第9页下,康熙二十三年刻本;黄世芳修、陈德懿纂:《铁岭县志》载图片"李将军看花楼之一角"。

◆ 清朝遗迹的调查 ◆

时发现看花楼遗址。同年9月，考古部门对遗址进行清理挖掘。遗址位于今铁岭市银州区柴河街小桥子东，为一砖石结构阁楼式建筑。现存基础呈长方形，东西长12.6米，南北宽9.15米。四面墙壁以条石为基，上砌青砖。楼内青砖铺地，经过火烧，有厚达40厘米的烧结面。铁岭博物馆副馆长许志国曾据此推测，看花楼极可能毁于明末战火。① 遗址出土有明青花瓷碗、青花瓷勺、绿釉瓷碟、铁栓、红陶瓦钉，以及瓦、滴水等建筑材料。②

图3　看花楼图（内藤湖南《满洲写真帖》）

此前，我们在银冈书院售书处购得《李氏谱系》，是康熙壬寅（1722）李树德修《李氏谱系》点校本，由铁岭李氏后人李泽绵整理，铁岭博物馆1991年印行。《李氏谱系》是研究李氏家族的基本史料，一向为海内外学者所重，重新印刷是一件好事，但整理者的

---

① 毛颖：《揭开李成梁看花楼被毁之谜》，载《辽沈晚报》（铁岭版）2009年4月15日，转引自《辽宁新闻》，www.lnd.com.cn。

② 2013年12月，李成梁陈列馆已在铁岭盘龙山风景区落成，展览分三部分：李成梁军事生涯展厅、看花楼展厅、看花楼基址。共展出80余幅图片及一些历史遗物。

一个失误，是擅改底本文字，不能不说犯了古籍整理的大忌。

（三）圆通寺塔

参观完博物馆，天已近午，一行人在市内老根山庄用餐毕，驱车往观圆通寺白塔。白塔是铁岭历史的标志性建筑，矗立于城市西北角，以塔下圆通寺（观）得名。康熙《盛京通志》卷二〇："圆通寺，在城西北隅。有浮图，高十三级。二十里外可望而见。明天顺、万历间碑二。崇德八年敕赐银五十两。"如今，圆通寺已无存，且不知从何时起一变而为道观（圆通观）。道观正门紧闭，旁门贴的告示称：每月初一、十五对公众开放。这天是农历十六，失望之余，我们擅自从虚掩的边门鱼贯而入。只见一群中年男女正忙着在一间小屋里叠纸元宝。斗胆问一声守门人："能让我们进去看一下吗？"回答很直白："你要问就是不让看，你要不问就看着办。"谢天谢地，话说得有些"愣"，实际是对我们高抬贵手了。

进入内院，塔前有三清殿（供奉元始天尊、灵宝天尊、道德天尊），近年重修。殿后白塔八角十三级，每面浮雕坐佛一尊。塔座八面，每面正中嵌砖雕一块，合起来读为"风调雨顺，国泰民安"八字。关于塔建年代，向有唐、辽、金诸说，迄无定论。[①]我们最关心的并非始建年代，而是塔前辽东总兵李成梁重修圆通寺碑。日本前辈学者内藤湖南在《满洲写真帖》中，收有1906年考察圆通寺时拍摄照片。当时，白塔与塔前圆通寺仍基本保持原貌，寺前立碑一通，即李成梁重修圆通寺碑。[②] 1988年，日本学者细谷良夫教授一行到铁岭考察，白塔南侧圆通寺山门尚存，但寺庙内部格局已面目全非，山门及白塔周边成为拥挤的民居。"万历二十三年太子太保宁远伯李成梁"刻碑与龟趺倒置院内，此

[①] 此塔建筑年代一直有争议，有唐、辽、金诸说。周向永、许超《铁岭的考古与历史》一书认为塔建于辽代（辽海出版社2010年版，第173—174页）。

[②] ［日］内藤虎次郎：《满洲寫眞帖》，《内藤湖南全集》，筑摩书房，1972年，寫眞第一三八。

即前述李成梁"重修碑"①。近年来，圆通寺（圆通观）与白塔均修葺一新，碑石却不知所踪。据《辽宁碑刻》著录，碑文记载万历二十三年（1595）宁远伯李成梁"轻财好施，暨弟原任总兵李成材共兴善念"，相约善信重修圆通寺始末，以及用银50两购地40日（晌）施舍寺庙事。② 至于有人说"该塔明代由辽东总兵李成梁夫人维修一次"，或系将碑文中"李氏"误读为"李成梁夫人"所致。③ 下午1点45分，结束对圆通白塔考察，驱车赶往开原老城。（图4、图5）

图4　铁岭圆通寺塔（内藤湖南《满洲写真帖》）

---

① ［日］细谷良夫：《再訪の海城・鐵嶺・開原・四平・葉赫》，東北學院大學《アジア流域文化研究》，（2014年3月22日）。

② 据国家文物局主编《中国文物地图集·辽宁分册》，《重修圆通寺记碑》条："圆通寺已毁，仅余碑一通。碑高3米、宽0.92米，厚0.28米，透龙碑额，龟趺座。碑立于万历二十三年（1595）。碑文由高崇文撰文。记载圆通寺的始修年代、重修原因及修缮后寺院规模等。碑阴刻捐资者姓名及银两数目"（文物出版社2009年版，第313页）。王晶辰主编《辽宁碑志》著录碑文，题称"银州重修圆通寺记"（第64页），可以参考。

③ 国家文物局主编：《中国文物地图集·辽宁分册》，第313页。

图5 铁岭圆通寺今景

二 开原老城

出铁岭后,驱车沿102国道向北行驶,经开原市,过清河大桥,即抵达开原老城(今辽宁省开原市老城街)。在明代女真(满族)汉人关系史中,开原老城以其枢纽作用而倍受史家关注。

按开原历史悠久,辽之咸州,金代咸平,元代开元路。明洪武二十二年(1389)设三万卫,是以女真人为主的卫所。永乐年间,东北地区女真首领频繁出入京师朝贡,一些人羡慕内地富足,要求留居京师。明成祖朱棣考虑内地夏季炎热,女真人难以适应,谕命在开原增设快活(安乐)、自在二州,重点安置归附女真人,赏赐居室、钱币、衣服、鞍马,通过他们联络边外女真诸部,以达"以夷治夷"的目的。明朝初期国力昌盛,明朝与女真贸易,以开原为枢纽,主要有两条,东路直通朝鲜,北路径达海西,向南唯一线之路通于辽沈。① 16世纪初,在开原—海西一线的传统贸易干道,相

---

① 冯瑗辑:《开原图说》卷上,李澍田:《海西女真史料》,长白丛书二集,吉林文史出版社1986年版,第269页。

◆ 清朝遗迹的调查 ◆

继崛起乌拉（乌拉城在今吉林省龙潭区乌拉街镇）、叶赫（叶赫城在吉林省四平市梨树县叶赫镇）、哈达（哈达城在辽宁省开原市东南）三大部。此外，海西辉发部（辉发城在吉林省辉南县辉发城镇）据叶赫之东、乌拉之南，亦把持松花江至开原的贸易通道。

入居的女真人或携家带眷，或率同族部，逐渐在开原形成与汉、蒙古人的杂居。毕恭《辽东志》卷三记载，三万卫军民户口总计八千七百九十一。根据对《三万卫选簿》统计，隆庆六年间（1567—1572年），在该卫指挥使至镇抚的一六六名官员中，汉人七十名，女真人九十一名，蒙古人五名。① 《辽东志》卷三又记：自在州户口一千五百三十九，安乐州户口一千二百六十。这部分居民中，除少数蒙古人，大部分是女真人。女真人长期与汉人杂居，彼此通婚，文化上相互涵濡。许多女真人入仕明政府，担任各级职官，在明廷治理东北边疆民族事务中发挥了积极作用。明统治者还在开原附近开设镇北、新安、广顺等关和马市，是与女真、蒙古人贸易的重要场所。

洪武二十五年（1392），为增强开原防御能力，在旧土城东改建砖城，即今之开原老城。城呈方形，周长十二里二十步，高三丈五尺，是当时东北地区第二大城池，规模仅略小于辽阳城。有四门，东"阳和"，西"庆云"，南"迎恩"，北"安远"。角楼四，鼓楼在中街。②

努尔哈赤起兵攻明后，繁荣已久的开原城经历了一场灭顶之灾。天命三年（明万历四十七年，1619）六月，努尔哈赤攻占开原老城。开原城大民众，物力丰饶，后金兵入城清理人畜财物，用牛马车辆运载金钱财货三日未尽。将士论功行赏毕，毁开原城墙，焚公廨并民间房屋，撤兵回界藩。清朝入关，康熙三年在开原设县，隶奉天府。

乾隆四十三年（1778），乾隆帝至开原一带行围，见老城残破

---

① 李鸿彬：《满族崛起与清帝国建立》，天津古籍出版社2003年版，第25页。
② 董秉忠等修：《盛京通志》卷10，康熙二十三年刻本，第6页上。

不堪，决定重新修葺。工程竣工后，城中居民渐多，作坊、商号数百家，人口增至两万众，开原老城重新焕发出生气。近代以来，随着中东铁路建设，毗邻的开原新城开始发展，取代了老城的中心地位。开原古城再次衰落。民国初期，老城西南城墙倾倒。随后，四

图6 开原城（内藤湖南《满洲写真帖》）

图7 近年复原的开原老城南门

门城瓮相继被拆毁。20世纪50年代初，城墙被拆除①。

（一）钟鼓楼、崇寿寺塔及城垣遗迹

过清河大桥，迎面而来的是近年复建的开原老城南门——迎恩门。进城门沿街北驶，街道两侧还保留着一些青砖铺房，年久失修，多破旧不堪。行至老城十字大街中央，有钟鼓楼。钟鼓楼原建于清乾隆四十七年（1782）。②目前的钟鼓楼系1990年在原址上做的重建。以钟鼓楼为中心，东西向和南北向两条大道彼此相接，行人可从楼下四门穿行。楼内保留着一段旧石道，路面因车辙长年磨损形成两道深深的凹槽。这就是钟鼓楼仅存的一点真迹了。

沿钟鼓楼西侧大道行驶约二百米，折向南面一条巷道，然后在一所小学教学楼后折向西，直行即达老城西南角的崇寿寺塔。作为老城标志性建筑的崇寿寺塔，因近年重修而焕然一新。塔为砖筑八角十三级密檐式，塔身呈明黄色，塔尖呈锥形，上穿铜珠六个，高六七十米，塔各角木檐悬铜铃。据县志记载：塔身各层原挂数百铜镜，西面悬铜鼓一面，日伪时期借"修缮"之名，将铜鼓、铜镜掠夺一空。③塔身每面正中辟佛龛，内塑佛像一尊，佛龛两侧有天盖，上有佛名题额，题额上、天盖下均浮雕莲花，左右有形态各异、轻盈舒展的飞天。古塔精美浮雕，后被毁。目前所见，亦系近年修复。关于塔建年代，有唐、辽、金诸说。④（图8）

塔北原有崇寿寺（石塔寺），塔因此得名。如今，寺已荡然无存，前些年胡乱搭建的一些仿冒建筑已被当地官员下令拆毁，只剩古塔孤兀的倩影，矗立在落日的余晖之下。塔周的居民近期都被拆迁，满眼皆是残垣断壁，一片狼藉。几座塔吊伸出长长的臂膀，指

---

① 开原市地方志办公室编著：《开原县志》，辽宁人民出版社1995年版，第540页。
② 开原市地方志办公室编著：《开原县志》，第542页。
③ 开原市地方志办公室编著：《开原县志》，第541页。
④ 塔建年代原有辽、金说，据姜念思考定建于辽乾统年间（1101—1110年），见周向永、许超《铁岭的考古与历史》，第171—172页。而康熙《盛京通志》卷20《祠祀志·开原》，城西南有石塔寺、地藏庵，却无崇寿寺记载。

◆ 吉林省四平市周边考察：铁岭—开原—辉发—叶赫 ◆

图 8　开原崇寿寺塔

向蓝天，一场大规模的房地产开发蓄势待发。数年之后，不知此地又将呈现何种景观？

我们无意中发现，在塔西一幢封闭的大棚内，存有不少横七竖八的石碑、残缺石件。这应是老城区拆迁风暴荡涤后的仅存"硕果"。为好奇心驱使，我们不再顾及斯文，相继从墙边小门翻越而进。里面摆满石碑、石碑额、石碑座。六七只石狮神态各异，排成两列。许多石碑年代既久，文字漫漶，兼以拆迁中的肆意损毁，以致多有残缺。略事浏览，发现有明辽东都司、施主宋真夫妇宝塔铭（施工中已被挖掘机严重损毁）、清咸丰二年（1852）王廷诏夫妇满汉合璧覃恩碑、光绪年重修文庙碑记、不知年月民间香会碑、民国六年开原知事章启槐改佛寺为义勇祠碑等，均为研究地方史之佐资。

塔西不足百米，横亘着一道南北走向的土岗，即老城西南城墙遗址。近前观察，残墙断面夯筑痕迹明显，杂有青砖残瓦。站在遗址上西望，对面是一片简陋低矮的民居。中间隔着护城河，已淤塞

145

为堆满垃圾的臭水沟。

（二）清真寺

离开崇寿寺塔往东，过鼓楼沿大道前行约800米，经一回民商店北拐再折向西，到达老城清真寺。清真寺于清顺治年间创建，后经多次修葺。[①] 最近一次大修尚在收尾中。

清真寺坐北朝南，为一青砖灰瓦四合院式建筑。正南门房五间，中有门楼，悬蓝底金字牌匾一块，上书"清真寺"三字，无款识。北面正房五间，西侧为浴室，其他房间是阿訇办公室及住所。东房三间，门紧闭，门额上的木雕龙刀工简洁，造型极生动。西房为金碧辉煌的大殿（礼拜殿），坐西朝东，坐落在用条石砌筑台基上。中原传统硬山式砖木结构，是伊斯兰教融入汉地历史的集中体现。殿门前厦燕尾上雕刻花草树木和各种鸟雀，油彩鲜艳。门额上方悬一蓝底金边匾额，引起我们的极大兴趣。匾额正中书"真主独一"四个金色汉字，旁镌"暂署城守尉事务镶白旗防御提署正蓝旗加六级记录二十一次朱林太、正白旗骁骑校加二级记录十三次三佈格敬立"，时间为道光壬辰（1832）。这可视为清代寺庙"军民（旗民）共建"的一个具体事例。大殿后身连接三层六角楼阁式建筑即邦克楼（又称"望月楼"，亦称"遥殿"），建于1933年，是寺内最高建筑，气势巍峨。楼顶装有象征伊斯兰教的一弯新月和星星。院内存回文石碑五通，倚于东房南墙。东房北侧山墙前立伪康德二年（1935）石碑一通，碑体呈黑色，正面汉文，背面汉、回两种文字，刻教徒姓名。

三　巴尔虎营子村

离开清真寺，天色将暮。车沿102国道驶向老城西北方的巴尔

[①] 李毅纂修：《开原县志》卷2，第31页上，民国十九年铅印本，收入《中国方志丛书·东北地方》第二十七号，台北成文出版社1974年影印。

虎营子村。巴尔虎营子属金沟子镇，距老城约20公里，是清代盛京（沈阳）移来巴尔虎蒙古人的居地。康熙二十六年（1687），开原设城守尉一员。三十一年（1692），设巴尔虎佐领一员。巴尔虎旗兵驻防开原城，家属则巴尔虎营子村。移住当地的还有西椟（锡伯）、新满洲兵。①

在村口遇到闫世忠（音）、丁宏方（音）等四位村民。闫世忠现年78岁，满族，曾任初中教师40余年。据他介绍："全村（小组）200多人。清朝时，巴尔虎旗移驻当地，这'疙瘩'（地方）主要是镶黄旗人。现在全村大部分是满族，有韩、白、苏、卜等姓。"②现在村上并无蒙古族居民。他还说："（村上居民）并不是'真正的满族人'。自述祖上曾在开原衙门当差，杀鞑子有功。"清代"鞑子"指蒙古人，闫氏祖上所杀"鞑子"究系何人？其祖上是蒙古旗人抑或满洲旗人？到他这代显然都已经说不清了。

结束在村口的访谈，在锡伯族村民丁宏方（音）引导下来到六队③白文义家。白文义，1952年出生，属龙，母亲锡伯族，父亲满族，原隶镶黄旗，上户口时，他选择了锡伯族，但自称"纯粹的满族"。其父会讲满语，小时候，称呼父母都是满语，家中还供奉"老妈子"（或即满人信奉的佛托妈妈）。发送老人与汉人不同，晚辈披麻戴孝，发丧三天。妇女戴孝不一样，满人露头顶，汉人不露；汉人男戴孝帽，满人男扎孝带。过去，出丧打幡按旗色，旗带锯齿。部分人沿袭到现在。

据他介绍，蒙古营子（巴尔虎营子），有九个自然村（小组），一个大队五百余户，两三千人，满族占百分之七八十。白所在的白家屯，属五、六组。按人分地，一人两亩。早年听说过祖上传下来的"旗民不交产""旗民不通婚"。"现在没区别了，别说满汉，跟

---

① 崇厚：《盛京通鉴》卷3，第93页；《国朝建业初基纪略》（二），北京大学出版社影印清内务府抄本，1993年，第1010页。
② 另据当地"金农网"，该村主要有闫、李、白、王、刘、包等姓。
③ 尽管人民公社制度早已退出历史舞台，村民们还是习惯用社、队旧称，原先的小队，现在称小组。

外国人（结婚）都有的是。"

丁宏方，1949年生，父亲汉族，随父姓丁，原报汉族，计划生育政策出来后，改随母亲报锡伯。其母与白文义母是亲姐妹，附近蚂螂屯锡伯人，后双双嫁入巴尔虎营子。问："锡伯与满族风俗有差异吗？"答："没有。"又补充道，锡伯称父阿嬷（ama），母讷讷（nene），听说与满族还是有区别。丁本人曾在蛟河当兵五年，政府现在每月发给津贴50元（从六十一岁起）。大儿子在北京当军官，六十年国庆检阅，第一辆坦克车就是他开的。丁很为儿子自豪。

此行未如预期见到巴尔虎蒙古后裔，却意外遇到若干锡伯人。巴尔虎蒙古究竟哪儿去了？最大一种可能，他们在与满族、锡伯族、汉族等族人长期杂居之后，早已融汇其中。我们采访的白、丁二姓，就是三个民族互通婚姻的实例。

结束访谈，暮色四合。晚7时20分，驱车赶夜路返回四平。进入吉林师范大学校门时，灯火阑珊，时针已指到10时40分。

四　辉发山城与辉南县博物馆

17日晨，天气阴沉。8时21分，出发往辉发古城考察。8时38分上高速，沿京哈线东北行往公主岭市，9时13分经公主岭市一侧拐上通往伊通的公路。路况较差，坐在车中不免颠簸。同行诸位，无不兴趣盎然，对此行的前景充满期待。9时28分，入伊通县境。途经黄岭子镇、靠山屯镇，渐入山区地带，当地气温明显低于四平。背阴的沟壑间残留着厚厚积雪，空旷的大田间，不时闪过焚烧秸秆的农民，浓烟四起，火光熊熊，似乎在宣告农忙季节的到来。9时56分，车过大孤山。据说伊通境内有七座平地拔起的大山。作为产粮大县，近年还发现了石油。沿途可见"磕头机"在农田中忙碌。真心希望石油采掘，会使更多农民走上致富道路。10时11分，由伊通县郊外绕行，只见未完工的商品楼连成一片，代价则是大片良田被圈占。各种招商引资、物流中心之类的招牌，拉洋片似的从眼前闪过。这种官商合力开发房地产的"盛况"并见于全国各地，无论是大都市还是偏远县镇，早已见多不怪。

10时19分，上长营高速东南行，往磐石方向。天色越来越暗，预示着雨水将至。在辉南县出口下高速，辉发城镇文化站李莉女士已在高速口迎候。辉发城位于县城（朝阳镇）东北17公里，辉发城镇（长春堡）西南方的辉发山（史称扈尔奇山）上。山因河得名，辉发河由城南绕行。我们经朝阳镇往辉发城，本应沿县道朝（朝阳镇）庆（庆阳镇）线前行，这条公路恰好从辉发城的外城遗址穿过。但该条线路横跨辉发河大桥因上年大水已成危桥，不能行车。于是，在李莉的指引下，我们通过一条山间便道绕行，途经一座废弃的化肥厂，行10余公里到达辉发城镇。镇党委书记曹玉东、副镇长沙菲留我们吃午饭。稍事调研后，驱车前往西南4公里处辉发城。沿途多山林，前行至一片窄长的河谷平原，忽见一山拔地突起，犹如虎卧平川，即辉发山城遗址（辉发城镇光辉村辉兴屯南200米）。

（一）辉发山城

在满族早期历史中，辉发作为海西四部之一，是不能忽略的一笔。但史籍中有关记载较少，这与该部位置偏离女真朝贡主道或不无关系。辉发，史称"回跋"（又作回霸、回波、灰扒），始见于《辽史》阿古只传、康默记传，因当地回跋江（辉发江）得名。辉发部本姓益克得里，黑龙江岸尼马察部人。始祖昂古里、星古力，自黑龙江移居札鲁。时有扈伦部（海西部）噶扬噶土墨图，姓纳喇氏，居于张（地名），因附其姓，改姓纳喇。① 七传至王机砮（旺吉努），转迁辉发。征服辉发诸部，于辉发河边扈尔奇山筑城居之。至其孙拜音达理，杀叔七人，自立为辉发部主。辉发北邻乌拉，东抵长白山，东南接建州，西界叶赫，西南通哈

---

① 鄂尔泰等：《八旗满洲氏族通谱》卷24，辽沈书社据武英殿本影印，1989年版，第312页。

达，不仅拥有水陆交通之便，且距明辽东边墙较远，因此少有与明军冲突的记载。

拜音达理与建州努尔哈赤结怨，始于万历二十一年（1593）。是年六月，叶赫部长布寨、纳林布禄纠合哈达、乌拉、辉发三部发兵，偷袭努尔哈齐所属瑚布察寨，为努尔哈赤兵所败。九月，布寨、纳林布禄复纠集海西四部，以及蒙古科尔沁等九部联军分三路入犯建州，再次大败。万历二十三年（1595）六月，努尔哈赤领兵征辉发多璧城。是役，为建州征服海西四部之始。

拜音达理为政酷虐，部众离心。万历三十五年（1607）九月九日，努尔哈赤借口拜音达理两次"兵助叶赫"和"背约不娶"，亲自统兵穿越朝鲜北境直取扈尔奇城。在女真诸城中，扈尔奇城之险峻，显而易见。拜音达理曾据险死守，打退蒙古札萨克图汗（图门汗、土蛮汗）的围攻①，即可为证。拜音达理为自固计，筑城墙三层。城虽固若金汤，终于十四日陷落。努尔哈赤生俘拜音达理父子，一并杀死，屠其兵，招服其民。② 清流人吴兆骞《秋笳集》有《过辉发旧城诗》《经辉发故城诗》。

一部极惨烈的辉发覆灭史，在史书中不过留下寥寥数笔，我们希望通过这次实地考察，加深对这段历史的理解。在李莉女士的热心指引下，我们对辉发山城作了实地考察。天不作美，降下小雨，兼之山上积雪尚未消融，行走不便，但考察热情并未受到丝毫影响。

康熙《盛京通志》卷一〇：辉发城"在吉林峰之上，周围二百步，西一门"③。辉发山为东南—西北走向，全山有两个突起山峰，两峰间地势稍凹，形如马鞍。辉发山海拔256米，高出地表40

---

① 蒙古察哈尔部长土蛮汗（1588—1592年在位），又称札萨克图汗。土蛮在位时，察哈尔部日强，控制蒙古诸部，复征服女真诸部，收取其贡赋。他屡犯明边，致辽东战乱不止，明京师为之震动，然而却兵败于辉发城下。
② 《清太祖武皇帝实录》卷2，丁未年九月十四日。
③ 董秉忠等修：《盛京通志》卷10，第18页上，康熙二十三年刻本。

余米。① 山城地势险要，易守难攻。站在山顶下望，城三面峭壁临水，一面缓坡面对开阔的河谷平原。辉发河水由西南流来，经外城西墙又折向北，半绕古城。城南峭壁下又有黄泥河流过，河水东来，最后注入辉发河。山上林木繁茂，河谷平原土地肥沃，既有渔猎农耕之利，又有山城河池之险。考古调查证明，自辽金以迄明末，这里始终有少数民族的先民居住。② 这与辉发城优越的地理位置有关，控扼水陆交通的咽喉：走南北水路，沿辉发河下行入松花江，与乌拉部接；走东西陆路，东达长白山，接朝鲜境。

据康熙《盛京通志》卷一〇记载：载辉发城附近，还有若干城池。一为辉发城下城，"辉发峰之西北，周围四里，南北各二门"。一为辉发河城，"沿河山坡上一城，四面各二十步，东一门"。实地踏勘，辉发城由内、中、外三道城墙组成。其中，内城城墙和中城墙的东南、西北两端，均倚山险而建。城墙外壁接悬崖直垂山底，形成数十米陡壁，难以攀登。外城墙两端亦与辉发山相连，但城墙主要建于平地。内城城门有二处，一处在城东，与中城墙相连处；一处在内城北端，地势较陡。据推测是内城通往外城唯一通道。城墙用黄土夹砂石夯筑，夯层明显。③

关于辉发部灭亡，史籍中有两种说法。清官修史书持武力攻取说，而《朝鲜宣祖实录》卷二一七则称系内外夹击而亡："当初老酋（指努尔哈赤）欲图回波（辉发），暗使精兵数十骑扮作商人，身持货物，送于回波，留连做商。又送数十人依此行事。数十数十，以至于百余人。详探彼中事机，以为内应。后猝发大兵，奄至回波。内应者作乱开门，迎兵驱入。城中大乱，以至于失守。然回波兵以死迎敌，极力大战，竟虽败没，老［酋］军亦多折损，将胡

---

① 吉林省文物志编委会：《辉南县文物志》（内部资料），1987 年，第 71 页。此书承蒙辉南县文化管理所刘伟所长赠送，谨致谢忱。
② 吉林省文物管理委员会：《辉发城调查简报》，《文物》1965 年第 7 期，第 37—39 页。
③ 吉林省文物管理委员会：《辉发城调查简报》，《文物》1965 年第 7 期，第 36 页。

之战死者，多至六人。"从实地考察看，辉发城山环水绕，险峻无比，清朝官书所持武力攻取说不免令人生疑。相形之下，朝鲜实录里应外合说，对足智多谋的努尔哈赤来说更为可取。即便如此，在激烈城战中建州兵还是伤亡惨重。难怪建州兵将拜音达理父子擒而后杀，以及屠戮其兵的残酷报复行为，或可作为战况酷烈的旁证。

图9　冰封的辉发河（从扈尔奇山南远望）

穿越几百年时空，如今的辉发城衰草萋萋，只剩几段残垣断壁。2006年，辉发山城被国务院确定为第六批全国重点文物保护单位。山城东南部最高处为一个平台，曾发现陶、瓷片、砖瓦等遗物。据推测，可能为当时建筑遗址。自20世纪五六十年代以来，吉林省考古部门在城内已进行多次挖掘，并留下多处探方。在一处探方附近，看到地面留有两个石臼。李莉介绍说，城内出土了大量文物，有高句丽瓦当，文物以明代为主，包括五彩瓷罐、青花瓷罐、白地斗彩花碗，耳环、帽顶，铜、铁马蹬，大都保存在辉南县博物馆。

图10　《满洲实录·太祖灭辉发》

下午4时，结束了在山城的踏查，驱车返回辉发城镇，探访远近闻名的农民收藏家周成。周成临街开了一个熟食店，同时给人刻碑，还种着地，多种经营的盈利几乎全部用于收购民间文物、新旧书籍。他的"文物"概念相当广泛，收藏品亦很庞杂：从辽代骨灰函、民国陶器、锡五供、木槽盆、伪满时期日本人烧制陶器、"文化大革命"时期大队户口册、"整肃"天主教徒表册（包括其祖、父在内）等，无所不有。他把从各处古迹遗址采集的瓷片、陶片，用一个个塑料袋分包起来，里面放着注明地址的纸条。可见用心之细。他给自己的收藏室起了一个雅号——"月牙[山]书院"。"书院"墙外放着几个石臼。周成说："当初辉发山城有几百个石臼，朝鲜人（按，指当地朝鲜族人）从山上搬下来，后来人走了，我花钱买下来。"对辉发山上有几百个石臼的说法，不能不有所怀疑。从实地考察看，山城空间有限，不可能容纳较多居民。合理推测是，大部分辉发部民居住在外城圈起的河谷平原一带，那里的生活生产条件比山上便利。这与考古报告所说"在外城范围出土的器物较为

◆ 清朝遗迹的调查 ◆

丰富，其中较多的是石臼"① 也相符合。内城功能，主要是作为统治中枢和战时要塞。这种城分多层，并分别承担军、政、经不同功能的城池建筑传统，不仅流行于明代女真社会，还可上溯到渤海国和高句丽时代。话说回来，我们不能不为周成十余年如一日，自费收集史料、四处考查调研的精神所感动。

下午5时，在周成向导下，前往辉发城镇张家街村那国库家采访。周成讲："他家是满族，藏有家谱。"我们兴冲冲找到那国库，他却说家谱已在1995年水灾中遗失。看来是不想拿给外人看。有意思的是，周成说全镇"真满洲"没几个，就那姓、周姓、关姓的几家。他家是1948年改的汉姓。他父亲说：满人不如汉人多，为了不吃亏不如改汉人。那家也是早年改的汉姓。一方面是真满洲改成假汉人；另一方面则是真汉人改成假满洲。近30年来，这两种现象在东北地区并行不悖地发展，已是尽人皆知的事实。那家的经济条件较好，房屋高敞，室内整齐洁净。

告辞那家，周成又信心满满地领我们前往镇上另一关姓（瓜尔佳氏）人家。关姓家门外右侧，长着一棵躯干粗壮的古榆。周成说，门口种榆，是满族人旧俗。老罕王曾把祖先骨灰存放在榆树上②，相传祖辈从辽东满族故地一步步走来，在门口种棵榆树，象征对祖先的怀念。他还说，关姓家藏有满文家谱，不愿给人看。再三劝说，才答应等专家来了先聊聊看。谁知一进院，屋门大敞着，电视开着，灶台里柴火燃着，三间正房内凌乱不堪，却空无一人。略等片刻仍不见踪影。推测主人或是临时外出，或是不想让外人看家谱，闻讯躲出。只得扫兴而出。是日阴雨连绵，村路泥泞，加之天色又晚，山里寒气逼人，两脚冻得生疼。告别热心的周成，驱车赶往辉南县城投宿。

晚7时许，车入县城。宽敞的马路华灯初放，两边楼房彩灯披挂，勾勒出五光十色的几何图形，宛如来到人间仙境。旋经当地人

---

① 吉林省文物管理委员会：《辉发城调查简报》，《文物》1965年第37页。

② 笔者按，在辽宁新宾永陵兴祖福满的宝顶前，确有一株古榆，乾隆帝撰有《神树赋》。

指点才恍然大悟，原来楼房朝向大道的一面均由县里统一设计装饰，才会有如此炫目的效果。入住辉南县大酒店，标明4星级，门厅高悬着塔形大吊灯。一个偏僻县城，竟有如此豪华宾馆。又是一个没想到。

（二）辉南县博物馆

18日晨，天朗气清，心情怡然。8时30分，到辉南县文物管理所兼辉南县博物馆，受到文管所所长刘伟的热情接待。刘伟2006年从部队转业，并无专业背景。据他介绍，馆里没有专业人员，"学考古专业的到不了基层"。该馆只是临时性展馆，但展品在种类及数量方面还是相当丰富。尤其明代女真文物收藏，令我们大饱眼福。

展馆只有一间大展室，展品包括实物和图片，排列简洁紧凑。其中，最引起我们关注的还是辉发山城的出土文物。长期以来，明代女真史研究，主要集中于努尔哈赤的建州女真和海西女真哈达、乌拉、叶赫三部。海西辉发部研究之所以明显薄弱，主要与史籍记载的缺失有关，而辉发城考古的重要价值，就在于很大程度上弥补了这种缺失。辉发城出土女真遗物，主要有以下几类：

生活用具：首先是石臼，质地花岗岩，中有凹坑，是加工米谷的工具，又称"碓窝"（满语称"ogo"），辉发外城多有发现。城内发现的瓷器都是明代的，包括罐、碗、盘三种。其中五彩瓷罐、五彩瓷碗、五彩瓷盘，多为明代官窑民窑生产上品；其中，珐花三彩梅瓶尤为华贵，现存省博物馆。[①] 陶器除明代外，还有辽、金时代的。说明辉发城在明代以前早有先民居住。（图11－16）

生产、生活用具：石斧、石锄、石镐、陶、石网坠，是比较原始的渔业、农耕用具。出土铁器种类繁多：三股叉，锻制，顶端有锐利倒刺，可用于叉鱼又可作为兵器。鱼钩、镰、釜、锹、锯、铲、剪、锥、斧、铡刀、犁镜、菜刀，均为铁制，涉及渔业、农业、

[①] 吉林省文物志编委会：《辉南县文物志》（内部资料），第103—105页。

◆ 清朝遗迹的调查 ◆

图11 辉发城出土五彩瓷罐（现藏吉林省博物馆）

图12 辉发城出土五彩瓷碗（现藏吉林省博物馆）

◆ 吉林省四平市周边考察：铁岭—开原—辉发—叶赫 ◆

图 13　辉发城出土五彩寿字瓷盘
（现藏吉林省博物馆）

图 14　辉发城出土五彩盘
（现藏吉林省博物馆）

◆ 清朝遗迹的调查 ◆

图 15　辉发城出土缠枝纹青花盘（现藏吉林省博物馆）

图 16　辉发城出土孔雀绿釉三彩梅瓶
（现藏吉林省博物馆）

手工业的多种门类和日常生活，充分反映了铁器在女真社会的广泛使用。

由于受气候、环境等因素影响，女真农业曾长期处在落后状态。辉发遗址出土的石锄、石铲、石镐，应是铁器匮乏时代的粗笨农器。明中叶以后，女真通过与明廷朝贡贸易和辽东边贸，输入铁具，为荒地开垦、农业生产率提高、农业技术改造，提供了必要物质手段。此一发展进程，从辉发城出土铁制农具得到了集中展示。同时出土的还有铁链、铁带扣、铜拉手、铜烟锅、铜勺、铜钱、铜马镫、铁马镫等日用品。（图17）

图17　辉发城出土铁锹

武器：铁制兵器有长柄刀、腰刀、刀鞘箍、刀护手、矛、帽盔、甲片、三棱形骨镞和铁箭镞。铁箭镞在中城发现较多，主要有菱形、铲形、柳叶形、扇形、鱼尾形。骨扳指，满语称"fergetun"，用鹿角、兽骨制成，射箭时套于指上，便于引弓。（图18）

图 18　辉发城出土骨扳指

据《朝鲜实录》记载，女真早期的箭镞用骨制造，谓之骨箭，即"以熊脚骨久沉于血，则其坚如铁，故用以为镞"。15世纪后期记载则称："往时野人（指女真人）屈木为镫，削鹿角为镞，今闻镫镞皆用铁。"① 同时，出现铁器加工业，也就是《朝鲜实录》所谓"野人不解炼铁，但得正铁改造耳"②。女真人虽不懂炼铁，已能对输入铁器进行加工。所制铁器，已知有箭镞、铠甲。在建州、海西地区，都出现了工匠。③ 工匠不仅有汉人、朝鲜人，也有女真人。辉发城出土的骨箭镞、铁箭镞以及各色铁制兵器，充分印证了明后期女真社会军事技术的进步。

装饰品：出土有铜质镏金耳环、金头饰、银饰片、铜饰片、各式料器，形态各异，做工精细，采用锤、刻、锻、锉、嵌、拉丝、

---

① 《朝鲜成宗实录》卷50，五年十二月己巳；《朝鲜成宗实录》卷52，六年二月庚辰，日本东京学习院东洋文化研究所1964年影印本。
② 《朝鲜成宗实录》卷52，六年二月庚辰。
③ 《朝鲜成宗实录》卷52，六年二月辛巳、戊申；《朝鲜成宗实录》卷159，十四年十月戊寅。

切割等多种工艺，反映了工匠高超的技艺和创作水准。这些精美工艺品，多数应从中原内地输入。同时不能排除，某些饰品出自女真工匠之手。在这些饰品中，最珍贵的当属金帽顶。帽顶呈锥状，高6.3厘米，底径4.2厘米，顶径1厘米。铜质镏金，底如倒置的碗，周饰梅花九朵，并有对称四针孔，便于缝缀。帽顶内空心，金色鲜艳，制作精美。①

史书记载，明朝统治者为笼络北部少数民族酋长，向有赏赐金顶大帽之例。万历二十年（1592）八月，建州卫都督努尔哈赤向明廷进呈奏文四道，乞讨金顶大帽、服色及龙虎将军职衔。② 按明官制，都督为正一品。对女真羁縻卫所大酋，明廷亦授都督③，在特定场合，并有赐予金带、大帽之优礼。④ 龙虎将军为武官最高加阶，此前女真大酋中，仅哈达部长王台（万汗）膺此殊荣。⑤ 其时努尔哈赤尚未完全统一建州女真，却想在身份上高居诸部之上，进而号令群雄。难怪明廷未厌其请。三年后，努尔哈赤终遂所愿，得受"龙虎将军"。辉发城出土金帽顶，为了解明廷封赏制度，提供了珍贵物证。（图19）

---

① 吉林省文物志编委会：《辉南县文物志》（内部资料），第90—93页。
② 《明神宗实录》卷251，万历二十年八月丁酉，江苏国学图书馆1940年传抄影印本。
③ 《明世宗实录》卷148，嘉靖十二年三月壬子，兵部议女直海西建州毛怜等卫夷人升袭事例。
④ 《明世宗实录》卷12，嘉靖元年三月辛未："赐塔山前卫女直都督速黑忒、弗提卫都督汪加奴大帽、金带。"速黑忒（《满洲实录》称克锡纳都督）为海西乌拉、哈达两部之祖；汪加奴（旺吉努），为海西辉发部之祖。大帽即金顶大帽之略写。《明世宗实录》卷36，嘉靖三年二月己未，以塔鲁木卫都督佥事竹孔革升职久，给金带、大帽各一；《明世宗实录》卷123，嘉靖十年三月甲辰，左都督速黑忒，自称有杀猛克功力，诏赐金带、大帽各一；《明神宗实录》卷207，万历十七年正月甲戌，赐海西女直、建州夷人兀失等金带、大帽、职事、衣服。又，嘉靖初年，哈达酋长克什纳，掌塔山左卫，明授左都督，亦赐金顶大帽（赵尔巽等撰：《清史稿》卷223，中华书局1976年版，第9130页）。
⑤ 张廷玉等纂：《明史》卷72《职官志一》：龙虎将军非官阶，乃武职散阶正二品。明廷以龙虎将军作为加衔笼络女真、蒙古大酋。明万历三年（1575），海西哈达部长万（王台）以缚送王杲功，得授龙虎将军。蒙古酋长俺答汗曾受封顺义王、龙虎将军，万历十年（1582）死，子黄台吉袭封顺义王，孙奢力克（黄台吉子）袭龙虎将军。此后受封龙虎将军者还有多人。

◆ 清朝遗迹的调查 ◆

图19 辉发城出土金帽顶（现藏吉林省博物馆）

建筑材料：在内城山顶平台等处，多发现有灰色砖、布纹瓦。①

玩具：在辉发城出土了一种用于娱乐的动物骨，满语称"gacu-ha"，汉译"背式骨"，民间俗称"嘎拉哈""噶什哈"，即用羊、獐、麇小腿骨下部突出的长圆形骨制成的玩具。玩嘎拉哈，是清代东北满族人流行的游戏，有多种玩法。杨宾《柳边纪略》卷四："童子相戏，多剔獐、狍、麇、鹿前腿、前骨，以锡灌其窍，名噶什哈，或三或五，堆地上，击之中者，尽取所堆，不中者与堆者一枚。多者千，少者十百，各盛于囊，岁时闲暇，虽壮者亦为之。"② 此种游戏在北方民族中起源甚早。早在秦汉时期鲜卑和匈奴墓中，就发现有嘎拉哈。北魏鲜卑墓、辽契丹墓、金女真墓，都有随葬狼、牛、狍、羊嘎拉哈。辉发城出土嘎拉哈，则是这一古老民俗在

---

① 吉林省文物管理委员会：《辉发城调查简报》，《文物》1965年第7期。
② 载《龙江三记》，周诚望等标注，黑龙江人民出版社1985年版，第114—115页。

女真社会流行的实证。自清代以迄当代，在满族、蒙古族、达斡尔族等东北民族中，嘎拉哈仍是民间习见的一种娱乐形式。

萨满神器：辉发城出土有三孔骨器以及铁腰带、铁环、铁铃、铁腰铃。此即辉南县博物馆展板"2010年度辉发城址发掘的基本情况"中称，发现了"与萨满教相关的大量器物"。萨满教是满族先民古老信仰，萨满跳神兼有祝祷神灵和医疗病体的双重功效。萨满跳神，有特殊的服饰（神袍、神帽）、器物（神器）。神器有神刀、神铃等。三孔骨器，满语称"carki"，汉译札板，萨满乐器，上窄下宽，上连三纽（还有连五纽的），与大鼓或手鼓一起击打演奏。① 萨满跳神，著神袍，戴神帽，腰间系带，带上系铃。出土的铃有两种：一种铃圆形中空，内放珠，边摇边响，满语称"honggon"；一种铃长锥形，满语称"siša"，尖端串一铁环，以便系于腰间，萨满跳神时边舞边响。同时出土的还有陶塑和瓷塑人头像，也可能与女真人的宗教信仰或艺术生活有关。（图20、图21）

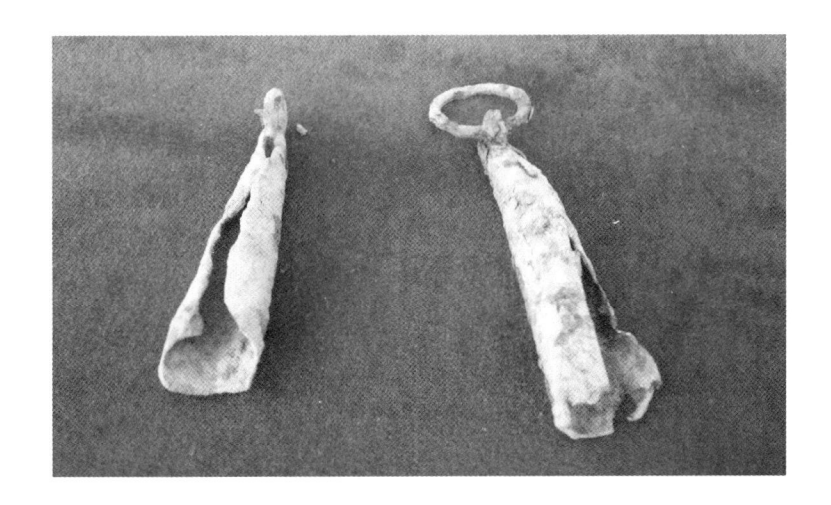

图20　辉发城出土铁腰铃

---

① 乾隆朝《五体清文鉴》卷6《礼部·祭祀器用类》，以下均同，民族出版社1957年影印本。

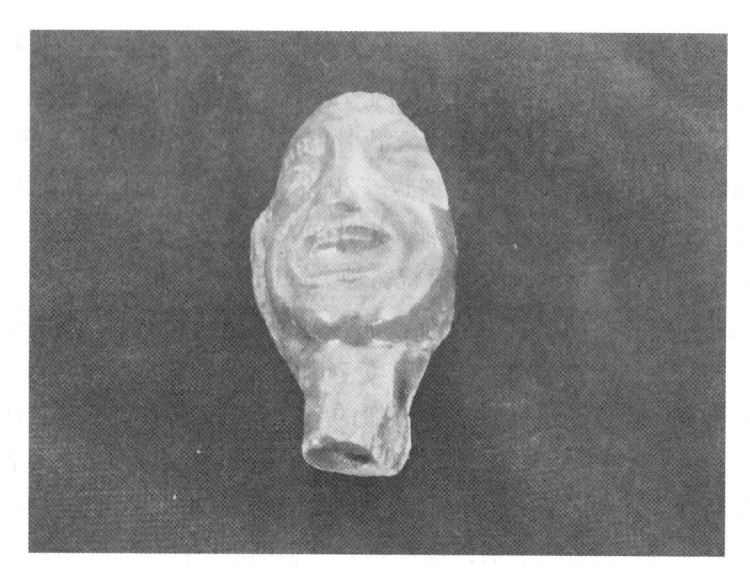

图 21　辉发城出土的人形塑像

如上所述，关于明代女真生产、生活、物质与精神生活，中朝史籍虽有记载，但一直缺少考古成果的佐证。辉发城大批女真文物的出土，与史书记载彼此发凡，相得益彰，因此弥足珍贵。

结束对辉南县博物馆参观，已是 9 时 40 分。与刘伟所长和一直陪同我们的李莉女士告别，踏上归程。11 时 30 分，途经伊通满族自治县，顺路参观满族博物馆。张文彬馆长、史彦春副馆长热情接待了我们。离开伊通，下一站到达公主岭市。因同行柳泽明教授正研究伪满时期日、俄关系，顺路考察沙俄中东铁路遗址建筑群。遗址位于公主岭市今吉林省农业科学院畜牧科学分院院内，这里曾是沙俄修建的机车修理厂。日俄战争后，中东铁路转归日本控制，遂将这里改建为农业事务所。半个多世纪过后，院内沙俄建筑依旧保存完好，堪称奇迹。5 时 40 分，离开公主岭市，返回四平。

五　叶赫故城与布尔图库边门

4 月 19 日上午，柳泽明教授在吉林师范大学历史文化学院，给学生们作了题为"作为国际语言的满语——清朝—俄罗斯之间媒介语言的变迁"的报告。报告内容精彩，引起同学极大兴趣，提问踊跃。

4月20日清早，前往叶赫城遗址进行考察。遗址位于今吉林省西南部，四平市铁东区叶赫满族镇西南，距市区约28公里，包括东西二城。康熙《盛京通志》卷一〇载："叶赫城……周围四里，东西各一门"，"叶赫山城，叶赫城西北三里，周围四里，南北各一门。内有一小城。周围二里。南北各一门"①。实地考察，西南走向的叶赫河（寇河支流）从两城中间平川流过，左岸即东城，右岸即山城的西城。

作为海西四部之一的叶赫，在明末雄强一时，所据东邻辉发，南接哈达，北连乌拉，西界蒙古，西南临开原城，为女真、蒙古诸部入贡明廷必经之地。叶赫始祖星根达尔汗，蒙古人，原姓土默特，后灭扈伦部（海西女真）所居张地之纳喇姓部，改姓纳喇。②四传至褚孔格，南迁叶赫河，因号叶赫。嘉靖中，因拦截女真诸部入贡通道，被哈达部长旺住外兰（明人称王忠）所戮。16世纪中，六传至逞加奴（清佳砮）、仰加奴（杨吉砮）。兄弟各居一城，征服毗邻诸部，皆称"贝勒"。

明朝末年，叶赫城经历过两次大的兵燹，最终与叶赫部一并灰飞烟灭。万历十六年（1588）三月，辽东总兵李成梁挥师出威远堡，抵叶赫境。时叶赫东西两城，布寨（逞加奴子）据西城、纳林布禄（仰加奴子）据东城。布寨闻警，乃弃西城，与纳林布禄合兵抗拒。明兵连攻东城两日，破城二层，而中坚甚固。李成梁下令用巨炮轰击。纳林布禄、布寨被迫出城乞降。③

---

① 董秉忠等修：《盛京通志》卷10，第17页下，康熙二十三年刻本。
② 鄂尔泰等撰：《八旗满洲氏族通谱》卷22，第280页。
③ 瞿九思：《万历武功录》卷11，潘喆、李鸿彬、孙方明编：《清入关前史料选辑》（一），中国人民大学出版社1984年版，第26页；苕上愚公：《东夷考略》，同上，第56页。参见《明神宗实录》卷197，十六年四月庚申。一说，李成梁攻东城时损失惨重，军丁死者半，复割死军头五百五十余颗，掩败冒功。见《明神宗实录》卷238，十九年七月癸酉。

◆ 清朝遗迹的调查 ◆

努尔哈赤建国初，屡征叶赫不克，及攻取明开原、铁岭，叶赫已失去明朝后援。万历四十七年（1619）八月十九日，后金汗再次发兵攻宿敌叶赫。时叶赫贝勒金台石（纳林布禄弟）居东城，布扬古（布寨子）居西城，两城互为犄角。冯瑗《开原图说》卷下《海西夷北关枝派图》载：白羊骨（布扬古）部落五千，精兵二千，金台什部落六千，精兵三千，各置"中军"（领兵将帅）。二人各居一城，并称贝勒。后金汗命诸贝勒率兵围西城，亲率一军攻东城。① 金台石拒降，汗下令强攻，破其外城，金台石携妻登高台，屡劝拒降，纵火自焚，受伤滚落，被后金军缢杀。西城布扬古穷蹙出降，亦杀之。② 后金军将两城军卒、境内部落全部驱赶而回，人数累万。挑选精壮九千余名，编入八旗。③ 女真诸部始合为一。叶赫部灭亡，东西二城随之废弃。后人凭吊，有"荒荒草没两空城"之慨。④ 康熙帝东巡，过叶赫废城，遥想当初叶赫贝勒势力之强，

----

① 《满洲实录》卷6、《清太祖武皇帝实录》卷3、蒋良骥《东华录》卷1、徐乾学：《正白旗满洲叶赫纳喇氏宗谱》，俱称金台石居东城，布扬古居西城，后金汗率兵先取东城；而《满文老档》第十二册（中国第一历史档案馆等译注，中华书局1990年）天命四年八月十九日条，则称后金汗先取金台石所居西城。日本学者发现此事记载歧互，并认为老档记载较为可靠（［日］松浦茂：《清太祖》，白帝社1995年；［日］细谷良夫：《再訪の海城・铁嶺・開原・四平・葉赫》，東北學院大學《アジア流域文化研究》，2014年3月22日）。笔者认为，老档记载有误：叶赫部自逞加奴、仰加奴起，即分居东西两城，并称贝勒。逞加奴一系为西城城主，仰加奴一系为东城城主，故《八旗满洲氏族通谱》卷22称布扬古"西城贝勒"，称金台石"东城贝勒"印证中国第一历史档案馆藏《内务府奏销档》乾隆二年十月明珠二世孙瞻岱满文奏折，也明确记载金台石一系为"东城贝勒"。金台石居东城而非西城当无疑义。据此看来，《满文老档》（包括《旧满洲档》）虽为原始史料，有关努尔哈赤先取西城之记载未必准确；而前举《满洲实录》诸书之所以改为先取金台石之东城，应是对《满文老档》记载失实的纠正。

② 《满文老档》（太祖朝）第十二册，天命四年八月十九日；参见茗上愚公：《东夷考略》，第60页；方孔炤：《全边略记》卷10，潘喆、李鸿彬、孙方明编：《清入关前史料选辑》（一），第242页；海滨野史：《建州私志》卷中，《清入关前史料选辑》（一），第273页；彭孙贻：《山中闻见录》卷2，《清入关前史料选辑》（三），中国人民大学出版社1991年版，第18页。

③ ［朝］赵庆男：《乱中杂录》卷5，第278页，《清入关前史料选辑》（三），第278页。［朝］李民寏：《栅中日录》则称：陷城后，"奴酋禁止杀掠，尽移部落，所得精卒可万名"，《清入关前史料选辑》（三），第463页。

④ 杨宾：《柳边纪略》卷5《叶赫行》，《龙江三记》，黑龙江人民出版社1985年版，第140页。

而后却灰飞烟灭，亦不禁感慨系之："断垒生新草，空城尚野花。翠华今日幸，谷口动鸣笳。"①

（一）西城遗址

4月20日早8时50分，先到叶赫西城遗址。天空飘下小雪，寒风袭人，使遗址平添了几分苍凉。从山底仰望，满山树木将遗址完全掩映其中，如果不是山脚竖立的标牌，很难看出这里就是当年强盛一时的叶赫西城。

西城建于120余米山上，筑有内外两层城墙。城东北、北面与起伏的山丘相接，城南、东南山脚下为叶赫河（今寇河西北支流）流经的河谷平原，城西山脚下为一狭长平坦地带，一条季节小河由西北流入叶赫河。据考古报告，外城呈不规则长方形，依山势土石混筑，周长2.8千米。内城呈不规则椭圆形，周长850米。② 城门二，附瓮城，分别位于北、南方。③ 历经明末兵燹和当地百姓多年损毁，城墙已残缺不全。北城墙坍塌后形成一道漫坡，中间有豁口。豁口外地势平缓，一条土道穿过豁口通往山下，是附近村民的农用车进出碾轧而成。东墙一处豁口，豁口下为斜坡。豁口南有一段东西走向墙，将内城一分为二。南侧又有百余米残墙，隔离出一块更小的区域。可见山城内部的结构比较复杂。

山城内有台地北高南低，树木密布，荒草萋萋，难以发现地表遗迹。在北部中央地带一处高地上看到一石构件，大半埋于土中，类似辉发城的石臼，外形呈不规则圆形，直径约70厘米，石窝直径约25厘米，内壁较光滑，深约30厘米。在遗址中部偏西松林里，一棵松树连根倒伏处的坑中，可看到较多青砖及布纹瓦碎片，在附近地表浅层亦发现同样碎片。考古报告称，在西城中部偏北较平坦地面上，散布着较多青灰色布纹瓦、花纹青砖、带花纹图案建

---

① 王河等纂：《盛京通志》卷4，乾隆元年刻本，第7页下。
② 刘景文：《叶赫古城调查记》，《文物》1985年第4期，第82页。
③ 刘景文：《叶赫古城调查记》认为西城有三门，《盛京通志》卷一五则称南北各一门。

筑构件、缸胎器残片及少量瓷器残片，散布面积南北长近90米、东西宽60米许。① 这与我们所见砖瓦碎片的散布地系同一区域。从砖瓦及建筑构件还可推断，这一带曾有地面建筑群。

叶赫西城依山而筑，城墙坚固，为加强防御，城门外修瓮城。外城三面环山，一面临河，地势险要，居高临下，易守难攻。隔河东北望，叶赫东城就位于河谷平原上一座突起的台地上。

（二）东城遗址

东城与西城的直线距离约2公里。一条从四平市通往开原莲花街镇的大道（XD53线）贯穿于两城间平川。杨宾《柳边纪略》卷一记载："叶赫老城在驿路旁，新城亦可望见。俱无人迹。"老城指东城，新城指西城。不难得知，此大道即当年驿路。不由得想起，明朝数百年间，来自北方边地的女真贡使们，就是沿着这条古道走向开原，经过辽沈，进入山海，直抵京师。

东城分内外三城。如今，外、中城遗迹单凭肉眼已难辨识，不过，内城遗址尚比较明显，位于平原一处突起椭圆形台地上。台地东西长，南北窄，高出地表约10米。城四周坡度大，不宜攀爬。高台上又筑城墙，成易守难攻之势。现存城墙遗迹周长约900米，为土石混筑。据考古报告，东城原有城门两处，一在东北内凹处，一在城墙正西中部；另有马面遗迹三处。② 康熙《盛京通志》卷一〇亦记载东城有东西各一门，光绪《吉林通志》卷二四记"东、南二门"。今人编《中国文物地图集·吉林分册》则称，东城于东、北、西各开一门。③ 因城墙多处坍塌，仅从现场踏勘很难确知城门数目，有必要参考史书记载。实地考察可见，内城西部有一大缺口，似为一处城门遗址，因当地农民于缺口处修建了一条进入高台沙石路，使遗址遭到破坏。从沙石路切割的城墙断面看，墙为当地黑土夹杂石块夯筑而成，层次较明显。由于雨水长期冲刷，沙石

---

① 刘景文：《叶赫古城调查记》，《文物》1985年第4期，第83页。
② 刘景文：《叶赫古城调查记》，《文物》1985年第4期，第81页。
③ 国家文物局主编：《中国文物地图集·吉林分册》，第89页。

路边形成深深的沟壑，沟底散乱着砖瓦碎片。

内城东南方有两座小土台，附近散落有大块青砖、灰色布纹瓦碎片。高士奇《扈从东巡日录》说："夜黑城在北山之隈，砖瓮城根，亦有子城，尚余台殿故址。"说明康熙帝东巡时，叶赫内外城遗址、砖砌瓮城城基、内城土台、台上建筑等仍一目了然。考古报告称，当地人曾从土台下挖出八角形石雕刻建筑构件。在小土台西北，有一高出地面台基，上面长着数棵榆树。台基地势城内最高，且散落着不少残砖碎瓦。因此判断，此处曾有内城的主要建筑，或即当年叶赫首领居处。考古队曾从遗址中采集到大量陶瓷碎片、建筑构件和砖头瓦片。① 其中，最令人关注的是两件八角形石雕构件，均呈向内弧曲等边八边形，俯视如大屋顶式，中心有孔。② 这似乎印证了明人瞿九思《万历武功录》卷一一："（城）中有八角楼，

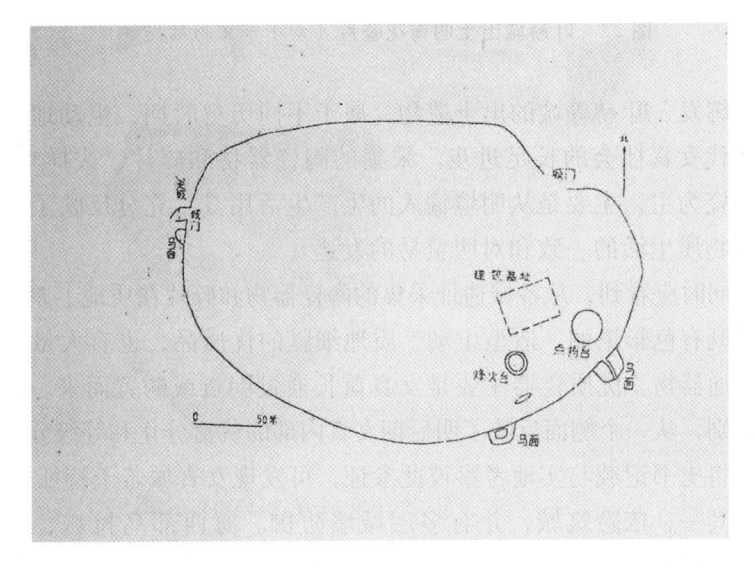

图22　叶赫东城平面示意图（刘景文：《叶赫古城调查记》）

---

① 2015年5月，在四平文物站站长隽成军向导下，考察东城外城东侧女真砖窑遗址，散落着不少残砖。结合时人记载，可知当时叶赫部建城技术相当发达，已能大规模烧制青砖。这应该是使用汉人技术，或直接雇用汉人工匠。

② 刘景文：《叶赫古城调查记》，《文物》1985年第4期，第82页。

◆ 清朝遗迹的调查 ◆

则其置妻子资财所也"的记载。城中还采集到白釉瓷、青花、白釉粉彩及一些做工略显粗糙的带釉坛或缸残片。

图 23　叶赫城出土明青花瓷片（四平市文物站提供）

辉发、叶赫等城的出土遗物，属于不同历史时期，生动地展示了明代女真社会的长足进步。采集的陶瓷器物和碎片，式样丰富，以明瓷为主，主要是从明境输入的生产生活用具，充分反映了女真诸部物质生活的一致和对明贸易的发达。

同时应看到，从各城遗址采集的陶瓷器物和碎片在质地上差异明显，既有色彩艳丽，造型生动、质地细腻的优质品，也有大量粗劣的普通器物。优质瓷器主要是女真酋长通过朝贡或购置而来。器物的差别，从一个侧面反映了明后期女真内部的贫富分化和等级分层。

将史书记载与实地考察彼此参证，可发现女真城若干特征：

其一，依险筑城，并有多层城墙防御。海西部乌拉城、辉发城、叶赫城为诸城之冠，均为多层设防城。① 与之同期，建州酋长努尔哈赤于万历十五年（1587），在苏子河畔硕里口河边佛阿拉筑

---

① 吉林省博物馆：《明代扈伦四部乌拉部故址——乌拉古城调查》，《文物》1966年第2期；吉林省文物管理委员会：《辉发城调查简报》，《文物》1965年第7期；刘景文：《叶赫古城调查记》，《文物》1985年第4期。叶赫城规模最大，见瞿九思《万历武功录》，第26页。

三层城池（辽宁省新宾县旧老城），"定国政：凡作乱窃盗欺诈，悉行严禁"。多层城池，具有各自功能。内城中，均有高台，或依原有地形或系人工夯筑，是部落首领、族人、近侍居住的堡寨，也是部落军事政治中心；军丁、工匠、农夫主要分布在中城和外城，因此具有明显的生产、生活职能。

其二，同为女真城，彼此亦有差异，大致分为山城与平地城两类。叶赫西城、辉发城、建州佛阿拉城，均属山城，即城的主体部分（内城）依山险而建。叶赫东城、乌拉城，及努尔哈赤称汗后所建赫图阿拉城（辽宁省新宾县老城），则属平地城，即在平地突起台地上建城。两类城，各具优劣。山城优势易守难攻，劣势是生活空间狭小，平时多数人居住山下。平地城的优势是生产生活条件比较便利，而一旦外敌入侵则难以长期固守。

为此，女真人建城，有针对性地采取了若干措施：强化平地城防御设施，如叶赫东城建有瓮城、马面、角楼，西城仅内城有瓮门；乌拉三道城垣均建角楼，台基坚固高大；同时，内、中城垣外有护城河。而山城在倚山构筑内城同时，则把中城、外城扩展到周边平原地带（叶赫西城、辉发城、佛阿拉城均如此构建）。这样一来，就在很大程度上完善了山城功能。

其三，女真城，除依托山险，多依水而建，充分利用江河防御作用。辉发城之于辉发河、叶赫城之于叶赫河、乌拉城之于乌拉河（松花江），无不如此。尤其乌拉城，据平原而建，松花江水穿过外城，即从中城西墙下流过，对内城形成一道天然屏障。平时，江河兼有网捕、灌溉、舟楫之利，战时构成山、河一体的防御工事。

其四，一部分女真城，并非始建于明代。辉发城，出土有高句丽、辽、金文物；乌拉城，出土有唐、宋、辽文物，说明在明代以前，已有各族先民据守。15世纪，建州女真李满住率部由凤州移驻婆猪江（浑江）时，平时居瓮村①，战时据守五女山城。五女山

---

① 瓮村位于今辽宁省桓仁县北五女山南麓。婆猪江经此山东部南流，江两岸水草丰茂，土地肥沃，宜于狩猎农牧。

顶部平阔，三面形势险峻，为高句丽第一代都城。女真据守各族先民古城，不仅大为俭省了建筑成本，对东北各族先民的建筑技术与军事传统，势必也有继承。

（三）布尔图库边门遗址

结束对叶赫遗址考察，沿四平往开原公路继续前行，至山门镇内公路拐弯处，就来到本次考察终点——"柳条边"布尔图库边门遗址（四平市铁东区山门镇）。柳条边，是清初统治者为保护祖宗发祥之地免于樵采、放牧、垦荒而修筑的一道封禁界限，即掘壕于外，筑堤于内，其上插柳，呼为"柳条边""柳边"。边外为禁地。如按道光年间萨英额记载："边栅高四尺五寸，边壕宽深各一丈。"① 柳条边形制前后应有变化。柳条边分东西段。东段自凤凰城西南海边起，至开原东北15公里威远堡，称"盛京边墙"，又称"老边"。而南起开原老城附近，北至船厂（今吉林市）北亮甲山柳条边，称"新边"。新边自南向北设四边门，即布尔图库（布儿德库苏把儿汉）、克尔素（黑儿苏）、伊通（易屯）、法特哈（发忒哈）边门。嘉庆年间起，柳条边弛禁，内地流民大量涌入，边外土地得到大面积开发。

萨英额《吉林外纪》卷二："布尔图库边门，旧名布尔图库苏巴尔汉，又名半拉山门。布尔图库未详，或称蒙古语完全之义。苏巴尔汉，国语塔也，以门之东南塔山为名。乾隆年间，奉部文裁苏巴尔汉四字，惟称布尔图库。"② 《吉林外纪》卷八又载：布尔图库边门，额兵二十名，俱系满洲。细谷良夫教授于20世纪80年代两次造访布尔图库边门，据他记载，1988年到访边门时，老屋内设有"柳边文物陈列馆"。史迹标识称："布尔图库边门始建于康熙九年（1670），康熙二十年（1681）设五品防御官，率兵驻守。光绪二十年（1894）废弃。满语全称布尔图库苏巴尔汉门，汉语为

---

① 萨英额：《吉林外纪》卷2，吉林文史出版社1988年版，第22页。
② 萨英额：《吉林外纪》卷2，第22页。

半拉山塔子门。原设有门楼、兵丁房、防御衙门、笔帖式官邸等建筑。这是新老柳边唯一保存下来的一座古建筑。1986年四平市政府拨款修复。"①

然而当我们造访边门遗址时，与二十年前细谷先教授目睹情景已迥然不同：小院院门紧锁，院内两间兵丁老屋尚存，为硬山顶砖瓦结构，年久失修，陈列馆踪影全无。院门外"布尔图库边门遗址"碑犹在，污迹斑斑，背面的说明难以卒读。小院东侧院墙几乎完整地放倒在地面上，坍塌处临时栏起一道铁丝网，隔网可见院内散落着几通石碑及碑额。结束对布尔图库边门遗址的踏查，本次学术考察也就圆满结束。

总结本次考察，感受有二。一是深感四平市周边明清史迹丰富。四平市居吉、辽两省之中，历来是东北地区交通要道，也是各民族你来我往、生生不息的大舞台。其中，有关明末辽东边墙、海西女真、清代柳条边遗迹最具特色。关于当地历史遗迹的考察，前人已有成果。希望以这些成果为基础，把这项学术活动继续开展下去。二是深感研究明清史，必须注重文献研究、田野调查，文物考古报告三者的结合。以四海女真研究为例，有关乌拉、叶赫、辉发三城的考古发掘自20世纪五六十年代已经起步，在其后半个世纪中，文物考古部门开展了一系列调查，发表有系列成果。然而在很长时间里，文献研究者与考古研究者即便关注的是同一对象，在研究成果方面却少有交集。这不能不在一定程度上限制了彼此的学术视野，并且影响了研究的水平。具体就明清史研究者来说，及时吸收考古新成果，无疑是将研究引向深入的当务之急。

---

① ［日］细谷良夫：《再訪の海城・鐵嶺・開原・四平・葉赫》，東北學院大學《アジア流域文化研究》，（2014年3月22日），第78页。

吉林、黑龙江、辽宁考察：肇源—前郭—舒兰—吉林—铁岭[①]

2014年9月4日至11日，笔者参加吉林师范大学满族文化研究所组织的考察组，对吉林、黑龙江、辽宁三省清代遗迹进行考察。此次考察，辗转于黑龙江省肇源县，吉林省松原市、前郭尔罗斯蒙古自治县、扶余市、舒兰市、吉林市，辽宁铁岭市；重点访问肇源县"站人"后代，并考察沿途满族、蒙古族、锡伯族等民族聚居地，著名历史遗迹主要有：塔虎城、查干湖、孝庄祖陵满蒙文碑、伯都讷古城、吉拉吐乡锡伯村、哈拉都镇王府、完颜希尹墓地、吉林船厂遗址、乌拉街满族镇、乌拉古城、打牲乌拉衙门、铁岭李成梁家族墓地等。共同考察者有满族文化研究所兼职教授细谷良夫（日本东北学院大学荣誉教授）、赵志强（北京市社会科学院满学研究所研究员）、张永江（中国人民大学清史研究所教授），研究所同事楠木贤道教授、许淑杰教授、吴忠良、孙守朋副教授，聂有财讲师，博士生锋晖。[②]

9月4日，多云，四平市—肇源县城

早7时45分，准时从吉林师范大学专家公寓出发。即将摆脱

[①] 本报告原题《吉、黑、辽三省清代遗迹的考察》，刊于赵志强主编《满学论丛》第5辑，辽宁民族出版社2015年版。

[②] 此次考察分为两个阶段，其中，细谷良夫教授、张永江教授、许淑杰教授、聂有财讲师、博士生锋晖，参加了吉林、黑龙江段（2014年9月4—10日）考察；赵志强研究员、楠木贤道教授，参加了辽宁段（2014年9月11日）考察。

❖ 吉林、黑龙江、辽宁考察：肇源—前郭—舒兰—吉林—铁岭 ❖

日常琐事的纷扰，前往秋阳普照的山野间探索历史的幽密，心境极佳。自四平市郊一路东北行，距长春95公里处，汽车驰上102国道。9时56分，由长春汽车厂收费站驰入G12珲（春）乌（兰浩特）段，转向西北方向行驶。11时许，车过农安镇。近午，行抵吉林省北端松原市。当地水草丰茂，路边平铺着大片金灿灿的稻田，因系江水灌溉，大米久负盛名。出G12沿203国道东北行，即松原南往肇源方向。

12时16分，车过第二松花江大桥。按，松花江源自长白山天池，西北行流经今吉林省段，称第二松花江；至松原市西北与嫩江汇合，折向东流，称松花江；继续前行，而注入黑龙江。自古以来，松花江流域就是游牧、渔猎系诸民族繁衍、生息的祖籍地。远者姑且不论，辽契丹、金女真、元蒙古、明女真、清满洲，无不从这里起步，发展壮大，先后入主中原；在中国历史舞台上，导演出一幕幕恢宏大剧，并在中华民族发展史上，留下不可磨灭的业绩。

江北前行即此次考察的第一站——黑龙江省肇源县。时突降暴雨，车窗为雨幕遮蔽，窗外模糊一片。不久，雨过天晴。路边高悬"黑龙江人民欢迎你"醒目横幅，说明已入黑龙江界。车自"风华"站出口，即有肇源站丁研究会秘书长杨勋先生等在路边盛情迎候，同时送上厚厚资料，人手一沓。看来当地政府为此次学术交流，已有认真准备。

13时，抵肇源县城。午饭后，在肇源宾馆，不顾旅途劳顿，与当地学者举行"站人历史文化研讨会"。在清代东北史中，"站人"是一个有待深入研究的专题。康熙年间，清廷为经营东北，抵御沙俄侵扰，在东北地区设置驿路，在驿站当差者为"站丁"。当时，在位于驿路枢纽的今肇兴县境，就设有六站（情况详后）。几百年来，"站人"后代不断繁衍，迄今已有十几万，约占全县人口的三分之一。① 由此形成独特的"站人文化"，近年来开始受到学

---

① 据陈树标主编《肇源驿站史略》，肇源县47万人口中，有"站人"人口15万人（2015年铅印本，第1页）。

◆ 清朝遗迹的调查 ◆

界重视。2010年，在吉林师范大学历史学院支持下，当地成立"肇源站人文化研究会"，积极搜集整理驿站、站丁史料，开展专题研究。年初出版了陈树标主编的《肇源站台史略》，就是这一研究的最新成果。

　　座谈会由县政协副主席、研究会会长陈树标先生主持。陈先生就是站人后裔。与会者就站丁来源、站丁隶属（旗籍还是民籍）、站丁家谱研究价值等问题展开探讨。出席会议的细谷良夫教授，长期致力于"三藩"尚氏研究。2009年，他在吉林师大满族文化研究所访问时，看到肇源"站人"尚氏支谱，引起浓厚兴趣，遂萌生到此地调查的愿望。出席座谈会的站人代表，除杨氏、陈氏，还有尚氏，是"尚藩"尚可喜第四子尚之杰之裔，即肇源尚氏宗亲会族长尚大安、族人尚宏杰。远在沈阳的尚氏宗亲会总族长尚世海，闻讯后也特地赶来参会。

　　座谈会后，参观县博物馆。虽是走马观花，仍不能不惊愕于肇兴历史的悠远。至迟自新石器时代起，肇源历史的大幕已经拉开，自辽金以迄明清，契丹、女真、蒙古、满、汉诸族，均在此留下自己的足迹。县境内有著名的白金宝文化、辽朝皇帝春捺钵（春猎）驻跸地，以及为女真完颜氏阿骨打称帝建国奠定胜利基石的出河店古战场。元代属开元路，明代为蒙古游牧地，同时为中原内地通往黑龙江驿路枢纽。清代，肇源及周边一带成为蒙古科尔沁部游牧地。

　　在清朝史中，科尔沁部据有特殊地位。其王公与满洲皇室关系密切，婚姻层次亦最高。顺治帝生母孝庄皇太后即出身科尔沁蒙古。福临（顺治帝）及其子玄烨（康熙帝），均幼年即位，孝庄皇太后在清廷发挥了重要影响。故康熙帝亲切地称科尔沁部是"朕的舅家"。[①] 康熙三十一年（1692），科尔沁王公一次向清廷献出所属达斡尔、索伦、锡伯、卦尔察壮丁万余名（康熙帝虽受之，改为"用银赎出"，作为对科尔沁王公的补偿），编为七十二个八旗佐领

[①] 杜家骥：《清朝满蒙联姻研究》，人民出版社2003年版，第21页。

※ 吉林、黑龙江、辽宁考察：肇源—前郭—舒兰—吉林—铁岭 ※

（达斡尔佐领十六、锡伯佐领四十六、卦尔察佐领十）①，分驻齐齐哈尔、伯都讷、吉林乌拉、阿勒楚喀、拉林、呼兰等北疆要地。这正是科尔沁部与清廷关系密切的佐证。

当今治清史、满族史者，无不知研究满蒙关系之重要；研究满蒙关系，首先要关注科尔沁部历史。而关注科尔沁部历史，就离不开对其长期游牧地——今黑、吉两省交界处，即今松原、肇源、肇州及周边一带地区——历史遗迹的考察。这也正是此次考察目的之一。

作为科尔沁部始祖的，是成吉思汗二弟哈布图哈萨尔。明嘉靖年间，哈萨尔十四世孙奎蒙克塔斯哈喇，率众东迁至嫩江流域，为与留居故地的阿鲁科尔沁相区别，遂自号嫩科尔沁。后分四部，即科尔沁部及其右翼扎赉特部、杜尔伯特部和左翼郭尔罗斯部。其中，郭尔罗斯部分给奎蒙克塔斯哈剌之孙乌巴什，是为郭尔罗斯部始祖。乌巴什卒，其子莽果，统领部落。莽果长子布木巴，后金天命九年（1624），携科尔沁台吉奥巴遣使与后金汗和好，并率部归附。清顺治五年（1648），布木巴封札萨克镇国公，诏世袭罔替。郭尔罗斯部分前后两旗。布木巴掌后旗，弟固穆掌前旗。随着郭尔罗斯部南迁，两旗以松花江为界，即江南为前郭尔罗斯（简称前郭），江北为后郭尔罗斯（后郭），分属吉林将军和黑龙江将军管辖。民国以后，前郭归吉林省（今松原市前郭尔罗斯蒙古自治县），后郭归黑龙江省。1956年撤旗，改设肇源县。

肇源县博物馆内，还展有辽、金以来诸族、清代驿路与"站人"、萨满文化与神器等内容。其中，与"站人"相关的史料有：《头台站杨氏族谱》《茂兴杨氏族谱》《徐氏族谱》《肇源尚氏宗谱》《尚氏宗谱画像》（三站尚广江藏），以及"站人"家传吴三桂政权任命守备的札付。

9月5日，多云，肇源县城—茂兴镇—衍福寺—松原市。

---

① 中国第一历史档案馆藏：《军机处满文月折档》卷30—40；又见王河修《盛京通志》卷10；允裪等：《大清会典则例》卷174，殿本。

◆ 清朝遗迹的调查 ◆

早 8 时 30 分，由肇源县城西南行往六台方向。车行 1 小时，至茂兴镇，重点采访"站人"后代。

一 采访茂兴站人

茂兴镇即清代东北驿路枢纽茂兴站。自古以来，茂兴所在地肇源，就是连接东北边疆地区交通要道。嫩江、第二松花江、松花江三江在此地交汇，而为三岔河（又称三江口）。明成祖永乐年间，设撒叉河卫，地址即在三岔河。明代"海西东水陆路"，由开原北上过吉林，沿松花江上溯，经此地肇州站（在肇源县北，即肇州县）拐向东北行，直抵黑龙江入海口奴儿干；另一条"海西西路站"则由肇州站西行，经洮儿河，最后至兀良河。康熙年间，清廷为抗击北方沙俄入侵，巩固东北边防，在旧驿路基础上修建吉林乌拉（今吉林市）至瑷珲（黑龙江北旧瑷珲城）驿道（南北驿道，俗称大站道）。雍正年间，续置茂兴至呼兰驿道（东南驿道，俗称

图 1　茂兴镇政府

呼兰道)。这两条驿道,均以茂兴为枢纽。其中,在今肇源境内,就设有六站。

光绪《吉林通志》卷五七载:"凡置邮曰驿(原注:各省腹地所设为驿)、曰站(军报所设为站,吉林所设亦曰站,每站设笔帖式管理,统于将军),各量其冲僻而置(吉林站三十八),备其夫(吉林领催壮丁,系于旗内人派充)马(从略)。"① 此外,由茂兴至呼兰一路,由省至呼伦贝尔一路,"均设台以代驿递"(按:前者设七台,后者设十七台)。② 说明:清中期以后,黑龙江驿路又有延伸,并且在原有站基础上,又增设台。之所以称台不称站,或以其设于边地,除"承办驿务"外,还承担"甲兵值班"即军事警戒任务。

清制,各站官均旗籍。每站设站官一员,六品。每站设笔帖式各一,俗称"相公";站官下设关防笔帖式二员,称"总老爷";每站设领催各一,时人戏谑称:"头上金顶乱碰,提到官事发愣,问君多大前程,二十四两准秤。"按,马甲、屯站领催,均岁支饷二十四两。上引谑语讽刺站领催实为马甲。③ 在各站之上,每路设总站官领之。④ 大站设壮丁五十名至二十五名,小站设壮丁十五名至十名。⑤

关于站丁来源,萨英额《吉林外纪》说:东北汉军犹如满洲,亦有新旧之分。其中,汉军之编入满洲镶黄正白两旗者,皆为陈汉军。其后安置之新汉军,包括三项:官庄当种地、打桦皮差使,称"壮丁";驿站当驰送文报差使,称"站丁";边台当查边、设立栅濠差使,称"台丁"。⑥ 所谓"新"者,推究其意,盖有三层含义:

---

① 长顺:《吉林通志》卷57,光绪二十六年刻本,第21页上。
② 徐世昌等纂:《东三省志略》卷7《财政·附黑龙江垦务·纪清丈屯站升科地》,吉林文史出版社1989年版,第14页上。
③ 西清:《黑龙江外记》卷3,渐西村舍本,第7页上。
④ 徐世昌等纂:《东三省志略》卷7《财政·附黑龙江垦务·纪清丈屯站升科地》,第14页上。
⑤ 萨英额:《吉林外纪》卷3,吉林文史出版社1988年版,第37、42—43页。
⑥ 萨英额:《吉林外纪》卷3,第37、42—43页。

一是入旗较迟；二是工作性质与八旗官兵有别，无论种地、驰送文报、还是查边，均带有军事职能以外辅助性差使或体力劳动性质；三是身份比较低下。即西清《黑龙江外记》卷三所指："吴尚耿三藩旧户，站上居多，皆无仕进之例，不应役则自食其力。"① 康熙年间，平定"三藩"，将其余部调入东北，充当驿站站丁。因此种调动带有一定惩罚性质，故有不准仕进之规定。"站丁"待遇低于旗兵的另一依据，是旗兵有饷"站丁"则无。"站丁"的经济来源：当差之余，用官牛垦荒种地，不需纳税。如遇特定情况如娶妻、灾荒，也可能受到官府赏赐或抚恤。②

"站丁"因工作性质、身份而受到限制，这应是其世居一地，并逐渐成为当地特殊群体的主要原因。近代以来，以各驿站为中心，逐渐形成居民点。发展到现在，已成为聚集数万人口的乡镇中心。这说明，清代驿路与"站丁"，在东北边疆开发，尤其城镇兴起史上，起过重要作用。及至清末，黑龙江站制毁坏，屯丁私卖地亩，"站丁"驿递稽迟。清廷决定将各城屯站一律裁撤，各丁改归民籍，所占之地清丈升科，设立文报以代驿递。驿站制度始告终结。③ 以上，就是清代东北"站丁"的一般情况。

有人将"站丁"与"台尼堪"混为一谈，其实两者有明显区别。"台尼堪"（满语"tai nikan"，意为"坐台汉人"）。在清官修《八旗满洲氏族通谱》中，为满洲旗下尼堪（汉人）之一种，笔者与定宜庄曾撰《台尼堪考》一文，就其身份详加考察，在此不赘。简言之，"台尼堪"原指满洲旗下坐台汉人，入关后，隶属满洲旗籍，待遇同于满洲，并逐渐"满洲化"。除满洲旗下"台尼堪"，还有汉军旗下"台丁"。如《钦定八旗通志·旗分志》卷二七载镶

---

① 西清：《黑龙江外记》卷3，第3页上。
② 康熙三十二年题准，将给驿站人丁娶妇及存库银共一万三千八百七十两零，再增银二万六千一百二十九两。借放生息，所得利银给驿站人等娶妻，其余量给兵丁射靶。伊泰等纂：《大清会典》卷215《盛京户部三十一》，雍正年间内府本。
③ 徐世昌等纂：《东三省志略》卷7《财政·附黑龙江垦务·纪清丈屯站升科地》，第14页上。

✦ 吉林、黑龙江、辽宁考察：肇源—前郭—舒兰—吉林—铁岭 ✦

红旗汉军杨国泰第四参领第六佐领，"系顺治五年，将台上壮丁编为牛录"①。又，周国政、高岱两佐领，亦以台丁为主。此三佐领，均编设于入关初顺治五年（1648），来源亦为关外坐台汉人，调入京师后，隶属镶红旗汉军。简言之，上述两类坐台汉人，分隶满汉旗籍，均"从龙入关"，并成为旗下"正身"。与本报告所述"站人"，主要来自"三藩"余部；世代留居东北边地，不得仕进，亦不得变换职业；虽隶汉军旗籍，但身份、地位、工作性质，均与通常意义的八旗兵丁有别等情况，显然有别。据此看来，或可将"站丁"视为清代汉军旗人的一个异类，八旗体制下的一个边缘人群。

具体到我们所采访的肇源"站人"，其先世系于康熙年间辗转迁入。康熙二十三年（1682），清廷在郭尔罗斯后旗建茂兴、古鲁两站。充当站丁的"三藩"部卒，连同眷属200多人迁入。雍正五年（1727），增设乌兰诺尔站（肇兴新站）；雍正十三年（1735），又增设头台、二站、三站、四站、五站等边台，形成"站上人"群体。②

在杨柏森先生引导下，首先采访杨氏老人，已是"站丁"第十代。辈分最长，有十四、十五代的。茂兴站人，素有"八大姓"：张、王、李、赵、邱、葛、姜、杨。肇兴县博物馆所展"大周"三年五月，"天下都招讨兵马大元帅周王（按，即吴三桂）"授杨有名"守备"札付，即为杨氏先祖；又，古龙等站尚、陈、张、刘四姓之一尚氏，为尚可喜之后。均系当地站人来自"三藩"部卒的佐证。

站人有独特饮食文化。赵胖子（敬全），五十三岁，在家中为我们现场演示了制作站丁传统食品"蒸猪血（猪血豆腐）"的全过程。佐料有：猪血、猪板油、（内蒙古出产）纯荞麦粉、葱花、豆油、味精、盐、面起子、芥菜缨子，调料（俗称"十三香"），共十二种，加上水。"都有一定比例"，全部合成后，一锅七八十斤。所用猪血，必须纯正，"直接跟杀猪的买，每盆30元"。制成血肠后，一斤批发价7元，街里卖8元。因味道鲜美，远近的人都来

---

① 福隆安等纂：《钦定八旗通志》卷27，《旗分志二十七》，吉林文史出版社2002年版，第471页。

② 郭风主编：《肇源县志》，黑龙江人民出版社2009年版，第589页。

买。"远处有大庆的，还有在俄罗斯的老板（包工头），开着一百多万元的车。当然，都是本地出去的。"赵自述："原来杀猪，摸索了二十年"，才成此名品，故"不能外传"。

杨柏森在现场介绍说：站人有四种传统食品：猪血豆腐、马肉干、羊杂碎汤、生鱼。"过去有十几种，现在留下的也就四五样。过去百分之七八十（的人）都会做。现在生活改善，做的少了。现在村里只他一家还做这个（血豆腐），成他家专利了。"

杨勘，五十三岁，与柏森、赵胖子是同学（校友）。原在县电视台工作。据他介绍：茂兴镇：1955年、1956年分镇以前有5万多人（站人2万多）。原来是4个村子。站丁后代超万人，占总人口一半左右。其中，茂兴最多。

在采访对象中，李士宾，站人第10代；张笑春（女），辈分最高，七十七岁；姜守贤，站人第11代，七十五岁；李士银，第10代，七十八岁；李守达，茂兴中心校书记，第10代，五十三岁。

杨柏森原在镇政府工作，现返聘，对站人情况了若指掌。以下是他介绍的一些情况：

站人婚姻。流行亲上结亲，姑舅表亲，妻表姐，夫表哥。站人到当地最早，后来才有民人流入。所以，站人长期流行内部通婚，"八辈子姑表亲"，拐弯抹角，都是亲戚。因当地民人少，通婚主要在站人之间，一直到20世纪50年代。①

杨先生向我们展示保存下来的站人服饰：布袍双层，内层花格布，外层深蓝布。与旗袍不同，不开襟儿（旗人骑马，故袍开襟儿），既受旗人影响，又带汉人特色。内外短上衣，均有大襟，右边缝襻（或缝扣）。显然是为了北地御寒需要。

站人语言，汉语，辽东话带过来。其方言，不少为"满汉兼"，如上哪儿去称"上哪呵"；仓房称"哈什屋"；木船称"威呼"；肉变质称"哈拉"；衣服不整叫"邋遢"；猪后腿关节骨称"嘎拉

---

① 西清：《黑龙江外记》卷6："营站官屯，则满洲汉军娶其女者有之。"（第12页上）说明晚清年间，还存在满洲汉军娶站人之女的现象，但并不普遍。

哈";人膝盖骨称"波罗儿盖",不一而足。① 李守达说,站人于1689年过来,与民人风俗、语言、语音都有差异。虽说都住茂兴,但站人与民人居住区早先都不一样。

站人意识,一是比较封闭,对站丁,"清朝有三不准"②,"站人把自己故步自封了","传统思想比较浓,比较封闭"(杨柏森语)。二是民人、站人意识狭隘,互相看不起,"民狗子""站棒子"——互相贬称。[站人]都知道[自己]是汉人,也"知道祖上什么旗"(李守达语)。

11时27分,结束对站人代表的采访。

此次实地采访,有三点颇有启迪。一是"站人"贡献。杨柏森讲:"站人"是当地最早开发者。周围120多个村屯,都是茂兴站人开发的。包括民国初年对鲶鱼沟的开发。茂兴是大驿站,交通要道,不是一般的镇,伪满时有驻军,警察署,开戏园子、妓院。镇上有二大庙、关帝庙、佛寺。嫩江、第二松花江、松花江三江交汇。全县过去是蒙古人天下,现在基本迁走了。民国以来,"站人"、民人差异渐少。印证西清《黑龙江外记》卷二所记:站丁"自为聚落,每站不下百十家,皆有官房"③。这些沿驿路缀联而成的居民点,为近代城镇兴起奠定了基础。说明站人对东北边疆开发,做出了重要贡献。二是站人文化特色。宋小濂在《北徼纪游》中指出,站人具有"非满非汉"的文化特点。④ 我们对站人后代采访,印证了上述记载。所谓"非满非汉",换个说法,就是"满汉兼融"。⑤ 这反映了有清一代满洲文化对东北各族(包括汉人)的影响。足证满汉文化关系,绝非简单施予与被动接受的关系,而是

---

① "站人"日常用语中,除满语,还夹杂蒙古语、俄语,陈树标主编:《肇源驿站史略》,第118页。
② 据郭风主编《肇源县志》第642页,清朝对站丁及其后代规定"三不准":一不准做官;二不准应试;三不准离开驿站百里。
③ 西清:《黑龙江外记》卷2,第8页下。
④ 宋小濂:《北徼纪游》,黑龙江人民出版社1984年版,第13页。
⑤ "站人"在衣食方面吸收了不少满族习俗,如穿马褂、马甲,系腰带,冬穿靰鞡鞋;吃黏饽饽、白肉血肠等,陈树标主编:《肇源驿站史略》,第142—143页。

彼此互动与涵濡。三是站人身份认同。对"站人""旗人""民人"几个概念，站人有清晰理解。他们自认是"汉人"（汉族），也承认先世是"旗人"，但并不认同"民人"，也不认同满族。及至今日，站人后代基本报的汉族，说明他们的民族认同并未因祖上是"旗人"而有所混淆。这与其他地区许多旗人后代（包括一部分汉军后代）选择报"满族"情况，显然有所不同。还说明，学术界颇为流行的"旗人即满族"观点，值得商榷。

我们访问了站人后代张笑春。张笑春有房两大间，外观屋顶红瓦，墙四面刷白灰；院落宽敞，屋门与大门甬道间红砖铺地；大门内左侧为小菜园，沿甬道种着几丛鲜花。在秋阳的抚摩下争奇斗妍。屋内高敞明亮，两间主室北面，实际是一联排卧室。主室西式装修，瓷砖铺地，地脚线、门框、大镜框，均黄色油漆；屋顶四边吊角线石膏装饰，四壁雪白，纤尘不染；南墙双层塑钢窗，花色窗帘垂地；屋顶玻璃吊灯，靠北墙摆放两开门银灰冰箱，倚西墙依次立着大衣柜、写字台，台上囍字花瓶，插一束五彩绒花，佛像前设香炉，反映了家主人的宗教信仰；南墙靠窗摆放一排沙发。房间整个格局和谐明快，烘托出主人生活的富足安详。同时，也是城市文明风靡乡村小镇的一个缩影。

主妇张笑春，自述一辈子没出过茂兴镇。儿媳姓陈，五十岁。张笑春很自豪后代都上了"大学"，据说孙子上的海南大学，孙女上的哈医大幼师班。现在都在北京创业，孙子从事室内装修。墙上贴着一幅孙辈在天安门前的留影——纯粹时髦"小鲜肉"。

在张笑春家，还采访了杨喜宗（女），七十七岁。讲站人话，面对我们比较紧张。夫张笑汉，已亡。张、杨两家是亲家，如"姑作婆"，是站人通婚的典型事例。

在张笑春新房东侧，尚存有站人家旧房。据说时间最早有一百多年前的，而我们只看到六七十年前的。外观如干打垒泥土房，房东，男姓王，已殁。女姓孟，自述"过来二十多年了，三个孩子，都在外面打工，在家就一个人，［因为］没条件，老房子还住着"（没像多数人家盖了新房）。又说："还要感谢共产党。"我问道：

"为什么感谢?"答:"[身体]都有病,现在政府发低保。"

传统站人房,东西屋两间,分老少辈,一屋两代。房有北炕,房东向开门。西房山墙外,下盖猪圈,上搭鸡窝。狗窝盖在东墙外。还有哈什房、仓房。狗看两门。与民人房不一样,"站人(房)西为大,民人东为大"。房内檩柁均用辣椒油擦拭,既美观又防腐,白土粉刷墙面。老房外观,以"四不露"① 为特色。浑然泥土小屋。屋前挂着串串辣椒,在日照下如火焰般燃烧,象征着生活的红火。

11时51分,茂兴镇政府设午餐招待,杨柏森、茂兴镇政府邢主任等在场。其间继续交流。同桌站人后代王自荣,自称是清皇室八阿哥(胤禩)之后。雍正帝即位,整肃政敌,其先人被发配至此。乾隆时"落实政策",叫回京城。但先辈已与站人融为一体,不想回京,也就成了站人一部分。朝廷留下一条黄带子,"平反"诏书,祭祀时拜老祖留下的遗物。在"文化大革命"时期下落不明。关于王氏出自皇室八阿哥一说,陈树标主编《肇源驿站史略》中亦有记载。但无任何文献或实物为佐证,聊备一说罢了。席桌上,特意摆着一大盘精心制作的猪血肠。孰知诸位在现场参观时目睹灌肠时掺了许多大油,于是食趣索然。看来,对素重"养生""减肥"的"城里人"来讲,这类传统食品已没有多大吸引力。但不管怎么说,对茂兴乡亲的盛情接待,不能不由衷地表示感谢!

二 参观衍福寺

下午1时许,结束饭局。告别茂兴乡亲们,启程前往下一个目的地——茂兴镇西南衍福寺。寺位于肇源县民意乡大庙屯西。其南、西两侧即奔流不息的嫩江。衍福寺为喇嘛教寺庙,传说顺治年间郭尔罗斯后旗第一任镇国公布木巴所建。据说康熙帝东巡,曾在

---

① 所谓"四不露",指房两边不露檩子头,前后不露椽子头。主要是为了节省木料。

此下榻。遂扩建，汉语称"广福寺"（"衍福寺"），俗称"金寺"。庙区西北原有康熙帝下榻行宫。1949年春一场大火，寺院被焚毁。今唯存两白塔、一影壁，为康熙年间旧物。白塔覆钵式，青砖结构，坐北朝南，东西并峙，建于山门殿前两侧。塔高约15米，由宝盖、塔身、塔台、塔基四部分组成。宝盖顶端是由宝珠、日、仰月和莲瓣伞（亦称宝盖）构成的金顶；塔身浮雕六字真言；塔基浮雕狮子戏绣球。双塔将蒙、藏、汉各族艺术风格浑然融为一体。背衬蓝天白云，显得古朴端庄。在双塔前中轴线南有彩色影壁，原山门照壁，由青砖磨制对缝砌成。顶为硬山式，下为须弥座。影壁正面彩雕图案，二龙戏珠；反面彩雕图案，海马朝云。亦融汉、蒙、藏民族风格于一体。（图2）

图2 衍福寺白塔

现场寺内正大兴土木，据展板介绍：全寺恢复规划占地约4万平方米，将采取明清殿宇式建筑风格，规划有五殿三院。最令我们感到惊愕的是，修大雄宝殿的巨大原木，居然运自美国。施工现场

◆ 吉林、黑龙江、辽宁考察：肇源—前郭—舒兰—吉林—铁岭 ◆

堆积的红松，则运自俄罗斯。

庙区紧邻着风景区，为大片古榆林，枝叶繁茂，遮断视野，亦不知其边缘。据说是东北地区现存最大的榆树林，共有6000余株。建寺之初，由喇嘛从外地移植而来，逐渐繁衍成林。古榆造型千奇百怪、姿态万千。最有名的，是位于东南方的客榆，倚山傍路，高约7米，胸径宽大，树龄至少已300余年。夏日鸟盖顶冠，满身葱绿，树荫匝地。树干距地面1米余处主干倾斜横生，似向来人问候。林南近傍嫩江。我们在水面边往来徜徉，远眺三江口（第二松花江、松花江、嫩江三江汇流处称三岔河）① 方向，水天一线，波光潋滟。可惜时间紧迫，未能乘船前往。

下午2时38分，返程途中，过民意乡公营子村。向导介绍：在公营子村民意中学后身，有郭尔罗斯后旗札萨克镇国公府遗址。第一任镇国公，即前文提及的布木巴。王府早已毁坏，只剩一些古榆树。从道路停车处往王府遗址，要穿过成片的苞米地。向导不愿前往，只好作罢。

三 站人尚氏宗谱

是日上午，与我们前往衍福寺同时，还有若干人员陪同细谷良夫教授，自县城东北行，前往三站镇站人后裔尚宏江家，阅看尚氏宗谱。以下，是笔者事后综合细谷良夫报告和聂有财现场拍摄资料，补记的一些情况。② 尚氏宗谱，共存四份。

1. 尚宏江家，存新谱一份。因旧谱过于残破，于若干年前重绘新谱。其制，系将旧谱上部的"祖先发祥"部分，裁取后粘贴于新

---

① 西清《黑龙江外记》卷2载称：松花江下行与嫩江合流处，会典图即谓之混同江，历拉林、阿勒楚喀、三姓与黑龙江汇流处，谓之黑河口，又东到乌苏里河口，又东至于海（第8页上下）。

② 本报告有关尚氏家谱调查部分，参考了细谷良夫《嫩江・松花江流域の清朝史跡——再訪の烏拉街1987～88～94～2014年など》（日本東北学院大学：《アジア流域文化論研究》2014年第4期），以及聂有财随行拍摄照片。

谱背面。新谱的正面，上端从右往左，横写"祖业千秋"四字。下书"忠孝堂"。其下男右女左，绘高祖公、高祖母画像。画像两侧，按男右女左，分书尚之杰五代孙尚滨以迄第十一代孙尚广林系谱。

2. 三站镇北福兴乡尚大学家，存宗谱三份。

第一份旧谱。书十四世，下续二世（似不全）。为五世尚之节［杰］一系分谱。

谱书中央上部，右上端书："原籍前明云南大理太和县，北距城二十五里尚家集分支，由发、福、生、财四大枝［支］，本枝［支］生字后裔"；中央上端，绘正面坐高祖公、高祖母影像。背后，绘桌案上祖先牌位三：中间"尚氏门宗三代宗亲之位"；右略小牌位上书"高祖公"；左略小牌位上书"高祖母"。左端上书："嗣后迁移山西省太原府洪同［洞］县，经曾祖公生迁移真定府衡水县，生二子，长继芳、继官，生二子，长学书、次即先公学礼。三世皆以王贵赐平南王"。始祖影像前绘供桌，桌上供奉猪头、鱼、鸭等祭品。桌前设五供。沿高祖母两端往下绘世系十五代。包括妻子姓氏："一世生，王氏"；"二世继官，焦氏、田氏"；"三世学礼，王氏、刘氏、马氏"；"四世可喜，刘氏、胡氏、杨氏、李氏、舒氏、乐氏"。前三代，男女名字下面，均注封号；"五世之节［杰］"以下，无封号。十五代以下粘贴红纸，上有"尚德书""明书、王友芹"，应为第十六代。影像下端，为若干彩绘官服人物。值得注意的一点，所绘非清代官服，为明代官服。

第二份旧谱，已残破。与前谱同，自"五世尚之节［杰］"起。

第三份，以第十世尚守策为祖的分谱（夫妻分两侧平行续写）。中间牌位略大，书"供奉尚门三代宗亲之位"。右侧牌位书"考尚守策"；左侧牌位书"仳［妣］罗氏"，并绘两祖画像。

据尚氏宗谱，康熙年间调入肇源的主要为"三藩"中"吴藩"部卒和"尚藩"族人（尚之信四弟尚之杰族人）。站人后代藏尚氏宗谱与吴三桂"大周"札付，均为佐证。笔者前在辽东海城调查，曾询问尚氏族人，先世在清代既隶属汉军旗籍，缘何后来申报汉族而非满族？回答很干脆：尚氏宗谱，自述是西周姜太公（姜尚）之裔。姜太公名气大，我们当然是汉人。同样，肇源尚氏亦认同汉族。

图3 尚宏江家新谱

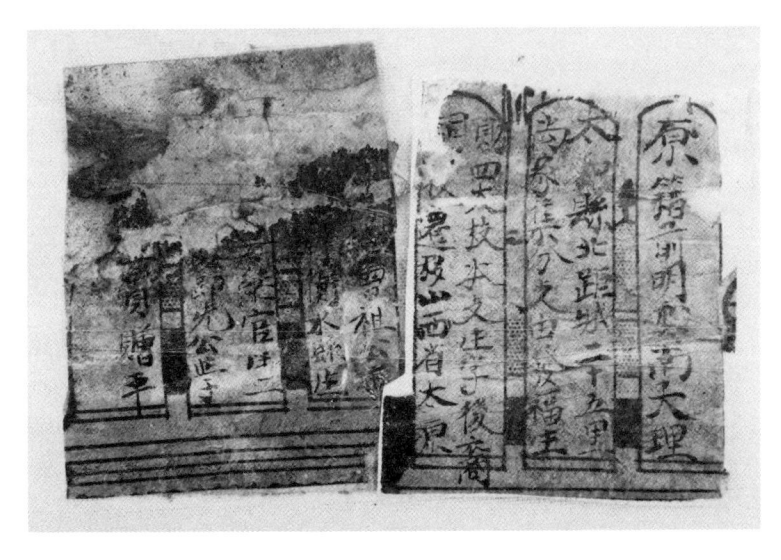

图4 尚大学家旧谱之一（局部）

图 5　尚大学家旧谱一份

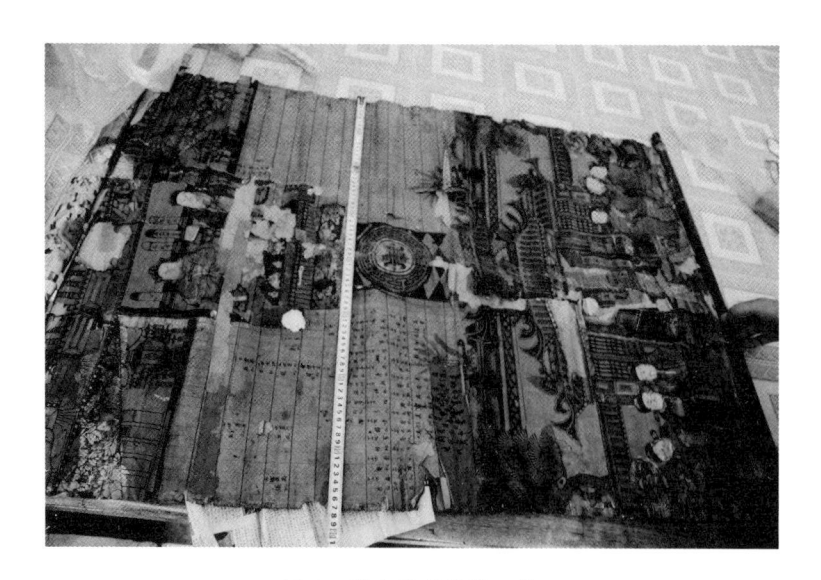

图 6　尚大学家分谱一份

下午5时，车入松原市。这是一座新兴的石化城市。行前翻检若干年前的旧地图，居然找不到这个城市。如今，城市建设壮观华丽，马路宽敞，高楼大厦竞起争奇。市容市貌洋溢着蓬勃朝气。令人印象深刻的，一是新，马路两旁几乎看不到旧建筑。说明近年发展极快。二是富，市中心大百货商场很有气魄，一点不输于京沪一类超大城市。但大煞风景的是，从车上往市郊望去，只见石化区高耸的烟囱亢奋地向灰色天空喷吐着火焰和浓烟，正是环境严重污染的象征。据说松原市是吉林经济发展最快的地级市。GDP已超过省内长期位居老三的四平（第一长春、第二吉林）。

入宿乾源商务酒店，应为4星级，每日标准间仅收160元（六折左右）。多亏忠良在当地同学宝祥夫妇关照，两人都是蒙古族，一在中学、一在党校工作。正逢中秋假期，连着陪了我们三天。

9月6日，晴，松原市—塔虎城—查干湖—追封忠亲王碑—松原市

早晨起，正值中秋连假，乾源商务酒店大堂正在筹办一场婚礼。六吊红色大"钢鞭"炮仗，系于一高高竖起的吊车长臂顶端。8时，新娘车到，鞭炮齐鸣，犹如天女散花；硝烟弥漫，碎纸满地，俨然成一松软的红地毯。婚庆嘉宾摩肩接踵，盛况可谓空前。连我们这些远道而来的围观者，也不禁"其乐也融融"了。8时30分，准时从酒店出发，沿G12西北行，过八郎镇，出塔虎城站口，往查干湖方向。

四　塔虎城——查干湖

途经塔虎城，是著名的辽金遗址，位于松原市前郭县八郎乡北上台子屯北，嫩江西南岸。据《中国文物地图集·吉林分册》记载：塔虎城西南为查干湖，西北为月亮泡，东南为库里泡。"塔虎"为蒙古语，意为胖头鱼（鳙鱼），因城外泡沼盛产此鱼得名。平面呈正方形，周长5213米，城墙夯筑，高5—6.5米，基宽20—25米，顶宽

◈ 清朝遗迹的调查 ◈

1.5—2米。经调查,有门址四处,均有瓮城,有角楼4处,马面64处。城外有两道护城河。据考证,为辽代长春州、金代新泰州遗址。13世纪初,城被蒙古军攻破,从此荒芜。① 我们站在南边城垣极目远眺,城内已变为耕地,成片的秋玉米尚未收割,影响了对城内遗迹的观察。庄稼地后面,是连成一线的北城垣残影。往近处看去,城墙和瓮城(马面)遗址尚存,夯筑层痕迹明显。(图7)

图7 塔虎城遗址

离塔虎城继续南行至查干湖。查干湖位于前郭县西北,由松花江、嫩江汇流积水形成,是北方第一大草原湖泊,天鹅、鸭雁的栖息地。辽代自圣宗起,每年春天都到此春猎,称春"捺钵"(契丹语,"巡幸"之意)。蒙古语"查干诺尔",意为白色圣湖,一向以"塞外明珠"著称,是著名的渔业基地。湖面南北长,南北短。湖

---

① 国家文物局主编:《中国文物地图集·吉林分册》,中国地图出版社1993年版,第185—186页。

岸有著名作家玛拉沁夫蒙汉文"查干湖"题名碑。我们在湖边品尝了鲜鱼宴,随即乘天鹅一号船游览湖面。园内有多处展览,包括成吉思汗召、王府陈列馆、渔猎博物馆。时间渐晚,且多为人造景观,未入,转向妙因寺。

妙因寺位于湖畔东南方敖包山南麓,俯瞰着浩渺的湖面。妙因寺亦称"大通寺",藏语称"大通多吉强",清光绪年间改称今名。寺始建于乾隆六年(1741),十数年后建成。是当年科尔沁草原上著名的藏传佛寺。原为本寺"沙卜隆"(活佛的一种称呼)一世活佛云丹扎木苏,为祝贺乾隆帝寿辰而化缘筹资兴建。寺庙建成后,清廷赏赐满、蒙、藏、汉四种文字匾额,并确认云丹扎木苏为转世活佛,纳入内蒙古"六十呼图克图"(活佛)之一,参加《通力经》值班。以后,每世活佛必朝拜清帝并受赏赐。及20世纪40年代末,活佛已转六世。寺内喇嘛最多时达八十几人。但真正的妙音寺已于1954年和1966年被彻底破坏。2000年,经吉林省政府批准,恢复重建。整个庙宇依山傍水,气势恢宏,但毕竟是人造景观,与历史真迹无法相提并论。

五 追封忠亲王满蒙文碑

离开查干湖,北行往长山镇,考察"追封忠亲王满蒙文碑"(全称"追封忠亲王暨忠亲王贤妃碑")。碑原位于长山镇库里屯,故俗称"库里碑"。[①](图8、图9)前些年被移至长山镇孝庄祖陵风景区(原名长山明珠园)。忠亲王指科尔沁部贝勒寨桑,即孝庄后布木布泰之父、顺治帝外祖父。顺治十一年(1654),追封和硕忠亲王,其妻追封贤妃。次年,顺治帝下旨立碑。

下午近5时,车到长山镇,在查干湖东北,G12长山屯站口北。因有忠良的同学宝祥作向导,一路顺风,但进镇之后,汽车转了好久就是找不到孝庄祖陵。最后花10元钱叫了一辆拉活的"摩

---

① 国家文物局主编:《中国文物地图集·吉林分册》,第187页。

◆ 清朝遗迹的调查 ◆

图 8　追封忠亲王满蒙文碑

(长山镇库里屯，细谷良夫摄于 2001 年)

图 9　追封忠亲王满蒙文碑

(长山镇库里屯，细谷良夫摄于 2001 年)

的",由宝祥陪着在前面引路,三拐两拐,总算到达目的地——孝庄祖陵风景区。

孝庄祖陵内的追封忠亲王满蒙文碑,是由附近库里屯(远望红亭处)移来,后成为国企大唐长山热电厂园林内一处景点(1992年)。景区简介写道:"孝庄祖陵旅游景区于一九八七年,由大唐长山热电厂投资兴建,面积5.18平方公里,内有苏州园林式亭、台、阁、榭,是根据当年孝庄文皇后母亲愿望修建。园内有孝庄祖陵陈列馆,馆内陈放着距今三百五十多年的吉林省重点文物保护单位'清满蒙文碑'暨'忠亲王暨忠亲王贤妃碑'。三百多年来,'清满蒙文碑'以其独特的满蒙两种文化和孝庄家族的传奇史诗,向世人展示着明末清初一代国母辉煌的历史风采。"

话说回来,我们好不容易找到景区,没想到却大门紧闭。询问路人,才知景区已由私人承包,闭园时间为下午4时。忠良隔着大门叫来看门人,问:"跟李老板打招呼了吗?"忠良答:"先进去,一会儿给老板打招呼。"看门人误以为我们是老板熟人,赶紧放行。我们一行怀着"峰回路转"的欣喜,从小门鱼贯而入。绕过岸边丛

图10 孝庄祖陵博物馆

生着开花芦苇的人工湖，穿过厅、廊、吊桥，路尽头即孝庄祖陵博物馆。传统四合院建筑，有展厅和门房以单面回廊相连。大门紧闭。所幸上面窗棂镶嵌的玻璃已破碎，将相机镜头伸进缺口，勉强拍到库里碑。

据文物图集介绍：碑由碑额、碑身、碑趺三部分组成，火成岩精凿而成，有龙云纹装饰，正面阴刻碑文共15行383个字，其中满文7行182字，蒙文8行201字。碑立于顺治十二年（1655）五月初七日。忠亲王名寨桑，清孝庄文皇后之父，世祖顺治帝之外祖父。碑文记载了顺治十一年（1654）追封寨桑及其妻为和硕忠亲王、贤妃的史实。①

在存世清代满蒙亲贵碑中，满汉合璧碑最为常见，满蒙合璧碑堪称凤毛麟角。更为重要的，是该碑在清朝统治集团满蒙联姻史中的典型意义。清初，"南面封王（封汉人'三藩'），北不断亲"，满蒙联姻是清廷的既定国策。满洲统治者借助这种关系，强化与蒙古诸部的同盟，不仅巩固了北方，进而征服全国。在清初史中，忠亲王寨桑一家，与满洲皇室关系尤为密切：寨桑父、贝勒莽古思女，嫁太宗为孝端文皇后；寨桑女布木布泰为太宗妃（庄妃），其子福临（顺治帝）即位，尊为孝庄皇太后；待玄烨（康熙帝）即位，尊称太皇太后。其姊（或妹）亦嫁太宗，即敏惠恭和元妃。一家姑侄三人，同侍太宗。又，寨桑子卓礼克图亲王乌克善女，嫁福临（顺治帝废后）；子满珠习礼，尚郡主，授和硕额驸，晋亲王；孙贝勒绰尔济，有女嫁顺治帝（孝惠章皇后），另一女为顺治妃（淑惠妃）。通过世代婚姻，两个显贵家族结为互为姑舅的至亲关系。此一典型事例，不啻清朝满蒙联姻关系的缩影，这就是古碑价值之所在。

我们原路返回。过一小桥，经当地人指引，我们站在桥上向库里村方向远眺，人工湖对面，满蒙碑原址的红亭仍依稀可见。当地人说：此人工湖为大唐公司的循环水，入水口就在对面，另有出水

---

① 国家文物局主编：《中国文物地图集·吉林分册》，第187—188页。

口，引入嫩江水。由于常年污染，如今的景区已一片衰败，湖面污染极重，浮着一层绿色水藻。孝庄祖陵博物馆位于湖面西侧，对面即大唐长山热电厂和中化吉林长山化工公司高耸的烟囱。从巨大烟囱中喷涌出的是大团白烟，从一侧细长烟囱中冒出的则是滚滚黑烟。当地空气、水面均受到严重污染。园内遇到的当地人讲：前些天湖里的鱼死了很多。说罢，比画了一下手势，似乎死鱼的厚度足有半尺。

6时许，回至园门。铁门已锁，请门卫开门。他满脸的怒气，斥责我们没给老板打招呼。说，如果打招呼，老板会派人把钥匙送过来。这事儿（指我们溜进景区事），若是让老板知道，会扣他工资。气话说罢，还是网开一面，放我们出门。放行的理由很有人情味：在一行人中，有比他大的长者（指年逾八旬的细谷良夫先生）。我们从心底感到对不住他。但当初如果说实话，他肯定不允许我们入园，那不就白跑一趟冤枉路了吗？

9月7日，晴好，松原市—乾安—扶余—伯都讷—松原市

8时30分出发，由酒店西行，沿省道往乾安泥林国家地质公园和大布苏湖国家级自然保护区。保护区位于松辽平原西部沉降带中心，嫩江与辽河之间广大闭流区中。近大布苏镇，路边闪过"中国乾安泥林碑""达布苏自然环境保护区"碑。泥林在大布苏泡，有博物馆，闭馆。下午1时，离乾安县城原路返回。晴转多云，刮起风沙。

六　伯都讷古城

过松原市往东。下午4时30分，至扶余市。扶余市位于松花江南，北以松花江与肇源县分界。扶余历史悠久，西汉初期，建立夫余国，开创了北疆历史的先河。清代，属吉林将军伯都讷副都统辖地，副都统驻伯都讷城。

伯都讷，满语意为猛虎，蒙古语言为鹌鹑。辽金宁江州，明朝

◆ 清朝遗迹的调查 ◆

伯都讷站，清初为"边外"（柳条边）军事重镇之一。康熙二十一年（1682），设伯都讷站（今松原市宁江区伯都乡），是宁古塔将军（吉林将军）境内西部通往齐齐哈尔城的重要通道。康熙三十一年（1692），在原宁江州城（伯都乡）设伯都讷副都统，驻防锡伯兵2000名。翌年，在距城南10公里松花江右岸建新城，名伯都讷新城（扶余镇，现松原市江北市），移驻伯都讷副都统。《钦定八旗通志》卷一一六《营建志五》："白都纳驻防，康熙三十二年，盖造官员衙署，又左右两翼学舍二所，各三间。建设城垣，周围一千三百五十丈……乾隆五十九年，现存副都统衙署坐落城中，二十四间。"嘉庆十六年（1811），设置伯都讷厅，驻新城。今称扶余市（县级），隶松原市（地级）。

我们一行先至伯都乡政府所在地（伯都讷村）。村间南北主干道东侧南端，有古刹永善寺。迎面是简陋山门，上题额"永善寺"，两边对联："到此已非门外客，过来便是个中人。"寺原名观音堂。据扶余县《地名志》称：是唐代渤海时期寺庙。到清道光年间，满洲人玉恒自力重修，外请慧明法师来此修行，更名永善寺。伪康德年间，释仁修法师来此寺接管，延续至今。岁月沧桑，永善寺几经坎坷，最终被毁。1992年，政府落实宗教政策，重新修建古刹。听住持讲：当初，乡政府原想占用此地建房，施工时出土了观音像，遂改在东侧建房，空出此地重修永善寺。现在仍在修复中。有僧人5人。

寺内第一进院，坐北朝南，近年修复的弥勒殿油彩辉煌。殿前，立有2008年伯都讷文化研究会王维宪等撰《永善古寺碑记》，碑文历述当地历史与寺庙由来："扶余古国，松江湾中，渤海设置扶余府名，辽金设州宁江。州城清初移置副都统名衙署，治所伯都讷城。江带三方，沃野万倾［顷］，鱼米之乡，民富康宁。松水磅礴，自东去西，佛法无边，自西来东。佛教传入，渤海治中，辽金繁盛，清初寺兴。恰在此时，佛现真容。乾隆年间，连续大风，伯都讷古庙，露出沙中；坐南朝北，观音栩生。门楣横匾，观音堂铭。佛光普照，信民欢腾……光绪年中，古寺中兴。满洲善人讳名玉恒，在此原址扩建工程。大雄宝殿，青砖砌成。飞檐画栋，四面悬铃……东南打井，以备自用。井水甘甜，疗治百病。更名永善，佑民太平。康德八年，住持变更，仁修大德，八位尼僧来到此处，弘法讲经，开办学堂，教化民众。新中国初，教事方通，后运多劫，佛事不兴。修建果园，自食自耕。艰苦修佛，不改初衷。'文革'劫难，佛事被停。一九九二，宗教恢复。释仁修当年圆寂，改革开放带来春风。徒弟释圣静继往开来，将寺建成。续佛慧命，净土禅宗。和谐社会，永善再兴。忆昔记往，刻入碑中。"第二进院，大雄宝殿。两侧厢房，有观音殿、地藏等殿。弥勒殿前，有古井一口，据说仍能取水。此外，再无真迹。

出永善寺往东，步行不远即到伯都讷古城。我们主要考察了西门和城垣遗址。门内竖有1987年立辽金古城遗址碑——"伯都古城"，上镌"吉林省重点文物保护单位"。据文物图集记载：古城平面呈方形，周长3132米，城墙系夯筑，基宽14—16米、高2—3.5米，上宽3—4米，有4个角楼和瓮门，有马面19个。[①] 是扶余市境内规模最大辽、金城址。古城西距松花江4公里。站在城垣西南角放眼望去，城内地势平坦，东南部为秋玉米覆盖的台地。古城南垣、西垣均历历在目。伯都讷自古即联结中原内地与东北边疆的交通枢纽，其重要性不亚于前述茂兴镇。康熙二十四年（1685），清王朝辟吉林乌拉至黑龙江城（黑龙江外老瑷珲城）间驿路，宁古塔将军（吉林将军）境内驿路，由吉林乌拉（吉林市）至伯都讷老城（今松原市宁江区伯都镇），驿路全长510里，其间有10个驿站。从此地西行40里渡松花江，再前行40里就进入黑龙江将军辖区茂兴站（今肇源县茂兴镇）。

伯都讷还是清初八旗锡伯等佐领驻防地。萨英额《吉林外纪》卷二：伯都讷，"国初锡伯所居之地。锡伯，蒙古别族也"[②]。又记：康熙三十一年（1692），将吉林副都统移驻伯都讷。除吉林编设锡伯

[①] 国家文物局主编：《中国文物地图集·吉林分册》，第149页。
[②] 萨英额：《吉林外纪》卷2，第23页。

人等十六佐领外，伯都讷编设锡伯佐领三十，卦勒察佐领十。至康熙三十八年（1699），伯都讷锡伯、卦勒察移驻盛京。① 如按光绪《吉林通志》卷五〇记载：三十一年（1692），伯都讷共有锡伯、卦勒察佐领三十，锡伯兵一千四百名，卦勒察兵六百名。三十八年（1699），将锡伯二十一佐领（兵一千四百名）移驻盛京。（图11）

图11　伯都讷城遗址

锋辉为锡伯鸿噶尔姓，家谱载"祖籍伯都纳"，康熙三十八年（1699），由此步步西迁，先到盛京。乾隆二十九年（1764），绕行外蒙古，至新疆伊犁（今察布查尔锡伯自治县）屯垦戍边，距此次调查整整250年（1764—2014），历13代。锋晖用打火机点燃烧纸，同时用锡伯语念诵有词，火光映红他的面颊，泪水在肆意流淌。这种感情宣泄，积郁过久的心结终于等来大释放的一天。纸灰随着火苗的热气上下摇曳，犹如先祖灵魂在闪耀。我一面为他拍

---

① 萨英额：《吉林外纪》卷3，第37页。

吉林、黑龙江、辽宁考察：肇源—前郭—舒兰—吉林—铁岭

照，内心也抑制不住地激动。不分民族、也不分年龄，人们的祖先之念总是那么神秘，那么深厚！这样一个人数很少的民族，在五百年前，父老携幼，告别世代生息的祖籍地，迁往万里之遥的大西北。途中整整一年，经历了那么多坎坷磨难，最终达到目的地。此后五百年，他们历经坎坷，坚持屯垦戍边，又承载了多么沉重的历史责任。然而，更令我感慨的是，就是这样一个人口很少的小民族，不仅顽强地穿越了历史烽烟，一步一个脚印地走到今天，而且始终坚守自己的文化传统、语言特色，以及强烈的民族认同。

17时30分，离古城，驱车沿伯都讷村街道往返走一遭，公路穿村而过。随即掉头南行，沿原路返回松原市。

随即产生一个问题：伯都讷古城，是否即锡伯卦尔察兵驻地？康熙《盛京通志》卷一〇："席百城，城（吉林乌喇船厂城）西南五百余里，周围一百八十步，南一门。"① 此伯都讷城明显小于古城，且只开南面一门，古城则有四门。但此两城都未必是当年锡伯兵驻地。前者过于狭小，而对后者的考古发掘又没发现任何与之相关的遗迹遗物。复印证《清圣祖实录》卷一五五康熙三十一年四月乙巳条，"议政王大臣会议等议覆，宁古塔将军佟保等疏言，图世屯地方四十里外有伯都讷地方，系水陆通衢，可以开垦田土，应于此地修造木城一座。席北、卦尔察等所住乡村，于此处甚近，俟城工完日，由水陆搬移……伯都讷地方，修造木城一座。将席北、卦尔察、打虎儿内拣选强壮者二千名，令其披甲，即住所造新城"。② 可知康熙三十一年（1692）所建伯都讷城，初为木城，与伯都讷古城非一处。但不管怎么说，锡伯、卦尔察兵驻防地与古城相距不远，应在今伯都讷乡一带。

锡伯兵在此驻扎时间不久，即奉命随吉林副都统南移，于是又有伯都讷新城之建。《吉林通志》卷二四："伯都讷驻防城，旧名纳尔珲（原注：旧志作讷拉红），亦曰新城（新城即伯都讷城，在

---

① 董秉忠等修：《盛京通志》卷10，康熙二十三年刻本，第18页下。
② 长顺等纂：《吉林通志》卷51，第5页上下。

吉林西北五百二十里。康熙三十三年，移吉林副都统镇守于此。境内有旧伯都讷城，在今城东二十五里许，已圮，建置年代无考。因有旧城，故名今城为新城也……）。"新城，康熙三十二年（1693）"建设城垣，高一丈二尺，周七里半"①。新城即伯都纳旗兵移驻地，位于松花江北岸，今松原市宁江区新城乡，据说已无遗迹可寻。时间已晚，未及前往。

9月8日夜雨，晨起晴好，松原市—吉拉吐乡锡伯屯—哈拉毛都镇王府屯—吉林市

8时13分出发，因夜雨，松原市郊马路多积水，车辆在水中缓慢爬行。车上302国道，一路坦途东南行。9时30分，至郭前旗吉拉吐乡锡伯屯村。

七 吉拉吐乡锡伯屯

正逢中秋节，值班的张村长在政府楼前接待了我们。据他介绍：全村4000余口，蒙古族600余，锡伯族300余。② 交谈中提及前郭原旗委书记、现省民委主任阿鲁汉，镇赉蒙古族，在任时制定优惠少数民族政策。凡外出上大学少数民族学生回旗工作的，一律安置工作。实际情况是，蒙古族学生，学蒙语上蒙校的，回来才给找工作。问张村长，村里对少数民族有什么优惠？一是可以多生育一个；二是高考加5分。所以好多人，包括汉人，都愿意报蒙古族。

告别张村长，沿贯穿村间公路前行，至"老胖子狗肉馆"门

---

① 长顺等纂：《吉林通志》卷24，第5页下；福隆安等纂：《钦定八旗通志》卷116《营建志五》，第1987页。

② 按前郭县官网介绍，该乡共有锡伯族251人。他们的先人是清乾隆年间从顺天府（北京城）派来此地捕猎鳇鱼的，居住在现今的锡伯屯村。如今，多以种植水稻为主。锡伯族人历史上虔信祖先神灵。从前，多供奉"喜利妈妈"（保佑家庭人口平安的神）和海尔堪（保佑草原、牧畜的神）。宗教信奉喇嘛教。风俗习惯与蒙古族相似，是有民族语言、文字的民族。本地使用蒙、汉两种语言文字。乡内还居住满族227人、蒙古族1362人。

前，锡伯屯村妇女主任闻讯赶来。主任姓刘（秀云），父姓刘，母姓关（瓜尔佳），皆锡伯。四十多岁，染的浅黄头发。她回忆说：父母身材高大。村里锡伯主要有唐、刘、关诸姓。过去老辈结婚基本找本族，"80后"跟蒙古人联姻的就多了。参加高考的，如果是蒙古人有优势。当地是蒙古自治旗，有特殊优惠政策。所以，锡伯族不断流向蒙古人、汉人，自身人数则在减少，文化在丧失。她回忆，"父母还会说'锡伯语'，如吃饭'巴哒衣得'，吃肉'马哈衣得'……"我因为在内蒙牧区插队多年，日常蒙语也算略知一二，一听刘主任说的"锡伯语"，立刻意识到都是蒙语。接着问："锡伯族自己文化特点还有吗？"回答："那根达赖作为民族代表见过毛主席。家里还保留着照片。"但"有照片不给看，认为解决不了实际问题"，"再给看也没用""白搭工"。似乎是指无论如何努力也难以恢复民族文化。

刘主任自述："孩子考的兰州西北民大，法律专业，明年毕业，还专门到察布查尔学锡伯语，想考研，学习民族学，有志弘扬民族文化。"凡父母是锡伯、蒙古联姻的，报蒙古（族）的多，一些年轻人都考走了。"我也生气，你们算什么锡伯？对不起老祖宗。"过去（锡伯）有四五百人，现在只有三百多了。但现在村里修水泥路，还是靠我们这个民族，"沾我们的光"。

她听我们介绍说是研究历史的，就赶紧接话茬说："你们只搞历史不行，再这么下去，（锡伯）人就绝了，得让孩子学（锡伯语）。现在孩子也不听话。得让他们学本民族文化，了解本民族历史。""老人都没了。年轻人什么都不知道了。"她老公是汉族，儿子报的锡伯。"听说沈阳有锡伯家庙。儿子暑假没回来。要不然，我们三口就往沈阳拜家庙去了。"关于风俗习惯，与其他民族没有什么差别了。过去，本族老人老了（死亡），一定从西窗户抬出去，一定死在家里。以西为大。蒙古人也是以西为大（言外之意，现在都变了）。

这次访谈在街头进行，时间很短，但耐人寻味，由小见大，不由得联想到当代社会中不同民族不同文化的交融问题：在世界范围，全球化实际意味着西方化，西方文化最强势，不管是否抵制，

图 12　与村妇女主任锡伯族刘秀云对话

这是基本事实。在中国，民族地区的"改革开放"，则表现为日益"汉化"。而如果联系锡伯屯乃至前郭蒙古县的情况，就会发现，在多民族杂居区（哪怕范围很小），同样存在以哪个民族或哪种文化为主导的问题。如我们考察的锡伯屯，属蒙古、锡伯、汉杂居地区，村长是汉人，而村政府楼前的单位标牌，则是汉蒙合璧。反映了蒙古文化在当地的强势。而就前郭县范围来说，锡伯族先是蒙古化，以后是汉化（包括当地蒙古族），是一个难以逆转的趋向。在这种社会背景下，人数很少的锡伯人，越来越难以保持自己的民族文化和认同。由此可见，维护少数民族特别是弱小民族权益与文化，是一项迫在眉睫的工作。

八　哈拉毛都镇王府屯

车过吉拉吐乡锡伯屯，沿 302 国道东南行，前往下一个目标哈拉毛都镇王爷府。镇位于第二松花江西岸，南接长春，北靠松原，

◈ 吉林、黑龙江、辽宁考察：肇源—前郭—舒兰—吉林—铁岭 ◈

前郭县南端。

"哈拉毛都"为蒙语，汉意"茂密的森林"。如前所述，哈布图哈萨尔十八世孙固穆，天聪七年（1633）入后金，献驼马。崇德元年（1636），封郭尔罗斯札萨克辅国公，分掌前旗，诏世袭罔替。公府就设在哈拉毛都，迄今已有近360年历史。末代旗王爷齐默特色木丕勒出生此地。1993年，改称哈拉毛都镇。齐木得色木丕勒，光绪二十三年（1897）十一月，袭前旗札萨克辅国公。次年（1898），以捐助书院经费，谕命建坊。三十一年（1905），任哲里木盟盟长。次年（1906），赏加镇国公。[①] 民国初，晋亲王。伪满时期，曾任兴安总省省长、蒙政部大臣等职。

所谓"王爷府"系泛指，实际包括镇上前郭末代札萨克齐木得色木丕勒、其伯父和七叔的三处建筑群，分别称"王府""祥府"和"七府"。据文物图集记载：齐木得色木丕勒府第，系仿北京王府建，原占地3万余平方米，分内、外、前、后七进四合大院，有房屋200余间，1946年后被毁。现场只有部分残垣、墙基，地表有瓦砾、础石等遗物。[②] 我们左转右转找不到王府，只好花15元，雇街心一出租车引路。11时40分，找到王府遗址，呈现眼前的却是一个乱糟糟的施工现场。原来，当地政府为开发旅游，正在大兴土木，进行大规模"复原"。

12时许，到"祥府"（祥大爷府），即末代王爷齐木得色木丕勒伯父住宅，宅主人名包祥令，故名。据文物图集载："祥府"为汉式古典建筑群，亦为南向的轴线对称四合院。占地2500平方米。原有门房2间，左右厢房、正房11间，耳房2间，建筑面积约300平方米。房屋均硬山卷棚式，围墙内侧有环院回廊，院内以方砖铺地。[③] 我们看到的"祥府"，已修缮一新。正值午休。王府门上挂锁。忠良打头，遂摘锁开门。我们鱼贯而入。门内阒静无人。不一会儿，守门人赶来，他生性忠厚，不仅未加驱赶，还送给我们一纸

---

① 包桂芹：《清代蒙古官吏传》，民族出版社1995年版，第235页。
② 国家文物局主编：《中国文物地图集·吉林分册》，第187页。
③ 国家文物局主编：《中国文物地图集·吉林分册》，第187页。

◆ 清朝遗迹的调查 ◆

箱院内采摘的沙果。

离祥府,穿过一条商业街,到镇中心,继续北行至"七爷府"(七大爷府)。七爷是末代王爷七叔,故名。据文物图集载:四合院格局,砖瓦木结构。占地2.5万平方米,有正厅5间并附耳室2间,东西厢房各3间,前为门房。环周有围墙和回廊。均硬山卷棚顶,院内方砖铺成十字形路。①

"七爷府"铁将军把门。听路人说,守门人正在镇上喝酒。拜托人去找,传话说:"就是给100块也不回来。"因是工休日,所以也没办法强求。府第紧邻村委会、派出所。我们鼓起勇气攀上派出所的院墙,站在院墙上勉强可以从远处给院内"七爷府"拍照。所幸,值班的年轻民警很通情达理,允许我们穿过派出所值班室,出后门入院。我们来到"七爷府"门前。大门依旧紧闭。从墙外看,建筑规模不大,是个大四合院。从院墙灰砖接缝观察,似是当年旧物。我们绕着围墙照了几张相,也算不虚此行。后墙露出的房柁,彩绘大大的"福"字。不知是当年府第遗存,还是修复者的创造。

这样一处有价值的历史建筑群,却连遭破坏,近年兴起的"修复"热,在大兴土木的同时,则使残留真迹荡然无存。一路走来,此种现象走马灯般在眼前回旋。唯有徒叹奈何而已。

12时49分,车离王府屯,沿G12东南行往长春、吉林方向。入夜,灯火阑珊时,行抵吉林市。入住如家快捷酒店,毗邻北山公园风景区。回想上次游览北山公园,已是三十年前(1984年3月)。时攻读硕士学位行将答辩,随锺翰师一行5人初次到东北考察②,曾在吉林小住。

9月9日,晴好,吉林市—舒兰市—完颜希尹墓—吉林市

8时19分,由快捷酒店出发。出吉林市东北行,前往舒兰小城镇(小城子)完颜希尹墓。9时30分,过金珠收费站,先走

---

① 国家文物局主编:《中国文物地图集·吉林分册》,第187页。
② 随锺翰师出行者有我、定宜庄、王湘云、奇文瑛。

◈ 吉林、黑龙江、辽宁考察：肇源—前郭—舒兰—吉林—铁岭 ◈

202国道。中途拐向舒兰方向省道205。不久至桦树村，距舒兰42公里。10时，过丰广车站，入舒兰境。"舒兰"系满语音译，意为果实。清代此地盛产山珍、山果，长期封禁。宣统二年（1910），设舒兰县。10时19分，入舒兰市。约行10分钟，找到完颜希尹博物馆。

完颜希尹博物馆，与市文物管理所、图书馆、科技馆同楼。完颜希尹（？—1140），金女真开国勋臣。随太祖完颜阿骨打兴兵，参予建国、灭辽、掳宋徽、钦二帝北还、灭北宋、伐南宋等重大事件。女真原无文字，他受命创制女真字。依据汉人楷字、契丹字，制造新字，以拼写女真语言。天辅三年（1119）制成，成为官方通用文字。后称"女真大字"。金熙宗时，为尚书左丞相，封陈王。为相期间，积极倡导汉文化，协助熙宗改定制度。熙宗天眷三年（1140），以"奸状已萌，心在无君"罪名，赐死。平反昭雪后，改葬，追封豫王，谥贞宪。其墓地即在舒兰市小城镇马路村东北。

图13 舒兰市完颜希尹博物馆

◆ 清朝遗迹的调查 ◆

现存女真文实物不多，以吉林省扶余市徐家店乡石碑村《大金得胜陀颂碑》最著。研究清史、满族史者之所以对完颜希尹感兴趣，原因主要有二：

一是他创制的女真文字，一直沿用到明女真时代。东北地区受明廷封授女真酋长，晋京朝见奏疏、表章，一律用女真文书写。① 这是满族人早期文化要素之一，也是女真（满洲族）与明朝隶属关系的鲜明体现。

二是他对汉文化态度，被后世满洲统治者引为反面教训。希尹创制女真文字，基本参照汉字；金兵入汴，诸将争抢府库珍异财物，希尹则先收宋朝图籍。宋朝遣洪皓为大金通问使，被扣留。希尹爱其才，使至家中教授子孙读儒家经典近十年。洪皓凭记忆将《论语》《孟子》《大学》《中庸》内容默写在桦树皮上，时称"桦叶四书"。希尹协助金熙宗改定官制礼乐制度，主要参访汉人制度。反观清初，清太祖努尔哈赤时创制满文，主要参照蒙文。与女真字不同的是，蒙文是拼音字，女真文是象形字。清太宗皇太极强调保持本族传统文化，重视汲取历史上的反面教训。他说："昔金熙宗循汉俗，服汉衣冠，尽忘本国言语，太祖、太宗之业遂衰。夫弓矢我之长技，今不亲骑射，惟耽宴乐，则武备渐弛。朕每出猎，冀不忘骑射，勤练士卒。诸王贝勒务转相告诫，使后世勿变祖宗之制。"② 而如前所述，在推进金女真汉化方面，起主要作用的非希尹莫属。

12 时 26 分，离舒兰东南行，往完颜希尹墓地。13 时 02 分，经小城镇往东。完颜希尹家族墓地，分布在乾山中。这里山麓起伏，林木葱郁，共分五个墓区。

我们先往第一墓区，位于大松树屯东北，小城通往柳树河村乡路旁。有完颜希尹嫡孙守贞墓。据文物图集记载：墓地原有石望柱、

---

① 罗福成类次《女真译语》，贾敬颜、朱风合辑《蒙古译语女真语汇编》（天津古籍出版社 1990 年版），在考证女真名物制度方面均有价值。
② 赵尔巽等撰：《清史稿》卷 3《太宗本纪二》。

石羊、石人、石桌，大部分石刻被运往省博物馆。① 我们只看到缺头石人一，地表有础石。沿林间道前行，至密林深处折返。（图14）

图14　缺首石像生

第二墓区坐落在第一墓区西北，从岗梁向南伸展的一个平坦山坡上，有完颜希尹墓。旧时吉林省图曾误标此墓地为西高丽墓，当地群众亦一直误称为"高丽墓"。清光绪二十年（1895），长春知府杨同桂发现完颜希尹"神道碑"。当时碑文已"漫灭什二三"，并且"碑身中断倒塌"。吉林将军长顺认为此碑"可补史阙"，遂"命锻人塌而立焉"，后将碑文载入其主修的《吉林通志》。按，《吉林通志》卷一二〇，载墓碑六通，皆在完颜希尹墓碑左右十余里。每碑之右书大定十年，岁次庚寅。罗福颐将碑文校录收入《满洲金石志》中。

金大定二十二年（1182）"完颜公神道碑"，细述完颜希尹生

---

① 国家文物局主编：《中国文物地图集·吉林分册》，第76页。

◇ 清朝遗迹的调查 ◇

平事迹。碑后被炸碎。现立石碑系近年仿建。在墓区主墓前，立有成对石人、石羊、石虎、石柱。附近林间草地，亦散落若干构件，似为墓地原物。

图 15 完颜希尹家族墓地

图 16 墓地上倒卧的石像生

◈ 吉林、黑龙江、辽宁考察：肇源—前郭—舒兰—吉林—铁岭 ◈

图 17　仿建"完颜公神道碑"

还有第三、四、五墓区，分葬希尹之父完颜欢都、孙完颜守道，及其他族人。因时间关系，未及前往。

下午 14 时 32 分原路返回。下午 3 时 38 分，抵舒兰。16 时 51 分，回至吉林市。吉林旧称"吉林乌拉"。据《吉林通志》记载："吉林谓沿，乌拉谓江。"吉林乌拉意即沿江。此外还有"小吴喇"之称，以别于"大吴喇"，即今吉林市龙潭区乌拉街镇（曾属永吉县）。为统一称谓，康熙帝谕令"通称吉林"。

9 月 10 日，晴好，吉林市

早 7 时 30 分，离酒店，往吉林市东南 15 里船厂遗址（位于吉林市丰满区江南乡阿什村东 1.5 公里江边）。

九　船厂遗址

明朝对东北地区经营始于洪武四年（1371）。洪武八年

(1375),设辽东都指挥使司(治所在辽阳老城区)。二十年(1387),派宁国公冯胜率大军二十万,平定北元残余势力纳哈出,奠定在东北的统治地位。永乐七年(1409),为治理黑龙江、乌苏里江、松花江流域女真诸族,在黑龙江下游入海口特林(今属俄国),设立奴儿干都司,下辖三百多卫所。任命康旺、王肇舟、佟答剌哈为都指挥同知、指挥佥事,统率其众,并由太监亦失哈率同前往奴儿干莅任。自辽东开原至奴儿干特林,沿江设立水陆城站,以通文报、运输物资。为往来交通便利,复在吉林市西松花江北岸地方建立船厂。

图18 阿什哈达摩崖石刻碑

永乐、宣德年间,出身海西女真的太监亦失哈与都指挥同知康旺等先后十次巡视奴儿干地区。每次出巡,巨船数十艘,官兵千人以上,声势浩大,对沿途女真诸卫所加以抚辑,授以官爵印信,赐以衣服、钱钞、米谷,宴以酒食。同时,携带大量货物,与各处女真居民交易。

◈ 吉林、黑龙江、辽宁考察：肇源—前郭—舒兰—吉林—铁岭 ◈

8时10分，到达船厂遗址，位于松花江北岸断崖边。前临江水，背依群山。江面在此形成一个大湾，水流缓慢，形成优良码头。明清两朝，此处一直是经营黑龙江下游至入海口的战略要地。阿什哈达（满语：峭壁之意）临江壁立，摩崖石刻共两处，相距数十米。其一刻3行39字："甲辰丁卯癸丑。骠骑将军、辽东都指挥使刘。大明永乐拾玖年岁次辛丑正月吉□□。"虽经数百年风雨剥蚀，字迹仍清晰可辨。这是刘清第一次来松花江督造粮船，次年临行前为留纪念所刻。刘清在十二年间先后三次到此，并两修龙王庙，于是，便有了第二处石刻，楷书汉字，计7行76字："钦委造船总兵官、骠骑将军、辽东都司都指挥使刘清，永乐十八年（1420）领军至此，洪熙元年（1425）领军至此，宣德七年（1432）领军至此。本处设立龙王庙宇。永乐十八年创立，宣德七年重建。宣德七年二月三十日。"刘清三次领军至此兴役造船的时间，与亦失哈等巡视奴儿干"宣谕抚慰"的三个年份相合（他先后十次前往巡视），说明吉林造船基地是联结京师、辽东都司、奴

图19 保护摩崖碑刻的"阿什亭"

◇ 清朝遗迹的调查 ◇

儿干都司的交通枢纽。1983年，当地政府在第一石刻处建一阁，曰"摩崖阁"；第二石刻处建一亭，曰"阿什亭"。2006年，摩崖石刻被国务院公布为全国重点文物保护单位。

图20 明永乐十九年刘清摩崖石刻拓本

奴儿干都司治所，远在黑龙江下游，即黑龙江与阿姆贡河汇合口右岸特林（故元奴儿哥东征元帅府旧址）下距黑龙江口120公里。永乐十一年（1413），在该处建永宁寺，并刻碑记明廷招抚黑龙江下游业绩，及建寺盛况。碑文用汉、蒙古、藏、女真四种文字。随同亦失哈、康旺巡视的明朝官员，多为女真人，亦不乏汉人、蒙古人。

清初，为经营东北边疆，设置驿路，连通内外，吉林乌拉（今吉林市）站成为松花江流域最重要交通枢纽。同时，恢复船厂，驻防八旗。

◈ 吉林、黑龙江、辽宁考察：肇源—前郭—舒兰—吉林—铁岭 ◈

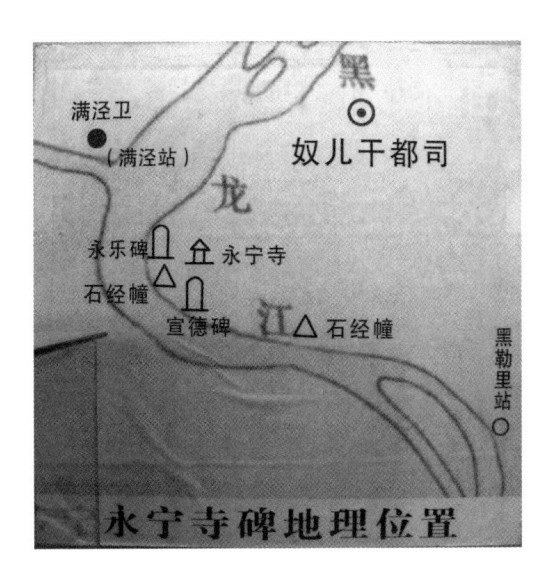

图21　明代永宁寺位置图

今船厂遗址山崖脚下，有一排平房，是文物管理站。辟有展室，内容为"吉林明清船厂历史陈列"。等到9时许，管理人员迟迟未到。为节省时间，决定先往松花湖、丰满水电站。1984年，笔者曾随锺翰师到此一游。转瞬，已是30年前旧事。当年，我们师徒曾乘车在丰满水电站宽阔的坝顶驰行。如今，坝顶禁止车辆通行，理由是"反恐"。当年，我们曾在静谧的松花湖上乘船，一边大快朵颐，品尝鲜美的生鱼片。如今，湖边已改造成游乐园。门票10元。我在大坝内侧湖岸略事浏览，总体感觉一片杂乱，与脑海深处的美好记忆有些格格不入。尽管9点多，岸边泊着十几艘游轮，却毫无游客踪迹。乘兴而来扫兴而归，10分钟后沿原路返回。

回至船厂，参观"吉林明清船厂历史陈列"。陈列由吉林水师营兴起、吉林古城兴建、康熙帝东巡检阅吉林水师营、吉林水师营与雅克萨之战、乾隆帝东巡吉林、吉林水师营结束历史使命等部分组成。展览介绍：清朝初年，由于沙俄入侵的威胁，清廷于顺治十三年（1656）在船厂旧址造船，并组织船队在松花江上游巡逻。船厂具体位置，在今临江门头码头迤西至温德河入江口一带松花江左岸。十八年（1661），再次设立水师营。由于吉林南通两京，东北连宁古塔，战略地位极其重要。成为清廷经营重点。康熙十五年（1676），宁古塔将军（后改吉林将军）移驻吉林城，从此，吉林成为清廷经略吉林、黑龙江地区军政重镇。

康熙二十二年（1683），圣祖念乌拉水陆重镇，命盛京刑部侍郎噶尔图等相视可达混同江河道，绘图进呈。复遣噶尔图等小舟自辽河，遣乌拉副都统瓦力虎等自易屯口（伊通河口），测其水道深浅复奏，以春秋二季运米直抵混同江。吉林、三姓、伯都讷、拉林皆设渡船。其中，吉林乌拉大船八十只，每船载米二百石。①

展室通过实物、图片、景观复原、雕塑等手段，直观展示了吉林水师营的兴衰历史。为更具有时代感，展室还将船厂历史浓缩成一部长约15分钟的专题片《江城从船营起航》。在展厅东侧，一幅用纯铜打制的浮雕壁画很有感染力。展厅一角，利用幻影成像技术，生动再现当年船厂造船时情景。展厅中央，有一艘8米长的"战船"格外抢眼。据说，此"战船"尺寸经过史学家论证，完全遵循水师营战船原貌，按1∶3比例建造。"战船"旁边，摆放一巨型沙盘。康熙帝首次到吉林市巡防盛况再现其中。当时，由于战舰沿江排列有序，官兵营房依江而建，所以吉林水师营也称"船营"。

没有船厂设置，就没有吉林城的兴起。据康熙《盛京通志》卷一〇，乌拉船厂城池，南倚河岸，东西北三面松木竖立为墙，高八尺。东西北各一门。城外周围有池。外有土墙为边，边墙东西亦倚河岸，周围七里余。东西各一门，北二门。康熙十二年（1673）副都统安珠瑚监造。② 最初的城池只是松木为墙，以后发展为夯土为墙。随着城市扩大，城门增加到五个。萨英额《吉林外纪》，记载清中期吉林城的景象：东西北三面筑土为墙，南面倚江无墙。西一门，东二门，偏北曰大东门，偏南曰小东门；北二门，偏西曰大北门，偏东曰巴尔虎门。康熙十二年（1673），兵丁修建。乾隆七

---

① 萨英额：《吉林外纪》卷3，第47页。
② 董秉忠等修：《盛京通志》卷10，第17页上。

年（1742），改为官修。城内五街，街道俱用木板铺垫。按左右翼适中地界，均有各旗堆拨轮派官兵防守稽查。①

10时10分，离开船厂前往市博物馆（在世纪广场）。11时34分，离馆。

十 乌拉街满族镇

下午13时20分，一行往吉林北乌拉街满族镇考察。镇距吉林市北25公里，三面环山，一面临水，南望龙潭山，北衔凤凰阁，西临松花江，东依长白山余脉丘陵。明代，乌拉是女真诸部与明朝交往的重要枢纽。嘉靖年间，开原东北至松花江一带海西女真崛起，号称扈伦四部（叶赫、哈达、辉发和乌拉）。其中，乌拉部首城即在今吉林市永吉县乌拉镇。（图22）

乌拉镇是一个满族老镇，老街两旁还保留着不少传统老屋，山墙边或房山头上立着烟囱，很有特色。镇上保留的古建不少，有萨府、后府、魁府、古城墙、打牲乌拉总管衙门。

乌拉镇吴艳萍书记热情接待了我们，特意派刚到镇政府就业的两名大学生担任向导。其中之一为吉师大校友。黄晶，女，2012年教育系教育学专业，家住吉林市，在乌拉镇二道村（朝鲜族村）任村官，副书记。据她讲，村官"一般三四年一续聘"。为了工作，她每日往返于吉林市和乌拉镇之间。另一向导，是新入职的北华大学毕业生。

萨府，位于镇文化街南端的吉林市第三中学内，原打牲乌拉第十三任总管索柱宅［又一说为吉禄府邸，乾隆末年到嘉庆二年（1797）曾任总管］。为其私宅，又称"南府"。四合院布局，均砖瓦结构，硬山顶，有正房、厢房、门房。现为三中老师备课室，保存尚好。古建周围以塑料板围挡，正在维修中。

后府：在镇北（镇永平路东，曾作为县拖拉机修造四厂仓库）。

---

① 萨英额：《吉林外纪》卷2，第32页。

◇ 清朝遗迹的调查 ◇

图22 乌拉镇政府

经卫生院往北，右拐上一小道，前行不远即到。当地院落一般开南门，唯此院开东门（已无存），意为"紫气东来"。

宅主赵云生（1829—1901），字奇峰，先世汉人，明末名臣李国桢后裔。清初，其七世祖由清廷内务府拨驻乌拉街，隶汉军正白旗。他自幼聪敏，精通满文，入国子监为太学生，历任笔帖式、仓官、骁骑校、翼领，光绪六年（1880）升任打牲乌拉第三十一任总管。其家族共有三代、四人做过五任总管。赵云生曾主持修纂《打牲乌拉志典全书》《打牲乌拉乡土志》。光绪二十七年（1901），调任伯都讷副都统，卒于任。《永吉县志》有传。

此房为赵云生私宅，原建筑二进四合院布局。传为仿亲王府建筑。分庭院、南园、西花园三部分。院墙高筑，正、厢房雕梁画柱，均硬山顶砖木结构，有雕砖和汉白玉雕饰、回廊、券门、门楼、假山、石桥。[①] 民间有传说称，后府主人为叶赫那拉氏，入京

[①] 国家文物局主编：《中国文物地图集·吉林分册》，第71页。

谒见慈禧太后，太后说"我娘家来人了"，特赐住房"前出檐后出梢（qiào）"。此说虽为后府的奢华提供了一种解释，但显系不实之词。

大约20年前，附近学校失火，后府被延烧，"烧了一天一夜"。宅院大部被毁。现仅存内院正房3间，西厢房5间，均残破不堪。幸亏正房山墙牡丹囍字砖雕和厢房"腿子墙"汉白玉石雕保存完好，足证当年后府的堂皇。（图23—25）

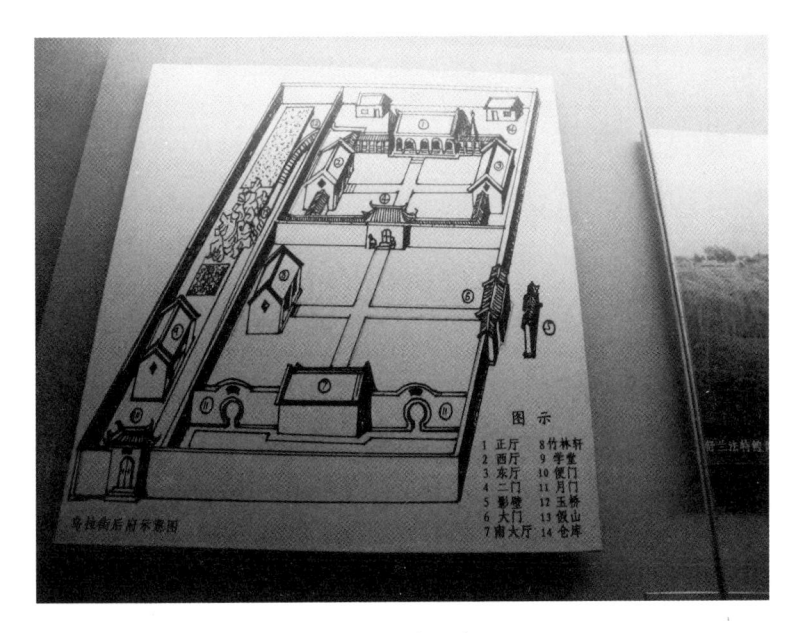

图23　后府示意图

魁府，位于镇建设街路北。宅主王魁福，生平不详，光绪年间因战功授张家口副都统，衣锦还乡，始建宅邸。为二进四合院式建筑。清式风格，硬山顶砖木结构。现为镇政府招待所，存正房、厢房、门房、照壁等建筑。

乌拉古城，在乌拉镇北。出后府循原路西行，至南北主路一条西行道，不远至"老街"，沿街仍存数株老榆树。继续前行，然后右拐，就来到乌拉古城内城南门。南门内原有旧街小学，近年已拆。

图 24　后府正房山墙牡丹囍字砖雕

图 25　厢房"腿子墙"汉白玉石雕

乌拉为海西四部之一，与哈达同源，部长古对珠延与速黑忒为兄弟。速黑忒被害后，族人奔散，古对珠延一支逃至乌拉，为部主。茗上愚公《东夷考略》："开原北近松花江曰山夷，又北抵黑龙江曰江夷，而江夷有灰扒（辉发）、兀剌（乌拉）等族。"① 说明乌拉、辉发都是濒松花江而居的部落。至古对珠延孙布颜时，尽收乌拉诸部，于乌拉河洪尼处筑城（乌拉城）称王（贝勒）。乌拉部至明万历年间逐渐强大，并与建州女真首领努尔哈赤屡次争斗。万历四十一年（1613）兵败，乌拉部灭亡。

图 26　乌拉部内城遗址

康熙《盛京通志》卷一〇："城（乌喇船厂城）北混同江（松花江）之东，旧布占太贝勒所居。周围十五里，四面有门。内有小城，周围二里，东西各一门。有土台，高八步，周围百

---

① 茗上愚公：《东夷考略》，《清入关前史料选辑》（一），中国人民大学出版社1985年版，第45页。

◆ 清朝遗迹的调查 ◆

步。"① 考古调查则发现：城平面呈梯形，有三重城垣，均土筑，部分城垣为土坯砌筑。外城仅存东墙北段。中城四面各开一门②，有角楼。其东、北墙外有护壕。内城南开一门，有角楼、护壕。中部有高约7米台基一座，南有花岗岩石阶。墙垣大部保存尚好，残高3—5米。③

从南门进内城。中央有一高台，俗称"百花公主点将台"。20世纪中期，在台上建了"革命烈士纪念碑"，坐北朝南，尽管满地狼藉，还基本保持旧貌。站在高台四望，台地周边生满枝叶繁茂的古榆。不由得感慨岁月之沧桑，世事之递嬗，生命之轮回。15时55分，离开高台，出南门往东，经过一处高高的残墙，应是内城遗址。前竖一碑，上书"全国重点文物保护单位—乌拉部故城—中

图27　乌拉部遗址碑

---

① 董秉忠等修：《盛京通志》卷10，第17页下。
② 又一说，中城城门有三处，即南门、东门和北门。
③ 国家文物局主编：《中国文物地图集·吉林分册》，第69页；参见吉林市博物馆《明代扈伦四部乌拉部故址——乌拉古城调查》，《文物》1966年第2期。

华人民共和国国务院—二〇一三年三月五日公布—吉林市人民政府立"。进入墙边一农户家,当院晒着"黄瓜钱儿""茄子钱儿"。即东北地区特有的菜干儿,以备严冬食用。

图28 内城遗址上的"革命烈士纪念碑"

原打牲乌拉总管衙门遗址,在镇内农机站后身。打牲乌拉总管衙门,是清初吉林地区管理朝贡的特设机构。《吉林通志》卷一二:"打牲乌拉,在会城北七十里,原名布特哈乌拉。顺治初年,设打牲乌拉总管管理;乾隆五年,以吉林协领移驻打牲乌拉,管理各旗户,与总管同城分理。"清内务府在乌拉、江宁、苏州、杭州设立四处朝贡衙门,打牲衙门被誉为四衙门之首。康熙三十七年(1698),升打牲乌拉总管为三品,而江南三织造衙门总管只授五品。可见清廷对打牲衙门的重视。打牲衙门专为皇室服务,主要管理采捕东珠、鳇鱼、貂、人参等事宜。

据文物图集:原建筑仿副都统衙署建,有大门3间,仪门1座,并有穿堂、大堂、印务处、银库、八旗办事处等。现存硬山式砖瓦结构厢房2间。① 细谷良夫先生曾于1987年9月、1988年8月连续两年造访乌拉镇，据其记载，当时总管衙门主体建筑尚存。② 此次旧地重访，仅存2间厢房，损毁严重，已难窥知原貌。在农机站正门门楣上，刻有建筑时间"1988年7月1□"。或许这就是衙门开始毁坏的时间。

17时5分，与吴艳萍书记告别。入夜，回到四平。

9月11日，秋高气爽，四平市—铁岭—李成梁墓地—四平市

早7时30分，由学校出发，往铁岭，寻找李成梁家族遗迹。共同考察者，赵志强研究员、楠木贤道教授、孙守朋、吴忠良、宋师傅。

因京哈高速四平段正在修路，只好沿国道102南行，10时许始到铁岭。守朋担任此行向导，事先与辽海出版社老朋友柳海松取得联系，会合于惠丰酒店。在柳先生引领下，拜会"李成梁研究会"主要成员。

"李成梁研究会"附设于铁岭历史研究会所在的一幢小楼。首先由李士群会长介绍情况：研究会2009年成立，最初还是出于家族聚会的考虑。由区委书记提议，各地李氏后人响应，族人主要有山东临沂、辽宁抚顺、铁岭小屯三大部分。临沂一支是李如柏后人，分布在20多个村。经商的多。小屯出来的人基本都在铁岭。成立以来办了几件事：一是成立大会，市里配给办公室。二是临沂族人捐了不少钱，用于修新、老坟。（李氏家族墓）风水好，"两沟加一杠"，"虽然没出皇上，但后代看起来还是很好的"。三是出版杂志"李成梁研究"，还有后续的研究，市里很支持，"宣传李成梁是地方文化的一个组成部分"。四是研究会有5位负责人，都是李氏。每年活动：清明、中秋、上坟。小屯是根据地，书记是李氏。修坟、祭祀钱，简单修整……老坟是省文物保护单位。2014年是第六个年头。"出这些书，宣传李成梁功绩"，"加强族人凝聚力"。

---

① 国家文物局主编：《中国文物地图集·吉林分册》，第70页。
② ［日］细谷良夫：《嫩江·松花江流域的清朝史迹——再访の乌拉街1987～88～94～2014年など》。

◆ 吉林、黑龙江、辽宁考察：肇源—前郭—舒兰—吉林—铁岭 ◆

图29 铁岭市李成梁研究会

接着，副会长李泽绵讲话：李成梁原葬北京仰山，此地是衣冠冢。现在研究李成梁最好的学者是沈阳的逍遥，刘厚生的博士。他在书中为李成梁辩护，说"放弃六堡与李成梁无关"。需要在这些方面得到专家指导，"不能扬一个贬一个"（指阎崇年研究员贬低李成梁）。散会，在乐意面食馆午餐。

午饭后，李泽绵做向导，前往李成梁家族墓。12时40分，汽车拐上铁岭往桓仁的省道，约行20公里，到新坟村（铁岭市铁岭县新甸子镇新坟村，"文化大革命"时期改称"新兴村"，后改回），已13时许。此地曾出土李成梁祖父母及父亲墓志铭。墓前现存石翁仲、石马、石羊、石狮各两个。[①]

李泽绵现场介绍说："新坟"原有八个坟头，也不知哪个（坟头）是哪个（人），所以八祖只立一个碑。李成材、李成林坟在附

[①] 国家文物局主编：《中国文物地图集·辽宁分册下》，西安地图出版社2009年版，第325页。

◇ 清朝遗迹的调查 ◇

图30 李氏家族墓地（新坟村）石像生

近其他沟。

据他讲，石像生原有八个，被砸了四个，还剩四个。后募了1000元，从河沟中重新拉出来。明万历年间形制。石头不是本地产，应是从远处拉来的。新立石碑上刻的李氏世系是根据日本人园田一龟的研究。"新坟"风水好，坟山远观是"元宝山"，山前有小河。

接着，前往李氏"老坟"（铁岭市铁岭县李千户乡小屯村西南1.5公里龙嘴子），是李成梁远祖李哲根穗"老茔"。墓前有石翁仲（文武）、石狮、石羊、石马各2个。[①] 途经"马儿山村"，公路穿村而过。家家院门前盛开着秋花，争芳斗艳。

过抚安堡、汎河桥，过一小路，上公路反向行驶，经过小宝山村，到小屯村。据介绍，小屯村592户，2400人；其中70%是李氏族人，有1000多人。

---

① 国家文物局主编：《中国文物地图集·辽宁分册下》，第325页。

图 31　李成梁墓碑

老坟在小屯村西，位于往张家楼子公路边。占地 800 亩，实际有林面积 600 亩。如今属李氏家族所有。老坟前有停车场。公路另一侧临河，开发了商业性"漂流"活动。

坟前甬道两侧排列八个石像生，依次为一对石狮、石马、石羊、文武官。李泽绵说：1986 年，他花 1600 元，从地里重新挖出来。前些年，韩国人老先生（韩崇民）拿了 1 万多元，立了 2 个碑（李如柏和李成梁碑），条件是碑上必须留韩文。现场考察时，碑上韩文已涂上黑墨。

李氏族人说：李氏墓地风水都很好："老坟"从上往下看，形似游龙；而"新坟"，从下往上看，形似元宝。墓地还立有李氏贞节碑等，因时间匆促，未及详看。

离开"老坟"重上公路，左拐过李千户镇康庄，李千户镇，右拐上一条小柏油路，再左拐，入一村落。民居一排排，坐西向东，有序排列，门前盛开秋花，即催阵堡。李泽绵家在此，进小院，见东墙根（门口右侧）内侧，倚着墓盖、墓志各一通，但泽绵禁止拍照。据他介绍：墓志自"新坟"旁沟李成林墓出土，"万历十五年孟秋，镇国将军李氏成林行状"，李成梁撰。其中包括李氏家族史的重要信息。相关内容已收入柳海松编辑《李成梁家族诗文选》，2014年底将由辽海出版社出版。离开催阵堡，车行约5公里右拐，返回铁岭。在车上，柳海松说：李如松后人现在还有在朝鲜的。泽绵不同意园田一龟"李氏是朝化女真"的说法，称李氏家谱明确记载原籍陇西，先世由辽东入朝鲜，复从朝鲜归辽东。下午3时，重新回到铁岭，与海松道别。我们早就相识，此行相伴始终，愈感其为人朴实热情。

过铁岭返四平，沿102国道一路北驰，途经铁岭东—平顶堡镇—平顶堡村（公路穿村而过）—铁岭监狱—贺家新屯—山头堡村。距开原17公里，过开原市中固镇。4时15分，过开原北金沟子镇。过一桥洞，进入昌图界。不久，过昌图县城。半个多小时后回到四平。圆满结束这次考察。

此次考察前后7天，途经吉、黑、辽三省。虽为"走马观花"，成果却也丰实。归纳起来，主要有三点：一是对汉军旗下边缘群体"站人"今昔，有了比较全面的把握。同时，借助"站人"尚氏，对"三藩"余部在东北的命运，有了进一步了解。二是通过对清皇室近亲蒙古科尔沁部、特别是郭尔罗斯部史迹的踏访，加深了对清代满蒙关系的认知。最真切的一个感受是：今吉林省松花江段（又称第二松花江）以西广大区域，不仅是满族先世之一海西女真肇兴地，同样也是蒙古科尔沁等部传统家园。满蒙两族正是依托这片广袤天地，共同谱写了源远流长的交流史，这无疑构成两个兄弟民族亲密关系的基石。三是对锡伯族的神奇历史，无论是它于康熙年间在东北的辗转迁徙，还是乾隆中叶从盛京向伊犁的长途跋涉，乃至

◈ 吉林、黑龙江、辽宁考察：肇源—前郭—舒兰—吉林—铁岭 ◈

锡伯族与满族、蒙古族、汉族等民族关系，均有了更全面的了解。同样是通过这次考察，引发了以下思考：处在现代化大潮所向披靡和日益开放的社会背景下，诸如锡伯这样的小民族，面对周邻各大民族的强势影响，如何保持自己的民族文化与认同？这个问题，不仅锡伯人难以回避，同样也值得我们认真思考。

中、俄、朝三国交界处的考察：
延吉—珲春—海参崴—会宁[①]

2016年7月12—20日，我与吉林师范大学教授许淑杰、孙守朋、聂有财，韩国高丽大学学者金宣旼、李勳、李善爱、李升洙等，考察了吉林省延吉市、珲春市，俄罗斯滨海区海参崴市，朝鲜咸境北道会宁市。会宁，是明初满洲先世建州女真的居地；海参崴，自唐、靺鞨、渤海以来即属中国，明清时期则为女真（满洲）、汉等族共同开发。直到近代始被沙俄强行割占。此次考察，并非一般意义的"清朝遗迹考察"，同时重温了近代以来国家积弱积贫、备受沙俄蹂躏凌辱的国耻。

7月12日（周二），阴有小雨

早7时13分，乘D27北京—珲春列车，前往延吉市。16时36分到达延吉西站，入住解放路成宝温州酒店。出发前，北京高温36℃—37℃，延吉只有26℃左右，气候宜人。下午6时，随淑杰前往延边大学拜客。自老西门入，左拐上一山坡，坡上一高耸的现代化大楼，居高俯瞰，气宇轩昂，即学校科研大楼，民族研究院亦在其中。与朴金海院长、李副院长短暂会面，达成进一步交流意向。饭后，沿布尔哈通河边散步回到酒店。

7月13日（周三），阴间小雨

延吉市位于长白山北麓。东距中俄边境，滨日本海，南距中朝边境，是延边朝鲜族自治州首府。唐朝以前，延吉一带先后属渤海国、高句丽王朝辖地。元设辽阳行省开元路南京万户府，明初设奴

[①] 本文原载赵志强主编《满学论丛》第9辑，辽宁民族出版社2020年版。

儿干都司卜忽秃河（布尔哈图河）等卫所，是满族先世女真人世居之地。清朝入关，以长白山一带为先祖"龙兴之地"，实施封禁政策，禁止汉民流入。当地属珲春协领管辖。光绪初年，朝鲜及中国山东、河北一带大灾，灾民大批迁入，清廷逐渐废除封禁令，设招垦局。撤销协领，改设珲春副都统，延吉全境归珲春副都统管辖。光绪二十八年（1902），随着人口日增，清廷在南岗（局子街）设延吉厅。宣统元年（1909），升延吉府。

早9时10分，我们先往延吉市博物馆参观。馆内举办"布尔哈通河畔古迹寻踪——延吉市古代文物陈列"。展览集地方史与朝鲜民族特色于一体。藏品有两汉至魏晋沃沮、唐代"海东盛国"渤海及辽契丹、金女真、金末东夏国、明清等时期文物。著名藏品有唐代渤海贞孝公主墓墓碑和壁画、室相纹铜镜、双系釉陶罐。出馆西行3—4公里，至长白山西路新体育场旁，另有新建延吉州博物馆，展有渤海贞惠公主墓出土文物、金冠饰、文字瓦、佛教用物；大量辽、金文物，铜镜如双龙镜、蟠龙镜、团龙镜、双鱼镜、双凤镜、家常富贵镜、海船镜等，反映了中原文化对当地的悠久影响，而双鹿长方形带饰、金带饰等，则带有契丹、女真等民族特色。馆内设有"朝鲜族民俗展览"。有关近代朝鲜族迁入史部分内容尤详。

中午，驱车过龙井镇前往中朝边境三合镇。龙井镇东南隔图们江与朝鲜相望。原名六道沟。清末朝鲜移民迁此地发现一眼古井，井水清凉甘甜，遂在井上设置"桔槔"，俗称"龙吊桶"。1931年后，改六道沟为"龙井村"，周围渐成市镇。[①] 1945年，龙井为延边地区公署驻地。以后，行政区划多有变化。如今，为龙井县政府驻地。人口25万，主体是朝鲜族。

我们在三合镇用的午餐，地道的朝鲜料理。三合镇是边境镇，东南以图们江为界与朝鲜咸境北道会宁市隔江相望。"图们"，原有统们、土门、豆满之谓，皆同音异字。图们江流域，系满族先民建州女

---

① 国家文物局主编：《中国文物地图集·吉林省》，中国地图出版社1993年版，第2012页。

真世居之地。朝鲜李朝《新增东国舆地胜览》卷五〇《咸镜道庆源都护府》载"豆满江（图们江）"："女真语谓万为豆满，以众水至此合流，故名之。"① 女真语即满语，"tumen"，满语"万"的意思。

图们江源于长白山东南，流经今中朝边界，向东北又折向东南，干流全长500余公里，在我国境内接纳支流主要有红旗河、嘎呀河、布尔哈通河、海兰河、珲春河。图们江与红旗河汇流处以上河源区，为长白山主峰地域，崇山峻岭，森林茂密，河道窄陡，水流湍急；三合镇以上为上游，河道异常弯曲，河槽宽窄不一；三合至甩弯子为中游，河面展宽，水流变缓；甩弯子以下为下游，进入珲春河谷平原，地势开阔，坡度减缓，河面宽阔，水流平稳，水量大增。出境流入日本海。

三合口岸是国家一级陆路口岸，中朝贸易主要通道。江岸建望江阁，拾级而上，登阁俯瞰朝方。图们江沿山脚蜿蜒而过。对岸即朝鲜边境城市会宁，郊区可见成片红瓦白墙平房。立着烟囱的厂房，沿山间谷地延伸。会宁河沿着市郊北流，注入图们江。是日细雨绵绵，影响视线。沿原路返回延吉。（图1）

图1 从三合镇望江阁眺望朝鲜会宁

---

① 朝鲜《新增东国舆地胜览》卷50，吉林师范学院古籍研究所编：《中朝相邻地区朝鲜地理志资料选编》，吉林文史出版社1996年版，第70页。

7月14日（周四），阴间多云

早7时起，因数日后将往朝鲜会宁考察，为拍摄旅游签证照片，前往事先约好的小照相馆。约定7时30分照相，可老板娘7时50分才姗姗来迟，且毫无歉意。拍完照，连忙赶往延吉西客站，还算及时，乘9时动车至珲春。顺利入住酒店。

珲春，满语意为"边"，引申之义为"边疆""边城""边陬""边缘"。在唐，属南京南海府，在金为完颜氏崛起之区。"珲春"一词，最早见于金史，时书为"浑蠢"，专指珲春河。① 珲春一带是满族发源地之一。早在辽金时代，朝鲜东北境即与女真壤地相接。郑麟趾《高丽史》世家卷第一成宗十年辛卯（北宋淳化二年，991年）："冬十月，逐鸭绿江外女真于白头山外居之。"② 此后，女真人与朝鲜人交往史不绝书。珲春地处图们江下游冲积平原，"地野广而土沃，人物辐集殷富"③；兼以滨海，气候温润，如前人所云"珲春独暖，地近海洋，日出早见，得阳气之先也"④。适于发展农耕、渔猎等多种经济。

元代，在珲春设奚关总管府（今珲春市古城村，原高丽城村）。明代，在珲春广大区域内设穆霞河、乌尔珲山、密拉河、珠伦河等二十余卫及喀勒达所。⑤ 为女真东海瓦尔喀部活动区。朝鲜世祖十四年（明成化四年，1468），会宁镇金节制使呈启：兀良哈等，因不许上京，欲联合诸姓兀狄哈，"庆源则南讷、巨节、古也乙、也罗等四姓，稳城则具称、古也、者愁、豆巨等四姓，会宁则尼麻

---

① 尹锡庆编著：《珲春满族》，吉林文史出版社2008年版，第1页。
② 李澍田主编：《朝鲜文献中的中国东北史料》，吉林文史出版社1991年版，第71页。
③ 撰者不详：《北路纪略》，李澍田主编：《朝鲜文献中的中国东北史料》，第401页。
④ 朱约之等修：《珲春县志》卷1《舆地》，民国十六年本，载李澍田主编《珲春史志》长白丛书第4集，1990年，第65页。
⑤ 刘锦藻撰：《清续文献通考》卷307《舆地考三》，浙江书局光绪八年刻本；朱约之等修：《珲春县志》卷6《武备》，第144—145页。

◆ 清朝遗迹的调查 ◆

车、都罗、其屯、沙罗等四姓,今八月内,分道入寇,议已定"①。时朝鲜新设庆源、稳城、会宁诸镇,均在朝鲜东北境的女真故地。女真十二姓中,南讷即清代满洲那木都鲁姓。《八旗满洲氏族通谱》卷二一:"那木都鲁,本系地名,因以为姓,其氏族散处于那木都鲁、绥分、珲春及各地方。"尼麻车,即满洲尼马察姓,其余诸姓,朝鲜语转写不确,不可详考。

朝鲜《新增东国舆地胜览》卷五〇《咸镜道庆源都护府》又记:"训春江,源出女真之地,至东林城入于豆满江,斡朵里野人所居。"② 训春江即珲春江,豆满江即图们江。说明两江交汇的珲春一带,曾为满洲先世斡朵里部的栖息地。永乐元年(1403),明成祖朱棣即位,加强对东北地区经略,在图们江地区设置建州卫、毛怜卫等。图们江南岸一度为明朝领地。然而,李氏朝鲜觊觎此地,通过剿杀、驱赶女真部落,不断向北扩张领土,沿图们江下游南岸陆续设置钟城、会宁、庆兴、稳城、富宁、庆源,统称六镇。③ 朝鲜的蚕食行为,引起当地女真居民强烈不满和反抗,即《朝鲜实录》所记:"设镇胡地以开衅端,使归顺野人尽为离叛。"④ 这同时标志着,图们江开始从中国内河变为中朝两国界河。

近代以来,清朝积弱积贫,1858—1860年,在沙俄武力胁迫下,中俄前后签订《瑷珲条约》《北京条约》,使黑龙江口至图们江口沿海即黑龙江下游包括乌苏里江以东以南直抵海滨的广袤地区划归俄国。从此,珲春成为毗邻俄罗斯(苏联)、朝鲜的边境城市。即图们江左岸,属吉林省珲春、延吉;右岸,属朝鲜;入海口左岸,为俄罗斯滨海边疆区。而中国东北由图们江口入海之航道亦

---

① 《朝鲜世祖实录》卷47,十四年八月乙卯,《朝鲜李朝实录》,日本东京学习院东洋文化研究所1964年影印本。
② 朝鲜《新增东国舆地胜览》卷50,吉林师范学院古籍研究所编:《中朝相邻地区朝鲜地理志资料选编》,第70页。
③ 朴真奭等:《朝鲜简史》,延边大学出版社1998年版,第230—231页。
④ 《朝鲜明宗实录》卷13,七年十月壬戌;参见十月壬戌条引女真酋长之言:"朝鲜既以豆满江为界,今者无端设镇于胡地,不知何故乎?"

234

◆ 中、俄、朝三国交界处的考察：延吉—珲春—海参崴—会宁 ◆

因此断绝。①

到达珲春当日下午，先往防川风景区参观。从珲春往防川，要经过一段狭窄路段，称洋馆坪大堤，实即图们江江堤。江堤南侧为图们江，岸边用铁丝网拦着，江外即朝鲜。江堤北侧路基，与另一道铁丝网并列同行，外侧为俄罗斯领土。历史上的防川，与珲春之间只有窄路相接。1957年，最窄的洋馆坪段被江水冲断，中国居民只好借走苏联领土进出此地，防川遂成为我国一块"飞地"。1983年8月，在图们江中用青石填筑而成的洋馆坪堤路通车，这块"飞地"才有了通道。1992年，中国政府投资建设洋馆坪大堤，彻底解决了通行困难。

景区位于中朝俄三国交界地带，自古就有"鸡鸣闻三国，犬吠惊三疆"之称。从防川沿图们江而下，约15公里进入日本海。登上三层高的龙虎阁（望海阁）向南望去，图们江缓缓远去。江左（东面）是俄罗斯边境小镇包德哥尔那亚，江右（西面）是朝鲜豆满江市。两座城市由江上一座低矮的铁路桥连接。铁桥既是联结俄朝陆路贸易的纽带，也是人为隔断我国轮船沿江入海的一道铁栅栏。②（图2）再向远望，是一片平坦辽阔的濒海平原和湖泊沼泽。平原尽头，浩渺的日本海与天际相连，宛如一条银色丝带飘浮于天际。这道特殊的风景线，不管景色如何亮丽，却承载着沉甸甸的历史记忆，也是中华民族一道难以愈合的伤痕。

龙虎阁内设有"防川边防文化展览馆"，展览重点是珲春历史与疆域。其中关于清代珲春八旗驻防制度沿革、靖边军编设、珲春放垦，爱国名臣吴大澂史迹，珲春满族特色等内容，均值得认真浏览。

离开龙虎阁，在导游引领下继续参观近代史迹：

---

① 详见《图们江航路交涉记》，魏声和：《吉林地理纪要》，引自朱约之等修《珲春县志》卷11《交涉》，第373—375页。
② 1991年中苏签订《关于中苏国界东段的协定》，规定苏方同意中国船只（悬挂中国国旗）沿图们江通海往返航行；寻经两国批准，中国恢复图们江出海权。但由于俄朝铁路大桥太低（仅7米）及河道淤塞等原因，仅能通行300吨以下小船。俄方还提出苛刻条件，仅允许季节性捕捞渔船出海，不准商业船只出海。

◆ 清朝遗迹的调查 ◆

图 2　从望海阁远眺图们江入海口

土字碑：位于防川村南河岸护堤上。光绪十二年（1886），清廷派钦差大臣吴大澂会同沙俄代表勘界。吴大澂，江苏吴县人。同治进士，授编修。光绪六年（1880），随吉林将军铭安办理边防。光绪十一年（1885），诏赴吉林，会同副都统伊克唐阿与俄使勘界。吴通过现场勘察，发现根据1860年《中俄北京条约》规定，清廷割让东北大片土地所划定的中俄边界，应在距图们江入海口10公里处，而1861年俄国却擅自将界碑立在距江口22.5公里沙草峰上。吴据理力争，俄方同意将界牌南移至现在位置。此即土字碑来历。碑花岗岩质，我侧竖向刻有"土字牌"三个大字，其左竖刻"光绪十二年四月立"八个小字，俄侧刻有俄方"T"字。1993年，中俄重新划定中俄东段边界，"土字牌"已不属两国界碑。（图3）

吴大澂在争回黑顶子（今敬信镇）地方和图们江出海航行权的同一年，在中俄交界重要地段长岭子山口竖一铜柱，自篆铭曰"疆

◈ 中、俄、朝三国交界处的考察：延吉—珲春—海参崴—会宁 ◈

图3　土字碑

域有封国有维，此柱可立不可移"①。宣示捍卫神圣国土的决心。1900年，沙俄进占珲春，将铜柱碎为两段，运至伯力（哈巴罗夫斯克）博物馆。今抚追者，不禁扼腕。当年，他还应士民之请书大篆"龙虎"二字，刻在一块橙黄色不规则花岗岩上。正面平整，上镌双勾大篆"龙虎"二字。笔画凝重端庄，彰显龙虎威风之气，人称"龙虎石"。"龙虎"二字是"龙蟠虎踞""龙骧虎视"的缩写，寓意保卫边疆。石刻几经迁移，现安置在龙虎阁大厅前（图4）。为纪念这位民族英雄，在沙丘公园北侧，矗立有他

---

① 赵尔巽等撰：《清史稿》卷450，本传，中华书局1976年版，第12552页；而朱约之等修《珲春县志》卷1《舆地》记为："疆域有表国有维"，第51页。

图4　龙虎石刻

的巨大石雕像。

回顾这段历史，还要提到一位满洲将领。依克唐阿（1833—1899），扎拉里氏，吉林伊通驻防满洲。以马甲从征江南，屡著战绩，积勋至佐领。光绪初年，授黑龙江呼兰副都统。珲春为东北重镇，其东南海参崴，俄尤数窥伺，清廷议设副都统镇之，遂改调珲春。① 同年，吉林边务督办吴大澂也至珲春。依克唐阿审时度势，思虑外防内治方略：为御俄患、必须招民实边，垦荒兴农，增驻重兵，加强防务。与吴大澂所见一致。光绪七年（1881）奏准，珲春地方废除封禁令，设招垦局，招民垦荒。又指挥官兵在珲春河修筑东、西两炮台。十二年（1886），参与珲春勘界谈判，在谈判中与吴大澂配合默契，据理力争，从俄方收回黑顶子地方。为防止沙俄重新蚕食，他于黑顶子山前玉泉洞处添设卡伦，轮派官兵驻守。成立黑顶子屯垦局，调拨官兵屯垦，按期操练。创办珲春中俄书

---

① 赵尔巽等撰：《清史稿》卷461，本传，第12722页。

中、俄、朝三国交界处的考察：延吉—珲春—海参崴—会宁

院，挑选八旗子弟学习俄文，从事交涉事宜。十五年（1889），擢黑龙江将军。珲春百姓为颂扬他的戍边功勋，于哈尔巴岭上立"惠我边疆"四个大字的汉白玉石碑，于西郊路东向阳坡上立"一片冰心"德政碑。

离开防川风景区。15时10分，车至中朝圈河口岸，距珲春38公里。口岸对面是朝鲜罗津先锋经济贸易区。河中锈迹斑斑的旧铁桥还是日本时期所修。现有新桥连接两国口岸。站在岸边，对岸朝鲜口岸的情景一览无余。

此次考察，先由有财老师联系珲春市政协接待。行抵珲春，翟运昌先生来接，他在政府部门工作几十年后从政协退休，是《珲春满族》编者之一。据他介绍，珲春市满族有2万人左右，占全市人口的9%；如今汉族人口最多，朝鲜族次之。

珲春东西炮台，均位于珲春河南。16时10分，至东炮台，位于珲春市东南马川子乡炮台村。光绪七年（1881），吴大澂奏准在扼要处修筑炮台，由副都统依克唐阿监修东、西两炮台，光绪十六年（1890）竣工。东炮台建于数米高台基上，有三合土夯筑椭圆形围墙，外环护壕。各设三炮位，装德国克虏伯大炮，每炮重48吨。西炮台在其西5公里处（板石乡春景村西）。结构、形制、规模相近。

光绪二十六年（1900），八国联军入侵中国，沙俄妄图独占东北地区，动员17万余人，组成5个军，兵分6路入侵。其中第四军从海参崴及波谢特湾出发，进攻珲春、宁古塔（今黑龙江省宁安市）等地，然后会同一、二、三军攻占吉林。1900年7月30日，沙俄侵略军分两路向珲春进犯。一路越过中俄界牌土字牌，向黑顶子（今敬信镇）进攻；另一路于凌晨时分攻击东炮台。还有一队俄军借晨雾掩护偷袭西炮台。均遭到中国守军顽强阻击。1981年，吉林省政府公布珲春东、西炮台为第二批省重点文物保护单位。因时间关系，我们只参观东炮台遗址，炮位及围墙遗迹尚存。近处东为水田，南、北、西为农户居住区，南部护台河外为炮台村小学校后院。

◆ 清朝遗迹的调查 ◆

珲春作为满族故乡，今有两个满族乡（杨泡、三家子）。杨泡子满族乡位于珲春市东南，南与俄罗斯接壤。是清代满洲八大著姓之一富察氏故乡。康熙名臣米斯翰，雍正朝马斯哈、马齐、马武、李荣保，乾隆朝傅恒及子福康安、福隆安、福长安、明亮等，皆出其家。因傅恒姊嫁乾隆帝，封孝贤纯皇后。当地为发展旅游，又宣称是"皇后故里"。三家子满族乡位于珲春市西南，辖8个村，2779户，8501人，满族占29%，汉族占30%，朝鲜族占40%以上。是全市唯一平原乡。图们江与珲春河在境内汇合后流入日本海。西部隔图们江与朝鲜咸境北道相望，有沙坨子国家二级口岸与朝鲜相通。境内有国家级历史古迹一个——八连城，省级历史古迹两个——裴优城、温特布赫城。八连城，位于三家子乡八连城村北，一般认为系渤海国东京龙原府故地。

图5　与志强、曌锋在北京拜访富察氏嗣裔玄海时合影

（2005年4月28日）

中、俄、朝三国交界处的考察：延吉—珲春—海参崴—会宁

图6　傅恒影像（富察玄海提供）

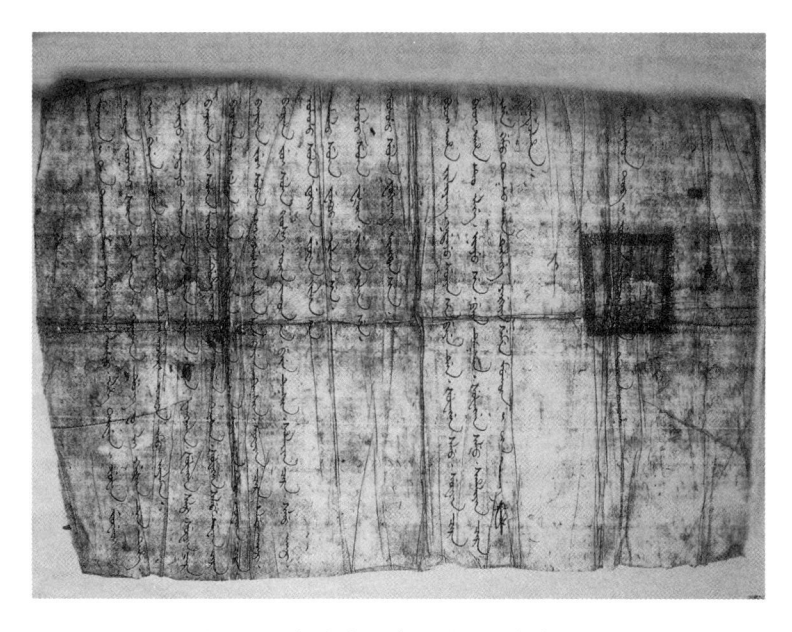

图7　雍正十三年富察氏户口甘结（富察玄海提供）

清朝遗迹的调查

17时，车过沙坨子口岸。对面朝鲜庆源，元明时期，均为女真居地。① 清代，中朝两国在庆源、会宁长期开设边市，互通有无。

17时25分，行抵古城村。村位于三家子乡西部，珲沙（珲春至沙坨子口岸）公路北侧，西隔图们江与朝鲜相望。此地是清朝开国勋臣扬古利故乡。扬古利，舒穆禄氏。《清通志》卷二《氏族署》载："舒穆禄氏，散处库尔喀、珲春、珠舍哩等地方。扬古利，正黄旗人，系库尔喀部长郎柱长子。郎柱翼戴太祖高皇帝，服事惟谨，太祖厚遇之。命其子扬古利入侍，以公主降焉。从征各地战功卓著，后征朝鲜阵亡。追封武勋王，配享太庙。雍正中，加世爵封号武诚。其家族谭布、谭泰、塔瞻、爱星阿等，皆以战功彪炳史册。徐元梦，正白旗人，世居珲春都玛呼村地方，康熙年间任户部尚书协办大学士加太子少保赠太傅，谥文定。其孙舒赫德，任武英殿大学士兼刑部尚书赠太保谥文襄，并祀贤良祠。"如今，全村151户、468人，是朝、满、汉多民族混居村。辖区内有两处古城址，即号称"姊妹城"的斐优城和温特赫部城。当地的清初满洲名臣还有开国五大臣之一董鄂氏何和里一族。

斐优城，位于古城村北部，辽、金、明古城。坐落在风景秀丽的图们江畔，隔江相望即朝鲜庆源。斐优又写作斐悠，满语"古"意，意即"古城"。呈不规则方形。据考古发现：东西长522米，南北宽521米。城墙系夯土筑成，基宽9米，残高3米左右，有4门，其中南、西门有瓮城，有角楼4处，马面14处，外有护城河。②《金史·留可传》记载："统门、浑蠢水合流之地乌古论部。"统门水和浑蠢水，分别为现在的图们江和珲春河。裴优城所在地理位置，与乌古论部位置完全相符。城内曾出土9方铜印，主要为金

---

① 庆源为女真人传统居地，后为李氏朝鲜六镇之一。顺治初，清廷户部咨行朝鲜政府，在庆源开市，与珲春赖达库部民交易牛、铧、犁、釜，见朝鲜金指南：《通文馆志》卷9《纪年》，李澍田主编：《朝鲜文献中的中国东北史料》，第208页；撰者不详：《北路纪略》，同上，第400页。

② 国家文物局主编：《中国文物地图集·吉林分册》，中国地图出版社1993年版，第205页。

代晚期、东夏国时期。因此认为，该城为金代晚期和东夏国城址。还有人考证，该城为东夏国的"东京"。元代沿用该城，设奚关总管府。朝鲜《新增东国舆地胜览》卷50引《龙飞御天歌》，"奚关城东距薰春江七里，西距豆满江五里"①。薰春江即今珲春河。实地考察，城内遗物比较丰富，地表散存有绳纹板瓦、网格纹板瓦、莲花纹瓦当等具有渤海时期特征遗物，也有晚于渤海时期的滴水瓦、陶片等器物。

明末，裴优城因乌碣岩之役而著名。明万历三十四年（1606），清太祖努尔哈赤统一建州女真诸部。时有海西叶赫部和乌拉部拒不顺服，组织九部联军攻打建州，大败。乌拉部长布占泰被擒，不久释归。丁未年（1607）春，瓦尔喀部斐优城主策穆特赫迫于布占泰相虐，往告努尔哈赤请归附。太祖命弟舒尔哈齐率兵至斐优城，尽收环城屯寨五百户。布占泰发兵万人邀击于乌碣岩。"奴儿哈赤驱动大军，将六镇近境蕃胡搬移。军势日炽，穿过本国钟城镇，战于乌碣岩下，与忽剌温大军相遇大破之，又从庆源镇东门取路回军……（原注：乌碣岩在钟城府南二十一里）。"②如今，斐优城城垣遗址上还残留着不少数百年古榆，枝叶茂密，尽显岁月沧桑。地面散落着疑似高句丽时代红瓦残片。站在城头四望，全城尽收眼底。城中仅房屋数栋，其余皆为绿油油的庄稼地。

裴优城南面，是建于渤海时期的温特赫城。而裴优城南墙，就是以温特赫城北墙为基础建立。说明裴优城始建晚于温特赫城。"温特赫"为女真语，汉译为"神龛""神板"之意，亦即"庙"的意思。古城平面呈长方形，城墙土筑，曾出土铁坩埚、绳纹及方格纹、回纹、席纹瓦、兽面瓦当、莲纹瓦当等。《金史》载有"统

---

① 朝鲜《新增东国舆地胜览》卷50，吉林师范学院古籍研究所编：《中朝相邻地区朝鲜地理志资料选编》，第74页。

② 朝鲜《新增东国舆地丛书》：乌碣岩在咸镜道北青都护府端川郡，"在郡南十三里海中，其形如帆。水禽群集其上，俗称之曰乌曷岩，乌曷，水鸟名"（同上，第47页）。朝鲜李肯翊：《燃藜室记述》（别集）卷18《边圉典故》（奎章阁丛书本），李澍田主编：《朝鲜文献中的中国东北史料》，第301页。

◆ 清朝遗迹的调查 ◆

图8 斐优城遗址

门水温迪痕部"。"温迪痕""温迪罕""温特赫"均出一语。有人考证，此或为金代温迪痕部故城。① 目前，城内为古城村民主要聚居地。村委会重视普及满族历史与传统教育。沿古城村外墙，面向公路排列着一系列宣传栏，内容有两古城简介、满族历史、满族人口、八旗由来、清朝皇帝像、满族服饰、满族风俗、满族文艺、满族工艺等。

清朝初期，珲春河左右，皆库雅喇部（女真瓦尔喀之一部）所居。珲春成为满洲统治者经营东北广大滨海地区的重镇。按孟森解释："瓦尔喀"即朝鲜史籍中习用的"兀良哈"。② "瓦尔喀部"的地理范围，包括图们江流域、乌苏里江流域及迤东滨海地区。努尔哈赤崛起之初，曾以"瓦尔喀部众，皆吾所属"为理由，率先用兵该地。尔后，瓦尔喀降民大部分被编入八旗满洲，留居当地者便成

---

① 国家文物局主编：《中国文物地图集·吉林分册》，第204页。
② 孟森：《明元清系通纪》，中华书局2006年版，第267页。

为满洲统治者控制下的边民。

崇德三年（1638）以后，珲春一带瓦尔喀首领纽呼特姓（汉姓郎）贲达库、钮呼勒氏（汉姓郎）加哈禅、泰楚拉氏（汉姓邵）名不详三人相继归附。满洲统治者将其部人编为户口，正式建立噶栅（村屯）编户制度，并任命三人为噶栅达（村长）。① 顺治朝，编户制度进一步发展：噶栅达由最初三人增至十六人。噶栅组织在原贲达库部民基础上，又汇聚来自喜禄河（伊鲁河，今俄境别利措瓦山附近）、雅兰河源（今俄境东海滨省境内）、兴堪（今兴凯湖）、乌苏里江，以及北部阿库里（今俄境瓦库河）、尼满（今俄境伊曼河）、厄勒（今俄境滨海省雾迷大沟）、约索（今俄境纳赫塔赫河一带）等地散居之民。为适应噶栅组织不断扩大的需要，清政府在众噶栅达之上，增置"库雅拉总管"，以归附在先的贲达库为首，综理日常事务。②

噶栅编户制的建立，确立了清政府在当地的统治。经济上，每年每户向清廷缴纳貂皮或海豹皮一张。《清实录》中，载有贲达库（赖图库）、加哈禅（庆河昌）、察库纳等人于崇德三年（1638）、五年（1640）、六年（1641）、七年（1642）、八年（1643）、顺治三年（1646）入朝并贡海豹皮等信息。③ 顺治年间，"库雅拉总管"贲达库等还多次奉命赴乌苏里江以东额赫库伦、阿库里、尼满、厄勒、约索等处招抚壮丁，为"库雅拉佐领"的编设奠定了基础。

康熙九年（1670），清政府首先在北方重镇宁古塔（黑龙江省宁安市），将迁来瓦尔喀壮丁编为14个"库雅拉佐领"（额兵845名）。五十三年（1714），在珲春增设协领衙门，将当地瓦尔喀壮

---

① 阿桂：《皇朝开国方略》卷28，殿本，第11页下—13页下；《郎郎郎三代满文族［旗］谱》，朱约之等修：《珲春县志》卷5《职官》，第130页。

② 刘小萌：《清前期东北边疆"徙民编旗"考察》，《满族的社会与生活》（论文集），北京图书馆出版社1998年版。

③ 内蒙古少数民族调查组等编：《达斡尔、鄂温克、鄂伦春、赫哲史料摘抄——清实录》，内蒙古人民出版社1962年版，第44、52、60、61、62、66页。

丁"罢其捕打海獭职务",编成3个"库雅拉佐领"(额兵150名)。库雅拉佐领的基本来源,即顺治年间隶属库雅拉总管的赍达库属人。虽然,入旗以前他们曾在珲春、绥芬一带编为噶栅,从其原籍看,却涵盖南起海滨、北迄阿库里、尼满、厄勒、约索一线辽阔地域。甚至吸收了来自库页岛的民族成分。①

珲春先后隶属宁古塔昂邦将军(宁古塔将军)、吉林将军。光绪七年(1881),增设珲春副都统。直到近代,始终是东北八旗驻防重镇。清末,珲春满族总计30姓,2878户,19260口。② 宣统元年(1909),清政府在珲春开设吉林省第一个海关——珲春总关。中国边民不仅过江与朝鲜庆源、钟城贸易,还与俄国摩阔崴、海参崴等地进行海上贸易。同时,山东、上海等地日用品、吉林省内农副产品也以珲春为枢纽销往海外。珲春成为中、朝、俄三国的交通枢纽和商品集散地。

傍晚,离开古城村返回珲春市,宿昆仑国际商务酒店。市内有不少俄式建筑和俄货店铺。处处灯红酒绿,俄罗斯游客特别多。店铺牌匾多由三种文字构成:上面朝文,中间汉文,下面俄文。河滨夜市的海鲜烧烤四溢飘香。作为东北边贸城市的珲春,在对外开放中走向繁荣。

7月15日(周五),晴

9时,我们自费参团(17人)前往俄境海参崴。有3日团、4日团,因往返路程就要用2天时间,故我们选择4日团。

珲市春东南以珲春岭为界,与俄罗斯滨海边疆区接壤,距边疆区首府海参崴约180公里。有长岭子公路口岸和中俄国际铁路口岸与俄相通。

中方珲春关与俄罗斯关对接。10时50分到海关。中方海关手续简捷,通关迅速。而俄方海关手续繁缛。关卡5道:验护照关;

---

① 刘小萌:《清前期东北边疆"徙民编旗"考察》,载《满族的社会与生活》(论文集)。
② 朱约之等修:《珲春县志》卷3《民族》,第101—103、108页。

铃入境章关；验行李关；查验护照并入境章关；复查关。在最后一关，海关人员上车逐一清点来客。每次放行一车，乘客分3队，逐一过关。最后有军警牵着大狼狗，虎视眈眈地盯着每个过关人，内心不免有些惶惧。下午2时，一团人才算通关。进入俄境，紧绷的神经才松弛下来。巴士沿海岸线北行，绿色的原野视野开阔，阒无人迹。中途路过克罗斯季诺（Краскино），即清代摩阔崴（毛口崴），被沙俄割占前，原是吉林入海门户。及摩阔崴、海参崴、图们江口相继被割占，中国东北航路皆断，海港尽失。贻害至今，能不令我辈扼腕长叹?!

下午3时，驶抵斯拉夫杨卡（Славянка，以下简称杨卡），俄罗斯滨海边疆区哈桑区首府。镇上感觉不到什么生气，中老年人居多。无论路边建筑，马路上跑的汽车，乃至行人穿戴，给人的印象就是"陈旧"。正感到视觉疲惫，镇中心立的一块纪念牌不禁令人眼前一亮。纪念牌以钢板焊接，漆成白蓝红三色，是俄罗斯国旗的象征。正面中央焊着金色大字："СЛАВЯНКА（斯拉夫扬卡）""1861"。前面的基座上放置了一个沉甸甸黑色铁锚。上面铆着一块长方形铭牌，写道："致斯拉夫扬卡第一批定居者，怀着感激之心的后人（Первым поселеленцам Славянки, от благадарных потомков）。"当地居民用这种方式，缅怀先辈对此地的开拓。1861年，即中俄签订不平等《北京条约》第二年。以此为背景，始有俄罗斯移民在乌苏里江以东的定居。与此同时，伴随着沙俄侵略者对中国居民的剥夺、驱赶，乃至绞杀。因此，在我们眼里，这块牌子会引发与当地人迥然不同的感受。（图9）

在镇上的小饭馆享受了简单的俄国餐。3时35分重新启程，改乘俄方大巴。导游小姐来自珲春，自称旅游公司经理，自我介绍说："我一般不带团，也不是导游，巴士公司是我家的。"还说，此行从每位客人身上至多赚100元。

当晚，入住海参崴赤道宾馆（кватор нотел），店主是中国人。位于海滨高坡，视野好，外部还算光鲜，但室内之破敝不堪，完全超乎想象。实事求是地讲，除了曾在内蒙古住的大车店，几十年来

◆ 清朝遗迹的调查 ◆

图 9　斯拉夫杨卡镇最早居民纪念碑（1861 年）

我也算住过国内外不少酒店，包括国内边疆地区的酒店，而这家酒店无疑是条件最差的一家。我们和同行的另一家共五口，被安排在二层的一间，通透的里外间，连门帘都没有，次日到书店买了些图钉勉强钉上一件被单，才算解决了住宿的尴尬。四壁褪色的壁纸早已脱落，残留的几片如芥藓般垂挂。每人一个破弹簧床，凹凸不平，地面上不乏死蚊虫或蟑螂留下的污渍。洗手间仅容一个小马桶，而洗手盆与水管已完全脱离，勉强放在铁架子上，丝毫不敢触动。这房间的设施至少属"曾祖"辈了，起码是苏联时期的遗物，或者是沙俄时代"文物"也说不定。领队当然也难辞其咎，她却辩解说："既然你们希望住滨海酒店，那就非此店莫属。"当时连打道回府的心思都有，但考察还未进行，只有坚持下去。

7 月 16 日（周六），阴

海参崴，汉语地名，指产海参的崴子，而"崴"是山谷不平貌。唐代渤海国时期属率宾府，金代属恤品路，元代属水达达路。

◆ 中、俄、朝三国交界处的考察：延吉—珲春—海参崴—会宁 ◆

海参崴附近的波谢特湾，是元朝东北边区对外贸易的海港。元朝为加强同东海诸族联系，开辟西祥州至滨海永明城的东南驿道。从西祥州（今吉林省农安市东北万里塔古城）起，途经18站，终点站永明城（俄罗斯滨海边疆区乌苏里斯科即双城子，一说符拉迪沃斯托克即海参崴）。明代，在珲春东北、乌苏里江东南部，包括海参崴一带滨海地区，设有喜乐温河卫、木阳河卫、古鲁浑山卫、阿真河卫、失里卫、童宽山卫、牙鲁卫等。清太祖、太宗两朝，上述女真卫所居民被大部内迁并编入满洲八旗。清初，海参崴一带为宁古塔昂邦将军（宁古塔将军）所属。康熙五十三年（1714）起，为宁古塔副都统麾下珲春协领管辖，光绪七年（1881）珲春协领升格为副都统。1858年至1860年《瑷珲条约》《北京条约》签订，沙俄鲸吞黑龙江下游及乌苏里江以东广大中国领土。沙俄军队悍然占领海参崴，改名"Владивосток（符拉迪沃斯托克）"，意为"控制东方"。

海参崴现在是俄罗斯滨海边疆区首府，也是其远东地区最大城市。早8时（俄罗斯时间10时），出发参观市容。城市位于太平洋沿岸穆拉维约夫——阿穆尔斯基半岛南端。北部为高地，东、南、西分别濒乌苏里湾、大彼得湾和阿穆尔湾。典型的俄罗斯建筑依山分布，位于金角湾沿岸。金角湾南侧隔海峡，有俄罗斯岛作天然屏障。海湾四周为低山，丘陵环抱，形势险要，形成天然港湾，地理位置优越，是俄罗斯在太平洋沿岸最重要的港口，也是俄罗斯太平洋舰队司令部所在地。

当地旅游部门规定：导游必须是俄国人，而且必须打俄罗斯国旗。俄方美女导游伊拉，为人热情，汉语亦佳。在两天时间里，她带领我们参观了海参崴的主要名胜：英雄广场"二战"烈士纪念碑、潜水艇博物馆、东正教堂、太平洋海军舰队司令部、凯旋门。登高远眺市容，并到俄罗斯岛参观军事要塞和巨型岸炮。海参崴以前是军事禁区，1991年开放。现在全市70万人口，有中国人2万。

凯旋门。1891年，沙俄皇太子尼古拉二世到海参崴，参加西伯利亚大铁路开工仪式。海参崴为迎接他的到来，建造了"凯旋

◇ 清朝遗迹的调查 ◇

门"。当时他还未继承皇位，故"凯旋门"称"皇太子之门"。1927年被拆毁，2003年复建。"凯旋门"实际是沙俄侵华罪证。

图10 凯旋门（沙皇尼古拉二世到达地）

东正教堂与凯旋门毗邻，就在潜艇博物馆边上。教堂规模不大，1907年为纪念日俄战争烈士而建。坐北朝南，一层为大厅，大厅北侧上部为高耸的钟楼。钟楼每面有拱式长窗。教堂平面呈不规则长方形。正门上部和钟楼顶上均竖东正教特有的金色"十字架"。墙体主体粉色，上部屋脊以黑漆铁瓦覆盖。

远东苏维埃政权战士纪念碑，为纪念1917年十月革命而建。为争取在远东建立苏维埃政权，布尔什维克战士与国内外武装势力进行艰苦卓绝的斗争，终于在1922年取得最终胜利。纪念碑矗立在市中心广场，始建于1961年，是远东最大纪念碑。

潜艇博物馆。"二战"期间，太平洋舰队与德国法西斯在海上和陆上进行了殊死战斗，为纪念牺牲的战士，纪念广场中央常年燃烧着长明火。广场主体纪念物是C-55潜艇。这艘潜艇在"二战"

中英勇善战,共击沉战舰十艘,重创四艘。荣获红旗勋章和近卫军称号。在艇首前的一块石刻铭牌上这样写道:"苏维埃水兵为了共产党和祖国的事业在与法西斯的战斗中英勇作战。使2766艘敌人船只在大海深处找到不光彩归宿。"这块铭牌,包括我们后来参观的列宁广场和列宁塑像,都是苏联时代的遗物,所以念念不忘歌颂党。由此亦可见俄罗斯远东居民与欧洲部分居民在对待历史乃至在意识形态上的明显差异。

进入潜艇,舱内各种机械、设备、物件近似于原样。艇舱两壁贴满照片、图片和文字材料,宣传苏俄海军昔日的辉煌。在潜水艇博物馆左侧,有一座宏伟宽大的俄式高层建筑,门前有两具大铁锚,门庭上方置放着一艘精美的战舰模型。这里就是"二战"期间苏联太平洋舰队总指挥部。如今,仍是俄罗斯太平洋舰队总部所在。

图11 潜水艇博物馆

我的博士生、吉林师大历史学院讲师聂有财正在撰写学位论文《清代珲春"南海"海疆研究》,研究重点就是清政府对珲春至海参崴一带海域即所谓"南海"诸岛的管理，以及满汉等族人民在当地从事网捕射猎采集的历史。此行无论对他还是我们，都是一次难得的历史考察和国情教育。乌苏里江以东广大海陆疆域包括海参崴一带，在明代为满族先世女真人所居，在清代则为吉林将军所辖，是毋庸置疑的中国领土。但继承沙俄遗产的苏联和俄罗斯学者们，却矢口否认这一基本事实。因此，尽管中俄友好是当前两国关系的主旋律，并不意味中国学者面对歪曲历史真相的谬说却可以无动于衷。我们在港湾边堤岸驻足留影，内心犹如海浪般激荡汹涌。我高举右臂指向海湾深处的"南海"诸岛这一刻，被永久定格在相片中。

图12 清代"南海"

列宁广场，正对俄罗斯岛方向。列宁铜像，依旧保持他高举右臂指向远方的经典姿势。广场对面，是濒临海港的老火车站。著名的西伯利亚大铁路以莫斯科为起点，至此为终点。火车站建于1909—1910年。按照俄罗斯17世纪建筑风格，外观雍容华贵。主入口采用三联拱门形式。候车大厅轩敞明亮。天花板上绘有两大幅彩画。一幅为海参崴市容,有火车站、舰队、蒸汽机车,中心人物据说是末代沙皇尼古拉二世和远东总督穆拉维约夫阿穆尔斯基;另一幅绘莫斯科城市景象,有瓦西里升天大教堂、莫斯科大剧院。两个人物是俄罗斯民族英雄米宁和波热斯基塑像。两幅彩画的中央饰有双头鹰图案,是俄罗斯国徽象征。此图案源自拜占庭,象征帝国疆域横跨亚欧两大陆,后由俄罗斯帝国所承袭。四壁图案由铁锚和飘带组成,中间一只前爪抬起的猛虎,是海参崴市徽。站台上陈列一老蒸汽车头,这是在"二战"期间,由苏联工程师设计,在美国制造的蒸汽机车,从海上运到苏联。为纪念卫国战争期间滨海边区铁路工人的贡献,1995年"二战"胜利50周年之际,在站台上设立一座纪念碑,高4米,尖顶上置俄罗斯双头鹰国徽,碑身上圆下方。敦实的黑色大理石碑座呈四面坡形,正面镶嵌铜字铭牌:"西伯利亚大铁路,距离莫斯科9288公里,至此为终点。"

图13 西伯利亚大铁路终点标志

◆ 清朝遗迹的调查 ◆

图14 西伯利亚大铁路终点站

9时40分，来到毗邻火车站的老码头。在岸边眺望海参崴大桥、俄罗斯岛，左面是军港。10时34分，离开码头。跟着领队沿山路登上海参崴制高点鹰巢山。山高200余米。山顶瞭望台上，矗立着两位斯拉夫字母创始人高擎十字架的铜像。他们是一对希腊传教士兄弟——基里尔（827—869）与梅福吉（815—885）。他们为在斯拉夫民族地区传教，以希腊格拉哥里字母为原形，创建了斯拉夫教会字母表，即后人所称"基里尔字母"。该字母表构成现代俄语和斯拉夫各国文字的基础。在此，铜像与十字架显然是俄罗斯文化和宗教信仰的象征。他们面向大海而立，塑像者的意图昭然若揭。

从瞭望台可俯瞰金角湾全景。海湾大陆架犹如一只弯弯牛角。岸边高低起伏的山峦，覆盖着郁郁葱葱的树林。水面上，泊着大小船舶和军舰。湾岸边连成一体的楼群和尖顶木屋，构成海湾城市的一道亮丽风景线。城市中心有一组别具一格的建筑，即胜利广场。广场四周分别是：海参崴政府大楼，胜利者之魂雕塑，远东海军之港，第一百货商店。金角湾现为俄罗斯太平洋舰队驻地。海军大楼正面门上悬挂着一只军舰模型，是1860年第一个从这里登陆的木制军舰。眺望台面海一侧栏杆上挂满各式各样的铁锁。当地男女青年结婚都要来这里挂上一把锁，寄托爱情的祝福。不时有俊男靓女在眺望台拍婚纱照。男孩西服革履，手握一束玫瑰，女孩身披白色婚纱，亭亭玉立。为这座以军事重镇著称的城市，平添了几分柔情。

图15　金角湾大桥

是日最重要的活动，是参观滨海区国立B. K. 阿尔谢尼耶夫联合博物馆。1883 年 12 月，海军机械师 A. M. 乌斯季诺夫（Александр. Михайлович. Устинов），提议在该市建造一座博物馆。建议得到南乌苏里地区移民部负责人 Ф. Ф. 布谢（Федор. Федорович. Буссе）的鼎力支持。从一开始，博物馆就成为创建俄罗斯太平洋沿岸第一个科学社团——阿穆尔边区研究会 Общества изучения Амурского края（ОИАК）的基地。1890 年 9

◆ 清朝遗迹的调查 ◆

月 30 日，博物馆正式向公众开放。这是远东地区第一个博物馆，由公共资金建成。创办者积极地将自己的考古学、人类学、植物学藏品捐献给博物馆。

1925 年 2 月 17 日，更名为符拉迪沃斯托克国立边区博物馆。1938 年，苏联远东地区行政上被分为哈巴罗夫斯克区和滨海边疆区。随即，博物馆被重组为滨海边疆区博物馆。1945 年 9 月 4 日，博物馆以著名学者 В. К. 阿尔谢尼耶夫（Владимир. Клавдиевич. Арсеньев.）命名。1985 年 11 月 25 日，滨海边疆区博物馆重组为以 В. К. 阿尔谢尼耶夫命名的滨海区国立联合博物馆（Приморский государственный объединенный музей им. В. К. Арсеньева）。博物馆位于斯维特兰斯卡雅大街 10 号（Ул. светланская, 10），距离主要大街和著名观光地金角湾仅数步之遥①。

图 16　滨海区国立联合博物馆

---

① 以上有关博物馆历史和阿穆尔边区研究学会的信息主要由俄罗斯导游伊拉小姐提供。谨致谢忱！

与博物馆关系密切的几位俄罗斯（苏联）学者，在研究远东民族与历史方面多有造诣，但中国学界对他们的研究却比较生疏。

阿穆尔边区研究会第一任主席是 Ф. Ф. 布谢。他的学术著作包括《1883—1893 年渡海到南乌苏里亚边区的农民的安置》（«Переселение крестьян моремв Южно-Уссурийский край в 1883 – 1893 гг.»）、《在满洲的南乌苏里斯克地区》（«Южно-Уссурийский край в Маньчжурии»）、《关于阿穆尔边区农业条件的论文》（«Очерк условий земледелия в Амурском крае»），编辑《阿穆尔边区文学指南》（«Указатель литературы об Амурском крае»）。

博物馆第一任负责人 В. П. 马尔加里托夫（Василий. Петрович. Маргаритов，1838—1916），地理学家、人类学家、民族学者、历史学家。阿穆尔边区研究会创始人之一（1888—1895 年任主席）。他在远东研究方面做了大量工作，特别是在阿穆尔地区和滨海边疆区。他为博物馆建设作出重要贡献。考古收藏，反映滨海区早期铁器时代文化的发掘成果，特别是扬可夫斯基文化（Янковской культуры）。他收集的滨海区土著居民物质和精神文化的器物构成馆藏最珍贵部分：家庭用具、狩猎和捕鱼工具、宗教用品、衣服。他收集的奥罗奇文化资料曾在巴黎世界博览会上展出。他在《皇帝港的奥罗奇人》（«Об орочах Императорской гавани»，вышедшей в Санкт-Петербурге в 1888 году）一书中，总结并系统化了自己的研究。1887—1888 年，他在第二次探险期间，发现了苏昌煤矿（Сучанское месторождение каменного угля）。在 19 世纪 90 年代，他游历堪察加半岛，探索半岛土著居民生活和生活方式，并在《堪察加及其居民》一书中发表了他的观察。

20 世纪初，В. К. 阿尔谢尼耶夫（1872—1930）出现在研究协会新成员名单中。他曾是沙俄海军军官，后来成为沙俄和苏联研究远东地区最著名学者、作家、探险家。1945 年，海参崴滨海边区博物馆即以其姓氏命名。他多次探险的结果是在远东南部发现了 200 多个考古遗址。为研究滨海区南部，他于 1902—1903 年、1906—1907 年、1908—1909 年间，先后组织一系列探险活动。探

◆ 清朝遗迹的调查 ◆

索了锡赫特山（горы Сихотэ-Алиня）①。1912年，发表关于乌苏里边区的报告，这是关于乌苏里边区情况和居民数据的第一份综合资料。除了滨海区和乌苏里边区，他还探索了堪察加半岛（полуостров Камчатка）（1918）、指挥官群岛（Командорские острова）（1923），沿着苏维埃港（旧称皇帝港）—哈巴罗夫斯克（Советская Гавань-Хабаровск）线（1927）领导了一次大规模探险。在探险期间，他研究乌德盖（удэгейцы）、奥罗奇（орочи）、那乃（нанайцы，旧称戈尔德人，гольды）等族的生活、习俗、工艺、宗教信仰。丰富的田野调查资料成为他从事文学创作的基础。1921年，他的著作《乌苏里边区之行》（«По Уссурийскому краю»）出版；1923年发表《德尔苏·乌扎拉》（«Дерсу Узала»）。在接下来的几年里，出版了《在锡赫特山脉》（«В горах Сихотэ-Алиня»），《穿过泰加林》（«Сквозь тайгу»），《在乌苏里的莽林中》（«В дебрях Уссурийского края»）。他的著作，竭力否认乌苏里以东地区长期隶属中国（清朝）的历史，但是在其考察活动中，却无法回避满、汉、赫哲等族最先开拓这一广大区域的事实。

博物馆的藏品异常丰富，令我们目不暇给，包括滨海边疆区的动植物标本，中国唐代鞨鞬、渤海、东夏国以及辽、金、元、明等朝出土文物，清代中俄军队的武器装备，19世纪末中国家具：红木桌椅、屏风、雕花书箱等。滨海地区出土的建筑构件有螭首、鸱吻、脊兽、瓦当、筒瓦，形制和纹饰与中原王朝明显接近。令人印象深刻的还有双龙戏珠铜镜、宋代人物故事铜镜。铜镜边缘有金代验记刻文，图中人物穿汉人传统宽袖长服，表现的是汉人传统故事，是女真人接受汉文化的实证。博物馆还展有奥罗奇（中国称鄂伦春）、那乃（俄国又称果尔特、中国称赫哲）、乌德盖（赫哲一支）等通古斯—满语支诸小民族的民俗学、人类学、宗教学（萨满教）资料。

---

① 按，锡赫特，满语，牲畜短少之谓也。见穆彰阿撰《（嘉庆）大清一统志》卷68《翻译语解附例》，四部丛刊续编，影旧钞本。

俄罗斯学者早年编写的研究著作：土著民族双语字典（《俄罗斯—奥罗奇简明字典》）、民族调查与报告［С. Л. Шренка：《阿穆尔边区的异族人》，В. К. Арсеньев：《奥罗奇与乌德赫》《安巴李淳宾（АМБА. ЛИ. ЦУН. БИН）》①，И. А. Лопатинь：《高尔特》］的稿本与正式出版物。大量民间搜集的实物，配合宝贵的历史图片，极大地提高了观赏性。不应忽略的一点是，通过这些与满族具有血缘、文化、信仰密切关系的诸小民族的陈列品中，有助于我们对满族早期文化的渊源、内涵与特色有更为全面、系统、深入的了解。

第一展厅的俄文说明称：厅内展示"具有世界意义的独特的中世纪文物"。首先是经过局部复原的带有"灵魂通道"的12世纪古石棺，它属于金帝国女真奠基者之一的 князь Эсыкуй（公阿斯魁，即完颜忠）。② князь Эсыку 的府第在富尔丹（Фурдан）古城，位于今乌苏里斯克（Уссурийск，г.）即双城子。富尔丹，满文"关"之意，《盛京通志》称福尔单城。早在金朝，中国史书已有"双城"之名。③

1893 年，Ф. Ф. 布谢把挖掘的殉葬品和墓地文物转交给博物馆，包括原来竖立于墓前神道的一对文官石像（石翁仲，均缺首）、一尊石狮（应为石虎）、一个柱础（应即石望犼础石）④、一对废弃寺庙的门（按，俄文说明有误，实为一对上马石，两面镌刻

---

① АМБА 系满语 amba 的音译，有大、大佬、长老、大人等义。关于李淳宾其人，见弗·克·阿尔谢尼耶夫（В. К. Арсеньев）撰，黑龙江大学俄语系翻译组译：《在乌苏里的莽林中》下册《德尔苏·乌扎拉》第九章，商务印书馆 1977 年版，第 459—463 页。

② 展厅关于此人名字对音不准，系女真贵族完颜忠，本名迪古乃，字阿斯魁（Эсыкуй），任耶懒路都字董，后迁速频水（绥芬河）。首赞金太祖完颜骨打起兵反辽。死后追封金源郡王，为开国功臣之一。《金史》有传。金女真耶懒路（今俄罗斯滨海区乌苏里斯克城）人。在当地完颜忠家族墓地发现有石羊、文武官石像、龟趺、神道碑。与中国东北金代贵族墓地的墓前神道石雕像风格一致。参见冯恩学《俄国东西伯利亚与远东考古》，吉林大学出版社 2002 年版，第 558—559 页。

③ 佟柱臣：《对乌苏里江以东地区作考古学与历史学的考察》，《社会科学战线》1984 年第 1 期。

④ 中国古代社会贵族高官墓前神道两侧立有成对的石人、石羊、石虎、石望柱，神道尽头立碑即神道碑。

◆ 清朝遗迹的调查 ◆

马跑、马吃草、伫立、观望等造型）、龙纹尖碑（完颜忠神道碑碑额）①，碑座（完颜忠神道碑碑座）；出土殉葬品有官印、印盒、瓷罐、铁枪头、铁马嚼、带扣等。完颜忠石棺（石函）顶部残缺，四壁皆以长方形石板拼接，顶部棺盖尤为厚重，四个斜面均呈等腰梯形。完颜忠墓地与同时期吉林省舒兰县完颜希尹家族墓地的形制基本相同。②厅内还展示12—13世纪、19世纪"佛塔"各一，其鉴定是否正确，待考。（图17）

图17　展厅内中国石刻文物

展厅中最珍贵的文物，莫过于明初永宁寺的两通碑，即《永宁寺记》《重建永宁寺记》。两碑题额均汉文，碑顶弧形，只存碑身，

---

①　此即金开国功臣完颜忠神道碑碑首，圭首形，全称应为"大金开府仪同三司金源郡明毅王完颜公神道碑"。目前，碑额存海参崴，碑身、龟趺存哈巴罗夫斯克博物馆。详见佟柱臣《对乌苏里江以东地区作考古学与历史学的考察》，《社会科学战线》1984年1期；林沄：《完颜忠神道碑再考》，《北方文物》1992年第4期。

②　参见国家文物局主编《中国文物地图集·吉林分册》，第76页。

260

置于四方基座上。大厅里只有我们几个远方来客。我轻轻抚摸着碑首并留下合影,与碑石相关的历史在眼前瞬间闪过,内心五味杂陈,眼眶中不禁噙满热泪。

永乐七年(1409),明朝在元朝东征元帅府故地(今俄罗斯哈巴罗夫斯克边区黑龙江下游右岸特林)设奴儿干都指挥使司,作为管辖黑龙江流域及库页岛的最高军政机构。为加强对这一地区的管理,明成祖朱棣以女真人宦官亦失哈为钦差,前往奴儿干都司巡视,宣谕抚慰当地人民。永乐十一年(1413),当亦失哈第三次巡视奴儿干都司时,在官衙所在地以西修建一座供奉观世音菩萨的佛寺——永宁寺(Храм Юннинсы),复竖碑一通,上刻《永宁寺记》碑文,记录建立奴儿干都司的史实及亦失哈前两次巡视的过程。宣宗宣德七年(1432),亦失哈第十次巡视奴儿干都司,见永宁寺已毁,便在第二年重建永宁寺,又立碑一通,铭刻《重建永宁寺记》碑文,以记其事。此两碑合称"永宁寺碑"。

图18 与永宁寺碑合影

◆ 清朝遗迹的调查 ◆

永宁寺碑原位于黑龙江与亨滚河（今阿姆贡河）汇合口右岸特林崖（Тырсий утес），距黑龙江入海口约120公里。清末，曹廷杰重访永宁寺碑并将碑文拓下，使其得以流传。据博物馆俄文说明：1891年，М. Т. 谢维列夫（М. Г. Шевелев）将这批文物转运并交给博物馆。这与学界所谓1904年以后永宁寺碑被沙俄当局拆除，运往符拉迪沃斯托克（海参崴）并入藏该馆的说法有所不同。俄文说明关于永宁寺碑文用三种文字（汉文、蒙古文、女真文）的说法有误，实际情况是：《永宁寺碑》，碑阳汉字，碑阴蒙古字、女真字，碑两侧用汉、蒙、藏、女真四种文字刻佛教六字真言；《重建永宁寺记》，通篇文字用汉文。

对于中国人来讲，永宁寺碑具有重要历史价值：它是明朝政府对黑龙江流域及库页岛实行管辖的物证，它不仅证明奴儿干都司的存在及中国中央政府对东北边疆地区的经营和开发，也反映东北地区各民族的交流与融合。作为明代唯一一通女真文碑，对研究金明两代女真语和女真字的异同与演变，对研究女真语与满语的传承关系，也有重要价值。① 而博物馆的俄文说明称：永宁寺碑"记载寺庙历史和征服阿穆尔（黑龙江）的简短信息"，明显轻描淡写。

顺便一提，关于明朝官员到奴尔干地区巡视的历史事件，在《明太宗实录》、毕恭《辽东志》卷九、严从简《使职文献通编》卷三九邢枢传中均有记载。位于吉林市第二松花江边的阿什哈达摩崖碑，记载明辽东都指挥使刘清，于永乐十八年（1420）、洪熙元年（1425）、宣德七年（1432）在当地造船供巡视奴尔干之用的史事。在鞍山、辽阳出土的《昭勇将军崔源墓志》《明威将军宋国忠墓志》中，记载崔源、宋卜花（宋不花）随亦失哈到奴尔干巡视有功而获进封的事迹。前辈学者钟民岩、林沄对永宁寺碑反映的史实，均有精详考证。

笔者希望，每位前往海参崴旅游的中国游客，都能去参观这座

---

① 和希格：《1413年永宁寺碑与金代女真文石刻》，《内蒙古大学学报》1993年第2期。

博物馆，去亲眼看一看这两通令人梦牵魂绕的"海外弃子"。

7月17日（周日），多云转晴

早起，前往俄罗斯岛考察。俄罗斯岛在清朝属珲春协领所辖"南海"诸岛。① 清代珲春南海诸岛，是八旗官兵重点巡查区域，也是当地旗民世代渔采之地。而清政府对该地区管辖，几乎与开国同步。清太祖、太宗时期，曾多次在此地招徕女真人（满族）编入八旗，以充实军力。天命二年（1617）三月，因东海沿边散居诸部多未归附，太祖命造大刀船，驾渡海湾，将倚凭海岛不服之国人尽取之。② 天命十年（1625）四月，太祖遣书领兵往征东海瓦尔喀之侍卫博尔晋曰："若多在海岛，则令由此处所派匠人造船，以船取之。"八月，博尔晋携五百户而归。③

在南海诸岛中，勒富岛（熊岛）距海岸线较近，沿岸多峭壁，状如马蹄铁，开口向南。据聂有财考证，即今海参崴东南方阿斯科利德岛（остров Аскольд）。④ 早在清太宗时，该岛已并见于中朝史籍。崇德四年（1639），皇太极听闻送贡之库尔喀人在首领加哈禅（庆河昌）带领下叛逃熊岛，命朝鲜国发舟师往攻。⑤ 满语称"熊"为 lefu（勒富），故加哈禅叛逃地的"熊岛"即南海十四岛中的勒

---

① 此处所谓"南海"与今日通行"南海"概念迥然不同。唐代渤海国有南海府，明代特指今吉林珲春以东，颜楚河（岩杵河）、波谢特湾等处。《明太宗实录》卷186，永乐十五年三月丁亥："南海边地女直野人撒成哈等来朝。"据考，撒成哈为喜乐温河卫酉长，居今俄罗斯滨海边区颜楚河至绥芬河下游地区（谭其骧主编：《中国历史地图集释文汇编·东北卷》，中央民族学院出版社1988年版，第252页）。清代沿用此地理概念，特指珲春以东、海参崴以南一带海域。
② 中国第一历史档案馆等译注：《满文老档》上册，中华书局1990年版，第50页。
③ 中国第一历史档案馆等译注：《满文老档》上册，第629、636页。
④ 聂有财：《中俄北京条约签订前清政府对珲春南海岛屿的管理》，《云南师范大学学报》2018年第3期；同氏：《清代珲春巡查南海问题初探》，《清史研究》2015年第4期；观《吉林通志》附《珲春城图》（清光绪十七年刻本），勒富岛位于海参崴海湾附近，马蹄铁形。
⑤ 第一历史档案馆编：《清初内国史院满文档案译编》上册，光明日报出版社1989年版，第430页；吴晗辑：《朝鲜李朝实录中的中国史料》上编卷57，中华书局1980年版，第3631—3632页。

◆ 清朝遗迹的调查 ◆

富岛（lefu tun）。该岛又称"青岛"（Цин-дао）。不久，发生原籍珲春的八旗将领康古礼、珲春噶栅头领赖达库等与加哈禅密谋叛逃熊岛案。① 于是，清廷遣兵往珲春，俘获加哈禅余部男女五百名，编为户口，令贡海豹皮。因此辈绝粮，复命朝鲜国将米谷、犁，交割也春屯。②《清太宗实录》中多处提及熊岛。足见早在明末清初，熊岛一带已是东海女真（喀尔喀、库尔喀部）重要栖息地。也春屯在乾隆朝《盛京吉林黑龙江等处标注战迹舆图》中，写为"延楚屯（yancu gašan）"，位于延楚河（珲春河）入海口西。其南近海，舆图中注有"南海"（julergi mederi）两字。说明清人沿袭了明代地理概念，将珲春、海参崴以外海疆统称"南海"。

我们从宾馆前往俄罗斯岛③，车行约40分钟。据伊拉介绍：在20多个岛中，俄罗斯岛最大。过去是军事基地，不开放。全岛人口5万，98平方公里。2012年，普京总统为在岛上召开亚太经合组织（APEC）峰会，在此建两座跨海大桥。一为跨越金角湾的大桥，一为连接金角湾地区与俄罗斯岛的大桥。大桥为拉索式，犹如一道长虹悬挂在海湾上，蔚为壮观。桥栏装饰红、蓝、白三种颜色，色彩简洁明快，是俄罗斯国旗的象征。后来，会址建筑改为远东大学大学城。15个学院，3万多学生。上岛经金角湾大桥。右手海湾内，可见澳大利亚大型游轮，云集着多国游客。大巴上岛后右转，先是柏油路，以后是绿荫遮蔽的土路。

参观军事要塞（炮台）。符拉迪沃斯托克（海参崴）作为俄国和苏联在太平洋最重要的基地，曾是世界上最坚固的海岸堡垒之一。要塞的历史可以追溯到1877年。以后，要塞的海岸防御工程逐步完善并加固。1904—1905年间，要塞发挥了重要作用，日军

---

① 《清太宗实录》卷49，崇德四年十月己丑。
② 朝鲜金指南：《通文馆志》卷9《纪年》，李澍田主编：《朝鲜文献中的中国东北史料》，第201、203页；此事亦载《清太宗实录》卷50，崇德五年闰正月甲申条。
③ 有学者认为，海参崴对面大岛即俄罗斯岛，是俄罗斯所谓"叶甫根尼娅皇后群岛"主岛，即清人所称约杭阿岛（Yohanga tun）。见［俄］维滕堡著、张松译《彼得大帝湾（海参崴地区）研究史概要》，《中国边疆学》（第6辑），第385、392页。

未能占领。到 1910—1916 年，按照新的设计方案，修建堡垒和要塞。新要塞吸取了当时军事工程科技的新成果，包括很多设置良好的掩体和地下通道。大约 6000 名来自俄罗斯和中国的劳工承担了要塞的施工。20 世纪三四十年代，苏联军队在符拉迪沃斯托克及周围建立了新的海岸防御体系，包括在俄罗斯岛构筑的海岸炮台。所有这些工事花费了俄国和苏联几代工程兵 70 余年的心血，尽管现在它已经失去了军事价值，但我们仍然能够通过这些工事，从一个全新视角来认识符拉迪沃斯托克及其周边地区——俄罗斯在远东的"心脏"。

返程中途，在远东大学正门外稍事休息。适逢周日，眺望学校外观，不禁为其规模和现代化程度而赞叹。离岛返陆，回到中心广场。列宁纪念碑位于列宁路和卡尔马克思大街交会处东南角。雕像手指的方向就是列宁路。它是一个标志性雕塑。

在海滨通向赤道宾馆的半山腰上，矗立着马卡罗夫（С. О. Макаров）雕像。他是俄罗斯海军中将，海洋学家。日俄战争时任太平洋分舰队司令，因铁甲舰爆炸而死。如今，他站在山腰远眺大彼得湾，仍旧深受当地俄人崇拜。

此次考察的最后安排，是参加"金角湾游船"项目。在金角湾坐游船出海，绕海参崴航行约 1 个小时。一路上成群的海鸥围着游船上下翻飞、追逐，抢食游客抛出的面包碎片。船头划破灰色的海面，白色的浪花层叠而上。远处不时闪过黑黝黝的岛影，哪个是勒富岛却无从分辨。

晚上，在宾馆，与 5 位韩国客人话别。她们计划 18 日从海参崴直飞首尔。

7 月 18 日（周一），晴

早 2 时（俄罗斯时间 4 时），为赶在大队游客前入关，启程回国。至乌里扬斯卡（扬卡）镇，天空已完全放亮。下旅游公司巴士，换成俄罗斯扬卡镇往珲春的公共巴士，车况简陋。上来不少往中国边境的俄罗斯人，加上我们一行 11 人，车上还有一个韩国旅游团。一车乘客俨然成了国际团队。入海关手续与出海关时相同，俄方依旧是五关。数小时后总算入关。旅途上的劳顿，出入俄关的烦琐，赤道宾馆三宿的磨砺，还有海参崴之旅带来的心理压抑，再看到眼前熟悉的一切，不禁轻松起来，长舒了一口气。

乘中午 11 时 41 分，C1012，珲春往延吉西站（每人 28 元）。

7月19日（周二），晴

是日晨起，从延吉出发，前往朝鲜会宁。关于满族先世与会宁关系，明朝史书和李氏朝鲜史书多有记载。

清朝皇室祖先可以追溯到肇祖"孟特穆"（朝鲜史籍记为孟哥帖木儿）。朝鲜《新增东国舆地胜览》卷五〇载会宁府建置沿革："本高勾［句］丽旧地。胡言斡木河，一云吾音会。本朝太宗朝，斡朵里童孟哥帖木儿乘虚入居"。其实，所谓"高句丽旧地"之说并不准确。辽、金、元三朝以迄明太祖洪武年间，中国与高丽国的边界一直在鸭绿江以东、图们江以南。[①] 而图们江流域本为女真世居之地。元末明初，作为女真斡朵里（吾都里）部酋长的孟哥帖木儿，率部由松花江下游移居图们江南岸斡木河（即今朝鲜东北境会宁市）。永乐四年（1406），明使至斡木河，授孟哥帖木儿建州卫都指挥使。[②] 均以此为背景。但是在朝鲜压迫下，孟哥帖木儿部仍未安其居，一度迁往凤州（今黑龙江省东南部东宁县境内，旧称开元）。而后，为躲避蒙古鞑靼部袭扰，又不得不率部迁回故地斡木河。宣德八年（1433），孟哥帖木儿（时任明建州左卫都督）助明使刷还被掳人口，在斡木河被别部女真所害，部落溃散，只余 500 余户。部落发展遭遇重大挫折。此事件亦成为李氏朝鲜在斡木河设会宁镇，并逐走当地女真部落的起因。即朝鲜史书所载："世宗癸丑（十五年，明宣德八年，1433），兀狄哈攻斡木河（原注：今会

---

① 张杰：《朱元璋设置铁岭卫于鸭绿江东始末》，《辽宁师范大学学报》2004 年第 1 期。

② 谭其骧主编：《中国历史地图集释文汇编·东北卷》，第 243 页。

宁），杀孟哥（斡朵里酋长）。教曰①：'……斡木河直豆满之南，在吾境内，土地沃饶，宜于耕牧，正当要冲，合设巨镇以壮北门'。"② 翌年，置（宁北镇）会宁镇于斡木河。在朝鲜军驱赶下，包括斡朵里部（明建州左卫）在内的女真部落不得不迁离故地。

图19 虎尔哈河与鄂多里城（内藤湖南《满洲写真帖》）

正统五年（1440），孟哥帖木儿弟凡察（建州左卫都指挥使）和次子董山（清人谓之充善）因在斡木河不获宁居，被迫率余部从会宁西迁中国辽东。同行300余户，另有百余户留居当地。③ 这就是满洲先世吾都里部（建洲左卫）在朝鲜会宁长期住居的基本情况。

那么，留居当地的百余户人，后来情况如何？朝鲜《鲁山

---

① 笔者按，李氏朝鲜国王命令称教曰。
② 撰者不详：《北路纪略》，李澍田主编：《朝鲜文献中的中国东北史料》，第386—387页。
③ 《朝鲜世宗实录》卷89，二十二年六月丙申；同上，卷90，同年七月辛丑。

君日记》卷一三,三年(明景泰六年,1455)三月己巳条,载朝鲜咸吉道都体察使李思俭关于当时图们江两岸女真部落的调查报告。其中提到"斡朵里"部,实即正统五年(1440)凡察率部西迁后留在当地的残部,百余户,分居6个噶栅(吾弄草、吾音会、西指十三里江内等),其中包括凡察亲兄阿哈里(于虚里)、异母弟加时波、吾沙哥等族人。其居址均在会宁镇北沿江两岸。

朝鲜史书:"国初拓边也,胡人之不能悉逐,而仍居江内者,留为藩胡。"① 这些"藩胡",至少表面上服事朝鲜地方政府。同书又记:"豆满江外野人地面"的村屯有:古罗耳、沙吾尔洞、常家下、阿赤郎耳、下多家舍、伐引、无乙界、上东良、中东良、下东良。②

按清史泰斗孟森说法:清廷既以斡朵里部长(明建州左卫都督)孟哥帖木儿(孟特木)为肇祖,即认定其一系为满洲皇室之先祖,至于"其留居朝鲜边内外之斡朵里人,则清不认为先世也。清太祖起,方蚕食东海瓦尔喀而尽之,此斡朵里即在其内"③。于是,分散已久的族人重归于一。

话说回来,我们前往会宁共7人(包括小孩)。通过旅行社办的加急手续,一天往返,团费500元。导游姓金,朝鲜族。自述往来中朝上百次,对朝方情况耳熟能详。他介绍:会宁16万人,城市虽小,但是有会宁大学、职业技术学院两所大学。

乘坐旅行社面包车,直达中方三合口岸。口岸位于三合镇南部图们江畔,距龙井市区47公里,对面即朝鲜会宁口岸。三合口岸和会宁口岸间有永久性公路大桥相通。进入朝方会宁海关,例行检查,重点是照相机、手机不得入境,集中放在一个塑料袋里存放在海关。朝方登车3人"全程陪送":翻译2人,年轻男女各1人,

---

① 撰者不详:《北路纪略》,李澍田主编:《朝鲜文献中的中国东北史料》,第391页。
② 朝鲜《新增东国舆地胜览》卷50。
③ 孟森:《明元清系通纪》,中华书局2006年版,第340页。

◈ 中、俄、朝三国交界处的考察：延吉—珲春—海参崴—会宁 ◈

小伙子是翻译，汉语很好；姑娘是地道美女，一路上从未担任过翻译，一看就是安保人员，但态度友善，张口闭口总是"爷爷""奶奶"地称呼我们。另一位瘦高小伙子，公开身份是政治指导员，一路上总是板着脸，与其身份倒也符合。凡是入朝旅游都是如此"标配"，不必赘述。

一过海关，会宁近在咫尺。全市就是沿着一条大街分布，街两边排列各种建筑，平房居多，也有低矮楼房。

参观场所都是朝方预订的，基本是伟人圣迹或者面子工程：金日成第一任夫人金正淑事迹馆，是此行见到的唯一宏大的建筑。金正淑本名金贞淑，朝鲜咸镜北道会宁市人，朝鲜著名抗日女英雄，亦是朝鲜民主主义人民共和国创建人金日成第一任妻子。原朝鲜劳动党总书记、朝鲜国防委员会主席、朝鲜人民军最高统帅金正日是其长子。现任朝鲜第三代领导人金正恩的祖母。朝鲜民主主义人民共和国尊奉为"国母"。1949年9月去世，终年32岁。

图20 金正淑事迹馆

◆ 清朝遗迹的调查 ◆

事迹馆用华丽大理石建筑，因为电力匮乏，平时停电。为了迎接我们几位外宾，临时打开电灯。接着参观金正淑故居。响应朝方导游的暗示，我们还买了一束纸花奉在国母塑像前。

午餐，被安排在临街的一处对外饭店。朝鲜式火锅，内容堪称丰盛：猪肉、豆腐、油煎高粱面饼。我们自费买了啤酒，与朝方接待人员同饮。政治指导员严肃的面孔终于露出了几分笑意。

参观会宁高级中学。据说金日成小舅子12岁战死，故以其命名。墙上贴了不少政治性极强的反美宣传画。电脑室摆放着几排电脑，类似于当初用过的286或386。朝方接待人员显然希望将他们最美好的方面展示给中国游客。无论如何，朝鲜学生能用上电脑都是一件好事。这毕竟是将他们与现代科学知识相连接的有限媒介之一。

接着按朝方安排观赏会宁大学附属幼儿园，观看儿童演出。来到幼儿园，按照演出前的程序，我连忙嘱咐随行诸位送上事先准备的糖果、饼干、文具。在朝方看演出从来不用买票，给孩子表示一点爱心完全是应该的。

最后来到图们江边码头。据说，1922年春，时年不足5岁的金正淑随家人从该码头乘船横渡豆满江（图们江），前往中国，后与金日成相识，并参加革命。码头作为革命圣迹，于近年新修。一个覆盖石棉瓦的两面坡棚子，六根柱子撑起，四面通透无墙，棚子中央摆放着一只尖头平尾的小渡船。象征国母当年的渡江工具。棚子面江的一侧修有一条通向故居的便道，而步道外侧则围着一道密匝的铁丝网。这应该是为防范朝方越境者而设。铁丝网外侧即蜿蜒流过的图们江。水面很浅，在江中沙洲上，几只羸瘦的山羊正在悠然吃草，不时抬起头来向四处观望。是日天气晴好，对岸即中国界，而我们日前登临的三合镇望远阁亦历历在目。江岸矗立着一幅大型宣传画，画中央是国母儿时形象，身穿朝鲜服饰，单手提小包袱，准备启程前往中国。我们按领队要求在画像前肃立，导游充满激情地宣讲国母的伟业，讲述她如何由此码头登程前往中国，以后参加革命（听不懂朝语，只能推测，应该大致不错）。而我满脑子想的，却是五百年前作为清朝肇祖的孟哥帖木儿（孟特穆）及其部民，在此地如何生活。此前我们往观

◈ 中、俄、朝三国交界处的考察：延吉—珲春—海参崴—会宁 ◈

图们江下游至入海口，江面宽阔，流量大，流量急，往来两岸唯用舟楫。而会宁地处江上游，江面远比下游狭，流量也小得多。不用说，当年孟哥帖木儿们即便不用船只摆渡，骑马或者徒步跋涉往来两岸也非难事。尤其严寒冬季，江面冰期长，往来两岸更成通途。

实地考察还明确一点：会宁位于一个狭小的冲积平原，图们江从北面流过，周边群山环绕，根本不具备发展规模农业的条件。这应是当年斡多里部仍以狩猎、采集为主，农业为辅的重要原因。概言之，朝鲜东北境多山，且山势陡峭，不便农作。这也是明代图们江上游女真诸部发展农业的一个限制因素。而江北的地理环境则好得多。① 明乎此，对明代建州女真社会的农业经济何以伴随着几次迁徙而获得发展也就不难理解。第一次是从会宁迁入婆猪江（浑江）五女山，山下浑江两岸大片冲积平原为农业发展提供了肥沃土壤；第二次由五女山城迁入今新宾苏子河畔，沿河形成的一连串冲积平原尽管面积有限，却使农业生产的多样化及产量提高成为可能。而根本性的变化还是在清太祖努尔哈赤进取鸭绿江北侧的六甸（今属宽甸）。虽说是"甸"，其实是山间广阔的平原。正是从这时起，建州女真农业开始走向发达。

总之，会宁游尽管只有一日，我却认为不虚此行。更重要的是，多年来我循着满族历史的线索不断寻根，终于在这天达到一个新的起点。我的姥姥姥爷都是老北京旗人，姥爷年轻病故，我与他从未谋面。姥姥亲手把我带大，骨肉情深，直到86岁高寿离我而去。姥姥姥爷的祖先究竟来自何方？是人们常说的白山黑水，还是更为遥远的已成异国的他乡？带着这个不解之谜，我将继续前行。

7月20日（周三），晴

早8时24分，从延吉西站往四平东站，D7678，车票155.5元。11时许到达。圆满结束此次考察。

---

① 即前人所云："韩境人稀土瘠，一逾江（按，指图们江）流，北流入我界，沃壤膏原，天然宝库"，朱约之等修：《珲春县志》卷11《交涉》，第394页。

◈ 清朝遗迹的调查 ◈

图 21　会宁渡口遗址

图 22　中朝边境，远处为图们江上游，对岸山上即防川三合镇望江阁

陕西、河南考察：西安及周边—内乡—南阳—洛阳

2008年3月26日至4月9日，我和东北学院大学细谷良夫教授、夫人，中国人民大学清史研究所张永江教授一行四人为考察清朝历史遗迹，从北京出发，前往西安，又出西安往东南，穿越秦岭山脉进入陕西、河南、湖北三省交界处进行了考察。

3月26日（星期一）上午，我们从首都机场第三号航站楼乘飞机前往西安。

当天是3号航站楼正式营业第一天，但就是这样一个日子，机场方面却让我们全体乘客不明不白地在飞机上坐等了整整一小时！飞机乘务员解释说，上空临时实施飞行管制，看得出，他们也很无奈。12时40分，飞机在晚点1小时后，终于起飞。

对我来说，这次考察，是一次姗姗来迟的"寻根"之旅。陕西是中华民族史前文明发源地之一，有代表人文始祖的黄帝陵，有号称世界奇迹的始皇陵和兵马俑，有经历十三朝风雨沧桑依旧壮美的古都西安。丰富的文物和史迹，构成中华民族生生不息、不断发展壮大的生动画卷。说来惭愧，作为治史者的我，从业二十余年，却从未触摸过这片祖先留下的热土。

陕西有广袤的黄土高原，巍巍的秦岭山脉，富饶的关中平原；险峻的西岳华山，灵秀的临潼骊山，峻美的太白山，横亘在陕南；世界珍稀动物大熊猫、朱鹮的栖息地，深藏于秦岭山中；激流澎湃的黄河壶口瀑布，在陕北黄土高原晋陕大峡谷中回响；昔日的大漠边关，至今仍能体味到当年孤城绝塞的苍凉。高亢的秦腔以及安塞的腰鼓、陕

北的剪纸、户县的农民画、凤翔的泥塑，无不蕴藏着陕西厚重的文化底蕴和独特风情。而此行考察重点，仍是与清代有关的史迹。

一 西安的考察

下午2时，飞机到达西安咸阳机场。

陕西省会西安位于关中平原偏南地区，到达西安后首先一个感觉，就是天气之热，至少超过北京10℃，似乎提前进入夏季。入住市中心的西安城市酒店后，连忙脱掉绒衣，换上衬衫。

西安古称长安，历史悠久。自周朝起，先后有秦、汉、隋、唐等一共十三个朝代在此定都，是中国六大古都（北京、西安、洛阳、开封、南京、杭州）之一。对于西安这样一座古都来说，一座城市史也就是一部多民族互动交融的历史。

酒店距西安市中心的钟楼、鼓楼很近。当天下午，就近前往钟楼、鼓楼参观。

钟楼位于西安市中心，东西南北四条大街交会处，与鼓楼隔广场相望，被誉为古城西安的标志。钟楼始建于明洪武十七年（1384），原址在西大街广济街口，万历十年（1582）移迁今址。楼上悬挂唐睿宗景云二年（711）铸大钟一口，用以报时，故名"钟楼"。由地面到楼顶通高36米，由基座、楼身和楼顶三部分构成。基座正方形，青砖砌成，下辟十字拱券形洞门，连通东西南北四条大街。在构造技术上沿用唐宋建筑技法。楼身两层，三重檐，四角攒顶，覆琉璃瓦，深广各五间，三十六根大红明柱挺立其间，门扉雕有木兰从军、柳毅传书、岳母刺字、西厢听琴等六十四幅浮雕。登楼望远，四条大道伸向远方，车辆如流，行人如蚁。城楼上大红灯笼高高挂，喜气洋洋，气象万千，尽显盛唐风采。

鼓楼在钟楼西北，楼北是一条狭窄的商业街，沿街前行就到了著名的清真寺（位于鼓楼西北化觉巷内）。它与西安大学习巷清真大寺并称为西安最古老的两座清真大寺，因在大学习巷寺以东，又称东大寺，为中国四大清真寺之一，是西安6万多穆斯林过宗教生活的主要场所。大寺始建于唐天宝元年（742）①，经历代维修扩建，形成目前格局。布局坐西朝东，平面呈"凸"形。采取中国传统的中轴建筑为主、左右建筑对称为辅的形式。分五进院落，第一进院有歇山琉璃顶砖雕照壁，明代建九米高木牌楼一座，斗拱层叠，楼顶孔雀蓝琉璃覆盖；经过五间楼，进入第二进院，中间竖石牌坊一座，为三间四柱式，东西有踏道，绕以石雕栏杆。石牌坊后南北两侧各竖冲天雕龙碑一通，一为明万历三十四年（1606）"敕赐重修清真寺"碑，碑阴镌刻宋代大书法家米芾手书"道法参天地"五字；一为清乾隆三十三年（1768）"敕修清真寺"碑，碑阴镌刻明代书法家董其昌手书"敕赐礼拜寺"五字，均是书法艺术珍品。第三进院通过之敕赐殿，殿内有阿拉伯文"月碑"一通，内容系伊斯兰教斋月计算方法。此碑对了解陕西伊斯兰教发展史有珍贵价值。院落中央为省心楼，是一座秀丽典雅的三层三檐八角攒顶建筑，极为壮观，为教徒礼拜的制高点。其南侧有宫殿，北侧建"讲经堂"，内藏明代手抄本《古兰经》。第四进院建凤凰亭一座，状如展翼神鸟。最后面是全寺中心场所——礼拜大殿。大殿建于月台之上，殿内可容纳千余人做礼拜，大殿脊竖镏金顶，显得富丽堂皇。大殿两侧设月亮门通后院，即第五进院。

大寺内砖雕、石雕、木雕精美，既带有伊斯兰教特色，又体现西北地区建筑的普遍特点。大寺历经沧桑而迄今仍保存完好，实在难得，既反映了历代统治者对伊斯兰教的尊崇和对教民的笼络，也凸显了回民持久的凝聚和信仰的虔诚。

日暮，返宾馆，稍事休息。8时彭陟焱夫妇来，两人均毕业于中央民族大学，为人学习俱佳，现在咸阳西藏民族师范学院任教。

3月27日（星期二）晨，往观陕西省博物馆。适逢西安市免费参观首日，门前等候了数百市民。9时开馆。馆藏丰富，以青铜器、历代陶俑、唐代金银器、唐墓壁画最具特色。

---

① 一说始建于明洪武二十五年（1392），见国家文物局主编《中国文物地图集·陕西省》，西安地图出版社1998年版，第23页。

◆ 清朝遗迹的调查 ◆

碑林博物馆位于碑林区三学街15号，原址为清代文庙，布局与北京国子监孔庙接近，只是规模明显要小。

碑林博物馆是一座以收藏、研究和陈列历代碑石、墓志及石雕作品为主的艺术博物馆，被誉为"中国最大的石质书库"，为全国四大碑林之首（陕西、山东、四川和台湾）。北宋元祐二年（1087），为保存唐《石台孝经》和《开成石经》而建，此后历代都有增添，共藏汉至清代碑石二千三百余通。现有六座大型展室、七座游廊和一座碑亭。其中有世界上最重、最古老的石质文献《十三经》。有名扬海内外的《大秦景教流行中国碑》。"大秦"是中国古代对罗马的称呼，景教是基督教聂斯脱利派传入中国后的名称。碑文记述了景教教旨、仪式以及自唐太宗贞观九年（635）传入中国后一百五十年间的活动情况，刻有古叙利亚文写的僧徒多人姓名。还有秦代李斯、东晋王羲之、唐代欧阳询、颜真卿、柳公权，宋代苏东坡、黄庭坚、米芾，元代赵孟頫等人书写的石碑，历来都是人们学习书法的范本。唐建中二年（781）《广智三藏和尚碑》亦称《不空和尚碑》，碑文记述密宗高僧、西域人不空和尚在长安传播密宗教义，翻译大乘经典的事迹。他生前被奉为国师，死后追谥"大辨正广智三藏"。其弟子惠果又把密宗教义传给日本和尚空海。空海回国后成为日本佛教真言宗的创立者。

许多碑文，可补史书缺失。明崇祯十六年（1643）《感时伤悲记》，记述当时陕西东部地区百姓在统治阶级剥削压迫和灾荒威胁下，四处逃荒，"死于道路者不计其数"的悲惨情景。是研究明末社会经济以及社会矛盾的宝贵资料。崇祯十三年（1640）《崇祯赐杨嗣昌行军诗》，碑阳为崇祯帝朱由检派杨嗣昌率师镇压反乱农民出发前所赐诗一首，碑阴是官吏唐绍尧所作的记，对朱由检、杨嗣昌大加吹捧，对反乱农民大加污蔑。李自成大顺永昌元年（1644）《明德受记碑》，记载明朝末年陕西地方灾荒连年，"人食人，犬亦食人"的惨状，反映了农民起事的必然性。此碑纪年"大顺永昌"，是李自成所建大顺政权年号。这些都是研究明末农民大起义的宝贵资料。

碑林中藏有不少清朝君臣的石碑：雍正甲寅年（十二年，

1734）和硕果亲王（允礼）绘《至圣先师像》。雍正十二年允礼送达赖喇嘛回西藏，路经西安时将亲绘孔子像镌刻于碑，碑上有"和硕果亲王之宝"满、汉文印文。光绪十六年（1890）慈禧太后御笔"平安富贵"碑，碑上部为文字，下部为瓶插牡丹图，瓶寓意"平安"，牡丹寓意"富贵"。瓶边刻一如意，寓意"平安如意，富贵吉祥"。康熙帝御笔《宁静致远碑》《水静堂碑》《训饬士子文碑》《赐佛伦诗碑》《耕织图并诗碑》；雍正帝胤禛御笔《赐岳钟琪书》；康熙三十九年（1700）汉军旗人佟世霖《鄂方伯公子北闱高捷序》；康熙四十一年（1702）满洲大臣鄂海"愧无忠孝报朝廷"碑；雍正年间果亲王允礼《骊山温泉诗碑》《即景诗碑》《望太白积雪诗碑》《程子颜子所好何学论碑》；嘉庆十七年（1812）满洲大臣那彦成《重修兰州城碑记》；道光元年（1821）大臣邓廷桢《重修名臣祠碑记》；四年（1825）颜伯焘跋"官箴言"碑；十七年（1837）满洲旗人洪不器哈哈达书《瑚三希祝文》；二十二年（1842）大臣林则徐《游华山诗碑》；二十九年（1849）满洲旗人金英《宏不器家传》；光绪十一年（1885）大臣左宗棠书"天地正气"碑。这些石碑，不仅是清代书法艺术的佳作，对从事清史和满族史研究也为裨益，以往鲜有提及。

馆内收藏有不少石质文物，如五胡十六国时期大夏（匈奴人所建）石马，石马前足残留有"大夏真兴六年（422）""大将军"等字，风格朴实雄健。又藏明清时期陕西渭北地区拴马桩数十件，造型各异，很有特色。

离开碑林博物馆，前往考察西安古城墙和城中满城遗址。

西安古城墙位于市中心，是明代初年在唐长安城皇城基础上扩建而成。城墙高12米，顶宽12—14米，底宽16—18米，周长14公里，呈长方形。有城门、瓮城各4座。东长乐门，西安定门，南永宁门，北安远门。城上修城楼、箭楼、角楼、敌楼、女墙、垛口，四周有登城马道、护城河。[①] 20世纪末，城墙修复一新。是中

---

① 国家文物局主编：《中国文物地图集·陕西省》，第22页。

清朝遗迹的调查

国现存规模最大、保存最完整的一座古城墙。

西安是周、秦、汉、唐等各朝都城，到清代，仍然是政治、军事重镇。驻军西安，便可控制广大西北地区。作为清代八旗重要驻防地，西安驻防城（满城）的由来、规制、变迁与遗址情况，是此次考察的一项重要内容。

清政府在建都北京的第二年（顺治二年，1645），派兵到西安驻防。康熙二十年（1681）平定"三藩"后，清廷决定加强对西北防守，又增派八旗兵3000名到陕西驻防。以后，几次增兵，到乾隆年间形成驻防西安的"五千营头"。"五千营头"指5000旗兵，也称马甲，其中包括满洲兵3586名，蒙古1414名。据调查，其先辈原籍多是东北辽宁一带。民间传说，八旗满洲兵初来西安时，非常勇猛。由京师（北京）到西安需18个马站，计程约900公里。清政府为与李自成的农民军争夺据点，责令行军途中只准换马，不许换人，八旗官兵疾行五日许，就到达西安。

驻防初期，自府城北门起，南至城中钟楼止，又自钟楼起，东至城东门止，修筑界墙，圈占为八旗营区。而后，因地不敷，将南界墙拆除，满城扩展到占全城二分之一强。满城与汉城土墙相隔，有五小门相通，满城内大街七条，小巷九十四条，东西四里二分，南北三里一分，总面积14平方里。雍正九年（1731），西安额设兵丁八千，及眷属将及四万。① 乾隆帝平定西域（新疆），部分驻防官兵移往凉州、庄浪、伊犁、巴里坤，原有汉军官兵全行改归绿营。② 空出额缺，由京城调来满蒙官兵充补。晚清咸丰年间，满洲兵仍有零星调来西安的，属增补缺额性质。八旗驻防西安后，人口不断增加。清末，人口增至三万余。他们主要依靠五千份口粮。每个兵一家六口全靠一个人的一两多银子和约五市斗老仓米过活，于是其生日蹙。③

---

① 福隆安等纂：《钦定八旗通志》卷188，吉林文史出版社2002年版，第3316页。
② 福隆安等纂：《钦定八旗通志》卷117，第2002页。
③ 《陕西省西安市满族社会历史调查报告》，《满族社会历史调查》，辽宁人民出版社1985年版，第139页；李级仁：《西安八旗小史》，文安主编：《晚清述闻》，中国文史出版社2004年版，第86页。

图1 西安钟楼

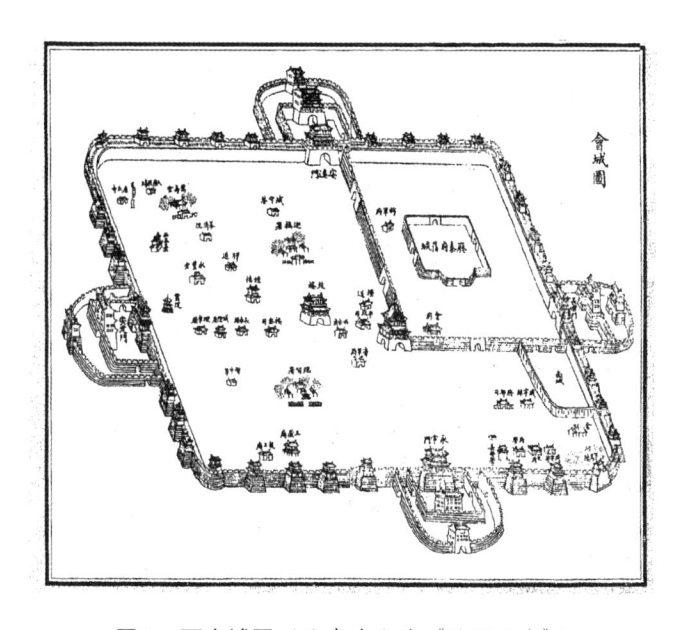

图2 西安城图（沈青峰主修《陕西通志》）

辛亥革命推翻清王朝统治，引起部分满洲贵族和官员强烈反抗。西安将军文瑞驱使八旗兵丁与民军交战，结果使旗人遭受灭顶之灾。满城变为瓦砾滩，旗民死亡殆尽。① 民国十年（1921），冯玉祥督陕时废除八旗制度，西安旗人群龙无首，散居各处。加之民族歧视，旗人大都隐瞒民族成分，许多人改称汉族。20世纪50年代初，西安只有900多名满族；1959年统计，增至1148人。因与汉族杂居，且居住分散，在人口中为数寥寥。

辛亥革命后，首先将钟楼迄北迄东两道土墙拆除。及至近时，满城遗址，主要有两段，一段位于皇城东路，现在是省政府大院东墙；另一段位于省政府正门广场西南。两段城墙上均嵌有同样铭牌，写着"陕西省第四批文物保护单位""明秦王府城墙遗址"两行文字，时间为2003年9月。这两段城墙，是明秦王府城墙的一部分，到清代又构成满城的一部分。如今，墙砖早已无存，仅存黄土夯筑墙体，高3丈余。（图3、图4）

图3　满城遗迹

---

① 辛亥革命时西安旗人的伤亡情况说法不一。《陕西省西安市满族社会历史调查报告》只笼统地说"战争使西安满城旗人受到很大损失"（第144页）；朱叙五、党自新《陕西辛亥革命回忆》说在搜查满城过程中"杀害了一些不必要杀害的旗兵及其家属，俘虏了很多男女老幼……把他们遣送出城，令其自谋生计"，载《辛亥革命回忆录》第5集，文史资料出版社1981年版，第10页；李级仁《西安八旗小史》称"使3万多人死亡殆尽；事后调查逃出性命，尚能挣扎生活的仅3000人左右"（第89页）；毓运《记祖父端郡王载漪庚子被罪后的二十余年》（续编）引前宁夏将军常连的话称："西安满城驻防旗兵大部分被杀"，载《文史资料选辑》第二十辑，中国文史出版社1990年版，第153页。

图 4　明秦王府城墙遗址说明

二　西安东线考察

3 月 28 日（星期三）晨，阴有小雨，驱车东行，9 时 30 分上高速公路，前往风陵渡。

11 时 30 分到达风陵渡。黄河上游流过河口镇后，为南北走向的吕梁山所阻，折向南流，奔腾于陕、晋省界的峡谷间。河水从壶口瀑布下泻后，出龙门继续南流，到潼关附近，因东西走向秦岭山脉支脉华山所阻，折向东流。风陵渡正处于黄河东转拐角，自古就是河东（山西）、河南、关中（陕西）咽喉要道，向为兵家必争之地。相传黄帝六相之一的风后，与蚩尤作战被杀，埋葬在渡口附近，建有风后陵。风陵渡因此得名。

千百年来，风陵渡作为黄河要津，不知有多少文人墨客、将帅征卒路过此地。东汉时曹操讨伐韩遂、马超，西魏宇文泰破高欢等著名战争，均发生在风陵渡。金人赵子贞《题风陵渡》云："一水分南北，中原气自全。云山连晋壤，烟树入秦川。"风陵渡作为陕、晋、豫三省交通要冲，自古以来就是黄河上最大的渡口。明清时在此设巡检司和船政司，管理防守和运输事宜。这处"鸡鸣一声听三省"的古渡口，历史上一直以摆船渡河。如今一座大桥飞跨南北两岸，使黄河天堑变通途。

黄河水面开阔，泛着泥沙，滚滚流向远方。千百年来，黄河被誉为华夏民族的母亲河，横亘在中国北方，用她的乳汁滋润着一代又一代的华夏子孙；但她的性格暴虐，喜怒无常、经常泛滥，酿成了无数祸患，吞噬过许多无辜性命。最近一次大决口发生在1976年，据说河南几个县人口为之一空。但愿这样的悲剧永远不再发生。

12时10分，离开风陵渡，驱车前往潼关、华山。车经潼关港口村，为自山西入陕第一村，村头尚存土围子。

12时20分，过苏家坡，山坡上矗立着烽火台，不知是否秦汉旧物。不久，车过著名古隘口潼关。潼关在潼关县北，北临黄河，南依秦岭，自古就是关中东大门，有"鸡鸣闻三省，关门扼九州"之说。一向为兵家必争之地。战国时代，秦国从晋国夺取潼关，开始剿灭六国大业。东汉末年，曹操与马超激战潼关，曹操以沙筑墙用水浇灌，一夜冰冻成垒，马超兵败西逃。天宝十五年（756），唐将哥舒翰统兵二十万镇守潼关，玄宗听信杨国忠谗言，迫使哥舒翰出关作战，结果被叛军安禄山打败。安禄山占据潼关西进，唐玄宗仓皇西逃。广明元年（880），黄巢起义军由洛阳进发潼关，唐将田令孜率兵十万镇守潼关，未料起义军由禁沟潜入，夺取潼关，直捣长安。元朝末年，朱元璋攻破潼关，进而平定陕甘。明朝末年李自成、张献忠相继在陕北起事，多次转战潼关。

清代潼关城守尉驻防，原议在潼关西门外接连旧城（汉城）建造，后经踏勘，发现潼关西门外北面逼近黄河，担心水势泛涨，改在城西一里许另建新城。城周二里七分。城壕宽二丈，城墙高一丈八尺。东西设两门，内外用砖裹砌，门上各建城楼二层。城中留十字大街，东西设街道八条，八旗甲兵分住。城内有城守尉衙署一，防御衙署、骁骑校衙署各八个。领催、兵丁1032名，共盖营房

2064 间。①

据新编地方志载，现留关城周长 5 公里，北面与东北以夯土为墙，外包青砖，高 16 米、宽 8 米；南与东南，顺势削成垛口，高达 30 米。除六门外，尚有南北两个水门。由于修三门峡水库，潼关城砖被拆卸一空，但从断垣残壁处，仍可窥见当年关隘雄姿。

下午 2 时，车抵华山。华山是中国名山五岳之一，号称西岳，位于华阴县境内，雄踞关中东部，西距西安 129 公里，素有"奇险天下第一山"之称。华山南依秦岭，北瞰黄河。华山之险居五岳之首，登山之路蜿蜒曲折，长达 12 公里，到处都是悬崖绝壁，有"自古华山一条道"的说法。

华山五峰中以东峰（朝阳）、西峰（莲花）、南峰（落雁）三峰较高。东峰是凌晨观日出的佳处，西峰的东西两侧状如莲花，是华山最秀奇的山峰，南峰是华山最高峰。三峰以下还有中峰（玉女）和北峰（云台）。

以往游客从山底玉泉院出发，登山往北峰，沿途险象环生，却也胜景不断。不巧的是，我们抵达华山，正遇上阴雨，高耸的群峰被云雾遮掩得严严实实。我们乘车沿公路由黄甫峪进山，选择乘索道缆车由山底直抵北峰。华山三特索道的全套设备从奥地利多贝玛尔公司引进，全长 1524.9 米，一路俯瞰山底，或仰望群峰，大约 10 分钟即达北峰。乘缆车虽然便捷，与山道沿途的名胜却失之交臂。

北峰峰顶海拔 1614.7 米，是登临其他四峰的要冲。唐朝大诗人李白有诗云："三峰却立如欲摧，翠崖丹谷高掌开。白帝金精运元气，石作莲花云作台。"北峰顶三面悬空，只有一条狭窄山脊通向以南各峰，独秀云表，有若云台，故称云台峰。中国几代人耳熟能详的革命电影"智取华山"的背景就发生在此地。北峰顶有道观真武宫，倚山而建，造型别致。还有黑虎石，石上留有前人留下的

---

① 福隆安等纂：《钦定八旗通志》卷 117，第 2004—2005 页。

摩崖石刻。今人武侠小说大家金庸题写"华山论剑碑",为众多游客驻足留影处。

华山自古为道教圣地,是全真派发祥地,名胜古迹很多。华山以北7公里处西岳庙,是古时祭祀西岳华山神的庙宇,据说初创于春秋战国时期,至汉代已具规模。唐玄宗时封华山神为金天王,北宋时加封金天顺圣帝。现存建筑为明建清修。庙内存古碑数十通,包括乾隆帝御书"岳莲灵澍"石额。我们赶到时,天色已晚,未及浏览。

三　西安北线考察

3月29日(星期四)阴间小雨,清早离开西安,驱车往北,赶往铜川市耀州瓷器博物馆。

耀州窑遗址博物馆位于铜川市耀州区黄堡镇南侧古窑场上,素有"北方刻花青瓷之冠"美誉。耀州瓷的烧制始于东晋,勃兴于宋。早期以烧制黑色瓷为主,兼造少量青瓷。唐代烧造三彩器皿。五代时,青瓷获得长足发展,成为"贡瓷"。宋代,烧造艺术达到炉火纯青的地步。各地窑场竞相仿制,最终形成以耀州黄堡镇为中心,西到甘肃、东括河南、南达秦岭南的庞大耀州窑系,成为北方青瓷艺术的代表。唐宋时期,耀州瓷通过海上丝绸之路,远销东亚、西亚、东南亚、东非等地。北宋末期,金兵南犯,宋室南迁,黄河流域遭受严重破坏,黄堡镇亦难逃劫难。至明孝宗弘治年间(1488—1505年),十里窑场沦为荒丘瓦砾,随之销声匿迹。

遗址博物馆展出有千余件珍贵陶瓷文物,陈列分唐、五代、宋、金、元五个部分,反映了耀州窑兴衰全过程。还展有唐宋制瓷作坊、窑炉遗址。馆前广场,有号称"天下第一壶"的仿宋代青瓷刻花倒装壶的巨型雕塑。馆旁仿古商店专门出售耀州瓷仿制品,青瓷制作水平虽不能与真品相比,还有些特色,何况价格也便宜,我们每个人都有所收获,兴致勃勃,满载而归。

回程时顺路参观举世闻名的秦始皇兵马俑博物馆。博物馆建在兵马俑坑原址上，位于西安市临潼区以东7.5公里的骊山北麓，1979年落成开放，向参观者展示丰兵马俑坑的发掘现场和秦兵马俑群。

馆内一号坑展室最大，面积1.4万平方米，深5米，有武士俑、车马6000余件，列成38列纵队，为战车步兵军阵。这支复活的军团军容严整，气势雄伟，将当年秦军将士横扫天下如卷席的军威淋漓尽致地展示面前，令参观者不禁发出由衷赞叹。二号坑展室的弩兵方阵，阵势整齐。立射俑、跪射俑的足法、手法、身法均合理有度，反映出秦代射击技艺的高超水平。三号坑展室呈"凸"字形，出土战车一乘，木制车厢已朽，仅存残迹。车前驾有四匹陶马，车后有陶俑四件。前排一件为军吏俑，后排中间一件为御手俑，御手两侧为车士俑。反映了当时的兵种配置。

站在博物馆广场南面，可以眺见远处秦始皇陵。陵上树木葱郁，在骊山的映衬下愈显高大。唐朝大诗人李白云："秦皇扫六合，虎视何雄哉；挥剑决浮云，诸侯尽西来。"这位叱咤风云的帝王缔造了中国历史上第一个统一、多民族的中央集权制国家——秦帝国，并给后世留下这座神秘莫测的地下皇陵。史书记载，秦始皇为造陵征集了七十万个工匠，建造时间长达三十八年。地下宫殿是陵墓的核心建筑，位于封土堆的下面。《史记》记载："穿三泉，下铜而致椁，宫观百官，奇器异怪徙藏满之。以水银为百川，江河大海，机相灌输。上具天文，下具地理，以人鱼膏为烛，度不灭者久之。"据考古发现，秦陵地宫面积约18万平方米，中心点深度约30米。由于各种原因，迄今尚未挖掘，同时为世人留下无穷悬念。

四　西安西线考察

3月30日（星期五）多云，这天主要往西安西线活动，重点考察法门寺、乾陵。

◈ 清朝遗迹的调查 ◈

　　法门寺位于陕西省扶风县城北 10 公里处法门镇，东距西安市 110 公里。始建于东汉末年恒灵年间，距今已有 1700 多年历史，有"关中塔庙始祖"之称。

　　法门寺因舍利而置塔，因塔而建寺，原名阿育王寺。释迦牟尼佛圆寂后，遗体火化结成舍利。公元前 3 世纪，阿育王统一印度，为弘扬佛法，将佛舍利分成八万四千份，分送各国建塔供奉。中国有十九处，法门寺为第五处。北魏时期首次开塔瞻礼舍利。隋文帝开皇三年（583）改称"成实道场"。唐高祖李渊武德七年（624）敕建并改名"法门寺"。唐代先后有高宗、武后、中宗、肃宗、德宗、宪宗、懿宗和僖宗八位皇帝迎送供养佛指舍利。每次迎送，声势浩大，皇帝顶礼膜拜，等级之高，绝无仅有。僖宗李儇最后一次送还佛骨时，按照佛教仪轨，将佛指舍利及数千件稀世珍宝一同封入塔下地宫，用唐密曼荼罗结坛供养。法门寺成为皇家寺院及举世仰望的佛教圣地。唐代此后，寺庙屡有修缮。近代以来，逐渐衰落。

　　1987 年重修宝塔时，从地宫中意外发现佛祖真身指骨舍利和近两千五百件唐代稀世珍宝。十多年来，法门寺相继建成大雄宝殿、玉佛殿、禅堂、祖堂、斋堂、寮房、佛学院，规模宏大，但因为都是仿唐建筑，缺乏历史真实性，难以引起参观者的兴趣。不过，寺中收藏号称有十二项"世界之最"：地宫出土的世间唯一佛指舍利，是佛界最高圣物；世间罕见的皇室金银器宝库；迄今为止规模最大、等级最高的地宫；首次发现的皇室御用秘色瓷系列；时代最早、等级最高的唐皇室系列茶具；失传千年之久的唐密曼荼罗世界；佛教世界最高法器鎏金迎真身四股双轮十二环银锡杖；佛教密宗最高结集金胎合曼鎏金捧真身菩萨；世界等级最高、品类最多的皇家古代丝织品；世界首次发现古代货币玳瑁开元通宝。

　　乾陵位于西安以西 85 公里乾县城北梁山上，是唐高宗李治（623—683）与女皇帝武则天（624—705）的合葬墓，墓以山为陵。梁山有三峰：北峰最高，高宗和武则天两帝合葬墓就在此峰中。南面两峰较低，东西对峙，中间夹着司马道，故而这两峰取名叫"乳峰"。陵园当年建有宫殿楼阁，历经战乱被毁，仅存石刻碑碣，气势犹存。现存石刻文物有：六棱柱华表、翼马、鸵鸟、仪马和牵马人、翁仲，"无字碑"和《述圣记碑》，王宾像六十一尊，石狮一对。在陵墓东南隅，分布有太子、公主、亲王及重臣陪葬墓十七座。乾陵被定为全国重点文物保护单位，建有博物馆。

《述圣记碑》俗称"七节碑"，是武后为高宗立的记功碑。庑殿式顶盖，中间五节为碑身，下面是镌刻着各种兽纹的基座。取意为日、月、金、木、水、火、土，"七曜"光芒照陵寝。碑身五节刻8000余字，系武后撰文记述高宗功绩，由唐中宗李显书写。时至今日，经千余年风雨剥蚀，除一、二、四面尚能见到一些残存部分，第三面已渺无一字。

《无字碑》通身取材于一块完整巨石，据说重约一百吨。碑首雕有八条互相缠绕的螭龙，碑侧各有《升龙图》一幅。碑座阳面雕画狮马图。图中之马屈蹄俯首，悠游就食；雄狮昂首怒目，威严挺立。无字碑雕刻精细，高大雄浑，不失为历代碑碣之巨制。

无字碑因"无字"而著称。至于是因武则天遗言"己之功过，留后人评"故不书字，还是因其"德高望重，无法可书，留后人评"而成无字碑，均无充分史料可为佐证。成为千古之谜。无字碑上留有后人题词共四十二段，始于北宋，而终于明。以后碑身仆倒，直到1957年重新竖起，再未有人题词。长期以来，由于风雨侵蚀和人为破坏，碑石题字已斑驳脱落。（图5）

墓前有六十一尊王宾石像，是高宗驾崩后，各国王侯与使节，纷纷来唐都长安（今西安）吊唁，并亲往乾陵送葬。为纪念当时盛况，武则天命人将参加葬仪的王宾和使节，仿真人身高与服饰雕刻成六十一尊石像分站两旁。每尊石像均宽腰束带，躬礼侍立，蹊跷的是头部都被砸掉。究其因果，莫衷一是。（图6）

图 5　乾陵无字碑

图 6　缺首王宾像

下午，经原路返回，因时间尚早，顺便往观西安市内都城隍庙。

都城隍庙位于西大街中段。民间"城隍"信仰始于周秦，盛行于唐宋，一直沿袭下来。城隍，起源于古代对水（隍）庸（城）的祭祀，为《周宫》八神之一。"城"指挖土筑的高墙，"隍"指没有水的护城壕。古人造城是为了保护城内百姓，所以修了高大城墙、城楼、城门以及壕城、护城河。他们认为与人们生活、生产密切相关的事物都有神在主宰，于是城和隍被神化为城市保护神。后来城隍又由保护神蜕变为阴界领治亡魂之神。城隍神最烜赫的时期是明代。朱元璋建国后，声称城隍神能鉴察民之善恶，行善者得福，作恶者受惩，用以震慑臣民，巩固统治。他于洪武二年（1369）大封京城和天下城隍。

西安都城隍庙始建于洪武二十年（1387），原址在东门内九曜街，宣德八年（1433）移建现址。清雍正元年（1723）庙毁于火。同年，由川陕总督年羹尧移用明代秦王朱樉府第砖石木料重修。年羹尧是清代名臣，在雍正帝即位问题上起过举足轻重作用，因此受到他的疑忌，最后落得身败名裂的下场。身后有关资料多被销毁，不想在西安还留有他生前业绩的一点遗痕，很是难得。年羹尧重修庙宇规模宏大，甲于关中，因其统辖西北数省城隍，故称"都城隍庙"。西安城隍庙与北京、南京城隍庙齐名，成为天下三大城隍庙之一。

都城隍庙给人的第一印象就是壮观。庙前竖立一座六柱五开间牌坊。牌坊上斗拱重叠，气势非凡，南北两侧，各有六根大红柱子支撑。高悬的牌匾上书四个金色大字"都城隍庙"。据介绍，牌坊下原有铁狮一对，威猛无比。庙前半部分建筑早年多已损毁，近年重新修葺文昌阁（玉皇阁）、钟鼓楼。后半部为二进庙院，由南向北，中轴线上依次是二山门、戏楼、木牌坊、大殿、寝殿。两旁是道众居住修真的东西道院。整个庙观布局整齐、左右对称，规模宏大，碧瓦丹檀，雕梁画栋，巧夺天工，美轮美奂，无愧于西北道教圣地。修葺一新的文昌阁上高悬着一副对联："世间数百年大家无非积德；天下第一件好事还是读书。"阁楼下面一群年轻人蜂拥着祈福求愿，希望高考成功或找工作如愿。

根据民间传统，祭祀酬神往往演大戏助祭，戏楼（或称乐舞楼）也就应运而生。所以，许多地方的寺庙都建有戏楼，同时也是百姓聚众娱乐、联络乡情的地方。都城隍庙尚未修缮，仍旧保留着古朴面貌。戏楼坐北朝南，重檐歇山顶，后部褡裢抱厦三间。檐下置斗拱，枋头木雕龙首，线条粗犷，生气勃勃；大朵牡丹枝叶伸展，层次分明。戏台正中高悬一面黄缎面彩绣招幌，上书"西安都城隍庙鼓乐社"几个大字，两侧对联为："此曲只应天上有；人间哪能几回闻。"一群中老年人不亦乐乎地在台上或吹笙或吹笛，正在排演节目，完全不理会台下人头攒动的游客。（图7）

图7　都城隍庙戏楼

大殿面阔五间，周围廊，单檐庑殿顶，覆蓝色琉璃瓦，下悬乾隆御笔"灵昭三辅"金字匾额。前檐和隔扇雕饰精美，有二龙戏珠、凤凰戏牡丹、金环锁眉图等。构思精巧，技法娴熟。虽因年久失修而满目斑驳，却不失精致典雅之美。

旧时，庙里信众如潮，香火鼎盛，尤其庙会时人潮涌动，摩肩接踵。近代以来，部分建筑遭到损毁。几十年来，城隍庙长期被百货商店占用。2003年西安市政府出资，将庙内商贩迁出，庙产归还道教协会。2005年，修复都城隍庙大牌楼和山门，目前正在修缮戏楼。整体修缮工作远未完成。

离开都城隍庙，就近参观西大街天主教南堂。大门两侧，红底黄字一副对联："拓展教会促共融；追随基督做新人。"

天主教传入西安的历史至少可以追溯到唐代，明天启五年（1625），著名的大唐景教流行碑就出土于西安崇仁寺。西安南堂始建于康熙五十四年（1715），意大利方济格会会士、陕西天主教第二任主教兰溪，派意大利传教士马戴弟主持西安教务，在土地庙购地筑院建堂。建成后即为天主教陕西省总堂。雍正时全国禁教，南堂关闭，后由山陕教区分治。1864年索回教产，再次扩建。大堂系仿古砖木结构，内部采用拱形，体现出罗马风格，使中西建筑融为一体。院内附属建筑158间，总面积20余亩。从20世纪初起，相继创办玫瑰女子中小学、若瑟男子小学、安多医院和玛丽诊所。"文化大革命"时期教堂被占，1980年落实政策教堂归还教会。现在是西安教区总堂和主教府所在地。1991年，政府拨款重修。[①]

在正门内墙上，除了刊布《西安天主教南堂沿革史》，还有《天主教教义》和明末大学士、著名天主教徒徐光启撰写的《赞主颂》。

五　陕西丹凤的考察

3月31日（星期六）阴有小雨，晨8时离开西安城市酒店，前往河南内乡。

9时，汽车进入312国道，距陕豫交界商南县约253公里。汽

---

① 摘自教堂正门墙上书写《西安天主教南堂沿革史》。

◆ 清朝遗迹的调查 ◆

车在绿色的山野间驰行，沿途虽乏名胜，却也处处美景。翻越秦岭，11时抵达陕西丹凤县城。丹凤县位于陕西东南部、秦岭东段南麓，因县城南临丹江、北依凤冠山而得名。县城所在地龙驹寨距省会西安170公里。丹凤历史悠久，古为殷契所封之国，为商国；战国时为卫鞅封地，即商邑。

龙驹寨滨丹江北岸，自古就是"北通秦晋，南接吴楚，水趋襄汉，陆入关辅"的水陆枢纽，控西安到汉口的交通要道。凡自汉口运往西北的货物，或者西北各省输出的货物，都以此路为必经。乾隆年间修《直隶商州总志》载："龙驹一镇，康衢数里，巨屋千家。鸡鸣多未寝之人，午夜有可求之市。是以百艇联樯，千蹄接踵，熙熙攘攘，商税所由复增，税额所由日益也。"足见当日经济之兴。陇海铁路、京汉铁路开通前，南方货物沿长江入汉江溯丹江而上至龙驹寨，乃舍舟登陆，改以马帮载运，北抵潼关，西至西安，更西北而渭南，而三原，而甘肃，而新疆，莫不以此为捷径。① 陇海铁路通车后，水运衰落，龙驹寨也失去了昔日繁荣，逐渐沦为偏僻山区的一个小镇。不过，正是因为当地环境比较封闭，古迹保存较为完好。现存有船帮会馆、马帮会馆、盐帮会馆、青瓷器帮会馆，其中船帮会馆最有名，保存也最完整。

船帮会馆又称明王宫、平浪宫。当年人们从船上每件运货中抽取三枚铜钱，日积月累，始建于清嘉庆二十年（1815）。由于建筑华丽，又称"花庙"，或"花戏楼"。②

会馆位于县城西南隅，前临丹江，为青砖六柱五楼牌坊式建筑。"花庙"之"花"，集中概括了会馆建筑的整体面貌和特色，其中尤以镂刻透雕刀工细腻，巧夺天工。前门上装饰的"八仙过海""丹凤朝阳"、《封神》人物、花卉图案，有石刻、砖雕、彩塑、瓷镶，无不形神真切，独具匠心。（图8、图9）

---

① 县志编纂委员会：《丹凤县志》，陕西人民出版社1994年版，第823页。
② 《丹凤县志》，第576页。

图8 船帮会馆正面青砖六柱五楼牌坊式建筑（面向丹江）

图9 船帮会馆内景

戏楼坐南向北，紧贴门楼，砖木结构，长22米，进深11米，高27米，重檐翘角，巍峨壮观。正面顶端高悬"秦镜楼"牌匾。"秦镜"典出《西京杂记》："秦始皇有方镜，照人灼见心胆。"唐朝李世民说:"以铜为镜,可正衣冠;以人为镜,可明得失;以古为镜,可知兴替。"看戏为高台教化,"古事犹今事,戏情即世情"。以"秦镜"题楼名,意在于娱悦之中,以史为鉴,以人为镜,抑恶扬善,修身养性。牌匾下题额有"和声鸣盛"四字。

戏楼特点,梁柱门窗无木不雕。山水人物,车马仪仗,楼阁亭台,树木花草,鱼虫鸟兽,士农工商,神来之势,栩栩如生。戏楼正面,更是木雕精品荟萃,君臣聚会,豪情勃发,一片升平气象。两军鏖兵,水陆血战,刀光剑影逼人。大舜耕田,夏禹治水,牛角挂书,文王访贤,囊萤映雪,赤壁怀古……数十典故,数十画面,数百人物,依形就势,布满梁栋、楣楹、檐板。其构图之奇妙,场面之恢宏,运刀之精确,造型之独特,无一不使人叹服。它与安徽亳州著名的花戏楼并称南北戏楼。

在诸多造型中,龙的形象最为耀眼。梁栋上、花脊上、飞檐上、峙墙上,无处不有龙。足见船工们对龙的情愫至深,信仰至诚。以千万计细瓷碎片镶嵌而成的群龙,在阳光下一个个鳞光闪烁,异彩纷呈,似真非真,似动非动,或对空长吟,或呼风唤雨,或凌波欲飞,或布泽惠民,似将观者导入"龙宫"。

乐楼北面,为容纳观众的广场,北面正对明王殿。明王殿彩绘木雕相映生辉。殿内塑一正襟危坐白髯老翁像即明王。民间关于南宋丞相陆秀夫身背末代幼帝赵昺跳海,以身许国,后封明王的传说,至今脍炙人口。船帮会馆大门上镌刻石联"后元夷受封德昭千古;继夏禹称王福庇九江"即隐喻此典,横批"安澜普庆",寄托着船工们对自己保护神的信赖与企冀。

1934年,中国工农红军第二十五军长征经此,曾在会馆整训,并创建龙驹寨苏维埃,所以会馆又是一处红色史迹。几经修葺之后,今日的船帮会馆已成为省级重点文物保护单位,馆内建有县博物馆。镇上还有青器帮会馆、盐帮会馆(紫云宫)、马帮会馆等,因时间紧促,未及浏览。

中午在龙驹寨饭馆就餐,下午1时起程,继续赶路。武关在龙驹寨东40公里,位于丹凤县东武关河北岸,历史上与函谷关、萧关、大散关并称"秦之四塞"。关城建在峡谷间一处较为平坦高地上，北依高峻的少习山，南濒险要。城墙土筑，略成方形。东西各开一门，以砖石包砌卷洞。西门上有"三秦要塞"四字，东门有"武关"二字，内门额上有"古少习关"四字。关西地势较为平坦，唯出关东行，沿山腰盘曲而过，崖高谷深，道路狭窄难行，因此武关成为古代兵家必争之地。现在的武关，关城基本完好，砖砌东西门洞依然可见，唯东去小路，早已建成公路，情况已非昔日可比。

商南一带群山连绵，曾是明末农民造反由衰转盛的摇篮。农民领袖李自成（1606—1645）世居陕西米脂，曾为驿卒。崇祯二年（1629）起事，后为闯王高迎祥部下闯将，勇猛有识略。八年（1635）荥阳大会时，他提出分兵定向、四路攻战的方略，受到各部首领赞同，声望日高。高迎祥兵败而死，他继称闯王。十一年（1638）在潼关战败，仅率十余人隐伏商南一带群山中。据说商南县富水镇南金钟山上生龙寨，就是李自成当年盘踞的据点之一。第二年他出山再起，势力迅速坐大，十七年（1644），进兵北京推翻了腐朽的明王朝。

六　内乡县衙博物馆

下午2时20分，出陕入豫。至丁河，汽车离开312国道，转入高速公路，车速明显加快。离开山区，雨霁云开，远近柳枝婀娜，麦地菜花地黄绿相间，心情不禁豁然开朗。

车近内乡，茗公①等一班朋友来接，盛情动人。稍事休息，参观县衙博物馆。晚饭，尽兴而散。

内乡县位于河南省西南部，伏牛山南麓，属南阳市。县衙位于县城东大街中段北侧，坐北面南。县衙始建于1304年，历经元、明、清、中华民国至今前后近七百年。县衙的部分建筑虽已无存，

---

① 李茗公，时任内乡县衙博物馆馆长。

但主体建筑尚保存完好。1984年辟为中国县衙博物馆；1996年列为国家重点文物保护单位。（图10）

图10　内乡县衙博物馆

据《内乡县志》记载，内乡县衙始建于元大德八年（1304），明初重建，明末毁于李自成之乱。清康熙年间再次重建，房舍达300余间，咸丰七年（1857）又遭捻军焚毁。光绪二十年（1894），知县章炳焘重修县衙，形成庞大建筑群。整体布局分为中轴线（知县衙）、东侧副线（县丞衙）和西侧副线（主簿衙）三大部分。中轴线建有宣化坊、照壁、大门、仪门、公生明坊、大堂、军械库、三班六房、二堂、公署、三堂及配房、银局、税库、东西账房、库房、东西花厅；东侧副线建有榜房、申明亭、寅宾馆、巡捕衙、县丞衙；西侧副线建有楼房、旌善亭、监狱、谯楼、吏舍、主簿衙。随着岁月流逝，东西两侧建筑多已不存。现在能看到，主要是县衙中轴线部分。

县衙大门面阔三间，中为通道，两边建"八"字墙，大门两侧有一对威严的石狮，大门东侧原置大鼓一面，是告状人击鼓鸣冤的地方。现存《三院禁约》碑一通，碑文系明万历三十九年（1611）

知县易三才撰，立于衙门门首左侧。大门前原有宣化坊和照壁，均已不存。

图 11　内乡县衙博物馆前万历碑

进县衙大门，经过百米长青石甬道（甬道中部原有仪门，俗称二门），拾级而上便上大堂。大堂、二堂、三堂是县衙中轴线上的三大主体建筑，尤以大堂壮观。面阔五间，九檩架，进深约 12 米。大堂上方悬挂"内乡县正堂"行楷金字匾额，堂前粗大的黑漆廊柱上有抱柱金联"欺人如欺天毋自欺也；负民即负国何忍负之"。堂中央有一暖阁，为知县公堂。正面屏风上有彩桧"海水朝日图"，黑漆公案上放有文房四宝、印盒、惊堂木、发令签。阁外西侧摆放堂鼓、仪仗及刑具。阁前地坪上保留有两块青石板，东为原告石，西为被告石，因年深日久，石上形成四个明显的跪坑。这森严的大堂，就是知县举行重大典礼，审理重大案件，迎接上级官员的地方。

大堂月台下不远处，建有公生明牌坊和分列两侧的三班六房。

明牌坊是一石构建筑，由"戒碑""戒石铭"演变而来。古代州县衙门大堂前均有此设施。向南刻"公生明"三个大字，作为官场箴规，意思是公正方能明察事之本来（"公生明，偏生暗"）；向北刻县令戒约："尔俸尔禄，民脂民膏，下民易虐，上天难欺。"县令坐堂理事即可观此碑铭，以为儆惩。

三班六房是明清时代州县吏役总称。三班指皂、壮、快三班。皂班主管内勤，壮班和快班共同负责缉捕和警卫。六房指吏、户、礼、兵、刑、工书吏房。吏房掌官吏任免、考绩、升降；户房掌土地、户口、赋税、财政；礼房掌典礼、科举、学校；兵房掌军政；刑房掌刑法、狱讼；工房掌工程、营造、屯田、水利。县衙六房与中央六部相对应，其首领由县令指派小官吏担任，称书吏或承发吏，直接对县令负责。六房又依纵横分为左右列和前后行。纵排是左列吏、户、礼三房，右列兵、刑、工三房；横排是吏、兵二房为前行，户、刑二房为中行，礼、工二房为后行。这里也昭示了清代社会无处不在的森严等级。

大堂通向二堂经过一座屏门。门前有一小院子，甬道两边有四间小屋，是衙役听差的地方。屏门前置黑漆板门，后置隔扇门。隔扇门上方面北悬一匾额，上书"天理、国法、人情"六个金字。告诫知县，施政办案必须遵循的基本纲领，即顺应天理，执行国法，合乎人情。但隔扇门只供县令和上级官员出入，吏役人等只能从两侧走廊通过。

二堂又名琴治堂。取《吕氏春秋》中宓子贱弹琴理案的典故，后用以称颂县令。二堂是知县处理一般民事案件的地方。面阔五间，七檩架。堂前楹联为"法行无亲令行无故，赏疑唯重罚疑唯轻"。堂上设公案，两侧置刑具。二堂两侧各有厢房五间，中间为过厅，由此可达东西花厅院。

穿过二堂进入天井院，院内东西两连各有配房三间，这是县衙有关官员在此处理公务的地方，故称"公署"。公署后面，是与三堂相通的穿廊。此处有一丛茂密的南天竺和一棵合抱的元代丹桂树，遮天蔽日，幽深静谧。

从公署院向后，走过穿廊和一道格扇门，正面北屋就是三堂。三堂面阔五间，七檩架。三堂前檐矗立着四根黑漆大柱，前墙用透花格扇镶嵌，使回廊显得宽广。堂内有更衣室，是知县接待上级官员、商议政事、处理政务的地方。三堂前面是一处宽敞庭院，院内东西两厢各有配房四间，院内有一株古老丹桂树，据说是元代留下来的，至今仍然生机勃勃，枝繁叶茂，巨大的树冠遮住了半个庭院。每逢仲秋季节，前后院的两株双季丹桂繁花竞放，飘香四溢。（图12）

图12　县衙内宅开花的紫荆树

三堂东西两侧各有一进房舍，为东西花厅院，是知县及其眷属们居住的地方。三堂及东西花厅后边，原有花园。当年园内花木争荣，翠竹扶疏。今已无存。①

---

① 参见刘鹏九编著《内乡县衙与衙门文化》，中州古籍出版社1999年版；徐新华、王家恒编著：《内乡县衙览要》，华艺出版社2002年版；徐新华、杨兴华编著：《内乡县衙》，华艺出版社2004年版；李茗公主编：《胥吏衙役的故事》，中国文联出版社2006年版；王晓杰：《解读内乡古衙》，华艺出版社2007年版。

七　淅川荆紫镇明清一条街

　　4月1日（星期日）上午9时，茗公陪同前往淅川荆紫镇明清一条街。9时30分进入省道，一路不收过路费。据介绍，这一带出上好米酒、石材。沿途多石山，呈黑色，石头缝隙间，往往种着小麦、油菜，这种现象成为当地农村的一个奇景。农田的稀少和农夫的艰难不难想见。

　　车过淅川老城镇——大石桥，在丹江水库东北端，正是赶集的日子，镇子显得很繁荣。汽车沿着美丽丹江前行。据说尧的儿子丹珠表现不好，未能继位，被封于此地，这就是丹江一名的来源。11时15分过寺湾镇，15分钟以后到达著名的荆紫关。

　　淅川县位于河南省西南部，西邻湖北、陕西省。荆紫关镇位于豫、鄂、陕三省交界处，素有"一脚踏三省""鸡鸣三省荆紫关"之称。丹江自西向东绕过荆紫关镇奔流而下，毗邻河道的是一条弯弯长街，长街两侧，整齐地排列着砖瓦结构的店铺。这就是远近闻名的"明清一条街"。古街长达2.5公里，当地人称"五里长街"。

　　据导游小姐介绍，荆紫关得名可以追溯到两千多年前战国时期。公元前304年，此地属楚国管辖，楚王派太子荆镇守此地，遂取名"荆子口"。当时，荆子口处于秦楚两国交界处，管辖权常常在朝夕之间易手，于是才有"朝秦暮楚"的成语。明代改"荆子口"为"荆子堡"，清代又改为"荆子关"。民国初取荆花呈紫色之祥意，改"子"为"紫"，荆紫关之名延续至今。

　　荆紫关地处丹江之滨，水陆交通发达，自古乃兵家必争之地。楚汉相争，刘邦走荆紫关入秦直抵咸阳；明末李自成起义，过荆紫关捣中原进逼北京。

　　唐代，南方物资通过丹江源源不断运往京都长安，坐落在丹江边的荆紫关逐渐形成繁荣的商业集镇。明、清时期，是荆紫关的黄金时代，沿江码头，船舸弥津。江南沿海日杂百货，秦岭伏牛山间土特产，多在此地集散，遂成为豫、鄂、陕附近七省商贾云集之地。近代以来，荆紫关出现三大公司、八大帮会、十大骡马店和二十四大商号的繁荣景象，以致有"小上海"之誉。

荆紫关镇有北、中、南三条街（三个村）。南阳1080万人口，淅川县80万人口，其中荆紫关镇人口54000人。不愧为人口大镇。据说，镇上三条街，南街多富人，中街多小摊小贩，北街多穷人。

古街道历史悠久，现存古建筑有：关门、山陕会馆、禹王宫、平浪宫、万寿宫、清真寺、法海寺、古码头。（图13）

图13　荆紫关关门

古街道呈南北走向，长约2.5公里。关门位于最南端。砖石结构，跨街而立，高7米，宽6米，进深1米。中间拱门，顶部有砖砌斗拱。门楣上书"荆紫关"三字，苍劲有力，威严凝重。进入关门，古街道便映入眼帘。

街面系青石铺砌，两侧排列着700余间板门店铺，基本保留着清代建筑风格。铺面房之间，多在山墙外加修一道封火墙，以阻断意外火灾。铺面房门面高敞，不难想见当年生意的红火。有的铺面，还残留着昔日字号，如"兴义恒"，字号旁写着"德种心田"。

◆ 清朝遗迹的调查 ◆

铺面房门统一用木板嵌成，昼抽夜闭。走进临街铺房，里面是狭长的院落，院落两侧是对称的厢房。厢房后墙高、前墙低，屋深很浅，使狭窄院落得以充分利用。整个院落布局严谨，颇有特色。

沿街北行，到了平浪宫（位于荆紫关南街村）。平浪宫始建于清代。当荆紫关码头进入繁盛时期，船商们组建船帮会，取"风平浪静"之意，筹建平浪宫，作为船工娱乐、集会之地。宫坐东向西，中轴线上现存大门楼、中宫、后宫及配房数间。房舍均为硬山式建筑。大门楼面阔三间，进深二间，硬山式建筑，灰色瓦顶，门楣上方嵌大理石匾额，横书"平浪宫"三字。正门南侧题"风平"，北侧题"浪静"各二字。沿中轴线往后是中宫和后宫，面阔、进深各三间，硬山式建筑，正脊和垂脊上有砖雕。（图14）

图 14　平浪宫

大门楼两侧各开边门，边门外两侧有钟楼和鼓楼，为四角攒尖顶，三重檐，木结构，灰色瓦，砖雕花脊，顶部安有宝珠和塔刹，上书"风调雨顺"四字。额枋上有木雕花草，梁架做工精致，柱石础上精美的雕刻大体完好。

继续前行，来到中街山陕会馆。会馆创建于清道光年间，山西

陕西、河南考察：西安及周边—内乡—南阳—洛阳

和陕西两省商人集资创建。会馆坐东向西，面临丹江。现存建筑六座，房屋二十九间，皆在中轴线上，依次为大门楼、戏楼、过道楼、钟楼、春秋阁（中殿）、后殿、卷棚。大门楼三间，门前有青石阶，门两侧各伏一造型奇特的石狮子，门楣与檐间有两层石雕图案。戏楼三间，系两层硬山式建筑，下层为过道，上层中间为戏楼。楼前后檐均有木雕组画"唐僧取经"等六组，雕绘精湛。

经过道楼往后，穿过一条甬道，是春秋楼。面阔三间，硬山式建筑，两侧有形态逼真的"麒麟望北斗""丹凤朝阳""习武图""参拜图"及"雄鹰展翅"等透花木雕。前后檐设木雕斗拱，阁内昔供泥塑关公像。

春秋阁前南北两侧，建钟楼和鼓楼，高10米，为方形攒尖顶，四角悬铃，内有"哪吒闹海""仙鹤送书"等故事木雕。

沿春秋楼北侧殿房穿过，进入后殿。后殿三间，歇山式建筑。最后有卷棚和住房六间。山陕会馆是荆紫关镇最大建筑群，馆内保存石碑数通，对研究当地历史，山陕商人和会馆，很有价值。

图15　山陕会馆

◆ 清朝遗迹的调查 ◆

万寿宫，面对丹江，坐落中街村，清代建筑，为江浙商人集资建造，供白娘子。

漫步在古街道上，沿街有不少卖竹木、肉食、服装、布料的店铺。做工精细的布鞋、竹席颇受青睐。一竹席店，门前挂着一幅招幌，上面写着"荆紫关特产"，下面是："红军鞋串串香（下小字注：每对5元），竹丝菊花药物枕（下小字注：每对18元）。"旁边挂着几排草鞋，草鞋都独具匠心地打着鲜艳的彩色布带，使一向简陋的草鞋凭空添了几分时髦。细谷先生和夫人觉得很有意思，买了几双作为回家的礼物。

禹王宫又名玉皇宫，坐东向西，面江而建，专门为祭奠治水有功的禹王建造。嘉庆十年（1806）为湖广商人所建，故又称湖广会馆。建有前宫、中宫、后宫三大部分，奇特的建筑风格，精湛的艺术风格，堪称同类建筑的典范。不知从什么时候，禹王宫被改成了小学。大门上方的砖雕还是旧时面貌，有花鸟、树木、人物，造型生动。砖雕上方刻着四个大字"声律身度"。进入门洞，上方石门框顶部，独具匠心地刻着五只围成一圈、展翅对舞的蝙蝠，寓有"五福临门"之意。（图16）

图16 禹王宫

◆ 陕西、河南考察：西安及周边—内乡—南阳—洛阳 ◆

午饭就在镇上的聚德轩，宣传广告称代表作品有"八大件"菜系：（粉蒸肉、香酥肉、方肉、佘盘、八宝米、荆关小炒等）源于唐宋，成名于明代，盛于清代。就饭店水平来说，在一个镇子上，也算上乘。但若说"源于唐宋"云云，则未免有些夸张了。不管怎么说，我们领教了老镇经商人的精明和乖巧，这里或者也有几分传统的文化底蕴。（图17）

到了返程时间，我们余兴未尽，在导游小姐的指点下，又跑到街西旧码头观望。旧码头有一个圆形小拱门，脚下是一条陡然向下的石条路，路的尽头就是昔日的码头。拱门向西面，白底黑字的题额还清晰可见——"头码头"。这说明，当年还有二码头、三码头……而眼前的河水几乎断流，荒芜的河床上盛开着几簇油菜花。熙熙攘攘的船夫客商，挤挤挨挨的大小船舶，昔日的盛景早已无影无踪；只有午日当头，骄阳似火，远处近处杳无声息。回首望去，高高的岸边矗立着几栋破旧的吊脚楼，默默无语，犹如垂暮老人。

镇上还有清真寺、法海禅寺等遗址，因时间关系，均未及踏访。荆紫镇的众多历史遗址，对研究徽商、浙商、晋商、湖广商的

图17　荆紫关古商道

◆ 清朝遗迹的调查 ◆

历史提供了重要依据。近年来，荆紫关镇古建筑群被指定为"全国重点文物保护单位"。①

临别前，导游小姐提示，在镇西白浪街中心，有一通"一脚踏三省"碑，值得一看。白浪街长不足300米，宽不足10米，街面凹凸不平，是荆紫关镇的门户，属豫、鄂、陕三省交界点，西与陕西省商南县汪字店乡接壤，南与湖北省郧县洋溪相连。街上居民五十九户，二百五十四人，因境内白浪河得名。

"一脚踏三省"碑位于街中央即三省交界处，三面棱形，每面分刻河南、湖北、陕西三省名。三省店铺各居本省领地，村民们进入购物，一时转遍三省店铺。碑底座置一石，人称三省石，一脚踩上去，便是"一脚踏三省"了。多年来，三省人民在此繁衍生息，乡音、风俗各异，却能和睦相处，彼此婚嫁。因为时间的关系，只能把白浪街之行留待下次。

八　内乡县石头村

下午，从荆紫镇返回，在茗公推介下顺路参观内乡县乍曲乡吴垭石头村。听说我们到来，正在南阳市开会的乍曲乡书记周晓锋特意赶回，在村头迎接。

石头村始建于清乾隆八年（1743），是中原地区极罕见的传统古民居建筑群，依山体顺势而建。全村现存石头房200多间，房基、墙壁、屋顶全部由青石堆砌。村中石板路、石板桥、石台阶、石门楼、石院墙、石磨房、石畜圈、石井、石槽随时可见。每户人家的用具多用石头打成——石桌、石凳、石盆、石缸……最稀罕的是一户人家使用的石头厕所，在两块石片形成的天然凹槽上搭建一段石头墙而成。石头院落也很别致，都是小天井，分别呈凹、日、目等形状，有四合院、两进院、三进院，堂屋、卧室、厨房、畜

---

① 李国新：《南水北调中线渠首——淅川历史文化巡礼》（上），哈尔滨地图出版社2007年版。

圈。村后一家三进院石头房子依山坡而建，第一进台阶是院子，第二进台阶是主房，进入主房要上两层高高台阶。据老年人介绍，这座房屋曾作为清代私塾。一个令人惊叹的石头世界！这就是内乡县乍曲乡的吴垭村（石头村），距县城6公里。该村已被命名为河南省文物保护单位和河南省民间文化遗产。

春天的石头村风光秀美，掩映在一片茂林修竹中。古树很多，有黄楝树、三权柏树、金桂树、冬青树、皂角树。村路边的树木艰难地扎根在石头夹缝中，昂首挺胸，撑起遮天绿伞。

吴垭村属王井村的一个村民小组，在册50多户、160多人，全部姓吴。都是一个祖先的子嗣，如今已传到第十六代。彼此辈分清晰，互不通婚，相处和睦，红白喜事互相照应，仍保持"路不拾遗，夜不闭户"的淳朴民风。

这样一个奇特的村子，究竟是怎么形成的？带着疑问，我们随周书记来到村边的吴氏祖坟地。在茂密的树丛中立着几通墓碑。第一块墓碑立于清咸丰年，是吴家后代给始迁祖吴迪元立的《始祖公吴迪元之墓碑》。碑文清晰可见："公讳迪元，祖居堰坡，乾隆八年迁居于兹。迁时并无地亩，尽属荒山，而公独虑及于远，不避艰险焉。厥后始开荒成熟，筑石为田，渐成村落。迄今数十余口，而衣食尚赖以不缺者，皆公一迁之力，有以之致也。是为序。"碑文中说的"堰坡"，指内乡县城西的一个村庄。至于吴迪元为何舍彼就此，到这样一处严重缺水的恶劣环境下居住，碑文没有记述。

另一通很有价值的墓碑是《四世公吴登鳌之墓碑》，碑立于清同治年间。吴登鳌是吴迪元曾孙，曾任内乡县衙胥吏，有名的贤吏。关于他的事迹，在《内乡县志》和《吴氏家谱》中均有记载。碑文称他"身居衙署，谨慎从事"，与其他史料大致吻合。此前我们在内乡县衙博物馆参观时，看到一块工房监制的石雕，侧面刻着"吴登鳌验讫，付铜壹佰陆拾文"。所记应是工料费。说明吴登鳌可能是工科胥吏，工作完成后，由他验收，验收合格，交付工料钱。将工料费刻在石头上，应有防范胥吏贪污索贿的作用。过去常讲"胥吏满天下"，或者"无处不有吏"。从中央到地方，乃至最

清朝遗迹的调查

基层村落，国家机构的运转，始终离不开胥吏的参与。所谓"成也胥吏，败也胥吏"。良吏固然很多，劣吏亦非寥寥。直到现在，胥吏（乡镇一级干部）贪黩扰民问题实际仍未得到很好解决。我写过一本《胥吏》小册子，但关于胥吏碑刻史料，这还是第一次看到。

然而就是这样一个偏僻村落，也难掩外来文化的足步。在一家农户的门框上，贴着这样一副红纸黑字对联："主恢复真理……""爱耶稣呼唤主名"，横批是："施放真理"。院门上写着："主恢复基督身体""作肢体同尽供用"。说明这是一户虔诚教徒。在另一户人家门框上，贴有："神人生活是第一""身体实际是教会"，横批："耶稣是主。"这些农民用最朴实的语言，诠释着对教义的理解，表现出对主的虔诚，实在耐人寻味。

暮霭中的石头村，炊烟袅袅，四处弥散着柴草的清香。不时传来几声犬叫，打破山野的静谧。沿着村中屈曲山道前行，路边石头的隙地间种着庄稼和蔬菜，村民生活条件的艰辛可以想见。离开村子，已是暮色苍茫，一群鸡栖息在高高的树枝上，眼睛闪着萤火虫般的绿光。这有趣的情景，早听说过，还是初次见到。

因为水源奇缺，山上种地都是靠天吃饭。如果遇到干旱年景，生计难以维持。据介绍，近些年来，吴氏后代已有一百多人陆续离开村子搬到外面谋生；还有一百多人，户口虽然在家，但常年在外打工。村中剩下的五六十口人，基本是老弱病残和留守儿童。

石头村最主要的问题是吃水。过去，人畜用水主要是把雨水储存在水塘里，澄清后食用（我们在村边，就亲眼看到这样的蓄水池）。1999 年夏天，一位德国妇女到宝天曼旅游，听说石头村情况，很感兴趣，前来游览。得知村民饮用雨水，特别同情，当场承诺出资 40 万元人民币，解决村民吃水问题。不久，善款汇到，在县、乡政府的积极配合下，从山下将甘甜的泉水引入村子。从此，村民告别了吃雨水的历史，家家户户吃上了自来水。为此，石头村民对那位德国慈善家感恩不尽。

内乡县有关部门和乍曲乡政府正计划把石头村打造成一个旅游景点。在不远将来，希望会给古老的石头村带来一些新气象。

◆ 陕西、河南考察：西安及周边—内乡—南阳—洛阳 ◆

九 丹江口水库与社旗县山陕博物馆

4月2日（星期一）多云，上午9时驱车前往丹江口水库。

淅川县名胜众多，有被誉为"亚洲水库之王"，也是亚洲最大人工淡水湖的丹江口水库；奇峰林立、迂回曲折的丹江小三峡；中州四大名刹之一的香严寺，飞瀑鸣泉的世外桃源坐禅谷，如梦如幻的神奇世界八仙洞；还包括我们已经考察过的荆紫关老街。

美丽的丹江水，发源于秦岭，从商洛山的崇山峻岭中萦绕迂回，怀着对大山的眷恋，缓缓地流到豫、鄂、陕交界的淅川县境内，最后注入汉江。古时曾称丹江为"粉青江"，因尧帝长子丹葬于此地而改名。丹江通航历史久远，中国最早的地理书籍《禹贡》记载，早在战国时期已经通航。航道上至陕西商南龙驹寨（丹凤县），下达湖北老河口，顺汉江又可入航长江，是古代长江地带通往古都西安的一条重要水路枢纽。明、清时期，丹江航运日趋繁荣。鼎盛时仅荆紫关码头每日泊船百余艘，帆樯林立十余里。近代以来，随着铁路公路等陆路交通工具的兴起，丹江上游航道日渐堵塞，目前仅在丹江口水库通航。

据称，丹江口水库是亚洲第一大水库，1958年始建，1973年竣工，水域面积126万亩，蓄水总量达81亿立方米。库区坐落在群山环绕之中。水质透明，水面宽阔。水库具有防洪、发电、灌溉、航运、养殖、旅游等综合效益。国家重点项目南水北调大型工程的渠首，就在南阳市淅川县九重乡境内。工程全部建成，以每秒500立方米的流量，把丹、汉二江之水送往华中、华北地区。尽管南水北调工程也招致不少非议，但作为一个北京人，在不远的将来，就将饮用来自丹江的水。这是一个既成事实，也是我对丹江口水库情有独钟的一个理由。

站在高坡上展眼望去，丹江水面碧波千顷，天水一色，山清水秀。大片油菜花正在盛开时节，如金黄锦缎，镶嵌在绿色麦田中。令人心旷神怡，流连忘返。

此地是楚文化发祥地。库区淹没的腹地,有楚国古都丹阳。屈原流放时在这里曾写下许多千古绝唱的诗篇,其中《国殇》描写的秦楚丹阳之战就发生在这里。

离开丹江口水库,转返内乡县城。镇上一家小铺,卖的居然是"满族原汁小米黄酒",好奇心油然而生,茗公去买了一桶,尝一尝,也说不上可口。算是当地土产,显然是为了说明此酒风味独特才如此取名。饭后,一路往东,风尘仆仆赶往下一个目的地社旗县赊店镇,参观闻名遐迩的山陕会馆。汽车出县城,进入往南阳高速公路,1个多小时后出南阳站转向社旗县城的公路,尚有60公里路程。

社旗县位于伏牛山南麓,河南省西南部,南阳盆地东缘。县城所在地社旗镇,史称赊店,因东汉时刘秀举义兵赊旗得名。1965年建县时,周恩来总理取谐音改为"社旗",寓意为"社会主义的一面旗帜"。

山陕会馆位于县城(赊店镇)中心。过去这里水陆交通发达,南方货物经汉江、唐河至此地上路,茶叶等大宗货物经山西、河南、河北运往张家口、内蒙古,远至外蒙古。赊店镇成为南北九省过往要道和货物集散地,有商业街七十二条。清乾隆、嘉庆年间,镇内流动人口多达十余万。与朱仙镇、回郭镇、荆紫关镇并列为河南四大名镇。南船北马,商人云集,仅各省商人建的同乡会馆就有山陕会馆、湖北会馆、江西会馆、广东会馆、福建会馆等十余处,其中山陕会馆独领风骚,号称"天下第一"。

山陕会馆始建于清乾隆二十一年(1756),中经嘉、道、咸、同四朝,至光绪十八年(1892)竣工,工程历时136年之久。是山西、陕西商人叙乡谊、通商情、敬关爷、崇忠义的场所。山陕商人为修会馆,不惜巨资,"运巨石于楚湘,访名匠于天下",据说连烧制的玻璃瓦也来自秦晋。会馆坐南面北,分照壁、悬鉴楼、大拜殿、春秋楼四大主体建筑。1988年,公布为全国重点文物保护单位。

五颜六色的琉璃照壁,据说是仿北京故宫九龙壁修建。高15

米，宽10米，用彩釉陶瓷大方琉璃砖砌成。南壁图案有凤穿牡丹、五龙捧圣、鹤立青莲，北壁图案有白泽出现、四狮斗宝、二龙戏珠、鲤鱼跳龙门。顶覆黄绿釉琉璃瓦。南壁正中横书"义冠古今"四大字，指馆内供奉的主神关羽；北壁嵌五个黄色琉璃烧制"福"字。寓意"五福临门"。（图18）

图18 琉璃照壁砖雕

进入正门，铁旗杆一对立于前院两侧。旗杆高28米，重5万余斤，顶有彩凤展翅欲飞，中有螭龙盘绕而上，铸工考究，创意新奇。下有青石须弥座，座上立铁狮，铁旗杆穿石而过。铁狮宽口巨眼，造型威猛。两狮身均铸有文字。一狮身上文字，左侧为："首事人穆坤、陈和顺胶坊、协盛毡坊、刘道杰、马龙德、义盛皮坊全叩献，永保合会平安"；右侧为："陕西同州府朝邑县安仁镇金火匠人准合炉院"（以下匠人姓名从略）。另一狮身上文字为："嘉庆二十二年［岁］次丁丑桐月□□□献山陕庙□铁旗杆一对□五万余斤□保平安吉祥如意。"

照壁北边是悬鉴楼即戏楼。自古商路即戏路，戏凭商远播，商借戏繁荣。会馆内演剧场所——悬鉴楼，更是构建奇巧，装饰豪华。楼顶绘有彩色八卦图案,故又称"八卦楼"。戏楼坐南朝北,由四根方石柱把巨大的三层楼凌空擎起,甚为壮观。环楼上下遍饰木雕砖雕石刻,内容有神话传说、戏曲故事。飞檐下边金龙缠绕的"悬鉴楼"巨匾,苍劲古朴。楼下层为戏台,两侧石柱上刻有两副楹联,分别为:"还将旧事从新演,聊借俳优作古人";"幻即是真,世态人情描写得淋漓尽致;今亦犹昔,新闻旧事扮演来毫发无差"。台面正中下有通道。通道内石柱础雕刻各色花草、佛家八宝、禽鸟走兽;大小石狮,或相互依偎,或彼此嬉闹,或怒目相对,或憨然而卧,千姿百态,堪称世间绝品。

戏楼两侧分别是八角腾空、两层起架的钟楼和鼓楼。正前方是可容万人的庭院,庭院正中有一青石甬道,两侧有东西对称的看楼。(图19)

图19 会馆戏楼

戏楼北面是大拜殿。分前后两部分。后殿暖阁,供关羽牌位。前殿大厅,是商人议事的地方。殿内雕梁画栋,流光溢彩,高悬匾额数十块,都是当地商社呈献。慈禧太后草书"龙""虎"二字,刻于石上，嵌在大殿前檐两侧墙壁上。殿檐下有木雕神话故事数十幅，玲珑剔透，和悬鉴楼上的木雕相映生辉。殿门左右放置的"十八学士朝瀛州""渔樵耕读"巨幅石雕，形象生动，神态逼真。（图 20）

图20　会馆大拜殿

春秋楼供奉关羽。三国西蜀名将关羽被历代统治者奉为忠义的典范和化身。因关羽祖籍山西解州，故山陕商人在修建会馆时都把供奉和祭祀关羽的神殿作为会馆主体建筑。"唐河有个塔，离天一丈八；社旗有座春秋楼，半截还在天里头。"此言虽夸张，但可知春秋楼确属高大巍峨之建筑。春秋楼内原塑关公夜读《春秋》像，可惜此楼已于咸丰七年（1857）被捻军付之一炬，现仅存月台遗址。2006年，一尊高达12米关公铜像在一侧落成，表达了当地人对关公的仰慕之情。

会馆的突出特点是，"气势雄伟，工艺精美，无木不雕，无石不刻"。会馆内的雕刻琳琅满目，有木刻、石刻、砖雕，无不精美绝伦，集中了浮雕、深浮雕、透雕、圆雕、悬雕、线雕等各种技法。雕刻内容丰富，既有《三国演义》《西游记》《封神榜》等文学名著，又有民间传说《赵彦求寿》《赵匡胤输华山》，还有反映不同时期社会生活场景的《渔樵耕读》《十八学士登瀛洲》等。精湛的雕刻技法和丰富内容，使社旗山陕会馆成为各地会馆建筑中的翘楚。①

会馆内存乾隆五十年《公议杂货行规碑记》，是研究清代专业商业和行会行规的宝贵资料。

会馆外，过去是繁荣的商业街，街两侧老房林立，多二层铺面房，已修缮的有广成镖局、同福客栈、厘金局、福建会馆、蔚盛长（店铺）、广和堂药店。广和堂药店老板热情地请我们入内参观。院内有一株古老凌霄花树，依旧生机盎然，凌霄花本身就是一味中药，可谓就地取材。一个古老钱柜，至今仍在使用。

十　南阳府衙与麟庆出生地

4月3日（星期二），多云，在茗公等人陪同下参观南阳府衙博物馆。

南阳知府衙门位于南阳市民主街西段，是目前全国唯一保存比较完整的府级官署衙门。始建于元世祖至元八年（1271），历经元、明、清各朝，至今已有730余年历史。整座建筑坐北面南，呈轴线对称、庭院式布局，现存明清建筑140余间，位于中轴线上的衙署建筑自南向北依次有：照壁、大门、仪门、大堂、寅恭门、二堂、内宅门、三堂。附属部分有耳房、配房、厢房、榜房、库房、科房、官邸、吏宅、马号、古井、莲池。（图21）

府衙博物馆内慈禧太后御笔"福寿碑"、团练宾兴馆乃至残碑断碣，都蕴含着宝贵的历史信息，值得细细品味，不过令我们最感兴趣的，还是内务府满洲完颜氏一家与南阳府衙的渊源。衙门内三

---

① 邱应欣主编：《社旗县志》，中州古籍出版社1997年版，第408—409页；关玉国主编：《赊店历史文化览要》，2004年铅印本；赊店历史文化研究会编：《赊店》，大象出版社2005年；赊店历史文化研究会编：《社旗山陕会馆商业文化初探》，2004年铅印本。

图 21　南阳府衙博物馆

图 22　完颜麟庆出生地

堂东厢，为知府家人居室，是清代满洲名臣、完颜氏麟庆出生地。

完颜氏，内务府世家，镶黄旗满洲人，系出金章宗完颜璟[①]，

---

① 崇实：《惕盦年谱》第 1 页上，光绪三年（1877）刊本。

世系绵长，至清代累世高官，被誉为"金源世胄，铁券家声"。始祖守祥，金哀宗天兴末年避乱东归。十三传至鲁克素，始徙居长白山下。天聪年间（一说天命初）举族归附。鲁克素曾任内府总管，两子瑚齐喀、达齐喀，初隶镶蓝旗满洲，寻以妹为太祖所纳，改入镶黄旗包衣佐领。① 但就是这样一个以武功传世的家族，在入关后却迅速改弦易辙，走上一条温文博雅、诗书继世的仕途。

顺治二年（1645），达齐喀子阿什坦，以通满汉文，选授内院中书。时天下初定，阿什坦翻译《大学》《中庸》《孝经》等儒家经典，刊行之，为翻译者奉为准则。九年（1652），参加第一次为满洲人特开的科举考试，中翻译进士，殿试二甲三名，在中式五十个旗人中名列第六，授刑科给事中。时稗官野史盛行于世，满人纷纷翻译。阿什坦颇不以为然，建言皇帝敕下八旗人等，自经史外，杂书不许翻译；又请严旗人男女之别。实际主张将满洲人行为言语纳入儒家伦理纲常。阿什坦笃于学问，重视实践，仕途并不平坦。以不附权臣鳌拜，受到压抑。② 康熙帝玄烨亲政后，誉其为"我朝大儒"③，入国史儒林传。

阿什坦儿子鄂素、和素继承父业，同为满洲翻译家。

鄂素早亡，其子留保由和素抚养长大，中进士，任翰林院编修，迁侍郎。④ 和素子白衣保，科甲出身，官头等侍卫，兼翻书房总管。⑤ 从阿什坦到白衣保，祖孙三代无不兼通满汉，先后主持内廷译书三四十年之久，这在清朝绝无仅有。

白衣保孙完颜岱，字晓岩，由经咒馆议叙笔帖式，乾隆四十年（1775）加捐知县，拣放直隶试用，任肥乡县知县、大名府同知，

---

① 崇实、崇厚：《完颜氏鲁克素家世碑》，载王晶辰主编：《辽宁碑志》，辽宁人民出版社2002年版，第315页；崇实、崇厚：《清江南河道总督完颜公行述》第3页上，清刻本。

② 麟庆：《鸿雪因缘图记》第三集上《赐荃来象》，北京古籍出版社1984年版。

③ 盛昱：《八旗文经》第57卷《作者考》，第453页，沈阳书社1988年影印本。

④ 赵尔巽等撰：《清史稿》第290卷《留保传》，中华书局1977年版，第10274页。

⑤ 崇实、崇厚：《清江南河道总督完颜公行述》第4页上。

◆ 陕西、河南考察：西安及周边—内乡—南阳—洛阳 ◆

乾隆五十三年（1788）与嘉庆元年（1796），两任南阳知府。嘉庆年间（1796—1820），三省爆发白莲教起义。起义扩展到南阳，河南巡抚景安胆怯，完颜岱主张坚决镇压。嘉庆元年（1796）九月到第二年春天，完颜岱带清兵与白莲教徒作战一百余次，使白莲教遭到沉重打击，特别是双沟、淅川两地战斗，清军大获全胜。由于完颜岱镇压白莲教有功，受到清廷嘉奖，官至河南布政使。奉旨督防汉江，以劳瘁卒于军营。① 在开封萧曹祠，为他建立"长生禄位"；在南阳城北元妙观，立有《晓岩公德政碑》。

完颜岱残酷镇压白莲教，被白莲教徒恨之入骨，伺机报复。嘉庆元年，白莲教徒得知完颜岱之孙麟庆（字伯余，号见亭，时年五岁，生于南阳府衙）到元妙观游玩，教徒周三野等人围攻元妙观并纵火，企图烧死麟庆，幸好道士汪来璨将麟庆藏在芭蕉叶下，幸免一死。②

完颜氏一族从清初即注重学习汉文化，同时也没有废弃本族文化传统。在他们身上，完美体现了满汉文化的和谐与交融。完颜岱以下几代，长期在中原地区为官；麟庆父亲廷璐，官浙江温州府、山东泰安府知府，署山东督粮道。为人淡泊名利，喜交游，好读书，吟诗赋词皆清婉可诵。③ 他冲破满汉不婚旧俗，娶江南阳湖才女恽珠（名画家恽格后代）为妻（麟庆母）；麟庆本人，于乾隆五十六年（1791）三月十四日，出生于南阳府衙④，他的文学才能和艺术造诣，不仅得益于母教，与中原地区汉文化的熏陶也有直接关系。从幼年起，跟随祖、父步履，往来于长江南北、黄河沿岸，增广见识。出仕后，宦迹遍及河南、贵州、湖北、江苏等省。所至登临，采风问俗，援古证今，绘图撰文以记之，编为家谱《鸿雪因缘

---

① 昭梿：《啸亭杂录》卷7，中华书局1980年版，第210页。
② 《鸿雪因缘图记》第二集上册《元妙寻蕉》。
③ 陆继辂：《山东泰安知府完颜君廷璐墓志铭》，钱仪吉：《碑传集》卷110，中华书局1993年版，第3169页。
④ 《鸿雪因缘图记》第一集上册《延年玩丹》。

◆ 清朝遗迹的调查 ◆

图记》，自诩"此即我之年谱而别创一格耳"①。

麟庆在《鸿雪因缘图记》第二集《南阳访旧》中，深情回忆起三十多年后重访旧地的情景："周寻童子时所见，忽忽若前日事。"他见到旧日老仆，后者还能就他童年时的情景娓娓道来。又见到乳母李杨氏，李杨氏年事已高，率子孙一同来见。他在欣喜之余赋诗以记。诗内云："台榭尚依然，花树仍无恙；老役闻余来，瞻拜笑相向；乳母闻余来，携孙神倍旺，不改少爷呼，争说童时样……"真切反映了主仆久别重逢后的欢愉。他还特意到元妙观瞻仰祖父《德政碑》，与自己五岁遇险处，见观中松鹤依然，殿碑如旧。

麟庆官至河道总督、两江总督，他在京师的名园称"半亩园"，藏书达八万五千余卷。麟庆两子崇厚、崇实，也都是科甲出身，晚清名臣。崇实与子嵩申，还是两代翰林，被时人传为佳话。完颜氏一家，不愧为清代满洲旗人中最出色的科举世家。②

府衙博物馆内正在举办《中原匾额精品展》，展品全部是洛阳民俗博物馆从馆藏匾额中挑出的精品，分为功德声望、贞节贤孝、官府、婚庆寿庆、医德、庙宇宗祠、村寨店堂七大门类，也很有特色。

离开南阳府衙博物馆，顺便参观南阳汉画馆。汉画馆位于南阳市汉画街，是一座专门收藏、陈列、研究汉代画像石刻的专题性博物馆。汉代画像（主要包括画像石、画像砖等）是中国古代艺术宝库中的一朵奇葩。它如一部汉代的绣像史，真实反映了汉代社会生活的诸多方面，又在造型艺术发展史上占有重要位置。且以鲜明的特征，对中国绘画产生了深远影响。河南是汉画像分布最为集中的省市之一，而南阳则是河南，乃至全国出土汉画像居冠的地市。以汉画像石为例，在全国收藏的6000余石中，河南占3000余石，其中绝大部分在南阳。南阳汉画馆馆藏汉画像石有2500余块，分9

---

① 衡永编：《鹤槎年谱》第13页上，民国十九年（1930）刊本。
② 参见刘小萌《清代北京旗人社会》第六章"内务府世家"，中国社会科学出版社2008年版。

个展厅,按内容分类展出画像石精品200余石,依次为生产劳动类、建筑艺术类、历史故事类、社会生活类、天文神话类、角抵类、舞乐百戏类、祥瑞升仙类等。

下午1时,茗公等开车送我们往洛阳,5时到达。学生贾颜丽一家接。饭后送别茗公一行,感谢他们几日盛情接待和陪同。

洛阳是中国六大古都之一,居"天下之中",素有"九州腹地"之称。北临嵯峨逶迤的邙岭,南对亘古耸黛的嵩山,是中华民族祖先繁衍生息之地。在洛阳发掘出十余座古城遗址,其中的二里头夏朝都城、偃师商城、东周王城、汉魏洛阳城、隋唐东都城,集历代都城建设之精华,被誉为"洛阳五大古城遗址"。"天下名园重洛阳","洛阳牡丹甲天下",洛阳园囿数以百计,或凤阁龙楼,每逢春夏之交,牡丹姹紫嫣红,竞相开放;文人骚客,泼墨挥毫,为古城增添诗情画意。

中华民族最早的历史文献"河图洛书"出自洛阳,被奉为"人文之祖"的伏羲氏,根据河图和洛书画成了八卦和九畴。东汉班固在这里写出了中国第一部断代史《汉书》,北宋司马光在此完成了历史巨著《资治通鉴》;著名的"建安七子""竹林七贤","金谷二十四友"曾云集此地,谱写华章;左思一篇《三都赋》,曾使"洛阳纸贵"。洛阳可以说是中华文化的起步点。洛阳著名景点有:龙门石窟、白马寺、关林、古墓博物馆、千唐志斋、白云山、老君山、鸡冠洞、玄奘故里,均值得往观。

十一　洛阳的考察

4月4日(星期三)多云间晴,上午参观古墓博物馆,内有北魏皇陵,然后往龙门石窟。

古墓博物馆是一处遗址性博物馆,位于洛阳市北郊邙山乡冢头村东,分为历代典型墓葬和北魏帝王陵墓两大展区,分别采用仿汉代建筑和仿北魏建筑风格建成,造型古朴典雅。

历代典型墓葬展区分为地上和地下两部分。地上部分包括汉白玉雕成的仿汉门阙、序幕大殿和东西两侧殿。从序幕大殿后的玄堂进入，分为两汉、魏晋、唐宋和综合等四座大厅，成矩形分布，四座大厅以复原的典型古墓葬作为墓道相通，四厅中的两汉厅、魏晋厅和唐宋厅陈列有相关朝代的典型文物，综合厅中陈列有两汉的典型艺术品和墓室壁画的临摹画等展品。

北魏帝王陵墓展区在古墓博物馆的西边，以魏宣武帝的景陵为主，将清河文献王（元怿）和江阳王（元乂）墓搬迁于此，进行复原，组成北魏帝王陵墓展区。景陵曾遭两次大盗，地宫被洗劫一空，即便如此，结构完整，风格朴实的景陵仍然具有很高的历史、考古、建筑等多方面的研究价值和观赏价值。

古墓博物馆收藏的西汉至北宋的文物中，以北魏元昭墓出土的彩绘陶俑、唐李嗣本墓出土的粉彩文武俑和镇墓兽最为精美。

下午1时从师院宾馆出发，1时半到达龙门石窟。

龙门石窟是中国四大石窟之一，位于洛阳市南郊13公里处。早在1961年就被国务院列为国家重点文物保护单位，1982年被国务院公布为全国第一批国家风景名胜区。2000年，联合国教科文组织将龙门石窟列入《世界遗产名录》。

龙门石窟凿于北魏孝文帝迁都洛阳（493）前后，嗣后历经西魏、东魏、北齐、隋、唐、五代的营造，形成南北长达1公里、具有两千余座窟龛和十万余尊造像的石窟遗存。在历时五百多年的营造过程中，包含北魏和盛唐两个造像的高潮阶段。至今，保存在伊阙两山的数以千计的像龛，绝大多数都是这两个时代的文化遗产。

在北魏时期雕凿的众多洞窟中，以古阳洞、宾阳中洞和莲花洞、石窟寺几个洞窟最有代表价值。其中古阳洞集中了北魏迁都洛阳初期一批皇室贵族和宫廷大臣的造像，典型地反映出北魏王朝举国佞佛的历史情态。这些形制瑰异、琳琅满目石刻作品，代表着石窟寺艺术流入洛阳以后最早出现的一种犍陀罗佛教美术风格。因此，它们是中国传统文化与域外文明交汇融和的珍贵记录。

唐代洞窟，以卢舍那像龛一组尺度宏伟的艺术群雕最为著名。这座依据《华严经》雕凿的畅开式像龛，以雍容大度、气势非凡的卢舍那佛为中心，用一周极富情态质感的美术群体形象，将佛国世界充满祥和色彩的理想意境表达得淋漓尽致。

清代洛阳为河南府治。虽然早已失去全国京都的辉煌地位，但因地处中原，西接陕、甘，东达齐、鲁，北抵燕、晋，南通吴、楚，直到清末民初京广、陇海铁路通车前，这里仍然是全国水陆交通的重要枢纽。因此形成各地商人会馆。

洛阳现存会馆，一是始建于清康熙、雍正年间的山陕会馆，为山西、陕西两省富商大贾集资所建。二是始建于乾隆九年（1744）的潞泽会馆，为山西潞安、泽州两府同乡商人集资兴建。潞安在今山西长治市，离洛阳约200公里。泽州在今山西晋城市，离洛阳约120公里。两地都位于晋东南，与洛阳隔河相望。因此，潞、泽商人在洛阳营建同乡会馆，作为他们越王屋、渡黄河以后，南下经略江淮的馆舍。在清代晋商中，潞泽商人势力相当雄厚，沈思孝《晋录》因有"平阳、泽、潞豪商大贾甲天下，非数十万不称富"之语。

清代洛阳的交通运输，仍依靠传统的"两京大道"和"晋楚孔道"。"两京大道"，即洛阳通往西安大道，向西沿古"丝绸之路"可达青海、新疆，向东可达山东沿海。陇海铁路基本上与这条大道相合，是商周以来东西交通的千年古道。"晋楚孔道"是从山西渡黄河（经风陵渡、茅津渡、白鹤渡）过洛阳，向南经汝州、鲁山、南阳，而达湖广、江淮地区。当时，洛河水量尚可行船，商人将货物运入黄河，东连京杭大运河而达江南苏杭地区。

下午4时，驱车赶往潞泽会馆。潞泽会馆位于洛阳老城东关新街南头。俗称东会馆。会馆规模宏大，布局严整，坐北朝南，中轴线上的主要建筑依次为戏楼、大殿、后殿，另有东西厢房、耳房、钟鼓楼和东西配殿，以及石狮两对，古碑石数通。辟为洛阳民俗博物馆。

戏楼上木雕精美。在每层建筑的构件上，特别是屋檐下边的木桁、额枋、斗拱、雀替、挡板、垂柱上，几乎都有木雕装饰。人物、动物、花卉、树木、亭台、楼阁、民间传说故事等应有尽有。

所有木雕均采用浮雕、透雕等雕刻技法。人物中有八仙，雕刻于戏楼东、西雀替上，八仙各持宝物立于祥云之中；有金甲神人，雕刻于大殿明间额枋上，神人身披金甲，一手高高举起，一手按于胯上，威风凛凛；在大殿东次间额枋上，雕有一幅非常精美的衣锦还乡图。图中老翁神情怡然，骑于马上，马后紧跟一书僮，肩扛一花枝。在大殿西次间额枋上，雕刻的是一幅"安乐农耕图"。此图将不同情景雕刻于方寸之间，有手扶犁把的农夫，饮水耕牛，头戴斗笠的渔翁，恰似一幅生活气息浓郁的田园风情画。

大殿东次间雀替上的木雕龙，爪抓荷叶，口含荷叶，造型生动，惟妙惟肖。木雕凤凰形态各异，隐现于祥云间，给人们以肃穆、祥和之感。麒麟雕刻也很有特色，据说麒麟是有德行仁兽，吉祥、如意象征。麒麟造型，独角、麟身、马蹄、牛尾，别具一格。另外，还雕有狮子、狻猊、马、羊、鹿、长尾鸡、仙鹤。将诸多灵禽瑞兽运用到古建结构框架上，一方面起了装饰作用；另一方面也起到木框架加强固定作用。

花卉中以牡丹图案最多。大殿、后殿、戏楼的许多部位都饰有以牡丹为题材的木雕。牡丹花朵硕大、雍容华贵，一直是祥和富贵的象征，用在建筑雕刻中，显得富丽堂皇。葡萄雕刻于后殿，旁边配有一只灵动的小松鼠，这种民间称为硕果累累的葡萄与松鼠的组合，构成一幅吉祥如意的画面。在潞泽会馆中以花卉为题材的雕刻还有，以"本固枝荣"寓意的荷花，以"麻姑献寿"寓意的蟠桃，以君子之称的梅花，以"万古长青"之称的松树乔木等，都显示出高超的雕刻技法。

会馆石刻艺术很有特色，尤其大殿柱础石雕刻，以珍禽、瑞兽、花卉、祥草、几何图案为主，形式多样，造型生动。柱础是古建筑中为了加大柱子下面的承压面，又兼具防潮保护作用，而设置在木柱下面的石制构件，是古建筑中重点装饰的部位。

戏楼三组石柱础十分生动，金睛兽驮莲花、狮子驮莲花、麒麟驮莲花。三兽的身躯部分均为方柱体，柱体上部绘有祥云，云纹之上烘托出一朵硕大的八瓣仰莲，莲花宝座支撑着根根巨柱，每个花瓣外又运用线刻技法绘出朵朵盛开的莲花。方柱体前分别雕刻三兽的头、胸和前腿，方柱体后面分别雕刻三兽臀部、尾巴和后腿。三兽四肢直立于地，表情沉静，神态稳健。这三组柱础充分体现了民间艺人超人的想象和精湛的技艺。

大殿石柱础十分精典完美。前外檐六个石柱础尤具特色，图案皆由三层组成。上层为二龙盘鼓，二龙首尾相连作环绕状，整体采用透雕、浮雕。中层系六兽钻桌透雕，六兽为传说中的吉祥瑞兽，由幼象、幼羊、鹿、狮子、老虎、狻猊六兽组成，它们有的钻进，有的钻出，神态十分可爱。下层为十二覆莲莲瓣纹，每瓣里面用浅浮雕刻出燕子、蜻蜓、蝙蝠、蝴蝶。大殿东西两侧各有四个石柱础，亦由三层石雕组成。上层用浅浮雕刻出荷花、石榴、竹子、兰花、梅花、菊花，梅花表明不畏严寒，兰花表明清洁典雅，竹子代表气节高尚，菊花代表铮铮傲骨，石榴代表多子多福，荷花表明出污泥而不染的高洁。中层束腰雕刻灵禽异兽，由仙鹤、鸳鸯、牧牛、乌龟、猴子、鹌鹑、鲤鱼组成，仙鹤代表长寿，鸳鸯代表夫妻和睦，乌龟代表延年益寿，鹌鹑有平安的意思。

会馆内存碑刻三通，即《关帝庙新建碑文》《修建关帝庙潞泽众商布施碑记》和《山西潞泽众商布施关帝庙香火地亩碑记》。碑文主要记载关帝庙建筑规模、捐金输粟和众商布施的具体情况。

清末晋商衰落，会馆遂告荒废。民国以后，潞泽会馆曾作为校舍、监狱之用。自20世纪80年代开始，政府投资对会馆古建筑群进行全面整修。1981年，以会馆为依托，成立豫西博物馆。1987更名为洛阳民俗博物馆，成为集中展示河洛地区民俗文化的场所，辟有刺绣厅、信俗厅、婚俗厅、寿俗等厅，展出的清代及民国时期各色匾额，构成馆藏一大特色。2001年，成为全国重点文物保护单位。①

5时半，赶往山陕会馆。会馆位于洛阳老城南关马市街九都路

---

① 洛阳市文物局、洛阳民俗博物馆编：《潞泽会馆与洛阳民俗文化》，中州古籍出版社2005年版。

南侧。是清代时山西、陕西两省来洛商人聚居地,俗称西会馆。不巧的是,会馆正在维修,不准游客进入。我们拉住守门老大爷好说歹说,他总算网开一面,准让我们进去观看五分钟。入内转了一圈,照了一些相片,虽仓促至急,总算避免了一个遗憾。

山陕会馆坐北朝南,布局前密后疏,建于清康熙、雍正年间,后屡经修葺。道光十五年(1835)重修。现存琉璃照壁、山门、戏楼、正殿、拜殿等建筑。院内威风凛凛的石狮两对。照壁由青色雕砖砌成,正中用彩色琉璃方砖镶成三块方形壁面,其上雕饰二龙戏珠、花卉、人物,色彩鲜艳,基座雕饰有精美图案。山门面阔三间,进深一间,为歇山式。戏楼面阔、进深各三间,歇山式。正殿是会馆主体建筑,面阔五间,进深三间,歇山式顶,琉璃覆瓦。拜殿为两层楼悬山式顶。馆内存碑碣数通。从会馆建筑可了解清代山陕商人的富足。

十二　卫家坡村访古

4月5日(星期四),同贾艳丽一家三口,前往孟津县魏家坡村、黄河大桥等处考察。

孟津县位于河南省西部偏北,居黄河中下游交界处,南距洛阳市区10公里。

孟津,原名"盟津",是古代洛阳东北黄河上的重要渡口,以周武王伐纣在此与诸侯歃血为盟命名。公元前11世纪,商朝纣王昏庸无道,天下人民怨恨,诸侯叛离。周武王在统一西北地区后,高举讨伐商纣大旗,召集八百诸侯会盟于孟津。会盟后武王挥师北进,直捣朝歌。牧野一战,武王以少胜多,灭商纣,从此开始周王朝八百年的统治。孟为盟的谐音。金代在孟津渡南口置孟津县。

卫坡村位于孟津县城南8公里,洛阳北连霍高速出口10公里处。9时许,到达卫坡村。还没有进村,就看到村中古朴的建筑,高大门楼,呈现出卫氏曾有的富裕和堂皇。

走近卫坡街,第一个映入眼帘的是《教思碑》。碑竖于街北北祠大门外，民国二十九年（1940），众弟子为老夫子卫作霖立。卫作霖，乳名龙，号卧云，字雨三。他为卫氏最后一个秀才，人称老秀才。清末废除科举，卫作霖教书一生，桃李满天下。民国二十九年卫作霖逝世三周年，140多个学生为他立教思碑。

站在教思碑旁往西看，便是卫坡一条街。离碑几步之遥处，即是北祠。北祠门楼仍然巍峨挺立，门旁的石鼓还在向世人诉说着当年的威严。进入院内，厢房的门上写着："危房，出入关门。"

据卫氏老人介绍，卫氏祠堂有北祠和南祠。北祠建于清嘉庆十八年（1813），是卫氏家族祭祀先祖的地方。当初，祠堂相当规整。庙院式建筑，占地480平方米。门前有平台，台周有围栏，平台高于街面六步台阶。从平台上台阶进迎门，木门木锁，门楼高大，门两边有雕花石鼓。门楼为两层，二层与门内两边厢房相连。院内有月亮门。登上台阶五步，进入祭祀厅。祭祀厅为卷棚式，面阔三间，中间有四扇雕花门，两边各有大窗。再往里走进堂屋，也是四扇雕花门，两边为大窗。据卫氏族人回忆，北祠大门外上方悬挂"魏氏祠堂"匾额一卦，祭祀厅前上方悬有"祖宗千秋"匾额，厅内悬挂书有"两广巡抚"的大红灯笼一对，并竖有"肃静""回避"一对虎头牌，厅内厅外柱上悬有红底金字瓦形木雕对联。厅内东边悬有"辟雍俊杰"匾额一卦，西边有"效萧特选"匾额一卦（破四旧时被毁）。堂屋前东西各竖石碑一通。屋内设先祖灵位，神龛神主都有透雕暖阁。龛前有供桌，桌上有锡制香案及蜡台。东边山墙悬有"敦亲睦族"匾额（卫氏家族较大，但较显赫者为老六门之长卫圣言之后，当时百亩以下小农户的皇粮由大户缴纳，故合族立下此匾）。西边山墙有"厚德遐龄"匾额（破四旧时被毁）。但如今的祠堂除了门旁石鼓，基本只剩断壁残垣。

据卫坡村《卫氏家谱》载，卫氏祖居山西省阳城县，后迁居垣曲县峪子村，明洪武年间因避乱迁居河北济源县清上乡无恨里，离城一百余里。嫌差务不便，又迁居济源县南十里轵城镇。至济源卫氏第七世卫天禄，清顺治年间一担两筐迁居河南洛阳。居北邙半腰，土窑三孔，坐东面西，因姓氏起村名，为卫家坡。以务农为业，勤俭持家。至第三世卫守仁、卫守义兄弟，田产渐丰。在卫氏北祠厅上方曾悬有"疏财乐施"匾，是县令为表彰卫守仁在本地发生自然灾害时开仓赈灾减价粜粮而立。

卫氏自康熙年间已成富户，嘉庆年间成中州望族，拥有土地三万余亩，东到平乐，西至祖始庙，南到谷水。卫氏将道路大都买通，有"三十里不走别家路，解手不肥它人田"之说。据卫氏族人讲，20世纪30年代还保存有当年从开封往卫坡拉银子的车，据说当时一月一趟。

卫氏家族自卫天禄第三代开始家道殷实，自第四代开始为吏，其后族中官员渐多。有品级的官员近30人。秀才、生员、乡耆50多人。卫氏家族日渐昌盛，名气日望。卫氏家族中，曾有四个诰封盒，卫忠孝大门外曾悬有"紫诰附香"匾一卦，卫兆哲大门外曾悬有"紫诰锡荣"匾一卦。

乾隆至道光年间，是卫氏家族鼎盛时期。卫家按照北京的官宅格式建造房屋，形成卫坡一条街。

卫氏之"卫"曾一度被写作"魏"。因卫天禄之三世孙卫守仁、卫守义兄弟，家道殷实、名望颇著，与洛阳县令魏襄素有往来。魏襄未详本音将"卫"写作"魏"，后来户书造册、书简往来均书以"魏"。族人认为"卫""魏"同音，加上居地在北魏孝文帝陵之侧，此处又是魏紫牡丹发祥地，未加更正。再往后官场往来，包括朝廷诰封，所写匾额、墓碑、祠堂均为"魏"字。光绪年间，卫族人为溯根本，几经商讨，决定复"卫"。由族长卫镶、族正卫智林撰写复卫碑文，并建卫氏南祠，上书"卫族祠堂"，以区别原来北祠之"魏氏祠堂"。

1957年建立卫坡乡，1961年组建卫坡公社，以及由来已久的行政村皆为卫字。1987年国家颁发居民身份证，卫氏族人之"卫"姓被写作"魏"（1985年孟津县人民政府地名办公室编印《河南省孟津县标准地名手册》上该村为"魏家坡"），而户口本上则皆写作卫，姓氏两歧，造成诸多不便。学生上学报不上名，经商者不能及时提货，外地汇款不能提取。1999年春，卫氏族人聚集一起商议，写出申请，数十次到县乡政府反映情况，经数月奔走，孟津县地名委员会下发（孟地委〔1999〕02号）文件，题为《关于朝阳镇卫坡村村名姓氏审定的通知》，指出前一段在地图上、门牌上、身份证上出现的"魏家坡"及"魏"姓是错误的，现村名定为"卫坡村"，姓氏纠正为"卫"。

卫坡一条街是封闭式建筑，街周围有围墙，东、西、南各有一门。门旁有更房，高处有望楼，院内有天网，每到夜间大门紧闭，更房望楼有人守护。街上有住宅、祠堂、私塾、作坊、停车房、饲养处、下人住处，配套齐全。各宅院各有大门，看上去是一家一户，但各家都有偏门，户户相通，宛若一家。

卫氏住宅有五进院和三进院。五进院进大门有临街房谓"一进"；进二门过穿堂，两边有对厦，是客人留宿之处，谓"二进"；经丹墀上月台，进客厅谓"三进"，客厅为专门接待客人之处，客厅内有屏门，过屏门可出客厅后门；过后门、风道再进内宅门，内宅正面为堂楼，两厢有闺房谓"四进"，堂楼为主人住处，闺房为女眷住处，闺房、堂楼是木结构二层；走栈道入后院为"五进"，为仆人住处，仆人住处有裙房有厦房，经后临街可出后门。五进院从大门到后门共十道门。三进院与五进院大致相同，也有临街、客厅、堂楼、闺房，街北面后堂屋是靠山窑带有窑厦，两层木结构。

卫氏家族的规矩是长工不准进街，外客只能到客厅，不准过屏门，女眷不能出屏门。人路、神路、水路分清，主人路仆人路各走其道。卫坡一条街宅门前有上马石，有门当户对。房顶为五脊六兽，狮子、海马分列，并装有钢叉。客厅全为十二扇雕花门，客厅、堂楼的明柱全为三布九漆，十分结实，斧砍不入。

中国古代建筑中，砖雕、石雕、木雕并称"三雕"，是具有特色的建筑艺术。在卫坡村，"三雕"随处可见。墙头、门楣、土地神龛均可见到古朴砖雕。石雕有石鼓、柱础、门墩、上马石，前几年还有一个直径1.4米，高1.1米，重达数吨的石雕莲花盆。卫坡一条街内木雕更多，每家客厅全是十二扇雕花门，所有嵌间、柱侧、梁头都有雕花。木雕对联、匾额、神龛、顶子床、八仙桌、登科椅、花盆架、刀剑架、火盆架上大多雕有花草、人物、鸟兽等。三雕花草以牡丹最多，其他有莲花、梅、兰、竹、菊等。

2007年，卫坡村被河南省政府公布为第二批历史文化名村。当时统计现存古庭院16所，祠堂3处，靠山窑28孔，天井窑院26处，私塾院1处，总计房屋335间。

卫氏家族房屋有"许住不许卖，许修不许拆"（一说"许住许卖不许拆"）的规矩，所以房屋被保存下来，但毁坏亦十分严重。这些毁坏主要是由于年代太久，房屋全为外砖内坯。夏季豫西雨水较多，房屋渐被冲坏。这些房屋修起来实属不易，比盖房花钱还要多。卫坡一条街内房屋上的瑞兽几乎都被砸烂，街内的匾额也多被毁。

在卫坡村，还有26处天井窑院，其中一处为天井式楼窑宅院。天井窑院又名地坑院，为豫西特有建筑。在平地上挖一个正方形大坑，在坑的三面建筑窑洞。从平地有一条台阶小路下去直通窑院。这些窑院现在都已废弃不用。

村中目力所及，几乎处处皆是历史。20世纪40年代村里住过日本兵，在街南第三家，内墙上还留着他们钉的洞（当年钉有钉子用来挂背包、水壶），正房右侧门上留着日本兵刺刀扎的洞。客厅墙上裱糊的是80年代的报纸，早已泛黄。街头庭院内的毛主席画像和语录，因为房檐较宽，延缓了雨水浸蚀，依旧鲜亮。

据卫氏族人讲，近十年来他们开始重视对旧宅的保护。随着一些旅游观光者的来到，媒体也多次作了报导，呼吁相关部门保护这片古民居。

卫坡村保留了一些原汁原味的清代建筑，还保留着天井窑院等特色民居。这在洛阳地区是很难得的。洛阳号称九朝古都，但文化古迹一向以周、汉、唐时代知名，明清遗迹很少有人关注。卫坡古民居的发现，恰好弥补了洛阳清代历史文化资源的不足。另外，卫坡一条街的遗迹，也具有文物和历史价值。

准备离开时，适逢洛阳电视台来村中采访。我们对卫坡村古民宅的历史价值给予很高评价，并对如何保护开发提出建议。

卫氏始迁来洛，人不过十口，如今包括外出者已有三千余众。

卫坡村卫氏族人一直住在自己的老宅，随着老宅渐毁，一些人搬出老街，在村边另建新房，逐渐形成新村。11点多，我们依依不舍地辞别众乡亲。一出村口，就见新村路边空地上支起许多桌子，大人、小孩儿上百口聚集在一起。村头敞地，正在搭建戏台。一问才得知，村中一老人九十大寿，请来偃师豫剧团唱戏四场。同时大摆宴席两天。中午和晚上全是十大碗，本村外村本族外族不限，凡来者皆可上座，一律欢迎。四场戏花费一万一，加上宴席等各种花销不少于七八万元。老寿星是五世同堂，儿子中有经商致富者，承担了全部费用。路旁的主人家，大门外挂着一副寿联："白发朱颜宜登上寿，丰衣足食乐享高龄"，横批"崇寿高福"。屋前摆满大盆，里面放着收拾好的菜蔬，褪了毛的鸡、鸭，活鱼还在盆中翻跳，帮厨的妇女们忙得不亦乐乎。一位卖玩具的小贩闻讯，开着小摩托车来赶生意，被孩子们簇拥着……我们不禁被眼前的田园之乐和淳朴民风所感染。

十三　黄河古渡、白马寺、关林

中午11时30分，车过孟津县城。

古孟津黄河渡口多，有孟津、平阴津、冶坂津、委粟津、硤石津、水平津、富平津。黄河上桥梁亦多。古有河阳桥，因河阳三城而筑（河阳南城位于今白鹤镇于家村北）。唐肃宗乾元年间安史之乱，唐将郭子仪为保卫东都洛阳，拒北方来军而断河阳桥，后史思明叛军占领洛阳而烧河阳桥。富平津桥，造于西晋武帝泰始十年（274），造舟为梁，连舟为桥，沟通南北，便输天下。冶坂津桥，北魏明元帝泰常八年（423），为大举进攻南朝宋而建。以船为脚，竹连接，搭造浮桥，横渡冶坂津。

如今黄河孟津段有大桥三座，焦枝铁路复线桥、洛阳黄河公路桥、小浪底专用公路桥。我们造访的洛阳黄河公路桥是207国道在孟津的跨黄河大桥，1976年竣工，全长3428.93米，桥面总宽11.5米，是黄河上最长公路桥。桥下时有游客，引来算命先生在此招揽生意，可惜碰上我们几个，都是不信此路之人。

回程赶往白马寺。白马寺是佛教传入中国后由官方营造的第一座寺院。它的营建与中国佛教史上著名的"永平求法"紧密相连。相传汉明帝刘庄夜寝南宫，梦金神头放白光，飞绕殿庭。次日得知金神为佛，遂遣使西域拜求佛法。使者在月氏（今阿富汗一带）遇上游化宣教的天竺（古印度）高僧迦什摩腾、竺法兰，邀请他们到中国宣讲佛法，用白马驮载佛经、佛像，跋山涉水，于永平十年（67）来到洛阳。汉明帝敕令在洛阳雍门外仿天竺式样兴建寺院。为铭记白马驮经之功，将寺院取名"白马寺"。

从白马寺始，中国僧院便泛称为寺，白马寺也被认为是中国佛教发源地。历代高僧来此览经求法，所以白马寺又被尊为"祖庭"和"释源"。白马寺建寺以来，几度兴废、几度重修，尤以武则天时代规模最大。

白马寺坐北朝南，为长方院落。主要建筑有天王殿、大佛殿、大雄殿、接引殿、毗卢阁、齐云塔。

在白马寺山门内大院东西两侧茂密的柏树丛中，各有一座坟冢，即有名的"二僧墓"。东边墓前石碑上刻有"汉启道圆通摩腾大师墓"，西边墓前石碑上刻有"汉开教总持竺法大师墓"。两座墓冢的主人便是拜请来汉传经授法的高僧——迦什摩腾和竺法兰。石碑上的封号是宋徽宗赵佶追封。在清凉台上还有两位高僧塑像，寄托着中国佛门弟子对二位高僧敬慕之情。

清凉台被称为"空中庭院"，是白马寺的胜景。清康熙年间，寺内住持和尚如秀曾作诗赞美道："香台宝阁碧玲珑，花雨长年绕梵宫，石磴高悬人罕到，时闻清磬落空蒙。"这个由青砖镶砌的高台，具有古代东方建筑的鲜明特色。毗卢阁重檐歇山，飞翼挑角，蔚为壮观，配殿、僧房等附属建筑，布局整齐，自成院落。院中古柏苍苍，金桂沉静，环境清幽。相传原为汉明帝刘庄幼时避暑和读书的处所，后来改为天竺高僧下榻和译经之处。

白马寺山门东侧，有一座玲珑古雅、挺拔俊秀的佛塔，这就是有名的齐云塔。齐云塔是一座四方形密檐式砖塔，13层，高35米。齐云塔前身为白马寺的释迦如来舍利塔，现存齐云塔为金大定十五年（1175）重建，是洛阳最早古建筑。

白马寺中种有许多石榴树。白马寺石榴汉魏时曾誉满京师。石榴原产于安息（今伊朗），在汉代同佛经、佛像一起传入中国，并在洛阳、长安落户。当时人们赞美石榴，把它作为中外人民交往的标志，石榴的身价倍增。白马寺的石榴，亦有"白马甜榴，一实值牛"的说法。白马寺作为中国第一古刹，在中国佛教史和对外文化交流史上占有着重要的地位。

位于洛阳市南郊8公里处的关林镇，镇因关林得名，是我们此行最后一个考察地。

关林是埋葬三国时期蜀将关羽首级的地方。始建于明万历二十四年（1596），清代多次添修，是一处宫殿式建筑群。主要建筑均在中轴线上，坐北朝南，依次为戏楼（舞楼）、大门、仪门、甬道、月台、拜殿、大殿、二殿、三殿、石坊、八角亭，最后为关冢。

拜殿在大殿前，为大殿附属建筑。大殿是关林的主体建筑，面阔七间，进深三间。庑殿顶，琉璃瓦覆盖，五脊横立，六兽扬威。正门上，有十二幅浮雕木刻彩色关公故事图，内容为"桃园三结义"，"三英战吕布"等。殿内悬乾隆帝和慈禧太后御笔牌匾。殿中为正面塑关羽坐像，头戴帝冠，身穿绣龙锦袍。凤眼蚕眉，长髯飘洒，面贴赤金。关平按剑左立，周仓持刀右立。

二殿五开间，庑殿式，门上悬"光昭日月"匾额，为光绪帝御笔。殿中塑关羽戎装像，左侧站着手捧大印的关平，右侧站着手持大刀的周仓。二殿左右各建一座硬山式陪殿，左为圣母殿（原为张侯殿，张侯即张飞），右为五虎殿（关羽、张飞、赵云、马超、黄忠又称"五虎上将"）。

三殿硬山式，面阔五间，规模较小，内塑关羽夜读《春秋》像，关羽出行图和睡像，故又称寝殿。

三殿与八角亭间立有石坊两座,为纪念性建筑。上有不同时代信众题联甚多。题联都是对关羽忠义仁勇的褒辞。

八角亭又称碑亭,建于清康熙五年(1666)。碑亭平面呈八角形,木结构,攒尖歇山顶。内有龟趺座石碑一通,碑头雕龙,额题"敕封碑记"四字。碑阳正书"忠义神武灵佑仁勇威显关圣大帝林",这是道光元年磨石重刻的关羽最高封号。

碑亭后部为关冢,是一高10余米的大土堆。周围是苍翠茂密的古柏。旧时帝王墓称陵,王侯墓称冢,百姓墓称坟,圣人墓称林。关羽被尊为"武圣",故其墓称"关林"。关林俗称关冢。相传孙吴杀害关羽后,怕刘备起兵报仇,以木匣盛关羽首级送往洛阳,企图嫁祸于曹操。曹操识破其计,刻沉香木为躯,以王侯之礼葬于城南。

与关林正门相对,坐南朝北,有戏楼。清乾隆五十六年(1791),由山陕商人施银添建。布局呈"凸"字形,突出部分为前台,顶部为面阔三间的木构歇山式,用柱八根,柱础石为10厘米高扁鼓形和4厘米高、雕刻精细的古镜形两种。后台左右外伸至五间,以增大演员的活动空间,顶部为硬山式。前后台的歇山式与硬山式顶巧妙地组合在一起,又在其上加歇山式顶,形成重檐楼阁式建筑风格,蔚为壮观。戏楼坡面全部用绿色琉璃筒瓦覆盖。

关林内保留着许多石刻史料,主要见于拜殿前两侧碑林,以及仪门、拜殿、大殿、二殿、三殿,钟鼓楼和戏楼内外墙。清代部分最多,反映了修建、祭祀、宗教、施舍、差徭、商业等方面内容。比如,甬道两侧石柱上刻光绪戊戌年(1898)捐资信众名单,除本地洛阳县人,还有京师顺天府宛平县人,浙江绍兴人、杭州人,河南府(治所在今洛阳)人、禹州人、卢氏县人,山西潞安府人、曲沃县人,安徽徽州府人,反映了信众在地域上的广泛。大殿月台前焚香炉南侧,立有施财碑十余通,记载关林庙宇的兴修过程,施财捐物的具体情况和施主芳名。戏楼台基东侧立乾隆五十六年(1791)《山陕商人为添建戏楼、甬道等施银碑记》,山陕商人有盐商、当商、绸缎京货柬布商等名目。① 戏楼后墙外侧镶嵌清代贞烈词赋石碑五通。② 另外，关林内设洛阳古代艺术馆，碑刻墓志陈列室展出洛阳本地历代石刻四百余件，也有参考价值。

4月6日（星期五），顺利结束此次内容丰富的考察，返回北京。

---

① 原碑文字漫漶，已无法辨识。洛阳关林管理委员会编：《中国关林》，中国摄影出版社2000年版，第114页录有原文，可参考。又同书录有关林全部碑刻的文字，其中清代部分34通，见同书108—133页。
② 贞烈辞赋文字见《中国关林》，第87—88页。

新疆考察：以八旗驻防为中心[①]

新疆古称西域，历史悠久，民族众多，文化多元，物产富饶。康、雍年间，清政府在新疆东南边地吐鲁番、哈密、巴里坤一线驻扎军队，与蒙古准噶尔部的征战互有胜负。乾隆二十年（1755）清廷平定准部，最终确立起对新疆的有效统治。随即，调派八旗和绿营官兵在哈密、巴里坤、乌鲁木齐、伊犁等地驻防。乾隆三四十年，在新疆驻防的满洲旗人主要分布在四个地区：巴里坤有1200多名官兵，连眷属共4000多人；古城（今奇台县东北）约有1000多名官兵，连眷属4000多人；拱宁城（乌鲁木齐）约有3300多名官兵，连眷属15000多人；伊犁共有约1万人，其中东大城（惠宁城）有2000多人，惠远城有8000多人。在新疆的满洲官兵及眷属的总数，有3万多人。[②] 其他诸城的满洲兵都由上述四地派出轮流换防。同期，隶属新疆八旗驻防序列的还有察哈尔、索伦、锡伯、额鲁特诸族。有清一代，八旗官兵在新疆屯垦戍边，对当地开发起到重要作用。近代以来，内忧外患纷至沓来，新疆则首当其冲。道光年间，新疆有张格尔之叛；同治年间，复有阿古柏之乱和沙俄对伊犁的侵占。连绵战乱，使新疆各族饱受劫难，驻防旗人损失尤重。光绪初年，清廷收复新疆，全

[①] 本文原载赵志强主编《满学论丛》第3辑（辽宁民族出版社2013年版），有修改。

[②] 据《新疆维吾尔自治区满族调查报告》，《满族社会历史调查》，辽宁人民出版社1985年版，第167页。

疆满人只余4000多人。①

研究清代新疆，显然离不开对八旗驻防的考察。换言之，研究清代八旗驻防，亦不能忽略新疆驻防的重要性和特征。这正是笔者把新疆考察列入田野调查长期计划的出发点。迄今为止，笔者在新疆田野调查已有四次。其中，第一次在2007年7月31日至8月11日，与中国社会科学院历史所研究员定宜庄、边疆研究中心毕奥南、奥切尔一起，对北疆伊犁及周边地区进行了十天考察。考察地点包括伊宁、霍城、温泉、特克斯、昭苏、察布查尔、阿拉尔山口；第二次在2011年8月23日至9月4日，与日本东北学院大学名誉教授、东洋文库研究员细谷良夫、中国人民大学清史研究所教授张永江同行，对新疆东、西部进行为期十二天的考察。考察地点包括乌鲁木齐、吐鲁番、哈密、巴里坤、奇台（古城）、喀什、莎车。② 两次考察均以八旗驻防遗址为重点，兼及当地历史、民族、宗教、文化。田野调查形式多样，包括实地勘察，采访口碑，搜集史料，拍摄图像。两次考察所获颇丰，大为增进笔者对新疆八旗驻防以及满、汉、回、维等多民族历史与关系的了解。诸多收获，不是一两篇报告所能涵盖。有鉴于此，笔者仅将其中有关清廷西北用兵及与八旗驻防密切相关的部分内容抽取出来，撰为此报告。更多内容，容待日后另撰专文。

因本报告系摘取两次考察的部分内容提炼而成，故在体例上与一般考察报告有异，一是叙事顺序并未严格遵循实际考察路线，而是在重新编排的基础上将新疆考察分为东部（哈密—巴里坤—奇台—乌鲁木齐）、北部（伊犁、温泉、昭苏）、西部（喀什—莎车）三个地区；同时，略去考察各地具体时间。好在两次考察均在盛夏，自然景观、气候条件无大差异。这是首先需要说明的一点。

---

① 《新疆维吾尔自治区满族调查报告》，第167—168页。
② 细谷良夫考察报告：《新疆维吾尔自治区残留的清代城堡的探访》（《新疆ウイグル自治区に残る清代城堡の探訪》）已发表在日本《亚洲流域文化研究》第8期（《アジア流域文化研究》Ⅷ）（2012年3月23日）。

一 新疆东部（哈密—巴里坤—奇台—乌鲁木齐）

（一）哈密

哈密位于天山南路东端，大戈壁东北部的城市。发源于天山南麓的几条河流灌溉着这片绿洲。远在两千年前，这里就是汉代张骞开通丝绸之路的要冲，素有"西域咽喉，东西孔道"之称。自甘肃而来的干道，沿着河西走廊，出肃州、嘉峪关而西，过安西，至哈密始左右分道。左边的一条，沿天山南麓向西，经吐鲁番、喀喇沙尔、库车、阿克苏，折向西南，到达叶尔羌、喀什噶尔，称南路。右边的一条，逾天山至巴里坤，沿天山北麓向西，过古城（奇台）、乌鲁木齐、库尔喀喇乌苏、塔尔巴哈台至伊犁，称北路。清朝自康、雍、乾三朝以迄光绪，多次用兵新疆，均以哈密为军事后勤补给基地。直至今日，哈密仍是内地西进新疆的第一大站。

1. 回城与汉城

元朝末年，蒙元在全国的统治土崩瓦解，哈密地区的蒙古贵族拥兵自立，建哈密国。明初天下初定，无力西顾，故对哈密地区采取羁縻政策。成祖永乐二年（1404），诏封蒙古裔安克帖木儿为忠顺王，管辖哈密。16世纪初哈密忠顺王部向吐鲁番投降，后成为叶尔羌汗国辖地。明末清初，蒙古准噶尔部控制了西北广大地区，也包括哈密。康熙三十五年（1696），清军在昭莫多大败准噶尔军，哈密回子伯克额贝都拉乘机归附清朝。额贝杜拉（额贝都拉），系秃黑鲁帖木尔（成吉思汗第七世孙，察合台汗国王，第一位皈依伊斯兰教的蒙古汗王）七世孙木罕买提夏之子。他自称"穆罕默德的圣裔"，实系伊斯兰化蒙古贵族。康熙三十六年（1697），额贝都拉以擒获噶尔丹之子色布腾巴勒珠尔有功，授一等札萨克。清廷遣官员赴哈密，清查人户，编旗队，设管旗章京、参领、佐领、骁骑校各员。制度等同蒙古。从此，清政府控制了进军天山南北的东大门。雍正五年（1727），清廷封额贝都拉之孙额敏为镇国公，后晋固山贝子。在乾隆征准战争中，额敏长子玉素甫，立有殊功，封多罗贝勒，赐郡王品级，绘像紫光阁，列五十功臣中。充分说明历代回王对清朝平定新疆、维护在新疆统治所作出的突出功绩。

虽然额贝都拉尚未被清廷册封为王，但他是最早接受清廷册封的新疆回子领主，所以习惯上仍称他为第一代哈密王。自清代至民国，其家族统治哈密共历九世，凡233年（1697—1930）。目前，与清朝经营哈密有关的史迹主要有回王府、回王陵。回王府内建筑群气势宏伟，因系近年重修，历史价值并不高。与其毗邻的回王陵，又称"大拱拜"，以及陵内的大清真寺，倒是实实在在的历史真迹。王陵位于哈密市环城南路回城乡阿勒屯村。维吾尔族人将该地称为"阿勒屯勒克"，意为"黄金之陵"。2006年，国务院公布为全国重点文物保护单位。

乾隆《西域图志》卷二载："哈密原有二城，旧城周四里，东北二门，康熙五十六年（1717）建。城东有水西南流。新城，雍正五年建，周里许，东西北三门，为官兵驻防之所。两城皆北倚大山，三面平旷。城外东西两关，地当孔道，商民辐辏，号称殷富。"① 上文提到的旧城，即明清时代哈密王住地。明永乐年间（1403—1424），这里是哈密蒙古王王宫。康熙五十六年（1717），第一代哈密回王额贝都拉重建回城。此后至1930年，一直是回王府所在地。同治年间（1856—1874），回城毁于战乱。后经末代回王沙木胡索特数十年苦心经营，耗用无数民脂民膏，王府再度恢复。但他死后仅一年，回城及城内王府即被驻军焚毁。

雍正五年（1727），清政府在回城外东北处建筑新城，城墙高二丈四尺，底厚一丈二尺，顶厚六尺六寸，城门三，城楼三。② 十三年（1735），在此驻防八旗兵二千名，乾隆二十六年（1761）裁撤，改驻绿营兵八百名③，故该城又称汉城。同治三年（1864），

---

① 钟兴麒等：《西域图志校注》卷9，新疆人民出版社2002年版，第178页。
② 祁韵士：《西陲要略》卷2，道光十七年本，第12页上，《方志丛书》（西部地方），台北成文出版社1968年影印本。
③ 新疆维吾尔自治区民族研究所编：《新疆简史》上卷，新疆人民出版社1978年版，第287页。

哈密回民暴动，两城为之残破。七年（1868），新任哈密帮办大臣文麟率军抵哈密，于城西北二里处另建一座供军队驻扎的军城（位于今哈密市第二中学附近）。由于战乱造成的财政拮据和人力物力匮乏，告竣后的城池规模较小，周围仅一里，只有南北两座城门。以后，人们把军城称新城，把业已残破的哈密城称老城。

据载：回城城址平面呈方形，城墙夯筑。现仅存残长30余米、高近4米的东墙一段，分布于环城路两侧。[1] 应即我们实地踏勘，在哈密市南郊环城路上看到的一段残墙。残墙位于一个高约2米坡地上，夯土筑造，残墙周围用栅栏圈起。前面竖有一块"回城城墙"标识，上面写着："回城城墙位于哈密市回城乡九龙树村。现存城墙仅剩环城路路北、路南及居民院内7处残墙，其余无存。路北城墙南北长约26米，东西宽约5米，高约9米。路南城墙南北长约30米，东西宽约0.2—1.5米不等。2003年2月9日，新疆维吾尔自治区政府公布为第五批自治区文物保护单位。"（图1）

图1　哈密回城遗址

---

[1] 国家文物局主编：《中国文物地图集·新疆分册》，文物出版社2012年版，第445页。

沿环城路往东，再左拐往北，另有一段保存远较回城残墙完整的古城墙，亦为夯土筑造。城墙南侧有一道平行的林荫道，道旁是一幢幢高耸的楼房。背靠城墙北侧为一长排旧粮仓。粮仓早已废弃，但格局尚存。仓前空地上布满砖石瓦砾，说明这里不久前还是稠密的居民区，随着一场拆迁变成了现在的遍地狼藉。据乾隆《钦定八旗通志》卷一一八《营建志七》：哈密汉城外有套城，居住汉兵。仓廒十座，五十间。廒神庙三间。还有兵房等四百余间。又，祁韵士《西陲要略》卷二："（新城）北城外围墙一道，长一百七十六丈，为储粮之所。"此旧城墙周围未见有当地文管部门标识，结合上引书与其地理方位，推测应为原汉城北部城墙（图2）。清廷自雍正起，历次用兵西北，皆以哈密"为钱粮总汇之地"；而后，经营新疆，各城岁需帑项，仍由哈密拨解，因设总理粮饷大臣二员，管粮通判一员，专司其事。[①] 据此看来，则旧粮仓遗址应即前书记载仓廒即"储粮之所"了。

图2 哈密汉城遗址

---

① 椿园（七十一）：《西域闻见录》卷1，日本宽政十二年刻本，第3页下4页上。

339

2. 左公柳

哈密宾馆内两株古柳，前有铭石称"左公柳"，传为左宗棠所植。19世纪70年代初，阿古柏在英帝国主义的支持下，窃据新疆大部分土地。光绪二年（1876），钦差大臣左宗棠挥师西征，次第收复南疆。时伊犁尚为沙俄侵占。六年（1880），左宗棠为收复伊犁，将行营由肃州（今甘肃酒泉）迁到西征最前哨的哈密。临行，他命部下为自己准备棺材一口，以示收复失地之决心。① 左宗棠见沿途"赤地如剥，秃山千里，黄沙飞扬"，传令凡大军经过之处，必以植树迎候，并率先垂范，公牍之余，携镐种柳。功夫不负有心人。到19世纪80年代（光绪六年前后），从兰州到哈密，从哈密至乌鲁木齐，"所植道柳，除戈壁外，皆连绵不断，枝拂云霄"。作为军事大本营的哈密，更是柳浪滚滚。为纪念湖湘子弟筹边天山、为民造福的不朽业绩，后人将左宗棠和部卒所植柳树，称为"左公柳"。前些年，哈密市因东西河坝干涸以致古柳枯槁，近年来实施了引南增水工程，使五百余棵左公柳重新焕发出生机。②

（二）巴里坤

离哈密市东北行，公路尽头，尽显天山靓影。沿312国道前行，遇一岔路，如顺主路右行，即往星星峡，如驱车左拐上省道，则往巴里坤。车行约30公里，行抵山前。汽车沿迂回的山间公路奋力攀升，至海拔2000米高度时，开始翻越天山山脉的鞍形部。这里地形较低，自古便有翻越天山南北之古道。消融的雪水在山谷间形成小溪，小溪汇成河流，河流奔涌而下，为荒凉的高山奏起永恒的欢歌。汽车沿山坡疾驰而下，很快进入巴里坤境，路边指示牌显示地名为伊吾马场。公路左侧，为天山阴面（北面）山麓，与山阳多系裸露岩石、寸草不生的荒凉景观迥异，北坡上部布满茂密的针叶林，形成连绵的暗绿色林带，林间镶嵌着雪水形成的垂瀑。公

---

① 赵尔巽等：《清史稿》卷412，左宗棠传，中华书局1976年版。
② 哈密地区旅游局、文化局：《左公柳纪石》，在哈密宾馆院内。

路右侧，是一望无际的牧场，牧场上散落着杂色的牲畜，在阳光的沐浴下静静地吃草。车过奎苏镇，路边不时闪过哈萨克牧民的帐篷（毡房），还有一些不大的村落。村落都是一排排低矮的平房，格局整齐的，是生产建设兵团的连队驻地；杂乱些的，则是回族、汉族人村落。当地把少数民族村泛称为"民族村"。司机告诉我，分辨汉人与民族村的方式很简单：汉人家门上贴有对联；维吾尔族、回族人家门上则否。一眼望去，果不其然。

1. 满城与汉城

巴里坤，与哈密以天山为界，山南为哈密，山北为巴里坤。山南酷热缺水，牧草不丰，山北因有雪水浇灌，水草丰茂，故自古以来，由哈密穿越天山，经巴里坤、木垒、奇台（古城），即为联通新疆北部、西部、中亚的要道。清代攻准、平回、归复新疆，几次西征，均以此为通道，故清人说该地"进可以攻，退可以防，为南北两路适中紧要之区"[①]。

巴里坤古称蒲类国，西汉神爵三年（前59）属西域都护府管辖，后为匈奴游牧地。东汉属西域都护府管辖，后属匈奴。北魏属柔然、高车。唐贞观十四年（640），建蒲类县。宋代，属伊州。元代属别失八里行省东境，始称巴尔库勒。明代属蒙古瓦剌部。清康熙、雍正年间，清军与准噶尔部征战，几度出入巴尔库勒（巴里坤）。乾隆二十五年（1760），置巴里坤直隶厅。三十八年（1773），设镇西府。咸丰五年（1855），裁府改设镇西直隶厅。民国二年（1913），撤厅设镇西县。二十三年（1934），划归哈密行政区。1954年，恢复巴里坤县名，成立巴里坤哈萨克自治县。现属哈密地区。

康、雍、乾三朝，巴里坤为清廷经略天山北路的军事前沿。康熙帝三征准噶尔，靖逆将军富宁安曾驻军于巴里坤。雍正七年（1729），清廷为征准部，命傅尔丹为靖边大将军，屯阿尔泰，为北路军；命岳钟琪为宁远大将军，驻巴里坤，为西路军。雍正十二年（1734）和乾隆三年（1738），阿克敦作为清朝使臣两度出使准

---

① 椿园（七十一）：《西域闻见录》卷1，第5页上。

噶尔的统治中心伊犁。第一次从京师出发，出甘肃嘉峪关，经哈密，越天山，经巴里坤到达伊犁。在其《奉使西域集》中，有《宿巴里坤城东》之诗篇。乾隆二十年（1755），清廷乘准部内乱，出兵伊犁，兵分两路，北路军出乌里雅苏台，西路军出巴里坤，会师于博罗塔拉，然后进攻伊犁，一举剿灭了准噶尔政权。二十四年（1759），最终统一天山南北。同治年间，阿古柏侵占新疆大部地区，全疆战略要地包括八旗各驻防地，几乎全部沦陷。唯有巴里坤满汉军民，坚守孤城，顽强抵抗，直至光绪初年，清军大举西征，最终粉碎阿古柏侵略势力，收复全疆。

作为这段惨烈历史的见证，巴里坤迄今仍保留着新疆地区最为完整的满汉两城城墙。

汉城又称"巴尔库勒（巴里坤）城""镇西城"。乾隆《西域图志》卷九："雍正九年（1731），议征噶勒丹（噶尔丹），在巴尔库勒地方建筑城垣，屯兵贮粮，城周八里，高二丈，东西南北四门。初以安西同知驻防其地。"乾隆三十八年（1773），置镇西府，以巴尔库勒城为府治。[①]汉城内设绿营镇标三营，驻防马步兵1941名。[②] 今汉城南侧城门遗址前，竖有一"汉城城墙"碑，说明1999年经新疆维吾尔自治区政府公布为文物保护单位。（图3）

经实地考察，汉城四城门中，仅西城门（得胜门）瓮城尚存。得胜门是清军出入之门，寓意凯旋。夯土城墙早已杂草丛生，但城垣、马道和瓮城轮廓基本完好。现存得胜门于2003年修复，城楼为仿古建筑，不过十年光景，城楼柱子的红漆已成片剥落，铺设的地砖凹凸不平，或断裂或翻起，犹如片片疥癣。城楼下方一字排放五门铁炮，有炮身，无炮座，上铸"大清雍正九年"字样，显系劣质仿制品。站在城墙上举目四望，该城仅西墙保存较好。城墙内侧（东侧）挤挤挨挨，满眼皆是小院民居。城门正对着汉城西街，如

---

① 钟兴麒等：《西域图志校注》卷9，第182页。据考古实测，汉城东西长1553米，南北宽788米，墙高6.8米，顶宽4米，底宽6米，见《哈密文物志》，新疆人民出版社1993年版，第74页。

② 钟兴麒等：《西域图志校注》卷31，第435页。

图 3　巴里坤汉城遗迹

今已改造成一条笔直马路，马路两边绿树成行，黄花绿草，点缀其间。站在城楼向外（西侧）望去，南面是起伏连绵的巴里坤山，北面是莫钦乌拉山，两山夹一谷，巴里坤古道正好贯穿其间。巴里坤战略地位之重要，可以一目了然。如今，古道已改造为连接哈密、木垒、奇台（古城）、乌鲁木齐一线省级公路。山脚下展开宽阔的草滩，近处是金黄的麦田，在阳光照耀下一览无余。

　　满城在汉城之东，与之并列。历史上，两城相距仅500米。《钦定八旗通志》卷一一八：乾隆三十八年（1773），设会宁城土城一座，长一千一百三十四丈，周六里三分，西南高一丈六尺，东北高一丈八尺。城楼四座，瓮城楼五座，角楼四座，腰楼十二座，炮楼三座，门外吊桥四座。四门：东宣泽门、南光披门、西导丰门、北威畅门。同年，由西安、宁夏二处移来满兵两千名，设领队大臣管理。城内有万寿宫、关帝庙、衙署、仓库、兵房。[①]（图4、图5）

---

①　福隆安等纂：《钦定八旗通志》卷118《营建志七》，吉林文史出版社2002年版，第2028页。

◆ 清朝遗迹的调查 ◆

图 4　巴里坤汉城得胜门的瓮城

图 5　巴里坤汉城西墙

如今，满城（会宁城）西墙已无存，其余三面墙大体完好。东墙有马面一，南墙有马面三，北墙有马面二。我们重点考察了位于省道北侧的南墙。南门瓮城基本毁坏，城墙上长满野草，墙内民居密布。城内连接南北门的干道已为柏油马路取代。南门遗址外立一"清代镇西满城"碑，并说明这是自治区重点文物保护单位。

　　满汉城间的隙地，早已辟为城中大道，原来满城西南角的位置，如今开辟为一个小广场。广场边矗立着一排六层白色住宅楼，最醒目的是南端楼房侧墙上绘着的巨幅彩图："岳钟琪屯兵巴里坤。"（图6）图中的岳钟琪将军身材高大，全身戎装，神情严肃，凝视前方，双手拄一把宝剑。身后树立"清""岳"字大旗各一面，迎风飒飒。脚前立一碑石，上镌"镇西城"三个鲜红大字。画面的背景，是牵着骆驼、拉着炮车的大队清兵。其场景固然出自绘者想象，的确再现了巴里坤历史上辉煌一页。雍正年间，岳钟琪多次率兵进出巴里坤，与准部鏖战不休，互有胜负。雍正末年，他被尽夺官爵，几乎处斩，所以，其西征之役远非今人揣想的那么顺利。① 但不管怎么讲，岳钟琪在开拓新疆的事业中建有殊勋是没有疑问的。这正是历代后人缅怀其业绩的原因所在。

---

① 赵尔巽等：《清史稿》卷296《岳钟琪传》记其战迹：雍正七年（1729），宁远大将军岳钟琪率师至巴里坤，筑东西二城备储蓄，简卒伍为深入计。翌年（1730）五月，奉谕回京师。九年（1731）七月，准噶尔大举犯北路，傅尔丹之师大败于和通脑儿，钟琪自巴尔库尔经伊尔布尔和邵至阿察河，遇敌，击败之。十年（1732），准噶尔三千余人犯哈密，钟琪令部下自回落兔大坂、科舍图岭，分道赴援。敌引去。六月，钟琪疏报移军穆垒。寻召钟琪还京师，以广泗护印。广泗劾钟琪调兵筹饷、统驭将士，种种失宜。穆垒形如釜底，不可驻军。议分驻科舍图、乌兰乌苏诸地。上命还军巴尔库尔，尽夺钟琪官爵，交兵部拘禁。十一年（1733），以查郎阿署大将军，又论钟琪骄蹇不法。十二年（1734），大学士等奏拟钟琪斩决，上改监候。乾隆二年，释归。钟琪后参与平定大小金川、西藏珠尔默特诸役，俱有功。高宗《御制怀旧诗》，列五功臣中，称他为"三朝武臣巨擘"。《清史稿》又云："清世，汉大臣拜大将军，满洲士卒隶麾下受节制，钟琪一人而已。"（第10377页）

◇ 清朝遗迹的调查 ◇

图6 巴里坤满城旧址的"岳钟琪屯兵巴里坤"图

2. 岳公台与碑石

岳公台位于巴里坤城南3公里处，即巴里坤山北麓一处顶部平坦的圆形山坡上。当地人传说，雍正七年（1729），岳钟琪率师征准噶尔，驻军于此高地，点将操兵，屯田种地，开办马场，并督率将士在山下建筑巴里坤城。岳公治军有方，军纪严明，敌人不敢妄动，使北疆保持了一段太平，巴里坤百姓为颂其功绩，称此山坡为"岳公台"。岳公台下，旧有心月禅师塔林，已无存。站在台地上向北眺望，只见汉满两城首尾衔接，苍茫草原一碧如海。此景曾触动清代文人之诗情，并获"瀚海鼍城"之美称，列为巴里坤八景之一。

富宁安碑，又称山神庙碑，位于岳公台东北角巴里坤山麓。碑刻于康熙五十八年（1719）。其时准部策妄阿拉布坦攻哈密，清廷派靖逆将军富宁安①统兵驻防巴里坤。清军进驻巴里坤后，安定社

---

① 富宁安，满洲富察氏，康熙五十六年授靖逆将军，驻军巴里坤。连败准噶尔部。康熙六十一年（1722），奏准于吐鲁番驻兵屯牧。世宗即位，授武英殿大学士，管军务如故。为清朝经略新疆功臣之一。见《清史稿》卷250，阿兰泰传。

会秩序，商旅不绝，满汉军民为赞誉"天子"仁德，祈神灵保佑，在此处修山神庙一座并刻石纪念。如今，山神庙已无存，石碑仍屹立原处。1983年，县文化馆修一碑亭，加以保护。亭内碑体为一卧牛形巨石，高约1.3米，宽约1.6米。经长年风雨侵蚀，碑石字迹已模糊难辨。兹将《哈密文物志》所载碑文附录如次：

> 靖逆将军吏部尚书兼管总督仓场事务富公宁安，恭奉圣天子命，讨贼寇妄布坦侵犯哈密之罪，驻兵巴尔库尔，秣兵厉马，蓄锐以待进取。维时天地之气，晴和咸理，水草丰美，林木赡用，商贾辐辏，士马饱腾，荒塞冱寒之区，气候顿易，四时风景，宛若春台化日。是皆圣天子仁德广被，百神为之效灵也。因于山麓茸庙崇祀，用答神庥，塞外诸夷瞻斯庙也，当必共凛然于天威之无远弗屈矣。庙侧有天然石一片，谨勒以志之。领兵诸公开列于下（官衔、姓名从略）。①（图7、图8）

图7 富宁安碑亭

---

① 阎绪昌：《镇西厅乡土志·仕宦》第202页，山神庙记。参见《哈密文物志》第280页。

◇ 清朝遗迹的调查 ◇

图 8　碑亭内的富宁安碑石

保安碑，位于山神庙碑之西一怪石嶙峋坡地上。碑体亦为天然巨石，高约1.8米，宽约2米，碑刻于民国七年（1918）。至今保存完整，字迹清晰。近年建一碑亭，以庇碑石。同治初年，阿古柏率军入侵新疆，天山南北大部沦陷，唯有巴里坤满汉官兵顽强抵抗，力撑危局。四年（1865）六月，阿古柏驱虎狼之师强袭巴里坤，期必屠城。守城满汉官兵及绅商，在都统纳尔济、提督何琯率领下，同仇敌忾，浴血奋战，坚守数年，一直坚持到关内援军到达。光绪初年，清政府派大军西征，复以巴里坤为前进基地。巴里坤军民配合大军，最终收复失地。保安碑为民国七年（1918）巴里坤镇西统领多凌撰文，知县孙光祖书写。碑文追忆巴里坤满汉军民英勇抗击阿古柏、誓守孤城的光辉功绩。此一功绩，堪称近代史上新疆军民抵御外侮最为可歌可泣之一页，值得后人永远铭记。

当地尚有汉代任尚碑、裴岑纪功碑、焕彩沟碑，清代田竣碑等。田竣碑又称"年羹尧碑"（石人子乡石人子村），刻于雍正元年（1723）。追记康熙五十五年（1716）抚远大将军年羹尧麾下副总兵田峻受命率满汉官兵，随靖逆将军富宁安西出玉门关征讨准部，并将巴里坤作为进军驻地之史事。

3. 民宅与粮仓

老民宅。巴里坤老民宅是从乾隆至民国年间陆续形成的，最早的有二百多年历史，十三代人居住。最晚的也有上百年历史，有五代人居住。保存比较完整的有六家，门楼九座。门楼除兰州湾子有一家外，其余均在汉城内。① 原汉城东南角，如今已辟为古城老民宅参观区。步入一老巷，毗连的几个老宅院大门紧闭，门楼有檐，两柱支撑，门边标有"王光英家古门楼""赵松石家古宅院""白万忠家古门楼""王善桂家古民宅"。赵松石家民居坐北朝南，四合院布局，有上房，东、西厢房。重建时仅修复了门楼，门楼面北，木构梁架，青瓦覆顶。檐部翘起，雕花精美，工艺精湛。王善桂家古民宅始建于清乾隆年间，原名王氏三槐堂院，王氏先祖于雍正七年（1729）随岳钟琪来巴里坤，战后，王氏先祖官封四品留守巴里坤，并修建此宅院。院落整体为传统的四合院布局，坐南面北，有正厅及东西厢房组成，正厅面阔五间，一进，厢房与正厅不相连。门楼极有特色，三层雕板，并有门厅。现已向游人开放，陈列了征集的古旧家具、生产、生活用品。院内古榆树也是一大特色。门楼上的木雕牡丹，彩绘虽已褪尽，牡丹造型生动，刀法圆润，古风犹存。

老民宅西为清代老粮仓（汉城东街58号粮食局院内）。清朝是历代王朝在新疆屯田时间最长、规模最大、效益最显著的一个时期，重要的屯田地一为巴里坤，一为伊犁。《西域图志》卷三三《屯政》载：乾隆二十三年（1758），于镇西府属之朴城子及奎苏二处，开设二屯。调派甘州、凉州、西宁、肃州、宁夏、固原、河州等处绿营官兵一千名，统以副将、游击、守备，经理屯务。乾隆中，有屯田一万八千七百亩。军屯之外，有民地五万五百余亩。② 《镇西厅乡土

---

① 巴里坤旅游局：《西域故牧国·汉韵巴里坤》，无年月彩印本。
② 钟兴麒等：《西域图志校注》卷33，第451页；卷34，第468页。

志》载：乾隆三十八年（1773），巴里坤额垦成熟地共计七百八十四顷余。为了贮存粮食，在汉城南街西侧建仓厫八座，每座长65丈，宽3.4丈，高1.8丈，仓容6000京石，总仓容4.8万京石。① 据实地考察：仓厫大院坐北朝南，两边俱为仓房。仓房土木结构，覆斗形建筑，四面墙壁略向上收拢，墙壁极厚；房基石砌，墙为土坯，外敷黄泥。房各有窗，顶设通风口。仓内以木板铺设地面，防潮隔热，粮食不易霉变；仓门木质，上铆五排圆形大门钉，愈显厚重坚实。仓房间保持着一定距离，显然是为了防火。正对大门有一厫神（仓神）庙，为近年新建，仓神为武将装束，坐握钢鞭，金盔金甲，虬髯浓黑，怒目圆睁，即唐代名将尉迟恭（字敬德）的塑像。传说他在李世民手下充先行官，军马未动粮草先行，确保了军粮运输，后世尊其为仓神，专司粮草供应。所以，无论是在京师，还是在边疆，仓神总是与仓厫建在一起。清朝自雍正年间起在巴里坤屯田，乾隆时农业愈加发达。直到近年，粮仓仍在使用。

4. 寺观

地藏王菩萨寺，位于巴里坤镇南关东街。为甘肃民勤客商捐资，嘉庆二年（1797）修建，也称民勤会馆。寺坐南朝北，现存戏楼、东、西厢房、地藏寺大殿、观音殿。门口两尊石狮，雕于清道光年间。门楼为牌坊三层彩头，两侧为八角楼，云头及各式雕花板，雕刻细腻。仙姑庙位于地藏寺西侧。嘉庆五年（1800）由张掖客民集资修建，又称甘州庙。现存日光楼、月光楼、过殿、文圣堂、武圣堂、仙姑庙大殿、孙膑庙以及前院照壁。门楼为牌坊三层彩头，两侧为八角楼，做工精细，雕刻细腻。砖雕影壁雕龙刻凤。两庙院内多古榆。均于1999年公布为自治区级重点文物保护单位。

5. 大墩烽燧

由巴里坤往奇台（古城）方向，车行10分钟，到达大墩烽火台。烽燧，亦称烽火台、墩台，是传递军情最快捷、可靠的方式。在巴里坤境内，如今尚存墩燧二十八座，四座为唐代建，其余均为

---

① 巴里坤旅游局：《西域故牧国·汉韵巴里坤》。

清代建（又一说，尚存七十余座）。以巴里坤城为中心总分三路：一路沿伊吾河谷至甘肃境内，南折入哈密；一路从巴里坤向西至下涝坝，折向西南至七角井，或折向西北至木垒；又一路自巴里坤向北至三塘湖乡，然后向东北通向外蒙古。我们考察的大墩烽燧，是西路第一座，以后沿途又看到多座。

清军用烽燧传递军情。遇有军情，白天燃烟，夜间点火。如有百余敌进犯，白天举一烟（若在夜间便放一火）；如犯敌有千余人，则白天举三烟（夜间放三火）；犯敌在五千以上，白天举四烟（夜间放四火）。当初，以大墩台为中心，包括辅助设施，派兵驻守。① 如今，大墩台损毁严重，剖面呈梯形状。周长60余米，残高近9米，夯筑。平地拔起，仍很有气势。据说，一些烽火台上，还遗存有当年放火、举烟用过的木炭和残存的麦草灰。

离开大墩燧西行约10公里，从一烽火台处往右拐，即接近闻名遐迩的巴里坤湖。巴里坤湖，古称蒲类海，元代称巴尔库勒淖尔。从远处望去，湖面略呈椭圆形。湖边点缀着哈萨克牧民的白色毡房，还有高大的芨芨草，星散的牛羊。耳边响起阵阵鸟雀的啾啾声，映衬得周边愈发寂静。因为是咸水湖，湖边结满白色的盐晶。

（三）奇台城（古城）

1. 老满城

离巴里坤湖西行，过海子沿、下涝坝乡、大石头，经木垒，抵达奇台县城。奇台在历史上据五路冲要：东至哈密，进玉门关到内地；西走乌鲁木齐，连接伊犁到中亚；北通阿尔泰；南有间道至吐鲁番、鄯善；东北通蒙古归化城（今呼和浩特）。杨方炽《奇台县乡土志》载称：该地自乾隆二十二年（1757）平定准部始隶版图；三十八年（1773），置奇台县，隶巴里坤镇西府治。四十一年

---

① 乾隆四十一年奏准，巴里坤迤西至玛纳斯，共设墩塘二十七处。每处安设大墩台一座、烟墩五座、柴墩四座、照壁一座、瞭望墩房一座、塘房三间、院墙一围、兵房十间。携眷兵五名内，马兵二名、步兵三名。见佚名《乌鲁木齐政略》第44页，收入王希隆《新疆文献四种辑注考述》，甘肃文化出版社1995年版。

(1776)，建城（靖远城）。

城东有木垒城，雍正十年（1732）岳钟琪西征时奏建，乾隆三十二年（1767）并三十六年，移绿营兵驻此。城西为古城，乾隆三十五年建。三十六年移绿营兵驻此（古城之汉城）。① 乾隆四十年（1775），建孚远城，与古城毗连。土城一座，长七百二十丈，周四里，高一丈六尺。正城门四座，瓮城门五座，角楼四座，腰楼八座。鼓楼一座。四门：东宾旭门、南景薰门、西庆城门、北拱枢门。城内万寿宫、关帝庙、衙署、仓库、兵房等项共二千九百六十一间（古城之老满城）。同年，由巴里坤移住古城兵一千名，设领队大臣管理。②

奇台设县后，内地之民逐次占籍，各处商贾接踵而至。咸丰三年（1853），改镇西府为直隶厅，以奇台改隶乌鲁木齐迪化州。时承平日久，阎闾相望，比户可封，阡陌纵横，古城一带最称富庶。但同治三年（1864）的动乱，给当地造成极大破坏。是年十一月初一日，回兵克木垒，"大肆屠戮，汉民几无噍类"。十五日，陷古城，汉城游击吴殿魁以下俱死之，兵民殉难三百余家。次年二月初九日，满城失守，统带惠庆以下死者七千余人。奇台亦失守。③

光绪二年（1876），清政府派左宗棠、刘锦棠出兵新疆，次年，击败阿古柏。九年（1883），奇台县治改建古城。随之，清政府将新疆各地逃亡的满人及巴里坤满人集中起来，分为东西两部驻扎：东部巴里坤、古城、乌鲁木齐、吐鲁番等地满人全部集中到奇台；西部满人全部集中在伊犁新惠远城。④ 同时，在古城旧满城的东北

---

① 钟兴麒等：《西域图志校注》卷9："古城，在奇台县治西北九十里。由奇台塘至古城五十里。南北二城，南城中有万寿宫、关帝庙。"

② 佚名：《乌鲁木齐政略》第71页，收入王希隆《新疆文献四种辑注考述》；福隆安等纂：《钦定八旗通志》卷118《营建志七》，第2027页。

③ 杨方炽：《奇台乡土志》，光绪三十四年本，第61页；佚名：《新疆乡土志稿》，收入《中国边疆史地资料丛刊·新疆卷》，全国图书馆文献缩微复制中心1988年。另据《新疆维吾尔自治区满族调查报告》记载："这次战争中满人死亡极多：古城被攻破后，全城满人绝大多数被杀，只逃出八家。"（《满族社会历史调查》，第168页）

④ 《新疆维吾尔自治区满族调查报告》，《满族社会历史调查》，第168页。

方续修孚远城（古城之新满城）。城方形，高一丈八尺，周八百零三丈，炮台八，门四，城门楼四，鼓楼一。二十一年（1895），因人口增长，将满汉两城扩修，西南两墙连接一起。合而观之，二城贯通一气；分而言之，两城各有界限。通计六门，共设炮洞四十九，暗炮台若干座。周一千四百五十八丈，雉堞一千三百七十三。[①]至此，古城取代巴里坤城，成为晚清时期天山北路的军事重镇。

民国四年（1915），古城满营历史结束，旗人各寻出路。之后，满城发生白喉和鼠疫，旗人死于瘟疫者小半，满城一片荒凉。1939年5月5日，驻奇台骑兵20团以"减少战时敌方攻击的军事目标，便利汽车通行"为借口，拆除钟鼓楼。20世纪50年代以来，满城地段逐渐成为各族人的杂居区，旧房逐渐拆除改建新居。2002年，在当地政府支持下，对老满城进行了局部修复。我们考察了老满城部分地段。城墙北、西、南三面保存比较完好，北面墙中段半圆形马面犹存。

图9　奇台旧满城北墙

---

① 杨方炽：《奇台县乡土志》，光绪三十四年本，第58页。

2. 法圣寺

查《奇台县乡土志》，新满城内有关帝庙、城隍庙、七星庙、娘娘庙、无量庙、三教庙各一座，均光绪十四年（1888）至二十六年（1900）捐修。汉城内则有玉皇阁、文昌宫、文庙、关帝庙、药王庙、财神庙、吕祖庙、太阳宫、三官庙、老君庙、定湘王庙、娘娘庙。不外乎儒、佛、道三教，说明清代新疆满汉人信仰已无区别，实际是一种相融互补关系。汉城内原有三忠祠一座，同治十二年（1873）奏建，内祀乌鲁木齐都统平瑞、总办大臣保恒、领队大臣惠庆。同时死难的旗兵妇女一并附祀。当地维吾尔族（缠回）则有礼拜寺（清真寺），因教义仪礼与满汉截然有别，故"从未有旗汉入教者"[①]。

在当地朋友的引导下，我们重点参观了城内法圣寺，是一座由老满城迁来的古庙。庙的全称："三清宫法圣寺。"据寺内2006年7月碑刻介绍：三清宫始建于光绪二十七年（1901），由李志生、李志起、白礼泉三人倡导，聘用泥工王开会、木工赵登负责施工而成。起初，宫中修道，亦供佛尊。迄晚清以至民国，佛道扬镳，三清宫纯属道藏。全国解放后，羽士消踪，宫终遗落。2000年7月，故乡人李发仁居士修佛有缘，带领刘芬兰等三十余名创业弟子，将佛寺由老满城迁至三清宫，安佛立位，随于2003年兴修天王殿一座，寺名"法圣寺"，并请和尚主持法务。说明法圣寺原名三清宫，其时尊崇道教，亦供佛尊。这种道、佛祭祀兼容并蓄的现象在民间一直很流行，正是两教相互融通的表现。另据寺内宣传栏上《三清宫法圣寺的历史渊源》一文介绍：三清宫，原有山门一座。山门后，有天王殿，分前后殿，前殿供护法神韦陀塑像，后殿供弥勒佛、四大天王（四大金刚）。1949年，随着"三母殿"竣工，三清宫香火达于鼎盛，内有十三位僧人（按，或为道士）。1962年，三清宫改作政协政治学校，神像、壁画只有部分得以保护。此后，三清宫先后作为县制药厂、文工队、政协的办公地。2000年，经

[①] 杨方炽：《奇台县乡土志》，光绪三十四年本，第68页。

县政府批准，作为奇台县佛教徒的佛事活动地，并取名"法圣寺"。

以上所述，为三清宫演变的大概脉络。一座古庙的香火能够辗转延续到现在，堪称奇迹，这是一代又一代善众前赴后继、锲而不舍的结果，可惜其间付出的种种艰辛乃至经历的种种磨难早已湮没无闻。

离开古城，过吉木萨尔，上高速公路行120余公里（一个半小时车程），行抵自治区首府乌鲁木齐市。

（四）乌鲁木齐

汉城与满城

新疆全境中界天山，分南北二路。乌鲁木齐居天山北路之东，东接哈密，西接伊犁，南接喀喇沙尔，北接塔尔巴哈台，东北接科布多，地当往来冲要，战略地位极为重要。乾隆二十年（1755）正月，清军进讨准噶尔，噶勒丹多尔济率属降，地遂内属。

红山古塔是乌鲁木齐的地标式建筑，以山岩呈红褐色得名。山高里许，周宽数里。峭壁悬崖，形如蟾蜍昂首。南面陡坡，直上山巅，山巅原建玉皇庙一座，清代每岁四月十五日，居民商户，车马云屯，杂技百工，靡不聚集，"为塞上一胜会也"。本地人称乌鲁木齐为"红庙子"，即本于此。① 如今，庙已无存，唯存古塔一座。塔建于乾隆五十三年（1788），为青灰色楼阁式实心砖塔，由塔基、塔身、塔刹三部分组成。塔基高约1米，呈六角形，塔身六面九级。据塔旁"简介"：18世纪，奔腾在红山脚下的乌鲁木齐河经常发生洪汛，1785年至1786年，连续两年洪水成灾，沿河居民损失惨重。乾隆五十三年（1788），乌鲁木齐都统尚安，在红山对面的雅玛里克山（妖魔山）山顶，复建宝塔一座，以镇水患。站在红山山顶，可俯瞰全市。

汉城（迪化新城）。乾隆三十二年（1767）建，周四里五分，

---

① 和宁：《三州辑略》，嘉庆十年旧抄本，第23页，收入《中国方志丛书》（西部地方），台北成文出版社1968年影印本。

高二丈一尺五寸，底宽一丈，顶宽八尺，城濠周四里八分，宽深各一丈。四门，东曰惠孚，南曰肇阜，西曰丰庆，北曰憬惠。城内有万寿宫及庙宇、衙署、仓厂等项六百一十七间，兵房二千间，提督驻此。城南约一里尚有旧城一座（迪化旧城），二十三年（1758）建，五年后重修。周一里五分，高一丈二尺。① 以后旧城为民商所居。②

满城（拱宁城）。乾隆三十六年（1771），清政府在乌鲁木齐设参赞大臣，接着设迪化直隶州。次年，在迪化城西北六里筑满城（遗址位于今乌鲁木齐市沙依巴克区八一街道）。清高宗取"巩固安宁"之意，将其命名为"巩宁城"。城内驻扎满营官兵，与汉城相对应，故又称"满城"。土城一座，周九里三分，东高二丈三尺五寸，西高一丈九尺五寸。正城楼四座，瓮城楼五座，角楼四座，炮楼二十四座，箭楼四座。四门：东承曦门、南轨同门、西宜穑门、北枢正门。城内万寿宫、关帝庙、衙署、仓库、公馆、官房、兵房、堆房等共大小房间九千五百五十间。③

乌鲁木齐是北疆驻兵重镇，驻防满洲蒙古携眷兵三千三百余名（总人口一万五千左右），由凉州、庄浪移驻，设领队大臣一员以统之，归乌鲁木齐都统节制。④ 同期，驻防绿营马步兵四千名⑤，由甘肃、宁夏、陕西等地移驻，设提督一员统之。绿营兵也是携眷驻防。统由乌鲁木齐都统管辖。乌鲁木齐设置驻防后，拱宁城成为新疆地区的重镇之一，其地位仅次于伊犁将军所驻惠远城。此后不过一二十年间，甘省民户已移驻数千家，及内地发遣人犯数千，皆散居各处，"开垦草莱，充斥其地，为四达之区。以故字号店铺鳞

---

① 佚名：《乌鲁木齐政略》第68页，收入王希隆《新疆文献四种辑注考述》。
② 永保修、达林、龙铎纂：《乌鲁木齐事宜·序》第102页，收入王希隆《新疆文献四种辑注考述》。
③ 佚名：《乌鲁木齐政略》第70页，收入王希隆《新疆文献四种辑注考述》；福隆安等纂：《钦定八旗通志》卷118《营建志七》，第2027页。
④ 吴元丰：《清代乌鲁木齐满营述略》，阎崇年主编：《满学研究》第7辑，民族出版社2002年版，第186页。
⑤ 钟兴麒等：《西域图志校注》卷31《兵防》，第435页。

次栉比，市衢宽敞，人民辐辏，茶寮酒肆，优伶歌童，工艺技巧之人，无一不备。繁华富庶，甲于关外"。俨然已是新疆的一大都会①。当时，满城（拱宁城）面积比汉城（迪化城）大一倍。

同治三年（1864），新疆发生变乱。六月，汉城（迪化城）城关的回人暴动，攻占汉城后进围满城（拱宁城）。九月，满城陷没，都统平瑞、兵备道伊昌阿以下万余人均死之。②时距拱宁建城不过九十二年。寻经阿古柏及白彦虎之乱，汉城仅剩颓垣，满城已同平地，两城只余汉回数十人。③

抗战时期，新疆省立师范学校在满城旧址上建立校舍，后成为军营。1949年后，在此兴建八一农学院（新疆农业大学前身）。如今，在校址西南尚可找到一段黄土夯筑的残垣断壁，遗址边竖着一块碑子，上书："乌鲁木齐市级文物保护单位，巩宁城城墙遗址，2004年12月1日，乌鲁木齐市人民政府公布，2006年9月立。"城墙遗址背后是一幢幢黄色住宅楼。小区即以巩宁古城得名，称"古城花园"（位于老满城街）。

老满城被毁后，清政府曾在汉城东侧修一座新满城（位于今乌鲁木齐市建国路一带），已无存。乌鲁木齐尚有文庙、陕西大寺（东大寺）等古迹，亦值得一览。

二　新疆北部（伊犁、温泉、昭苏、察布查尔、伊宁）

伊犁位于天山北坡西部，东、南、北三面为天山环绕，唯西部面向哈萨克斯坦一侧开敞。冰川发育，雨雪丰沛，在大陆性荒漠干

---

① 椿园（七十一）：《西域闻见录》卷1，第6页上。永保修、达林、龙铎纂：《乌鲁木齐事宜·序》第89页，王希隆：《新疆文献四种辑注考述》。

② 郭廷以：《近代中国史事日志》，中华书局1987年版，第456页。据《新疆维吾尔自治区满族调查报告》，此次战乱，乌鲁木齐仅有一徐姓统领带了一二百人逃入南山中，其余几乎全部被杀。（《满族社会历史调查》，第168页）

③ 新疆维吾尔自治区民族研究所编：《新疆简史》卷中，第236、238页。

◆ 清朝遗迹的调查 ◆

旱区中，伊犁犹如瀚海中的绿洲，气候温和湿润。四条向东辐射的山脉如同巨人骨架，贯通在河谷盆地间的伊犁河及支流，犹如血脉般奔流不息，孕育着这片肥沃富饶的土地。

伊犁虽处西北边陲，但对任何一稍具历史常识的中国人来讲，都不会感到陌生。自西汉王朝与乌孙国联姻以来，伊犁与中原的交往至少已有两千多年。唐朝在西域设安西都护府（后设北庭都护府），元太祖成吉思汗经西域征中亚，清朝乾隆帝绥定西域设立伊犁将军，同光年间阿古柏之乱与左宗棠收复新疆，这些在中国历史上跌宕起伏的大事件，无不与伊犁密切相关。

古代伊犁，泛指伊犁河流域及巴尔喀什湖以东、以南广大地区，与塔里木盆地、准噶尔盆地隔天山相望，被称为伊犁盆地。近代以来，一部分伊犁盆地被沙俄割占（今属哈萨克斯坦）。如今的伊犁，有广义、狭义两个地理概念。广义的概念指今伊犁哈萨克自治州，为全国最大的少数民族自治州，总面积35万平方公里，人口383万，辖伊犁、塔城、阿勒泰三个地区。狭义的概念，也即人们一般习称的"伊犁"，是指位于伊犁盆地的伊犁州属八县一市。后者也就是我们这次考察的主要地区（此外考察地点有：博尔塔拉蒙古自治州温泉县、阿拉尔山口岸，自治区首府乌鲁木齐市）。

伊犁水草丰茂，物产富饶，自古就是草原民族的生息地，先后有塞人、乌孙、匈奴、柔然、突厥、蒙古等骑马民族在此繁衍，并导演出一幕幕荡气回肠的历史剧。清代，在这一地区生活的还有维吾尔（缠回）、哈萨克、柯尔克孜、回、察哈尔、额鲁特、索伦（达斡尔）、满、汉、锡伯等族部。迄今，这里仍是西北地区民族成分最庞杂、文化最多样的地区之一，因此又称作中国西北民族的"博物馆"。

清初，伊犁为准噶尔部控制。乾隆二十年（1755），清军平定准部，始在伊犁驻军。二十七年（1762），清廷在伊犁设立"总统伊犁等处将军"（简称伊犁将军），作为新疆最高军政长官。伊犁将军所辖地域广袤，下辖都统、佐领、城守尉、参赞大臣、办事大臣、协办大臣、领队大臣、总管、副总管，分驻要处。

清廷在伊犁地区建有九城：惠远城（伊犁将军驻地）、惠宁城、绥定城、广仁城、瞻德城、拱宸城、熙春城、塔勒奇城、宁远城。① 九城人口构成不同。惠远城除满营（满洲蒙古）外，尚有居民；惠宁只有满营（满洲蒙古）；绥定、广仁、瞻德、拱宸、熙春、塔勒奇六城，驻扎绿营，各设总兵、参将、游击、守备、都司；宁远城，有回子（维吾尔）6383户，设阿奇木伯克管理。②

伊犁驻防官兵，均携带家眷，长期驻守。惠远、惠宁两城驻满营，并领锡伯、索伦、察哈尔、额鲁特四营。锡伯营驻伊犁河南，索伦营驻霍尔果斯与车集、齐齐罕、萨玛尔、图尔根一带，察哈尔营驻博乐、温泉一带；额鲁特营驻昭苏、特克斯一带。另有屯田绿旗兵约3000名。

（一）水定城（绥定城）

我们对伊犁的考察，是从霍城县开始的。霍城位于伊犁河谷西北部，与哈萨克斯坦山水相连，是古丝绸之路的北道重镇。从汉朝张骞出使西域到两位公主远嫁乌孙王，从成吉思汗大军西征到蒙古察合台汗建都；从清乾隆朝平定准噶尔部到设立伊犁将军府，这些历史上的大事件，无不与这个边陲县城息息相关。在霍城县境，至今保存有元代察合台汗国古都阿里麻里古城遗址（在霍城县城西北六十一团场处）、成吉思汗七世孙秃黑鲁帖木儿汗（吐虎鲁克·铁木尔汗）的伊斯兰风格陵墓（麻扎）；而清代伊犁九城中的六城、包括伊犁将军府所在地惠远城（有新、旧两城），也在霍城境内。诚如新疆人所说："不到新疆，不知中国之大；不到伊犁，不知新疆之美；不到霍城，不知新疆的历史。"

霍城因"霍尔果斯河"得名。霍尔果斯系蒙古语"粪蛋""驼粪成堆之处"之意（引申开来亦可作"畜牧地"解）。

我们由伊宁市驱车沿伊霍公路前行，首先到达霍城县城水定

---

① 福隆安等纂：《钦定八旗通志》卷118《营建志七》，第2021—2026页。
② 新疆维吾尔自治区民族研究所编：《新疆简史》上卷，第282页。

镇，住宿赛木里湖大酒店。水定镇旧称绥定城，乾隆二十七年（1762）建，为"伊犁九城"之一，专驻绿营，有总兵衙署、兵房千余间。① 原为蒙古准噶尔游牧地，名乌哈尔里克（蒙古语）。伊犁将军府曾先后两次临时驻扎在绥定，惠远城筑成后，将军府迁往惠远城。新疆建省（1884）后置绥定县。民国三年（1914）置霍尔果斯县，1947年更名霍城县。1965年绥定县更名水定县。翌年，水定县并入霍城县，县城设在水定镇。全县约36万人口，有29个民族。

绥定作为果子沟到伊犁各处的交通要道，建城不久即商贾云集，商业繁荣。进入近代以来，则屡遭劫难。同治三年（1864），伊犁发生动乱，复经阿古柏之乱，伊犁诸城陷落，"城池化为瓦砾废墟，民宅化为焦土灰烬"，"满、汉人尽遭屠戮"。② 同治十年（1871），沙俄窃据伊犁，使当地与内地贸易中断了十年。光绪八年（1882），清政府收复伊犁后，随清军"赶大集"的津商在绥定安家落户。清政府专为津商建商铺四十幢，并采取暂免官税、官费补贴等办法招徕四方商贾，使绥定的商业重新兴旺起来。据《绥定乡土志》记载，光绪三十四年（1908），城关有居民5600余人，"流寓汉民，经商为业，均萃处本城城关。亦有俄商贸易于南关者"，"吐鲁番之棉花葡萄，湖南、晋商之茶斛，蒙古、哈萨克之牲畜均行销于境内"。③

稍事休息，我们到宾馆马路对面的中心工贸市场大棚闲逛。大棚内部熙熙攘攘，都是卖衣服饰物的小摊贩，以维吾尔族人居多。维吾尔族的传统民族服饰、纱巾色彩艳丽、图案别具一格，非常鲜亮。看到我们拿着照相机好奇地四处拍照，几个维吾尔族小男孩凑上前来，要我们给他们照张相。一张张天真稚嫩的笑脸，定格在相片上。街上卖烤馕的铜炉带有鲜明的伊斯兰风格。大街排列着一串

---

① 福隆安等纂：《钦定八旗通志》卷118《营建志七》，第2024页。
② ［日］日野强：《伊犁纪行》，华立译，黑龙江教育出版社2006年版，第145、148、277页。
③ 《霍城县志》，新疆人民出版社1998年版，第236页。

草原"出租车"——马拉四轮车,坐垫内外绣着漂亮花纹,上边撑起一顶垂红边的布棚。路边待卖的西瓜、哈密瓜、伊犁桃随处可见,味道甘甜,价钱却便宜得惊人。一位陌生的维吾尔族瘦小伙听说我们是从首都北京来的,盛情邀请我们到他家中做客。因为时间的关系,我们婉转谢绝了他的好意,于是我和他勾肩搭背,照了一张合影。

我们蹚进当地妇联办的妇女就业中心,几个漂亮的维吾尔族女孩正在老师的带领下,学习制作一种特殊的绘画技能——把色彩缤纷的玻璃粉撒在画好的构图上,就成为一种风格独特的室内装潢画。看到我们几个不速之客,女孩们羞涩地继续着手头活计。我们赞不绝口,买了三幅,留作纪念。

是日,在县政府大楼参加《海峡两岸清代伊犁将军研究学术讨论会》开幕式。晚,在宾馆大蒙古包内吃饭,看精彩歌舞表演。饭后齐往大广场,观看露天演出。在偏远小镇,还能看到演员们如此精彩的表演,完全出乎意料,能歌善舞,乐天知命,确实是少数民族天性所使然。同时,也为他们的精湛表演不能在更宽广的天地间或正规的舞台上展示感到惋惜。歌舞进入高潮,演员一声呼唤,坐在台下的民族干部,欣然加入舞蹈的队列。男女舞伴在音乐的伴奏下,配合默契,手臂的节奏感很强……身为汉人,既不会唱又不会舞,只能兀立一旁作局外观,不能不感到有些尴尬。

次日,继续开会,做《松筠与百二老人语录》报告。

在伊犁各族中,信仰伊斯兰教的最多,包括维吾尔族、哈萨克族、回族、东乡族、柯尔克孜族、塔吉克族、塔塔尔族、乌兹别克族、撒拉族、保安族人,大小清真寺遍布城乡。

如今,绥定旧城仅存东北墙残段,高约3米,顶宽5米余。我们参观了水定镇内陕西大寺、绥定拱北(又称贡拜寺),均为伊斯兰教重要史迹。

午间,乘街头"电驴子"与定宜庄、奥南往寻陕西大寺(市区新华东路)。乾隆年间回民由陕甘等地迁来,建为小寺,光绪二十八年(1903)扩建为大寺。近年修缮,迄今尚未竣工。大寺建

◈ 清朝遗迹的调查 ◈

筑精美,有西北风。主体建筑有山门、正门和亭式楼阁。礼拜殿分外、中、内三殿。

陕甘回民所建清真寺(陕西大寺)在新疆乌鲁木齐、伊宁,甘肃等广大西北地区以及内蒙古多伦等地都有。其建筑特点:大殿为中原地区传统砖木结构,单檐歇山式,用朱红色大柱支撑梁架,柱子上部两端,与檐、枋交接处装饰精美木雕,饰有大朵牡丹。拱门砖雕,常刻《古兰经》文。望月楼,一般为重檐式八角亭。是阿訇登临观看月亮出没,宣告斋戒的场所。整体风格与中亚伊斯兰式清真寺明显不同。是陕西回民长期受汉文化熏陶的结果。

我们曾在内蒙、甘、青、新疆等地考察喇嘛庙,会看到传统藏式、汉式、汉藏合璧式、汉藏蒙兼容式等不同建筑风格。而在上述地域的清真寺,可以看到类似现象。各地清真寺既有古典伊斯兰式的,也有传统中原汉式的,或者两者兼而有之。这是北方、西北诸民族多元文化长期共存并相互交融的一个显著例证。值得注意的一个变化:近几十年来在西北各地新建清真寺,几乎清一色为古典伊斯兰式。而传统中原汉式建筑风格,只能作为一种历史的存在。导致这一变化的深层原因是什么,的确值得认真思考。

离开陕西大寺,无意间看到路边有绥定拱北(又称贡拜寺,位于水定镇东北郊街北五巷23号)。"拱北"又称"马扎(麻扎)"(墓地),为伊斯兰圣徒陵墓。贡拜寺内有回民穆斯林(伊斯兰教)哲合忍耶派首领马明新第三女之墓。清乾隆四十六年(1781),穆斯林哲合忍耶派在甘、宁、青爆发一场反清起义,首领马明心被杀害,妻女发配新疆伊犁为奴。据寺院阿訇介绍:马明新妻张氏在伊犁被杀,墓在伊犁河边,因河水改道已无存。三女儿十二岁时从主人家逃出,为当地回族保护,死后葬在绥定(霍尔果斯)东北郊。其男性后代则居住宁夏银川郊区,已非阿訇。嘉庆年间,哲合忍耶派教主从宁夏派阿訇李三来伊犁,定居在马明心三女墓地附近,修建住房和功房。民国十九年(1930),马明心五世孙马绍武任新疆民政厅长期间,捐资修建绥定拱北,寺内设灵堂,是一栋砖木结构起脊挂瓦的汉式建筑。

哲合忍耶为阿拉伯语，意思是高声赞颂。哲合忍耶派是中国伊斯兰教四大门宦（哲合忍耶、虎夫耶、尕德忍耶、库布忍耶）之一，原为阿拉伯国家伊斯兰教中的一个派别，盛行也门王国一带。18世纪中叶由马明心传入中国，是中国伊斯兰教各门宦中人数最多、传播区域最广、教权比较集中的门宦。

贡拜寺内古树参天，拱北位于灵堂前，由一堵矮墙圈起。伊斯兰教诸门宦中，唯有该派允许烧香祭奠，参观时不时有教徒到墓地前烧香祭拜。阿訇听说我们来自北京，问认识不认识张承志，说他2002年曾来过此地。张是回族，内蒙古知青，毕业于中国社会科学院民族所，专业为蒙古史，毕业后转向文学创作，写有《黑骏马》等一系列文学名著。后转向伊斯兰教，著有《心灵史》，在西北伊斯兰教民影响很大，是教徒们的必读书。

下午会后，与奥南、定宜庄往观维吾尔族区，参观宅院、清真寺、经院等处。富人家的豪宅富丽堂皇，院落宽敞，高大的葡萄架垂着绿荫，下面放着坐垫，屋内有炕，上面铺着图案精美的地毯，墙上挂着彩色的壁毯。给人一种干净、美观、舒适、富裕的感觉。据说，这些维吾尔族人多是在霍尔果斯口岸经商致富的。主人友好地接待我们，一同合影，留下难忘的瞬间。

在街上随意走一走，贫富的显著分化也给人留下非常深刻的印象。城内清真寺既有陕西回民式（中原汉式）的，也有新疆维吾尔族式（古典伊斯兰式）的，形制不一，反映了中亚伊斯兰教在进入中国后所走过的漫长道路，以及在流衍变迁中与汉等文化的交融。

（二）秃黑鲁克·帖木耳汗麻扎、阿力麻里城

我们一行5人（我、定宜庄、奥切尔父女、毕奥南）由奥奇尔开车，前往霍城。14时，进入兵团63团团部。14时20分，进入62团界，此处即元朝西部边界。20世纪80年代，县政府迁往新霍城即水定镇。老霍城今为国际通商口岸，直属伊犁州。正在修由乌鲁木齐至老霍城（霍尔果斯通商口岸）的高速公路。

14时30分，经62团团部，十字街式小镇。继续前行至麻扎村，来到著名的秃黑鲁克·帖木耳汗麻扎（麻扎，突厥语，陵墓）。是成吉思汗七世孙、东察合台汗国第一任汗秃黑鲁克·帖木耳汗及其妻碧蒂帕丽哈的陵墓。元至正六年（1346），年仅18岁的秃黑鲁克·帖木耳汗，被拥立为东察合台汗国蒙兀尔斯坦汗王，定都于阿力麻里城（农四师61团西部），24岁改宗伊斯兰教。至正十二年（1352），秃黑鲁克·帖木耳汗强迫所属十六万蒙古部众皈依伊斯兰教，加快了伊斯兰教在西域的传播。至正二十年（1360），他发动统一河中地区的战争，短暂地统一了察合台汗国。三年后（1363）病故，葬在阿力麻里城东郊。伊斯兰教教徒为他修建了规模宏大的陵墓。

墓室正门坐西朝东，穹窿式，无木柱横梁，有暗梯可登临墓顶。顶高约14米，正面门额上用白色琉璃砖嵌有阿拉伯文诵辞。正面墙壁全部用褐、白、蓝三色二十六种规格琉璃砖砌成，组合为八种几何形纹饰图案，异常精美。据说砖都是由中东伊拉克、伊朗运来。这是新疆现存最古老的伊斯兰建筑，也是唯一的元代建筑。与墓室南侧并列一座穹庐式陵寝，规模较小。据说是秃黑鲁克·帖木耳汗妹妹的陵墓。

后陵墓局部被炸坏，陵内汗棺椁全部毁坏，改成粮食仓库。1986年修复。麻扎系红砖糯米灌浆，历久不坏，极为坚固。倒是80年代以来修补的一些新砖已明显损坏。

导游小姐说：前来拜谒参观的人，民族、信仰、文化水准不同，对不同的人要讲不同的话，是一件让她头疼的事。有些历史事实，来者不愿意听（如介绍说，汗皈依伊斯兰教后，仍是蒙古人。来参观的穆斯林就可能表示疑问；如介绍说，汗是北疆最早的伊斯兰教传播者。他们又可能反问：伊斯兰教的传播者怎么可能是蒙古人?），遇到这种场合，事先要有准备，最好回避。

回程在新疆生产建设兵团农4师61团7连水管科下车，对阿力麻里古城（突厥语，"苹果城"之意）遗址进行考察。遗址在霍城县城东北11公里。《长春真人西游记》载称：土人呼苹果为阿里马，多果树就是说的其城。1124年契丹宗室耶律大石西迁，在中亚建立西辽王朝，自称大汗。当时，居住在伊犁一带的葛罗禄部臣服于西辽，阿力麻里即葛罗禄部的王城。其后，葛罗禄部阿力麻里王奥札尔率部归顺成吉思汗，并参加西征，得到成吉思汗信任，互结婚姻。

元太祖二十年（1225），成吉思汗把其征服的广袤土地分封给四子，二儿子察合台被封于中亚，阿力麻里成为察合台汗国都城。这一时期，阿力麻里城得到迅速发展，整个城池周长约25公里，仅东西就达10华里，南北更阔，成为中亚地区有名的政治、经济、文化中心，被誉为"中亚乐园"。波斯著名历史学家志费尼三次来阿力麻里，他的名著《世界征服者史》中称察合台宫阙成了全人类的核心。

14世纪20年代，察合台汗国分裂为东、西两部，阿力麻里城是东察合台汗国首府。阿力麻里鼎盛时期，不少名人到过此地。耶律楚材，曾在此城居住。元太祖十四年（1219），长春真人邱处机应成吉思汗之召，路过此城。著名的意大利人马可·波罗曾路经此城进入中国内地。永乐十二年（1414），明朝使者陈诚路经此地，城郭尚存。

16世纪60年代，信奉伊斯兰教的察合台汗国统治者完成突厥化，后因战乱和自然灾害等原因，退居到南疆绿洲地带，阿力麻里城逐渐荒芜。如今，城垣及城内建筑均破坏无遗。同行人介绍，80年代，在61团7连水管科（友好路）还有残留城墙一段，如今踪影全无。和平街1号一院两户，有一兵团水管科年轻人，父辈是1961年从河南来的支边青年。他说，以前这里也有上海知青，前些年基本都回去了，最晚的姓吴，去年也走了……与滞留当地的上海知青失之交臂，不禁怅然。

（三）惠远满城

惠远为伊犁九城之首，有新旧两城。旧城位于伊宁市以西三十多公里，水定镇东南九公里惠远乡老城村。乾隆二十九年（1764），伊犁将军明瑞奏准，在伊犁河北一里许筑惠远城，城长

◆ 清朝遗迹的调查 ◆

九里三分，高一丈四尺。① 城内鼓楼一座，开有四门，东景仁，西说泽，南宣闉，北来安。城内建筑整齐，纵横四条大街，每街有小巷四十八条。城内外共计大小衙署二百余所，八旗官兵住房万余间。《西陲总统史略》记载：乾隆二十九年起至三十一年止（1764—1766），清廷将原来驻防热河、凉州、庄浪的满洲蒙古官兵携眷迁入惠远城。城中满营设协领八员、佐领40员。五十五年（1790），满营官兵4370名。《伊江汇览》记载：其时满洲人口生齿日繁，添丁增户岁岁有之。城中满洲蒙古官兵凡4368户，计大小18369名口。道光元年（1821），惠远满营已有22600余口。②另有察哈尔、索伦、锡伯、额鲁特四营，分列四境。官兵既众，商旅云集，很快成为新疆"第一重镇"③。至清末，始终是新疆政治、军事、经济中心。

同治三年（1864），回人起兵，先攻占宁远城（今伊宁市），随即攻打惠远城。同治五年（1866）正月，回军在惠远城北门外开挖地道，夜间埋置炸药将城墙炸开，一举攻占惠远城。前任将军常清、绥定城总兵沈玉桂死之，将军明绪退守绥定。两日后，回军攻陷绥定，将军明绪、领队大臣崇熙死之，官民死者数万④。城池亦遭毁坏。十年（1871）五月，沙俄侵略军借口"代收代守"，进占伊犁，惠远城被完全拆毁。

惠远城迭遭战乱之余，又受到伊犁河水长期侵蚀，今仍存东墙和北墙，均为夯筑，有马面若干。阳光下，护城河内碧水荡漾，白鸭戏水，渔舟荡漾，几个闲人在岸边垂钓。一幅闲适宁静的景象。城中钟鼓楼只剩下一个土包，淹没在碧绿的庄稼地中。南墙外即伊犁河水，河面开阔，两岸郁郁葱葱，长满树木。河岸经过河水的长期冲刷，形成深峻的沟壑，愈加凸显洪水的无情和岁月的沧桑。（图10）

---

① 福隆安等纂：《钦定八旗通志》卷118《营建志七》，第2022页。
② 《霍城县志》，新疆人民出版社1998年版，第607页。
③ 祁韵士：《西陲要略》卷1，第1页上。
④ 郭廷以：《近代中国史事日志》第476页。

图10 伊犁惠远旧城遗迹

光绪八年（1882），清政府收复伊犁后，在旧城北7公里处重建新城。新城筑竣，恢复惠远驻防营制。城内置伊犁将军衙门，下设副都统及察哈尔、索伦、锡伯、额鲁特四领队大臣。同时，将离散满洲人丁集中，仅余2000名，为旧满营。因满营兵单，伊犁将军富勒铭额奏准，挑选1000名锡伯官兵，携眷移驻惠远城，编为八旗，称新满营。我们离开旧城赶往新城。由东门入，城楼新修，夯筑老城墙仍断续可见。东西大道依旧保持昔日格局。伊犁将军府位于城内东大街，坐北朝南，已修整一新。建筑宏伟，院内宽阔，庭院铺石板，两厢厅堂台榭，曲折回廊。院内矗立着数棵百年古槐，枝干苍劲遒劲，浓荫蔽日。大堂前存石狮一对（图11）、中俄旧界桩（一面俄国双头鹰徽，一面中文界碑二字）若干。均为历史真迹。二厅是议事厅，两侧有文房、客厅。穿过中堂，后院是一个小巧精致的花园。园内有亭，名"将军亭"，顶覆黄绿琉璃，飞檐翘角，雕梁画栋，下有六根红漆圆柱支撑。将军府临街西侧可看到高墙残垣一段，为历史原物。

◆ 清朝遗迹的调查 ◆

图 11　惠远新城伊犁将军府内的石狮

　　光绪十年（1884）新疆建省后省府迁迪化（乌鲁木齐），伊犁将军只负责边境防务。辛亥革命废除清制，昔日的将军衙门变成新伊大都督府，后改伊犁屯垦使署。1934 年屯垦使署迁往宁远城（今伊宁市），将军府废置。

　　光绪十年（1884），新疆建省后省府迁迪化（乌鲁木齐），伊犁将军只负责边境防务。辛亥革命废除清制，昔日的将军衙门变成了新伊大都督府，后改伊犁屯垦使署。1934 年，屯垦使署迁往宁远城（今伊宁市），将军府废置。

　　辛亥革命爆发后，旧满营人口尚存 1400 人。此后，满族人大部分去伊宁、乌鲁木齐等地，四处离散，还有一部分改称汉族。满族人所剩无几。①

　　将军府历时 150 年（1762—1912），前后有 41 人、57 人次担任将军一职（包括短期署理和代理者）。由于伊犁地理位置独特和

---

① 《霍城县志》，第 607 页。

守护边疆责任重大，伊犁将军一职颇受清廷重视，一般均由旗籍满、蒙亲贵或重臣担任。诸如阿桂、明瑞、舒赫德、松筠、长龄、布彦泰、金顺、志锐，都是清史中著名人物。

由于清代新疆无总督巡抚之设，伊犁将军除管理军事外，还兼理民政，这就要求伊犁将军必须是才优干练的股肱之臣。第一任将军阿桂，章佳氏，历任兵部尚书、云贵总督、军机大臣、大学士，是乾隆时朝廷重臣；第二任将军明瑞出身满洲八大家之一的富察氏，主持修建惠远老城，战功卓著，参加平准、平回、平缅诸战，曾任兵部尚书、云贵总督，后殁于征缅之役；蒙古旗人松筠先后任伊犁将军、乌里雅苏台将军、西藏大臣，是乾嘉年间出类拔萃的封疆大吏；金顺是光绪年间平定阿古柏之乱的主要将帅，在收复伊犁和修建惠远新城方面起过重要作用。志锐是光绪帝珍妃、瑾妃之兄，倡导君主立宪，是清季满洲上层的开明人士，他任伊犁将军一职不到一年，到将军府不过五十四天，适逢辛亥革命爆发，被伊犁的革命党人击毙。

伊犁还是清廷流放各类犯罪官员（时称"废员""遣员""戍员"）的重要地区之一。许多流放到此的官员具有很高的文化水平和文学修养，他们的到来，使惠远成为文人荟萃之区，留下许多不朽诗作、著述。庄肇奎《伊犁纪事二十首》、洪亮吉《伊犁纪事四十二首》、祁韵士《西陲竹枝词百首》、邓廷桢《回疆凯歌十首》、林则徐《回疆竹枝词二十四首》。伊犁将军松筠的《钦定新疆识略》、志锐《伊犁杂咏》，都很有名。

出将军府门往西，在井字大街中央，矗立着惠远新城的标志性建筑——钟鼓楼。楼为三层檐歇山顶式砖木结构，上覆绿色琉璃瓦，高约20米，雕梁画栋，飞檐斗拱，红柱绿瓦，气势非凡。楼中原悬挂响钟，已失。楼建于方形基座上，基座底下有十字通道和东西南北四门，与城内四条主干道相接。基座十字通道中央上方顶棚，刻有一幅精细的阴阳八卦图。通道一侧置古碑两通，一满文，一汉文，惜文字漫漶，年代残缺；又双龙戏珠碑额一，题额不清。登楼俯瞰，古城风貌尽收眼底。（图12）

◆ 清朝遗迹的调查 ◆

图12　惠远新城的标志性建筑——钟鼓楼

惠远是清代新疆的军政中心，加之与俄国接壤的特殊地理环境，在中外交流、特别是接受外来文化方面起到开风气之先的作用。晚清以来，新疆发生许多深刻变化。新疆地区的变革，多与惠远城联系在一起。举其荦荦大者，即有：

新疆辛亥革命最先爆发之地；新疆第一所现代学校：官立两等学堂；新疆第一所师范：两等学堂师范速成班；新疆第一所军事院校：惠远武备学堂；新疆第一条电报电话线路：自霍尔果斯口岸架设到惠远；新疆第一辆汽车：由惠远商人从俄国购进；新疆第一张白话文报：《伊犁白话报》在惠远创刊；新疆第一个照相馆：由惠远商人从俄国引进，开新疆摄影之先河；新疆第一项重大水利工程：湟渠引水枢纽及引水渠系建设。

这些个"开风气之先"，无不受益于惠远城在清代新疆举足轻重的地位，及其毗邻俄国的特殊地理位置。

民国以来，惠远逐渐丧失了在新疆据有的特殊地位。20世纪六七十年代，中共与苏共交恶时期，惠远乃至整个伊犁地区不仅断绝了与外部的正常交往，而且成为对苏军事前线。60年代初爆发的"伊犁事件"，是加剧伊犁地区功能转变的又一标志。结果，惠远由历史上一个文化多元、经济活跃、对外开放的西北窗口迅速退化为经济、文化封闭落后的边陲小镇。80年代以来，随着改革开放的不断深入，惠远在中国与中亚诸国经济交流中的作用不断提升。如今的惠远，到处充满着勃勃生机。

（四）霍尔果斯口岸（拱辰城）

绥定城西约十三里，为霍尔果斯口岸，位于中哈边境上。远在隋唐时，这里便是古丝路新北道上的重要驿站。清代，拱辰城为伊犁九城之一。《钦定八旗通志》卷一一八《营建志七》：拱辰城长三里七分，高一丈七尺。驻扎绿营。设参将、守备、千总、把总衙署。兵房一千四百间。如今，旧城早已踪迹全无，代之而起的是一栋栋拔地而起的高楼。作为新疆与中亚各国通商的重要口岸，它与红其拉甫、阿拉尔山口并列为新疆的三大口岸。

远远望去，霍尔果斯口岸是一座异国情调浓郁的新兴市镇，俄式建筑比比皆是。国际贸易中心大厦距离边境线很近，大厦内鳞次栉比的，都是贩卖工艺品商品的小店面，主要贩售俄罗斯及哈萨克斯坦工艺品，有制作精巧的俄罗斯匕首、俄罗斯及哈萨克斯坦香烟、俄罗斯红金饰品。还有巴基斯坦等邻国的小商品。其实，相当一部分（大部分）打着外国招牌的商品如小镜子、披巾、首饰、灯架等，都是国内仿制品。

（五）温泉县的察哈尔蒙古

离开霍尔果斯口岸，赶往温泉县。温泉县毗邻伊犁州，行政隶属博尔塔拉蒙古自治州。途经著名的旅游胜地赛里木湖。"赛里木"是哈萨克语，意为"祝愿"，它还有一个俗称叫"三台海子"。海拔2073米，湖泊略呈卵圆形，最深处86米。赛里木湖是冷水湖，盛夏在湖里洗手仍感到冰凉刺骨。湖水平静湛蓝，湖周围一片寂静，只能听到飘过草原和山坡的阵阵风声和牛羊的咩哞声。湖畔

◆ 清朝遗迹的调查 ◆

草原是优良夏季牧场，每年 7 月底至 8 月初，蒙古和哈萨克牧民在这里举行那达慕盛会。我们在湖边稍事停留，乘车沿湖东公路前行。行至湖东北角，望见湖边有几座高大封土堆，据说是乌孙古冢（一说塞种），由圆石垒成，中有塌陷，或为盗墓所致。

乌孙是古代西域的一个游牧民族。初游牧于敦煌、祁连山间，与匈奴、月氏为邻。公元前 2—前 1 世纪时，匈奴兴起，击败月氏，月氏西逃，仓促间将乌孙击破，乌孙人多逃奔匈奴。公元前 177—前 176 年，乌孙在匈奴帮助下尽据月氏故地，建都赤谷城（伊塞克湖东岸）。西汉时乌孙有 12 万户，63 万人。以畜牧为业，善养良马，已使用铁器，冶金、制陶、制革、毛织也有一定水平。汉武帝元狩四年（前 119），派张骞出使乌孙以制匈奴，后两次以汉宗室女细君、解忧公主嫁乌孙。双方往还密切，促进了中原与西域的经济文化交流，并牵制了匈奴势力。公元前 71 年，汉与乌孙合击匈奴，使乌孙摆脱匈奴侵扰的威胁。但自公元前 52 年起，乌孙出现大小昆弥两个王统，分疆而治，内乱迭起。南北朝（5 世纪初）时乌孙因柔然入侵，西迁葱岭北，也有一部分人留居当地。乌孙人逐渐淹没在大草原此伏彼起、兴衰无常的众多民族中。清乾隆年间，哈萨克境内尚有名为乌孙的部落，可能是未曾西迁的乌孙人后裔。在伊犁河流域，如今保存着不少乌孙古墓。遥想欧罗巴种先民从遥远的草原到达此地，最后又不知所踪。多少历史谜团，可能永无答案……

途经塞里木湖南行，入果子沟。果子沟纵贯北天山，是通往伊犁乃至中亚、欧洲的天然门户。据说，元太祖十七年（1218）成吉思汗西征时，始凿山通道，十万铁骑顺利通过，横扫中亚和西亚，建立起横跨欧亚的草原帝国。李志常《长春真人西游记》载："二太子扈从西征，始凿石理道，刊木为四十八桥，桥可并车。"二太子即后来镇戍伊犁的察合台汗。西辽时期，果子沟成为伊犁重镇阿力麻里城之咽喉，战略地位十分重要。清乾隆时初定伊犁，重开果子沟通道，并设头台、二台两座驿站，负责传递朝廷政令和边务军情。目前，这里是 312 国道乌鲁木齐至伊犁段的必经通道。果子沟风景秀丽，景观奇异，素有伊犁"第一景"之美称。又称塔勒奇沟，以沟内遍布野生苹果得名。如今，沟内的高速道路已经贯通。过果子沟，接近博尔塔拉蒙古自治州温泉县。

1. 察哈尔蒙古西迁碑

博尔塔拉蒙古自治州位于新疆西北边缘，在准噶尔盆地西缘，东连塔城地区，南接伊犁哈萨克自治州，西北部与哈萨克斯坦接壤。西、北、南三面环山，中间是喇叭状谷地平原。全州人口42.4万人，其中少数民族人口13.8万人，占总人口的33%，有35个民族成分，主要有蒙古族、汉族、维吾尔族、哈萨克族、回族五个民族。州辖博乐市、精河县、温泉县、阿拉山口岸行政管理区。境内驻有新疆生产建设兵团农五师及其所属十一个团场。

温泉县位于博州西北部，博尔塔拉河上游河谷地带，天山西段的北麓，西、北部与哈萨克斯坦毗邻。县城博格达尔镇，人口7万多，有汉族、维吾尔族、哈萨克族、蒙古族、回族等民族。温泉，系蒙古语"阿尔善"的意译，因县内多温泉，故名。秦汉时为匈奴、乌孙领地。隋唐时属突厥地。清乾隆平定准噶尔部之后，从张家口（今属河北）、正蓝旗（今属内蒙古）征调察哈尔蒙古八旗一部来此驻防。清末为精河直隶厅辖境。1941年改为温泉县，属伊犁行政区。1954年后改属博尔塔拉蒙古自治州。

温泉县是以蒙古族为主要特色的地区。一进县境，我们首先按蒙古传统，举行祭"阿尔善（蒙古语意为温泉）敖包"仪式，敖包位于博格达山（蒙古语圣山）下，察哈尔蒙古迁来后常在此祭神，视为神山圣水。山上建有"察哈尔蒙古西迁戍边纪念塔"、察哈尔卫士雕像。纪念塔一层开辟了展室，陈列有"察哈尔西迁图""察哈尔蒙古西迁戍边大事记""察哈尔营移驻新疆后授任的官员""察哈尔营的卡伦设置"和部分史料文物，对了解察哈尔蒙古的西迁史与文化风俗有一定参考价值。（图13）

察哈尔蒙古，作为元朝皇室嫡裔，历史上有过辉煌业绩。明末清初为满洲统治者征服，从此一蹶不振。康熙十四年（1675），察哈尔蒙古首领布尔尼乘南方爆发"三藩之乱"，在辽西揭起反清大旗，很快失败，察哈尔蒙古嫡裔因此灭绝。此后，清廷将察哈尔部

◆ 清朝遗迹的调查 ◆

图 13 察哈尔蒙古兵雕像（温泉县敖包山）

按八旗制度加以编组，移住张家口一带。乾隆中叶，清廷平定准部，因伊犁边疆空虚，于乾隆二十七年至二十九年（1762—1764）间，从张家口察哈尔八旗中分两批选派1000名官兵携眷到伊犁一带驻防。察哈尔蒙古到达伊犁后，编为察哈尔营，成为伊犁将军辖下伊犁四营之一（另有索伦营、锡伯营、额鲁特营）。① 察哈尔营分左右翼，共八旗十六佐（苏木）。左翼驻防于今温泉县境内，右

---

① 乾隆时征服伊犁，即在行营兵士内张家口察哈尔两营内留住五百人，并将准部所弃及隐避山沟中之妻女匹配兵士为家室，名为察哈尔左翼，又从张家口调来携眷兵五百名为右翼，是谓察哈尔营，安置博乐塔拉一带地方，设领队大臣一员，分置甲兵一千名；由西安、庄浪等处满营调来携眷兵四千名，住惠远，归将军参赞管辖。由热河调来携眷满营兵二千名，住惠宁城即巴彦岱，设领队大臣一员。由黑龙江调来索伦携眷兵一千名，分左右两翼，设领队、总管、副总管各一员，左翼安置霍尔果斯河迤西，右翼安置霍尔果斯河迤东；由盛京、金、复、海、盖等十三城调来携眷兵一千名称为锡伯营，安置伊犁河南，分八牛录，设领队总管、副总管各一员，佐领八员。此外，收额鲁特余部，编为额鲁特营，设总管副总管各一人，共十六牛录，分上三旗下五旗，上三旗为左翼，下五旗为右翼，安置特克斯、喀什巩固斯等处。《霍城县志》，第737页《附录·清沿革事记》。

翼驻防于今博乐县境内,担负卡伦(哨所)和巡边任务。察哈尔蒙古官兵除领取朝廷军饷外,还从事农牧业生产。民国二十七年(1938),察哈尔蒙古的军事组织被取消,纳入地方行政编制。

察哈尔官兵的西迁,对西北边防作出了重要贡献,其自身命运也发生了重要转折。察哈尔蒙古与清初统治者本为世仇,他们离别故土和亲人,踏上漫漫征程,不可能是自愿的选择。迁徙途中遭遇种种磨难,甚至付出生命代价,留下了痛苦记忆,因此这是一段很悲凉的历史。但当地政府在将察哈尔西迁讴歌为"伟大的爱国主义壮举"(见察哈尔卫士雕像的"简介")的同时,却完全忽略了其中的历史"悲情"。

2. 积福寺

博尔塔拉蒙古族信仰喇嘛教,兴建寺庙较多。积福寺是其中最著名的一座。寺位于查干屯格乡政府驻地东南1.5公里处的查干苏木村,原察哈尔营左翼总庙。乾隆三十五年(1770),经伊犁将军奏准在木如呼斯塔建西科图苏木庙。庙毁于嘉庆十三年(1808)。光绪三十一年(1905),察哈尔营报伊犁转西藏批准,庙址移至今天的查干苏木村(博尔塔拉达勒特镇查干苏木乡)。光绪三十三年(1907)到宣统元年(1909),新察哈尔营左翼总庙建成。这座庙的汉语称"积福寺",蒙古人称"查干苏木白寺"或"白庙"。

寺为西藏式建筑,构造精巧,壁画绝妙。庙前建有一座壮观的白塔,整个寺庙占地百余亩。庙内供奉释迦牟尼、布德萨巴、麦德尔、宗喀巴等诸佛铜像和达赖、班禅的挂轴画像。铜佛像工艺精湛、形象生动。酥油灯、佛铃、钵等佛具,制作工艺精美。积福寺每年有五次大型集合,农历正月十五、四月十五、八月十五、十月二十五、十二月十日均有喇嘛讲经、布道,周边的善男信女前来拜谒,接受祝福。民国十四年(1925),积福寺有喇嘛500人,1956年仅剩24人。1958年,实行"宗教改革",合并寺庙,多数喇嘛被迫还俗,寺院被生产队改作库房,庙内1万多个香炉被熔炼成铜,佛塔年久失修近乎倒塌。1967年,温泉县政协、统战部、财政局监拆寺庙及佛塔,庙内金银器具由县银行收存,其他财产为公社大队留用。

1988年，自治州拨款在原址上重建查干苏木庙。大殿一座，砖木结构，现有喇嘛15人。大喇嘛苏都甫。喇嘛介绍说，大殿过去有大柱12根，上雕龙，现仅存4根。寺内白塔尚未修复。现供三世佛，还有班禅像。四面挂唐卡（藏式宗教绘画），系由青海塔尔寺请来，复由当地信徒缝在锦缎上。大藏经一套，亦由塔尔寺请来，经喇嘛诵经开光。如今来寺者，不但有喇嘛教徒，周围蒙汉人家有丧事，亦来寺中请喇嘛为死者诵经超度。

全新疆喇嘛寺原有数座，各有所属。北疆：圣佑寺（昭远县），属额鲁特蒙古，积福寺（温泉县），属察哈尔蒙古；南疆：巴伦台沟黄庙，属土尔扈特蒙古（在和靖县巴伦台镇）。

下午，与县长刚布、政协主任巴书记一行乘四辆吉普往西边高山夏季牧场考察。牧场在扎勒木特乡，海拔2800米，远山、山涧、蓝天、白云、绿色牧场，组成一幅和谐静谧的风景画，我们在哈萨克牧民家做客，一醉方休。刚县长领着我们射击，本人用小口径步枪一次一发一中，一次五发二中，手枪前后三发皆空。总体成绩尚可。临行，与聚拢来的热情、淳朴的哈萨克牧民合影，大家高兴异常。

离开温泉县，往伊宁进发，再次绕经赛里木湖。这次是沿东岸行，时近傍晚，暮色渐浓，无一丝微风。湖面平滑如镜，映衬出对岸黛色青山的倩影，天空中的五彩云霞编织出一幅幅奇异的图案，难以用语言形容。真是不到赛里木湖，不知大自然圣洁与恬静之美；不到赛里木湖，不识天地之博大与无私。深夜1时许，车抵伊宁，宿花乡宾馆。夜食后洗澡，3时40分睡觉。

（六）格登山纪功碑

前往昭苏，沿途考察八卦城（特克斯县城）、草原石人、昭苏县城、格登山纪功碑。特克斯县城位于天山北麓西部，特昭盆地东段，距伊宁市119公里。"特克斯"，蒙古语音译，据说是"平原旷野水源纵横"的意思。发源于汗腾格尔峰的特克斯河古称"珍珠河"，像蜿蜒一条玉带飘落在县城南面。

特克斯县以其独特的"八卦"城建布局得名"八卦城"。城内有世界唯一保存完整的八卦城。县城根据《周易》八卦方位设计建成，城中心向外辐射"乾""兑""离""震""巽""坎""艮""坤"八条大街，由从内向外四条环路联通，县城方位"坎"北，"离"南，"震"东，"兑"西。登城中心30米高观景塔，可饱览八卦城全貌。

过特克斯县城进入昭苏县境，当地著名史迹有乌孙古墓、草原石人、格登山纪功碑（该地属新疆生产建设兵团农四师）。草原石人位于昭苏县小洪纳海河畔，距县城约5公里，有便道相通。石人是新疆草原古代游牧民族的一种文化遗存，多为七八世纪突厥民族墓葬附属物。有石堆墓1座，圆形，东侧立石人2个，面向东立，相距约500米，均在长方条石上端雕出脸部轮廓和眼、耳、口、鼻。北面的石人高1.3米，宽0.3米，眼耳口鼻比较清晰，无须，唇厚，口方，为女像。南面石人高0.98米，宽0.36米，厚0.25米，头戴帽，脑后披发辫，双臂于胸前交叉，右手托一杯状物。面目清楚，八字唇须，口作"合"字形，为男像，形象古拙。石人下部刻有竖写的粟特文字，部分字迹湮漫不清。①

1. 格登山纪功碑

纪功碑位于昭苏县西南50公里苏木拜河东岸格登山上（新疆生产建设兵团农四师76团1连西南4公里），海拔1960米，全称《平定准噶尔勒铭格登山碑》。18世纪中叶（1745—1754），伊犁河流域准噶尔部贵族内讧，争斗结果，达瓦齐夺得汗位。乾隆二十年（1755）初，清廷命班第、永常分兵两路远征达瓦齐。清军进抵伊犁后，达瓦齐率万余人据格登山（在昭苏县苏木拜河东岸）据险固守。五月十四日夜，遣翼长阿玉锡、额鲁特章京巴图济尔噶尔、宰桑察哈什，率精骑22人，突袭达瓦齐。将及，阿玉锡突其营，枪矢并发，声震山谷。出其不意，敌乃大乱。自相践躏，无一人敢撄

---

① 国家文物局主编：《中国文物地图集·新疆分册》，文物出版社2012年版，第627页。

其锋者。擒其台吉20人,宰桑4人,宰桑子弟25人,达瓦齐仅以身免。是役,以25人,败6000余众,阿玉锡居功至伟。乾隆帝闻报,作阿玉锡歌,复制纪功碑文,勒石山岩。乾隆二十五年(1760),遣官致祭,每岁春秋,秩于祀典。①

格登山纪功碑高约3米。碑额镌刻盘龙,两侧饰二龙戏珠图案。阳面刻"皇清",阴面刻"万古"二字。碑文由乾隆帝亲撰,碑阳满汉合璧,碑阴蒙藏合璧,全文竖排,以汉文计共210余字,记载清军平定准噶尔部盛事。此碑后称"格登山纪功碑"或"格登山碑"。碑石是由清官兵1000余人从南疆叶城县运进。二百多年来,格登山因此碑而声名远播。石碑经风蚀雨剥,文字斑驳。近年来,修建碑亭加以保护,并确定为"爱国主义教育基地"。(图14)

图14 乾隆格登山纪功碑亭(伊犁昭苏)

---

① 《御制阿玉锡歌》《御制平定准噶尔勒铭格登山碑文》,钟兴麒等:《西域图志校注》卷22,第334页。

如今的格登山与中哈边界紧紧相邻。登山俯瞰，山脚下一座绿荫掩映的村庄，已属哈萨克斯坦境，双方以一条弯曲小河为界，对面的一草一木清晰可见。想到对面即沙俄割占的大好山河，祖辈功业毁于一旦，愤懑之心，油然而生。

2. 圣佑寺

康、雍时期，清廷与控制西北的蒙古准噶尔部多次征战，互有胜负，但总的趋势，是准噶尔部势力逐步衰落。准噶尔部盛时人口约有20余万户，60余万口①，还有估计说"控弦近百万人"②。由于准部长期与清廷抗衡，满洲统治者对其抱有深仇。及乾隆帝用兵西北，遇到准部蒙古人的顽强抵抗，于是下令大肆屠杀。加之瘟疫流行，死亡愈多。据清人估计：战争期间，准部数十万户中，凡病死者十之三，逃入俄国与哈萨克境内者十之二，为清军屠杀者十之三（一说十之五），侥幸存活者无几。③ 此说未必准确，但准噶尔人付出了极沉重的生命代价应是基本的事实。清廷征服西域后，在伊犁将军麾下设额鲁特营，主要由劫后余生的准噶尔人组成。额鲁特营编为"下五旗"十佐领和"上三旗"六佐领。

我们在昭苏县（昭苏镇）郊，参观了圣佑寺。寺位于县城西，是伊犁八旗驻防额鲁特（准噶尔）营左翼蒙古人所建。该寺为北疆仅存几座喇嘛庙中比较完整的一座。

13世纪初成吉思汗西征时，蒙古各部就有修庙习俗，部落走到哪里，庙修到哪里。16世纪蒙古准噶尔部迁居伊犁河流域后，在当地修庙立塔，塑像雕佛，盛极一时。其中，伊犁河北岸的"固尔扎庙"（又称金顶寺，位于伊犁九城之一的宁远城）和南岸"海努克都纲"（又称银顶寺）最有名。两寺隔河相望，成为伊犁河流域喇嘛教信仰的中心。金顶寺在阿睦尔撒纳叛清时被洗劫焚毁，银顶寺在清军修建边防设施时拆除。这样，与金、银二寺相媲美的黄

---

① 钟兴麒等：《西域图志校注》卷首1《天章一》，第11页。
② 椿园（七十一）：《西域闻见录》卷1。
③ 魏源：《圣武记》卷4《乾隆荡平准部记》，中华书局1984年版，第156页；昭梿：《啸亭杂录》卷3《西北用兵始末》，中华书局1980年版，第81页。

◆ 清朝遗迹的调查 ◆

教寺庙就只剩下昭苏的圣佑寺。①

圣佑寺藏语称"金吉铃",蒙语为"博格达夏格松",建于光绪二十年(1894),是一座规模宏大的庙宇建筑群。据说当时从北京请来建筑名师李照福及几十名工匠兴建,历时四年竣工,耗银十万两。

寺庙坐北朝南,布局严整。中轴线上依次陈列有照壁、山门、前殿、大殿、左右配殿、八角双飞檐亭阁、后殿等八座建筑。主体建筑大雄宝殿壮阔雄伟,平面方形,七开间,分上下两层,有楼梯相接。歇山式顶,出檐深,檐下斗拱,设多层挑枋,梁枋间彩绘有红、黄、金、橙、紫、蓝等色;大门沥粉贴金,富丽堂皇;殿外长廊,绘云龙、八卦、凤凰、麒麟、雄狮、猛虎、金鹿、弥猴等图,色彩绚丽,线条流畅;殿门上,曾悬满汉合璧"敕建圣佑寺"匾额。殿内绘壁书,上悬帐幔和旗幡,绣工精细,具有浓厚的喇嘛教色彩。

喇嘛介绍说,以前寺内喇嘛很多,香火很旺。"文化大革命"时期,许多喇嘛离开,寺庙无人看守,财产遭到洗劫。1984年,全国人大委员会副委员长、西藏活佛班禅额尔德尼·却吉坚赞到昭苏视察,专门到圣佑寺参禅。圣佑寺于2001年被列为国家重点文物保护单位。参观时,圣佑寺尚在维修。寺外一片土垒僧房,旧貌尚存。寺庙房脊上的小狗造型,活泼可爱,栩栩如生。这样的脊兽带有游牧文化特点,初次看到,不禁眼前一亮。

晚宿昭苏县城内宾馆,有当地额鲁特(准噶尔)蒙古人来拜访同行的蒙古族学者奥南、奥切尔。据奥南后来讲,这些额鲁特人对近在咫尺的格登碑从来不尊崇,不拜谒,称之为"冷碑"。因为对他们来说,格登山之战永远是一段充满血腥记忆的历史。这段话对我触动很大,由于历史事件本身的复杂性,及其演进过程中充斥着各种矛盾和利益冲突,势必对相关各族群产生不同感受。这就要求我

---

① 喇嘛寺各有所属:北疆的圣佑寺(昭远县),属额鲁特蒙古;积福寺(温泉县),属察哈尔蒙古;南疆巴伦黄庙,属土尔扈特蒙古(在和静县)。

们这些承接历史遗产的后人在评价这类事件时要保持足够的谨慎，不要在无意中伤及他们的情感。尤其对于那些付出沉重代价的族人后裔，更要寄予深刻的同情，并通过换位思维，达到相互的理解。

这一情况提醒我们，由于经历的不同，对同一历史事件，不同族群完全可能有不同的记忆和感受。尽量搜集不同族群代代传承的历史记忆与感受，无疑是客观评价某个历史事件或某种历史现象的前提。这正是从田野调查中得到的启迪。

（七）察布查尔的锡伯族

由伊宁驱车往察布查尔锡伯自治县，途经旧伊犁大桥。伊犁河位于伊宁市郊16公里处，是新疆北路唯一的大河，由特克斯河、巩乃斯河和喀什河三条支流汇聚而成。伊犁河河面宽阔，风光秀丽，自东向西，横贯伊犁盆地，在霍尔果斯河口流入哈萨克斯坦境内，最终流入巴尔喀什湖。

察布查尔锡伯自治县，是全国唯一以锡伯族命名的多民族聚居县，位于伊犁河南岸。"察布查尔"，系锡伯语，意为"粮仓"。东与巩留县为邻，西与哈萨克斯坦国相接，南以与特克斯、昭苏两县毗连，北隔伊犁河与伊宁市、伊宁县、霍城县相望。境内有肥沃的土地，一望无际的草原，如云的牛羊，美丽的乌孙山，迷人的伊犁河。山清水秀，景色似江南。在察布查尔，主要参访了锡伯民俗风情园，靖远寺。

1. 锡伯民俗风情园

锡伯民俗风情园位于孙扎齐牛录乡境内，是展示锡伯历史与民俗的综合性展区。包括锡伯族历史民俗博物馆、民俗娱乐区、锡伯民族英雄图伯特塑像和西迁纪念碑。

历史民俗博物馆主要展示锡伯族西迁史、屯垦史、戍边史和丰富的文化风俗。锡伯族历史可以上溯到北魏鲜卑。前些年发现于东北嘎仙洞北魏石刻祝文记载了锡伯族历史的开篇。明末，锡伯人居住在嫩江、松花江流域，为科尔沁蒙古王公的属民。康熙三十一年（1692），清廷将锡伯人自科尔沁十旗中拨出，编入满洲八旗上三旗，驻防东北各地。① 乾隆二十二年（1757），清廷平定准噶尔部后，察布查尔一带成为荒无人烟的原野。二十九年（1764），自东北调锡伯官兵1000余人携眷合计近4000人移住伊犁，进驻察布查尔屯垦戍边。

锡伯官兵进驻察布查尔后，编为八旗八牛录：镶黄旗乌珠牛录（汉译头牛录）、正黄旗寨牛录（二牛录）、正白旗依拉齐牛录（三牛录）、正红旗堆齐牛录（四牛录）、镶白旗孙扎齐牛录（五牛录）、镶红旗宁古齐牛录（六牛录）、正蓝旗纳达齐牛录（七）、镶蓝旗扎库齐牛录（八牛录）。锡伯八旗（锡伯营），隶属伊犁将军府锡伯营领队大臣。至今，各乡镇依沿用着"牛录"称谓。

在这片古老的边陲，锡伯人屯垦戍边，创造了一个又一个辉煌。嘉庆六年（1801），在总管图伯特带领下，锡伯族军民历时六年成功开挖了察布查尔大渠。大渠自察布查尔山口凿口，由伊犁河引水，东西横贯察布查尔草原，全长100多公里。大渠挖成后，扩大伊犁河南岸大片耕地，不但为察布查尔县农牧业发展打下了基础，而且对后来开挖的伊犁皇渠、南疆的坎儿井都产生了很大影响。

晚清以来，锡伯人经历了一系列磨难。同治五年（1866）暴乱期间，该地为"伊犁塔兰奇苏丹汗国"统治。十年（1871），沦为沙俄殖民地，划归俄七河省管辖。光绪八年（1882），清政府收回伊犁。十年（1884）新疆建省，锡伯营仍属伊犁将军统辖。清朝灭亡，民国肇建（1912），锡伯营改属伊犁镇边使署管辖。民国二十七年（1938），正式撤销锡伯营。1954年，成立察布查尔锡伯自治县。

锡伯营进驻察布查尔时，驻守疆域范围西至今哈萨克斯坦国境内察林河，东至今县境加尕斯台乡，东西长约120公里；南自额鲁特牧地（今乌孙山北麓）起，北至伊犁河，南北宽约40公里，总面积约

---

① 中国第一历史档案馆编译：《锡伯族档案史料·序》，辽宁民族出版社1989年版，第4—5页。

图15 察布查尔大渠龙口（锋晖提供）

4800平方公里。锡伯营实际巡查范围西至巴尔喀什湖以东以南地区。嘉庆十三年至光绪七年（1808—1881），锡伯营察布查尔大渠挖成后，经伊犁将军批准，将锡伯营界东移至积水潭（今阔洪奇），其疆域东西延长为约130公里，总面积约5200平方公里。光绪七年（1881），中俄定约《伊犁界约》，霍尔果斯河以西大片土地被划入俄境。锡伯营界疆域东西长缩短为约75公里，总面积约3400平方公里。目前，锡伯县疆域面积为4430.24平方公里。

在全国五十六个民族中，锡伯族是一个人口只有20余万的小民族，却分居东北、西北两个地区民族。察布查尔锡伯自治县16万人口中，锡伯族只占4万多人，其他包括维吾尔族、哈萨克族、汉族、回族、蒙古族等25个民族。近年来，随着封闭局面的打破，县内民族构成发生很大变化，汉族、维吾尔族人口的大量涌入，锡伯族人口比例不断缩小，传统文化不能不受到侵蚀。

二百多年来，锡伯人在边陲西部发展了本族文化。锡伯语和锡伯文是新疆通用的六种民族语言之一。在和其他民族的交往中，锡伯人一般都能使用汉语、哈萨克语、维吾尔语，少部分人还懂俄语和蒙古语，被誉为"天才的翻译民族"。

在锡伯族民俗馆，可看到原汁原味的锡伯文化。在锡伯传统文化中，最有价值的至少有两点：一是文字。锡伯文是在满文基础上发展起来的。用锡伯导游的形象比喻："中间一根棍，两边都是刺，稍微一用力，就是锡伯字。"经过清代二百多年的交往融合，锡伯文与满文已无区别。懂锡伯文就可读懂满文。如今，仅中国第一历史档案馆就保存有大量清代满文档案，海外美、日、俄等国也多有收藏。但是，满文早已成为一种死文字，锡伯文堪称满—通古斯语的"活化石"。多年来，新疆锡伯族为满文文献的整理、翻译、研究输送了宝贵人才，作出了特殊贡献。二是射箭。锡伯先世即以擅长骑射闻名，因长期在西北边疆屯戍，这一传统流传至今。察布查尔县又称箭乡，摔跤、赛马、叼羊、狩猎、射箭是民间受欢迎的体育项目。中国射箭队的不少国手都出自当地。在与博物馆相邻的射箭厅，我们亲自体验了射箭的愉悦。

衣食住行。锡伯族服饰既保留锡伯族、满族结合的特点，又吸纳汉族、维吾尔族、哈萨克族服饰的优点，在此基础上形成自己的特色。锡伯族男子外穿旗袍，套马褂，头戴礼帽。老年妇女穿青、蓝、黑色旗袍，长及脚面。年轻妇女喜欢花色旗袍，姑娘留长辫，婚后盘头。

饮食。锡伯大饼、锡味鱼、鱼冻子、南瓜饺子、血肠、朱西林不达（肉汤面）等较有特色。

居住。"来兰皮"住房用椽子和剥皮苇秆及泥土建造，整洁光亮，冬暖夏凉。锡伯族以西屋为贵，西屋内建有"安巴纳汗"（大炕），由连着的南炕、西炕和北炕组成，南炕由爷爷奶奶或父母睡，北炕由客人睡。西炕靠山墙立佛龛供佛。东屋由儿媳子孙居住。

吊床是锡伯族养育婴儿的传统用具。婴儿从生下之日起不穿衣服在吊床内生活六个月。

锡伯族至今仍保留清代八旗制的村寨居住形式，八个牛录从西向东沿伊犁河一字摆开，一个牛录曾是一个军政单位，也是经济单位。

婚姻。锡伯族的婚姻分说亲、许亲、请命、迎亲四个程序，婚礼一般举行三天。第一天，由男方派专人、专车、带着喜篷车和猪羊牛菜等送往女家，喜篷车的停放很讲究，一经在院子里安放，直到新娘上车以前不得挪动。第二天，由娘家举行嫁女"萨林"，设宴盛情招待四方客人。第三天，由新郎家设宴招待其亲朋好友，举行婚礼。锡伯族婚礼最具民族特色、最有意义的是婚礼第二天晚上的"打丁巴"（迎亲晚会），男方女方的亲朋好友分为两队，对歌对舞，胜似彝族的对山歌，对歌对舞中新郎一方不能认输，否则会被取笑，接不走新娘。

信仰。早期信仰萨满教，后接受藏传佛教，崇拜关公。民间流行与汉人近似的"杂信"。

风俗。"锡林妈妈"是锡伯族供奉的象征保佑家宅平安和人口兴旺的神灵，用长 10 米的丝绳制成，上面系许多小弓箭、比石、箭袋、小吊床、铜钱、五颜六色的布条、小靴。制作时以本家族的辈数传袭为本，增加一辈人就往锡林妈妈上添一比石，每生一子系一小弓箭，每生一女系一布条或小吊床。

锡伯族能歌善舞，西迁节（4 月 18 日）是歌舞盛会。贝仑舞节奏明快，音乐感强，坚强有力。

2. 靖远寺

察布查尔锡伯族的历史与文化丰富。位于孙扎齐牛录乡的靖远寺是一处著名喇嘛教建筑。寺位于景区北边，是锡伯营八个牛录于光绪十八年（1892）合力积银捐资建成。据说，八个牛录各建一个砖窑，专门烧制建寺所需砖瓦，历时五年建成。是伊犁九大名寺之一。

寺坐北朝南，模仿承德（今属河北）安远庙修建。沿中轴线依次为山门、四大天王殿、大雄宝殿、东西配殿、三世佛大殿、钟楼、鼓楼。山门前有砖雕影壁，门上方刻有锡、汉文"靖远寺"金字，笔法工整，苍劲有力。进山门，便是四大天王殿，有取自《封神演义》魔家四将的彩色泥塑。

大雄宝殿塑如来佛像，两侧铜质佛像千姿百态。据说，铜像里曾放有金银珠宝，后被洗劫。大殿两侧墙壁各嵌一幅砖雕，一幅"双鹤松蝠"图（寓意福寿），一幅"双鹿牡丹"（寓意富贵）。反映了中原汉地的文化传统。

三世佛大殿，是整座寺院中最高大建筑。三世佛即过去佛、现在佛、未来佛，在许多寺庙里均有供奉，而靖远寺三世佛塑像与其他三世佛不同，有着锡伯族小眼睛、大脸盘的形象特点。因此说，靖远寺三世佛，是被锡伯化的。大殿里曾珍藏有《甘珠儿经》《阿里亚经》，又称藏经阁。当年，寺里经书荟萃，喇嘛云集，法事兴旺，香火盛行。大殿后东西两侧为配殿，东配殿即阎王殿正门屋檐下的横隔木板上，绘有《西游记》中唐僧师徒取经的故事图。西配殿为菩萨殿，内供菩萨，正门额上写着修庙时捐银人的名字。

前院挂有铸铁大钟。上有汉、锡伯文字，其中汉文四段，分别为："忠义神武仁勇灵佑关圣帝君"；"锡伯营总管哈玛尔泰、副总管绰霍伦佐那颖泰、骁骑校富保，总管德克津布，副总管额尔瑚伦，佐领丰伸布，骁骑校多伦布，兵一百二十五名。嘉庆十九年正月敬立"；"总管额尔呼伦，副总管和特恒额，佐领丰伸布，骁骑校穆克登额，领催兵丁闲散等敬立。道光二年九月吉日立"。"金火匠人吴天德、唐椿、吴发、冯著齐、吴天魁、柴贵。"文字下方，铸有一圈精美的花卉图案，图案下又铸八卦符号。此钟或为附近关帝庙内旧物，不知何时移置于此。锡伯人铸造铁钟存世者寥寥，其中蕴涵着关于锡伯人历史、文化、信仰、工艺、美术以及民族关系等多种信息，值得珍藏。

出山门路西，原来还建有土地庙、关帝庙、娘娘庙。如今，遗迹尚在，断壁残垣，亟待维修。此种情况，足以反映当年锡伯人信仰的庞杂。同时说明，清代锡伯人的宗教信仰与满族、汉族等民族大半一致。

（八）伊宁

伊宁市北倚天山雪峰，南临伊犁河，四周是一望无际的草原和森林。市内既有宽敞大道和现代建筑群，又有小巷深处绿荫流水的少数民族人家，出名景区有拜图拉清真寺、回族大寺、维吾尔族民居一条街。

首先参观伊犁博物馆。晚饭后由赖先生带领，到伊宁市南门参观拜图拉大清真寺。位于伊宁市解放南路与新华路交界处。现在，这里有风格迥然不同的两栋建筑。

一栋为拜图拉清真古寺，是清政府直接拨款在伊犁修建的第一座伊斯兰教寺院。过去，它同回族大寺、塔塔尔大寺号称伊犁三大清真寺。

清朝统一新疆后，尊重当地各民族信仰，拨款一万两，命伊犁阿奇木伯克鄂落木扎布在宁远城为伊斯兰教信众修建这座清真寺。鄂落木扎布从各回屯征调人夫，聘请内地能工巧匠，在乾隆三十八年（1773）建成此寺。大寺属汉式风格，由宣礼塔、山门、礼拜殿、讲经堂组成。寺院建成后，伊犁穆斯林无不欢欣鼓舞，拍手相庆。据说一位来自土耳其的大毛拉看到大寺的雄伟壮观，特冠以"拜图拉"之名，意为"天房"，是穆斯林朝拜圣地。大寺建成后，闻名遐迩，来此取经求学的穆斯林络绎不绝，求学者达200余人，五年后结业，根据成绩授以宗教职称，因此，拜图拉清真寺又称"麦得里斯"，意为高级经文学院。二百多年来，拜图拉清真寺不断修缮扩建。1865年扩建后，可容纳1500人做礼拜。

后来，大寺成为危房，门楼尚存，唯独宣礼塔保存较好，据赖先生介绍，近年来，在泛伊斯兰文化泛滥下，一些宗教人士和信众曾借口门楼残破，要求全部拆掉。但有关部门认为，这一建筑反映了伊斯兰教在中国的本土化历史，坚持作为文物古迹，才得以保留，并拨款维修。宣礼塔取中原城门式建筑方式，斗拱飞檐，以木质结构为主，采用雕刻和绘画技法。底座砖砌，中有一可通内外的长廊，上端有三层塔楼，内部有台阶通向顶端。塔顶加一弯月，反映其建筑性质与用途的宗教性质。已列为自治区级文物保护建筑。

近年，在拜图拉清真寺旁，又盖起一座规模宏大、富丽堂皇的阿拉伯—维吾尔风格大清真寺。据说是1996年由伊斯兰教协会承办，各级政府拨款，信教群众集资而建，可一次容纳3000—3500人。看来，在伊斯兰教本土化与外来原教旨主义之间，明里暗里的

◆ 清朝遗迹的调查 ◆

博弈远未消弭。

在拜图拉清真寺东侧，原有固尔扎庙。18 世纪初额鲁特蒙古所建，为著名喇嘛庙，极盛时供奉喇嘛 6000 余众，因层顶饰有黄金，金碧辉煌，又名金顶寺，乾隆四十年（1775）毁于战火。据说，遗址地面尚散见有黄绿色琉璃砖片及残断佛像。河北承德外八庙之一安远寺，即仿金顶寺修建，故俗称"伊犁庙"。

通过出租车东干族司机，寻找到市内俄罗斯面包房，唯一的俄罗斯文化遗迹，老板娘是中俄混血，会讲几句俄语。在出租车司机热情带领下，前往俄罗斯墓地。守墓人为一位中国籍俄罗斯小伙，在他的热情引进（他的舅舅去了广州）下，进入墓地。昏暗夜色下放眼望去，墓地很大，满目荒草，蚊子猖獗，墓碑寥寥。我困惑地问："墓在哪里？"小伙子答："就在你脚下。"原来，全部坟墓在动乱年代已被毁，现存的几座都是近年入葬的几位俄罗斯族老人。孤零零的几座坟墓在空旷的墓园中显得孤单凄凉，而众多遗骸已化为脚下尘土。墓地旁立着一座东正教小教堂，似乎也是近年重修。

绝大多数俄罗斯人信奉东正教（正统派，又称正教）。17 世纪俄罗斯正教会在沙皇主使下进行宗教改革，依希腊正教方式，修改经文和宗教仪式，画"十"字时要求用三个手指，而不再用两个手指，圣像依照希腊式样绘画。改革受到各地教会的反对。1721 年，沙皇彼得一世再次进行改革，宣布正教为国教，大部分俄罗斯人信奉改革后的正教。中国的俄罗斯人主要信奉这一教派。20 世纪 40 年代，苏联全俄大主教派木拉德金诺夫斯基神父到伊犁，负责正教的教务活动。在伊宁市建教堂，教堂里有圣母玛利亚像和大铜钟。在霍城、特克斯、塔城等县也有小教堂。

守墓的小伙子有三个孩子，金发碧眼，都是典型的俄罗斯人模样，妻子、老祖母，也都是俄罗斯族。小伙子说，他们只跟本族通婚，其父尚在俄罗斯，大舅哥则生在中国。很遗憾，因为时间关系，未及详聊，所以不清楚他本人是什么时候来到中国的，为什么加入中国籍。临别时遇到他的丈母娘坐在门口，一位慈祥的俄罗斯老太太。

回到宾馆，树林密匝，地灯映射下，绿影在风中摇曳，夜色真美，庭院真静。

三　新疆西部（喀什—莎车）

喀什噶尔地区位于南疆西部。当地民族，除汉族、维吾尔族外，主要有柯尔克孜族（清代称布鲁特）、塔吉克族等。我们是2011年8月到的喀什。由于"7·30"暴力事件的影响①，当地几乎没有游客。随即得知，暴徒白昼行凶的步行街就在我们住的温州大酒店左手附近。全市气氛紧张，武警严阵以待，马路上不时驰过军车，每组三四辆，前有吉普开道，后随卡车，坐满全副武装的士兵。

1. 回城、汉城、满城

喀什噶尔城历史悠久，前身可以追溯到西汉时的疏勒城。2100余年前，张骞出使西域，对疏勒国已有记载（《汉书·西域传》），这是有关喀什古城的最早文字记录。递经唐、宋、元、明，喀什一直是西域最著名的城市之一。乾隆二十四年（1759），清军平定"大小霍加（和卓）之乱"，统一天山南北。翌年（1760），设总理南疆八城（喀什噶尔、英吉沙尔、叶尔羌、和田、阿克苏、乌什、库车、喀喇沙尔）的喀什噶尔参赞大臣。喀什噶尔旧有城，城周三里余，城内街巷狭窄，房舍稠密，维吾尔族居之。参赞大臣奏准清廷，于二十七年（1762）在旧城（今市区东半部）西北二里许，原大和卓波罗尼都庄园旧址建一座新城，作为参赞大臣衙署。土城一座，东西长一百五丈，南北长一百二十丈，周围二里五分，高一丈四尺。城内建仓库、衙署、官兵住房，以及关帝庙、万寿宫（官员举行祭祀或大典处）。乾隆帝御笔赐名"徕宁城"。本地人则称

---

① 2011年7月底，喀什市连续发生暴力袭击事件。30日晚上，喀什市西郊"喀什美食街"发生一起暴力袭击事件，两名男子杀死司机劫持一辆卡车冲向人群，然后又下车进行砍杀，导致7死28伤。31日下午，在香榭大街，十几名歹徒公然白昼行凶，导致十几人死伤。

◆ 清朝遗迹的调查 ◆

其为喀什噶尔新城（或满城）。城内除满营外，还有绿营兵房。又在徕宁城南门外修建铺房一百五十间，招民人开业经商。① 时人评价说："徕宁城仰瞻宫庙之辉煌。凭临城池之壮丽，居然新疆一都会矣！"（《新疆回部志》）

据乾隆《西域图志》卷三一《兵防》：喀什噶尔，驻防满营马步兵三百三十四名。驻防绿旗马步兵六百二十五名。喀什噶尔驻军都为换防兵，即不带家眷，轮班更替。计满营兵由乌鲁木齐换防，绿营兵由西宁及乌鲁木齐等处换防。②

道光六年（1826）夏，张格尔发动武装入侵，攻陷喀什噶尔旧城。参赞大臣庆祥率残部与千余江、浙、湘、蜀、陕、甘籍汉族商民退守徕宁城，首战打败三千余浩罕侵略军，杀敌八百余。张格尔命在克孜勒河下游堵坝截流，妄图抬高水位淹毁徕宁城。千钧一发之际，湘籍士兵黄定湘奋身泅水，从水底凿开坝土，水位骤降，城池得救。黄定湘牺牲后，被各族人民尊为"方神"（保护四方之神）。全疆有十几个县建方神庙，军民以时祭祀上香。同年9月28日，张格尔掘地道攻陷徕宁城，庆祥自杀，徕宁城大半毁于战火。③ 同治四年（1865）七月，阿古柏攻陷喀什噶尔汉城，杀掠8日，办事大臣奎英以下及汉人四千均死之。绿营守备何步云降，阿古柏纳其女为妾。④

光绪二十四年（1898），清廷决定在旧址重建徕宁城。此时回城已向西拓展到徕宁城址边，于是在回城西侧开一城门，并在徕宁城旧址上补筑一道半圆形城墙，称"月城"，当地维吾尔族称"尤木拉克协海尔"（圆形城）。城墙用版筑填土法，土墙底宽6米，顶部收缩为4米，高近15米。⑤ 新城与旧城既相接又相隔。全城周长12里余，比同时期新疆首府乌鲁木齐城围还长1里余，规模为全疆之冠。

---

① 福隆安等纂：《钦定八旗通志》卷118《营建志七》，第2032页。
② 新疆维吾尔自治区民族研究所编：《新疆简史》上卷，第284—285页。
③ 刘学杰：《新疆旧事》，新疆人民出版社2005年版，第230页。
④ 郭廷以：《近代中国史事日志》，第471页。
⑤ 刘学杰：《新疆旧事》，第232页。

如今，喀什城分为新城与老城两个部分。老城区包括原回、汉二城。两城间的分界已辟为一条大马路——尤木拉克协海尔路。

汉城（或称新城，包括原徕宁城）位于喀什市西部。城墙用黄土层层夯筑而成。遗址平面略呈圆形。北墙、西墙、南墙部分比较完整，东墙只留公安局大门外一段。我们考察了北墙遗址一段，位于色满路生殖保健院院内。墙体夯筑，高 2 丈余。北墙东段有一断面，可知墙体底部宽约一丈五，顶端宽约一丈。又至南墙东段，一正在施工的工地，有大铁门，工地周围被围墙圈起。瓮城、城门、城墙均在围墙内。从工地边竖立的《徕宁城时尚购物街区位导示图》可以得知，当地政府正在把徕宁城南墙瓮城和城门之外，即花园路以东一带，改造为一个包括文化广场、商店、林荫道、住宅楼的时尚街区。

图 16　徕远城北墙

回城（或称老城）位于喀什市东部，以艾提朵尔清真寺为中心向外不规则放射扩展。近年，保存比较完整的老城区约 4.25 公里，占市区面积的12%，居住人口13万，占市区总人口的36%。均为维吾尔族居民①。城内二十余条街巷是目前国内唯一一处保存完整的以伊斯兰文化为特色的迷宫式城市街区。我们重点考察了高台民居（阔孜其亚贝希巷）、布拉克贝希（维吾尔语"泉的源头"，汉人称"九龙泉"）、耿恭祠、阿帕（阿巴克）霍加麻扎（香妃墓）、艾提尕尔大清真寺等古迹，是喀什悠久历史、多元文化特别是维吾尔族灿烂文化和伊斯兰教文明的集中体现，因篇幅所限，不再赘述。

2. 莎车（叶尔羌）

离开喀什市，沿305国道东南行。右侧西南方即著名的葱岭山脉，左侧即东北方向与沙漠相接。过疏勒、英吉沙（盛产维吾尔族小刀，装饰华丽，刀锋锐利），英吉沙水库，到达莎车县城。

莎车县城位于塔里木盆地西缘，东界塔克拉玛干沙漠，西邻帕米尔高原，南傍喀喇昆仑山，地处叶尔羌河畔，是古代东西方陆路交通枢纽。东沿沙漠南缘达"美玉之乡"于阗，西北经疏勒（今喀什市）通大宛（今费尔干纳盆地）。西南经蒲犁（今塔吉克自治县附近）可达天竺（今印度、巴基斯坦一带）。

莎车历史悠久，据《西域同文志》"叶尔土宇意，羌为大"，意为地域辽阔。汉朝为莎车国，随着张骞两次通西域和班超的到访，莎车成为古丝绸之路南道上的要冲。北魏为渠莎国，隋唐并入于阗，元设鸦儿看（叶尔羌对音）水驿，明称叶尔奇木、伊尔钦，又称叶尔羌。正德九年（1514），莎车古城作为叶尔羌汗国国都。清康熙十七年（1678），叶尔羌归属准噶尔汗国。乾隆二十六年（1761），设叶尔羌办事大臣。光绪九年（1883），置莎车直隶州（后改莎车府）。今为莎车县，属喀什地区。

13世纪意大利旅行家马可·波罗在《游记》中赞美莎车"是一座宏伟壮丽的城市，城里有风光明媚的花园"。据波斯人拉施德《史集》所载，叶尔羌汗国时期的莎车叫鸦儿看，旧城（莎车）曾

---

① 宋靖华编著：《收藏喀什》，中国电力出版社2008年版，第66页。

被统治者阿巴奇尔发掘，据说还找到许多宝物。

清代叶尔羌，为四通八达之区，东往阿克苏，西往喀什噶尔，都是可行大车的大道。还有数条往国外的道路，西北经蒲犁厅到俄属费尔干纳、帕米尔、阿富汗、克什米尔的驮马路，东南是翻越喀喇昆仑山到印度、西藏的驮马路。

清代有新、旧二城，旧城名叶尔羌，俗称回城，新城名莎车，俗称汉城。两城市街相接，组成一座双连城。

叶尔羌驻防，乾隆二十四年（1759）清廷征服西域后设。旧有土筑回城一座，长二千一百四十二丈，计十一里九分，高二丈三尺。城门五。内设回城办事大臣衙署、绿营副将衙署、城守营游击衙署等，满营兵丁房屋一百五十八间，绿营兵丁房屋五十间。以上房，多系旧有回房改作。① 乾隆《西域图志》卷一八："叶尔羌……城周十余里，有六门，土岗环其东南，城居岗上，规模宏敞，甲于回部。城中街巷，屈曲错杂，无有条理。民居以土垣屏蔽，穴垣为户，高者三尺，伛偻出入。屋宇毗连处，咸有水坑。导城南哈喇乌苏（黑水）之水，达于城北，是资饮用。"②

据乾隆《西域图志》卷三一《兵防》：叶尔羌，驻防满营马步兵二百十一名，由伊犁派拨。驻防绿旗马步兵六百八十名，由陕西甘肃省派调。"回部素习农功，城村络绎。视准疆数千里，土旷人稀，形势迥别。自全部输诚内属，设立驿站卡伦之外，其各城所在，固无事多兵驻守矣。初以阿克苏为回部适中之地，喀什噶尔、叶尔羌为回部诸城之冠，英噶萨尔（英吉沙）则又境属边围，外藩邻接，皆兼设满营绿营，分兵防守。他如哈喇沙尔、库车、赛喇木、乌什、和阗，则但酌留绿营以资捍卫。乾隆三十一年（1766），以阿克苏满营防兵移驻乌什。则乌什又为山南重镇，而阿克苏只驻绿营。"③

同治年间，叶尔羌同样经历了一场大动乱。同治元年（1863）

---

① 福隆安等纂：《钦定八旗通志》卷118《营建志七》，第2031页。
② 钟兴麒等：《西域图志校注》卷18，第279页。
③ 钟兴麒等：《西域图志校注》卷31，第437—438页。

◆ 清朝遗迹的调查 ◆

六月，东干人（回人）兵变，汉人被杀者七千人。办事大臣据汉城固守。年底，城池失守。领队大臣死之。① 战后得到恢复。1907年，日本人日野强《伊犁行纪》记：两城间商家鳞次栉比，堪称繁华街市。汉城土墙，其规模之大，非其他城可比。回城内的街巷曲折而狭窄，小沟纵横。到处可见蓄水的涝坝，当地人都饮用此水。②我们曾试图寻找清代修筑的"满洲潦坝"，却无功而返。③

实地考察的结果，汉城（新城）遗迹，位于新城路北，呈四方形，城墙只保留北、东数段。我们开车绕城墙一圈，东北方残墙一段，位于驻军六师师部东门左侧。前竖一牌："新城城墙。"从城墙断面看，底部宽2丈余，顶部宽约1.5丈。（图17）

图17 莎车汉城（新城）残壁

① 郭廷以：《近代中国史事日志》第448页。
② ［日］日野强：《伊犁行纪》，华立译，第195页。
③ ［日］细谷良夫：《新疆ウイグル自治区に残る清代城堡の探訪》。

3. 亚喀艾日克卡伦（烽火台）

离开莎车县城，一路向南（往返约40公里）。路边不时闪过维吾尔村落：土房、宅院、果树（桃树、杏树）、玉米地。挺拔的新疆杨、大片的棉花地，从公路两侧迎面扑来，又快速地退向身后。几只斑鸠，有灰色的、白色的、花斑的，从树梢间轻快地掠过。亚喀艾日克卡伦位于莎车县亚克艾热克乡阔如勒村，是一处明清时期古遗址（自治区文物保护单位第六批）。

烽火台建于高坡之上，共有南北两座，两台之间隔着一道干涸的河沟。二座烽火台形制一样，体形中空，东西长约18米，南北宽16—17米，高约10米，土坯砌筑。前期被用作驿站的瞭望塔，后当作烽火台使用。南部的烽火台基本完整，东侧有进入顶部的台阶，现台阶已坍毁成坡状。北部的烽火台顶部稍残。在南烽火台脚下坡地之上，残留着一个古老的馕坑，年代不详。站在烽火台顶端，展眼望去：东边隆起的坡地，乃是无垠的戈壁荒滩，寸草不生；西边低洼的一侧，则是雪水浇灌的绿洲，蜿蜒的干渠，枝叶繁

图18　亚喀艾日克卡伦（烽火台）的留影（细谷良夫教授与夫人）

◆ 清朝遗迹的调查 ◆

茂的胡杨,夹杂着大片棉花地。两个世界,一边死气沉沉,一边生机勃勃;一边浑黄一片,一边多彩绚丽。大自然的威力与人类创造力的对决从古至今,无不发挥到了极致,并形成一道畛域分明的界限。而烽火台恰恰就矗立在这道界限之上。沿绿洲边缘,靠近烽火台一侧,是一道平行的大渠,正在放水,银灰色的雪水翻滚而下,水势迅疾。渠两侧长着粗壮的胡杨,已经上了年纪。据说,此处烽火台在1945年以前一直有士兵看守。这里是通往巴基斯坦和阿富汗的交通要道,古丝绸之路关口,山路也通往县城。

图19 烽火台内景

莎车古迹还有阿孜那清真寺、莎车王陵(阿勒屯鲁克麻扎,是叶尔羌汗国王族墓地)、阿曼尼莎罕纪念堂,均值得一览。

四 结语

在清代历史中,新疆的军政体系颇具特色:以伊犁将军为首,下设都统、参赞、办事、领队大臣。各级大臣统率军队，驻守南北疆各地。在驻防问题上，一向重视北疆，驻军绝大部分在北疆，而北疆驻军又集中在伊犁、乌鲁木齐、巴里坤等地。驻军有驻防与换防之分。驻防军携带家眷，长期驻守，如伊犁、乌鲁木齐、古城、巴里坤之满营、绿营及吐鲁番之满营兵皆是；换防军不带家眷，短期驻守，轮班换防。最初三年一轮换，后改五年一轮换，再以后改为长期携眷居住。①

新疆的军事驻防制度，远较内地复杂。首先，就营制言，按民族分，即有满营、满蒙营、锡伯营、察哈尔营、索伦营、额鲁特营、绿营等。对哈萨克、土尔扈特、和硕特，以及哈密、吐鲁番、乌什等地族部，则参考蒙古札萨克制度，编旗设佐。

驻防城的形式多样。既有伊犁地区满城、汉城、回城各自独立又相互依托之模式；也有乌鲁木齐、哈密、巴里坤、古城等处满城（汉城）与汉城（回城）毗邻之模式；还有满洲兵、绿营兵同居一城之模式（喀什、莎车）。与后种模式相得益彰的，是满洲兵与绿营兵的关系远较内地密切。"新疆军府制度，旧以旗兵为本，绿营为辅"②，无论在南疆还是北疆，凡是满洲兵与绿营兵共同驻防之地，两者都是作为命运共同体而生存而战斗。近代以来，新疆经历张格尔、阿古柏两场浩劫，满汉兵民的损失尤重。在血与火的考验中，也增进了彼此认同。

战乱之余，新疆的八旗驻防制度日愈衰败。时人说："绿营虽弱，犹稍可存活者，则因额饷虽缺，或耕或贾，各有本业。若满营则更甚，巴里坤迤西驻防，虽有孑遗，不复成队，姑置勿具论，如安西、西安、凉州、平番等处，满营兵丁，形同乞丐，所以然者，盖由额饷既不能得，又别无生业，而巴里坤最甚者，则以额饷尤

---

① 新疆维吾尔自治区民族研究所编：《新疆简史》上卷，第289页。
② 李云麟：《西陲史略》卷中，第23页，收入《中国方志丛书》（西部地方），台北成文出版社1968年版。

◈ 清朝遗迹的调查 ◈

缺,关外食用尤贵故也。"① 新疆建省后,八旗驻防虽有所恢复,但元气大伤,从整体上讲,已名存实亡。

图20 作者与哈萨克牧民合影(伊犁温泉县高原牧场)

图21 作者摄于温泉县高原牧场

① 李云麟:《西陲史略》卷中,第23页。

湖北、四川考察：荆州满城—成都满城—大小金川[①]

2005年3月8—20日，笔者与细谷良夫教授对湖北、四川的清朝史迹做了实地考察。途经湖北荆州市、武汉市，四川成都市、雅安市上里镇、广汉市三星堆、阿坝藏族羌族自治州小金县、金川县、甘孜藏族自治州丹巴县。考察重点有四处，荆州满城遗址、成都满城遗址、雅安市上里镇、川西藏区，也就是乾隆帝攻打大小金川的古战场。以下是考察的主要内容。

一 荆州满城

3月8日，我们从北京乘飞机到武汉，然后转往荆州。9日早7时，晨雾笼罩中的武汉天色尚暗，我们驱车驰过长江大桥，进入宜昌方向高速道路。约行200公里，在沙市下高速路已近荆州。路上仅用2个多小时。

（一）荆州驻防的历史

荆州城位于江汉平原腹地，东连武汉，西接三峡，南跨长江，北临汉水，自古以来就是长江中游的交通要冲和军事重镇。传说中

---

① 笔者曾与细谷良夫教授合撰《湖北と四川に八旗と清朝の史跡をたずねて——荆州满城・成都满城・平定金川の碑》，载日本《满族史研究》第6号，2007年12月。笔者后据原稿，撰为《荆州满城、成都满城、大小金川史迹的考察》，刊于赵志强主编《满学论丛》第1辑，辽宁民族出版社2011年版。

◇ 清朝遗迹的调查 ◇

大禹划中国为九州，荆州即为其一。西汉时改九州为十三刺史部（州），荆州居其中。魏晋以后，荆州均为州、府之名。荆州又称江陵，因该地在秦国破郢（楚国首都）后置江陵县而得名。其后两千多年，江陵作为地名，历代沿用，故一城二名。

荆州是楚文化发祥地，也是闻名的三国古战场。俗话说"闻听三国事，每欲到荆州"。一百二十回《三国演义》，据说有七十二回的内容涉及荆州，如"刘备借荆州""关羽大意失荆州"等脍炙人口的故事，都发生在这片古老的土地上。降及清代，满洲统治者为控制中国腹心之地的长江流域——也是经济最发达、人口最稠密的区域——曾在长江上游的成都、中游的荆州、下游的江宁（今南京市）设置驻防八旗。及辛亥鼎革，荆州驻防与相关史迹随之消失。

荆州自古为兵家必争之地。康熙元年（1662），清朝灭南明平云南，汉臣魏裔介上疏请撤满洲兵还驻荆、襄（荆州、襄阳），扼天下形胜，消奸宄之萌，未被采纳。及吴三桂反，康熙帝以荆州为咽喉要害，首命都统巴尔布率满洲精骑三千兼程驰往荆州，以遏其冲。吴三桂兵终不能过长江一步。待三藩乱平，议政王大臣于康熙二十年（1681）十二月奏请，至二十二年（1683）始有荆州驻防之设。此举充分印证了魏裔介先见之明。[①]

荆州驻防由满、蒙旗兵组成。《钦定八旗通志》卷三五《兵制志四》：

> （湖广）荆州将军一人，左右翼副都统二人。满洲协领八人，佐领三十二人，防御四十人，骁骑校四十人。蒙古协领二人，佐领十四人，防御十六人，骁骑校十六人，随印笔帖式三人。八旗满洲、蒙古委前锋校十六人，前锋一百八十四名，鸟枪领催一百七十六名，鸟枪骁骑一千八百二十四名，领催一百

---

① 陈康祺：《郎潜纪闻二笔》卷2《魏文毅之先见》，中华书局1984年版，第349页。

> 六十名，骁骑一千六百四十名，炮骁骑八十名，步兵七百名，养育兵四百名，弓箭、铁匠各五十六名。

据上所载，荆州驻防自将军以下至前锋校大小官员有190名，各色兵丁（包括养育兵在内）5500余名。其与成都、江宁（南京）驻防并为层级最高、规模最大的八旗驻防地。以后，荆州驻防旗兵多次分拨成都、江宁（南京）、杭州等地，兵员缺额则由余丁中挑补，兵额多时达到7000余名。①

八旗驻防中原腹地，一向实行旗民分治。具体方式：一是在驻地省府州县城附近，另外择地建满城（旗城）驻扎；二是在城内划出一隅之地安置八旗官兵，将原居汉民迁出，并筑界城使旗民分离。在笔者考察各地驻防中，山东青州，内蒙古绥远（呼和浩特），宁夏银川，甘肃庄浪（永登）、凉州（武威），新疆伊犁、巴里坤、乌鲁木齐、莎车（叶尔羌）等地驻防以及福建琴江八旗水师营、浙江乍浦八旗水师营等，采取的都是第一种方式；而广东广州、福建福州、江苏江宁（南京）、浙江杭州、湖北荆州、四川成都等处驻防，采取的则是第二种方式。

荆州城呈不规则长方形，东西长七里三分，南北宽三里七分，周长十七里三分。设立驻防之初，虑兵民杂错其中，因将城池一分为二，东为满城（旗城），八旗官兵居之，并迁官舍民廛于界城西，称"汉城"（民城）。两城之间，砌筑界墙一道（图1）。

作为长江中游的重要军事据点，荆州驻防在清代的军事作用非常明显。满蒙八旗参加的较大战事有：康熙二十七年（1688）平定武昌裁兵之变（俗称"夏包子之乱"），三十九年（1700）剿四川打箭炉蛮之役，四十二年（1703）征湘西腊尔山苗族之役，嘉庆初追剿白莲教徒之役，咸丰年间防堵太平军之役。② 荆州驻防的设置，除有对长江流域众多汉人进行监视、震慑作用外，在镇压周

---

① 希元等纂：《荆州驻防八旗志》卷8《武备志一》，辽宁大学出版社1990年版，第118页。
② 希元等纂：《荆州驻防八旗志》卷11—12，第168—196页。

◆ 清朝遗迹的调查 ◆

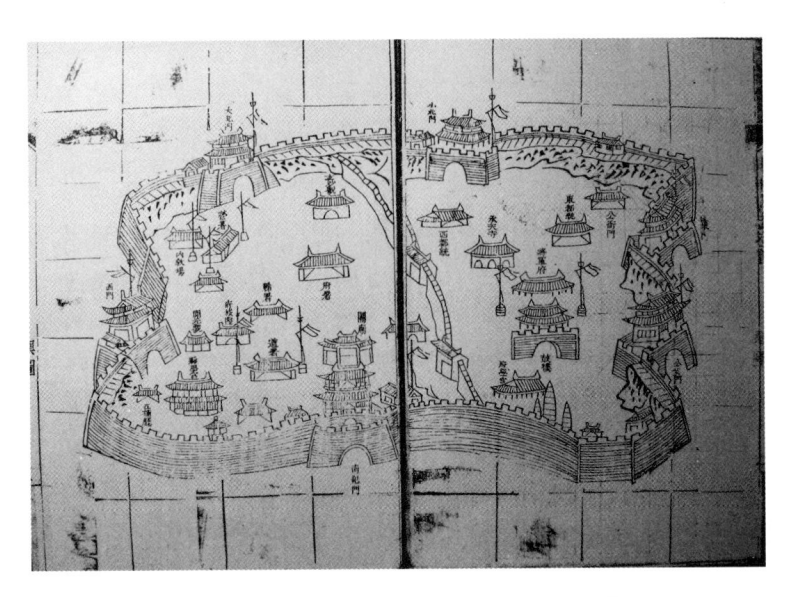

图1　荆州府城图（倪文蔚主修《荆州府志》）

边少数民族反抗等方面也起了重要作用。

荆州八旗的最后一场战事发生在辛亥革命时期。宣统三年（1911）武昌首义后，荆州八旗跃跃欲试，欲配合南下清军，侧击新生的湖北军政府。11月19日，民军①开始攻打荆州外围。在将近一个月的外围战中，荆州八旗损失惨重，官兵据守城中，外无援兵，内乏粮草，士气低落。在这种情况下，不愿出战的旗兵眷属齐集副都统恒龄府邸哭骂。恒龄愧恚，坐堂自戕，城中大乱。荆州将军连魁本无斗志，遂请日本领事及法国主教出面媾和。12月23日，驻防八旗正式投降。投降时订约六款，主要包括旗军交出所有军用品；遵守军政府法令并受军政府保护；驻防原有公产、公田一律没收；旗民之极困苦者给饷半年。荆州旗人的状况从此发生根本转变。②

---

① 民军，泛指革命党方面的军队，如清廷退位诏书开头就称："前因民军起事，各省响应"云。

② 参见潘洪刚《辛亥革命与荆州驻防八旗》，载《满族研究》1992年第2期。

(二) 辛亥革命后的变化

1. 人口。荆州驻防旗兵都是挈眷而来，最初八旗满蒙共计15000余口。光绪六年（1880）统计，旗人5670余户，22900余名口。宣统元年（1909）民政部统计，荆州八旗正户6112户①，人口当有数万。辛亥革命以后，旗人户口大幅减少，主要原因是大量外流。较集中的一次人口流散在民国元年（1912），荆旗善后局对驻荆八旗中的满蒙贫困户，每人发给银圆30块，遣送鄂东南、西北等地务农。他们中的一部分后来又陆续返回荆州，还有一部分流落到附近各县镇及武汉等市。② 1949年，荆州城满族人有1000人，沙市有2300人。若干年前调查，荆州城有满族800多人，沙市有2000多人。现居湖北的满族、蒙古族人，绝大多数是荆州驻防旗人的后裔。

2. 职业。有清一代，驻防旗人的基本职业就是披甲当兵。随着清王朝倾覆，旗人职业发生显著变化，大部分人迅速沦为底层劳动者。下乡者因生活不习惯返回，也沦落为城市贫民。不愿离荆者则变卖衣物房产为生，坐吃山空，穷困不堪。男子多以拉人力车、做工为生，或做小商小贩，小手工业者，或出外当兵。妇女多在

---

① 刘锦藻等撰：《清朝续文献通考》卷25《户口考一》，浙江书局光绪八年刻本。
② 2002年7月19日笔者第一次到荆州考察时，曾对荆州市民委民族科长关顺培先生进行采访。关于民初旗人遣散问题，他回忆说：愿意下乡者，每人发30元大洋。当时旗人没了旗饷，与其留在城里坐以待毙，不如一走了之，能得30元大洋，或者还有生机。民国政府为凑遣散费，把满城内鼓楼、将军衙门、满汉城间隔的"杠城"都拆了卖砖，郊外马场也卖了，凑了一部分钱。钱还不够，又让满、蒙大户魁、季、恩三家每家出二十万，一共凑了几十万块钱。满人被遣走后，房宅一空。倒卖房子的"经纪"（"戳白经纪"）乘机低价收购，或将砖、瓦、木料拆卖。遣散路线分二路，一东南方向：沙市—大冶—咸宁—通山—通城；一西北方向：襄樊—老河口—郧阳。多为贫瘠山区。到达后再分到各县、乡、村。名义上是民国总统黎元洪"为解决八旗生计"，但旗人到乡下后没地没钱，只有给人帮工。有些人状况不佳，想逃回荆州。最早逃回的有郭姓，被抓后处死，把头挂在东门城楼上示众。好多人想回城又不敢回，只好在荆州周邻各县落户。若干年后才陆续回到荆州。我的幺（小）爷爷把两个女儿卖了（大雪、小雪），最终自己一个人回来了。当时荆州满城内一片废墟，只好寄住在一个亲戚家的门过道。冬天到沙市卖糖果，穿着草鞋，大雪天把脚冻坏了。回家烫脚，一冷一热，得了"脱脚风"，腿全烂了，最后躺在过道里死了（以上据采访笔记）。

◇　清朝遗迹的调查　◇

荆、沙一带富商大户当佣人，做保姆。

3. 宗教信仰。满蒙旗人在政治、经济地位骤变的情况下，精神失去依托，转信天主教的现象很普遍。民国初，荆州城东门天主教堂有教徒300余人，以满、蒙两族信徒居多。旗人皈依天主教，还有婚姻方面的原因。①

4. 婚姻。荆州旗人，一般是内部通婚，即在本族或满族、蒙古族人间互通婚姻，偶有娶汉女者。近代以来，娶汉女现象增加。这是民间长期共处往来的结果。光绪二十七年（1901），清廷承认旗、民通婚的既成事实，开除禁令，旗民通婚有了一定发展。旗人妇女本来天足（大脚），民人妇女缠足（小脚）。当地汉人褒贬旗人，就说："臭大脚。"随着满人与汉人通婚，满人家老太太也出现了小脚，原本应是民人。② 辛亥革命后，旗人地位骤降，择偶遇到困难。当时，天主教堂所办修道院和孤儿院中，收养了不少孤女，正适合旗人择偶的需求。这是当地满蒙人中天主教教徒多的一个原因。

5. 文化。荆州城旧为楚国故都，而楚地本为多民族、多文化的陶冶兼容。自康熙二十二年（1683）至宣统三年（1911），满蒙八旗在此驻防长达200余年，继续了多元文化交融的进程。

表现之一，语言语音。旗人与民人分城而居，异族又不通婚的状况，导致了语言和语音差异。旗人居住的东城，成为独具特色的"方言岛"。新编《江陵县志》说："清代，满族、蒙古族八旗兵及其家属二万余人来驻江陵达240多年，南北语言交融，对县境近代方言产生了重大影响。"驻防满蒙旗人，均操北方方言，当地人称为"城里头话"。这与属西南官话的荆州西城的荆州方言形成鲜明对照。辛亥革命后，旗界拆除，旗人分散，语言发生不少变化，但基本语调未变。

据当地满族关顺培先生介绍，在旗人内部，口音也不一样，分为"东边腔""西边腔"。左翼四旗，在将军衙门东边，右翼四旗，

---

①　县志编纂委员会：《江陵县志》，湖北人民出版社1990年版，第695页。

②　关顺培先生回忆。

在将军衙门西边，以将军衙门为中轴画线。这就是东边腔和西边腔的地域界限，个别语音、语词有细微差别。如东边说"瞧戏"，西边说"看戏"。为什么会出现这种差异？主要是原籍、来源不同。祖上有从北京来的，也有从南京来的。关顺培家就有这两种口音。父亲是西边口音（镶蓝旗），母亲是东边口音（正白旗）。

表现之二，饮食风俗。多民族文化的交融，在社会风俗方面留下了鲜明印记。以饮食文化为例，在南方，一般情况下，人们不太容易品尝到北方风味饮食、菜肴，然而，在楚都江陵，人们品尝楚菜时，却不难发现北方风味。以至有人说，在楚都江陵菜肴饮食中，最负盛名的却是北方菜肴。光绪以来荆州"聚珍园"餐馆，久负盛名，就是荆州旗人关海焕兄弟与流落到此的宫廷厨师创办的。其最有名的菜肴如"千张肉""散烩八宝饭""酥黄雀""皮条鳝鱼"等，均为北方风味，在清代曾有"辽沈无双味，江陵第一园"的美誉。江陵风味食品中，"白肉血肠"及"萨其玛"等各类糕点，均为当年旗人喜爱的食品。满蒙人的风俗也有细微差别：如蒙古人祭祖用牛羊，满人用猪等。又满蒙人每年腊月二十三过小年，与汉人每年腊月二十四过小年不同。① 满蒙族与汉等民族文化的交融与差异，为荆州地域文化增添了新内容。②

（三）荆州城的实地考察

1. 城墙与城门。荆州城最初是由关羽构筑的土城，现存城墙系明洪武二十四年（1391）挖掘护城河并始建。明末李自成、张献忠等农民军先后攻占荆州，将城墙拆毁大半。清顺治三年（1646），荆南道李栖凤和镇守总兵郑四维督数万兵民全面修缮城郭，基本上仍保持明代城池的规模与风格。因长江泛滥，荆州城屡

---

① 潘洪钢：《辛亥革命与荆州驻防八旗》，载《满族研究》1992年第2期。又，关顺培先生回忆。
② 以上情况参考潘洪钢《辛亥革命与荆州驻防八旗》，2002年7月，我第一次到荆州考察时对荆州市委民委民族科长关顺培的采访。

受水害，后世屡有重修。① 民国以来，荆州城已发生巨大变化，所幸城墙基本完好，保持着明末清初重建时原貌。

荆州城旧有城门六座：东曰寅宾，东南曰德胜（后改曰公安），东北曰远安（俗呼小北门），俱在界城东；西曰安澜，南曰南纪，西北曰拱极（俗呼大北门），俱在界城西。界城之门有二：一曰南新，一曰北新。20世纪70年代，为缓解城内交通，又新开三座城门，即新东门、新南门、新北门。

荆州城的六座旧城门均建有瓮城和城楼。因时间关系，我们重点考察了其中的两座：一是旧属汉城的大北门；二是旧属满城的东门。

大北门（拱极门）是通向中原和京城的古驿道出口，人们在这里送亲友远行，习惯折柳相赠，祝福平安，故大北门又称柳门。宋代苏东坡《荆州十首》诗中有："柳门京国道""驱马及阳春"，即咏此。大北门现有城楼（朝宗楼）为道光十八年（1838）重修，重檐歇山式，高敞轩朗，巍峨壮观。登临眺望，城内房屋鳞次栉比，城外护城河宛如玉带。河边岸柳轻拂，黄鹂鸣啾，天朗气清，春意盎然。

东门（寅宾门）在古代是迎接来使和宾客之门。我们经护城河上九龙桥进入东门。东门内外现已改造为"荆州古城公园"。古城城墙内垣系用土夯筑，墙体外用条石和特制青砖砌筑，砖缝间以石灰糯米浆灌注。城墙高近10米。城墙上有藏兵洞、炮台。砖城内尚有土筑城墙，与砖城相依。砖城外有外环道与水城环绕，水城俗称护城河。

东门城楼（宾阳楼）始建于明代，清咸丰十一年（1861）重建，1986年再次重修。采用大木框架结构，气势宏伟壮观，保持着明代建筑风格。（图2）城外墙脚下成片的玉兰花含苞初放，碧玉飘香，令人流连忘返。循着东门内坡道登上城楼，坡道左为马道，右为人行道。马道既便于战马登城，也有利于物资运送，可谓一举两得。（图3）马道上多处可见已采取保护措施的文字砖。文字砖系烧制而成，上面记载着操办城砖的官府、官员和时间。从文字砖记载的产地得知，城砖

---

① 参见徐正钧主编《古城荆州》，香港垠川出版社2004年版。

非只出自原荆州地域，诸如鄂豫陕三省交界的均州、湘桂黔三省交界的靖州、江西省的茶陵以及湖南各地，均有文字砖出产。（图4）① 这正是荆州古城墙修建史弥足珍贵的实证。

图2　荆州满城东门

图3　荆州满城马道

图4　马道上的文字砖

---

① 参见张世春编著《荆州城文字砖》，武汉出版社1999年版。

2. 碑苑。在荆州城内，我们努力寻访与旗人相关的史迹，首先参观了东门近处的碑苑，结果大失所望，只有一些当代人附庸风雅、颂扬荆州的诗文碑刻，旗人史料杳然无踪。

3. 荆州博物馆。西门附近设有荆州博物馆，馆藏丰富，展品以楚国和西汉文物为中心，足征自古以来荆州即为长江中游的文化中心。珍品馆展示的西汉168号墓出土文物绚丽多彩，令人瞠目。但清代文物甚少，只有若干陶瓷器、佛像、鼻烟壶，有关八旗驻防的历史完全没有涉及。

4. 开元观。位于博物馆院内，以唐代开元年间创建得名。观内一进三殿，一殿比一殿高，形势巍峨壮观。（图5）前殿为雷神殿，中殿为三清殿，后殿为天门及祖师殿。现存祖师殿为明万历年间重建，其余建筑为明清修建。院内收藏有古石槽（相传为三国关羽的饮马槽）、大铁镬（相传为三国时张飞的行军锅）和六件古钟，古钟分别铸有元至大二年（1309）、明万历二十三年（1595）、

图5　开元观

清康熙二十一年（1682）、康熙二十八年（1689）等年份，足证该观历史之悠远。

5. 关帝庙。南门附近建有关帝庙（关公馆），相传为关羽督荆州时府署旧基。庙始建于明洪武二十九年（1396），清雍正年间朝廷拨资扩建。荆州关庙与山西解州关祠、湖北当阳关陵并列为全国三大关公纪念圣地。雍正帝还下旨以关平子关樾大宗嫡裔（关羽五十代孙）关榜世袭奉祀关庙，每年拨银维修和祭祀。抗战期间关庙遭到日本侵略军严重破坏。现存庙宇主要为20世纪80年代中重修。三义殿前有一棵古银杏树，据说是万历年间栽种的。仪门上悬乾隆御题"泽安南纪"匾额。正殿门首上悬同治御赐"威震华夏"匾额。殿内塑关羽夜读春秋和关平、周仓侍立两旁的塑像，上方悬雍正十年（1732）敕赐"乾坤正气"匾额。四壁有沥粉鎏金壁画"三国故事"，分别是"镇守荆州""迎亲救主""义释曹操""驰援当阳""水淹七军""刮骨疗毒""父子忠魂"。这些虽非原迹，还是让我们联想起清代旗人笃信关帝的历史。

6. 玄妙观（元妙观）。位于大北门东南。始建于唐贞观年间。主殿玉皇阁重建于明万历十三年（1585），四角攒尖顶三层楼阁，面阔及进深皆三间。阁后为高约6米的高台建筑。顺石阶而上便是三天门，门内有紫皇殿，重檐歇山顶，居高临下，气势非凡。玉皇阁内墙壁嵌刻同治五年（1866）《重修玉皇阁碑记》，在捐助者名录中，与众汉官民、铺户并列者有满营前任四川副都统全亮、镶蓝旗佐领裴霖阿等。祖师殿前悬康熙三十三年（1694）古钟，铸有"大清国湖广荆州府江陵县城内外居住"善信人等姓名。说明玄妙观曾是荆州满汉旗民共同参与的宗教场所。观中存元至正三年（1343）大学士欧阳玄撰《九老仙都宫石碑》，为碑刻中珍品。

总起来看，荆州保留的旗人史迹已所剩无几。这种现象，亦见于长江以南杭州、福州、广州、贵州、昆明等地。究其原因，或者与以"灭满兴汉"为宗旨的辛亥革命，以及这场革命以武汉为倡始并席卷江南不无关系。与清朝和满人相关的碑刻、文物、史迹被大量毁坏，以致存者寥寥，也就不足为奇了。

二 成都满城

成都位于中国西南的四川盆地,长江上游的岷江流域。四川旧称巴蜀,巴即现在的重庆一带,蜀即现在以成都为中心的地域。成都一带颇多巴蜀文化遗存。广汉市三星堆博物馆,展示了从大约三千年前墓葬中出土的青铜器、玉器、金器,以纵目青铜假面为代表,反映了异于中原式样的古老文明。成都附近的历史遗迹还有公元前3世纪开始修建的水利工程都江堰、道教圣山青城山。成都市内古迹有武侯祠(诸葛亮祠堂)①、被誉为"诗圣"的唐朝诗人杜甫故居——杜甫草堂、唐代创建的道教古观青羊宫。相比之下,成都市有关清朝八旗的史迹尽管距今最近,却鲜有关注。

图6 武侯祠内果亲王允礼题匾

---

① 在武侯祠诸葛亮殿,悬有礼亲王允礼题"名垂宇宙"匾额,成都将军完颜崇实题"业绍高光"匾额。

◆ 湖北、四川考察：荆州满城—成都满城—大小金川 ◆

图 7　武侯祠内成都将军完颜崇实题匾

（一）成都驻防的历史

古代四川已有"天府之国"的美誉，但因地处西南，与中原交通并不便利。李白诗中有"蜀道难，难于上青天"的感慨。清朝入主中原后，为控制西南地区，包括西藏，在成都设立八旗驻防。康熙五十六年（1717），蒙古准噶尔部首领策妄阿拉布坦派兵入藏，与清廷为敌。清廷为加强四川军事力量，于次年从湖北荆州驻防征调 2000 名满洲兵入川，以后增调 1600 名，共有旗兵 3000 多名（其中有蒙古兵）进驻巴塘、理塘、打箭炉等地。平定准部入藏之乱以后，旗兵移驻成都。这标志着成都正式设立八旗驻防。[①] 乾隆四十一年（1776），清廷平定两金川，成都驻防设将军一员，从此成为清朝震慑西南的军事重镇。《钦定八旗通志》卷三五《兵制志四》：

[①] 刘国源、何长明：《我所知道的成都满族、蒙古族》，《成都文史资料》第 30 辑，四川人民出版社 1997 年版，第 267 页。

> （四川）成都将军一人，副都统一人。协领五人，佐领十九人，防御二十四人，骁骑校二十四人。八旗蒙古委前锋校八人，前锋一百十二人，领催一百二十名，骁骑一千七百四十四名，炮骁骑四十名，步兵二百五十六名，养育兵二百四十四名。弓箭、铁匠各三十二名。

即自将军至前锋校各级官员82名，各色兵丁2376名，满蒙旗兵总计2400余名，其规模约为荆州驻防之半。

八旗兵派驻成都初，原规定三年一换，因交通不便，轮换困难，逐步改为长期驻防。随着旗兵眷属陆续迁入成都，满蒙户口2000余户，人丁5000余。至嘉庆朝的百年中，因征战频繁，人口增加不多，约2150余户，人丁10990余口。同治十年（1871），报部册籍，户口4500余户，人丁13700余名。光绪三十年（1904），查核册籍，实有5100余户，男12000余名，女9000余名，共21000余名。①

（二）满城的格局

与荆州驻防一样，成都驻防也采取与汉人同城分居形式，即在城中专门划出一片作为满城。因成都满城设在大城（太城）之内，故又称小城、内城、少城。

康熙五十七年（1718），于大城西垣内筑满城，其东垣在明墙故基。又以大城西墙为西垣，复增筑南北二垣。少城及营房由四川省各州、县官民捐资修筑。城墙周长四里五分。据同治年间李玉宣主修《成都县志·满城图》，满城共五门：东面北首为迎祥门（大东门）；南首为受福门（小东门）；北门曰延康门；南门曰安阜门；西门则仍用大城清远门旧称。城楼有四。

满城是一座大军营，设有衙署、营房、盘查哨卡、军械、火药

---

① 刘显之编著：《成都满蒙族史略》，成都市满蒙人民学习委员会1983年版，第11页。

库房、练兵场、库房，以及庙宇、祠堂、八旗官学、书院等。每旗官街一条，披甲兵丁小胡同三条，八旗官街共八条，兵丁胡同共三十三条。① 整个满城形似蜈蚣，从南至北，以原将军衙门为头，长顺上、中、下街为身，东西胡同为脚，分作两翼排列，自北到南，长顺街东面为左翼，西面为右翼。②

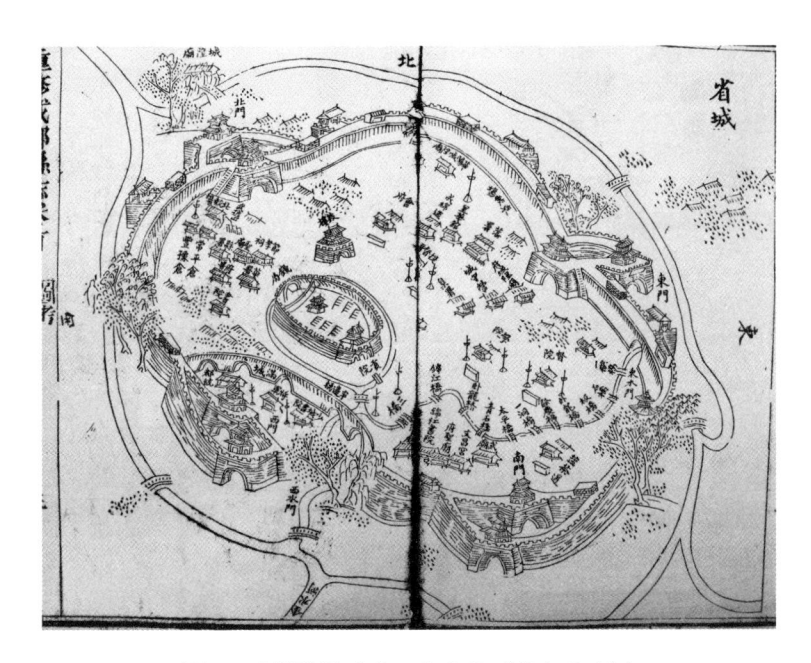

图8 成都城图（李玉宣主修《成都县志》）

成都八旗实行满蒙混编制，每旗分三甲（佐领）。头甲，二甲为满洲兵，三甲为蒙古兵。八旗共二十四甲。旗人住宅面积也以甲计。所谓一甲地，即一名披甲人应分得的一块土地，马甲所得略大于步甲。地之大小以所隶旗分而有等差：正黄、镶黄、正白，谓之上三旗，所分地在满城北段，地面较大，大者每甲有七八十平方

---

① 张晋生、黄廷桂等：《四川通志·城池》，雍正十一年刻本。
② 刘显之：《解放前生活在四川的满蒙族》，《四川文史资料选辑》，四川人民出版社1991年版，第138页。

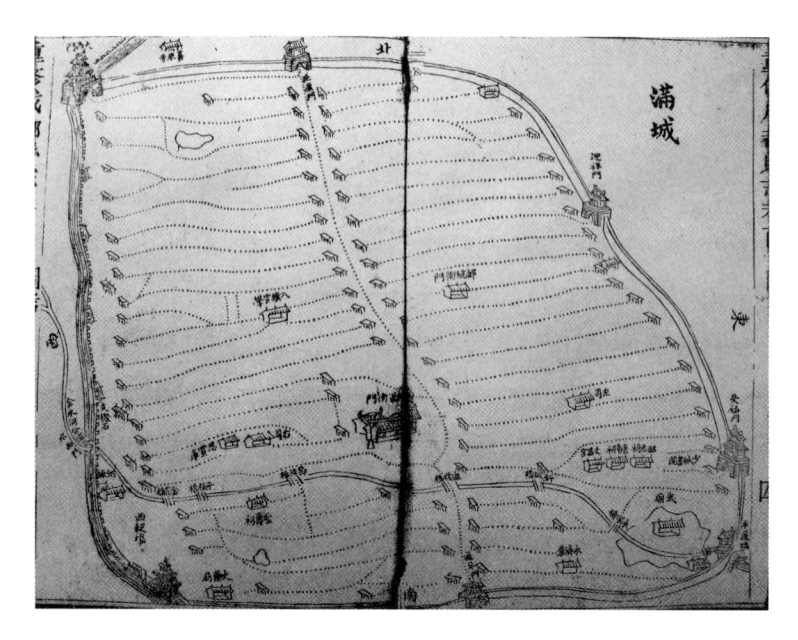

图9 满城图（李玉宣主修《成都县志》）

丈，小者六十平方丈以上；镶白、正红、镶红，谓之中三旗，所分地在满城中段，地面较小，大者六十平方丈，小者不过五十平方丈；余为正蓝、镶蓝，谓之下二旗，所分地在满城金河以南，地面虽大，但低洼潮湿。此等规划，经历一百余年渐有变化。清末，有兼并他人分地者。①

（三）辛亥革命后的变化

清末宣统年间，清廷以"铁路国有"为幌子，把川汉铁路出卖给英、法列强的卖国行为，激起四川人民的强烈反对，导致四川保路运动的爆发。四川人民组成保路同志会（后改保路同志军），举行罢市、请愿，进而掀起武装斗争。四川总督赵尔丰派兵对保路同志军进行血腥镇压，多次要求成都将军玉昆调八旗兵相助，玉昆却按兵不动。待武昌起义消息传到四川后，四川人民的革命斗争进一

---

① 四川省文史馆：《成都城坊古迹考》，四川人民出版社1987年版，第305页。

步高涨。重庆"蜀军政府"、成都"大汉军政府"相继成立。12月18日,赵尔丰被杀,民军推蒲殿俊为军政府都督。当时,成都旗营严闭满城自守,军政府在满城周围布置重兵。战事有一触即发之势。旗营中有主战者,亦有主和者,将军玉昆意未决,令旗兵勿妄动,不得鸣火器,暂时维持了休战局面。后经满汉士绅多方协调,最终达成和平协议,议定旗兵放下武器,民军决不妄杀旗人。① 成都驻防问题得以和平解决。进入民国,成都驻防主要发生以下变化:

1. 人口。辛亥革命后,旗人生计维艰,许多人破产。民国三年(1914)成都满族上层为请求发还八旗公产呈文内称:"阖城旗族约一万四千余人,其中能自立者不过十分之一,余皆家无恒产。"② 大批旗人被迫外出谋生,人口不断流失。到20世纪中,满蒙人口已由最高点时的2万余人降到3000余人。自50年代以来,满蒙两族人口有所恢复。2000年第五次全国人口普查数据:全市有11400余人,其中满族6000余人,蒙古族4000余人。

2. 满城。民国二年(1913),拆除满城北段城墙(八宝街至老西门),继拆南段(包家巷至西、南校场),而与大城合而为一。民国十年(1921)拆除西御街口至羊市街口(东城根街一段)。二十四年(1935)拆除人民公园至小南街一段。至此,满城城墙全部拆除。随着越来越多的汉人迁居满城内购地建屋,满汉区域消失。

满城街道原沿用北方习惯称"胡同"。辛亥革命后,有人认为"胡同"称谓带有清朝印记,应当更改。掀起了一场轰轰烈烈的更名运动。以下是满城若干主要街道名称的来由。

长顺街:满城内南北走向的干道,以前没有街名。辛亥革命后命名为通顺街,因该名称和大城内的另一条街道相似,容易混淆,又改长顺街,含有长久通顺的意思。

---

① 《满族社会历史调查》,辽宁人民出版社1985年版,第181页;刘显之编著:《成都满蒙族史略》,第37—38页。
② 转引自《满族社会历史调查》,第189页。

同仁路：清代，这里是满城西面城墙，人们便将此街叫作西城根街。民国初年，政府在这里开办工厂，安置八旗子弟，帮助他们学艺谋生。工厂取"一视同仁"之意，叫作"同仁教养工厂"。此街因工厂得名。

支矶石街：此街以前叫君平胡同，民国改街名时因一块石头得名。这块石头叫"支矶石"，过去就放置在街口，1958年移入文化公园。关于这块石头有很多传说，有说是织女的织机垫石，有说是天上掉下来的陨石，还有人认为它是古蜀大石文化的遗物。

井巷子：此街最早叫如意胡同，后因街口有明德坊，改称明德胡同。民国更名时，工作人员见街边有口井，便称它为井巷子。

宽巷子：以前叫仁里头条胡同。辛亥革命后，有人发现这条胡同比两边胡同宽，改称宽巷子。

窄巷子：清朝时，因此街与仁里头条胡同相邻，故称仁里二条胡同，民国更名时见它比相邻街道窄，就定名为窄巷子。

西胜街：位于将军衙门西侧，因右司衙门设于此街故称右司胡同。民国初年，为纪念辛亥革命胜利，改成现名。

3. 自治组织。1957年在成都市西城区第五中心校（今少城中学），成立了"成都市满蒙人民学习委员会"（简称学委会），是成都市民族宗教事务委员会（现成都市民族宗教局）领导下的满蒙两族的自治组织。全国各省市满族（不含蒙古族）如东北三省、兰州、乌鲁木齐、广州、福州、山东青州、河北承德、北京等地都组织有"满族联谊会"，台湾有满族协会，唯独成都称"满蒙人民学习委员会"。清代成都驻防满蒙旗人归属同，统辖同、语言同、生活同、居住同，又限于不准与汉人通婚之禁，两族长期互通婚媾，姻戚交织，关系密切，形同一家。① 成都满蒙族人几百年来的血脉关系，是考察八旗驻防史时应予关注的一个现象。

学委会原位于满城旧址黄瓦街53号，黑漆大门紧闭，旁边挂

---

① 赵惜梦：《介绍"成都市满蒙人民学习委员会"》，《武侯文史资料选辑》第3辑，1994年，第161页。

着一块白地黑字满蒙汉三体合璧的牌子（图10）。如今已移至街另一端的一栋楼房。黄瓦街路牌这样解释街名的由来："本街东起商业后街中段，西止长顺中街，两侧多平房院落。红墙绿瓦，犹存旧时风貌。清代称松柏胡同，有两侯爷因家业破败，竟用旧庙宇的红砖砌墙，黄琉璃瓦盖顶，形成该巷特色，鉴于这段盖黄瓦的围墙，取街名黄瓦街，沿用至今。"因为连年大兴土木，黄瓦街早已失去昔日风貌，红砖黄瓦也没了踪影。

图10　黄瓦街53号成都市满蒙人民学习委员会

4. 自有产业。一是校产。清廷崛起关外，以武力征服全中国。入关以后，在重视骑射同时，积极普及旗人教育。乾隆时成都驻防设立八旗官学、八旗小官学（二十四甲各设小学），以后设立少城书院和八旗义学。学校经费来自募捐、固定地租、马价银存放利息。八旗子弟基本实行免费教育，对优等学生给予物质奖励，补助贫困学生。进入民国，八旗各学相继改制。将原八旗初等小学堂、八旗初等女子学堂以及原二十四所牛录小学（小官学）、八旗义学总合起来成立组合小学，后更名省立少城小学。1941年成立省立少城小学校校产管理委员会。50年代末期，全部校产交给学委会管理至今。即今之少城中学。

二是不动产。学委会在成都市内现有房产，总建筑面积10716平方米，住宅房115套，建筑面积6285平方米；非住宅房84间，建筑面积4431平方米。其中：营业房10间，建筑面积514平方米；写字楼70间，建筑面积3727平方米（学委会会址办公用10间，建筑面积514平方米）；公墓骨灰存放室4间，建筑面积189平方米；公墓土地面积2757平方米；空地面积3824平方米（学校操场）。

5. 族胞资助。民国时期，省立少城小学校校产管理委员会对学校的满蒙学生提供奖学金。成都市满蒙人民学习委员会成立后，对贫困家庭满蒙学生，从所收房租内，拨出一部分给予书籍补助。1982年由于会产收入增加，另拟章程发放奖学金、助学金至今。这对鼓励学生学习，帮助学生升学起到促进作用。

学委会每学期不但向本市的优秀满蒙学生发放奖学金，对高考取得全省一、二、三名者，发给一次性奖金两千元、一千五百元、一千元；对凡考取大学（包括大专）的本市满蒙子弟发放助学金；对本市满蒙贫困学生每期发放困难助学补助。另外，对本市年满75周岁的满蒙族胞，每年发放两次（重阳节、春节）慰问金，对孤寡满蒙族胞每月发给生活困难补助。[①]

（四）成都满城的实地考察

为了寻觅旧满城日渐湮灭的踪迹，我们在旧街巷间往返穿行。据说，清代的满城非常幽静，楼台亭阁随处可见，参天古树掩映其中。辛亥革命后，满城不再是禁区，百姓自由出入，外地商人乘机

[①] 张天民修订、整理：《成都满蒙族历史沿革及现状》，载成都市满蒙人民学习会《工作汇报》总28—29期合刊，2003年1月。

在附近开起了典当铺，大量收购旗人家产。一些军阀豪绅也进驻满城，刘湘、杨森、田颂尧、李家钰均在满城内拥有公馆。如今，与满城有关的历史遗址主要有一园两巷。

园即人民公园，位于成都市少城路南侧，也就是满城旧址南端，面积逾百亩。清朝末年，成都一些八旗子弟，生计困难。成都将军玉昆着手把居住满城内一些富裕旗民的庭院合并起来，增设亭榭，辟为"少城公园"，在园内栽花种树，饲养飞禽走兽，作为"动物园"。在园内设茶园及商品陈列所，以门票收入救济贫困旗民。50年代改称人民公园。

两巷即宽巷子、窄巷子。宽、窄巷子是位于少城中心地带的两条平行小街，相距几十米距离。成都有句俗话："宽巷子不宽，窄巷子不窄。"是说宽巷子和窄巷子并没有多大差异。据说，宽巷子原先住的是八旗官员，窄巷子住的是八旗士兵。前者屋舍高敞，人少清净，街道自然显得宽；后者是普通旗人聚居区，街面上还拥塞着饭馆、茶馆、理发铺、干杂店等小店，人来人往，嘈杂喧嚣，自然显得窄。两条街巷虽有差异却又互为依存，在小小方圆内自成一体。

图11　宽巷子老宅

◆ 清朝遗迹的调查 ◆

许多到成都的外地人都喜欢到宽、窄巷子遛一趟，感受一下老城风貌：坐一会儿街边的小茶馆，喝几口三块钱一碗的成都花茶，吃一碗撒了葱花的素椒面，然后蹲在那些坐在竹椅上晒太阳的太婆大爷旁边照几张相。所以，宽、窄巷子又被视作老成都的一张名片。

2003年，成都市政府做出一项重大决定：把原满城西侧的同仁路扩建为古建筑街道，把宽巷子、窄巷子作为历史文化街区加以整体保护，当地居民全部迁走重新安置，然后按街区旧貌对老宅院加以改造。整治后的宽、窄巷子，将会是怎样的模样，许多人带有疑虑。

笔者前次来成都时，见有介绍"宽巷子"历史的路牌，已没了踪影。许多宅院人去屋空，到处残垣断壁，一片狼藉。大规模的拆迁正在如火如荼地展开。我们在废墟中认真寻觅，希望把一切有价值的历史遗迹——旧宅大门、门墩、临街的拴马桩、房顶的飞檐、廊檐的木刻雕花——尽可能多地摄入相机中。

宽巷子27号是一处闻名遐迩的茶馆，尚在经营。主人宋仲文，戴一副黑色框架眼镜，中等个，身材墩墩笃笃，宽额头，透出几分睿智与平和。他是位生于斯长于斯的民间诗人，名片上自称"宽巷子诗人"。从他送给我们的诗作不难看出，宋先生的诗的确写得不错。宽巷子的命运牵动着他的心，他选择开茶馆，选择在茶香中以文会友。对于宽巷子的未来，他掩不住心中的无奈。在他收集的签名簿上，许多中外游客倾诉了对老街的眷恋和对拆迁的不满。

茶馆中遇到一位中年满族居民，向笔者聊起他家的情况："我们家（宽巷子）这一带过去属西城区，少城是其中的一块，后改青羊区。父亲在这一带的泡桐树街、红墙巷、西大街有不少房产。父亲娶了三房，我是第三房生的，他一共有11个孩子。以后陆续变卖房产，到解放时差不多卖光了。买房的有旗人也有汉人。解放后我家住宽巷子西头，坐东向西的大门，里面许多小宅院，坐北朝南，左右厢房，中央是客厅，与北京四合院基本一样。最有趣的是正房的横匾：'赛苏里'；两边对联，一边是'郝'字开头，一边是'墨'字开头。恰好是我的名字。后来把大宅院卖了，又在对面买的小宅院，至少也有十几间，大家族分居。2002年拆迁……"因为时间关系，我们未及深谈，但郝墨的一席话，却浓缩着老街满人几世的沧桑与无奈。

如今，与满城历史相关的遗址连同它的记忆，已迅速消失在城市的喧嚣与亢奋中。只有一些老地名，如东、西、南、北校场，骡马市、羊市、老东城根街、祠堂街等，还残留着几百年间满蒙旗人在此繁衍生息的记忆。

三 雅安市上里古镇

9月12日，四川省美亚旅游公司董事长吴荣辉开车，陪我们去广汉市的三星堆博物馆参观。从博物馆出来，已近中午。他主动提出，领我们到雅安市的明清古镇上里去看一看。荣辉人很好，当过多年汽车兵，曾入越参战，后保送大学，学习汽车专业。80年代又在四川大学读经济管理3年。他在省政府工作多年后，被派到现在的公司任职。

上里镇位于成都市西南约136公里（成都—雅安110公里，雅安—上里26公里），一路到雅安都是新修的高速公路，越野车一直高速行驰。过雅安转向北行，至上里镇约26公里，为柏油和水泥路面。从广汉到上里，共用1个多小时。

正值油菜花盛开时节，沿公路两旁，或金黄一片，或黄绿相间，由眼前一直延伸向远方的坡顶，据说油菜花的花期仅有10天，此诚一年中难得一睹的盛景。

上里镇属雅安市雨城区，是昔日从四川通往青、藏的茶马古道上的一处驿站。1982年被四川省命名为"历史文化名镇"。小镇依山傍水，田园小丘，木屋为舍，保留着许多明清风貌的吊脚楼式建筑。上里镇的史迹主要有四处，一古桥；二牌坊；三古宅；四古塔。因时间关系，我们重点考察了古桥和古宅院。

1. 古桥。上里古镇，被一泓清溪环抱，保存至今的古桥有10余座。这些桥不仅是南来北往的通道，而且再现了古镇的历史和匠师们的高超技艺。其中时间最早、最有代表性的一座古桥——"二仙桥"。

当地居民进镇赶场，外出交往，原先都需蹚水过河，十分不便。乾隆年间，杨氏始祖杨银芦的玄孙杨毓柏，穷一生精力修桥铺路，历尽艰辛，建成了第一座河上桥。传说该桥三次被洪水冲毁，仍百折不挠，其精诚感动上界两位神仙，鼎力相助方才成功，故取名二仙桥。

二仙桥造型特别，桥拱甚高，远观如满月，近看似金蛋。桥顶有龙头桀骜，桥前设宝塔镇之。相传老龙不服，常于晚间化成彩虹，但因二仙常驻宝塔中，未成灾害，该桥终得平安至今。宝塔保存完好，塔身上系有迎风飘拂的白色哈达，上端神龛内塑一黄袍黄帽坐姿高僧，下端神龛内塑一乌纱帽灰色官袍坐姿人像。这应该就是传说中的二仙了。从二仙的造型看，这显然是一座杂糅了当地民间信仰和藏传佛教（喇嘛教）文化的宝塔。作为茶马古道上的重要一站，这座宝塔凝聚着昔日雅安与川西藏区在文化上的交流。

塔身一侧刻写着杨氏祖先三次修桥的动人事迹："从来此桥之建修，由于杨氏祖公，在乾隆十三年，修于桥之下，遭水害。至乾隆十八年又修于桥之上，复遭水害。至乾隆四十一年重修此桥，独成善果，未载碑记，书于此石为据"云。下面刻着人名，年代不详。难得的是，准确记载了杨氏祖先三修二仙桥的时间。

杨氏后人至今仍以祖先的这一业绩感到自豪。正是从杨氏后人摆放在桥顶的宣传栏中，我们对这个当地大族有了更多了解。

据杨氏古谱记载，北宋灭亡时，杨氏宗族弃武学文，流散各地。明朝末年，天下大乱，张献忠率兵入川，川地由此战乱杀伐数年，人烟稀少，土地荒芜。清初顺治帝从湖北、湖南、江西、福建、广东等地移民入川。杨氏第一代祖杨银芦、妻丁氏由湖北麻城孝感乡选入四川，落业于嘉定府夹江县牛仙乡九皇庙。分族时，杨银芦率丁氏及子女定居在上里杨家沟。杨氏在上里已生活300多年，历经二十几代人。克勤克俭，读书务农，子孙繁荣，合族兴旺，后又分支到雅安各地，如今已有2000多人，散布海内外。

上里杨氏一向重视教育，以朱子格言"祖宗虽远，祭祀不可不诚；子孙虽愚，经书不可不读"为本，培养出一批批人才。明、清两朝540年间，科举做官自二品到八品，有案可查的有72人之多。历代杨氏族人在本地、外地考院入廪、中举、赐官、归里，都要回上里镇炫耀一番，所以几百年来，在当地流传着"杨家顶子"的说法。杨氏后人直到今日仍秉持读书重教传统，出了不少有文化的人。2003年召开首届杨氏宗亲大会。同年3月8日《雅安日报》以一整版的篇幅对杨氏一族的史迹做了详细报道。

上里古镇远离闹市，避免了颓风污染，迄今民风淳朴，互助互爱。在街旁门板上贴着一张红纸《为四家三组受（火）灾农户捐款名单》，共20户，各捐款100—300元不等，合计2700元，时间为2005年3月10日。

2. 古宅院。镇上的韩家大院（参观费1元）是古宅院代表。它背山面河，河对面是一连串南北走向的月牙形小山，隐现在苍翠的竹林间，故有"七星抱月"之称。

图12　韩家大院宅门

◆ 清朝遗迹的调查 ◆

韩家大院的大门上高悬着一块"镇守府"的旧匾，蓝地黄字。据说，韩氏家谱记载：韩氏早年由晋南入川，选址在上里建业。历代后人既为官又经商。家境富裕，素有"韩家银子"之说。韩氏有习武传统，在清代多充武将。《韩家历代中榜名录》提到的有：韩旺，武举。韩大文，武举，授理向府衔职；韩耀文（号名韩大成），武举，拣选兵部差官；韩辉文，武举，授千总差官；韩守文，武举，例授卫千总；韩载文，武举。韩廷诚，武举；韩廷儒，武举；韩廷魁，武举；韩廷璠，武举，任云南禄劝县知县；韩廷钧，武举；韩廷钺，进士。韩晙，武举，拣选卫千总。韩法文，武举。其中，作为第二代的韩耀文（号名韩大成），道光十二年（1832）中武举；十三年（1833）中武进士。大成中进士后，友人赠给他"武魁"匾额。族谱中载有道光十四年（1834）清廷颁给大成伯父母、父亲、妻罗氏的诰命。韩氏后人说，韩大成升至兵部尚书。

韩氏大院可能是韩大成发迹后修建的。有人说大院始建于康熙三十二年（1693），未必可靠。大院规模宏大，具有鲜明的地方特色，是一幢由穿斗式木结构青瓦屋面组合的四合天井式古建筑群。现存七个四合天井。大小天井均有走廊互相贯通。三个天井组成一"品"字形建筑。因"品"字象征着官员品级，在当地流传着非官宦功名世家不得采用"品"字形天井的说法。

每个天井均有名，如前院因建在昔日古道旁，曰"接待堂"；后院的第一天井因正堂（天地君亲师）之上悬有奉旨"旌表节孝"，曰"贞节堂"。"武魁堂"，则是韩氏习武的场所。祠堂里悬挂着"介景福"三字匾，亦黑地黄字。下粘一张四世祖韩琎影像，墨笔手绘，线条疏朗，应为近期作品。

天井正房均有廊，廊柱接近地表处采用石墩做柱基，石板铺地。正房门上分别悬挂"武魁""踩草梭镖""瑞绕华堂"匾。两侧是厢房。房屋高敞，工艺考究。整个建筑物的门、窗、枋、檐皆以浮雕、镂空雕和镶嵌雕刻作装饰。还使用了彩绘、阴刻、线刻等技艺。用料有银杏、楠木、香杉、红豆杉、檀木、红砂、石英岩石。雕刻内容广泛，有几何图形，戏曲故事，神话传说，民俗民风，珍禽异兽，花鸟虫鱼，福禄寿喜。故事取自《二十四孝》图、《八仙过海》《西游记》。在众多雕刻图案中，尤以千姿百态的人物造型令人称绝，其身高尺寸在3—20厘米，各个五官俊俏，惟妙惟肖。木雕人物有身穿清朝官袍，顶戴花翎形象，颇具时代气息。（图13）数百幅图，无一重复，均由能工巧匠精心雕凿而成，具有很高的鉴赏价值。

图13　隔扇裙板上木雕清代官员形象

四　大小金川与乾隆碑

四川西部金沙江上游，有两水，因山中产金，俗称大小金川。藏族部落居两川附近。清乾隆帝自诩的"十大武功"，其中就包括对大小金川的征剿。其地域大致相当今川西阿坝藏族羌族自治州境内的小金、金川县和甘孜藏族自治州的丹巴县一带。乾隆帝用兵大小金川，前后两次，第一次乾隆十二年（1747）至十四年（1749）；第二次乾隆三十六年（1771）至四十一年（1776）。战争中八旗、绿营官兵损失惨重，总督张广泗、大学士讷亲均因贻误军机等罪被杀，大学士兼兵部尚书温福被围战死。清廷征服大小金川，据估计前后耗费军帑八千余万两，而用兵准、回两部，平定西域（新疆），耗银不过三千三百万两。金川之役耗费之大，据此可知。① 战后，清廷在当地废除土司制度，实行"改土归流"，在大金川设阿尔古厅，小金川设美诺厅，依内地制度，设官统治。

（一）从成都往日隆

从成都往金川的道路主要有两条：一条由都江堰北上，经汶川、马尔康出大金川上游，沿江而下；一条自都江堰往西，溯岷江支流烧汤河，越巴郎山，沿小金川上游的沃日河（下游改称小金川）下行，至小金县往丹巴县，再折向金川县。我们之所以决定走后条路，不仅因为路途较近，而且途经卧龙大熊猫保护区和著名的四姑娘山。

9月13日，我们在细雨蒙蒙中参访了道教圣地青城山和附近的都江堰史迹。翌日清早启程前往慕名已久的大小金川。从都江堰往映秀镇的高速公路尚在修建中，汽车只好仍走旧道。开始的几十公里路况极差，一路颠簸，肺腑为之倒海翻江。都江堰上游不远处正在修水库，施工车辆来来往往，其间还穿插着往来于九寨沟的旅游大巴，路面拥挤不堪。进入山地，车辆渐稀，路面随之好转。过午

---

① 县志编纂委员会：《金川县志》（民族出版社1994年版，第382—384页）称：第一次金川之役，清廷先后用兵7.5万，耗银2000万两；第二次金川之役，先后出兵近20万人，耗资7000万两，阵亡外委以上官员732名，兵士2.5万人。陈锋：《清代军费研究》认为，两次金川之役耗银9000万两的说法不准确，第一次金川之役耗银应在1000万两左右；第二次金川之役耗银在7000余万两。武汉大学出版社1992年版，第264、270页。本文取陈锋说。

时分进入映秀镇。映秀位于汶川县城南部，与卧龙自然保护区相邻，是前往川西阿坝的门户。镇子不大，沿山谷间公路分布，街上人群熙攘，商铺栉比，很是热闹。2008年5月12日发生的震惊世界的汶川大地震，一下子把这个位于震中地区的小镇推向世界，小镇基本被毁，人员伤亡惨重。但这都是后话。我们在映秀午餐后，继续前行。公路沿着烧汤河河谷蜿蜒前行。两边的山峰连绵不绝，绿色的林海形成厚重的屏障。途经著名的卧龙大熊猫保护区，我们稍事停留。保护区为了创收，允许参观者有偿与熊猫合影。抱着"过这村没着店"的心态，我们每人花了200元，与熊猫小朋友作了一次永世难忘的"亲密接触"。

图14　与熊猫宝宝的合影

一过卧龙，道路迅速盘升，远方的雪山在阳光的俯射下泛着银光。行至4千米处，汽车驶出幽深的林区进入高山草甸地带。草甸点缀着一些不知名的野花，犹如一幅幅巨大的地毯覆盖山间。远处近处，不时闪过几头牦牛，在怡然自得地吃草。举目远眺，奇峰突起，峰峦重叠，风景壮观。汽车继续攀行，很快进入皑皑的雪世

◆ 清朝遗迹的调查 ◆

界。行至海拔4485米的巴朗山口（山峰海拔5040米），四周山峰覆盖着厚厚的冰雪。乾隆三十六年（1771）征大小金川之役，有用兵"巴朗拉山梁"的记载，即指此地。① 巴郎山口位于两峰之间，路边建有一座藏式佛塔，系在竿子上的经幡在劲风中"扑啦"作响。说明已近川西藏区。山口处道路狭窄，路面积雪在车轮的反复碾压下冻结成冰，一辆辆汽车蹒跚前行。一辆车一旦熄火，势必阻滞后面的车辆。我们到达时，恰恰就遇到这种状况。往来车辆严重堵塞，形成逆向的两条长龙。我们在山口处滞留约2小时，天色渐暗，不禁担心起在严寒山顶过夜的可怕。好在有惊无险，随着堵塞情况的缓解，我们的小车（旧桑塔纳）一步一挪，总算翻越了山口。低头看表，已是傍晚7时许。峰回路转，汽车沿着盘山道迅疾下行，已顾不上道路的颠簸。8时许，行抵雪山脚下小镇日隆。

图15 峻拔的四姑娘山

---

① 巴郎山藏语叫巴郎拉，意为怪柳山。《清史稿》卷333《官达色传》：乾隆三十六年（1771），将军温福征金川，令将成都驻防兵四百人从攻巴朗拉山梁，与乌什哈达督兵自山右登，夺卡六。再战，官达色发炮毁贼碉，战三昼夜，克之，赐号巴尔丹巴图鲁。

15日在日隆停留一日，游览被誉为"东方阿尔卑斯"的四姑娘山，领略当地的藏族风情。16日早起，继续前行，赶往下一个目的地小金县。

（二）沃日土司官寨

沃日河是大渡河（上游名大金川）的一条支流，其下游改称小金川。公路沿沃日河下行，在距小金县城18公里处的沃日乡，第一次望见了高大的石碉。清军征大小金川，享有兵器和军力的绝对优势，却屡屡受挫，主要因为当地形势险峻、气候恶劣、交通不便。当地藏族部落英勇善战，依靠石碉固守，更加强了清军的损失。

沃日土司官寨位于波涛滚滚的沃日河南岸，有一座石桥连接北岸。史书记载：乾隆十二年（1747）六月，小金川土司泽旺率众向清军投降，同时归附的有沃日等三寨。① 官寨旁是现在的沃日乡政府。据介绍，官寨建于顺治年间（1644—1661），里面有经楼、碉楼、楼阁、居所。高碉两座，其中城东的六角高碉已被毁，现仅存南经楼和楼碉各一座。

南经楼1945年重建，坐西向东，石木结构，三重檐四角攒尖顶，屋顶施青瓦，共五层。一至四层为石砌墙体，三层外设木质转经廊，封闭式栏杆，内为经堂。五层为木结构穿斗梁架，内施藻井天花板。是一座兼容藏族风格与汉族风格的建筑。

石碉呈四角形，坐西向东，四角攒尖顶，木石结构整体呈台锥形，共十三层，通高约30余米，四边长约6米，石墙厚约1米。碉东侧一门，门距地表高4米，底部3米为实心体。碉身结构牢固，建筑技术高超，是嘉绒藏区石木结构的典范。因年久失修，碉楼部分石块已松落，当地政府在上面写着"危险"警示字样。仰望近十米高的藏经楼楼阁，不少木建筑已严重残缺。

---

① 《清史稿》卷11《高宗本纪二》：乾隆十二年（1747）六月丙子，小金川土司泽旺率众降，并归沃日三寨。官兵进剿大金川，攻毛牛及马桑等寨，克之。

图16　沃日土司官寨的碉楼

(三) 猛固桥、马鞍桥

西距小金（旧名懋功县）县城（美兴镇）7公里，有两座毗邻的铁索桥，猛固桥和马鞍桥。

猛固桥跨越沃日河，清代为木桥，民国二十一年（1932）民众集资建成铁索桥。桥长约25米，由6根铁链并排以承载桥面木板，两边各拉两根铁链为护栏。两岸建有桥头堡。南岸桥头堡通高近4米，拱形门洞，上嵌石匾，匾中正楷阴刻"长平"二字。北岸桥头堡通高近7米，拱形门洞，上嵌石匾，楷书阴刻"猛固"二字。（图17）

马鞍桥横跨抚边河，清代为木桥，民国二十一年（1932）民众募集建成铁索桥。桥长30米，由6根铁链并排以承载桥面木板，两边各拉两根为护栏，两岸建有桥头堡。西北岸桥头堡亦为拱形门洞，门额上嵌石匾，正楷阴刻"伏龙"二字。题记称："中华民国二十一年十一月吉旦，现任懋功县长何家漠督修告竣，前任懋功县长周鸿锡经营建，前任懋功县长刘继刚提昌建修"，亦为正楷书法。东南岸桥头堡拱形门洞，门额上亦嵌一块石匾，匾中楷书阴刻"马鞍"二字，题记内容与对岸一致。

猛固、马鞍二桥地处要冲，地势险要，易守难攻，从西北往东南流淌的抚边河与从东向西奔腾的沃日河在此交会，融入小金川奔腾西去。这里历来是兵家必争之地。

图 17　猛固桥

（四）小金县城与三关桥

经猛固桥不远，进入小金县城美兴镇，东距成都 260 公里。

小金是一座不大的小城，整洁清新。抚边河与达维河在这里汇

◆ 清朝遗迹的调查 ◆

合，形成浩荡的小金川。城中历史遗迹不少，多与中国共产党的早期历史有关。县城中心被命名为小金会师广场，矗立着两座红军战士握手的塑像，表现1935年6月红军一、四两大方面军在此会师的情景。县城东部，政府街北面，有一座民国八年（1919）法国传教士修建的天主教堂，毛泽东、周恩来、朱德等中共领导人曾在此住宿并组织联欢会。1961年，四川省政府将天主教堂列为省级文物保护单位，名目是"长征时红军一、四方面军会师遗址"。

图18　小金县红军会师广场

离开这座"红色"小城，循着奔腾的小金川旁的公路继续西进。一边是险峻的河谷，一边是壁立的崇山。石块滚落的痕迹随处可见，巨大的石块或者跌落路旁，或者滚入河床。河道狭窄，水流形成巨大落差，水浪四射，如刀似剑，山谷轰鸣，动人心魄。

小金县城西南，横跨小金川，是通往金川、丹巴的关隘。乾隆四十一年（1776）建木桥，民国十二年（1923）改建为铁索桥。桥由11根铁索联结而成，桥面铺设7根，两侧各2根，桥面总长48米，宽1.8米，桥面铺设寸木以方便过往行人。两岸各有桥头堡。南岸桥头堡是古典亭阁式石木结构建筑，上有石刻匾额，为行楷"鱼钥闲关"四字；北岸桥头堡仿西洋式，两侧各有片石券拱门一道，上有石匾，镌行草"灵岩锁江"四字。1935年，红军长征时曾在此地与国民党军恶战一场，桥头堡上累累弹痕仍依稀可辨。该桥为小金、金川、丹巴三县来往的必经关口，故名三关桥。

（五）千碉之国——丹巴

沿途观赏小金河谷的风光及两岸景色，通过小金至丹巴的唯一通路——丹巴大桥便进入丹巴县城章谷镇。"章谷"，藏语的意思是"在岩石上的城镇"。

丹巴位于青藏高原东南边缘，为典型的高山峡谷地貌。五条大川（小金川、大金川、革什扎河、东谷河、大渡河）纵贯全境，在这里会聚。2000年元月，世界地理权威杂志刊登法国SPOT卫星拍摄的丹巴县卫星影像图。人们惊奇地发现，这里有"全世界绝无仅有的、最独特的地形地貌"。照片上，墨尔多神山等五条山脉与大渡河等五条江河呈360度辐射状，围绕章谷镇形成一个硕大无朋的绿色旋涡。这个旋涡飞速旋转，犹如一朵盛开的梅花。五条山脉群形成五瓣梅花片，五条河流勾勒出五瓣梅花的边缘。乃是世间最奇异的景观。

丹巴的居民主要为羌族和藏族。藏族属嘉绒系，有语言，无文字，许多新一代藏民甚至不会说藏语，多已汉化。民风淳朴，热情，好客。与其他地方的藏民相比，嘉绒藏民有以下几个特点。

第一，他们不像其他藏族主要生活在高海拔地区，丹巴海拔仅2000米左右。第二，嘉绒藏族不像其他藏族一样以游牧为主，而是以农耕为主。这也是当地藏寨非常漂亮的一个原因。第三，嘉绒美女远近闻名。丹巴"选美节"，每年举行，2001年选出了一朵金花，二朵银花，五朵石榴花，各个美艳群芳。丹巴出美女，可能与

◈ 清朝遗迹的调查 ◈

所处地理环境、气候、水土、种族有关。还有一种说法，古代战争时曾有波斯民族迁移过来，与当地土著及康巴人通婚，所以这里盛产美女。第四，独特的嘉绒风情。雍容华贵的民族服饰及饰物，热烈隆重的祭祀庆典，别具一格的婚丧嫁娶，悠扬悦耳的山歌，矫健欢快的跳锅庄，以及香喷喷的青稞酒、酥油茶、藏瓜汤，构成一幅幅动人的民族风情画卷。第五，古碉奇迹。丹巴是中国古碉最集中、数量最多的地方，素有"千碉古国"的美誉。据说，丹巴碉楼原有3000座，一个大村寨就有百余座。存留至今的古碉数目，说法不一。有说160余座的，有说600余座。2005年对全县古碉进行普查，尚存300余。对这些古碉逐一拍照，准备申报世界文化遗产。现存古碉最早建于唐代，至迟为乾隆帝平定大小金川后修筑。[①]（图19）

图19 丹巴碉楼

[①] 县志编纂委员会：《丹巴县志》，民族出版社1996年版，第591页。

古碉均为石木结构，棱角分明、墙面光洁、下宽上窄，并随高度增加内收。碉高一般 20 余米，高者可达六七十余米。古碉内有 10 余层至 20 余层，每层皆设瞭望射击孔。千百年来，古碉经受了战争洗礼、风雨剥蚀和地震的考验，至今岿然屹立。碉楼不仅建在村寨里，还建在高山顶。两边高耸千仞的山崖上，时时可见碉楼直入云霄的奇观。清人曹三选《碉楼》诗云："夷中无地乃有山，下者谿谷高屃颜（巉岩）；每当隘口必置守，碉楼百尺居中间。削成四方方以丈，漆城荡荡不可攀；中如佛塔略阶级，盘旋下上往复还。数人狙伺伏其上，睥睨肆嘱攻者环；火炮一发敌无隐，以主待客且安闲（下略）。"极言碉楼的险峻与易守难攻。① 古碉从造型上，有四角、五角、六角、八角、十二角、十三角之分。从功能上，又有战碉（军事防御碉）、通讯预警碉（瞭望碉、哨碉、烽火碉）、土司官寨碉、寨碉、家碉、界碉、风水碉之别。

大小金川战争期间，当地碉楼林立，清军久攻不下。于是将一批俘虏和工匠带到京师西郊香山，专门仿建碉楼，以供演练攻打，为此成立了攻取碉楼的特种兵——八旗健锐营。时至今日，香山一带还保存着几座由片石砌成的碉楼。俘虏和工匠则编为内务府番子佐领，安置在香山红旗村一带。他们的后代，在房屋建筑风格上仍保留部分嘉绒藏族民居的特点。②

丹巴古碉，以梭坡乡和中路乡碉楼群最为典型。梭坡乡在县城以南大渡河旁，碉楼多，形状多。我们重点考察了中路乡。中路乡在县城东往小金县城公路的南山上。上山的路正在修筑，我们只好把车停在山下，步行上山。边走边看，不觉到了中路乡。走进丹巴县文化馆馆长益西桑丹的家——一座有 700 多年历史的古碉楼，主人端上了滚热的酥油茶。话语间惊喜得知，桑丹毕业于中央民族学院，说起来，

---

① 《金川县志》，第 1014 页。
② 耐人寻味的是，这批嘉绒藏族人后裔在迁到北京后逐渐丧失了历史记忆，以致认为先世是南方的苗族，因战败被俘而来。笔者曾采访红旗村党支部书记，为海淀区苗族代表。陈庆英：《关于北京香山藏族人的传闻及史籍记载》，《中国藏学》1900 年第 4 期。可参考。

我们还是校友。益西家的碉楼属典型家碉，即碉楼与家屋组合为一个有机整体。我们好奇地在碉楼里攀上攀下。登临楼顶平台，发现这里是绝好的观景台——一幢一幢外形美观、风格统一的寨房依着起伏山势迤逦而建，高高低低、错落有致，与周围茂密的树林，清澈的溪流，皑皑的雪峰，组成一幅田园牧歌式的优美画卷。战碉早已洗却硝烟，血腥的杀戮早已定格为史书中文字。唯有古碉雄风犹在，并成为当地藏民文化、传统、精神的象征。（图20）

图20　与校友益西桑丹的合影（左为细谷良夫夫妇）

（六）乾隆御制碑

9月19日，从丹巴县城开始转向北，目的是考察金川县安宁乡的乾隆御制碑。没想到刚出发就遇到险情。丹巴县城一面依山，一面临河，局限于狭长的河谷，没有发展空间。何况处在频繁发作的地震带，增加了遭遇意外危险的可能。到丹巴县城后，不巧遇到县城西北面山体发生大面积滑坡，交通为之中断，而这是前往金川县的唯一通路，我们只好把包租的汽车留在丹巴一侧，步行走过危险

◆ 湖北、四川考察：荆州满城—成都满城—大小金川 ◆

路段（每日放行 7 次，每次 10 分钟），到达县城另一侧后，临时租了一辆破旧夏利车，赶往目的地。（图 21）

图 21　山谷间的丹巴县城

汽车沿金川河上行，两旁是肥沃的山谷。春天脚步已经临近，雪白梨花开满枝头，远远望去，如柔曼轻纱。空气中弥漫着沁人心脾的花香。据说金川雪梨久负盛名，清代已是贡品。

路旁闪过一个个藏寨，弥漫着静谧安详的生活气息，洋溢着浓郁的民族特色。藏寨是独特的藏式楼房建筑，从河谷到山脊，沿山势排比而上。有的三五成群相依相偎，有的独立远处。每户人家住一幢三至五层楼房，四周有院坝。楼房坐北朝南，建筑风格与碉楼一脉相承。墙体用石砌，石木混泥结构。底层圈养牲畜，二层为客堂、厨房和锅庄（火塘），三层为居室，四层为经堂。第二、三层分别有天井和晒粮食的平台。第四层平顶用作祭祀。二层以上墙体均刷白色或保留墙体原色，屋檐涂红褐色，屋顶四角均白石所砌。这种白、红、黑相间的色彩，勾勒出整座藏居鲜明的轮廓。（图 22）

◈ 清朝遗迹的调查 ◈

图22 嘉绒藏族民居

　　汽车行驶约2小时，抵达安宁乡。安宁乡位于金川县东南部，东邻小金县。清前期属大金川安抚司，即土司官寨噶喇依。乾隆四十年（1775）底，大学士阿桂率清军进围此地——大金川的最后据点，断水道，昼夜炮击。翌年（1776）三月，索诺木与其祖莎罗奔被迫出降。第二次金川战争结束。索诺木被押解至京师后寸磔而死。同年，乾隆帝命工匠在京师大成殿阶前立一块石碑纪念平定大小金川，又分别在美诺（今小金县美兴镇）、勒乌围（今金川县勒乌乡）、噶喇依（金川县安宁乡）三处立碑。时至今日，三块碑中只有安宁乡的《平定金川勒铭噶喇依之碑》保存完好。

　　石碑矗立在原噶喇依官寨旧址高坡上，坐东向西，俯视着大金川河。御碑正面满、汉文合璧，背面蒙、藏文。近年恢复御碑原貌，铲掉水泥，露出碑面。碑石黑底白字，记载平定噶喇依战事，字迹清晰。碑高4.5米，宽2米，厚1.30米。碑身下有龟趺。当地民间传说：乾隆帝用巨石镇乌龟，乌龟（龟趺）象征着金川民。这虽然是无稽之谈，却反映出当地藏民对这场战争的否定态度。

在乾隆《平定金川战图册》中,有一幅《攻克噶喇依》,图中绘有大金川左岸山上矗立的众多石碉。如今,石碉群早已踪迹全无。在碑亭南坡下大金川河边,发现另外两通旧碑,一为乾隆五十一年(1786)修桥碑,一为道光九年(1829)修桥碑。碑文反映了清政府在当地组织生产,改善人民生活的一些情况。可惜两碑文字漶漫,严重受损。下午返回丹巴,途经马尔邦乡,路边立一古碑,走近看,字迹不清,仅可察知为乾隆碑。(图23、图24)

图23 《平定金川战图册·攻克噶喇依》

[引自朱诚如主编《清朝图典》(乾隆卷)]

告别金川,折返丹巴,循原路回到成都,9月20日飞回北京。圆满地结束了这次考察。

回顾十余年来的清朝遗迹考察,不妨说,每次考察,在给我们带来丰厚回报、愉快记忆的同时,有时也难免穿插着挫折、失落、惊惧,何况还有旅途劳顿与艰辛。但不管怎么说,从事考察时间越长,走过地方越多,接触人群越杂,积累阅历越丰富,就越是感受到在城乡间风尘仆仆、孜孜以求的魅力。实地考察大为拉近了历史与现实间距离,使许多尘封的记忆重新变得鲜活;它把我们从故纸

图24 乾隆平定金川碑

堆中解脱出来，在感受大自然阳光雨露同时，还传递出许多新信息。它扩展了我们的视野，加深了我们对历史的领悟，并唤起探索奥秘的灵感和兴趣。正是从这些意义上，我想说，实地考察是清史研究的重要手段。

西南地区考察：重庆—泸州—自贡—遵义—贵阳

2010年6月4—11日，与细谷良夫先生进行了计划中的西南考察，基本路线是北京—重庆—泸州—自贡—重庆—遵义—贵阳—北京。

6月4日（星期五）北京—重庆，阴

早7时10分，与细谷先生至首都机场3号航站楼。所乘国航1429航班，预订9时30分起飞，11时30分抵达重庆。重庆知青联谊会联络部长徐裕铭如约到机场接。但他误把飞机出发时间当成到达时间，徒然在机场等了2个多小时。结果，同来的车另有他事，提前离开，我们打出租车进城。

进城后，已下午1时许，与丁惠民夫妇等在一小饭馆聚，吃的是重庆火锅。

午餐后，惠民约我们到正国的公司也即重庆知青联谊会略事休息。公司位于渝北区松桥兴隆街一栋旧楼上，门面不大，里外三间。外间是客厅，墙壁上挂着几面各地知青互赠的锦旗。靠墙立着两个大书柜，里面摆满有关知青的出版物，其中包括本人的《中国知青口述史》。尚未坐定，惠民开门见山说，为筹备今年在昆明举办的第三届中国知青旅游节，叫丁一（其女）从网上把叫卖的《中国知青口述史》搜罗一空，希望我给每本书签个名，以后拿到旅游节去卖。我一看，待签的书真不少，至少有二三十册。能以举手之劳给重庆知青帮点忙，何乐而不为？随即拉上中国知青的老朋友细谷先生一起助力。于是，在每本书的扉页，都留下我和细谷先生题名。任务完成，已到下午3时许，因为次日一早要赶往泸州，游览重庆市容时间无多，我们无心延宕，在裕铭导引下赶往第一个目标——朝天门码头。

重庆市位于西南地区东北部。商周时为巴国首邑，汉属益州，唐时置渝、涪、忠、万、夔州，宋设重庆府。1997年从四川省分出，成为中国第四大直辖市（其他三个为北京、上海、天津），是西南地区重镇。重庆市历史悠久，最初城址，建于长江和嘉陵江相夹的半岛上，如今，这里已是不断扩张的大重庆中心区。著名的朝天门码头，就位于半岛东北端高高崖岸上。站在崖岸上的广场凭栏望去，码头东侧是滚滚长江，北侧是静静流淌的嘉陵江，码头位置恰在两江汇流处。西望，有横跨嘉陵江的索道，北望，嘉陵江北岸是重庆市的著名建筑——重庆科技馆、重庆大剧院。东望，长江一侧崖岸之上是高高耸起的楼群。朝天门码头是古重庆重要的交通枢纽，如今已失却昔日繁忙。从崖岸上俯身下瞰，高高的石阶一直深入黄浊的江水中。石阶为近年重修，已很难使人联想起沧桑的原貌。

离开朝天门码头，驱车赶往通远门。通远门为古重庆城要隘，位于半岛西边中段。通远门还残留着一段古城墙，近年修成遗址公园。通远门有一座拾阶而上的小门洞，曾是重庆城通往外界唯一的陆路通道。南宋末年，蒙古军攻破成都，宋军退守重庆。重庆知府彭大雅全力拓修重庆城，向北扩至嘉陵江边，向西扩至今临江门、通远门一线，奠定了此后直至明清时期重庆城的大致格局。

南宋宝祐六年（1258），"上帝之鞭"蒙哥汗率蒙古军分三路侵蜀。次年，在钓鱼城（位于重庆市区西北合川市合阳东4公里嘉陵江滨东渡乡鱼山上）一役身死，通远门暂时免受刀光之灾。1271年忽必烈建立元朝，1276年攻陷临安，南宋灭亡。1278年元军攻重庆，守将张珏率众血溅通远门，终被破门。

通远门第二次刀光之灾发生在明末，对阵双方是明军与张献忠农民军。明崇祯十七年（1644），张献忠率大军攻重庆。经六天激战，农军炸塌通远门转角城墙，一举攻入重庆。如今，通远门遗址公园的守城、攻城群雕塑像,展示的正是当时的攻防血战。张献忠恼羞成怒,入城后下令兵士大开杀戮,以致十室九空。据说,因为杀人过多,担心扔在江中污染水源,便将死尸拖出城外埋葬。通远门外七星岗一带成为"乱葬岗"。(图1)

图1 通远门

门前广场,立有《炒米糖开水》和《滑竿》两组雕塑,重现了早已消逝的旧时民俗。

离开通远门,已是黄昏,租车沿嘉陵江南岸一路向西,行10余公里,到达古镇瓷器口。古镇位于嘉陵江畔,宋真宗咸平年间(998—1003年)已有记载,至明代形成水陆交汇的商业码头,清末民国达到极盛。古镇原名"白岩镇"。传说明朝初年朱元璋之孙允炆(建文帝)被叔父燕王朱棣篡位,削发为僧来重庆,隐避于镇上宝轮寺，天王殿墙上因有"龙隐禅院"四个大字。"白岩镇"遂改称"龙隐镇"。民国初年，地方商绅集资创建瓷厂，瓷器质地好，品种多，名声渐大，产品远销省内外。以"磁器口"代替"龙隐镇"。

古镇有多条街巷，地面由石板铺成，建筑具川东民居特色。沿街店铺林立，多为一进三间，长进深户型，铺面后房一般为四合院，是旧时商贾大户的居所。

镇上多茶馆，家家茶客满座。又多小吃铺，名特小吃有毛血旺、软烩千张、椒盐花生，被誉为磁器口"三宝"。

从瓷器口回到市内，已8时许。在宾馆（7天连锁酒店重庆渝澳大桥店，位于江北区建新南路18号）下的小饭店与惠民一家三口小聚。惠民女儿丁一是位文静娟秀的姑娘。六年前在北京初次见时，还是即将跨入大学、对前途充满憧憬的高中毕业生。如今大学已毕业两年，这两年，她一直帮爸爸做些与知青有关的社会活动，没有任何报酬。

6月5日（星期六）重庆——泸州，小雨间阴

次日早9时，潘正国派的车子准时来酒店接。一车同行的，有吴蓉和她女儿清清，还有头一天为我们作向导的徐裕铭。裕铭是重庆钢厂退休工人，担任重庆知青联谊会联络部长，老成持重，阅历丰富，关键是为人好，真诚善良，待人接物非常周到。此后，我们由重庆至泸州，由泸州至自贡，由自贡至重庆，再由重庆至遵义，连续五天相处，对他的关照真是受益匪浅。

离开重庆，经江津，入泸州界，过合江。合江位于长江与贵州赤水河交汇处，是中原文化、巴蜀文化与夜郎文化交融之地。唐蒙出使夜郎，让合江成为南丝绸之路的起点，是夜郎古道、茶盐古道的必经之路，也是古代川黔渝重要的物资集散地和商贸中心。

中午行抵泸州，位于四川南部沱江入长江处。西汉置江阳县，东汉为江阳郡治。是中国西南知名的酒城，"泸州老窖"产地。

未进城就得知老友官国柱已在一酒店盛情迎候。

西南地区考察：重庆—泸州—自贡—遵义—贵阳

同样让我异常高兴的，是从他口中得知，还有三位朋友正从成都驱车赶来。他们是曲博夫妇和幺妹，都是五六年前结识的成都老知青。不久，三人来到，大家在席间相聚，想说的话说也说不完，一时又不知从何说起。

饭后，先参观市内白塔。白塔又称报恩塔，塔高30余米，呈八方形，七层，双檐，坐西向东，造型古朴优美。塔外檐下砖砌斗拱，饰有瑞兽、琴书图案砖雕。塔身呈白色。相传南宋泸州安抚使冯楫在自己寿宴之日，有幸识得流散多年的瞎母，冯楫当即焚香祷告，跪舔母目，终始母眼重明。冯楫因建此塔以感恩。泸州过去没有高大建筑，白塔从远处即可遥见。每值旭日东升，塔顶放出霞彩，光芒四射。"白塔朝霞"为旧时"泸州八景"之一，如今却只能局促于高楼屏蔽之下。

龙透关，位于市区西南郊。建于明崇祯十一年（1638）。后倾圮。清同治二年（1863）重建。龙透关北临沱江，南抵长江，犹如巨龙穿透两江而得名。泸州城三面环水，一面靠山，龙透关曾为唯一陆路通道，历来是兵家必争之地。（图2）

图2　泸州龙透关

◆ 清朝遗迹的调查 ◆

参观完龙透关，暮色已深。国柱在江畔一餐馆盛张鱼宴。餐馆设在一艘大船上，在座者有我、细谷先生、曲博夫妇、幺妹、裕铭、国柱和他的几名部下。席间只顾聊天，道道佳肴，几乎没留下什么印象。饭后，曲博等人向前辞行。他们这次来，专为看我，家中尚有九十高龄老母需照顾，当晚必须赶回。站在船舷上，目送他们的背影融入夜色，想着他们到家已是午夜。感激之心，油然而生。

6月6日（星期日）泸州—自贡，阴间晴

上午9时，国柱一行来宾馆接，同往尧坝古镇参观。古镇位于泸州市东南鼓楼山东。距今已有两千年历史，是古江阳到夜郎国的必经之道，素有"川黔走廊"之称。旧时，川南黔北的客商将茶叶、井盐等物资取道尧坝运往各地。尧坝市集繁荣，作歇息之用的幺店子应运而生，古镇因此持续发展。

古镇有长达千米的青石板街道、老民居、慈云寺（东岳庙）、大鸿米店、进士牌坊。

图3 古镇进士牌坊

图 4　古镇一条街

慈云寺（东岳庙），坐落在街道边高台阶上，山门坐北朝南。拾级而上，山门上悬"慈云寺"三个大字。左联："九曲黄河双木井廿四山□□禅院"，右联："万象鼓楼一仙脚百三诸佛陪慈云"。左右边门分别题额："佛光""普照"。进入山门，为一大院落。据寺中藏《舍白碑叙》，该寺道光二年（1822）尚为东岳庙，主祭东岳大帝。当时庙前灯树，每值元宵节燃放，热闹非常。镇上铺商李凤联等兄弟三人，踊跃捐钱燃点"铺灯"。庙中住持因立此碑。当地人称，东岳庙始建于明万历年间，清代多次重修，主体建筑有山门、万年台（戏台）、城隍殿、东皇殿。

万年台（戏台）坐南朝北，与山门实为一体。台分两层，下层过道，上层戏台。戏台木雕栏刻画众多戏曲人物，无不栩栩如生。因未经修饰，仍保留着古朴原貌。整个庙宇依山势不断升高，拾级而上，依次有静心阁、弥勒殿、三圣殿、大雄宝殿。何为当初的城隍殿，何为当初的东皇殿，已无从知晓。道观变佛寺，或佛寺变道观的现象，在中国各地民间屡见不鲜，足见民间信仰的兼容并蓄、多元与流动。

◆ 清朝遗迹的调查 ◆

图 5　慈云寺

图 6　戏台

东岳庙外东侧，立一小土地爷庙。不知何年修盖。左右两联："万物难忘覆在[载]德，众生常记养育恩。"横批："保境安民。"（图7）

图7　小土地庙

泸州油纸伞铺。据《泸县志》记载，泸州油纸伞，起于明末清初，至今已有400多年历史。鼎盛时期伞场多达60多家，其中大红纸伞最有名。此伞采用全手工制作，制作一把伞需要一百道工序。以其精美的绘画和独特的制作工艺享誉业内。据说此伞过去远销日本。1952—1958年间，泸州生产的纸伞就有520万把。今天，尚可从伞厂大门上陈旧木雕花中，查知当年发达的迹象。但世事流迁，伞厂早已风光不再，如今只有20多名年逾古稀的老艺人，仍旧恪守着这份执着，成为中国油纸伞最后的守护人。

大鸿米店。清嘉庆年间武进士陈跃龙所建，为古镇标志性建筑。米店临街，坐落在老街中段小坡上。坐北向南，为川南风格的前后院全木质串架建筑，当地人称"走马转角楼"。前院分上、下两层，为回栏式建筑，内有宽敞典雅的天井，天井两边是相依环抱的走廊。廊道雕梁画栋，精致典雅，古色古香。米店两侧高耸的风火墙保存完好，很有气派。店内收藏有影视道具，明清家具。

在街道上游览，适逢镇上居民为一满月婴儿举办集体庆贺活动。窄长的街道上摆着数十桌酒席，男女老幼，围桌而坐，四碟八碗，觥筹交错，洋溢着喜庆的气氛。人们大碗喝酒，大块吃肉，大笸箩里摆满染成红色的彩蛋。如此朴质的民俗，如此欢欣的场面，在都市中早已绝迹。我们这些远方来客，在大开眼界的同时，也为这种其乐融融的民俗所渐染。（图8、图9）

图8　给婴儿过满月的盛况

古镇是著名的"川南影视城"，深厚的文化底蕴、独特的民俗风情、精美的古建筑群，颇受导演们青睐。他们在镇上拍摄过《狂》《大鸿米店》《山风》《泸州起义》《英雄无界》《功夫骄子》

西南地区考察：重庆—泸州—自贡—遵义—贵阳

等十余部影视片。

中午，在"古镇火锅"店便餐，吃了米粉、面条。

回至泸州，与国柱道别，我们将前往下一目的地——自贡。原来讲好，司机小吴（吴蓉）送我们到泸州就算任务完成，可返回重庆。我们原计划由自贡直接驱车往贵阳，但在泸州听说，由自贡往贵阳的公路因暴雨发生塌方，正在抢修中。在这种情况下，唯一的办法就是自自贡折返重庆，由重庆往遵义，再往贵阳。经一番商量，最后与小吴言定，在原来600元（原定500元，后追加100元）基础上，再加300元，算是给她增加业务量的报酬。

下午3时，沿隆（隆昌）纳（纳溪）高速转内宜高速。4时许，在细雨蒙蒙中抵达自贡。泸州是著名酒城，满城飘溢着酒香。自贡则是中国最著名的"盐都"，生产井盐已有约两千年历史，现存南北朝时大公井遗址。北周时置公井镇，唐武德年间（618）升公井县，清初始有"自贡"之名。这里有的盐井自清代至今仍在生产，杉木井架高达百米，蔚为壮观。大安区有驰名中外的世界上第一口超千米深井。盐井虽然有名，吸引我们来此的主要还是会馆。清代，因为盐业发达，许多山陕商人会聚于此，形成发达的会馆文化，其中迄今保存完好的有闻名遐迩的西秦会馆。适逢星期日，因担心次日会馆闭馆（博物馆一般星期一闭馆），我们驱车急忙赶往。4时30分到达，所幸尚未闭馆。

会馆位于自贡市中心解放路，是清初陕籍盐商修建的同乡会馆，又称关帝庙、陕西庙。始建于乾隆元年（1736），历时16年竣工。道光七年至九年（1827—1829）扩建，耗银5万余两。是一组气势宏伟的古建筑群。

建筑群的高度及体量，由前到后逐渐增加。内部由若干建筑单位组成，布局采用中国建筑艺术传统方法，因地制宜，合理安排，密中见疏，错落有致。屋顶造型，匠心独具，大胆突破传统法式，把歇山式、硬山式、重檐六角攒尖式和重檐庑殿式等不同形制屋顶，巧妙地组合或叠加起来，构成复合式大屋顶。屋顶下环列24

◆ 清朝遗迹的调查 ◆

个檐角，起翘似飞，参差起伏。增加了建筑群的雄奇嵯峨。

主要建筑有武圣宫大门、献技楼、大观楼、福海楼及参天阁、中殿等。檐柱间遍布木雕、石刻、泥塑，内容丰富，造型优美，技术精湛。大门石狮突目隆鼻，身披鬈毛，四爪锋利，两狮正身向外扭头相望，张口作嘶吼状，颇显威猛。石雕《二十四孝》图位于抱厅石级两侧石壁，共12幅，每幅由2个故事组成，内容讲述古代24个有代表性的孝子行孝故事，是传统"孝文化"的集中体现。整个石刻刀法遒劲，立体感强烈。木雕多用于楼沿栏板、梁架、斗拱、额枋、衬枋、挑梁、垂花、挂落、雀替等处，内容包括历史故事、神话传说、社会生活、花鸟静物。木雕《忠义堂》中，宋江端坐正中案后，身后右侧站着手执羽扇的智多星吴用，左侧有怒目圆睁、手持板斧的黑旋风李逵。《三打祝家庄》亦取自《水浒传》。《借东风》《三英战吕布》等取自《三国演义》。衬枋木雕《芭蕉扇》，取自古典名著《西游记》中，孙悟空变作牛魔王，在芭蕉洞欲赚取芭蕉扇的场面。这些木雕刻艺精湛，人物惟妙惟肖，成为中国传统木雕工艺中的千古绝唱。

西秦会馆的主要功能有迎神庥、襄义举、笃乡情、消遣娱乐。在会馆建成后百余年间，陕籍商人在资本运作和盐业经营中，都取得令人瞩目的成就。在运榷方面，陕商由川而黔，而湘而粤而滇；在金融方面，陕人开设的八大钱庄票号，在自贡形成"八店街"地名；在盐井、盐灶经营方面，陕商如自贡的盐业家族"王三畏堂""李四友堂"，投资开凿了大量盐井。同治及光绪初年，陕商在自贡地区形成了拥有井、笕、灶、盐号、钱庄的大型资本集团，成为左右盐场经济命脉的商帮。①

有研究者指出，在木雕、石雕中隐藏着明显的尊汉排满思想意识。其中，抱厅四根石柱上的一副楹联很有代表性："钦崇历有唐有宋有元有明其心唯知有汉，徽号或为侯为王为君为帝当日只不愧为臣。"第一联起手的"钦、徽"二字，暗指北宋亡国之君钦、徽

---

① 郭广岚、宋良曦等：《西秦会馆》，重庆出版社2006年版，第26页。

西南地区考察：重庆—泸州—自贡—遵义—贵阳

图 9　西秦会馆

图 10　会馆戏台

二宗。宋亡于金人之手，而金乃清之前身，特于此处点出两位罪魁祸首之名，分明是宣泄汉民族亡国之痛。煞尾的"汉、臣"二字，则暗指关羽之所以值得后人钦敬，实不愧为"汉臣"之忠义代表。再者，上联"有唐有宋有元有明其心惟知有汉"，偏偏没有把"清"列进去，在强调心中唯知有汉同时，却把"满"与"清"抛到九霄云外。① 此说能否成立，或者只是今人的一种揣测乃至牵强附会，仍有斟酌的必要。

1959年，西秦会馆作为自贡市盐业历史博物馆馆址，对为开放。基本陈列为《井盐生产技术发展史》。

6月7日（星期一）自贡，小雨转多云

早8时许，准时起床，驱车赶往西秦会馆，想在馆内书摊买几本书，然后赶往重庆。巧得很，行不多远，就见马路北侧小坡上闪过一座外观壮美的古建筑。我连忙呼唤小吴停车。近前一看，原来是桓侯宫。桓侯宫或称桓侯祠，纪念三国名将张飞而建。蜀汉怀帝刘禅于景耀三年（260年）追谥张飞为桓侯。这样一处著名古迹，险些漏过。如今，桓侯宫已辟为古玩市场，入门免票。

桓侯宫俗称张爷庙，又叫张飞庙。始建于清乾隆年间，是自贡盐场屠沽工人为张飞修建的行帮会馆。咸丰十年（1860）被焚，同治年间重修，并在同行中商议"每宰猪一支，按行规抽钱贰佰文"，经过众人的锱铢积累，终于在光绪元年（1875）落成。

桓侯宫坐落在一处斜坡上，人们进庙必须拾级而上，给人步步登高的感觉。临街就可以看到陡然壁立的单坡式山门建筑。三重檐屋顶和歇山式弧型风火墙充满动感，上面的浮雕显得生机勃勃。尤其雄姿英发的张飞像，凛然夺目，表现出很高的雕刻技艺。在屋檐下居中门匾有"桓侯宫"字样，大门两侧石匾上刻有一副对联："大义识君臣想当年北战东征丹心克践桃园誓，功丰崇庙祀看今日风微人住寿世还留刁斗铭。"

---

① 郭广岚、宋良曦等：《西秦会馆》，第73页。

桓侯宫是一处封闭式四合院建筑，按中国传统营造法式，沿地台中轴线对称排列殿阁楼廊，构成一组紧凑的建筑群落。门厅之上为戏楼，戏楼两旁辅以两层楼廊。从天井拾级而上便是正殿，正殿为五开间抬梁式木结构建筑，前半部分为观戏赏景的看台，后半部分是当年供奉张飞神位的地方，如今仍立有一木雕张飞像。戏楼、钟鼓楼阁均采用卷棚歇山式屋顶，这种屋顶式样，过去民间很少使用。宫内泥塑、台口楼沿木雕、柱础石刻，均为行家所称道。其中，在数米长楼沿板上就刻有戏剧场景18幅，人物180余种，还有大量静物。雕工精细，状物拟人皆栩栩如生。（图11）

图11 桓侯宫

除自贡外，在四川南溪、涪陵、阆中、南充、宜宾李庄、湖北恩施等处，也有桓侯宫，由当地屠帮集资兴建。

离开桓侯宫，再访西秦会馆。10时许，我们意犹未尽离开自贡，赶回重庆。

自贡还以"恐龙之乡"著称。离自贡东北行，拐上内宜高速公路，在距自贡市东北11公里处大山铺，有恐龙博物馆。当地曾出土大量恐龙化石。1986年建成恐龙博物馆，次年开馆。在恐龙型展馆内，参观者不仅能看到完整的多种属恐龙骨架，还能目睹发掘现场，在这里埋藏着几十具完整或比较完整的恐龙化石。原计划在馆逗留半小时，谁知离馆时已近午时。

此馆原是国内唯一的恐龙遗址博物馆。近年来在黑龙江嘉荫县，国家又新建一处大型恐龙博物馆。后者的规模、条件均强于前者，但地处偏远，游客迹稀，远不如此馆有人气。

继续沿内宜高速路前行，至隆昌县，拐出高速路，在城郊午餐。餐后继续赶路。车近重庆，裕铭问，"你们四处看会馆，重庆市内有一湖广会馆可曾知道？"他还说，"该会馆规模宏大，如果去看，肯定不后悔"。于是，我们把进入重庆的第一站定在湖广会馆。

湖广会馆位于古重庆城所处半岛东侧长江岸边（今重庆市渝中区东水门正街4号）。面向长江，沿江依坡就势修建。会馆包括三组建筑群：禹王宫、广东公所、齐安公所。三组建筑原先各自开门，毗邻而居，近年重修时内部打通，合为一处管理。

禹王宫（禹王庙）位于会馆东部。清乾隆二十六年（1761）修《巴县志·寺庙》云："禹王庙，在东水门内，即湖广会馆"，始建于清康熙年间，道光二十六年（1846）重建，为两湖在渝商人集资兴建。主祭大禹。大禹，鲧之子，是传说中炎黄部落联盟中夏后氏部落长，夏国国君，继父职奉舜命治理洪水十三年，三过家门而不入，终于治好水患。两湖地区河泽众多，洪患常至，故禹王宫奉祭治水之神大禹。禹王宫内分若干大院，各院有前殿、戏楼、看厅、厢房等。戏楼与看殿上的戏曲木雕多为神仙人物。建筑原为歇山式屋顶，近年重修改为普通屋顶，抬梁式屋架。（图12）

宫内现设《湖广填四川移民博物馆》，图文并茂，生动讲述了清朝初期湖广移民进入四川的大规模移民活动。明末清初，巴蜀战乱不断。张献忠起事、南明与清军之战、吴三桂叛乱……持续三十

◈ 西南地区考察：重庆—泸州—自贡—遵义—贵阳 ◈

图12 禹王宫

余年战乱，使巴蜀地区生灵涂炭。时有谚云："流流贼，贼流流，上界差他斩人头。若有一人斩不尽，行瘟使者在后头。"史家和家谱，对这段历史留下许多触目惊心的恐怖记述："民靡有遗""丁口死亡殆尽""人口所剩无几""百里无居人，户口全空""土著几空"等。① 据博物馆中《清初移民入川前四川部分州县原住民存留情况》表显示："大乱之后，广元，存留原住民十分之一；巴中，存留十分之二；东乡，存留千分之一；达县，存留百分之三四；崇庆，存留二分之一；双流，存留十分之一；威远，存留千分之一；富顺，存留十分之二三；屏山，存留十分之三；高县，存留十分之一二；江安，存留十分之一二；永川，存留十分之二三；武隆，存留二分之一；长寿，存留二分之一；涪州，存留千分之一；西充，存留十分之三四；郫县，存留十分之一。"明末清初四川战乱频发，加之灾荒、瘟疫不断，造成四川人口锐减，土地荒芜，经济凋敝。

---

① 何智亚：《重庆湖广会馆》，重庆出版社2008年版，第10页。

◆ 清朝遗迹的调查 ◆

清前期统治者为恢复生产，振兴经济，安抚民心，制定了"移民实川"的方针，颁布实施了一系列优惠政策，鼓励或组织周边地区无地农民向四川移民。移民入川路线主要有以下三条。

一条：长江水路入蜀：由此路入川者为最，湖南次之，也有江西、广东、福建籍人，包括赣、鄂、闽的客家人。取道此路入川移民人数为最。

一条：川陕周边旱路入蜀：陕甘移民从川陕驿道及临县进入川北。还有移民进入川北后，再迁移进入四川盆地。经此入川移民人数居第二。

一条：贵州旱路入蜀：广东、湖南（接近贵州的地区）和贵州本地的移民，从贵州旱路入川。从贵州入川的移民人数居第三位。

重庆因为江河舟楫之便利，成为移民入川第一站。随着大批移民涌入，重庆逐渐发展为长江上游的商业重镇。

有意思的是，关于移民大规模入川的这段历史，民间还留下种种捕风捉影的传闻，其中流传最广的有所谓"四川人喜欢背着手""胳膊上有勒痕"的传说。传说移民祖先双手被捆在背后押解来川，胳膊上留下勒痕，还传说移民后裔的胳膊上都留有痕迹。于是就说："我的祖先是捆绑入川的。"此传说产生于明代，后人则将清初的移民入川与明初强迫移民入川混淆在一起。其实，清初移民是一场自愿的活动，并不存在强迫问题。民间尚有山西移民后裔小趾甲均为"两瓣"的传言，这与南方一些满族人自称，女真（满族）之后小趾甲均为"两瓣"，并将此作为鉴别是否"满人""汉人"的依据，都是缺乏科学依据的传言。

与四川移民史相关的，还有"解手"传说。湖北及巴蜀地区，百姓将人的大小便行为称作："解手。"传说称官方强迫移民入川，移民不愿意，为防止移民中途反抗，朝廷的士兵们把移民的手捆起来押解至巴蜀，移民要大小便时，只好叫押解的人松开绳子，解放手足。其实，"解手"一说为"解溲"同音异写，与大移民的历史风马牛不相及。而"解手"一类传闻原是明初洪武大移民时代的产物，却被附会到清初时期，而清初移民入川并非官方强迫。

专门反映移民史的博物馆在国内尚不多见,《湖广填四川移民博物馆》是其中最大一处。了解清初移民四川史,再联系到同一时期清廷动员、组织内地民人向关外辽东地区的"移民垦荒"活动,对清初满族统治者恢复经济的难度、施政对策与成就,有了更为全面的了解。

齐安公所,俗称"黄州馆""帝王宫",位于会馆西部,为湖北黄州籍人士集资修建的地区性行帮工商组织。黄州,隋置,唐天宝元年(724)改写"齐安郡",后再改黄州,故黄州在外省所建会馆称"齐安公所"。重庆齐安公所建于清嘉庆二十二年(1817),光绪十五年(1889)重建。齐安公所与禹王宫相通,与广东公所毗邻,是保存最完整的一个会馆。现存戏楼、天井、看台、大殿、厢房等。戏楼为木结构歇山式建筑,飞檐翘角,坐南朝北。院内木雕甚多,有"二十四孝"图"熏风门"等内容,皆精美。公所祭之神为"帝主",一说系道教"三元大帝",或称"三官尊神","三官"即天官、地官、水官。三官总主"诸天帝王""五岳帝君""九江水帝",为天、地、水诸"帝"共同之主,故名"帝主"。又一说帝主是四川璧山人,排行老七,人称张七相公。张七相公在黄州颇有建树和影响,去世后被黄州人尊为神灵,并建庙祭拜。①

因时间短暂,只来得及在馆内走马观花,未及驻足详观。但建筑雕刻之精美,足以令我们惊愕。其间,遇到上年底在重庆知青会上碰过面的老知青张德安。德安现任重庆市陕西商会顾问兼秘书长,办公地点就在齐安公所内。他指给我看戏楼上两幅珍贵的木刻深浮雕。一幅是唐代诗人杜牧(曾任黄州刺史)七绝《清明》所描述的"清明时节雨纷纷,路上行人欲断魂。借问酒家何处有,牧童遥指杏花村"意境。另一幅是重庆本地乡土风情,画面上山林掩映的民居错落有致,临江城门上刻有"熏风门"三字。熏风门是宋代重庆城四门之一。德江领我们到他的办公室小憩,办公室紧靠江

---

① 何智亚:《重庆湖广会馆》,第69页。

◆ 清朝遗迹的调查 ◆

岸，上下二层，面对长江开着一扇大窗。透过窗口，可以看到江面上航行的轮船。无论天气阴晴明晦，长江四时胜景可一览无余。这真是一块难得的栖息地。（图13）

图13　滚滚长江窗外流

广东会所又名南华宫。是客居重庆的粤籍人士建立的社会组织，办理同乡公益的民间团体。与湖广会馆、齐安公所毗邻。始建于乾隆二十五年（1760）至五十一年间（1786），后多次重修。现存主体结构呈四合院状，四周高墙耸立。院内主建筑为戏楼，是木结构歇山式建筑，戏台有前后看厅及左右厢楼。看厅分为前后两厅，可容三百人看戏。院内原石、木雕人物及神灵皆精美生动，表现了清代建筑工匠的才艺。广东公所祭祀之神为禅宗六祖慧能（638—713）。在清代，广东会所原有大殿，慧能像左右祀有镇江王爷像及福禄财神像，50年代大殿被拆除。慧能生于南海新兴（今属广东），其遗体现存于广东曹溪南华寺，故广东会馆亦称南华宫，广东公所大门上题刻"南岭观瞻"四个字，表明该所籍属广东。

6月8日（星期二）重庆—遵义，雨转多云

由重庆往贵阳是此次考察最后一程，难题仍是交通工具问题。通过裕铭努力，他弟弟有一位年轻朋友愿意开车送我们到遵义，租金700元。是日早9时，小伙子和裕铭如期来到，启程前往遵义。

下午1时，行至著名的娄山关。娄山关南距遵义市50公里，在遵义、桐梓两县交界处。北距巴蜀，南扼黔桂，为黔北咽喉，自古为兵家必争之地，人称黔北第一险要，素有"一夫当关，万夫莫开"之说。娄山关，又名娄关、太平关，位于大娄山主脉的脊梁上，是一个对峙山峰形成的隘口，前人所谓"万峰插天，中通一线"。如今，川黔公路蜿蜒穿关口而过，川黔铁路和崇遵高速公路则从关下穿隧道而过。据《桐梓县志》记载，娄山关一名的来历，与唐朝时镇守关隘的两位将领娄珊和梁关有关。开始习称"娄珊梁关"，后简称"娄山关"。

娄山关可谓妇孺皆知，主要因为毛泽东的一首词《忆秦娥·娄山关》："西风烈，长空雁叫霜晨月。霜晨月，马蹄声碎，喇叭声咽。雄关漫道真如铁，而今迈步从头越。从头越，苍山如海，残阳如血。"1935年2月，工农红军在长征途中，二渡赤水，回师黔北，在娄山关与黔军王家烈部激战，全歼敌军三个团，取得长征途中的首场胜利。胜利后，毛泽东写下这首词。我们此行之所以关注娄山关，主要是因为它作为黔北第一重镇，在历史上曾是诸多历史事件的见证。而这一点，恰恰是众多国人所忽略的。

远的不提，据《明史纪事本末》载，万历年间，总兵刘綎与播州土司杨朝栋曾激战于此。清代学者、诗人郑珍咏叹娄山关的雄险时有云："山势西来万马奔，大娄一勒九旗屯。天随路人藤蔓峡，人共云争虎豹门。旧日刘兵率飞过，六年黔国任翻倾。黄心无复将军树，空逐流移汍石根。"刘綎在平播之役中建有大功，名声赫赫，但在此后与清朝开国皇帝努尔哈赤（清太祖）进行的萨尔浒大战中，却殒命沙场。在刘綎的生死胜败后面，有很值得玩味的问题，比如平播之役何以胜而"萨尔浒之战"何以败？两者之间是否有某种内在联系？对明清两大政权的兴衰易位，又产生了怎样的影响？明末清初，吴三桂及张献忠的孙可望部曾从四川攻娄山关入黔反清。清咸丰四年（1854），桐梓九坝农民领袖杨隆喜举义旗挥师南下，直捣遵义城。同治元年（1862），太平天国翼王石达开部属曾广依，又攻克娄山关进入遵义。从此，这座历史名关名扬中外。（图14）

图14 娄山关

娄山关上，建有"娄山关战斗纪念馆"，纪念红军在此地战绩。20世纪80年代，中国书法家协会主席、书法家舒同题写毛泽东《忆秦娥·娄山关》词，在娄山关南侧的巨大崖壁上，被复制为大型石刻。从此，这里成为"红色旅游"的一个重要景点。

下午近3时，途经板桥镇，在一"红色农家"共进午餐。"红色农家"为一座三层小楼，二三层涂成白色，一层为红色，楼前停车场上悬挂着几行红色灯笼。我和细谷先生端着相机沿着镇街"猎奇"。公路穿镇而过，也就成为镇街。走不远，发现马路左侧山坡上有一简陋砖砌庙宇，仅一间，号称"红庙"。"红庙"者，乃因庙墙漆成红色，庙门紧锁着。门额墨书："红庙"两字。上联："五神□□保户户平安"，下联："四时兴旺佑处处吉祥"。从门隙向内看去，背墙面门坐着五尊泥塑神像，一男四女，各具衣冠，一青面神座下一黄斑虎（豹）、一粉面神坐下一黑虎（豹）。神像很有地域特色，可惜不知为何方神圣。

4时许，车子抵达遵义，入主市中心的如家快捷酒店，在遵义中山路。至此，与已经陪了我们5天的裕铭正式道别，他和司机小程打道回府。我和细谷先生则乘午后有限时光，赶往附近的名胜湘山寺一游。

湘山寺位于遵义市中心，俯临湘江边的湘山之上，始建于唐代，初名"万福寺"。明崇祯元年（1628）改名"湘山寺"，沿用至今。湘山寺饱经沧桑，明末平播之役烧成瓦砾，清初重修。全寺建筑依山势而上，中轴线上有天王殿、大雄宝殿、观音殿。庙宇全部以青石铺基，大殿周围栏杆采用当地产白棉石，精雕细琢而成。山顶一侧，保留古山门一座，或为明末平播之役的残留之物。山门一侧为舍利塔园。塔园旁有碑亭，内供观音碑。原碑位于四川阆口东龙山。据载，唐代画圣吴道子手绘观音像石刻碑世间无存，该碑系根据光绪年间原碑拓片所刻。1981年遵义十一中修教学楼时被发现，运抵湘山寺保存。碑中观音具盛唐"绮罗人物"特点，赤脚立于云端，眉、目、口、鼻传神处阳刻，其余部位阴刻。曲眉丰颊，衣袂飘举，风姿绰约，端庄优美。

寺中财神殿亦有特色。财神有文财神和武财神，财神信仰在民间广泛流传。财神庙内供奉山神一尊，据说传于明末清初，系用一段木头精雕而成，神像座下一虎。如今被视为寺里的护山之神。卧佛殿中精美玉佛，是从缅甸迎请而来。卧佛是据《大般涅槃经》关于佛陀即将涅槃事迹而设佛像。采用优质缅甸玉雕凿而成，重达四吨，是目前贵州省最大的玉佛。

图 15　古老山神木雕

傍晚，出如家酒店，往西南行，过狮子桥，在一家小店吃米粉。回至酒店，门外就是夜市，各种小吃和形形色色的货摊布满马路两边的便道。游人如织，声音嘈杂，空气中散漫着劣质油和烤肉的油烟味。

6月9日（星期三），遵义海龙囤，阴有小雨转多云

早8时，租车前往海龙囤。海龙囤位于遵义县高坪镇白沙村龙岩山上，地形略呈方形孤山，四周为断崖，左右环溪，有一夫当关万夫莫开之势。尚存石料砌成的城门九座及城墙6000米。海龙囤分内城、外城。东南、西北两端为外城。东南端有铜柱、铁柱、飞虎、飞龙、朝天、飞凤六座关隘及城门，上有城墙建筑遗址。沿关城筑有崖上栈道、马道、歇马台。西北端有万安、西关、后关三座关隘及城门。另有望台等建筑。内城东西两侧城墙建于绝壁之上，仅有飞凤、万安两关城可与之通。唐乾符二年（876）在龙岩山东侧建养马城。南宋时为抗元而建"龙岩新城"，后为播州土司据为军事设施。明万历年间，播州杨氏第二十九代杨应龙进行大规模整修，加固九关及城墙，并改名海龙囤。

明万历二十八年（1600），明廷发动"平播"之战，发数省兵30万（包括征调土司兵），分八路入播州围剿海龙囤扬应龙，经百余天苦战，将杨氏家族及囤上1万多名播州兵全部剿灭。结束杨氏家族自唐末入播州历二十九世700余年世袭统治，改置遵义、平越两府，城被废弃。海龙囤作为古代土司城堡具有很高的军事史、建筑史价值。

我之所以对海龙囤感兴趣，首先：平播之役是著名"万历三大征"之一。① 明朝穷兵黩武，虽取得三大征胜利，已是强弩之末。此役对满洲人在辽东的崛起，是否具有影响？其次，明将刘綎，绰号刘大刀，是平倭名将，夙有威名，所部骁勇善战，在平播之役中先克娄山关，继取海龙囤，屡立大功，但在19年后辽东萨尔浒之战中，却以冒进遇伏，丧命疆场。成也萧何败也萧何，在他的成功与失败之间，是否有某种内在联系？这正是我们研究明清战争史时不能不关注的。

海龙囤入口处为一片空场，一座高大汉白玉牌坊矗立正中，匾额上书"中国古军事城"。现场尘土飞扬，一家私人公司正在进行维修。一些工人正在山谷出口砌筑一条拦水坝，据说将来要形成一条狭长人工湖，以便用船接送游人——目的是发展旅游增加收费项目。

跨过一道小河，脚下就开始似乎绵延不断的石板路。山道崎岖，加之早上刚落过雨，路面石板泥泞湿滑。石板彼此间保持一定距离，中间是泥泞的土地。石板见棱见角，是为了便于行人登踏，尤其在路面湿滑的雨天。细谷先生入山未久，已显得力不从心。岁月不饶人，毕竟已是74岁老人。问乡民，上山至少要用2小时，

---

① 万历帝在位四十八年，先后三次大规模军事行动，史称"万历三大征"。一为宁夏之役，万历二十年（1592），宁夏致仕副总兵哱拜发动叛乱，联络鞑靼，全陕震动。明军久攻镇城（今宁夏自治区银川市）不下。明将李如松率各路援军破镇城，哱拜自杀。二为朝鲜之役，又称"援朝战争"，首尾共八年。万历二十年（1592）日本关白丰臣秀吉发动侵朝战争，占领王京（今韩国首尔）。朝鲜国王向明廷求救。次年正月总兵官李如松奉命出兵援朝。此后战事时紧时松，交战双方互有胜负，至二十六年（1598）日本军终被逐出朝鲜。三为播州之役。播州（治所在今贵州省遵义市），土司名，土司杨氏世有其地。万历二十四年（1596），播州宣慰使杨应龙起兵反明，明廷主剿主抚意见不一。杨应龙四出攻掠州县，兵锋甚锐。二十七年（1599）陷綦江（今属四川），明廷大震。次年（1600），总督李化龙遣总兵刘綎等分兵八路，大举进攻播州，杨应龙兵败自杀。明廷历时四年，动用七省三十万军队，才得以平定。

◆ 清朝遗迹的调查 ◆

下山也要1个多小时。山高坡陡，年龄如我尚且勉为其难，何况细谷先生？正在为难之际，偶遇三位村民迎面而来，其中一位持手机的中年人见状很是好奇，问我们打哪儿来，听说老人来自日本，就热情地告诉我，像这种情况根本到不了山顶，是否需要找一副滑竿，他可以帮忙，往返200元。真是天无绝人之路，遇到困难总有好心人相助。说罢，他用手机频频与山上联系。这位四十来岁的热心人看来见过些世面，一问果然，他姓葛，是当地的村长。这天外出办事，正好路经此地。联系好滑竿，我们拉村长与两位同行的村民合了影。

告别村长，一面等待山上下来的滑竿，一面继续前行。山重水复，泉水垂练，好一幅秀美的山水画。绿色的山谷间是一个小型水库，形成一个湖泊，湖水清澈，山峰茂林，倒影幢幢，湖面上浮着几只白色鸭子，好像在碧色玻璃上滑行。岸边高大的树木，掩映着几户农家。空气静谧已极，不时划过几声鸟鸣，打破沉寂。

前行不远，遇一村民牵马来揽活，声称往返仅要价100元。担心滑竿不能即刻到，就请细谷先生先乘马上山，遇到滑竿再换乘滑竿。这样，细谷先生就上了马，马很老实，被村民牵着。走了大约20分钟，就见两位小伙子，一高一矮，抬着滑竿来迎。一颗悬着的心完全落定。从优付给马夫报酬20元。细谷先生坐上滑竿，就见两位小伙子轻轻搭在肩上，放开脚步，一路拾级而上。他们的步伐非常矫健，与其说走，不如说是跑，正应了"步履生风"那句话。

西南地区多山，滑竿是一种供人乘坐的交通工具。用两根结实的长竹竿捆扎成担架，中间架以竹片编成的躺椅或用绳索结成的坐兜，前垂脚踏板。乘坐时，人坐在椅中或兜中，可半坐半卧，由两轿夫前后肩抬而行。滑竿在上坡时，人坐得最稳；下坡时，也丝毫没有因倾斜而产生的恐惧感；尤其走平路，因竹竿有弹性，行走时上下颤动，更能给人以充分享受，且可减轻乘者疲劳。滑竿得名有两说。一说是用滑溜溜的竹竿绑扎而成；另一说是：它轻便快速，滑得快，所以叫滑竿。两种说法都有道理。巴蜀山高路险，后面轿夫的视线若被挡住，需前面轿夫传话告诉路上的情况，这叫报点子。如前面路很平直，前呼："大路一条线。"后应："跑得马来射得箭"。上坡时，前呼："步步高！"后应："踏稳脚！"下坡时，前呼："溜溜坡！"后应："慢慢梭！"前面的路弯拐多，前喊："弯弯拐拐龙灯路。"后应："细摇细摆走几步。"路上有牛粪，前呼："天上一枝花。"后应："地下牛屎匠。"路上有个娃娃。前呼："地下娃娃叫。"后应："喊他妈来抱。"见啥说啥，生动风趣。

滑竿前行如飞，我和出租车司机随后跟进，非常吃力，只得走一步，跑一阵。呼哧带喘，大汗淋漓。勉强可以跟上。

通过村长手机，我们到来的消息已在山民中迅速传开。登上一大段陡峭的石阶，先至铜柱关与铁柱关。沿山脊蜿蜒的城墙从铁柱关一直修到铜柱关，站在铁柱关上可以俯视深深的沟谷。二关均由巨石砌就，双重券顶，彼此相距不远，易守难攻，构成海龙囤第一道防线。上方不远即海龙囤景点入口处。收票小伙子主动说，你们是远方来的客，一个从日本来，一个从北京来，就不用买票了（票价12元）。

图16　铜柱关

◆ 清朝遗迹的调查 ◆

图17 铁柱关

过收费站，转过一道弯，陡坡上出现一段巨大陡峭的阶梯上抵城关，即三十六级天梯。每级石阶高约半米，阶面长一米，十分难行。举目望去，天梯上面的城关正在维修。我们横穿过天梯石阶，转向另一侧的山道奋力攀登，不久至歇马台。（图18）

这时从山上下来一位少女，自我介绍叫刘小五，是山上导游。听说我们来到，急忙来迎，小刘姑娘很有灵气，嘴特别甜。管细谷先生叫爷爷，叫我"老师"。她曾在贵阳民族学院旅游专业（二年制），毕业后考取导游证，仍回到家乡，开发旅游。实际是新一代"回乡知识青年"。小刘姑娘是一位很敬业的导游，为钻研业务，她搜集了有关海龙囤历史的一些书籍，有《遵义县文物志》、明人李化龙著《平播全书》、明万历名衢逸狂演义《征播奏捷传》。为我们了解当地历史提供了宝贵信息。小刘姑娘还信誓旦旦地说，在平播之战中，有一些日本兵参与明军一方。此说对我和细谷先生无异于天方夜谭。但回到北京后翻检《海龙烟云录》，内有文德政撰《平播有日本兵参战》一文，引《剑桥中国史》第7卷《明万历晚

◈ 西南地区考察：重庆—泸州—自贡—遵义—贵阳 ◈

图 18　天梯

期三大征》一节，称1598年日本关白丰臣秀吉意外病故，延续七年的朝鲜战争结束，明军带回日本战俘600余人，其中200余人愿为明军效力，随即派往李化龙指挥的平播大军。[①] 午饭在小刘姑娘家开的"农家饭"。

离开歇马台，继续向上攀登，沿着碎石铺成的崎岖山道至飞虎关。关在巨崖之上，下临深渊，巍然屹立，构成海龙囤第二道防线。沿山路上行至飞龙关。关顶有三座拱券和两道月亮门，前后两道城门构成双重防御。关前百丈深渊，当地人称"杀人沟"。"飞龙关"门额出自杨应龙手笔，上款题"唐太师守播州三十代孙钦赐飞鱼服敕封骠骑将军杨应龙书"；下款为"皇明万历丙申年（万历二十四年，即1596年）月己未日王世芬立"。壮观的石建筑群酷似万里长城，穿过飞龙关（图19），至朝天关。门额亦出自杨应龙手

[①] 遵义市政协宣教文卫委员会：《海龙囤烟云录》，《遵义文史》2000年第6期，第269—270页。

469

◆ 清朝遗迹的调查 ◆

笔，上款题"唐太师守播州三十代孙钦赐飞鱼服敕封骠骑将军杨应龙书"；下款为"皇明万历乙未年（万历二十三年，即1595年）中吕月己卯日吉旦重建"。朝天关石墙高达10余米，用巨石砌成平座、立颊和双层拱券，坚实牢固。过朝天关至飞凤关。关屹立在囤的制高点上，设大门两道，前有照壁，内有两重天井，是一座阶梯式布局的石头城堡。关内曾立"骠骑将军示龙岩屯严禁碑"一通，是播州土司的重要文物。（图20、图21）

　　下午1时许，到达山顶，在小刘家吃午饭。

　　饭后，往观山上古庙名海潮寺，重点是镶嵌在庙内墙壁上的"骠骑将军示龙岩屯严禁碑"原物。古庙一侧有古井，数百年后，井水依旧充盈清冽。时间已迟，还有众多遗迹未能考察。下午近2时，开始下山。虽然说"上山容易下山难"，但下山速度明显快于上山，尤其是跟着滑竿，与其说是走不如说是一路小跑。近3时，抵达景点出发地。与抬滑竿小伙告别，返给230元脚费。4时，回至遵义市。

图19　飞龙关

图 20　朝天关

图 21　朝天关题额，上有杨应龙题刻

晚，与细谷先生在酒店外小吃一条街略进晚餐，啤酒、素炒洋白菜、牛肉炒米粉而已。

6月10日（星期四）遵义—贵阳，小雨

早8时，离酒店往最后目的地贵阳。仍租前日小张开的出租车。上午11时，到7天连锁酒店贵阳合群路店，位于市中心云岩区合群路三鑫大厦。

细谷先生大概因为头天劳累过度，加之晚餐在小摊上吃了不良食物（可能是劣质油），自清早起肠胃不好，一日未进食。进入酒店后一直歇息。我冒雨往贵州省博物馆参观。二楼历史民族展厅过于简陋，令人失望，展示了贵州省文化落后的现状。其中有关土司内容几笔带过，杨粲墓石值得一观，但究系原物抑或复制品，居然没有文字说明。一楼展厅设置堪称"独具匠心"，入口处是少数民族传统用物，展柜上还贴着禁止拍照的警示。由此往里走，里面大厅都是出售各种商品的专柜。里面的商品如蜡染、铜器、银饰，都很有地域和民族特色，价格不贵。

6月11日（星期五），小雨

早8时10分，乘国航CA4161航班，自贵阳返回北京。结束此次考察。

云南考察之一：昆明—大理—丽江—中甸—德钦

2007年3月10—22日，与细谷良夫教授和夫人在云南考察。考察重点是三藩之一的吴藩史迹，沿途还参观了其他一些文化历史古迹。

一　昆明

昆明是中国西南云南省的省会，地处云贵高原中部，南濒滇池，三面环山。属于低纬度高原山地季风气候，由于受印度洋西南暖湿气流的影响，日照长，霜期短，夏无酷暑，冬不严寒，四季如春，气候宜人，是久负盛名的"春城"。

3月10日（星期六），晴

阳春三月的昆明，气候比北京暖和许多。是日气温20多摄氏度，空气清新。

8时许，先往著名的世界园艺博览园。博览园位于昆明城东北隅金殿名胜区的南面，西接金殿名胜区，南连石碴山，北达七星山。1999年昆明曾举办世界园艺博览会，参展国家69个，国际组织26个。包含若干展馆、专题园和室外展区。

进入大门，迎面一条60米宽花园大道，中间花坛上装饰有"世纪花坛"，一艘巨型"花船"高高扬起白色风帆，在花海中正蓄势待发。盛开的李树、桃树、茶树嫣红姹紫，令人流连。高山植物展厅、温带植物展厅、热带植物展厅内奇花异草不少,也有特色。

博览会隔壁就是金殿公园,内有吴三桂史迹。两个公园中间隔着一道山梁,可以乘索道车前往。

金殿公园位于鸣凤山(俗称鹦鹉山)上。鸣凤山山势嵯峨,"远则九龙奔朝,近则双凤联翼"。山上苍松翠柏,景色秀丽。我们乘索道上山,首先到达鸣凤山顶。山顶上有一巍峨钟楼,内悬巨型铜钟,钟铸于明永乐年间,据说重达14吨。登楼望远,可以眺望整个昆明市和滇池风光。

从钟楼下行,在山门处看到一口真正的乾隆时代铜钟。沿山道往下就到了金殿。据文献记载,金殿建于明万历三十年(1602)。云南东川等地产铜,每年要将铜运往湖北铸钱。后因战乱,运输一度中断,在鸣凤山道长徐正元请求下,巡抚陈用宾仿湖北武当山的铜殿,冶铜铸殿,供奉"北极真武大帝",取名"太和宫"。崇祯十年(1637),铜殿被巡抚张凤翮移往大理宾川鸡足山(已毁)。清初平西王吴三桂统治云南,于康熙十年(1671)重铸铜殿。如今,在铜殿大梁上还清晰地保留着"大清康熙十年,岁次辛亥(1671),大吕月(阴历十月)十有六日之吉,平西亲王吴三桂敬筑"等字样。(图1、图2)

铜殿被称为金殿,坐落在大理石栏杆围绕的平台上,仿木重檐歇山式建筑,门窗用镂空和浮雕方法,刻铸龙凤草纹、锦绣图案。瓦当、滴水均雕云龙纹,殿门为隔扇,裙版雕麒麟、凤纹、云龙纹等。[1] 殿内供精铸真武帝君像,金童玉女侍立两侧。铜殿圆柱亦用铜铸。铜殿总重250吨,是全国最大铜殿。

殿旁竖立古碑数通,有康熙十一年(1672)《相度山真武宫买田碑记》,记录吴三桂部下李应魁等买田施舍给真武宫(太和宫)的事迹,内容包括施舍的数额、坐落、四邻,施舍者职衔和姓名,是研究吴三桂集团宗教活动与人员构成的史料。另有康熙二十四年

---

[1] 邱宣充等编著:《云南文物古迹大全》,云南人民出版社1992年版,第21页。

❖ 云南考察之一：昆明—大理—丽江—中甸—德钦 ❖

图1 金殿

图2 殿顶"亲王吴三桂"的题名

(1685)《斗母宫常住碑记》和两通明万历古碑，对研究金殿和当地历史也有参考价值。金殿周围石栏上雕《二十四孝》图，技法娴熟。

从金殿下行，来到吴三桂与陈圆圆展馆，馆内展出七星宝剑、吴三桂大刀、龙袍等物。七星宝剑据说铸于康熙十年（1671），剑身两面镶七颗铜星，原悬真武殿内。是金殿中真武大帝的镇山法宝。吴三桂用过的大刀，刀长2米，刀尖如锥，双龙护刃，重12公斤。吴三桂龙袍。清朝皇帝服九龙袍，吴三桂受封亲王，服五龙袍。大刀和龙袍是否原物，不得而知。又，吴三桂龙壶，质地普通，壶底有一"周"字。康熙十二年（1673）吴三桂反清，后兵败湖南洞庭，匆忙在衡阳称帝，国号"周"，年号"昭武"。（图3）

图3 吴三桂龙壶

展馆用绘画形式反映吴三桂在昆明时的一些事迹，如康熙十年（1671）在鸣凤山重铸金殿；康熙初年，下令疏挖由昆明城小西门至近华浦通滇池草海的运粮水路，使之成为河道，称运粮河，即今之大观河；康熙七年（1668），吴三桂将圆通寺山门南移百步，在圆通街南、山门内建圆通胜境牌坊，同时在四方大水池中筑岛，岛南北用石桥相连，岛上建重檐八角弥勒殿，使圆通寺成为"水院佛寺"。

我们自山上拾级而下，经三天门、二天门、一天门出西门。直逼山脚，全是新竣工的别墅。时间尚早，驱车赶往滇池。

滇池位于昆明城西南，又叫昆明湖，古称滇南泽，是云南省面积最大的高原湖泊，也是全国第六大淡水湖。滇池曾有500里，现在南北长约40公里，东西宽约八公里，总面积300平方公里。有南盘江、宝象河等20多条河流注入滇池，出水口在海口，流入螳螂川、普渡河后又汇入金沙江。滇池东西有金马、碧鸡二山夹峙，南北有蛇、鹤两山遥遥相望。四周风景名胜多，如果乘船出游，烟波浩渺，美景迷人，使人如入画中。滇池原先盛产鱼虾，是天然的养殖场和水库，近些年污染严重，虽花大力气治理，效果并不显著。

晚上回到市内，云南大学方铁先生来会，还有与他一起插过队的好友魏罗罗。魏罗罗是当年知青大返城时的请愿首领，有不少生动的故事，可惜没时间与他们细聊。昆明有不少当年的插青，至今还没有反映他们历史的书籍，罗希望以后有机会合作。

方铁在席间提供了几条信息：南明永历帝殉难处纪念碑在翠湖公园附近山坡上；云南民族出版社出版的《云南碑刻》一书，有不少明清资料，可以参考；李定国纪念碑在勐腊，他和马大正先生去考察过。他还提到，昆明市正在开挖旧莲花池，历史上陈圆圆曾在此居住，早无遗迹，现在重修，不过是造一些假古迹，以发展旅游。9时30分，与细谷先生和夫人返回宾馆。

3月11日（星期日），天气晴好

晨8时往石林。石林位于昆明东南石林县（原路南县）境内，距昆明86公里。路途近2小时。

石林景区由大小石林；乃古石林等景区组成。

◆ 清朝遗迹的调查 ◆

　　石林，顾名思义就是石头的森林。云南石林石峰攒聚，石笋丛集，如剑戟插空，莽莽苍苍，犹如片片林海。石林是一种特殊地貌，一般叫岩溶地貌，也称喀斯特地貌。"喀斯特"是南斯拉夫西北部石灰岩高原的名称，那里有发育典型的岩溶地貌，即碳酸盐岩石受水溶解而发生的各种溶蚀现象，并形成各种特殊地貌，如石林、石峰、石芽、落水洞、地下河等。喀斯特地貌在云南、贵州、广西、广东、福建、四川等省都有分布，其中发育最好、形状最美的当数云南石林。

　　大石林是石林风景区的主体。北面有清澈宁静的石林湖。湖畔峰石参差林立，湖中耸立着一块巨大石峰，人称"出水观音"。石林湖是个人工湖。沿湖左行，就到了狮子池，池上方有狮子亭。狮子亭位于石林最高处，海拔1778米。站在狮子亭可远眺石林全景。

　　再前行，到达"石林胜景"，是代表性景点，也是进入石林迷境的必经之处。正前方石屏上镌刻着"石林"两个鲜红的隶书大字。1931年，云南省主席龙云视察路南水利，途经此地，看到石峰如林，欣然命笔写下"石林"二字，后来被刻于此处一巨大石柱上，并成为石林的标志。两旁，摩崖石刻琳琅满目："天下第一奇观""群岩涌翠""天造奇观""异景天开""南天砥柱""大气磅礴""万峰朝天"……

　　沿着石林小径前行，到了景点"千钧一发"。两列高耸的石峰构成一道天然石门，顶上夹悬一块巨石摇摇欲坠，令人心悸。其实，它已历经无数次地震考验，仍稳稳当当地夹在石缝中间。峰回路转，来到如厅似屋的"且住为佳"崖洞，厅内有石桌、石凳，石栏外有水一泓，是小憩纳凉的好地方。过此，顺右边小路往莲花峰。莲花峰雄踞剑峰池旁，高出水面30余米。峰顶巨石横卧，石片上翘，宛若盛开的莲花。登上莲花峰，俯瞰四周，沟壑纵横，如无底深渊，群峰攒列，游人仿佛坐在刀山剑丛之上。

　　"剑峰池"是石林最低的地方。池的四周群峰高耸，密如刀丛。池中一块石峰，上题"剑峰"两字。相传以前石峰直指青天，似一锋利宝剑，后为地震震波所及，剑尖折断，只剩剑柄。剑峰池池水若隐若现，蜿蜒于石缝间。抬头蓝天一线，白云朵朵；俯瞰池水，天光云影，石峰倒映。

再往前，至望峰亭。登上亭，大有"一览众山小"的感觉。这里可俯瞰石林全景。景色变化，神奇莫测；妙趣横生，令人目不暇接。

大石林岩壁上时有题刻。"极狭通人"，取自陶渊明《桃花源记》"初极狭，才通人"，用在此地贴切有趣；"无欲则刚"，出自林则徐的诗联"海纳百川，有容乃大；壁立千仞，无欲则刚"。这些题刻隐喻似谜，给人以联想。

小石林位于大石林东北，它不像大石林岩石连片，却也风姿绰约，异彩纷呈。最有名的是玉鸟池畔的一座颀长高挑的石峰，从侧面看俨然一位风姿绰约的少女，身背竹篓，远眺前方。她被誉为撒尼长诗《阿诗玛》主人公"阿诗玛"的化身。"阿诗玛"是彝语，译成汉语便是金子般的姑娘，美丽、善良。传说在美丽的阿着底，阿诗玛如朝霞般明亮，似太阳般灿烂。凶残的财主热布巴拉强行拖走了阿诗玛。她的心上人阿黑哥历尽千辛万苦把阿诗玛救出来。当他们来到石林脚下时万恶的热布巴拉勾结恶魔泛起洪水，冲散了这对忠贞的恋人。洪水中，阿诗玛化为一尊石像，屹立于小石林中的玉鸟池畔。

到西南，最流行的小吃就是米线。下午1时，在公园附近小食店吃了20元一碗的"过桥米线"。

云南米线有很多种，过桥米线是做工比较复杂的一种，先用滚鸡汤泡熟配菜，再泡米线。

米线是一种古老食物，古烹饪书《食次》中，记为"粲"。"粲"本意为精米，引申义为"精制餐食"。齐民要术中谓"粲"之制作，先取糯米磨成粉，加以蜜、水，调至稀稠适中，灌入底部钻孔之竹勺，粉浆流出为细线，再入锅中，以膏油煮熟，即为米线。又因其流出煮熟，乱如线麻，纠集缠绕，又称"乱积"。至宋代，米线又称"米缆"，已可干制，洁白光亮，细如丝线，可馈赠他人。陈造《江湖长翁诗钞·旅馆三适》曰："粉之且缕之，一缕百尺缰。匀细茧吐绪，洁润鹅截肪。吴侬方法殊，楚产可倚墙。嗟此玉食品，纳我蔬籔肠。七筋动辄空，滑腻仍甘芳。"又有徐南卿《招饭》诗句"米缆丝作窝"，可见其时米线干品为鸟窝状，与如今昆明所制干米线如出一辙。明清时，米线又称"米糷"。宋诩《宋氏养生部》曰："米糷，音烂，谢叠山云：'米线'。"制法有两种。其一，"粳米甚洁，碓筛绝细粉，汤溲稍坚，置锅中煮熟。杂生粉少许，擀使环节，折切细条，暴躁。入肥汁中煮，以胡椒、施椒、酱油、葱调和"。其二，"粉中加米浆为糷，揉如索绿豆粉，入汤入釜中，取起"。如今云南米线制作仍有两法：其一，取大米发酵后磨制而成，俗称"酸浆米线"，工艺复杂，生产费时，然筋骨好，滑爽回甜，有大米清香，为传统制法；其二，取大米磨粉后直接放在机器中挤压，靠摩擦的热度使其糊化成型，称为"干浆米线"，晒干后即为"干米线"，方便携带储藏。食用时再蒸煮涨发。干浆米线筋骨硬、咬口、线长，但香不及酸浆米线。云南人把米线的吃法发挥到了极致：烹调方法有凉、烫、卤、炒；配料更是数不胜数，大锅米线还有焖肉、脆哨、三鲜、肠旺、炸酱、鳝鱼、豆花等。米线凉拌而食，称凉米线，在云南十分风行。有民歌曰："米线摊上最热闹，辣子酸醋加花椒。一堆阿妹吃米线，嘴巴辣得吹哨哨。"

吃罢米线，回返昆明，下午去翠湖公园。位于昆明市五华山西麓螺峰山下，原名菜海子。因湖东北曾有九个出水泉眼，又名"九龙池"。昆明翠湖水光潋滟，绿树成荫。正逢樱花满开的时节，因免费入园，又是星期日，人群密集，载歌载舞，赏花的、下棋的、带孩子的、当然也少不了算卦的……

明时镇守云南总兵官沐英曾在翠湖建别墅。当时湖面宽阔，与滇池相通。清初，盘踞云南的吴三桂填湖修筑王府，他的孙子吴世瑶又把西部辟为花园，翠湖面积锐减。康熙年间，云南巡抚王继文在湖心岛建"碧漪亭"，在北岸建"来爽亭"，这里渐成游览的景区。道光十五年（1835），云贵总督阮元倡捐修葺翠湖，建放生池之观鱼楼，同时筑南北长堤，贯通湖心岛，称"阮堤"。

云南考察之一：昆明—大理—丽江—中甸—德钦

到1867年同治帝御赐"妙莲涌现"匾额时，翠湖已成佳景。诚如凌士逸在莲花禅院的对联所云："十亩荷花鱼世界，半城杨柳佛楼台。"联中所讲的荷花、游鱼、杨柳、楼台，就是翠湖景观的主要特色。

翠湖鱼多，建有观鱼楼，观鱼楼挂着一副清代黄奎光写的对联："有亭翼然，占绿水十分之一；何时闲了，与明月对饮而三。"此联写得情景交融，洒脱超然，堪称名联。观鱼楼四周亭台参差，回廊蜿蜒，飞檐翘角，金碧辉煌，其间小桥流水，杨柳依依，具有浓郁的江南园林特色。

每年冬春时节，上万只西伯利亚红嘴鸥翔集翠湖，红嘴鸥体羽白色，眼后有黑斑，两翅和背部灰色，嘴红脚红。是一种俊美的候鸟。在空中或水上成群飞翔觅食，速度极快。成千上万的人投食喂鸥，成为一特色景观。

出翠湖公园往东，在翠湖宾馆往南，紧邻昆明市妇幼保健院北侧，路西儿童游乐园内，找到南明永历皇帝殉难处（昆明五华区）。永历帝朱由榔，是南明史上的一位重要人物。明朝末年，李自成、张献忠领导的农民军席卷大江南北。李自成入北京，推翻了明朝统治。明山海关守将吴三桂有小妾陈圆圆，被李自成大将刘宗敏霸占，吴三桂一怒之下投降清朝，勾结清军入关，"痛哭六军皆缟素，冲冠一怒为红颜"，联合清军，共同镇压农民军。

李自成被清军击败，由反明转向抗清。与此同时，明王朝在江南的一些官员，为维持半壁河山，先后拥立明王室后裔福王朱由崧、唐王朱聿健、鲁王朱以海，相继失败。清顺治三年（1646），又拥立桂王朱由榔于广东肇庆，次年以永历为号，是为永历帝。顺治十三年（1656）初，原农民军张献忠部将李定国等，将永历帝护迎至昆明。李定国治军严明，云南暂时得以安定。永历帝下令举行乡试，开科取士；改铸铜钱"永历通宝"，便于流通；以"扶明"为口号，聚集抗清力量。昆明一时成为抗清的重要基地。

顺治十五年（1658）底，清军三路入滇，集于曲靖。永历帝召集群臣问策，李定国建议"南走，缓出粤西，急入交"；刘文秀（战死）遗表"请入蜀"；沐天波则主张走滇西，急则退入缅甸，缓则据守两关，或可仿南诏、大理图谋一方。永历帝倾向后者，遂率军西走，越兰津，过腾冲，入缅甸。被清廷封为平西王的吴三桂带领清军穷追不舍。康熙元年（1662），缅王迫于压力，将永历帝及其家属送交清军带回昆明。永历帝被囚于金蝉寺。四月末，吴三桂拟杀害永历帝，有人说"彼亦曾为君，全其首可也"。吴三桂令部将进帛。永历帝与太子等，被迫自缢于五华山西侧篦子坡金蝉寺，民间以谐音称之为"逼死坡"。李定国于中缅边境闻此凶耗，悲愤而亡。

逼死坡即今五华山西路大坡，踞原吴三桂王府旧址不远（现省政府内，已踪迹全无）。辛亥革命胜利后，蔡锷等以"三迤士民"的名义，在"逼死坡"建"明永历帝殉国处"石碑。碑文为正楷书。

我已是第二次来此凭吊，殉难碑就立在五华山坡最高处马路边的一个小游乐园内。市民们很少有人知道永历帝是谁，他们终日操劳，似乎也无暇去关心。永历帝为政昏庸，死得也很窝囊，却偏偏生就一副帝王相，时人描述他"面如满月，须长过脐，日角龙颜，顾盼伟如"。连吴三桂麾下满洲勇士见了，都认为是"真天子"，密谋劫狱，事泄，四十余人被诛，其中为首者臂力绝人，骑射为满洲之冠。[①]

后人到此凭吊，难免要产生一些联想？像吴三桂这类人物，对明朝不忠，作为清朝"贰臣"降而复叛，在历史上终究难逃"汉奸"的定性。从古至今，汉奸就是汉奸。现在总有一些"学者"，基于某种需要为汉奸招魂，为汉奸鸣冤，甚至做翻案文章，说他们顺应了历史上什么"潮流"。一个历史人物，如果连一点气节、一点忠孝节义都不讲，为了一己私利出卖民族利益，完全悖离人类道德底线，遗臭万年是必然的。

---

① 刘献廷：《广阳杂记》，中华书局1957年版，第140页。

◆ 云南考察之一：昆明—大理—丽江—中甸—德钦 ◆

图 4　明永历帝殉国处碑

4 时许，前往圆通寺，大门已闭，只好改天再往。

二　大理、丽江

3 月 12 日（星期一）天气晴好，乘南方航空公司 10 时 40 分航班离昆明机场，30 分钟后抵达大理。

出机场，一群司机蜂拥而上争着拉客，看到一位身材坚实、面貌黧黑、貌似北方汉子的司机，站在路边，显得面善，尽管是辆旧车，还是上了他的车。司机姓孟，为人很爽快。他已有 20 多年车龄，什么车大小都开过，我很快跟他讲妥，就租他的车往丽江、中甸、德钦，来回 4 天，每天 500 元。本日 150 元半天。

往大理旧城途中，我问他是哪里人，他说是山东。话匣子一打开，我们竟欣喜地得知，他家是孟子后裔，明末闯关东，到山海关成了吴三桂部下。他说，听老辈讲，吴三桂本来要投降李自成了，但李自成部下大将刘宗敏把他爱妾陈圆圆霸占了。吴三桂一怒之下

清朝遗迹的调查

转投了清军。以后吴三桂镇守云南，他的先世也随同来到此地。在云南姓孟的并不多，且分散各地。巧就巧在我和细谷先生都是研究清史和满族史的，细谷先生更是对吴三桂等"三藩"问题深有研究。吴三桂在云南遗迹并不多，是日能与吴三桂部下后人邂逅，实在巧极，也可以说是缘分。细谷先生听罢他的介绍，高兴极了。孟的祖辈给吴三桂当兵，他父亲是解放军，他本人也当过三年汽车兵，到现在还是凭这本事吃饭。我说，下来咱们一定要照张相，找不到吴三桂足迹，跟他部下的后人聊一聊也算不虚此行。

在孟师傅导引下，参观了弘圣寺塔、元世祖平云南碑。两处正在维修，碰巧中午无人，乘机进去观赏。

弘圣寺塔为大理国时佛塔，为十六级密檐方形砖塔，其上自十一层起逐层收分，总体呈抛物线形，又称一塔寺。

元世祖平云南碑，立于大理古城西三月街。元大德八年（1304）年立。由碑额、碑身、碑座三部分组成。碑通高近6米，碑额为半圆形白色大理石质，浮雕云龙，中刻"世祖皇帝平云南碑"二行八字。碑身黑色，碑文在《新纂云南通志》《大理府志》《大理县志稿》均有记载，追述元世祖忽必烈平云南及广设郡县的经过。

三塔位于大理古城（今中和镇）西北2公里苍山应乐峰下，为南诏、大理国时期佛教建筑。其中最高主塔叫千寻塔，为密檐式方形空心砖塔，塔顶有铜制覆钵，造型与西安小雁塔相似，为唐代典型塔式。

塔基座呈方形，分三层，四周有石栏，栏的四角柱头雕石狮。其东面正中有石照壁，上有明朝黔国公沐世阶题写"永镇山川"四个大字。《徐霞客游记·滇游日记八》记载："是寺在第十峰之下，唐开元中建，名崇圣。寺前三塔鼎立，而中塔最高，形方，累十二层，故今名为三塔。"三塔塔身通体抹石灰，犹如三支玉笔擎天，故又名"三文笔"。三塔南有湖，状如葫芦，无风时节，三塔倒影在湖面上，景色绝佳。

宝塔这种建筑，源于印度，原为僧侣墓穴，梵名"窣堵波"。

在中国的诗文中译为"浮图"或"塔陀"。千余年来，三塔几经沧桑，历尽风雨剥蚀和多次强烈地震，仍然巍然屹立。寺内有《重修崇圣寺塔记》碑，乾隆辛亥年大理知府铁岭人杨长桂撰。杨为汉军旗人。

与前次相比，三塔显得更加堂皇，周围还增修了"御花园"之类。许多游人只在院外照几张相，院内游人很少。（图5）

图5　三塔

接着驱车赶往喜洲。喜洲镇位于大理洱海湖畔北端。据说早在南诏古国迁移到洱海之前，这里就是大理白族先民"河蛮"的聚居地。到唐代，成为南诏国的军事要塞。喜洲地理环境适中，明清以来一直是西南地区的商业贸易重镇。喜洲人以擅长商贸出名，著名的"喜洲商帮"影响遍及东南亚。

喜洲镇保存着很多白族传统民居。从布局上看是典型的"三坊一照壁"及"四合五天井"。有的独成一院，有的一进数院，平面呈方形。造型为表瓦人字大屋顶，二层重檐；主房东向或南向，三间或五间，土木砖石结构，木屋架用榫卯组合，一院或者数院连接成一个整体。

白族民居特别重视照壁、门窗花坊、山墙、门楼的装饰。建房时，首先在朝东建一堵墙壁，让早晨的阳光最先照耀在这堵墙上，给全家带来幸福和吉祥，所以将这堵墙称为"照壁"，又称"风水壁"。照壁多为一高两低的挑檐飞角青瓦盖顶的墙体；居主房正前，连接两厢山墙，使三方形成封闭庭院。照壁正中以石灰粉刷，书以四言题字，或嵌大理石屏；四周镶勾出扇面、长方、圆形等图案，中间用水墨或水粉彩绘图画。

门窗多用云木、红椿、云杉等名贵木材，上雕金鸡宝贵、喜上眉梢、麒麟呈祥等吉祥图案，技法多为透雕或圆雕。山墙用白灰粉刷，上端用水墨绘以云纹、如意纹、莲花、菱花纹等作为装饰。大门座用青石凿成，砌出棱角分明的基座，上架结构严谨、雕刻精细、斗拱出挑、飞檐翘角的木质门楼。

喜洲镇镇子不大，有七条青石铺地的道路通向镇子中心。全镇以严、董、杨、赵四大家族最具代表性。我们参观了严家大院（喜洲富春里3号）。严家大院位于镇中心，院内青石铺地，建筑全部为砖木结构，雕梁画栋，十分气派，是清末民初滇西著名商号"永昌祥"严氏老板所建。严家是茶马道上的巨商，民国时后人做了几任县官，有钱有势有权，家中挂着蒋介石、龙云题写的字幅。

严家大院一进三院的格局。北边两院为白族传统民居"三坊一照壁"，南院为西洋式楼房，据说最后一代严氏娶了一房法国姨太太。

如今的严家大院显得破旧不堪，正在进行维修。据孟师傅介绍，严氏爱国，"二战"时自己出钱，给每位国军官兵买白药疗伤，影响很大。这样一个大家族，在当地已经没有后人，据说已移民加拿大。

作为大理旅游的一个热点，门票卖到50元。大院内现有白族三道茶表演，游客们一边欣赏白族舞蹈，一边品尝普洱茶。出于好奇，我们也进去领略了一番。三道茶指的是"苦茶""甜茶""回味茶",含义上寓以人生为"一苦""二甜""三回味"的哲理。

离开喜洲镇,回到大理古城。古城东临洱海,西枕苍山。现存城池,是明洪武十五年(1382)在南诏、大理国都城旧址上修建。砖表石裹,四门各建城楼,南门曰承恩,东门曰通海,西门曰苍山,北门曰安远,四隅有角楼。明初,在大理设"卫"。清代,云南提督驻大理,设迤西道、大理府,康熙时提督偏图,将南城门移至双鹤桥前,周长扩大为十二里。古城为棋盘式建筑,城内从南至北有五条街,从东到西有八条巷。(图6)

图6 大理古城

城中最重要的史迹是杜文秀大元帅府。(图7)

杜文秀(1823—1827),字文焕,回族。清咸丰六年(1856)七月,杜文秀在太平天国影响下,宣布"遥奉太平天国南京之号召,革命满清"。起义从蒙化(今大理巍山)小围埂村开始,很快发展为滇西地区回、白、彝、傈僳、哈尼各族人联合的反清斗争。攻下大理城后,杜文秀自任"总统兵马大元帅",将原提督衙门改

◆ 清朝遗迹的调查 ◆

建为帅府，并将范围扩大，设午门、前殿、后殿、天子台、丹墀、偏殿、后宫、南北花厅。四周有城墙，皆砖石砌成，成为城中之城。随即东征，围困昆明，沉重打击了清政府在云南的统治。同治五年（1866）是大理政权极盛期，攻占城池53座。太平天国失败后，清政府抽调大量兵力镇压杜文秀。同治十一年（1872），清军攻破大理城，杜文秀服孔雀胆自杀。清军将其首级割下，解赴昆明邀功，尸体草草掩埋在大理下兑村东的荒地上。现有墓在原地，大元帅府则辟为大理博物馆。

图7 杜文秀大元帅府

博物馆内碑林，收集大理国时期至明清时期一百多通碑刻，是云南省最大的碑林，内容涉及历代政治、经济、文化、宗教、名人传略、风土人情。

如今的古城，越来越脱离古朴清醇本色，过度的旅游开发，导致商业气息的弥漫。其中的护国路，长1000米，宽7米，青石板铺路。因吸引众多外国人来此旅游、经商、定居，形成众多不同风味的店铺或酒吧,被称为"洋人街"。

傍晚6时左右,驱车赶往新市区下关,停车在洱海湖心岛(冬泳处)边,拍摄夕阳下洱海的胜景。沿湖正在大兴土木,修盖楼台馆所,真是在造孽啊……多好的水光湖色,同样难逃官商勾结追逐铜臭的破坏!在湖边一家饭店就餐,品尝新鲜的湖鱼、鲜嫩的水草、可口的螺蛳。

3月13日(星期二)晴

早8时驱车往丽江。上路不久,经上关村,路边一座古碉楼遗址,引起我们的兴趣。此地位于大理市北42公里,古称龙首关、龙口城,因苍山北为首,南为尾,以上、下相分,此处又称"上关"。

龙首关遗址东临大理洱海,西接苍山云弄峰,"襟山带海",地势险要,历来为兵家必争之地,是南诏拱卫首府的雄关要隘。唐玄宗开元二十六年(738),南诏王皮逻阁在唐的支持下兼并其他五诏,由蒙舍诏(今巍山)迁居太和城,建立南诏国后,为防御吐蕃南下侵扰,以龙首关作为南诏太和城北面关隘。此后,历代统治者对龙首关城重修加固。据传,元世祖忽必烈征大理时,派兵攻打龙首关,因地形险要,经几昼夜激战,没能攻下。原龙首关规模宏大,有东西南北城墙及南北城门楼,现仅存城墙、碉楼遗迹。碉楼极坚固,虽历经战乱、地震,仍存半壁,据说是用糯米汁浇灌。

中午,抵达丽江古城大研镇,坐落在玉龙雪山下丽江坝子中部,北依象山、金虹山,西枕狮子山,东南面为大片良田沃野。居民主要有纳西族。

漫步古城,眼前呈现出一幅古朴典雅幽静的画面。纳西风格的民居鳞次栉比,清清的溪流穿城过巷,一座座小桥如彩虹横跨小溪,排排垂柳在清风中摇曳。条条小巷弯弯曲曲,纵横交错,恍若迷宫。

丽江古城始建于南宋,距今约有800年历史。元初,世祖忽必

◈ 清朝遗迹的调查 ◈

烈南征大理，革囊渡金沙江进入丽江，曾在古城一带驻军整训。明初，古城街道已初具规模，至明末呈繁荣景象。大旅行家徐霞客记述古城："宫室之丽，拟于王者"，"民居群落，瓦屋栉比"，是其繁盛景象的真实写照。古城处于滇、川、康、藏交通要冲，是茶马古道的重镇。清初以来，商旅云集，各路马帮往来不断，大研古镇成为重要的贸易中转站。

据介绍，大研镇在土府时代不筑围墙，四周的高山可以作为天然屏障。丽江世袭土司为木姓，木字若加上框，即成为"困"字，木府因忌讳而不设城墙。

四方街、丽江军民府（木家院）是古城历史的见证。古城中心，由整齐繁华的铺面围成一块方形街面，称四方街。四方街街面宽广，主街有四条，向四周辐射。每条街道又分出许多小街小巷，街巷相连，四通八达。每条巷道，均由五彩花石铺就，雨季不泥泞，夏季无尘土，光滑平整。

发源于城北的玉泉河南流至城头双石桥下，分为西、中、东三条汊河穿城而过。每条小河又分成若干支流，穿街绕巷，入院过墙，流遍全城。条条街道见流水，户户门前有清溪。清澈的溪流为居民用水提供了方便。建于明清时代的三百多座大小石拱桥，跨于清溪之上，显得古朴而恬静。

木土司府简称"木府"，为丽江木氏土司衙门的俗称，始于元代。木氏原无姓，实行父子连名制，明洪武十五年（1382）明军入滇，首领阿甲、阿得率众归附，钦赐"木姓"。随明军征战有功，被朝廷任命为世袭土司府。明末崇祯年间，木府已占地百余亩，有近百座建筑，集纳西、白、藏、汉建筑风格为一体，门窗雕花彩绘，金碧辉煌。清朝推行"改土归流"后，木氏土司势力渐衰。近代以来，大部毁于兵燹。

近年来，丽江地方政府斥资重修木府。重修后的木府规模宏大，在中轴线上有忠义坊、议事厅、万卷楼、护法殿、光碧楼、玉音楼、三清殿、木家院等建筑。万卷楼耸立其中，两厢为纳西族民居建筑，相互毗邻，蔚为壮观。但新修木府在多大程度上还保持原状，就不得而知了。

午餐在古城内河水畔的一家小饭馆，点的特色菜有杜鹃花（生长在海拔2000米以上）、树皮（是一种生长在海拔4000米以上松树皮上的苔藓，状似蛤蟆皮，据说有清热美容疗效）、炖土鸡，味道鲜美。

图8　水畔人家

下午4时，驱车往眺玉龙雪山，天朗气清，阳光灿烂，云走蓝天。沿途有不少旅游点，但人造者为多。司机向我们推荐一处景点"大峡谷"，玩一遍人均花费约需400元，所以没去。

我们把车停在雪山附近开阔的大草甸子上，放眼望去，不能不惊异于玉龙雪山的壮丽。玉龙雪山雄峙于丽江城西北，南北长约35公里，东西宽约25公里，一共有十三峰，峰峰终年披云戴雪，似一排玉柱立地擎天，并肩耸立在金沙江东岸；又如一条矫健的玉龙，从碧空蜿蜒而来，腾跃于锦绣大地之上。

"丽江雪山天下绝，堆琼积玉几千叠。足盘厚地背擎天，衡华真成两丘垤。"这是元代诗人李京写的一首赞美玉龙雪山的诗。五岳之一的南岳衡山，海拔1290米；西岳华山，海拔只有2200米；玉龙雪山主峰海拔5596米，比华、衡二山高出三四千米。怪不得从中原来的李京，面对雄奇的玉龙山，要将衡、华二山比作两个小丘了。雪山山势高耸陡峭，成为世间很少几座尚未被人类征服的高山。

玉龙雪山，是一座巨大的天然水库。每当冰消雪融，山上流下来的雪水使丽江坝子周围的泉水喷涌出来。它不仅滋润了大地，使得粮丰草茂，还促成了丽江"家家流水，户户垂杨"的独特风貌。世世代代生活在玉龙山下的纳西族人，把玉龙山当作自己民族的象征和骄傲。

玉龙雪山山峰竞起，千姿百态，我们陶醉于他的雄奇，迷恋于他的神秘，从不同角度进行拍摄，久久不愿离去……

晚饭在古城内，食炒腊排骨，喝当地粮食酒。

三 中甸（香格里拉）、德钦、梅里雪山

3月14日（星期三），天气晴好

由丽江启程往德钦，途经长江第一湾。位于石鼓镇，距丽江县城70公里。在金沙江流转角处小山岗上，建有一通汉白玉雕成的鼓状石碑，石鼓因此得名。石碑直径1.5米，系明代嘉靖二十七年至四十年（1548—1561）间，丽江土知府木高向北进军西藏，得胜凯旋后立的记功碑。石鼓渡口江面宽阔，水势缓和，适于摆渡，历来为兵家必争之地。相传三国时期，诸葛亮平定南中，在此"五月渡泸"（金沙江古称泸水）；1253年，元世祖忽必烈又在此"革囊渡江"。

金沙江由北向南而来，直扑海螺山，受岩石阻挡，在石鼓急转调头向东北而去，形成"V"字形大湾，江面海拔1750米，岸上山顶海拔超过3000米，这就是著名的"长江第一湾"。（图9）

◆ 云南考察之一：昆明—大理—丽江—中甸—德钦 ◆

图 9　长江第一湾

金沙江过去出产沙金。明代丽江纳西族土司木氏曾动用人力在江边淘金，沿江居民也有很多淘金者，以至淘金成了江边的一种副业。又传说木氏在石鼓藏下了许多金银，当地民间流传一首谶语："石人对石鼓，金银万万五，谁能猜得破，买下丽江府。"所言"石人"，指沿江居民。

石鼓距中甸县城 130 公里。中午，在中甸（香格里拉）县城吃饭。中甸是迪庆藏族自治州首府，滇西北的重要门户，与西藏、四川交界。地处长江上游金沙江流域，平均海拔 3500 多米，属高寒山区。

1933 年，美国小说家詹姆斯·希尔顿出版了他的著名小说《消失的地平线》，书中展现了一片永恒宁静的土地——"香格里拉"。在藏语里，"香格里拉"意为"心中的日月"，代表着藏民向往的理想境界。1937 年，好莱坞根据希尔顿的小说拍成电影《桃源艳迹》，其中的主题歌《这美丽的香格里拉》传唱一时。也有人认为，"香格里拉"的原型是丽江。希尔顿从未到过中国，小说中的人物原型是美籍奥地利学者洛克。洛克在丽江生活了 27 年，希

◆ 清朝遗迹的调查 ◆

尔顿的创作灵感来自美国《国家地理杂志》中披露的洛克探险经历。云南中甸、德钦、丽江、丙中洛以及四川稻城均声称自己是香格里拉的背景地。直到1997年，云南省政府正式批准中甸改名为"香格里拉"。才平息了这场有关旅游资源的纷争。

饭后继续赶路，中途有白马雪山自然保护区。过金沙江不久，到达奔子栏镇，是茶马古道上的著名驿站。

过奔子栏往德钦，来到著名的"金沙江上第一湾"（又称澜沧江上第一湾）。公路边有观景台，过往车辆都在此停留供游客拍照。站在观景台上向江对面大山望去，金沙江形成一个"C"形大弯从山脚下绕过，大山中间一条公路穿过，犹如系着一道细细的腰带。司机说，江对面属四川德荣。这里比石鼓镇的"长江第一湾"更靠近上游，虽然没有陡急的大拐弯，奇就奇在，组成景观的三要素——山之轮廓、江之弯弧、路之曲线，都呈现出无懈可击的对称之美，令所有的观者连声称奇。

图10　金沙江河曲（金沙江第一湾）

云南考察之一：昆明—大理—丽江—中甸—德钦

向前翻越白芒雪山垭口（4210米），路面无雪，顺利下山，进抵德钦县城。

观察梅里雪山，最佳地点有两处，一处为雾农顶观景台，位于从中甸方向进入德钦的214国道上，距德钦县城约15公里，建有十三座白塔，地势比较开阔，便于观察。第二处飞来寺烧香台，位于德钦往西藏的214国道上，离德钦县城约11公里，当地藏民和过往行人多在此烧香祈福。

梅里雪山位于德钦县东北约10公里的横断山脉中段怒江与澜沧江之间，平均海拔6000米以上的山峰就有十三座，称"太子十三峰"。主峰卡瓦格博峰，海拔6740米，是云南第一高峰。峰形如一座雄壮高耸的金字塔，时隐时现的云海更为其披上一层神秘的面纱，被誉为"雪山之神"，位居藏区八大神山之首。每年秋末冬初，大批藏民千里迢迢，来此转山，焚香朝拜（转经）。时间少则7天，多则半月。梅里雪山属羊，若逢藏历羊年，转经人数剧增。（图11、图12）

图11 笼罩在云雾中的梅里雪山

◈ 清朝遗迹的调查 ◈

图 12 德钦县城

　　我们在雾农顶观景台停留片刻，按当地风俗烧香祈神，然后下山至德钦县城。县城地名升平镇，是云南海拔最高的县城，也是云南与西藏交界最北面的县城。房屋沿山谷分布，由一条主要街道贯穿起来。街上人来人往。这里历来就是连通西藏、丽江、大理以及缅甸的交通要道，马帮的落脚点，如今成为新兴旅游地。
　　晚上住宿飞来寺观景台（3500米）的一个小旅店，店内很冷，但窗户就面对着梅里雪山。

3月15日（星期四），小雪
　　起床后即发现天空飘雪，天地皆白，山峰被厚厚的云雾遮得严严实实。据说观赏梅里雪山的理想季节是五月或十月的春冬两季，最佳季节是十月底以后，天气晴朗，空气洁净，透明度高，常能看到主峰。其他时间，就只能凭个人的运气了。
　　我们远道颠簸而来，不辞劳顿，就是为了一睹梅里雪山的雄姿，不料昨天还是晴空万里，晨起却是漫天雪花，雪山之梦即刻破灭。天气很冷,一群藏民穿着棉大衣或皮夹克,点燃木头取暖。失望之余,到附近的飞来寺拜谒。飞来寺规模不大,寺内供奉太子雪山神。1986年10月,班禅大师曾到此烧香,朝拜梅里雪山,现立有纪念台。

观景台附近山坡上,立有中日登山队遇难队员纪念碑一通。1990年11月,中日组成梅里雪山联合登山队,1991年1月1—3日梅里雪山连降大雪,中方队员6人、日方队员11人在5100米营地待机。1月3日晚他们与大本营最后一次通话后突遭雪崩,17名队员全部遇难。部分遗体于数年后被放牧的藏民在主峰另一侧的大冰板发现。

卡瓦格博的险峻曾吸引许多中外登山者。然而,自20世纪初以来的历次登山活动却无不以失败而告终。1902年,英国登山队,首登卡瓦格博失败;1987年8—9月,日本上越山岳会因连续遭遇雪崩被迫放弃攀登;1988年美国克伦奇登山队攀登失败。接下来就是1991年中日联合登山队的全军覆没。惨剧发生后,中日登山队员不仅没有退却,反而更坚定了征服卡瓦格博峰、为遇难前辈复仇的决心。1996年10月,中日再次组成梅里雪山联合登山队,计划在12月初冲顶。12月2日,日本方面预报4—6日梅里雪山有大降雪,中国气象台发出同样预报,为避免再度发生惨剧,登山队被迫从前进营地下撤,12月8日撤营。

登山队一再失利,强化了藏民关于"圣山"的信仰,他们认为每一次雪崩,都是山神对亵渎者的惩罚,因此对连续的登山活动表现出越来越强烈反对。据说在梅里雪山下各旅馆和寺庙中,常能见到藏民停止攀登雪山的呼吁。1996年起,国家明令禁止攀登梅里雪山。至少在可预期将来,这座雪山仍将保持她的神圣。

上午10时,离开观景台,踏上返回丽江的路程。出乎意料的是,真正严峻的考验即将来临。刚刚通过德钦县城,还没上山,就听沿途司机说,山上正在下雪,车辆阻塞。我们反正没有退路,只能斗胆前行。越往上,路越难行,孟师傅开的是桑塔纳轿车,两轮驱动,最忌讳就是这种路况,车轮一旦打滑,极易滑落悬岩陡壁,

◆ 清朝遗迹的调查 ◆

造成车毁人亡惨剧。孟师傅连说，自己开过几十年的车，还是第一次遇到如此严重的险情。我们四人都揪着一颗心，胆战心惊，要知道，都是拖家带口之人啊。细谷夫妇不再打盹，我也有了精神。亏得孟师傅技术高超，使出十八般本事，一路翻山下坡，有惊无险，通过冰雪凝结的路段，由4000米左右高度下至2000米，前面终于又现通途。

下午2时，下至奔子栏镇，过去这里是茶马古道的要冲。吃过午饭，继续赶路。途经香格里拉（中甸）县城中心镇。镇子分为新旧两城，北为新城，南为旧城。中心镇公堂位于旧城大龟山下，俗称"藏经堂"，是过去藏族人议事、集会，举行宗教活动的场所，始建于雍正二年（1724），三层藏式建筑。

图13　藏经堂

北门街66号有一老屋称"阿布老屋"，据称建于明末崇祯七年（1634）。据墙上贴的当地旧报纸介绍：这一带过去是马帮集市广场，四周是店铺连成的四方街（同丽江的四方街规格用途一样）。

498

古宅为二层土木结构,坡形房顶,兼有藏、纳西、白族建筑风格。一层为柴房牲舍;二层为主人居宅,前有回廊,两厢有主房、客房、佛堂、火塘。仍保持藏式土砖碉楼的基本格局。全宅外环土墙,宅前有中庭。城中正在大兴土木,一通"茶马古道重镇"的石碑立在街心广场边,后面的小山上有一座寺庙,也不知是旧物还是新修或改造。

离开古城,沿途观赏夕照下的玉龙雪山,青峰竞起,直刺苍天,景象又与来时不同。晚9时,回至丽江。

图14 夕照下的玉龙雪山

这次征途,从内心感谢孟师傅。前日往,晴天万里,后日回,居然漫天飘雪。道路为之阻塞。什么叫"天有不测风云"?这次算真正明白了它的含义。孟师傅开了多年车,这种险况极少遇到。这次远行,本为观赏梅里雪山雄姿,希望破灭,失望而归,孰知途中遇险,平安而回,失望又化为庆幸。晚宿丽江,安安稳稳睡了一个舒坦觉。

四　重游大理

3月16日（星期五），晴

上午9时许，离丽江往大理。一路顺风，远望天空中朵朵雨云，仍沉浸在昨天通过险途的愉悦中。过上关，车近洱海岸边，我们在孟师傅的引导下顺便到湖边一游，湖边绿树成荫，湖水清澈见底，黑色的蝌蚪在水下嬉戏，阳光在湖面上泛起银光。远眺码头，人烟如织。据说乘游船一百多元，我们不花分文，在这人迹罕到处领略了大自然的慷慨。

午饭后往寻日本四僧塔。据记载，塔位于大理苍山龙泉峰麓的滚石坡。我们四处询问终于得知，四僧塔已被圈在新开发的"天龙八部影视城"内。影视城为了招徕游人，正在导演一出"段家小姐招婿"抛绣球的节目。我们看了几眼，兴趣索然。前行几步，见一群男孩子在跳狮子舞，倒是非常精彩。引来阵阵喝彩。

僧塔正在维修，塔身似磬锤，坐东向西，底座二层，每层六角形，中空，西面设塔门，虽经风雨剥蚀，基本完好。前立一白色石碑，用中日两种文字写着：明洪武年间，日本国僧人逯光古、斗南、机先、天祥等云游大理，学禅吟诗，留下中日文化交流的一段佳话。2005年初，日本影坛巨星高仓健和中国著名导演张艺谋在滇西拍摄《千里走单骑》电影之机，探询明代日本僧人寓滇的历史线索，得知大理人民600余年来精心保护僧塔，高仓健先生深受感动，诚心捐款，对僧塔再作修葺。高仓健曾是中国最有人气的日本演员，他所扮演的一系列男子汉角色深入人心，我也正是通过他的电影，领受到北海道苍凉雄浑之美。没有想到的是，高仓健在云南拍戏，还留下这么一段插曲。

明万历《云南通志》大理古迹条载："日本四僧塔，在苍山龙泉峰北间上，逯光古、斗南，余二人失其名，皆日本国人。元末（按，应为明初）迁谪大理，皆能诗善书，卒佛化去，郡人怜而葬之。"据说，这些日本僧人因受洪武初年宰相胡惟庸大案牵连，被流放大理客死异乡。在明初沐昂编纂《沧海遗珠》中，收有日本僧人的诗作。天祥有诗云："十年游子在天涯，一夜秋风又忆家。恨煞叶榆城上角，晓来吹入小梅花。"叶榆城即大理城。写得情景交融，意境清新，把游子忆家放在"一夜秋风"的典型环境下，耐人玩味。机先《梁王阁》云："碧鸡飞去已千秋，闻说梁王曾此游"，更是脍炙人口。①

如今的大理，城内外有不少人造假景，不乏游人，唯独此处真迹，却静阒无人。四个日本僧人于明朝初期辗转来大理，殁于此地。他们是如何长途跋涉，来到此地的，中间经历了哪些艰辛？到此地后，又是如何生活的？至少对我来说，这都是有趣的谜团。僧人墓（塔）经历种种浩劫，得以幸存，实属万幸。

辞别僧人塔，往观南诏德化碑。位于苍山佛顶峰下，1200多年前是南诏国国都太和城所在地，至今还有依稀可见的城墙。德化碑立于766年，相传为南诏清平官郑回撰。碑文主要颂扬阁逻凤的文治武功，并叙述了南诏、唐朝、吐蕃间的关系，表达了与唐和好的愿望。是大理最古老史迹，院内同样静寂无人。小姑娘特意为我们打开碑亭紧锁的大铁门，得以一睹真颜。院内还立有一通土地庙碑，文字漫漶，落款似有乾嘉字样，朝代不详。

五　景洪

3月17日（星期六），晴

10时5分，乘飞机赴景洪，45分钟后抵达。

景洪是西双版纳傣族自治州首府，位于云南省南部，东南与老挝相连，西南与缅甸接壤。有傣、汉、哈尼、布朗、拉祜、基诺、苗、佤等13个民族。西双版纳处于热带向亚热带过渡地带，多雨、高温、潮湿的气候环境，为各种生物的生长繁衍提供了良好条件。

---

① 李孝友：《云南最早的诗歌总集》，载《云南文史博览》，云南人民出版社2003年版。

这里是中国热带生态系统保存最完整的地区，素有"植物王国"美称。在密林深处，栖息着许多珍稀动物和禽鸟，以亚洲象、白腹黑啄木鸟、熊猴、绿孔雀最有名。

景洪，也叫允景洪，是傣语音译，意为黎明之城，或黎明的府。澜沧江犹如一条玉带从城市中央飘过，澜沧江大桥把南北连成一体。路两边长满挺拔的椰子树、槟榔树、油棕树、椰子树，形成一道道绿色长廊，展现出一幅幅绚丽多彩的热带风光，和浓郁的少数民族风情。景洪是傣族聚居区，至今保留着自己独特的语言、文字、风俗习惯、建筑特色、宗教信仰。男子爱穿对襟衣，妇女一般身材苗条，容貌秀美，再配上色彩艳丽、图案精美的窄袖短衣和花筒裙，给人一种亭亭玉立、姣美飘逸的感受。

至辉煌都畅大饭店，由当地上海知青代表吴庆根、居爱华接待。吴居盛情款待后赴市内西双版纳热带花卉园参观，热带花卉，多不能称其名者，姹紫嫣红，千姿百态，南国美景，令人目不暇接。随即，至澜沧江边游览。

跨过澜沧江大桥，向右拐进花园般的曼阁寨，就看到金碧辉煌的曼阁佛寺。佛寺周围，凤尾竹婀娜婆娑，高高的麻阁树亭亭玉立，菩提树、杧果树、槟榔树以及缅桂花、吊钟花、喇叭花等奇花异木交相掩映。

佛寺是小乘佛教在西双版纳兴盛时期建立，约建于傣历960年（1598），距今有近四百年历史。佛寺坐西朝东（据说这是释迦牟尼成佛时面向东方的缘故），由大殿、经堂、僧舍、鼓房、走廊、门亭组成，四周围以短墙，形成一座东西向的长方形寺院。

大殿雄伟壮观，是一座无柱式重檐三坡面建筑。殿内十六根红椿木圆柱，支撑起傣式大屋顶；殿檐立着十六头精雕细刻的小白象。整个大殿，无论梁架，还是斗拱，全部用榫相接，不用一钉一铆，造型美观。

进入大门，一尊4米多高的"帕召"（释迦牟尼）塑像立在中间偏右的佛座上。殿顶和四壁精工彩绘的金龙、白象、仙女、凤凰、孔雀等图案；每根梁上垂挂着一条条彩幡，彩幡上绣着神话故事和象征吉祥如意的各种动物图案，五彩缤纷，琳琅满目。据说长幡是佛祖赐予信徒死后升天的梯子，越长越吉祥。这些都具有浓厚的傣族风格。

据说，寺里保存着许多贝叶经。早先傣族没有学校，傣族男子在8—9岁时被送进佛寺里当和尚，通过诵读经文学习傣文的文化知识，佛寺起到了学校的作用。傣族把佛教传入的时间定为傣历元年（639）。佛教传入西双版纳后，受到原始宗教的抵制，到12—13世纪以后才真正立住脚，开始兴盛起来，各村寨陆续盖起佛寺。

大殿后面，一个巨大的牛皮鼓置于鼓房右侧。相传，每月逢七、八、十四、十五四天的傍晚，景洪坝子所有佛寺院一起击鼓鸣锣，是为了"镇住路南山上九千九百魔鬼"，因此鼓房就成为佛寺必不可少的部分。这也表明，在傣族信仰中，以万物有灵为基础的本地原始宗教，早已与外来佛教水乳交融在一起。

3月18日（星期日），多云转晴

8时许，驱车往勐腊。此行目的，寻访李定国祠堂。

勐腊县位于西双版纳东南边境，自古以来就是通向东南亚的通道。中、老、缅三国交界于南腊河汇入澜沧江处。澜沧江出境后即称湄公河，途经多国入海，故被称作一江连六国的"东方多瑙河"。

午后，达勐腊县城，一条南北大街，贯穿于山谷间，显得有些偏僻落后。我们在城南头一家小饭馆就餐，饭后，按在景洪宾馆网络查询的结果，寻找李定国祠堂。

李定国祠，又称"汉王庙"。是在明末农民起义将领、联明抗清民族英雄李定国墓的遗址上建盖的祠堂。

李定国，明末陕西省绥德县人，10岁参加农民军，被张献忠收为义子。随张献忠转战，17岁成为统兵2万的虎将，24岁受封"安西将军"。清顺治三年（1646）拥戴南明永历帝，封为晋王。《普洱府志》记载："顺治四年李定国入滇……后以永历帝兵败入缅，因攻缅再迎永历，遂由九江走景线，屯勐腊，欲由交冈走交

◆ 清朝遗迹的调查 ◆

趾，入广东。未几，闻永历讣至，于是哀愤成疾而死，时康熙元年（1662）六月二十七日也。"死前嘱将士，"宁荒外，勿降也"。

李定国病亡后，其余部与当地傣族共建一祠，称"汉王庙"以示纪念。傣族人对"汉王庙"，有一年小祭、三年一大祭之俗。每年多于阴历大年三十日举祭，百姓、头人乃至召勐（土司）均携祭品参加。祭品或以全猪一头或以猪头一个，上插竹筷作供，供品还有汤圆、糯米糍粑、水果、香烛。举祭时鸣炮三响，参祭人跪地，按汉族礼仪叩首跪拜。

据当地老人回忆，"汉王庙"原覆筒瓦，年久失修，后改用当地傣族惯用的缅瓦（挂瓦）盖顶，40年代末仍有草顶祠宇。庙内原有碑碣两通，后失其踪影。

按记载，"汉王庙"位于勐腊县城东北曼它拉路曼嘎村。我们先寻找曼嘎村，就在县城主干道往东北道路的南侧。临街门面房的后面，仍是典型的傣家民居，宽敞的双层木制建筑，灰瓦覆盖的坡型大屋顶，上层住人，四面围栏……问村里人祠堂何处，一问三不知，村子极大，杂居着不少外地民工和盲流。终于找到一个傣家，楼上一位衣装鲜丽的漂亮女子居然知道地址，叫她的小叔子骑摩托车在前引领。祠堂在马路北面——曼嘎村北的高坡上。坡上砌一平台，祠堂就建在平台上，宽约12米，进深13米。石灰与沙石相混三合土地面。山坡下一片稻田，据传就是昔日晋王练兵场。

祠堂外观应是傣汉式，高大宽敞，令我们大失所望的是，祠堂破弊不堪，里面空空荡荡，已无一点历史真迹。屋顶破损处，漏进一片片阳光。正面砌一土台，上面摆着几块脏兮兮的糯米团子，既不知是何人所献，亦不知献给何人？祠堂后的一根廊柱遭虫蚀几乎断裂，可知年代久远。我们推测，祠堂可能是民国初年建筑。

我围着大屋转了几圈，终于在门上看到"辉煌李将军"五个粉笔字，才敢确认这个破落不堪的老屋确实就是李定国祠堂。

下午2点30分，带着难以言表的心绪离开祠堂。5时，途经勐

图 15　李定国祠堂

仑镇热带植物园。植物园位于澜沧江支流罗梭江畔的葫芦半岛上，距景洪市 96 公里。由著名植物学家蔡希陶于 1959 年创办，全称中国科学院西双版纳热带植物园。园内栽培 1 万种国内外的热带植物，建有 35 个专类区。除了天然热带雨林，园内有许多珍惜品种，如从古巴引种的蛋黄果树，这种树结的果实形如鸡蛋，色如蛋黄，味如鸡蛋，故名；有闻乐起舞的风流草，会吃小昆虫的猪笼草，吃了能使酸变甜的神秘果；有治疗癌症的美登木，具有活血化瘀功能的龙血树，能见血封喉的箭毒木；有从国外引进的橡胶、腰果、咖啡、可可；还有油料植物油瓜、椰子；香料作物胡椒、依兰香，以及染料植物等。各种奇花异草，难以毕举。

8 时半，在茫茫夜色中回到景洪。

3月19日（星期一），多云转晴

上午休息，与细谷先生交换照片，研究下一步计划。下半年在新疆伊犁考察事；与细谷先生合作开展东北亚流域文化研究事；日后往西藏考察事等。

下午，参观曼听公园。公园位于景洪市东南（傣语中"曼"是村庄的意思，"听"，是种树栽花的意思），澜沧江与流砂河汇合的三角地，原是傣王御花园。进入公园大门，首先映入眼帘的是一座周恩来总理的全身铜像，其身着傣族服装，左手端水钵，右手持橄榄枝参加泼水。铜像左边是泰王国公主种的两株象征中泰友谊的菩提树。

公园东南角有享誉东南亚的西双版纳总佛寺。佛寺为一矩形大院，由佛殿、佛学院教学楼、在建的"波苏"（直译为莲花极顶亭）、僧房几部分组成。

大门一侧，有一摆着大鼓的平房，房内墙上绘有佛经图画，供数尊佛像。其中一尊佛像，从肩背部伸出龙头状手臂七只，从后向前搂住头颅。

北边正中为主体建筑大殿。殿基约高1米，色泽紫红，殿墙为乳白色，安有铝合金门窗。殿宇约高7米，砖木结构建筑。重檐状殿宇的宇脊为四级台阶形状，宇脊正中有三座小塔，形成殿宇的最高点。大殿门前是由红色木柱支撑的宇厦，殿门上方悬挂着赵朴初题写的"西双版纳总佛寺"匾额。殿内铺地毯，上方为荷花图案顶板。十四根红色木柱分立在大殿两侧。殿厅南面是供奉佛像的两台基座。台基座正中，供奉释迦牟尼金像。前后左右，又供奉各色佛像。基座之间，摆满插有各色鲜花的花瓶。

大殿左后方是正在建造中的"波苏"。大殿东北侧，是由中国佛教协会、云南省佛教协会和泰国友人投资修建的佛学院教学楼。东侧是僧房。

总佛寺历史悠久，是昔日西双版纳最高统治者——召片领（直译为土地之主或土地之王）和土司头人拜佛的圣地。现在，佛教信徒仍然将此寺视为拜佛圣地。

3月20日（星期二），多云转晴

早8时，出发往大勐龙。大勐龙位于景洪市南部，与缅甸接壤，被誉为"佛塔之乡"，主要有曼飞龙塔（白塔）、黑塔。

云南考察之一:昆明—大理—丽江—中甸—德钦

上午11时许,途经东风农场。东风农场属西双版纳农垦分局,场部驻小街乡曼景湾旁,距县城50公里。

到农场医院找到原上海知青戚院长,他吩咐政工干事小展领我们往寻农场龙泉公墓知青坟。公墓依山傍水,俯瞰宽阔的田野,原是一片香蕉树林,三年前修作公墓,散落各处知青坟集中到此,重新安葬。知青墓约有40座,都安排在"高档"的西区,以上海知青居多,其次是北京、四川、昆明等地知青。

图16 知青墓

傣族村寨边,建有各种形状的水井塔。水井的井罩建筑,颇具匠心,有的像华塔拔地而起,尖顶挂着串串银铃,清风吹来,发出悦耳声响,塔外壁镶着各式各样的镜片,在阳光照射下闪闪发光。有的东西两面是两头泥塑的白象,北面雕刻着交尾双龙,凤凰展翅,金鹿戏水。有的采用傣族喜欢的孔雀造型。

沿途所见,傣族竹楼很有特色。通常一楼一底,楼屋一般由堂屋、卧室、前廊、晒台、楼梯等组成。堂屋内为家人团聚、待客、炊饮之处。楼上有火塘,置铁三脚架供烹饪、烤茶,墙脚置炊饮碗架。与堂屋竹篱相隔，无床桌，铺垫挂帐于楼板，席地而卧。前廊位于楼口重檐之处，明亮凉爽，外檐处靠椅或铺席是白天乘凉、进餐、待客、纺织及做其他家务活动之处。晒台是伸出屋外的露天平台，是盥洗、晒衣、晾粮食的地方。储水罐置于晒台靠屋檐处。楼梯多木制。竹楼的屋顶为歇山式，多为草排铺盖，也有瓦顶的。竹楼不施油漆、彩画、雕刻，朴素无华，以形态风貌显示美感。

现在，许多傣族盖房改用水泥，建筑亦失去原有韵味。这种用钢筋水泥盖房子的做法几乎遍及全国各地，在边疆地区也不例外，而丰富多彩的建筑风格与式样随之消失，是一件应该引起高度重视的问题。

下午2时半至曼飞龙塔，即人们俗称的"白塔"。始建年代不确。《云南文物古迹大全》（第463页）说是清乾隆年间始建，《云南》一书称始建于傣历565年（1204）。而塔前的说明则说建于南宋。总之，确切的年代尚有待考证。

塔在曼飞龙寨北后山顶上，距景洪70公里，距大勐龙镇3公里，是西双版纳著名的佛塔群。有人把它叫作"笋塔"，形容群塔像春笋一样拔地而起；还有人因其洁白，唤作"白塔"。塔群建在山顶，为金刚宝座式，由八座子塔拱卫着一座母塔，塔基呈多瓣荷花状。主塔高约17米，小塔高9米，实心砖结构。每座小塔塔座里各有一佛龛。八个金色小塔顶上，各挂一具铜佛标，母塔尖上还有铜质"天笛"，山风吹来发出叮叮当当的响声。

接着，赶往3公里外勐龙镇黑塔。黑塔在镇边公路旁一座高坡上。我们沿大勐龙镇西边的一条新修山路拾级而上，天气极热，汗流浃背，连续攀登约20分钟到达山脊（通常要用半个小时），"黑塔"就在眼前。塔分七层，高18米有余，呈六面体，葫芦状，砖灰结构，实心群体。当初，整个塔身呈黑色，故人称"黑塔"。据说它比"白塔"修建时间还早，距今已有800多年历史。

3时20分开始返程。6时回到景洪，驱车往机场，乘往昆明的飞机。

六 返回昆明

3月21日（星期三），晴

上午9时，与细谷先生往圆通寺。圆通为观音法号，意为明白。寺位于昆明市北圆通街圆通山麓，最早建于唐代，迄今已有1200多年历史。宋宝祐三年（1255）毁于兵燹。元大德五年（1301）重修。清康熙八年（1669），吴三桂率军入滇，占据明朝皇帝建在五华山上的永宁宫，又大兴土木，重修圆通寺。首先是将山门移出百步之外的圆通街面，接着开凿放生池，池上建岛，岛上建八角亭。对大殿彻底翻修，顶柱上曾书写康熙年号。又增建牌坊。牌坊上"圆通胜境"四个楷书大字，据说是吴三桂手书。[①] 牌坊砖木结构，高10余米，与金殿的棂星门十分相似，颇有道家风格。棂星是中国古代先民崇拜的专门保护农业丰收的神灵。汉武帝时罢黜百家、独尊儒术，尊孔之风大盛，于是人们把棂星请入文庙，棂星成为儒家崇奉对象，棂星门成为文庙的重要标志。吴三桂将儒道之门修在佛地，尊崇三教的用意十分明显。此门用巨柱支撑，柱子两侧还用巨石加固。石上雕刻着仙鹿、狮子，生动活泼，栩栩如生。牌坊上彩画金龙、彩凤、仙鹤等吉祥物，以及南极仙翁、福禄、寿三星等。

圆通寺与其他佛寺的一个不同，进山门后不是上坡，而是沿着中轴线一直下坡，大雄宝殿位于寺院最低处。大雄宝殿又叫圆通宝殿。大殿正面内柱上，彩塑两条盘柱聆听佛祖讲经的飞龙，形神兼备，活灵活现，是佛寺中泥塑珍品。吴三桂重修大殿时，重塑观音、文殊、普贤"南海三圣"，两壁塑十观音及道教护法仙众。吴三桂死后，吴世璠又于后壁塑吴三桂、胡国柱（吴三桂女婿）、马保像。康熙二十四年（1685），蔡毓荣重修圆通寺，将吴三桂、胡国柱塑像拆

[①] 雷宏安编著：《云南宝刹圆通禅寺》，云南人民出版社1998年版，第11页。

◆ 清朝遗迹的调查 ◆

除，只留马保像（今仍在）。① 圆通寺现为云南省佛教协会所在地，又是昆明城内唯一的佛寺，常年游人众多，香火鼎盛。

图 17　圆通寺

图 18　圆通宝殿

---

① 邱宣充等编著：《云南文物古迹大全》，第 16—17 页。

云南考察之一：昆明—大理—丽江—中甸—德钦

大殿后有绝壁名衲霞屏，上有历代文人墨客的摩崖石刻。此屏高七八丈，广十余丈，顶端树荫覆盖，青藤缠绕。这块高大的石屏久经风雨侵蚀，露出许多五光十色的条纹，如禅师袈裟光彩夺目，又如东方彩霞绚丽多姿，因此被称为"衲霞屏"。屏上刻有康熙年间总督范承勋题写的"衲霞屏"三个大字[①]。（图19）

图19　范承勋题刻

离开圆通寺，往昆明市博物馆，不想正在维修。馆外广场两侧陈列着不少经幢，有碑林，其中禁止窃盗碑等较有价值。中午，往昆明机场，飞机1时10分起飞，4时20分到达首都机场。顺利结束此次考察。

[①] 范承勋（1641—1714年），字苏公，号眉山，自称九松主人，辽宁抚顺人，隶属汉军镶黄旗。大学士范文程第三子，福建总督范承谟之弟。康熙二十三年（1684），举廉吏，擢内阁学士。二十五年（1685），擢云贵总督，历官至云贵总督。三藩之乱时，督运粮饷于湖广、云南，有功劳。三十三年（1694），迁都察院左都御史。三十八年（1699），任兵部尚书，加太子太保。七十三岁，卒。

云南考察之二：昆明—瑞丽—梁河—腾冲—和顺

2007年12月3日至10日，我参加研究室与云南大学历史学院合办的"晚清政府与社会各阶级学术会议"，顺便继续历史遗迹考察。考察的重点为三藩史迹、土司衙门。同行有姜涛、韩志远、刘俐娜、李细珠、崔志海、任智勇、马平安。

12月3日（星期一），晴

上午8时零5分，乘南航航班CZ3901，北京—昆明。11时45分到昆明机场，方铁、邹建达接，入宿云南大学留学生楼。下午，老姜等往石林，我和志远前往参观筇竹寺、翠湖海鸥、云南讲武堂、云南大学内贡院。

筇竹寺位于昆明市西郊玉案山上，距昆明市中心18公里。寺坐西朝东，沿中轴线主体建筑四进三院，山门、天王殿、大雄宝殿等建筑依山势布局。

据郭文《重建玉案山筇竹禅寺记》：唐代贞观年间，南诏鄯阐侯（昆明的最高统治者）高光、高智兄弟在昆明西山狩猎，追一犀牛到玉案山北壑忽然消失，云雾缭绕中，有形象怪异、鹤发童颜一群僧人，近前又无踪影，只留下几支插在地上的筇竹杖，用手去拔却拔不起来。第二天再去看，却已"枝叶森然"。兄弟惊异不已，后觉悟到这是神灵启示，这里是灵山圣境，遂在此建筇竹寺。筇竹寺中有一副对联讲的就是这个传说："地座灵山，白象呈祥，青狮献瑞；天开胜境，犀牛表异，筇竹

◆ 云南考察之二：昆明—瑞丽—梁河—腾冲—和顺 ◆

图1 筇竹寺

传奇。"①

筇竹寺是中原佛教禅宗传入云南的第一寺。郭文《重建玉案山筇竹禅寺记》又记宋末元初雄辩法师在筇竹寺始倡滇之禅宗："前元既一，南诏鄯阐人有雄辩大师者，以奥学宏器，归自中华，始倡讲宗于兹寺。滇之缁流俊秀者翕然从之，而其道日振，自是名蓝巨刹弥布遐迩。南诏之有僧，宗师实启之也。"

文中提到的雄辩，于南宋理宗绍定二年（1229）生于鄯阐城（昆明），元大德五年（1301）圆寂于筇竹寺。幼时出家，为大理佛教国师杨子云的高足弟子。元军破大理的第二年（1254），雄辩到内地习佛法，先后拜四位高僧为师，在中原二十五年，"最后登班集之堂，嗣坛主之法，其学大备"，元世祖忽必烈赐法名"洪镜"。雄辩南归，在筇竹寺传播大乘佛教禅宗经典，一改云南信奉西域密教之

---

① 明宣德九年（1434）郭文《重建玉案山筇竹禅寺记》称："玉案山筇竹禅寺，滇之古刹也。爰自唐贞观中，鄯阐人高光之所创也。"碑文还叙述了"筇竹传奇，犀牛表异"之神话："初，光偕弟智，猎于西山，有犀跃出，众逐之，至寺之北壑，失犀所在。仰视山畔，见群僧状甚异常。驰往觅之，又无所睹，惟所持筇竹杖植于林下，众弗能拔。翌日，往视之，则枝叶森然矣。光昆仲于是异之，知其为山灵示显福地也，乃建寺处，以居僧徒，因以筇竹名焉。然是时滇人所奉皆西域密教，初无禅讲宗也。"

清朝遗迹的调查

历史。雄辩圆寂后，建塔于华严阁之后山。据《大元洪镜雄辩法师大寂塔铭》，雄辩为乌蛮人，讲华严维摩诘诸经，"以蛮人之言，于是其书盛传，解者益众"。雄辩蛮文讲经之书，失传已久。

雄辩弟子众多，承其衣钵的是玄坚。玄坚号雪庵，生于南宋宝祐二年（1254），俗姓王，少时文采出众，能以自己见解，将佛经编为歌诀，深得雄辩器重。至元二十一年（1284）受雄辩披剃（僧尼出家，剃发披袈裟）。大德四年（1300），雄辩将衣钵传玄坚，梁王命玄坚住持筇竹寺。

筇竹寺大雄殿后院，僧茔塔林立。正面三塔相连，片石砌筑，典型的元塔建筑风格。明崇祯十一年（1638）徐霞客到筇竹寺，《滇游日记》记载三塔："后为僧茔，有三塔，皆元时者。三塔各有碑，犹可读。"据《新纂云南通志》编者考证，居中之塔为雄辩塔，左为玄坚塔，此两塔系元塔。雄辩塔右边之塔系明景泰四年（1453）黄龙庵主无相大师大寂塔，是明塔而非元塔。

明洪武年间，机先、天祥、逯光古、斗南、大用等一批日本诗僧，谪戍来滇。机先在昆明写过《滇阳六景》诗，玉案山之景称《玉案晴岚》："山如玉案自为名，卓立天然刻画成。白昼浮岚浓且淡，高秋叠翠雨还晴。阴连太华千寻秀，影浸滇池万顷清。杖策何当凌绝顶，滇南一览掌中平。"

筇竹寺于明永乐十七年（1419）毁于火灾。永乐二十年壬寅（1422），沐晟、沐昂主持重修筇竹寺，历时六年竣工，形成比元代规模更大的寺庙建筑群。万历四十八年（1620），昆明高本《玉案山筇竹寺供奉藏经记》记载他捐金陵刻本藏经667函6714卷，皮藏于寺中。清康熙元年（1662），重修筇竹寺。二十三年（1684），云贵总督蔡毓荣又重修筇竹寺。

清代筇竹寺历经修葺，规模最大的一次为光绪年间。住持梦佛大和尚，请来四川鲁班会"隆昌帮""蜀东帮"古建筑维修工匠，重修山门、天王殿、大雄殿、华严阁。大雄宝殿南北两壁及天台来阁、梵音阁，从四川合川县聘请泥塑艺术大师黎广修（字德生），带着徒弟重塑五百罗汉。

筇竹寺有两大国宝级文物。一为元朝白话碑；二为五百罗汉塑像。

元代白话，是元代民间和朝廷通行语言，元人以之入曲调入史籍，形成具有鲜明时代特色的语言文字形式。以白话入碑文，又是元代碑刻中的独特之处。据考，元代白话碑全国有40块，云南保有两块白话圣旨碑。一碑就保存在筇竹寺大雄宝殿，正面是汉字白话文，背面是蒙古文。

玄坚住持筇竹禅寺期间，元仁宗颁敕蒙汉文圣旨，赐他为"头和尚"，赏赐《大藏经》一部，并下诏免除税粮，保护寺院财产。圣旨说："锡藏经与筇竹寺里，命玄坚和尚住持本山转阅，以祝圣寿，以祈民安。""云南鸭池城子玉案山筇竹寺住持玄坚长老为头和尚……圣旨玄坚教修本寺里藏经殿并寺院房舍完了者，差发铺马一应休当者，税粮休当。但系寺院田园、地双、人口、头疋、铺当、典（库）、浴堂，不拣甚么的，是谁休夺要者，休倚气力者。"圣旨最后敕命："更者，和尚每有圣旨么道，没体例依勾当做呵，他更不怕非甚么。""鸭池"为元初蒙古人对昆明的称呼，也作"押赤"或"雅歧"，这与《元史》记载同。《元史》云："乌蛮所都押赤，城际滇池，三面皆水。"此碑不书年号，只写"龙儿年四月二十三日"，也即龙年四月二十三日，为元仁宗延祐三年岁次丙辰（1316）立。

顺便一提，云南另一元白话碑在大理崇圣寺，即《大崇圣寺碑》，背面刻白话圣旨碑（现已不存）。碑文中有"合剌章有的大理崇圣寺里"一句，参照《元史·兀良合台传》所载："合剌章，盖乌蛮也。"《马可·波罗游记》也说道："大理为合剌章之别都。"碑文中还说到保护寺规的文书，也很别致："无体例的勾当休做者，若做呵，不怕那什么，圣旨！"蒙古皇帝圣旨写得如此通俗，在历朝圣旨中真是别具一格。此碑末书"猪儿年闰七月初五日"，即元武宗海山至大四年（1311）岁次辛亥，属猪年，七月丙午也是闰年。[①] 蒙汉文

[①] 相关研究见冯承钧编《元代白话碑》，商务印书馆1930年版；蔡美彪编著：《元代白话碑集录》，科学出版社1955年版。

◆ 清朝遗迹的调查 ◆

圣旨碑以元代蒙汉白话叙述，具有极高的文物价值，也是研究元代语言文字的重要史料。

筇竹寺第二个国宝级文物是五百罗汉。五百罗汉是清末黎广修和他的助手历经七年（1883—1890）完成的，分别陈列在大雄宝殿两壁、天台莱阁、梵音阁中。两阁圣像分列上中下三层，上下两层多为座像，中间为立像。

五百罗汉彩塑，摆脱佛教传统泥塑"千佛一面"的呆板模式，以现实生活各个阶层丰富的人物形象与佛教传奇故事相结合的创作手法创作。罗汉形象如同社会众生，形象逼真，妙趣横生，神态各异，无一雷同。有济公这样的名僧，有面容慈祥的菩萨、剽悍怒目的金刚、赤足挑柴的樵夫，甚至还有黎广修及其弟子的形象雕塑等。而人物姿态，更是令人拍手叫绝。有的在伸手揽月，有的正逗笑取乐，有的侃侃而谈，有的正在集市上买卖，这些塑像组合成一幅幅人间生活的画卷，被誉为"东方雕塑艺术宝库中的明珠"。泥塑采用中国传统石黛、石蓝、石绿、靛青等矿物、植物颜料彩画，色泽淡雅而不褪色。

20世纪60年代初期，中央美术学院曾把中国著名八大佛寺（昆明筇竹寺、新都宝光寺、北京碧云寺、苏州西园寺、武汉归元寺、山西五台显通寺、常州天宁寺、长沙开福寺）的五百个罗汉塑像逐一摄影，加以比对，确定昆明筇竹寺的塑像艺术水平最高，是中国泥塑佛像中的珍品。

黎广修不仅是泥塑艺术大师，其诗词、书法及绘画成就也令人瞩目。筇竹寺保留一副他撰书的楹联："大道无私，玄机妙悟传灯录；仙缘有份，胜地同登选佛场。"黎广修正是基于这种人佛平等思想，才创作出令人叹为观止的五百罗汉塑像。光绪十七年（1891），黎广修即将离开筇竹寺回乡，他在南厢房山墙上画了一幅山水壁画赠给梦佛大和尚。画面透迤群山，滔滔江水，天高云淡，一人面对江水凝望……可以看出，黎广修是画他自己，寄托对云南山川的无限眷念之情。

回至市内，往翠湖公园，红嘴鸥翔集，景象壮观。

离翠湖公园，先往毗邻云南陆军讲武堂参观，随后转往云南贡院。贡院是古时举行乡试（即省级考试）的场所。云南在元代成为行省。元末明初，战乱频仍，科举考试停顿多年。明洪武二十二年（1389），云南恢复乡试，但应考者只能千里迢迢到应天府（南京）去附考。永乐年间，云南建立贡院，供云南、贵州两省学子应考。此后，几经变动，云南贡院最后迁到老昆明城西北部，即现在的云南大学校址。

图 2　云南陆军讲武堂旧址

贡院后枕商山，前临九龙池（翠湖），坐北朝南，形势高敞开豁。站在贡院坡上南望，整个昆明城映入眼帘。贡院中心建筑"至公堂"。硬山式顶，面阔五间，庄重典雅。堂后原有监临、提调、对读、供给四所。堂前有"明远楼"，楼上供奉魁星和朱衣神。楼东西两面是"文场"，即应试者考场。

贡院南北中轴线上有三道门，依次是"天开文运"门、仪门和大门。仪门内外有供给所。大门外有旗台，左右有两座牌坊。左面牌坊的坊额是"腾蛟"，右面牌坊的坊额是"起凤"。贡院四周建有围墙，四角还各建有一座供瞭望监视的"瞭高楼"。

引起我们浓厚兴趣的，是至公堂一侧墙壁上嵌的康熙三年总督卞三元撰《重修贡院碑记》，记吴三桂进驻昆明后重修贡院，重开科举盛事，内称："平西亲王克成武功，爰敷文教。一日进抚军袁公暨予与诸监司而议之曰：今戎丑悉平，宾兴在迩。若仍旅棘闱于他所，无乃□国家取士之盛典也乎？乃促抚军绘疏请旨宽展场期，重建棘闱。王悉出大木，以授工师，务弘其制，至蠲吉鸠工，择官董理，则专属之抚军焉……夫时当□□则讲武功，世际升平则襄文教，今□□□贤王扩靡莫之疆，策帷幄之秘，奇勋殊绝，已与天地同其终始。"碑文虽对吴三桂极尽阿谀之词，却也反映他对振兴西南地区教育科举的重视。是研究清初"三藩"在西南历史中不应忽略的一笔。

贡院是封建时代选拔人才的重要场所。为防止作弊，关防严密，称为"棘闱"，意即用荆棘围住四面，隔绝内外往来。入贡院参加考试称"入闱"。考生全部入场完毕，贡院大门紧闭，派兵守卫，考试结束才重新开启。当时没有照相技术，为证实考生身份，避免"枪手"替考，准考证上要根据考生的相貌特征注明"面白无须"，或"面麻"（麻子），或"微麻"（略有麻点），或"海下微须"（下巴上有点胡子）之类。"枪手"替考，是重罪，一经发现查实，要判死刑。贡院里考场是编号的一间间小屋，称为"场屋"，也称"号舍"（现存考棚东号舍）。考生不但要在里面应试，还要在里面生活，连续几天才得出来。

考生完卷之后，交给"收掌试卷"官，经过"弥封"，就由专门的抄手用"朱笔"（红笔）"誊录"一份，即抄写副本，称为"朱卷"。朱卷只编号码，不写姓名，以避免阅卷人员根据字体认出考生身份，阅卷有失公平。"誊录"之后，要经过"对读"，即校对，校正抄写时的错误。如果试卷被取中，要把考生用墨笔写的"墨卷"调出，与"朱卷"仔细对照，看是否两相符合，叫作"磨勘"。如果在"磨勘"时发现墨卷写了错字，那这份试卷就算作废。考生自然也就"名落孙山"。

图 3　云南贡院考棚

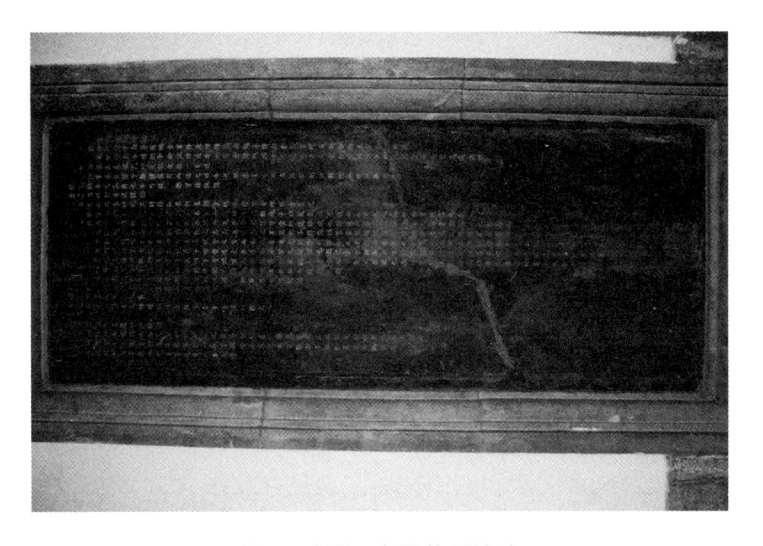

图 4　康熙三年重修贡院碑

科举考试采用"八股"方式出题作文，得中者当然大多都是读书有成的聪明人。但是也有一定偶然性，有人学问很好，可就是不得通过，甚至终身蹭蹬场屋。对于读书人来说，科考入仕，是获取功名、光宗耀祖的唯一途径。

至公堂东南面有一座小亭，叫作"风节亭"，与南明王锡衮有关。王锡衮是禄丰人，场屋顺利，科举高中，到朝廷做了正詹事，后来退休回家。明亡后，唐王朱聿键在福建称帝，年号隆武，任命王锡衮为大学士，并让他招兵买马赶赴福建。不想滇南土司沙定洲作乱，将王锡衮抓到昆明，关在贡院。不久被沙定洲杀死在至公堂前。后人为纪念王锡衮，便将小亭命名为风节亭。

南明永历元年（1647年，清顺治四年），张献忠农民军余部进入昆明。贡院成为定北王艾能奇王府。永历十年（1656年，清顺治十三年），南明王朝的最后一个皇帝永历帝流寓昆明，又定北王府为皇宫。这样，贡院一度做过南明王朝的政治中心。清光绪元年（1875），英国殖民者阴谋入侵云南的"马嘉理事件"发生。次年，中英双方官员在昆明会商解决办法，会议地址就在贡院衡鉴堂。后来，清政府废除科举制度。光绪二十九年（1903），在云南贡院内举行了最后一次乡试。贡院作为乡试重地的历史就此结束。到20年代初，云南筹办东陆大学，就以贡院旧址作为校址。东陆大学后改为云南大学，至今仍是云南省最高学府。以上，都是由贡院串联起来的清代云南的一些重大事件。

12月4日（星期二），晴

上午8时20分，与研究室诸位同仁一起，前往大理。约下午2时抵达。先游大理古城，参观杜文秀帅府。1856年杜文秀攻占大理，在此设府，直到1872年失败，历时十八年。原建筑有大门、二门、正堂、议事大厅和四周城墙，现仅存议事大厅、大门和一段南城墙。二门、正堂为重建。现辟为大理市博物馆。内有多项展览。杜文秀史迹展览，有其手绘《满清朝政图》、书信等实物。

馆内建有碑林，安放大理古碑六十余通。除大理国、元时代古碑，明清时期古碑主要有：明弘治七年《医学正科段公（显才）府君墓碑》、康熙四十六年《买补修葺文庙庄田碑》《康熙御制训勒士子文》（这是一篇生员守则，告诫读书人勤奋读书，钻研学问，力争功名，不得为非犯科，不得拉帮结伙，经办词讼官司，欺压乡里)、杜文秀《新建挖色城池碑记》(杜文秀攻占大理后,鉴于挖色是大理的犄角,水陆要冲,为防备清军水上夹击,派人在挖色建有周长约 2 里的城池,并立此碑以记其事);道光年间大理喜州张于恭诰封碑等。其中,旗人长白双林摹书"福"字碑,立于碑林庭院中央,尤为醒目。(图 5)

图 5 旗人双林"福"字碑

12 月 5 日(星期三),晴

我们一行由保山、潞西市(芒市)往瑞丽。出潞西市,见菩提古树于公路旁。过风平镇,参观中心佛塔。过遮放镇,行抵畹町桥。

畹町距昆明 840 公里。"畹町"系傣语,意为"太阳当顶",所以人们喜欢把畹町叫作"太阳当顶的地方"。畹町又名勐回,意为"大山洼子寨"。人口 2 万多,市区仅 5000 多人,是全国最小城市之一,也是云南 3 个边境开放城市之一。

畹町市位于云南省西部,德宏傣族景颇族自治州南部,南与缅

◆ 清朝遗迹的调查 ◆

甸为邻，西、北隔瑞丽江与瑞丽县相望，东北与潞西县接壤，是一个具有热带、亚热带风貌和民族特色的边境口岸城市。

畹町市与缅甸九谷山水相依，鸡犬之声相闻，为西南陆路通往缅甸和东南亚国家的主要通道，故有"西南国门"之喻。

畹町虽小，却饱经沧桑。一百多年前，这里是一片蛮荒之地。一条羊肠小道，就是通往境外的"驿道"；畹町河边的一间破茅屋，权当过往商贩饮马歇脚的"驿站"。

明清分属勐卯安抚司和遮放副宣抚司。民国初沿之。民国二十一年（1932）置畹町镇。第二次世界大战期间，日军封锁中国所有的出海口，1938年秋滇缅公路（现云南境内段称昆畹公路）通车后，畹町为中方一侧的终点。滇缅公路成为国际反法西斯阵营援助中国战略物资的唯一陆上通道，畹町成为中、美、英三国盟军的物资集散地，每天有成百上千辆军从这里将物资运往内地，几十万中国远征军从这里出入国境。现在，畹町界河上有两座桥，一座是后来修的公路大桥（九谷桥、畹町桥），一座是滇缅公路的旧钢架桥，成为中国和世界人民联合抗战的历史见证。

图6 畹町"二战"旧桥

1950年为潞西县人民政府畹町办事处；1954年2月设畹町镇（县级镇），直属德宏州。1985年1月经国务院批准，设畹町市。畹町的少数民族有傣族、景颇族、德昂族。

随方铁拜访他姐姐当年插队的傣族村寨（团结办事处滇弄一村），几乎已没有典型的傣家村寨。

参观瑞丽口岸。瑞丽，傣语"勐卯"，意即"雾蒙蒙笼罩翠绿的地方"。三面与缅甸接壤。是西南地区最大内陆口岸，有瑞丽、畹町两个国家级口岸，也是重要的珠宝集散地。我们参观了瑞丽口岸和边贸一条街。

办理缅甸边境一日游手续。从这里出境往缅甸边城木姐，旅游手续简便，向中方旅行社交两张照片和费用后，即由中方旅行社带出境交缅方旅行社导游，返回时再由缅方旅行社交给中方旅行社。全部费用230元。

12月6日（星期四），晴

参加缅甸边境一日游，内容包括参观国门、天涯地角、游览缅甸木姐市容、金皇宫、布岛山庄、南坎佛寺，以及人妖表演、长脖族表演等。

12月7日（星期五），晴

由瑞丽经陇川、盈江、梁河往腾冲。中途，在梁河参观南甸土司署。

南甸宣抚使司署在德宏傣族景颇族自治州梁河县城遮岛镇。梁河最早地名叫南甸，元代设南甸军民总管府。为什么叫南甸？元、明、清时代梁河隶属腾越州（今腾冲县）节制。"南"是指位于腾冲南部而言；"甸"即郊外坝子，所以叫"南甸"。① 宣抚司是古代中央王朝在边疆地区设置的政权机构，分宣慰使、宣抚使、安抚使三级。所谓司署，就是土司衙门。

---

① 有关情况详见杨文贤编著《南甸宣抚使司署考略》，香港天马图书有限公司。

◆ 清朝遗迹的调查 ◆

据民国元年南甸土司刀槭椿《呈请改复龚姓文》：南甸土司先祖，原籍南京应天府上元县龚姓名宗。明洪武十五年（1382）充百夫长，随沐国公英征云南，改名猛，功迁腾冲千夫长，后驻防南甸，始赐姓刀。查其赐姓之由，因南方诸夷服从刀姓，故沿边各土司始有此姓之称。① 到刀槭椿呈请复姓，已传二十八世，阅五百六十余年。从此复姓龚，或合称刀龚氏。

南甸宣抚使，是土司中著名的边地"三宣六慰"之一，特别是明清时德宏境内"十司领袖"。十司指：南甸（今梁河）、干崖（今新城）、陇川宣抚司，芒市安抚司，勐卯（今瑞丽）、遮放、盏达（今莲花山）副宣抚司，户撒、腊撒长官司，勐板土千总（今勐噶芒牛坝）。南甸土司辖境，明以前不得其详。至明正统，东与潞江司为界，南与陇川司为界，西与勐养为界，北与腾冲为界，版图约为现在的两个德宏州。地大广袤，物产丰富，势力雄厚。被称为"南极冠冕"。

土司统治下的行政组织分为中央政府任命的土司及亲贵大员中的正印土司官、代办、护理，族官。地方职官夷寨有：田亢头、田亢尾、老幸、头人、客长。汉寨有练绅、村长。形成一宣独特的领主统治制度。土司官位世袭，在执政者出现死亡、多病、年老不能理事和被革职情况下传给后人。承袭者必须是原土司嫡长子，如长子死亡则以次子继。

南甸宣抚使司署住地曾几次易址。现在的土司府已经是第三个衙址。元代遗址在县城正北十三公里的大地老官城，现仅存坟地和残石狮及瓦砾。明正统九年（1444）升为宣抚使后迁司署到团山，即县城东北九保镇太平寺一带。

清乾隆三十一年（1767），为防缅兵窜入蹂躏和苦于应付过往官兵，又把司署迁到距县城东郊新城村，取长治久安之意，名永安司署。咸丰元年（1851），勐蚌等地各族人民反抗土司苛政，焚毁永安司署。同年，土司又到田心建衙门。田心就是现在的遮岛镇古

---

① 见衙署内南甸土司展览。

云南考察之二：昆明—瑞丽—梁河—腾冲—和顺

图 7 南甸土司衙门

名。傣族把九保称为"遮勒"，即上条街之意。又称田心为下条街"遮德"，遮岛地名由此始。至今，此土司府已有一百多年历史。

据《南甸宣抚司署复原图》，整个司署按汉式衙署形式布局，由四个主院落、十个旁落院、四十七幢一百四十九间房屋组成。沿中轴线依次为大堂、二堂、三堂、正堂。五进四院逐级升高，周围另有二十四间耳房和多处花园，佛堂、戏楼、小姐楼、用人住房、厨房、粮库、马房、军械库，以及监狱等建筑。

司署大门是一座中高两低的木结构八字大门。现在可看到原图。平时开中门，上挂一块直匾，当地人称"冲天匾"。红底金字，楷书："世袭南甸宣抚使刀龚氏司署。"侧门二，左为生门，右为死门。死门不常开，公堂视事后，只有被判处死刑的囚犯才从死门推出斩首示众，无罪释放者从生门而出。

一般衙门都是坐北向南，唯有南甸抚司署大门是开向西北。这是因为：县城座向西北，后高前低，前有大盈江，土司认为取"迎水向"好，以祈盼财源如江水，滚滚进门而来，并且流进不流出。所以与其他衙门向法不同。

以前大门外还竖有"永镇边夷""德政牌"和"云贵督部堂王、抚部院谭札文碑"等。现仅存"札文碑",已残缺。

进入第一院。离大门不远,原是一幢三开间平房,供兵丁住宿,俗称"门房"。门房是司署内具体办事的"三班六房"之一,三班即亲兵班、属官班和吼班。六房指书房、门房、军装房、账房、茶房、差房。民国末年,司署内有亲兵13人、属官班15人、吼班7人、秘书2人、书房10人、门房19人,共计66人。门房现已无存,现在的新大门是推出街面扩大建筑的。

五开间大堂,由第二十六代土司刀守忠建盖。中梁上的墨迹,还写有建造年代。整间房屋还是历史原件。中格是大堂,两次间是旁听室和通道。堂间公案桌上枋挂有"卫我边陲"一匾,前枋上挂有"南极冠冕""南天锁钥"等匾。堂后壁以六幅麒麟格子门为屏风,一旁留有通道,平时严禁闲人踏入公堂。整个大堂非常威严,屋上有雕龙画凤的穹顶。

大堂左右排列的仪仗,是1444年明帝赐封给土司的"半副銮架"复制品。排列次序是:肃静、回避、龙头朝前、关刀随后、金爪、钺斧朝天蹬、安民、除毒、一手掌乾坤。土司外出和迎接上司时,由家丁们按上顺序执掌出衙,作为官品和威仪的象征。

审案桌后有两幅芭蕉叶形的扇子,称"御扇牌",雕刻精湛。左幅雕有典型的傣族塔式建筑,逐级增高。左幅雕有一个展翅欲飞的孔雀,是土司的象征。左右有万民伞,一是土司出外时用来遮荫;二是代表福音高照万众臣民之意。

公案桌放在一平台上,桌凳俱置。桌精雕,有一围布饰之。桌上摆签筒、笔架、朱砚、惊堂木等。审案桌下放有链条、手铐、大小戒枋、老虎凳、鱼尾枷等刑具。走廊前的地铺方砖和平台前圆形拼花地墁,是供传犯人和击鼓喊冤者下跪之处。

大堂左侧置喊冤鼓,整木镌制。鼓架上挂一面铜磬。有人喊冤,便敲响大鼓到公堂前跪下,等待土司出来判案。如土司迟迟不出或遇冤屈较大者,可连续击鼓,口喊"冤枉"。直到土司登堂,差役口喊"升堂""威武"为止。

大鼓后面放暖轿、凉轿各一乘。凉轿是藤篾制品，形似躺椅，上有遮荫布，系有一丈多长的轿杆，木质优，二人抬轿，行起路来晃晃悠悠，称为"滑杆"。暖轿为木制品，底盘代座并垫有虎皮，分三台逐级升高。四周绿呢布围壁，两侧留有小窗，正门垂帘，八人抬轿，昔日轿杆尚存一根在展厅里。旧时南甸宣抚司专门有吹喇叭抬轿子的村寨。轿子后面有九门铁筒炮，炮筒直立，长约一尺，粗约二寸，底盘上侧放引信孔，有直筒式、打箍式、缠绕式三种。凡土司升堂、进出衙门、迎宾等都要放炮、击鼓、鸣磬。

第二院左厢是属官班住房。属官由十二个召朗或波朗以及被土司提为署职的办事人员组成。他们都是一些德高望重的族人，轮流到衙门值班，早晚陪同土司吃饭，协助土司处理民事诉讼，接待宾客。遇土司坐堂审案，就陪座审讯。右边是军械库，也叫军装房。土司的武器很早以前是刀、枪（长矛）、棍棒、弓弩等冷武器。光绪年后开始有了毛瑟枪、九响枪、汉阳五子枪。民国末年，国民党远征军留下一部分，自己购买一部分，那时已有六零炮、轻重机枪、步枪。

二堂是第二十二代土司刀定国盖建。中间三格敞开，做会客厅，两梢间分别为男女宿舍。客厅内挂有山水名画、织锦、寿联和进口大挂钟。堂中置一大精雕圆桌及凳子。堂前悬挂"南天一柱"和"十司领袖"匾额。堂中间是六扇透雕木门。后开圆门，称"太阳门"。

左厢楼上是专供土司和眷属们看戏的戏楼。因等级观念森严，老幼男女、主仆平民都划分比较严格。楼中为土司夫妇专座、左为儿子、右为女子专座，侧厢楼檐廊为官员看区，地面才是百姓看区。空地与戏楼相隔。戏楼是典型的滇西风格布局，四角飞翘，虽不十分精湛，却具有特色。民国二十四年（1935）建成。

从戏楼底穿过小门，是一雅静别致的"水晶亭"花园，专供土司游玩赏花（现已无存）。戏楼右厢楼曾做学堂。是土司在民国末年前办的私塾学堂。土司重视教育，有堂伯叔二人毕业于日本早稻田大学。学堂外面是一可容千余人的大练兵场，每年土司都有"霜降操练"的习惯。每当操练时,调来各路兵勇。时间3—5天,练习跑马射箭。

第三院,第二十七代土司刀化南盖建。是土司属官审理一般案件和接待上司的议事厅(三堂)。正中挂"永固南疆"匾额,前后置活动木格门。

第四院正殿(正堂),第二十八代土司龚绶于民国二十四年建成,中间是家堂,左二间是土司夫妇寝宫,右二间是子女宿舍。正殿用材讲究,又称"永立春秋"殿,正殿用栗木,左厢用椿木,右厢用楸木。以三种树名相连,使成"永立(栗)春(椿)秋(楸)"的谐音,以此祈望江山永固。正殿是能工巧匠的精工细作,檐柱前有六个"金爪吊葫芦"雕件,在方寸之间雕有水浒一百单八将。更奇的是在风动时,还会像走马灯一样随风转动。

正殿八扇隔门,分别为王羲之爱鹅,陶渊明爱菊,周子爱莲,叶公好龙、和靖爱梅、明皇爱月、伯乐爱马、隐公爱鱼等八爱图。两厢整齐排放的楼廊扶栏和几块幸存的窗子上的彩色玻璃,则是民国二十四年(1935),从缅甸进口的英国产品,如今钉子、压条都是原件。当时没有公路,没有汽车,都是用人挑马驮来。

正殿后壁设透雕暖阁,阁内挂有天地君亲师牌位,牌位之下是香案桌,供有官衔牌和光绪皇帝、刀定国穿官服画像以及列祖列宗像。

殿左是小姐楼。现在,末代土司的第三妻还住在内。

南甸宣抚司署由几代土司完成。从1851年到1925年,用了84年时间。如此宏大的建筑群,在全国土司署中属前列。1987年被列为省级重点文物保护单位;1996年公布为全国重点文物保护单位。1951年,中国人民解放军进军南甸,末代土司龚统政经陇川逃亡缅甸。长达五百余年之久的土司制度被推翻。龚统政久居缅甸,1983年去世。

晚上,到达腾冲。腾冲地方的名吃"大救驾",是炒饵块的一种,制作方法是将饵块切成小片,再加上火腿、鸡蛋、肉、萝卜、番茄等,一起放在锅中爆炒而成。相传永历皇帝逃亡到腾冲一带,饥饿交加,有一好心农户为他炒了一大盘饵块,此时,永历帝觉得这是世上最香的食品,感慨:"救了朕的驾。"大救驾就成了腾冲饵丝饵块的代名词,名声不胫而走。

12月8日(星期六),晴

在腾冲考察。腾冲位于滇西边陲,西与缅甸毗邻,是古西南丝绸之路的要冲。在西汉时称滇越,东汉属永昌郡,唐设羁縻州,南诏时设腾冲府。由于地理位置重要,历代都派重兵驻守,明代还建造了石头城。

腾冲与缅甸接壤的国境线长,从腾冲到克钦邦首府密支那仅217公里。特定的区位优势,使之成为云南省工商业发祥地之一。宋、元以来,就是珠宝玉石的聚散地。清代,翡翠加工、销售业十分兴盛,现在仍以此闻名。

腾冲属热带季风气候,冬无严寒,夏无酷暑。森林密布,到处青山绿水,景色秀丽迷人。境内有傣、回、傈僳、佤、白、阿昌六种世居少数民族,民族风情丰富多彩。旅游资源丰富,火山地热相伴而生,还有高黎贡山等一批神奇秀丽的自然景观。我们重点参观了历史名胜和顺古镇和国殇墓园。

和顺古镇位于腾冲城西3公里,明洪武年间军屯戍边而建,至今有600多年历史。全镇宅院从东到西环山而建,绵延数公里,前为一马平川,清溪绕村,垂柳拂岸,夏荷映日,金桂飘香。走进古镇,古朴典雅的祠堂、牌坊、月台、亭阁、石栏,比比皆是。这里是极边古镇,西南丝绸之路上的侨乡。近代以来名人辈出,现有1300多户,6000多人。

和顺图书馆,前身是清末和顺同盟会员寸馥清组织的"咸新社"和1924年成立的"阅书报社",1928年扩建为图书馆,是中国乡镇创立最早、规模最大的图书馆,现有图书杂志6万多册。

文昌宫,在图书馆东,建于清代道光年间,是和顺文化的摇篮,曾是1940年华侨捐资创办的益群中学旧址。由大殿、后殿、魁星楼、朱衣阁、过厅、两厢、大门及最前面的大月台组成。左右楼阁下镶嵌道光二十九年《和顺乡两朝科甲题名录序》和《题名录》碑二通，记载和顺历史上出的8个举人、403个秀才，是和顺地灵人杰、文化发达的历史见证。

文昌宫一侧为滇缅抗战博物馆，腾冲之战时为远征军二十集团军司令部所在地。是中国第一个民间出资建设、民间收藏、以抗战为主题的博物馆。展出5000多件文物、1000多幅老照片。生动再现了那段惊天地、泣鬼神的悲壮史诗。

街巷特色。明代寸、刘、李、尹、贾五姓的祖先到和顺屯田戍边，后来又有张、杨、赵、许、钏等姓进入。各姓分族而居，形成依山势自上而下建造的许多巷道。巷道石板铺路，巷口均立一总大门。即古代所称"闾门"。巷门上有题额，如"兴仁讲让""俗美风淳""人物咸熙"等，下署"阖巷同立"。折射出传统礼仪、道德轨范、朴素民风。巷门对过建月台，种植椿树、香樟之类的长青树。树下设石桌、石凳，供乡民休息。月台外沿还建有照壁，以遮蔽风水。巷内仍存老宅，风貌依旧。石板路设有排水设施。

宗祠八处。因时间关系，只参观了寸氏宗祠，大门三间，中西合璧式，雕刻精美。

耀庭民居博物馆。分老屋和新屋两部分，两屋由二门三进六天井组成一个整体。老屋始建于清光绪末年，新屋完成于民国初年。馆内设沧桑室，展出家庭残存的实物和老照片，还有赏石室、集邮和古钱币室。

杨显声字耀庭，是现屋主的祖父，著名儒商。先曾祖杨根荣（1830—1886），在清咸丰、同治年间，因滇西及腾越战乱，"故居一烬，家物荡然"，之后，逐旅缅北不毛之地创业，身染瘴气而亡。祖父耀庭（1874—1940），少年丧父，迫于生计，13岁即赴缅谋生，先给他人为伙计，数年后自立，与他人合资设肆于缅京，其间屡蹶屡起，终练成商战之材。1897年"永茂和"商号创建，受邀任腊戍分号经理，二十年间，兢兢业业，尽职尽责。民国初年，永茂和解体，转赴贺奔、南马等地另创基业，事业蒸蒸日上，遂成腾冲旅缅著名巨商。父绍三（1898—1962），17岁先在腾冲"永生源"当学徒，后赴缅甸瓦城永茂号习商，因谦让好学、精明干练深得商号诸前辈器重，不久升任财务管理。自1927—1942年，他以贺奔为基地，独立创业，屡获成功，成为继祖父之后的和顺富商。1942年，正当他事业达到鼎盛之时，日寇侵入缅甸，全家八口滞留缅北山野村寨逃难，东躲西藏，九死一生。1945年抗战胜利后回到乡里，翌年返缅甸重操旧业。之后又惨遭不白之冤，两次劫难，使数十年血汗积累的财富，损失殆尽。可以说，杨家的一部沧桑家史，也是和顺华侨历史的缩影，不仅见证了几代华侨创业的辉煌，也记录了他们饱经的忧患和劫难。

弯楼子民居博物馆。因楼房沿巷道的曲线修砌而得名，是著名商号"永茂和"李姓家族的故居，为三进三房一照壁的庭院组合式建筑群。"永茂和"是和顺经商致富华侨的代表。在腾冲商界有"东董西董弯楼子"之称。清道光年间商号主人到缅甸经商谋生，逐渐发展为跨国商号，总号设在缅甸曼德勒。国内上海、拉萨、昆明、下关、保山、腾冲等地设有分号。商号历经五代，有一百多年的辉煌历史。

在和顺民间，难能可贵的是，还保留着一些民主管理的传统，如捐赠榜、修建道路的账目公开，新修道路的管理公约等。

在和顺大街小巷，保留着一些不同时期古迹，如老宅、宗祠、碑石（如《李母寸孺人节孝建坊为长歌碑》《李节妇寸孺人建坊入祠纪事》等）。

洗衣亭，和顺前辈出走四方，时刻挂念家中的亲人。为了家乡妇女洗衣有个遮风避雨的地方，从清光绪年间起，逐步沿河建六座形态各异的洗衣亭，石砌柱，瓦铺顶，呈长方形，阴避雨，夏遮阳，通透凉爽，有条石交错在水面上，以便洗涤。是带有鲜明地域特色的公益性建筑。

国殇墓园。腾冲是"二战"期间中国军队打击日本侵略军的重要战场。1942年2月—1945年1月，在中国西南边地的保山、德宏和怒江、临沧等地，爆发了一场保卫滇缅国际通道的战争，即闻名于世的滇西抗战。这场血战,以日本军队对中国西南后方出海通道——缅甸和滇西的进攻为肇端,前后延续约3年时间。战争进程分为以下三个阶段。

1942年2—5月上旬,为日军进攻时期。这期间,日军从东南亚一路北上,攻入缅甸,中国政府为保卫滇缅国际通道和西南后方安全,派遣10万远征军出国抗日。但因盟国各方指挥协调失当,缅英军队不战而逃,致使日军切断中国远征军后路,援缅行动以失败告终,缅甸全境和中国滇西德宏、龙陵、腾冲等大片国土相继沦入敌手。

1942年5月中旬—1944年5月上旬,为敌我相持阶段。这期间,中国滇西守军为扼制日军进犯攻势,及时炸毁滇缅公路惠通桥,阻敌于怒江之西,同时派军深入腾冲、龙陵等地,组织沦陷区人民掀起敌后游击战争。

1944年5月中旬—1945年1月下旬,为中美盟军大反攻时期。这期间中国政府为打破日军封锁,重开滇缅国际运输线,重组以卫立煌上将为首的20万中国远征军,利用国际反法西战争发生转折的有利时机,在美国盟军和滇西各族人民的支持下适时强渡怒江,向盘踞滇西的数万日寇发起全面反攻,经过8个多月的浴血奋战,毙敌2.1万多人,最终于1945年1月20日将侵略者赶出国门,取得滇西抗战的最后胜利。

滇西抗战是中国十四年抗战中最早向日寇发起的战略性反攻,同时也是第二次世界大战亚洲抗日战场从失败走向胜利的转折性战役之一。这场战争的胜利,彻底粉碎了日军对中国实施东西突击,最终称霸亚洲太平洋地区的梦想。在这场战略决战中,中国军队也付出沉重代价。

腾冲县城西南一公里处叠水河畔来凤山麓小团坡东北面,建有滇西抗战期间中国远征军第二十集团军腾冲收复战阵亡将士的纪念陵园。

国殇墓园建于1945年7月7日,主体建筑由烈士冢、烈士塔、忠烈祠组成。

墓园大门为土木砖石结构，呈八字形，门额镶有石刻"腾冲国殇墓园"六个大字，由辛亥革命元老李根源先生书，取楚辞"国殇"之篇名。以中轴对称、台阶递进形式，由大门经长甬道循石级而上至第一台阶，再循石级而上，至嵌有蒋中正、题李根源书之"碧血千秋"刻石的第二级台阶挡土墙，沿墙分两侧上至第二台阶，建有庄严肃穆的忠烈祠。

忠烈祠为重檐歇山式建筑，面阔五间，四周设廊。檐下悬蒋中正题"河岳英灵"匾额；正门上悬国民党元老于右任手书"忠烈祠"匾额，祠内外立柱悬挂何应钦及二十集团军将领题联；走廊两侧有蒋中正签署的保护国殇墓园的"国民政府军事委员会布告"，二十集团军总司令霍揆彰撰"腾冲会战概要""忠烈祠碑"等。祠内正面为孙中山像及遗嘱，两侧墙体嵌阵亡将士题名碑石，共9618人。

忠烈祠后为烈士冢，呈八列纵队自下而上沿圆锥形小团坡分布，墓前有碑，内葬阵亡官兵骨灰罐。

纪念塔建于坡顶，石砌，高8米，塔身矩形，顶锥形，塔身正侧三面均刻霍揆彰题书《远征军第二十集团军攻克腾冲阵亡将士纪念塔》。

近年，园内新建《滇西抗战盟军阵亡将士纪念碑》，为美军少校麦姆瑞等十九名阵亡官兵而立。

墓园大门一侧，另筑象征日军侵略惨败的"倭冢"一座，呈圆形，高1米，内埋日军尸骨一具。

国殇墓园遍植松、柏、竹，林下绿草如茵，环境清幽肃穆，两侧展厅展出了珍贵的腾冲抗战照片百幅及实物数十件。是云南仅有、国内少见的大型抗日战争纪念陵园，在海内外广有影响。

12月9日（星期日），晴

从腾冲往保山（过高黎贡山），赶路约7小时，下午4时30分到达机场，当晚回到昆明。

◆ 清朝遗迹的调查 ◆

12月10日（星期一），晴
　　乘东航航班MU2036，昆明—北京，下午6时55分起飞。圆满完成此次考察。

两广考察：南宁—柳州—忻城— 贺州—梧州—肇庆—广州

2010年8月30日—9月11日，与日本东北学院大学教授细谷良夫先生一起，对广西、广东境内明清史迹进行实地考察。此前，我们曾数次在两广进行实地考察，对象有南明史迹、"三藩"史迹、八旗遗迹、古镇、老宅、寺庙、博物馆。这次考察基本延续了以往的思路，同时又注入若干新的内容：土司衙门、祠堂、少数民族聚落。考察重点，是广西中、南、东北部地区和广东肇庆、广州。具体路线：广西南宁—柳州—武宣—忻城—金秀—贺州—梧州—广东肇庆—广州。

广西简称"桂"。地处中国南疆。南临北部湾，面向东南亚，西南与越南毗邻，东邻粤、港、澳，北连华中，背靠大西南。周边与广东、湖南、贵州、云南等省接壤。广西是多民族省区，全区聚居壮、汉、瑶、苗、侗、仫佬、毛南、回、京、彝、水、仡佬等民族。2005年年末总人口4925万人，汉族人口3027万人，占61%；各少数民族人口1898万人，占39%，其中壮族人口1605万人，占少数民族人口的85%，占总人口的33%。这也是"广西壮族自治区"的由来。

广西位于云贵高原东南边缘，南临海，整个地势自西北向东南倾斜，山岭连绵、山体庞大、岭谷相间，四周多被山地、高原环绕，呈盆地状，因此有"广西盆地"之称。源于山脉的河流众多，水量特别丰富，河流多沿地势，从西北流向东南，形成以红水河—西江为主干流横贯广西中部以及支流分布于两侧的树枝状水系。西江是境内第一大河，自西北折东横贯全境，全长1239公里，出广西梧州流向广东入南海。我们这次考察，途经河流有：左江、右江、邕江、柳江、红水河、黔江、桂江、浔江、西江，均属西江水系。

8月30日（星期一）北京—南宁

下午13时10分，乘坐国航CA1375航班离开北京，16时30分到达广西首府南宁，入住7天快捷酒店七星路宾馆。

流经广西西部和西南部的左江、右江汇流后称邕江（邕江下行称郁江，郁江与黔江汇合后称浔江，浔江与桂江合流后称西江）。南宁就位于邕江两岸，是一座风光秀美的城市。市区人口140余万，以壮族为多，汉族次之，还有瑶、苗、侗、回等族。其中，壮族是世居土著民族，汉族为秦汉以后陆续迁入，回族为元朝以后迁入，瑶、苗等族多为清代后迁入。尽管少数民族成分众多，但平时交际很难分辨，因为他们已普遍接受汉文化。

南宁历史悠久，古属百越之地。东晋大兴元年（318），从郁林郡分出晋兴郡，郡治设在晋兴县城即今南宁，这是南宁建制的开始。唐朝贞观八年（634），唐太宗定名为邕州，南宁简称"邕"由此而来。元朝泰定元年（1314），中央政府为取得南疆安宁而定名为"南宁"。

8月31日（星期二）扬美

扬美古镇位于南宁市西南30多公里，左江下游，三面环江。早起，我们赶到火车站附近的长途汽车客运站（在华强路），这里有去扬美的中巴。早上9时，巴士准时发车。

1个多小时后到达扬美古镇。古镇始建于宋代，至今已有上千年历史。初时，由罗、刘、陆、李四姓建造，因荆棘丛生，白花满地，取名"白花村"。及狄青平蛮，各方来聚，逐渐发展，因清溪（左江）环绕，扬波逐流，故易名"扬溪村"，以后又更名"扬美村"。扬美在明代已有发展，到清代日愈繁华。兴盛时，扬美有码头八座，"大船尾接小船头，南腔北调语不休。入夜繁灯千万点，满江钰闪似星浮"，成为重要商埠和商品集散地。这里民风淳朴，崇文尚德。据

◈ 两广考察：南宁—柳州—忻城—贺州—梧州—肇庆—广州 ◈

统计，扬美一镇在明清两代就出了6个进士、4个举人、30多个贡生。扬美古镇因水运之便而兴，民国以来亦因水运式微而趋于沉寂。

扬美至今依保持着明清时代古街巷。老宅鳞次栉比，旧巷曲径通幽，名胜古迹有举人屋、进士第、慕义门、黄氏庄园……无不造工精美，古色古香。

我们从金马街进入古镇，首先看到辛亥革命先驱梁植堂、梁烈亚故居。梁植堂是广西会党首领之一，与王和顺、黄明堂等人结为兄弟，一起成为辛亥革命的得力干将。1907年10月，他们在此秘密聚会，筹划镇南关起义及桂南各地开展武装斗争。同年12月，梁氏父子参加孙中山领导的镇南关起义。战斗中梁植堂身负重伤，不久逝世。梁烈亚原名梁煊学，少年随父到越南求学，后受父亲影响追随孙中山。1905年，15岁的梁烈亚在孙中山监督下宣誓加入中国同盟会。曾任孙中山机要员，中共建政后任上海文史馆馆员，直到1982年仙逝。梁氏故居原来规模很大，现仅存一厅三房一庭院。

沿老街前行，来到五叠堂。老宅建于清嘉庆年间，至今已有200多年历史，是五进式青砖瓦房，典型的清代建筑风格。传说此户人家善于制作豆豉，做出的豆豉又黑又香，为人厚道老实，注重声誉，从不缺斤短两，因此生意越做越大，扬美豆豉因此得名，享誉各地。

黄氏老宅位于共和街90号，门前有一棵千年古榕，根须滋蔓，绿荫浓重，撑起一个巨大的帐篷。赤日炎炎，绿荫下有几位老者乘凉。榕树前是一碧叶婀娜的荷塘。老宅建于清乾隆年间。墙壁上镶嵌有2004年黄氏族人合撰的《黄屋修缮记》：据族谱记载，黄氏始祖原居山东清洲白马县①红坭岭鱼塘村。后有黄父林公迁徙广西隆安并建圩，再转居邕宁绿聚村。至清乾隆年间，色高公独奉先父光瓒公之遗殖来扬美安葬，继而在此扎根，躬耕经商，商号厚隆；公

---

① 笔者按：文中"清洲"为"青州"之误。广西人家谱多有称祖籍山东青州白马县者。古时山东是地理概念，非指山东省境，而是泛指秦国以东六国领土，或太行山以东。白马县位于今河南省滑县东10里，是古代北方人南迁的重要通道，以后辗转相传，说成是祖先原籍。见冼光位《广西汉族移民真的是来自山东青州白马县吗？》，2006年3月17日，转引自 http://blog.sina.com.cn/u/5072845091 "滑县政协的博客"，2020年8月20日。

537

仁厚信诚，筚路蓝缕，艰苦创业，经营得法，乡民信赖，财富日增，遂兴建黄氏祖屋，后几经扩建，至惠珍公终成规模。黄氏庄园总面积近千平方米，南北走向，依地势，临池水，青砖瓦舍，庭深户对。黄氏数百年来，人丁兴旺，事业有成。清代有黄国基登科中举。近代以来，亦不乏博士、教授、高级工程师、名医巨贾、能工巧匠等诸多人才。从碑记题铭看，其后裔除居本地者外，还分布在北京、武汉、广州、美国、澳洲、加拿大等处。

2000年，黄氏族人集资重修神楼。2004年秋再度汇集资金万余元，动工修缮祖屋历年之毁损，重建内墙门一道及先祖灵坛"黄屋"一座，使祖屋恢复了原貌。重修后的祖屋为二层建筑，下层一侧开门，通内室，上层为阁楼式神台（神龛），供奉祖先牌位，上联："厚泽源长花开多富贵"，下联"隆基宅旺枝发永荣华"，横幅："金玉满堂"。横幅上端横木雕有五彩双龙双凤。

清代一条街，又称临江街，从金马码头下行左拐，拾级而上，进入临江街。建于道光十四年（1832）。街长300米，全部用形状各异的青石板铺成，街两旁是青砖黑瓦、砖木结构的老屋。这里曾是繁华街道，承载着历史厚重的屋脊飞檐、陈砖旧瓦、柱础石雕，早已归于宁静。

街上有举人屋，建于清代。道光八年（1829），屋主杜家第15代孙杜元春到桂林参加会试，考取举人，被朝廷赐授"举人"的牌匾悬挂于大门上，因此被称为"举人屋"。杜元春是家中五个孩子中唯一男孩，其父杜绍龄自幼聪明好学，因战乱中断学业，于是将希望完全寄托在儿子身上。杜元春启蒙读书后，其父亲自对他授业课读，及儿子到外地应考，老人积劳成疾，临终前嘱咐妻子不告知学业未成的杜元春。慈父望子成龙之心可见一斑。举人屋前后数进，已有祖屋，供奉神位。旁有老屋为杜元春之弟之春居住。此屋二进，系用石灰加糯米浆而成，历经百多年仍完好如初。檐下屋脊雕花镂草，后院附建三层防火墙，美观实用，祖堂名"树德堂"，神龛四周雕刻彩色花草，上端木雕彩凤呈祥。

街上尚存20余栋明代老屋。其中之一据说建于明万历年间，距今已400多年。砖木结构，青砖绿瓦，砖块大而光滑。从大门前直到里屋，两边平行竖立7根木柱，故称"七柱屋"。这种房屋，简洁大方，冬暖夏凉。

古镇作为一重要商埠，其先民大多是来此经商的外来人口，一部分来自山东，一部分来自广东，所以，它的民居建筑风格是齐鲁文化与岭南文化的杂糅，既庄重典雅，又不失细腻隽秀。过去周边居民多是壮族，这里则成为一个汉族聚集地，大体保持汉族生活传统，同时吸收壮族文化的因子，形成汉壮融合的特点。古镇今天有人口5300多人，拥有34个姓氏，体现了居民杂居的特点，这也是商业性古镇的共同特点。

明朝著名旅游家徐霞客从南宁乘船上左江，曾赞誉扬美沿江风光："自南宁来，过右江口（入左江），岸山始露石，至扬美江，石始奇……余谓阳朔山峭濒江，无此岸之石，建溪水激石，无此石奇。"

古镇旧有八大景点：龙潭夕影、雷峰积翠、剑插清泉、亭对江流、金滩月夜、青坡怀古、阁望云霞、滩松相呼，至今风姿依旧。"龙潭"指左江水在扬美河段较弯处形成的一个河湾。河湾旁有一棵大榕树，分出两大枝杈，平行向前伸延，下面顶着一个石柱，宛如两条舞动的飞龙，大的叫"龙皇"，小的叫"龙妃"，故称龙潭。站在龙潭边举目远眺，扬美湾的美丽风光尽收眼底。

面对龙潭的高坡之上有一平台，靠山临江，建有三界庙。三界本来是佛教概念，指色界、欲界、无欲界。流行民间的三界则指天界、地界、人界。三界庙就是祭拜三界神圣的地方。扬美三界庙始建于明代，原先香火鼎盛，远近闻名。如今的三界庙为近年重修，质量粗糙，但从庙址前十余个大石柱墩不难推知，当初的建筑规模一定很宏大。三界庙坐东朝西，庙前左江顺流而下，绕过大湾汇于此，形成一湾清潭。潭边有一巨石酷似龙头，远远望去，仿佛一条翘首欲飞的巨龙。此潭因此得名龙潭。庙前一棵古榕，树干底部中空，内供一尊小石像，身上交叉系红带，亦不知何方神圣，树前砌一石供桌，桌面嵌着残碑数块，应为三界庙里旧物。眼见古庙仅存的原物落得如此下场，不能不让人感慨系之。

图1 嵌着残碑的石桌

离开龙潭顺原路返回，沿街转角处建有砖楼，造型奇异，坡顶铺瓦，双层，临街部下层无窗，只顶层开有一拱形窗，楼门则开在毗邻的院内。询问当地人，方知为防范外敌入侵的"炮楼"。

中午就在临江小饭店就餐。有所谓黑骨鱼，据说为左江特产。时价1斤40元。清蒸一条，鲜嫩可口。

镇上原有孔庙，后被毁坏，现孔庙系近年重修，亦粗陋不堪，简直有碍观瞻。大殿前悬一铁钟，锈迹斑斑，上铸"天启六年"等字样，下铸善众姓名，似为庙中旧物。

慕义门，为晚清建筑，名为"门"，实乃传统民居，奇在中国传统建筑风格与西洋风的杂糅，反映当时外来文化的涵濡。宅院内部门扇木雕极精，透雕"光绪通宝"、花草鱼鸟、玉佩奇石等图案，下镌"含华""配寔"四字。墙上墨笔绘画仍清晰可见。

古镇民风古朴，保存完好的古碑记载着祖先的文明公约。有同治八年《鼎建砌路碑记》《鼎建梯云水埠兼两旁大路记》《光绪五年捌巷捐资修路碑记》《道光四年街巷众议禁约碑》等，都是研究民间乡规的珍贵资料。

魁星楼位于古镇东北（今扬美希望小学院内），始建于乾隆元年（1736）。砖木结构，青砖、蓝瓦、红楼。主楼高约 15 米，楼前底部长度正好与楼高相等。整座楼呈方形，上小下大，外形如帝王玉玺，故民间俗称"帝印"。外观二层，实高三层，一楼供奉关帝圣君木雕神像；二楼供奉文帝（文昌帝君）木雕像；三楼供魁星木雕神像，右手执笔，左手拿书，右脚提起似踢斗，左脚踏在鳌头上，以示"独占鳌头"之意。魁星楼也是辛亥革命纪念地。1907 年 10 月，辛亥革命前夕，广西会党首领黄兴、王和顺、黄明堂先在梁植堂家聚义，后移至魁星楼继续开会，部署桂南各地反清武装斗争事宜。1996 年，南宁市政府将此楼列为文物保护单位。楼前立古碑为明崇祯九年（1636）县衙告示、清嘉庆十三年（1808）《禁革各塘夫役条款碑记》。

我们徜徉在古老街道，无奈天气极热，口干舌燥，大汗不止，已有中暑征兆。下午 2 时 30 分，乘中巴返回南宁。

图 2　左江边的渔船

◆ 清朝遗迹的调查 ◆

9月1日（星期三）南宁

是日，在南宁市内活动。上午，考察著名景区青秀山和两个博物馆：广西民族博物馆（民族大道）和广西博物馆（民族广场东侧）。

青秀山。青秀山最高建筑龙象塔，塔以"水行龙力大，陆行象力大"而得名。塔高九层，为八角重檐砖结构。原塔建于明万历年间，毁于1939年，重建于1985年，是广西境内最高塔。山下有古寺，香火鼎盛。

广西民族博物馆。博物馆新建，外观为一铜鼓造型，是将现代建筑技术与民族传统文化巧妙结合的典范。馆内的经典展览为《穿越时空的鼓声——铜鼓文化》。铜鼓，是一种青铜礼乐器，流行于中国南方及东南亚地区长达两千多年。在长期的历史发展过程中，铜鼓与当地各民族的社会、经济、文化生活紧密地联系在一起，形成独特的铜鼓文化。铜鼓曾作为统治权力的象征，作为祭祀用具和娱乐用具，广泛用于陈列、集众、盟会、战阵、祭祀、娱乐、丧葬等场合。铜鼓又是一种综合艺术品，集冶炼、铸造、绘画、雕塑、音乐、舞蹈于一身。其独特的造型和丰富的纹饰，反映了铸造铜鼓的民族当时的社会面貌，堪称一部民族历史的长卷。迄今，广西已发现从春秋晚期到清朝末叶各个时期铜鼓两千面以上。展览内容丰富，因时间关系，只能走马观花，粗粗浏览一遍，已增广见识不少。在5月的考察中，我们曾造访贵州遵义杨氏土司的山城遗址，巧的是，在广西民族博物馆内，我们看到从遵义杨粲墓中出土的所谓"遵义型铜鼓"。

馆内"《皇清职贡图》——广西各少数民族先民的服饰"等展览，也值得一看。展有光绪二十三年（1897）《马胖众等永定条规》、民国二年（1913）滴水溶洞村禁止偷盗随便锁人石碑、融水苗族"埋岩古规"、金秀大瑶山瑶族"石牌制度"等内容，是研究西南少数民族习惯法的珍贵史料。石碑制度又称石碑律，是瑶族民

❖ 两广考察：南宁—柳州—忻城—贺州—梧州—肇庆—广州 ❖

间共同遵守的习惯法，即把一些经大家共同议定维护生产和社会秩序的条文镌刻在石碑上，竖立在集会地，要求全体村民共同遵守。内容包括保护生产发展和生命财产安全、禁止偷盗、维护婚姻家庭、调解纠纷以及对违规行为的相应处罚等。"石碑头人"为石碑律执行者，组织召开"会石碑"（石碑会议）、处理纠纷、抵御外敌，改选石碑头人等。石碑制度是以地缘关系自发组织起来的社会组织。在金秀大瑶山瑶族中，有"石碑大过天"的说法，可见其权威性。

在广西沿海港湾和内河如北海、南宁、梧州等地，有从事渔业和水上运输，并以船为家的居民，旧称"疍民"，俗称"水上居民"。多以捕鱼、采珠、摆渡等职业为生。过去，我们只知道雍正帝在位期间，有除贱为良，"解放疍民"的政令，但从广西情况看，雍正帝的这一政令似乎只行用于局部地区和人群，并未波及南方地区的众多疍民。一直到20世纪70年代，广西南宁等处还有栖息渔船的疍民。

宗教部分展示了众多神偶、神像、面具，其中师公师婆（男女巫师）的神袍、法器，多有与北方萨满相仿处，如果将南北巫师（萨满）的异同作一比较研究，应该是有价值的。

广西博物馆位于城内老馆，展览主要有《瓯骆遗萃——广西百越文化文物陈列》《瓷美如花——馆藏明清瓷器精品展》，也很精彩。

9月2日（星期四）南宁—柳州

上午，乘火车离开南宁往柳州，入住延安大酒店（飞鹅路79号）。

柳州位于广西壮族自治区中北部。市区人口100多万，多民族聚居的城市，主要有壮、汉、瑶、苗、侗、仫佬等族，少数民族人口占68%。

对初来乍到的人来说，柳州留下两个深刻印象。一是风景秀美。柳州属典型喀斯特地貌，市内外由石灰岩构成的奇山峻峰拔地而起，千姿百态。二是桥多，柳江穿越城中，把大半城区环绕成一个"U"字形半岛。横跨柳江建有大桥十余座,桥的风格不同,形制各异,因此堪称桥的"博物馆"。

这种山、水、城浑然一体、自然景观与人类文明精妙结合的城市,在中国极为罕见。历代文人游客都被柳州山水所倾倒。唐代著名文学家柳宗元在柳州任刺史时,曾用"越绝孤城千万峰""江流曲似九回肠"的诗句,描绘柳州城。明代旅游家徐霞客在《粤西游日记》中描写到,柳州一带"两岸山土石间出,土山逶迤间,忽石峰数十,挺立成对,此异于阳朔桂林"和"千峰环野立,一水抱城流"。同时代名士王启元则称赞说:"柳州山川甲天下。"

柳州历史悠久。1958年,在柳州市东南郊通天岩发现"柳江人"化石,具有蒙古人种的主要特征,其年代距今5万年前后。汉武帝元鼎六年(前111)在此地建城,取名潭中。唐太宗贞观八年(634)改称柳州,唐玄宗天宝元年(742)在此设龙城郡。

图3　柳州东城门

◈ 两广考察：南宁—柳州—忻城—贺州—梧州—肇庆—广州 ◈

柳州博物馆。位于柳州市人民广场西侧。建筑采用花岗岩风暴石砌筑，为古城阙样式，典雅厚重。基本陈列有历史馆、民族馆、青铜馆、扇面书画馆、古生物化石馆等。馆藏丰富，其中壮族师公傩面具、瑶族石牌制度等内容，很有地域特色。傩面具是壮族师公在傩祭祀中使用的道具，以木或纸为材质，大小与真人脸形接近，五官恰当，施以彩绘。一套面具72个，表现的形象有太上老君、长生土地、雷王、闪电神娘、柳侯文惠相公（宋代封柳宗元为文惠侯）。造型古朴，色彩艳丽。师公舞是壮族师公祭祀活动的主要表演形式，以祈福消灾、丰收酬神、驱鬼逐疫。1983年柳江县新安汉墓出土了3件祭祀用滑石人面具，证明至少在汉代当地的傩祭祀活动已十分流行。在北方萨满教中，亦有类似面具，至于其中的异同，尚少研究。馆中展示瑶族石碑若干通，与南宁民族博物馆所藏大瑶山瑶族石碑属同类性质文物。

馆内茶文化展馆，展有一把创造"吉尼斯纪录"的世界最大紫砂壶。壶高3.5米，直径1.83米，周长5.76米，重980公斤，由江苏省溧阳市天目湖旅游公司创意、刘根林等10余名工匠选用15吨紫砂泥料制作完成，耗时7个月。这把壶当然不是饮茶用的。酷爱饮茶的细谷先生兴趣盎然，在大茶壶前留影纪念。

柳侯祠。位于柳州市中心柳侯公园内西隅，原名罗池庙（因建于罗池西畔得名），是柳州人为纪念唐代著名文学家柳宗元而建。柳宗元（773—819），字子厚，祖籍河东（今山西省永济市）人，因称"柳河东""河东先生"，因贬官柳州又称"柳柳州"。唐贞元九年（793），进士及第，授校书郎，做过蓝田县尉和监察御史等官职。与韩愈共同倡导古文运动，被誉为唐宋八大家之一。永贞元年（805）参加王叔文领导的政治革新运动，官至礼部员外郎。革新失败，贬任永州（今湖南省永州市）司马。元和十年（815年）改谪柳州刺史，四年后病故。他在柳州任职期间，兴文教、释奴婢、修城郭、植树木、移风易俗，深得百姓的拥护和爱戴。

柳侯祠分前、中、后三进。前进保存历代碑刻数十通，其中最著名的是"荔子碑"。碑文摘自唐代文豪韩愈《柳州罗池庙碑》的《享神诗》。因其句首云"荔子丹兮蕉黄"，后人称"荔子碑"。又因该碑系"韩（愈）文，苏（轼）书，柳（宗元）事"，唐宋三大文豪的文采神韵凝于一碑，有"三绝碑"的美誉。其刻石技艺刀法恣肆狂放、深浅奇正、随笔赋形，与苏东坡雄奇、深厚的书法相得益彰，被人推为苏东坡书法碑中第一。元代柳宗元石刻像等也是珍贵文物。

二进为中厅，有石井两口，古色斑驳。据说柳宗元到柳州后，为解决百姓吃水问题，派员勘地寻源，挖井引水，这两口石井是纪念柳宗元为民掘井而设的，是柳侯"有德于民"的见证。

第三进为大殿中央，柳宗元铜坐像，头戴幞头、身着官服。案前正中玻璃罩内，展示残碑"龙城石刻"，因碑文首句有"龙城柳"得名。明天启三年（1623），该碑与一把短剑同时出土，剑上刻有此碑全文。文曰："龙城柳，神所守；驱厉鬼，出匕首；福四民，制九丑。元和十二年。柳宗元。"故又称"剑铭碑"。

祠后有柳宗元衣冠冢。柳宗元在柳州病逝后，灵柩归葬长安，柳州人为纪念他，在罗池旁为他修建了衣冠冢。一千多年中屡有修葺。现墓为1974年修复。

离开柳侯公园，驱车赶往市南，游龙潭公园。园内有风雨桥，以广西三江侗族自治县程阳桥为蓝本修建，全长102米，七墩六孔，是集亭、阁、桥于一体的侗族建筑。回程中过柳江大桥，参观旧城东门城楼。城楼临江而建，始建于明洪武十二年（1379），砖木结构，重檐歇山式。现存为清代建筑。

9月3日（星期五）武宣—桂平

离柳州市往南，先走一段南柳高速，转国道209线，一路过穿山镇、石龙镇、黄茆镇、二塘镇，至武宣县城。

武宣县四面环山，东邻桂平，西接来宾，北连柳州，南通贵港。黔江由西北向东南贯穿全境。黔江水道素有"黄金水道"之称,属桂中水运门户。因此,自古以来,武宣即是广西中部的重要交通枢纽,清初南明永历军队、三藩军队均出入此地。康熙十九年(1680),降而复叛的平南王尚之信率兵入广西,至武宣,清军将领金光祖奉廷旨,以"跋扈怨望、弗愿剿贼、废兵饷、擅杀人"诸罪逮之,随即在广州赐死。① 这些事件都在史书中留下惊心动魄的记忆。但在现实中早为人们所淡忘,相关史迹早已荡然无存。我们从县城北进城,兴致勃勃地在"县城北路北段"的路牌下拍照留念。不管怎么说,这条大道就是把我们与那段历史联系起来的纽带。

武宣文庙。如今的武宣县城,同样浮动着商业氛围的喧嚣,城中环岛上悬挂着红色横幅上写着:"办好仙城'八仙女'文化艺术节,构建和谐富裕平安武宣。"当地大概流传有"八仙女"传说,所以自称"仙城",而八位仙女婀娜多姿的白色雕像作为武宣县的"县花",就矗立在县城中心广场上。

从街上一位开摩的(电动三轮摩托车)的老乡口中得知,县城南有座"红庙",我们请他在前带路往老城区,左拐右拐来到一处工地。院墙圈起一片正在施工的古建筑群,一看原来是武宣文庙。

武宣文庙始建于明宣德六年(1431),坐北朝南,俯视黔江,地形高敞。历史上屡有增修,最终形成由照壁、东西厢房、礼门、义路、棂星门、状元桥、泮池、大成门、名宦祠、乡贤祠、东西庑、露台、大成殿、崇圣祠、尊经阁、明伦堂等组成的古建筑群,主体建筑为歇山穿斗式砖木结构。

历史上,从中央(京师)到地方县一级行政单位,都建有文庙,只是形制规格不同而已。文庙又称孔庙,主要有两个功能,一是尊崇儒教,祭祀孔子及历代先贤先儒;二是兴教办学,培养人才。上起京师最高学府国子监,下到县学,都设在文庙内。武宣文庙也不例外。现在除大成门、大成殿、崇圣祠等建筑尚称完整外,

---

① 清国史馆撰:《清史列传》卷80《尚之信传》,中华书局1987年版,第6674页。

其余多被改建或全毁。

20世纪80年代中期以来，政府多次拨款重修。文庙前东西两侧原有耳门，东边的叫礼门，西边的叫义路。如今，西侧耳门门额上墨书"义路"两个繁体字仍清晰可见。所幸文庙主体建筑大成殿保存尚好。因庙内正在施工，不能就近观察，从远处望去，大殿面宽三间，进深三间，四周有回廊，回廊墙壁上残留有绘画。回廊有柱。殿顶重檐歇山式，庄重肃穆。屋脊上泥塑白色花草，正脊顶塑双龙，中为宝葫芦，飞檐翘角。墙体、殿顶山花、廊柱均漆成红色，屋面黄瓦，非常醒目，应即"红庙"一称由来。遥想当年，在武宣这么一个群山环绕的偏僻小县，文庙的确是一个"鹤立鸡群"，气势磅礴的宏伟建筑。

如今，文庙两侧历年添建的建筑多被拆除。东侧院墙一个封死的拱门上还留有砖雕"武宣县库"四个繁体字，说明在20世纪很长一段时间里，文庙曾被改作库房。

武宣文庙是广西现存规模最大的文庙，2000年被公布为广西壮族自治区重点文物保护单位。

金田太平天国起义旧址。清朝近三百年统治遇到的最大一次危机，就是19世纪中叶爆发的太平天国"革命"。道光三十年十二月十日（1851年1月11日），洪秀全在广西桂平金田村发动反清起义，建号太平天国。随即辗转北上，进占湖南、湖北，沿长江东下，攻克江宁（南京），定为都城，改称天京。到同治三年（1864年）7月，天京被湘军攻陷，太平天国"革命"失败。这场空前的暴力活动前后持续十三四年之久，席卷半个中国，严重动摇清王朝统治，导致清统治集团内部满汉势力对比的调整，即汉人势力抬升与满人势力下降，但也给社会经济、文化，特别是人民生命财产造成巨大破坏。正是在太平军打击下，长江流域的八旗驻防——荆州驻防、杭州和乍浦驻防、江宁驻防——均遭受灭顶之灾。基于对清朝史的关切，这次考察，不能不把桂平金田太平天国起义旧址列入考察对象之一。

离开武宣，沿省道往东，过二里镇、东乡镇往东北行再折向东，就进入桂平县的紫荆山区。紫荆山为大瑶山余脉，盘亘于县境西北，境内峰峦重叠，林海茫茫。南面为平原，郁江、黔江在境内交汇，浔江从此起点。顺浔江可至梧州，沿西江过肇庆直达广州、以至港澳；溯郁江、黔江则可达南宁、柳州。由此可知，紫荆山一带北倚山险，南俯江河，四通八达，有舟楫之利。

道光末年（19 世纪 40 年代末），大批"过山客"沿着山间小路，经紫荆山区往南经金田平原，将各种山货、土特产挑运至浔江边上大湟江口，经水路运梧州、广州；复将经由大湟江口运来的所谓"洋货"，如"东盐""洋纱""火油"等挑运到武宣、象州，然后销往柳州。传统商道便于人员往来，信息传递，山区地理环境又便于武装起事的酝酿，洪秀全、冯云山等人当初打着"拜上帝会"的旗号在此秘密传教，进行反清活动，并不是偶然的。道光三十年十二月十日（1851 年 1 月 11 日），中国历史上最大规模的一次农民起义即太平天国"革命"，在紫荆山南麓的金田村爆发。

金田村位于桂平县城以北 27 公里处，沿省道至金田镇南拐进入县道行数公里即是。当地有不少太平天国遗迹。因时间紧张（必须于当日折返柳州），只参观了古营盘、练兵场、纪念馆。

古营盘。位于金田村边犀牛岭。犀牛岭是一个南北走向的土丘，前临平原，背靠群山，进可攻、退可守。岭北为古营盘，是拜上帝会会众于起义前筑的第一座防御工事，长约 67 米，宽 38 米，周围筑有土墙。营盘中间有拜旗石，传说为起义之日会众祭拜"太平天国"大旗时所遗。南面是营盘出入口，出口外两旁尚有壕堑遗存。古营盘前的草坪，是太平军练兵场。岭西北坡紧靠犀牛潭，是太平军秘藏武器的地方。营盘前方有一座石碑，高约 3 米，上刻"金田起义地址"6 个大字。前方立有起义首领洪秀全的巨大塑像。（图 4、图 5）

早在 1961 年，国务院公布的第一批全国重点文物保护单位中，就包括金田起义地址。太平天国金田起义纪念馆（原称历史陈列馆），位于练兵场东南角，金田起义地址保管所西边。建于 1980

◆ 清朝遗迹的调查 ◆

图 4　金田起义地址

图 5　金田起义博物馆

年，二层小楼，用花岗岩石砌成，黄色琉璃瓦歇山顶。馆内展示内容分五个部分：（一）民怨沸腾；（二）创教反清；（三）荆山聚众；（四）金田起义；（五）定都南京。有实物近百件、历史照片约百张、若干碑刻拓片。简介太平天国起义、发展、定都和失败的过程。实物包括洪秀全发布"诏令"，太平军使用过的刀、矛、旗、打造武器留下的木炭、铁砧、铁渣、清官帽顶等。

纪念馆在20世纪80年代初曾红火一时。1981年春，参加太平天国起义130周年学术讨论会的200多位专家学者在此参观，一些中外学者如小岛晋治（日）、魏求恩（美）、胡绳等人在此留有墨宝。从那以后，随着改革开放三十年带来的巨大变化。如今，这个"革命圣地"的地位和影响力已一落千丈。纪念馆破旧凋敝，冷冷清清，除了我们二人，再无第三个参观者。大门口挂着的一些大中学校"爱国主义教育基地"的铜牌依旧鲜亮，但当年熙熙攘攘的游人休息室、纪念品小卖部、摄影部早已关门大吉。最贴切的概括莫过于"门可罗雀"这句成语。

纪念馆外建有碑廊，正面刻有一些官员或官方"史学家"题词。无意中转向背面，发现水泥墙上嵌有若干旧碑，道光元年《始建三圣宫碑记》、道光二十四年《建造佛□□》碑、咸丰八年《悟洞三股》碑、咸丰九年《乡约碑记》、民国三十年谢雄《太平天国起义纪念碑序》以及《桂平县地方行政干部训练所第一队第十七期职员暨金田乡集训甲长等姓名》等，对研究太平天国史和金田地方史，倒有一定价值。

下午1时许，离开金田村，返回紫荆关镇午餐，餐后仍经原路归柳州住宿。

9月4日（星期六）柳州—忻城

忻城县位于广西中部，为来宾市辖县。红水河自西向东流经境内，沿水路经黔江、浔江、西江南下，可达梧州、肇庆、广州。全县人口约41万，其中壮族人口占91%。前往忻城的目的，主要是考察著名的莫土司衙署。事先听说柳州通忻城的国道322、323线正在修路，与司机师傅商量后决定先西行走柳宜（柳州—宜州）高速，从宜州折向南，走省道至忻城县，这样虽然绕了一个大弯，但一则高速道路通畅；二则省去堵车时间。事后证明，这个选择是正确的。

早上出发，10时许到达忻城县城关镇。莫土司衙门位于县城中和街，翠屏山北麓。翠屏山形如卧龙，树木茂盛，苍翠葱郁，形成县城的一道天然屏障。莫土司衙门始建于明万历十年（1582），后经多次兵燹又重修，是广西境内保留比较完整、规模最大的土司建筑。1963年被列为自治区级重点文物保护单位。1996年国务院公布为国家重点文物保护单位。

土司制度是指元、明、清各朝在少数民族地区授予少数民族首领世袭官职，以统治该族人民的制度。

莫氏土司自元至正年间起至清光绪年间止，传20任，约500年。始祖莫保系永定（今宜州市）壮族人。元至正年间（1341—1368），被授予宜山（今宜州市）八仙屯千户职。明洪武（1368—1398）初年，莫保被罢官，率子孙及亲丁，徙居忻城境。永乐二年（1404）忻城陈公宣领导壮瑶农民起义，攻县衙，烧官署，县官弃城逃，莫保玄孙莫敬城参与镇压，被推举为土官。于是县有二令，土流合治，但权不相统。流官握空印，每年春冬到县视事，余时僦居府城。弘治九年（1496），忻城县降为土县。从此，莫氏土官世袭其职。莫氏土司历明、清两朝，至第十九任土官莫绳武"纵匪殃民，世济其恶"，光绪三十二年（1906）四月被撤，其子孙永不准再行请袭。

莫氏土司统治期间，将全县大部分土地据为己有；政治上实行专制统治，军事上豢养土兵，镇压反抗。另外，也曾推行较为灵活的经济政策，设"劝农停车所"，发展壮锦生产；修山隘、开乡道、架桥梁；鼓励农民发展经济；创办义学，发展教育。

沿老街由西向东行前往衙门，两边尚存旧时商铺或民宅。行进中引起我们兴趣的，是宅门入口处上方往往置一木牌，牌上绘一白虎呈行走状，昂首、翘尾、张口、露牙，两目圆睁，须髯横张，姿态凶猛，当为民间避邪之用。

莫土司衙门坐落在老街东段，坐南朝北，大门临街，背倚翠屏山。衙门主体原由前门照壁、大门、正堂、二堂、三堂、东西花厅、长廊、兵舍、监狱组成。附属建筑有祠堂、三界庙、代理土司官邸、参军第、大夫第、练兵场、土司官塘。现存前门、大门、正堂、二堂、西花厅、长廊，其中部分建筑为道光十年（1830）建（大堂、二堂），部分则为近年重建（三堂）。

图6 莫氏土司衙门

大门临街，门前为宽廊。大门两侧各建一个过街门，门楣上横额分别书"庆南要地""粤西边隅"四字。

进大门是一大院，院中有巨榕。头堂颇具明代建筑特点，由八根柱子支起天面，并与天梁形成框架，东西两面砖墙不承受压力，只起到挡风及装饰作用。柱子木质坚硬，历时近200年，仍质坚如初。堂内有仿壮锦图案制作的花窗，镶嵌于屋脊、屋角、山墙的龙头鱼身水神——螭吻，以及以福禄寿为内容的各种图案，兼具壮族文化与汉族文化的特点。头堂、二堂有长廊相连，两侧是东、西花厅，再经一大院则是三堂。全部建筑砖木结构，硬山翘脊。整体布局严谨，讲究左右对称，主次分明。

衙门内设有土司博物馆，藏有文物和图片。馆内碑廊展示历代碑刻40余通，如乾隆二十六年（1761）皇帝赐封莫景隆文林郎碑、乾隆三十七年（1772）莫恩辉原配夫人墓碑、同治二年（1863）莫怀仁原配夫人墓碑以及去思碑、功德碑等，都是研究土司制度的重要资料。《莫氏土司五百年文物图片展》，系统介绍莫氏土司的兴衰史。可惜时间太紧，未遑认真浏览。

如今土司衙门已成为著名影视基地。电影《刘三姐》等十七部影视剧先后在这里拍摄。电影《刘三姐》在中国人中堪称耳熟能详，据说其中的反面角色莫怀仁的原型，就是第十二任土司莫猛，字怀仁。

土司衙门右侧，为土司祠堂。建于清乾隆十八年（1753），是莫氏族人祭祀活动的场所。大门前围墙下有小门两处。入门依次为大门、大殿、祭堂。祭堂原存放列祖列宗灵位牌。

沿街前行，在祠堂右侧，有三界庙，原称三清阁，亦坐南朝北。其得名由来，并非佛教"三界"说，而是以壮族药王冯三界的名字命名。明万历十年（1582）第七任土官莫镇威修建，光绪十一年（1885）土知县莫绳武重修，是历任土司及族人祭祀、观戏场所。该庙极有特点，建筑做工精细，雕工精美。庙门廊檐高耸，以两根石柱支撑，石柱高5.6米，青石柱脚。大门内侧为三开间，上层镶木板楼，作戏台。屋顶鲸鳌吊龙脊，青砖砌墙，泥瓦覆盖。戏台前为四方院落，可供观戏。院落的南面为正殿。殿中设神台，原置三界公神像，近年已改塑释迦牟尼、玉皇大帝等神像，已失原貌。殿前种植松柏、石榴，据称已有300多年。正殿前砌一道短墙镶嵌，上嵌光绪十一年《鼎建头门戏台》碑、《庆寿会众题名碑》、民国二十八年《忻城县忠烈祠记》等，值得一读。（图7—10）

图7 三界庙正面

图8 三界庙背面戏楼

◇ 清朝遗迹的调查 ◇

图 9　光绪十一年鼎建头门戏台碑

图 10　民国二十八年忻城县忠烈祠碑

◈ 两广考察：南宁—柳州—忻城—贺州—梧州—肇庆—广州 ◈

离开三界庙，出老街东门，道旁有标识指向北侧通天寺，坐落于麒麟山上，以寺中洞口通天而得名，亦为当地奇观，可惜返程时间紧迫，已不及登山观寺。

9月5日（星期日，阴有阵雨，转晴）柳州—金秀—贺州

早起，离柳州，往金秀、贺州。是日行程较远，且多山路。

驱车往南，经高速道路新兴出口拐上209国道，至穿山镇就进入307省道，一路往东。在象州县城柳江大桥上停车拍照，烟雨笼罩的柳江静静地流淌，灰色的江面上浮着几艘小船，远处群山现出墨色倩影……过罗秀镇、大乐镇、桐木镇，公路盘山而上，地势越来越高，进入林木苍茫的大瑶山。金秀是著名的瑶族聚居区，全称金秀瑶族自治县，居民有瑶、壮、苗、侗等族，其中瑶族最多，占总人口三分之一。瑶族是一个能歌善舞的民族，有五个支系（盘瑶、茶山瑶、花蓝瑶、坳瑶、山子瑶），他们的聚居地不同，民歌形式、内容、风格也各异。已故社会学家费孝通曾说："世界瑶族文化研究中心在中国，中国瑶族文化研究中心在金秀。"（图11）

图11 流经象州的柳江

◆ 清朝遗迹的调查 ◆

　　接近金秀县城，停车在公路旁的"美邮"边歇息，得以细心观赏现代化的"瑶寨"：山坡上错落分布着一幢幢二层灰砖小楼，白灰勾缝，洁净明亮。楼顶或为平顶，并沿顶面四边砌一道平行屋脊，脊上覆灰瓦；还有人字顶者，顶上覆黑色细瓦，楼顶正脊中央和两端有传统装饰。两侧墙壁上绘有花卉。建筑造型不拘一格，线条生动明快，体现了传统与现代的结合。小楼上层住人，下层圈养牲畜、藏储什物，或作为车库。仍带有瑶族传统住宅的特点。

　　午餐就在路边小店，望着外面蒙蒙细雨，一边大嚼瑶式腊肉、无名野菜，几杯甘甜的米酒下肚，醺而不醉，真是神仙过的日子。

　　一条清澈的山溪恰好穿城而过，溪水两侧是马路，路两侧的楼房沿着河谷延伸，路边绿树成荫，鲜花似锦，把雨中的山城装点得分外妖娆，犹如浴后的瑶家少女，清新秀美。赶往城东瑶族博物馆。博物馆由费孝通题馆名。馆中陈列有瑶族不同历史时期的文物和图片。博物馆建在陡峭山坡上，费了九牛二虎之力，气喘吁吁总算攀上山顶。令人大失所望的是，管理人员刚刚离去吃午饭，一把"铁将军"把大门。站在山顶向西俯瞰，金秀县城一览无余。博物馆下午开门时间是2点30分，我们急着赶路，不能再等，只好带着遗憾离去。

　　告别金秀县城，沿县道驱车北上，至荔浦县青山镇略事休息。

　　雨过天晴，远处一座座黛色小山轮廓柔美，造型奇特，同为西南喀斯特地貌的典型，与"山水甲天下"的桂林、柳州相比，也毫不逊色。心中不禁异想天开，如果能在这儿买幢房子颐养天年该多好啊。当然，这只是一闪而过的妄想。

　　公路两旁农田种的都是芋头和荸荠（俗名"马蹄"）。青山镇生产芋头中的名品——"荔浦芋"。它的田田绿叶比荷叶还大，根部果实呈纺锤形，个大，横切面为灰白色，有明显紫色。与其他地方芋头比，口感好、味道美、品质高。我们在北京的广西饭馆吃饭，用荔浦芋与五花肉制成的"荔浦芋扣肉"酥香味美，是一道名菜，有"一家蒸扣，四邻皆香"之赞誉。今日途经它的产地，也算一个额外收获。

图 12　荔浦县青山镇的黛色山影

青山镇前挂着一幅大字横幅："中国马蹄之乡。"这里说的"马蹄"当然不是指马的四蹄，而是指南北方人经常食用的荸荠，黑皮白瓤，味道甘甜，清热败火，以状似马蹄得名。广西马蹄历史悠久，远近驰名，民间有"桂林马蹄无渣"之说。广西马蹄以荔浦县栽培面积最大，青山镇的马蹄不仅个大，而且皮薄肉嫩、脆甜多汁、远销国内外。生长在水田中的马蹄，绽开着朵朵白花，花不大，但清纯娇嫩，被我们永久地摄入镜头。

继续赶路，不远进入荔浦县城。荔浦也是广西古县，始建于西汉元鼎六年，即公元前111年，已有两千多年历史。它地处柳州、桂林、贺州、梧州四地之间，自古就是交通要道。如今的荔浦县亦如中国的其他中小城市，在房地产的躁动中崛起，一个个吊车耸立，一幢幢楼房拔地而起。

出荔浦县城上323省道，路况明显好转。至平乐县城，冒着蒙蒙细雨，在桂江岸边驻足浏览摄影留念。桂江大桥气势磅礴，桥下水面开阔。桂江上游就是漓江，桂林因有漓江的山水而享有"甲天下"的盛名。它一路吸纳百川，穿过大瑶山、大桂山间的崇山峻岭，过平乐，下行至梧州与浔江汇合为西江。从平乐县上高速道路，一路疾进，于暮色降临时进抵贺州。

9月6日（星期一，晴）贺州—黄姚古镇—梧州

清早离贺州市，驱车前往昭平县古镇黄姚考察。出贺州城，过光明大桥。贺江江面开阔，下接西江。由贺州往黄姚：从八步上贺（州）同（古）高速（桂梧高速支线）转桂梧高速（主线）往梧州方向，在篁竹互通出口出高速，走县道往黄姚方向几分钟行程即到黄姚。

黄姚古镇东距贺州市72公里，位于昭平县东北部，地处漓江下游。黄姚有着近千年历史，发祥于宋代，兴建于明朝万历年间，鼎盛于清朝乾隆年间。由于镇上以黄、姚两姓居多，故名"黄姚"。

全镇八条街道，房屋多保持明清风格，由于所处特殊地理位置，四面皆山，易守难攻，且交通不便，长期处于半封闭状态，使得古老民居、众多文物得以保存。抗日时期，这里为大后方根据地，大批爱国人士从桂林到黄姚，故居、文物、碑刻等史迹至今保存完好。

全镇为典型喀斯特地貌，奇峰耸立，清溪环绕，古树参天，风景旖旎。素有"小桂林"之美誉。保存寺、观、庙、祠20多座，亭台楼阁十多处，多为明清建筑，著名的有文明阁、宝珠观、兴宇庙、狮子庙、古戏台、吴家祠、郭家祠、佐龙寺、见龙寺、见龙寺、带龙桥、护龙桥、天然亭等。古街全部用青石板铺垫，狭窄的小巷在老宅间曲折延伸，令游人在行走间感受神秘、好奇。

我们自西北方进入古镇。

戏台。始建于明朝嘉靖三年（1524），清乾隆、光绪年间重修。戏台坐东朝西，为亭阁式，木石砖瓦结构，单檐歇山顶，正脊上雕饰有花草、神兽，中间是葫芦宝瓶。整座戏台平面呈"凸"字形。檐以八根木柱为支架，前后柱上有两副对联。板屏上隔扇上方悬一木匾，题"可以兴"三个行书大字。"可以兴"句引自《论语》，寓意观戏可以给人以启迪。顶棚上绘彩色双凤，周围衬花草、蝙蝠。后台左右各有一门，左门楣有"飞燕"，右门楣有"惊鸿"。台基用青石条镶砌，下有石础。戏台后墙角镶嵌清嘉庆十六年（1811）题铭碑。

图13　古戏台

图14　古街巷

门楼。正面墙壁全部用青石砌成，砖木石结构。硬山顶，两层。上层为瞭望楼，对外有圆形瞭望孔。下层为通道。

佐龙亭与佐龙祠相连。祠为砖木结构，方石须弥座，单檐。亭为重檐，歇山顶，方形结构，四柱有联，亭内上方悬匾，书："惟尔有神"。亭前有河南流，跨河建一小桥名佐龙桥。祠旁生古榕，状似蟠龙，根须裸露，紧抱顽石。树下有景点："鲤鱼跳龙门。"

骑街楼，在安乐街宝珠巷，坐北朝南。门楼高6米，宽4米。二层。下层为门洞，石砌。上层为望楼，砖砌。门额题"亦孔之固"。门联："珠水横襟无限碧，五峰隔岸有余清。"镇中有三水穿过，其一，称珠江。镇外青山迤逦，最美者为五峰。该门是镇中要道，连同四面街巷。

安乐寺。砖木结构，硬山单檐。大殿一，内塑一骑马（似骡）神像，褐脸黑髯，浓眉大眼，蓝衫黑靴，腰系箭袋，武人形象。像前神台供诸多骑马小神像，马色不一。神像做工粗糙，显为近年重塑。殿壁一侧镶嵌古碑数通，其一，康熙四十三年《重修安乐祠碑记》，文字残泐不全。旁嵌1994年《重修碑》称："安乐寺始建于顺治元年（1644年），康熙四十三年重修，道光十一年重修，民国三十三年改建为黄姚街公所，于公元1993年农历五月十九日动工，七月十二日安座……已有三百四十九年历史"（后善信题名从略）。旁嵌《重修安乐祠碑》：据民国二十三年《昭平县志》等书记载，安乐祠乃是黄姚古镇为瞻仰和纪念李道清敢于除恶扬善，为黄姚群众建立功勋。明代万历初，匪盗猖獗，百姓不宁，李道清挺身而出，会同黎宗远等人，带领民众，同心协力，围剿匪盗，历经年余，方始戡定。从此，万民安居乐业。百姓感念其功，塑像纪念云。可知李道清为明末当地豪杰，以除暴安良得到百姓景仰，建祠纪念。

街间老铺。穿行在街间，两边多商铺，商铺或平房，"人"字形屋顶，青砖细瓦，白灰勾缝。门面高敞，或为两层小楼，下层铺面，上层居室。居室面向街巷设隔扇，隔心透雕，有蝙蝠、葡萄、花鸟、祥云等造型，雕法精湛娴熟。隔扇可开启，外又置栏杆，栏板上或雕刻花草。店铺两侧砌防火墙。墙上横支架，悬挂招幌。

郭氏大院。典型平地庭院式建筑。宅的前厅和主宅之间有一庭院，两侧各有一圆形拱门。圆拱门设有灵巧的防盗机关，门头上安有隐蔽的防盗插，门两边装有防挖墙偷盗的木柱，是富贵人家的住宅。

郭氏宗祠。郭氏大院北有荷塘，碧叶连连，石道伸入塘中，上建小亭，雕梁画栋，精致不逊于都市园林。池塘东侧为郭氏宗祠。前后两进。硬山顶，镬耳形凤头墙。第一进大门，两根挺拔石柱高高擎起屋檐。入大门为天井，两旁厢房，二进祖堂，供祖宗牌位。壁间粘红纸，抄录"郭家姓氏来源"，署名："大宋姓氏研究会"，地址洛阳市涧西区周山路88号。上起禹夏，下至当今，溯郭氏源流支系，历代名臣贤士，一直到现代郭沫若等。壁间又嵌1996年宗祠理事会"序言"，略谓郭氏宗祠始建于粤东，转迁广西，二世祖清乾隆四年在此地建成宗祠，距今已二百五十七年，1928年重修，后被毁，同年集资重修。

吴氏宗祠。始建于明代，清代多次重修，结构与郭氏宗祠类同。其特点为：前座、后座及天井四周墙头上，绘壁画48幅，内容有山水、花鸟、人物等。构图美观，线条流畅，虽经数百年，大部分壁画仍保存完好。镇上共有各氏宗祠十一座，余不一一。

图15 镇民集资祭祀河神榜

中午离黄姚，经桂梧高速（主线）至梧州。宿梧州怡景酒店，鸳江岸边，蝶山一路3号，靠近西环路的桂江二桥附近。

9月7日（星期二）梧州—苍梧—梧州

梧州市，位于广西东部，紧接两广边界，为广西东大门，是一座有着两千多年历史的古城。元鼎六年（前111）赵陀称南越武帝，设苍梧郡（因梧州多刺桐树，又称苍梧花，故以花名定郡名），封赵光为苍梧王并建王城，遗址在今梧州市东中路、东正路一带。唐武德四年（621），始名梧州。明朝成化六年（1470），在梧州创设中国历史上第一个总督府，辖广西、广东，梧州成为两广政治、军事中心。民国十年（1921）称梧州市。汉武帝初年，曾于梧州及今广东省封开县一带设广信县（属交州苍梧郡）。后来，广信以西称广西，广信以东称广东，两广因此得名。在中日关系史上，梧州也有一段佳话。唐天宝八年（749），鉴真和尚曾率众僧徒及日本来唐留学人员荣睿、普照等人到梧州，受到光孝寺僧人的热烈欢迎。

梧州遥连五岭，俯视三江，水运发达，自清光绪二十三年（1897）开埠，逐渐成为云、贵、川、湘、粤的货运通道，素有"广西水上门户"之称。

晨起，驱车前往市内鸳江大桥。自上游流来的浔江、桂江汇于市区为西江，三江交汇处黄绿分明，人称鸳江。鸳江大桥气势磅礴，主桥两侧各向上耸起一道彩虹般的拱形吊梁。站在桥上极目远望，江面平阔，颜色青碧，江水流量很大，江面上驶过一艘艘运输的货船，不知其何所出，亦不知其何所往。静止不动的是几艘老旧挖沙船。

与广西大部分地区不同，梧州人口以汉族为主（占98%以上，少数民族有壮、瑶、回、苗、侗等）。因邻近广东，居民生活习俗乃至语言均与广东同。

骑街楼，是梧州著名古迹，我们在短短一天半中曾两度前往。梧州于清光绪二十三年（1897）开埠后，商贾云集，成为西江流域的著名商埠，随即出现骑楼建筑。现存骑楼街道22条，骑楼建筑560幢。近年规划为骑楼城。（图16）

图16　梧州骑楼城

清末民初，货物进出口经纪之一"平码街"，主要分布在大南路、竹安路、五坊路、九坊路、南堤路。鼎盛时私商银号达30余家，官立银号有30余家；百货商号有100多家，历来为进出口中心和"购物天堂"。民国初，有茶楼、酒楼60余家。旅店20余家，规模宏大，装饰豪华。时有"小广州"或"小香港"美誉。

最让我们感到亲切的，是街上商务印书馆旧址。据旧址铭牌介绍：其总馆设于上海，民国元年（1911）在桂林设分馆，同年四月迁至梧州，馆址先后设于竹安路、九坊路、大中路。主要发行大、中、小学教科书及各种新版图书，经营前后达36年之久。

梧州古时有七观十九寺之盛，是道教、佛教、儒教、基督教、天主教五教并盛的宗教圣地，至今仍保存着数量众多的宗教建筑。近代以来，仅基督教教会在当地就有四个教会，即淡信会、宣道会、循道会、安息日会。它们进入梧州的时间有先有后，各有自己的组织和教堂。我们看到的是光绪二十二年（1896）进入梧州的基督教宣道会教堂旧址，一幢三层建筑。如今，一层辟为商铺；二三层仍为教会。

受外来文化影响，骑楼建筑风格绚丽多彩，既有西方古典主义、浪漫主义建筑形式（哥特、巴洛克、洛可可、现代），也有中国传统的坡屋顶、大檐口、门拱等建筑元素。荣商亚细亚公司楼房为洛可可式，天主堂为拜占庭风格，交通银行为现代建筑风格，新西酒店为欧洲古典建筑的代表作，大东酒家、恩远医院为哥特式，"天宝华""同福堂"等则为中西文化交融的产物。罗马柱、圆拱形窗等典型的西方建筑元素，随处可见。

梧州博物馆位于骑楼城内。梧州历史悠久，交通发达，博物馆藏有万余件不同时代文物，包括青铜器、陶瓷玉石器。青瓷骑马俑、陶仪仗俑、陶俑灯、陶庄园等都是馆藏精品。具有很强的艺术性和观赏性。

出博物馆往北行，不远就是梧州龙母庙。龙母，是西江流域最古老且最有地方特色民间信仰。龙母姓温（一说姓蒲），诞生于战国时期楚怀王辛未年（前290）农历五月初八，卒于秦始皇三十七年（前210）。她也许是生活在西江流域一支百越民族的女首领，为百姓办了许多好事，因此获得人们爱戴。去世后，百姓怀念她，立庙纪念，以后被尊为龙母，即西江河神。① 每年农历五月初八为"龙母诞"，八月十五为"龙母升仙日"。

龙母庙位于梧州城北桂江东岸，依山面水，由牌坊、前殿、正殿、寝宫、八仙殿、碑亭等组成。据介绍，该庙始建于北宋初年，已有上千年历史，明万历、清康熙、雍正、光绪年间重修。实际上，我们现在看到的龙母庙基本是20世纪80年代以来重建，真正的古建筑所存无几。龙母庙正殿供奉龙母像，香客络绎不绝。二楼供奉关帝神像。（图17、图18、图19）

---

① 欧阳煜编：《悦城龙母祖庙》，中国文史出版社2002年版，第2页。

◆ 两广考察：南宁—柳州—忻城—贺州—梧州—肇庆—广州 ◆

图17 梧州龙母庙

图18 龙子殿

图19 龙母殿

正殿右侧有将军殿,供奉傅大将军戎装像。将军姓傅名弘烈,江西进贤人,明末流寓广西。清顺治十四年(1657)授广东韶州府同知,康熙二年(1663)迁甘肃庆阳府知府。七年(1668)因忤告平西王吴三桂阴谋不轨,革职逮系,论斩。九年(1670)诏减罪,徙梧州。后以平叛吴三桂有功,授广西巡抚、抚蛮灭寇将军,加太子太保。十九年(1680),为吴三桂部将马承荫劫持,至贵阳,吴世璠诱降,傅弘烈不屈而死。[①] 傅弘烈在梧州任职期间,受到百姓爱戴。百姓为纪念他,塑像在庙内供奉。

左侧殿供奉龙太子。传说某天龙母在西江边洗衣,见水中沉着一颗巨蛋,通体晶莹闪亮,抱回家珍藏。经过七个月又二十七天,石蛋爆出五条小龙,龙母细心喂养。龙子长大后,认龙母为母亲。龙母名字由此而来。后来,西江流域百姓奉龙母,为造福一方的女神,在龙母庙内立龙太子神像。

---

① 清国史馆撰:《清史列传》卷6,本传,第407—412页。

◈ 两广考察：南宁—柳州—忻城—贺州—梧州—肇庆—广州 ◈

图 20 将军殿（祭傅弘烈）

图 21 将军殿屋脊装饰

◆ 清朝遗迹的调查 ◆

正殿左侧有一池清水，内置一石寿龟，龟背上驮石刻"总府题名碑"，均系明代文物，1977年出土于原梧州明朝总兵府衙门旧址。立于明武宗正德三年（1510）的"总府题名记"为弘治年间广东状元伦文叙撰，碑跋为正德年间兵部尚书湛若水撰。碑文记载明朝历届驻梧州总督、总镇、总兵姓名、籍贯、出身、勋衔。立碑目的是让后人评价他们的功过。是明代梧州作为两广军事、政治中心的实证。古石龟重约10吨，龟池内有许多放生的小乌龟。

苍梧县粤东会馆。离开龙母庙，时间尚早，驱车往南往苍梧县。中午，至位于两广水路关口之苍梧县龙圩镇。正逢集市，百货云集，人流拥挤，挤满街巷。会馆位于忠义街，北临浩荡的西江，背为大圆塘市场。会馆前身为关夫子祠，始建于明末清初，康熙五十三年（1714）更祠为会馆。坐南朝北，为三进两院建筑，人字山墙，灰裹陇屋面青砖墙。穿斗石梁混合式构架。正脊、垂脊有卷草、人物、动物、花卉等纹饰灰塑。第一进山门；第二进武圣殿；第三进天后宫。院内廊下镶嵌乾隆五十三年（1788）《重建粤东会馆碑记》，内称："苍梧为粤西之东境，离县二十里有巨镇焉，盖古戎城也。其地面临大江，左右高山环峙，峰连翠叠数十里不绝，上接两江，一自南宁而下一自柳州而下，皆会于戎水，至此流而不驶，故为货贿之所聚云。吾东人货于是者禅镇扬帆，往返才数日，盖虽客省东人视之不啻桑梓矣。国家重农务本，户口殷繁，而西省田畴广美，人民勤动性成，中岁谷入辄有余，转输络绎于戎，为东省赖。故客于戎者四方接軔而莫盛于广人。集于戎者百货连檣而莫多于稻子。凡两粤相资，此为重地权衡斗甬之属。"碑记题名除本地商铺外，还列有柳州、南宁、柳州、佛山、顺德、江门、桂平、横州、庆远、贺县、武宣、象州、平塘、梧州、三水等地许多字号。足证清代中期龙圩码头在两广商贸活动中的居中地位，又反映出地商铺众多、商品丰富、商人云集的盛况。（图22）

后来会馆厢房、钟楼、致富宫等均被拆毁，唯主建筑侥幸保留，是研究清代苍梧建筑艺术、西江流域商贸史的珍贵实物。

梧州名产龟苓膏，主要以鹰嘴龟和土茯苓为原料。鹰嘴龟是名

图 22　苍梧县粤东会馆

贵中药，清热解毒；土茯苓可祛湿。除两种主药外，再配以生地等药物精制而成。其性温和，不凉不燥，老少皆宜，具有清热祛湿，旺血生肌，止瘙痒，祛暗疮，润肠通便，滋阴补肾，养颜提神等功效，备受人们喜爱，畅销中外。

9月8日（星期三，晴间雨）梧州—德庆龙母庙—肇庆

早饭后，起程往肇庆。沿321国道前行很快进入广东境。经封开县入德庆县。国道始终沿着西江岸边蜿蜒，山光水色美不胜收。我们在德庆县三元塔边稍事停留。站在高高的江岸上向远方眺望，西江尽收眼底。平阔舒缓的江水在阳光下呈浅绿色，显得轻柔恬静。对面连绵的小山丘绿树葱茏。几声欢快的鸟鸣，唤起心中的愉悦。

过德庆县城往东50公里，抵达广东境内第一个考察地悦城镇龙母庙。龙母庙相传始建于秦汉，历时最久，因称"龙母祖庙"。现为国家重点文物保护单位。南朝宋人沈怀远《南越志》最早记载龙母事迹。以后唐朝刘恂《岭表录异》、清朝屈大均《广东新语》《肇庆府志》，以及《悦城龙母庙志》等书，都在前人基础上加以演绎。被誉为"龙的传人"寻根问祖的圣地，香火很盛。

据《悦城龙母庙志》，汉高祖十二年封龙母为程溪夫人加赐御葬。以后唐、宋、明、清历朝皇帝均有加封。其中明洪武八年（1375），加封程溪龙母崇福圣妃；九年（1376）又封护国通天惠济显德龙母娘娘。有清一代，地方官多次疏请加封。咸丰三年（1853）奉旨加封"昭显"；同治七年（1868）奉旨加封"溥佑"；光绪八年（1882）奉旨加封"广荫"。至此，龙母由历朝叠封为"护国通天惠济显德昭显溥佑广荫龙母娘娘水府元君"。"水府元君"乃道教"三天上帝"所加封。① 现在庙中尚完整保存明朝开国皇帝的洪武诏书碑。据清程鸣《孝通庙旧志》载，康熙十八年（1679）八月十七日，平南王尚可喜曾诣殿祷签。②

悦城龙母庙枕山面水。庙前二江汇流（西江、悦城河），左有青旗山，右有黄旗山，后倚五龙山。因三山环回缘故，庙前二江汇流处形成一平阔港湾叫水口，成为旧时西江航运的一大码头。香客从这里离船登岸，拾级而上，至高阜处平台，便见到四海朝宗的龙母祖庙。历史上龙母庙一再重修。光绪三十一年（1905）集中两广能工巧匠，耗费巨资，用七年时间重修。1985年，社会公众和港澳善信集资300多万元再次全面整修。目前主体建筑有牌楼、山门、香亭、正殿、前后两厢、妆楼、碑亭，形成一个完整建筑群。

由庙门正面进入，适逢秋季龙母祭典，一群香客在平台面向水口处大放挂鞭，炸碎的纸片如雪片般纷落。落红满地，硝烟弥漫。洋溢着朝圣的欣喜。

首先映入眼帘的是庙前高高矗立的石牌坊。牌坊四柱三间五楼。全部用花岗岩石料榫卯嵌接而成。楼顶仿斗拱。石柱有依柱石夹抱。牌坊正楼外侧上端字牌题"圣旨"，下端字牌题"悦城龙母

---

① 欧阳煜编：《悦城龙母祖庙》，第4页。
② 转引自欧阳煜编《悦城龙母祖庙》，第46页。

图23　德庆悦城龙母庙

祖庙"，额枋题"龙光入觐"。内侧字牌与外侧同，额枋题"四海朝宗"，下署"光绪乙巳"（光绪三十一年，1905）。牌坊两边直棂护栏各接一石门，门上浮雕美轮美奂，有象征祥瑞的松梅牡丹、鹊鹤鹿，狮舞绣球、舞蹈人物的造型尤其生动，带有鲜明的广东民间特色。石门下端拱形造型带有西洋风，被认为是晚清之作。

　　进牌楼是一个广场，遥遥相对的就是龙母庙主体建筑。建筑砖木石结构，据说具有良好的防洪、防火、防虫、防雷性能，虽经百年风雨雷电的侵袭，至今瓦不漏，墙不裂，柱不弯，地不陷，被誉为南方低水地区古建筑典范。完整的地下排洪渠道设计巧妙，溢流通畅快捷。即便大雨如注时节，庙内外清洁如故，绝无淤泥。

　　入山门，殿内高广，两庑宽阔，将前后殿连为一体。天井中建香亭，与后殿相通，庙中有庙，在结构上别具一格。已届正午时分，香亭内外依旧人头攒动，各种祭品（牛头、全羊、烤猪、糕点、时令瓜果）摆满一地，简直无从下脚。香烟缭绕。一个道士在旁喃喃祝祷，祈福驱邪，这当然是付费项目。广东人对龙母的虔信确实非同一般。

整体建筑做工考究。山门、香亭的蟠龙花岗岩石柱，采用深雕或透雕技艺，盘旋而上的玉龙，堪称一绝。山门左右墙头上的圆雕人物，一老翁，一幼童，神情毕肖。山门檐口饰板的木雕，花鸟人物，形象生动。

殿脊上的陶塑随处可见，色彩斑斓，技法精湛。与梧州龙母庙的建筑风格明显不同。陶塑有花卉、动物、人物，人物陶塑取材历史故事和民间传说，或男女老幼，或文臣武将，数人一组，相对呼应，神情各异，栩栩如生，无异于民间风俗画的长卷。作为背景的陶塑建筑形状不一，堪称清代岭南建筑的微缩景观。陶塑刻有重修年份，为乙丑年（同治四年，1865）、庚午年（同治九年，1870）、辛未年（同治十年，1871）、光绪二十七年（1901）等。作者为石湾等处陶屋（陶场）匠人。石湾陶塑脊饰在清代广东一带最有名。在当地和港、澳等地祠堂庙宇或富家豪宅中，正脊上多饰有石湾烧制的陶塑。广州陈家祠等清代建筑亦用石湾陶塑脊饰。

殿内壁画技法纯熟，题材丰富，有岳母刺字等历史典故或花卉虫鸟山水。龙母庙不愧为民间艺术的一座殿堂，与广州陈家祠（陈氏书院）、佛山祖庙齐名，合称南方古建筑"三瑰宝"。

龙母庙左侧附属建筑东裕堂，门上有同治年间状元顺德梁耀枢题写"东裕堂"三字，字体浑厚雄健。堂前是龙母墓。墓前立"秦龙母墓"石碑，为乾隆四十七年（1782）重修龙母墓时原物，上载历朝给龙母的敕封。但原墓被毁。今墓是1987年由香港周景照出资重修。左侧"恩荫亭"，建于道光元年（1821）。亭建高台之上，重檐八角，上檐盔顶形，黄铜宝顶，下檐攒尖式，均黄琉璃瓦盖顶，绿瓦剪边，绿色垂脊上各有虬龙装饰。花岗岩石柱。内存明洪武九年（1376）敕封龙母碑。碑阴补刻清代三次加封龙母谕旨。

旧时西江流域多有龙母宫，如广西梧州、岑溪、藤县、南宁大明山，广东德庆、肇庆、广州、南海等处。它与东南沿海福建、台湾等处的马祖信仰，北方山陕等处的关帝信仰相映生辉而又各具特色。值得进一步考察研究。

离开悦城，径奔肇庆。入住肇庆七天连锁酒店牌坊店（端州区端州四路45号）。原以为牌坊是古迹，到达后才得知，牌坊建于1958年，位于星湖南面，牌坊广场正前方，因此成为肇庆市标志性建筑。

肇庆位于广东省西部，自古为粤西咽喉之地。横穿肇庆的西江是径流量仅次于长江的全国第二大河，由西江、北江支流绥江、贺江组成的江河水网，东通广州、深圳、香港，西抵广西梧州，南达江门、珠海、澳门，北上韶关，素有"黄金水道"之称。又有陆路之便。如今是沿海发达地区通往西南各省的重要交通枢纽。

肇庆是远古岭南文化发祥地之一。境内春秋晚期至战国墓葬出土的青铜器，有受中原商周文化和长江流域楚越文化影响的痕迹，也有岭南文化的显著特征。早在南越国时期，骆越酋长安阳王曾北上建都于封溪（今封开境内）。赵佗击败安阳王，在封溪一带建苍梧国，作为南越国属国。汉武帝平定南越，在今高要、肇庆市区一带设高要县，属苍梧郡。隋、唐年间称端州。北宋元符三年（1101），宋徽宗赵佶因即位前为端王，端州为其"潜邸"，故在端州置兴庆军节度，改端州为兴庆府。重和元年（1118）亲赐御书"肇庆府"，自此更名肇庆。

历史上，肇庆是西江流域的政治、经济、文化中心，不仅是中原文化和岭南文化的交汇处，也是西方文明与中国传统文明交汇最早地区之一。明嘉靖四十三年（1564）至清乾隆十一年（1747），肇庆为两广总督府驻地长达183年。1583年9月，被誉为"沟通中西文化第一人"的意大利传教士利玛窦带着自鸣钟、日晷和世界地图等代表欧洲文艺复兴的成果来到肇庆，并于1585年建成中国历史上第一座天主教堂"仙花寺"，绘制出版了第一幅中文世界地图《山海舆地全图》。日本高僧荣睿、佛教禅宗惠能、北宋名臣包拯、意大利传教士罗明坚、南明永历帝朱由榔、辛亥革命先行者孙中山等众多历史人物，都在肇庆留下遗迹。

肇庆名胜古迹丰富，主要有梅庵、崇禧塔、宋城墙、阅江楼、

◇ 清朝遗迹的调查 ◇

丽谯楼、文明塔、文塔、七星岩摩崖石刻群等。我们在酒店稍事歇息后，即外出考察。

阅江楼。位于肇庆市正东路东端石头岗上，南临西江，为四合院式建筑。故址为鹄奔亭，宋代建石头庵。包拯曾在它的旁边建崧台驿，明宣德年间，知府王莹把石头庵改建为崧台书院。明代，门前码头是停泊水师战船的地方，抗倭名将俞大猷、陈璘在这里训练过威震中外的广东水师。崇祯十四年（1641），两广总督张镜心按南昌滕王阁的样式将前楼改建成检阅水师的楼台，更名为阅江楼。南明永历帝，亦曾在此指挥军事。清代，阅江楼常作为两广总督驻肇时下榻地方。现存"阅江楼"大字横匾，为清代两广总督劳崇光所书。原楼已毁，1959年重修。

图24　肇庆阅江楼（博物馆）

阅江楼内设博物馆，馆内存康熙帝"御书碑"。康熙四十五年（1706）两广总督汉军旗人郭世隆驻节肇庆时，特将康熙帝给自己和两子的手书刻为"御书碑"立于阅江楼。碑原六通，已毁一通，现存五通。这五通碑具有历史和书法艺术的双重价值。其中不仅包括康熙帝本人诗作和书法,且有他临摹米芾、董其昌两大家书迹。

博物馆内有古端砚展览,内容丰富。肇庆端砚闻名天下,与湖笔、宣纸、徽墨并称"文房四宝"。其石质纯净细嫩,蘸墨笔锋经久不退,雕刻技法亦精,被历朝列为贡品。唐代大诗人李贺写有"端州石工巧如神,踏天磨刀割紫云",赞美精湛的端砚制作技术。肇庆享有"中国砚都"的美誉。

出阅江楼,眺望西江。天气晴好,对岸的高要市清晰可见。我们突发奇想,何不乘船到江上一游?巧的是,肇庆港客运码头近在咫尺。循着一条弯曲小路走下高高的堤岸,登上一艘陈旧小渡轮。轮渡一刻钟一班,乘客稀稀落落七八人,都是当地居民,小贩或者乡民,担着筐篓的,推着摩托车的。另外多了我们两个"闲客"。票价便宜得惊人,每人1元。江面宽阔,在夕阳的照射下泛起粼粼银光,银光织成一道伸向远方的光带,越远越宽,不禁令人产生神奇的联想……江风穿过窗户进入船舱,给乘客带来些许凉意。15分钟左右,渡轮行抵对岸。乘客陆续离去,我们则在江边闲踱,准备乘下一班渡轮返回。利用起航前一点时间,船夫领着小儿在江边戏水。其妻,一位胖胖的中年妇人,则在船头香炉插上一把燃香,祈祷行船平安。看来这是每天都必须履行的功课,不知传了多少辈。尽管早就改用机动船,但俗话说"水火无情",也不能说没有一点风险。往返一趟,扣除柴油、机器损耗等费用(大概还得交税),至多挣个10块8块的,这在物价腾昂的年月,简直可以说是杯水车薪。船夫之苦可想而知,但我不能不佩服他们心态的平和与豁达。

这次两广考察,时间不短,长途跋涉,踏访地方不少,却始终没有离开西江流域。西江乘船,时间虽短,加深了我们对西江的了解,她的博大、宽广、壮美……当然,还有船夫们的吃苦耐劳。没有这些普通劳动者的辛劳,西江奔腾不息、永不干涸的生命力又从何谈起?

◆ 清朝遗迹的调查 ◆

图 25　肇庆港客运码头

图 26　船妇烧香拜神

下船后，天色已暗，赶快前往下一个目的地丽谯楼。丽谯楼位于肇庆市城中路。正逢下班人流，车不好打，待赶到时大门已关，只好留待次日。

离开丽谯楼，前往城市中心的古城墙。城墙建于宋皇祐年间，政和三年（1113）将土城扩建为砖城。开四门：东曰宋崇、西曰镇南、南曰端溪、北曰朝天。城门上有城楼，门外有瓮城，四角有角楼，城外有护城河。城墙饱经风霜，几经兴废。民国时期曾拆除城门楼、瓮城、雉堞，填塞四门以利交通。20世纪90年代，政府对古城墙进行大规模修整，恢复了朝天门、墩台和雉堞，重建披云楼，使肇庆古城墙得以重现。我们只考察朝天门至披云楼的一段。时间已晚，打不到出租车，只得租一辆"电驴子"（三轮摩托），顺利回到宾馆。

9月9日（星期四，晴）肇庆市：崇喜塔—仙花寺—学宫—文昌阁—丽谯楼—白沙龙母庙—七星岩

在肇庆城区西江两岸，有著名的四座白塔，即北岸的崇禧塔、元魁塔，南岸的文明塔、巽峰塔。四塔均建于明代。四塔形态各异，尤以崇禧塔最为壮观。晨起，往观崇喜塔。塔为楼阁式穿壁绕平座结构的砖石风水塔。保存了唐宋时期的塔型风格，又带有明代建筑特色。沿塔边小巷前行约百米，就来到另一史迹，利玛窦仙花寺遗址。意大利耶稣会士利玛窦于1583年9月10日（明万历十一年七月二十五日）抵达肇庆，在肇庆居留六年。1585年11月24日（明万历十三年十月初四）在此建成仙花寺，是中国较早的欧式风格建筑。1589年8月15日（万历十七年七月十九日）利玛窦离肇后，仙花寺被改建为刘公生祠。如今的遗址，除了文物部门倚街墙修的一个西式白色小门作为仙花寺象征外，早已没有任何历史遗痕。但面对着，心中还是难免泛起阵阵涟漪。利玛窦为了传播他心中的真理，不远万里来到陌生东方，筚路蓝缕，百折不挠，给中国带来西方先进科技知识，在西学东渐的同时，也促进了中华文化东传。利玛窦在华生活二十八年，最终永远留在中国。利玛窦墓现在北京车公庄，我们亦曾前往凭吊。他的坚毅精神与不朽贡献，令世人感动敬仰，早已化为人类社会的宝贵遗产。

◇ 清朝遗迹的调查 ◇

图 27　崇禧塔

图 28　利玛窦鲜花寺遗址

接着赶往阅江楼,附近正东路,为肇庆骑楼街。街上有高要学宫,即肇庆府学宫,又称文庙。建于北宋崇宁初,历代有维修。学宫现存大成殿、西庑。基本为明代建筑。因为是单位,门房不准进。隔门观望而已。由学宫前巷前行,拐个弯,就看到路边废墟中立着一个塔式尖顶建筑,呈六角形,高三层,灰砖砌筑,每面有窗,窗形不一,或圆或方或上拱下方。楼顶向上收起,如倒置喇叭,铺黑瓦,绿瓦剪边。这个造型奇特的建筑,在他处从未见过。有当地人告知,说这是过去的文昌阁。也还是将信将疑。底部有一麻石门框,上刻对联虽经白灰涂抹,仍勉强可辨:"遥对塔峰成鼎峙,近依□序发新光。"

因前日往丽谯楼时间已迟未能入内,再次前往。丽谯楼始建于宋重和元年(1118),原称御书楼。因宋徽宗赵佶曾为端王,继皇位后,升端州为府,更名肇庆,并御笔赐书"肇庆府"。守臣即于当年在府衙前筑高台,上盖楼宇,供奉御书而得名。明天顺六年(1462),郡守黄瑜重建,改称丽谯楼,楼内置铜壶滴漏,乾宁铜钟、大藤鼓以报时刻。明末(1646),桂王朱由榔抗清在此登基称帝,改作"永明宫"。20世纪50年代以来,因台基和楼宇漆以红色而俗称"红楼"。门额书:"古端名郡",两旁对联:"星岩朗耀光山海,砚诸清风播古今。"赞颂曾在端州任职三年的宋代名臣包拯,离任时不持一砚归的清廉之风,相传为郡守黄瑜撰书。

丽谯楼内正在举办展览《沟通中西文化第一人利玛窦》,有图片、绘画、历史文献,还有利玛窦的场景蜡像,辅以文字说明,介绍了利玛窦在华一生,重点是在肇庆的六年。将他的这段经历概括为:绘制了世界第一幅中文世界地图;编辑了世界第一部葡汉辞典;研制了中国内陆第一台机械自鸣钟;建起了中国内陆第一座欧式天主教堂;开辟了中国内陆第一所西文图书馆。看罢展览,觉得很有收获。

◆ 清朝遗迹的调查 ◆

图 29　肇庆丽谯楼

图 30　丽谯楼内利玛窦展览

白沙龙母庙。在肇庆城西郊。正在由一家私商承包进行修缮。把门的女孩子倒很友善，说55岁以上老人免费。这样，我第一次荣幸地享受到老人优惠待遇。庙前牌坊亦如其他圣母庙，面江而立。牌坊五间六柱。石柱之间横梁相连。梁柱相接拐角处安置有雀替。柱有依柱石夹抱。梁上承接一层石枋。枋上雕刻狮子、龙、松柏、浪花。枋上饰火焰石，有逢凶化吉的作用。还有龙、狮、鱼等，寓意吉祥。牌坊背面（面对庙宇的一面），正中上悬字牌，书"圣旨"二字。字牌下石枋浮雕："护国通天惠济显德昭显广荫龙母娘娘水府元君"。两边石柱镌对联一副。上联："众母崇隆千秋神圣"，下联："六姬配享五子侯王"。边柱上还刻有"光绪八年谨奉圣旨加封建坊"等字样。牌坊正面（面对江水的一面），上悬字牌与背面同。其下石枋镌刻"加封广荫"四大字。两边柱镌刻对联，上联："圣世即今初膺旷典"。下联："黎民从此共庆安澜"。这牌坊明显有别于悦城龙母庙牌坊，但无论就质地、规模、还是精致程度来看，都要逊色一筹。

正殿外檐立麻石雕刻蟠龙柱四根。外立石狮一对。门额书"白沙龙母庙"。殿顶铺绿色琉璃瓦。正脊陶塑的主题为两龙戏珠，下端人物造型甚多。后题"公元二〇〇三年造"等字。说明这是新造建筑。实际上，该庙除牌坊系光绪六年（1880）旧物外，其他建筑基本是近年重建。庙内现设龙母殿、关帝殿、太岁殿、地母元君殿、财神殿、龙王太子殿、七姐妹殿、观音殿等。财神殿墙上贴着红纸"状元榜"。大概是考试成绩优异者名录。殿内展示若干旧建筑构件，引人注意的还有明"万历元年□□书院"旧砖。

庙内挂着一张简介，抄摄如次："白沙龙母庙位于肇庆市西郊，西边龟蛇锁江，南岸五马归槽，四方山水相应，是难得的风水宝地。该庙建于南宋咸淳年间（1264—1274），系西江流域最大的龙母行宫，也是唯一被朝廷敕封的龙母行宫。"史载，七百多年来，每年龙母诞或逢年过节，肇庆周边居民，以及南海、番禺、顺德、东莞、中山、广州等西江一带的善信，或骑马坐轿，或沿江荷舟而来，三五成群，来往于悦城龙母祖庙和肇庆白沙龙母庙之间。他们朝拜龙母，陪同龙母娘娘出巡，还要在白沙龙母庙里看大戏，在江边赛龙舟，热热闹闹，先拜白沙龙母行宫，再拜悦城龙母祖庙，这是历朝历代流传下来的拜龙母的传统民风民俗，一直延续至今。

白沙龙母庙历代都有修缮，至光绪八年（1882）肇庆知府绍荣奏请皇帝兴建广荫牌坊时，已建有码头、牌坊、广场、戏台、正殿、后殿、五龙太子殿、七姐妹殿等建筑。组成一个庞大建筑群，香火极盛。至20世纪四五十年代，由于历史原因，香火日渐稀落。后经"文革"，该庙先后被多个单位占用，大部分建筑被毁，只剩下龙母后殿、龙母古亭、广荫牌坊、石狮等古迹。近年肇庆市政府应广大信众的要求，对白沙龙母庙进行全面修复。时近正午，搭公交巴士由原路返回。

下午，冒酷暑前往著名的七星湖风景区。区内有七座挺拔奇秀的岩峰，状如北斗七星，镶嵌在碧波荡漾的湖面上，湖中有山，山中有洞，洞中有水，山环水绕，兼具"西湖之水，阳朔之山"的景观。有"岭南第一奇观"的美誉。

往七星湖的目的，主要不是领略造物主的鬼斧神工，而是考察园内摩崖石刻。这里有中国南方保存最多的一处摩崖石刻。

由景区东门入，过玉屏岩景点，沿南路湖边小道直奔摩崖石刻。一路红花绿树，步步胜景。早在唐开元十五年（727），李邕就在此留下著名的《端州石室记》。继李邕之后，历代文人雅士，都喜欢在此赋诗题记。而当代一些政要，附庸风雅，或希图不朽，也把他们的诗文题刻留在上面。而我们最感兴趣的，还是历史人物的题记，一旦发现，不禁欣喜异常，所谓"见字如见人"的一种心态吧。

据介绍，摩崖石刻总共有630余幅，其中石室洞内外分布有330余则，石刻中篆、隶、楷、行、草各种书体俱全。

元朝蒙汉官员石刻如："燕京月忽乃以中顺大夫、柳州路总管府达鲁花赤，易守是邦。公余率僚属来观，一窍通明，万象呈露，胜境也。故镌此以纪曾游。甞至元戊子修禊前一日。"又"燕京朱

两广考察：南宁—柳州—忻城—贺州—梧州—肇庆—广州

图 31　七星湖碧霞洞

图 32　洞内摩崖石刻

国宝,宣授管军万户同知广南西道宣慰司事、镇守肇德封悟四郡,提兵驻此。眥(时)至元己卯仲春吉日题"。类似后代纪功碑者则有:"古端两邑,三四年来为獠寇突,境[竟]日以杀戮掠卖为事,乡民苦不忍言。己丑冬杪,东平路恩州杨字君璋,以昭房大将军广南西道宣慰使,奉省檄督师而来,庚寅上元破贼矣。端民均拜更生,镌纪实云。眥庚寅孟夏晦前一日。"其他元代石刻尚多。均是研究地方官制、军政要闻、民族关系的佐证。

明清时期则有:明俞大猷于嘉靖乙丑(八年,1529)闰月题:"胡然北斗宿,化石落人间,天不生奇石,谁擎万古天。"崇祯十年(1637)四月温陵郑芝龙题壁诗;南明弘光元年(1645)惠藩王①亲古燕心坦贺国泰等题壁诗;永历己丑(1649)闽漳王思沂题壁诗;清三韩②郭应泰题壁诗等。

图 33 抗倭名将俞大猷题刻

---

① 指湖北明惠王朱由梁,崇祯末年居肇庆。
② 清代祖籍辽阳旧汉军或署"三韩"。有人谓"三韩"指三晋即今山西(刘伟铿:《岭南名刹——庆云寺》,广东旅游出版社 2002 年版,第 206 页);又谓指朝鲜(劉正愛:《民族生成の歴史人類学》,日本風響社 2006 年版,第 289 页)。均误。详见刘小萌《清代北京旗人》,中国社会科学出版社 2008 年版,第 595 页。

◆ 两广考察：南宁—柳州—忻城—贺州—梧州—肇庆—广州 ◆

图 34　清汉军（三韩籍）郭应泰题刻

图 35　明将郑芝龙题刻

图 36　南明永历年间题刻

图 37　南明弘光年间题刻

石室洞口高 2 米，洞内穹窿宽广，顶高约 30 米。中央有一块卧石，上刻弔亡人诗，以其情切感人，不忍割弃，亦抄录如次："予幼年聘高要李少尉之女，讵未曾过门而殂，□于七星岩上，今日至此，不无有感于怀，爰讴俚歌以当哭弔：二十年前缔幻缘，七星岩上葬婵娟，愁添浩浩江流水，恨压层层山岳边。月本有情应夜照，花偏无意教人怜，问谁处此能无憾，鹤泪猿啼倍惘然。光绪己卯秋山阴煦堂胡家杰作。"旁边还刻有一段话，似为批语："溯夙因况未成婚，仍怨女，何期念旧有斯人，情多至心"云。

沿石洞前行不远下阶梯遇水，形成暗湖，游人可乘舟游览洞内奇景。离开石室，循南路前行，过红莲观鱼、铁索桥，至景区西门。午时打车返回市内。

肇庆特产——裹蒸，是粽子的一种，用糯米、绿豆、肥猪肉，再加入适量精盐、曲酒、花生油、白芝麻、五香粉等配料精制而成。人云：天下粽子肇庆有，肇庆裹蒸天下无，民间美食，天下无双。

9月10日（星期五，晴）肇庆市—护龙祖庙—庆云寺—广州市—陈氏书院

晨起，离肇庆，驱车往广州。沿迎宾大道东北行，车行不远，至前村，从地图查知有护龙祖庙，遂从公路拐下往寻。祖庙基本框架尚存，有前殿、后殿，均三开间，中间庭院有两厢，上有顶，起遮阳避雨作用。前殿大门，上悬嘉庆辛未（十六年，1811）"护龙祖庙"石匾额。两边石门框镌刻同治辛未（十年，1871）楹联："南海普恩施渊渟岳峙，前溪沾德泽兑悦临亨。"内外墙壁上部，有同治辛未年人物彩绘。

寺庙正在维修。两厢房檐下，木雕牡丹已褪色。后殿正墙绘一青灰色神像，龙首、麒麟身、马蹄，仍清晰可见，应即护龙祖神。殿内神台早无踪影，用旧砖砌一个简易供桌，墙上嵌一红色木板，空空荡荡，旁书一行墨字："愿消三障诸烦恼，愿得智慧真明了。""三障"者，乃佛教用语。又殿内石柱贴一红纸楹联，上联残缺，

下联:"佛门常开不度世间无缘人。"说明此庙原属道教,现归佛门。据庙内《重修肇庆护龙祖庙缘起》称:护龙祖庙坐落于广东省肇庆市端州区黄岗镇前村,始建于清初,距今已有近三百年历史。是肇庆市端州区目前保存最完整庙宇之一,1984年公布为肇庆市文物保护建筑(以下为重修集资等内容,从略)。下署:"护龙祖庙释惠忠法师率众合十。庚寅年四月初八日。"由道变佛,或由佛变道,此类现象在中国寺庙并不罕见。

离开护龙祖庙,回至主路继续前行。至肇庆市鼎湖山风景区。因小车不能进山,我们要司机在景区外等候,随乘景区内电瓶车前往庆云寺。南明桂王(永历帝)朱由榔、清初藩王尚可喜均曾光顾该寺,故有此行。

庆云寺前身莲花庵,始建于明崇祯六年(1633)。崇祯九年(1636)扩建为庆云寺。清顺治十五年(1658)又增建殿堂佛阁。咸丰十年(1860)因兵燹被焚,次年募化重建。光绪十九年(1893),慈禧太后六十寿辰,敕赐"万寿庆云寺"雕龙竖匾并《龙藏经》。

寺在景区中部偏东山谷中。乘电瓶车行20余分钟抵达。寺坐西向东,大小殿房百多间,沿山势分布。

寺为岭南四大名刹之一,内多文物史迹。以前,寺的镇山三宝是慈禧太后所赐《大藏经》、贝叶灵文和舍利子铜塔。后经僧众公议,将舍利子铜塔、三百余年白茶花树和千人锅定为镇山新三宝。

据载,顺治三年(1646)十一月,南明永历帝朱由榔在肇庆登基。不久,他退至梧州、桂林,永历二年(1648)返肇庆。次年夏,朱由榔偕母妃上庆云寺。住持栖壑以庆云寺为其行宫,开辟上山新路。栖壑还为其母妃说法。朱由榔改鼎湖为天湖。永历帝拟为庆云寺置田产,被栖壑婉言谢绝,理由是:"舍家出家,期登觉岸。"[①] 从

[①] 《栖壑约不置田产碑》,庆云寺藏,引自刘伟铿《岭南名刹——庆云寺》,广东旅游出版社2002年版,第213页。

此,庆云寺世代不准置地产。① 时至今日,庙宇依旧,有关永历帝史迹已无从寻觅。

永历帝败走后,栖壑出外说法,名声大振,得资重建庆云寺大雄宝殿。顺治十四年(1657),平南王尚可喜请他到广州做法事,超度被两王提师入粤时惨遭杀戮的生灵。事毕,平南王赐王座给栖壑为法座。靖南王耿继茂亦请为母太妃受戒,求法名。② 我们此行的一大收获,就是亲睹尚可喜赐给栖壑的宝座。今庙内尚存尚可喜题客堂对联:"镇两粤咽喉,来往同登福地;食十方粥饭,清贫不负名山。"为光绪癸卯(1903)重刊。③

图38 庆云寺内平南王尚可喜赠宝座

---

① 圆捷一机撰:《开山主法栖老和尚行状》,载《鼎湖山志》,引自刘伟铿《岭南名刹——庆云寺》,第96页。参见丘均、赖志华《历史文化名城肇庆》,广东人民出版社2008年版,第93页。
② 刘伟铿:《岭南名刹——庆云寺》,第28—29、97、168页。
③ 刘伟铿:《岭南名刹——庆云寺》,第28—29、167—168页。

清朝遗迹的调查

景区内碑亭，纪念唐代日本高僧荣睿。荣睿（？—749），日本美侬（今岐阜县）人，奈良兴福寺僧。唐开元二十一年（733），随日本遣唐使入唐，在河南洛阳受戒。天宝元年（742）与日僧普照欲归国，到扬州恳请鉴真和尚到日本传经。天宝二年至三年（743—744）先后四次东渡失败。天宝七年（748）第五次东渡遇飓风，漂流至海南岛。是年秋，经广西梧州入端州（今肇庆市）。天宝八年春（749），荣睿染病，圆寂于鼎湖山龙兴寺（今白云寺）。荣睿病逝，鉴真哀恸悲切，发眼疾，致双目失明。但他东渡弘法之志弥坚，发誓"不至日本国，本愿不遂"。辗转经韶州、吉州（今江西吉安）、庐山、江州（今江西九江）、润州江宁县（今江苏南京），回至扬州。天宝十二年（753）第六次东渡，终于到达日本九州，次年至平城京（今奈良）。鉴真被尊为日本律宗初祖。1963年，中国人为纪念荣睿大师，在鼎湖山建纪念碑。1980年加建碑亭。碑亭面东偏北，正对着荣睿故乡——日本美侬。这是中日两国文化交流史上重要的一个篇章。

庆云寺之行来去匆匆，尽管时间仓促，却不虚此行。午后，抵达广州，略事休整，往观陈家书院（陈家祠堂）。

陈氏书院又称陈家祠堂。在广州市中山七路。现为全国重点文物保护单位。建于光绪十四年至二十年（1888—1894），是广东七十二县陈姓宗亲合资兴建的合族祠。主体建筑为五座三进、九堂六院。以大门、聚贤堂和后座为中轴线，通过青云巷、廊、庑、庭院，由大小十九座建筑组成一个建筑群。聚贤堂位于主体建筑的中心，堂宇轩昂，庭院宽敞。

书院是广东民间建筑装饰艺术之集大成，在建筑构件上广泛采用木雕、石雕、砖雕、陶塑、灰塑、彩绘、铜铁铸等装饰艺术。

木雕数量多，技艺精湛。首进头门梁架上有"王母祝寿""践土会盟"等取材于历史故事和民间传说的木雕。其中《三国演义》中曹操大宴铜雀台一组，描绘曹操坐在铜雀台上观看校场各员大将比武的场面，突出刻画了徐晃与许褚在比武后为锦袍而争夺难解难分的情景，人物生动传神，引人入胜。各座厅堂、游廊的梁架、雀替以及檐板上雕有各种瓜果、花纹图案、人物、动物，无不凝聚了广东木雕的精华。聚贤堂中横列大屏风，玲珑剔透，为木刻精品。后座的11座双层透雕神龛，体型高大，有"光绪十六年""回澜桥刘德昌造""源昌街时泰造"等题款。

石雕主要采用麻石石材。多用在廊柱、月梁、券门、栏杆、墙裙、柱础、台阶等处。聚贤堂前月台石雕栏杆，融合了圆雕、高浮雕、减地浮雕、镂雕和阴刻等多种技法，以各种花鸟、果品为题材，用连续缠枝图案的表现形式进行雕饰。大门前一对石狮，形体活泼，神态祥和，是广东石狮造型的代表。

砖雕主要装饰在墙檐下、门楣、犀头和檐墙上，也有作为花窗装饰。首进东西厅的水磨青砖檐墙上，六幅大型砖雕。

陶塑工艺集中在厅堂屋顶上的脊饰。其中聚贤堂屋顶上的脊饰规模最大，长27米，高2.9米，连灰塑基座总高达4.26米。全脊共塑二百余人物，题材包括八仙贺寿、加官晋爵等，整条脊饰犹如一个巨大的舞台，是清代石湾陶塑的经典之作。脊饰题材还有龙凤、花鸟、瑞兽、山水以及历史故事和人物群像。

灰塑主要用于屋脊基座、山墙垂脊、廊门屋顶、厢房和庭院连廊及东西斋的屋脊上。题材与陶塑相近，主要是人物、花鸟、亭台楼阁、山水美景等，均具有浓郁岭南特色。

聚贤堂前白石露台，石雕栏杆嵌有铸铁栏板，即佛山铁画。正面六幅为麒麟玉书凤凰图，台阶两边是双龙戏珠，还有三阳开泰、年年有余等构图。

祠堂内现辟有广东民间工艺博物馆。

晚，乘船游珠江。由沿江西路西堤码头登游轮，游轮名："穗港之星。"沿江行至江口返。沿岸楼群彩灯高悬，伴以激光投影，江上游轮亦灯火辉煌。声、光、影，交织成一个五彩斑斓的神话世界，为我们西江终点的考察画上一个圆满句号。

9月11日（星期六）广州—北京

下午1时30分，乘坐国航CA1330航班返回北京。

◆　清朝遗迹的调查　◆

　　此行考察，收获甚丰。第一，调查围绕西江流域展开，对域内主要干流的自然地理、水陆交通、风土人情等有了初步了解，对域内多元文化形成深刻印象，一是民族文化多元，一是地域文化多元，这些文化相互交织又彼此差异。无论从时间还是空间维度来讲，都具有极其丰富的内容。第二，调查了域内不同类型史迹：古镇老宅、土司衙门、历史名胜、寺庙与耶稣教遗址、骑楼街、学宫（文庙）、书院、祠堂、摩崖石刻以及太平天国遗址等，加深了对该地区明清以来历史的认知。第三，对西江流域典型的江河信仰——龙母信仰和庙宇进行了比较系统的考察，通过实际调查发现：同为龙母信仰，桂、粤两地无论在庙宇建筑、还是信仰构成方面，均有差异。第四，对明清之际史迹，首先是南明和三藩尚可喜史迹有了新发现。如与以往几次两广调查成果相联系，已能就与该史迹有关的基本情况，勾勒出一个比较完整的轮廓。

后　　记

随着三校完成，书稿即将付梓。书稿出版合同是去年12月签的，不久，新型肺炎爆发，修订工作戛然而止。直到现在，疫情仍无尽头。令人心碎的，不只是一个个鲜活生命的逝去，还在于大到世界、国家，小到家庭、每个人，一切秩序都乱了节奏，至少短期来看，不可能再回归正轨。疫情期间，有时会回忆起以往的调查：在山野间跋涉，踏查历史陈迹；品尝世间百味，或与朋友微醺小醉；还有旅途中的坎坷，沮丧与彷徨，收获与喜悦。凡此种种，哪怕是生活中最平淡无味的细节，在疫情的肆虐下都变得遥远、陌生、可望而不可即……所以，在结语中，首先想表达的就是自己的心声：愿疫情早日结束！愿每个家庭依旧笑语欢声！

我之所以执着于田野调查，主要还是把这作为学术研究的一项补充。多年来养成的习惯，每次考察归来，首先是把收集到的地图、书籍、档案、实物存放在一个袋子里，日记根据回忆及时进行补充，图片则整理归档。以备日后撰写报告之用。二十年来日积月累，资料越来越多。可惜的是，此次疫情爆发，居家外出不便，存放它处的资料未能利用。这给调查报告的修订，不能不留下一些遗憾。

本书所收15篇报告，虽只是调查成果之第一部，内容已相当丰富。在此，仅以清史满族史为主题，将报告要点作一简单归纳：

（一）关于满族先世。满族先世称女真。以往研究明代女真，主要局限于文献研究。我们结合考古成果，对海西女真诸部遗址进行考察，并就海西女真诸部之间，海西女真与建州女真之间，在地理环境、经济生活、城堡建设等方面的异同，作了比较。

（二）关于八旗驻防。清代八旗驻防分布在长江南北、东北以及广大边疆地区。我们通过对北京密云檀营，山东青州，四川荆州、成都，陕西西安，新疆乌鲁木齐、伊犁、巴里坤、奇台、温泉、察布查尔、喀什、莎车等地驻防遗址的考察，采访旗人后代（满族、蒙古族、锡伯族），对清朝设置八旗驻防的动机、背景，驻防城结构，驻防旗人内部多民族关系，有了更深入的认识。如关于新疆驻防，提出三个观点：1. 新疆驻防营制，远较内地复杂。按民族分，即有满营、满蒙营、锡伯营、察哈尔营、索伦营、额鲁特营、绿营等；对哈萨克、土尔扈特，和硕特，以及哈密、吐鲁番、乌什等地族部，则参考蒙古札萨克制度。2. 驻防城形式多样。既有伊犁地区满城、汉城、回城各自独立又相互依托之模式；也有乌鲁木齐、哈密、巴里坤、古城（奇台）等处满城（汉城）与汉城（回城）毗邻之模式；还有满洲兵、绿营兵同居一城之模式（喀什、莎车等）。3. 满汉官兵关系，远较内地密切。在反对内乱与外患的战斗中，他们作为同一命运共同体而生存而战斗。尤其近代以来，新疆经历张格尔、阿古柏两场浩劫，满汉兵民损失惨重。在血与火的考验中，增进了彼此的认同。

（三）关于三藩史迹。清朝在统一全国过程中，封明朝降将孔有德、耿忠明（耿继茂）、尚可喜、吴三桂为王。康熙十二年（1673）底，爆发"三藩之乱"（此前定南王孔有德已死）。清廷用八年时间平定三藩，确立起对全国的稳固统治。我们在福建、两广、云南、北京、河北、辽宁鞍山、海城、广鹿岛等地，围绕"三藩"史迹进行了多次考察。对三藩始末、三藩为代表的汉人军功贵族与清廷关系，有了更全面了解。

（四）关于满族文化。清朝统治者曾将满洲传统文化概括为"国语（满语）骑射"。满族入居中原，在陶融于中华文化的进程中，依旧保留着传统文化的某些遗存。我们的调查为理解上述现象，充实了生动个案。驻防各地的满洲旗人，当初多由京城调拨，他们在驻防地世代居住，彼此相隔数千里，上下传承数百年，逐渐

◆ 后　记 ◆

形成带有地域色彩的满族文化。如青州、荆州、广州等地满族，长期保持一种有别于当地方言的所谓"京腔"；荆州、成都等地满族，都是满蒙旗人后裔，在他们的饮食习惯、信仰民俗中，仍保留着传统文化的许多精粹。

（五）关于满族居民的土著化。以往学者研究满族史，或习于整体性考察，而疏虞于地域性分析。东北是满族发祥地，进入中原的满族人则经历由占领者向土著居民的转化。由于所处环境大相径庭，融入当地社会的过程也不一致。我们根据对辽宁新宾，吉林四平、吉林、珲春，山东青州，四川成都、荆州，新疆乌鲁木齐、巴里坤等地满族的调查，寻绎各地满族居民的土著化进程，地域特征与异同。

（六）关于中俄朝交界处的史迹。我们重点考察了吉林省延吉市、珲春市，俄罗斯滨海区海参崴市，朝鲜咸境北道会宁市。会宁，是明初满洲先世建州女真的居地；海参崴，自唐、靺鞨、渤海以来即属中国，明清时期则为女真（满洲）、汉等族共同开发。通过考察，进一步明了三国交界一带曾是女真（满族）世居之地。此次考察，并非一般意义的遗迹调查，同时重温了近代以来国家积弱积贫、倍受沙俄蹂躏凌辱的国耻。

（七）关于辛亥革命。1911年辛亥革命爆发，溥仪逊位，满族的命运发生巨大变化。海外有学者将辛亥时期满汉关系概括为"汉人对满人的暴力"。观点过于偏颇。我们的调查，为理解该时期满族命运与满汉关系，提供了更为全面、真实的情景。实际情况是：东北地区满族，京畿地区满族，与长江流域满族的遭遇迥然有异；即便同在长江流域，上游的成都、中游的荆州、下游的杭州，三地满族的经历也不一致。这就提醒我们：情绪化的"悲情"控诉，并不能反映这一时期满族人民的全部经历与感受。研究这段历史，应秉持实事求是的态度，具体情况具体分析的方法，中华民族共同体的立场，切忌以偏概全。

（八）关于多民族关系。我们关注的首先是满汉关系，其次是满蒙关系，再次是满蒙汉回锡伯等多民族关系。如通过对黑龙江省

◆ 清朝遗迹的调查 ◆

肇源县等处"站人"后代的实地采访，对三藩余部发遣东北后的命运，及其对边疆开发起到的重要作用，有了全新的认识。

通过对清皇室近亲蒙古科尔沁部、特别是郭尔罗斯部史迹的踏访，加深了对清代满蒙关系的认知。最真切的一个感受：今吉林省松花江段（又称第二松花江）以西广大区域，不仅是满族先世之一海西女真肇兴地，同样也是蒙古科尔沁等部传统家园。满蒙两族正是依托这片广袤天地，你来我往，共同谱写了源远流长的交流史，这无疑构成两个兄弟民族亲密关系的基石。

通过调查，对锡伯族的神奇历史，无论是她于康熙年间在东北的辗转迁徙，还是乾隆中叶从沈阳（盛京）向伊犁的万里跋涉，乃至锡伯与满、蒙、汉等族关系，有了深刻印象。同样是通过考察，引发了如下思考：即处在现代化大潮所向披靡和日益开放的社会背景下，诸如锡伯这样的小民族，面对周邻各大民族的强势影响，如何保持自己的文化传统与认同？

此次结集的 15 篇报告还很不成熟，衷心希望得到学界同仁和读者的批评指正。

最后，引用报告中的一段话，作为本书结语：回顾二十年来的清朝遗迹考察，不妨说，每次考察，在给我们带来丰厚回报、愉快记忆的同时，有时也难免穿插着挫折、失落，何况还有旅途的劳顿与艰辛。但不管怎么说，从事考察时间越长，走过地方越广，接触人们越多，积累阅历越丰，就越是感受到在城乡间风尘仆仆、孜孜以求的魅力。田野调查大为拉近了历史与现实间距离，使许多尘封的记忆变得鲜活；它使我们摆脱故纸堆的约束，同时获得许多新的信息；它扩展了我们的视野，加深了对历史的领悟，同时唤起探索奥秘的灵感和兴趣。正是从这些意义上，我想说，田野调查是史学研究的重要手段。

刘小萌
2020 年 8 月 2 日